Rom · Leben und Kultur in der Kaiserzeit

Jérôme Carcopino

Rom

Leben und Kultur in der Kaiserzeit

Mit 83 Textabbildungen, 30 Fotos und 5 Karten

Mit einem Vorwort von Raymond Bloch
neu herausgegeben von Edgar Pack

Philipp Reclam jun. Stuttgart

Titel der Originalausgabe:
La Vie quotidienne à Rome à l'apogée de l'Empire

Dieser Ausgabe liegt der völlig neu bearbeitete Text der Übersetzung von Wilhelm Niemeyer zugrunde, die 1959 unter dem Titel *So lebten die Römer während der Kaiserzeit* in der Deutschen Verlags-Anstalt, Stuttgart, erschien. Siehe dazu auch das Nachwort des Herausgebers.

CIP-Kurztitelaufnahme der Deutschen Bibliothek

Carcopino, Jérôme
Rom : Leben u. Kultur in d. Kaiserzeit /
mit e. Vorw. von Raymond Bloch neu hrsg. von Edgar Pack.
– 1. Aufl. – Stuttgart : Reclam, 1977.
Einheitssacht. : La vie quotidienne à Rome
à l'apogée de l'Empire ⟨dt.⟩
ISBN 3-15-010267-7

Schrift: Linotype Garamond-Antiqua. Printed in Germany 1977
Herstellung: Reclam Stuttgart
Umschlagentwurf: Hanns Lohrer, Stuttgart
ISBN 3-15-010267-7

Vorwort

La Vie quotidienne à Rome à l'apogée de l'Empire ist im Jahre 1939, unmittelbar vor Ausbruch des letzten Krieges, erschienen. Ich kann mich noch sehr genau daran erinnern. Jérôme Carcopino war damals Direktor der École Française in Rom, und ich war frisch mit den anderen Stipendiaten der École im Palazzo Farnese eingetroffen. Wir – junge Wissenschaftler mit Spezialinteressen auf den Gebieten der Altertumskunde, der Mittelalter- oder Renaissanceforschung – kamen gerne in einem der kleineren Bibliotheksräume, dem »Studio«, zusammen, dessen Fenster sich zum großartigen Innenhof des Palazzo hin öffnen. Jérôme Carcopino war es zur lieben Gewohnheit geworden, seine Direktorenwohnung zu verlassen, um uns ebenso häufige wie freundschaftliche Besuche abzustatten. Eines Tages legte er uns, ohne ein Wort zu sagen, ein neues Buch auf den Schreibtisch, sein *Vie quotidienne à Rome*. Ohne uns dessen zu jener Zeit bewußt zu sein, hatten wir damit einen getreuen Begleiter unserer Studien bekommen.

Das hier neu vorgelegte Buch ist in keiner Weise gealtert, geschweige denn veraltet; nicht eine Falte hat es seiner Ansehnlichkeit beraubt, und die neuen Studentengenerationen werden in ihm auch ihrerseits ein unentbehrliches Arbeitsmittel finden. Es ist vielleicht nicht nutzlos, ein wenig über die Gründe eines so seltenen Faktums nachzudenken.

Jérôme Carcopino beherrschte mit ungewöhnlicher Meisterschaft die verschiedenen Hilfsdisziplinen der Alten Geschichte, das kritische Studium der literarischen Texte, die Analyse der Inschriften, und besaß einen wachen Sinn für die materielle Überlieferung. So stand er mit den Realitäten der Geschichte Roms in unmittelbarem Kontakt und fühlte sich selbst ein wenig als Bürger der Urbs. Aus diesem vertrauten Umgang erklärt sich die souveräne Leichtigkeit, mit der er den Rahmen des römischen Lebens wie auch seine zahlreichen Einzelzüge wiederherzustellen verstand.

Dies besagt nicht – und er selbst hat es am besten erkannt –, daß ihm nicht oft Schwierigkeiten erwachsen wären. Welches Vertrauen darf man einem Martial, einem Juvenal entgegenbringen, Zeugen ihrer Zeit gewiß, doch vor allem darauf aus, die gegen ihre Zeitgenossen gerichteten Pfeile geistreicher Epigramme und Satiren zuzuspitzen? Wie kann man die von den neuzeitlichen Gelehrten so unterschiedlich eingeschätzte Bevölkerungszahl des kaiserzeitlichen Rom berechnen? Wie sind die hohe geistig-sittliche Haltung so vieler römischer Denker und der zivilisatorische Entwicklungsstand der hohen Kaiserzeit zu vereinbaren mit dem unmenschlichen Beifallsgeschrei, das im Amphitheater die Abschlachtung eines besiegten Gladiators begrüßte?

Ein echter Historiker zeigt sich angesichts solcher Probleme darin, daß er ein maßvolles Urteil zu wahren, die mit dem gesicherten Bestand der Überlieferung übereinstimmenden Lösungen anzunehmen und die offensichtlichen Widersprüche zu beseitigen weiß. Jérôme Carcopino hat als wirklichkeitstreuer Maler mit Erfolg alle Züge eines entschwundenen Bildes wiederhergestellt und ihm mit all den Farben seiner reichen Palette neues Leben verliehen. Nichts, so scheint mir, kann die Frische und Ursprünglichkeit seines Werkes trüben.

Raymond Bloch
Directeur d'Études
an der École pratique des Hautes Études

Zur Einführung

Wenn uns das Leben der Römer aus unklarer Vergangenheit und aus erstarrten Begriffen heraus lebendig entgegentreten soll, müssen wir es an einem bestimmten Lebenskreis und in einem fest umrissenen Zeitraum studieren. Nichts ändert sich so schnell wie die Gewohnheiten der Menschen. Dampf, Elektrizität, Schiene, Auto und Flugzeug sind die revolutionierenden Entdeckungen, mit denen die Wissenschaft in neuerer Zeit die Welt erschüttert hat. Doch erweist sich bei näherer Betrachtung, daß sich die Grundformen des täglichen Lebens auch in den technisch weniger fortgeschrittenen Epochen fortwährend geändert haben. Kaffee, Tabak, Sekt sind erst seit dem 17. Jahrhundert im Gebrauch, Kartoffeln essen wir seit Ende des 18., die Banane gehört erst seit Anfang des 20. Jahrhunderts zu unserem Fruchtkorb. In gleicher Weise hat das römische Altertum diesem Gesetz des Wechsels unterstanden. Es gehörte schon damals zu den Gemeinplätzen der Redner, dem Luxus und den Genüssen der kaiserlichen Jahrhunderte die knorrige Einfachheit der Republik entgegenzuhalten, als noch ein Curius Dentatus »seine mageren Gemüse rupfte und eigenhändig auf seinem kleinen Herd zubereitete«.[1] Für derart verschiedene Zeitalter gibt es keinen gemeinsamen Maßstab, weder für das Essen und Wohnen noch für die Einrichtung der Häuser:

Tales ergo cibi qualis domus atque supellex.[2]

Da es sich nun zu entscheiden gilt, halte ich mich mit Bedacht an die Generation, die gegen Ende des Prinzipats des Claudius oder am Anfang der Regierung Neros, also um die Mitte des 1. Jahrhunderts n. Chr., geboren wurde und deren Leben in die Zeit Trajans (98–117) und Hadrians (117–138) hineinreicht. Sie hat die Blütezeit römischer Macht und römischen Wohlstands erlebt und an den letzten glücklichen Eroberungen der Cäsaren teilgenommen. Dakien (106) ergoß über das Kaiserreich den Pactolus der transsylvanischen Goldminen. Nach dem Sieg in Arabien (106), den die Erfolge des parthischen Feldzugs (115) krönten, strömten unter dem Schutz der syrischen Legionäre und der verbündeten Wüstenbewohner die Reichtümer Indiens und des Fernen Orients herbei. In materieller Hinsicht erreichte diese Generation den höchsten Stand der alten Zivilisationen. Und da einige Jahre später die lateinische Literatur verstummt, dürfen wir uns glücklich schätzen, daß die Zeugnisse dieser Zeit uns ausführliche und klare Darstellungen geben. Ungeheures archäologisches Material liefern uns Rom mit dem Forum des Trajan, die Ruinen von Pompeji und Herkulaneum, jener beiden Erholungsorte, die beim Ausbruch des Vesuvs im Jahre 79 lebendig verschüttet wurden; weiterhin die uns durch neuere Ausgrabungen erschlossenen Ruinen von Ostia, der bedeutenden Handelsstadt, deren Anlage auf die städtebaulichen Planungen des Kaisers Hadrian zurückgeht. Unsere Anschauung vervollständigt sich durch die reichen, lebensprühenden und farbigen Zeugnisse, die der Roman des Petronius, die *Silvae* des Statius, die Epigramme Martials, die Briefe Plinius des Jüngeren und die Satiren Juvenals uns vermitteln. Hier war tatsächlich das Glück dem Maler hold: es lieferte ihm gleichzeitig den Vorder- und den Hintergrund für sein Bild.

So wird dieses Bild innerlich wahrhaftig sein und äußerlich naturgetreu, denn die Oberfläche ist keine Zutat, sondern Ausdruck seines Wesens. Doch wenn wir das »Leben des Römers« auch zeitlich genau begrenzen, so würden ihm doch Kern und Atmosphäre fehlen, wenn wir ihm nicht auch im Raume, auf dem Lande oder in der Stadt, einen bestimmten Platz zuwiesen. Heute tragen die vielfältigen Nachrichtenmittel, die hohen Auflagen der Zeitungen, die Radioapparate in die ärmste Hütte ein wenig vom Lärm, von den Ideen und Vergnügungen der Großstädte. Und doch besteht immer noch ein beträchtlicher Unterschied zwischen dem Gleichmaß des bäuerlichen Lebens und dem glitzernden Fieber der städtischen Welt. Viel brutaler aber waren Städter und Landbewohner in der Antike voneinander getrennt. Die Gegensätze zwischen ihnen waren derart revolutionierend, daß sie darüber in einen unerbittlichen Kampf gegeneinander gerieten. Nach Meinung des Historikers Rostovtzeff zerbrach an diesem Kampf, in den auch die Parias eintraten, der Deich, den die Elite gegen die Flut der Barbaren errichtet hatte. Tatsächlich genossen die einen alle Güter der Erde und alle Annehmlichkeiten, wohingegen die andern in dauernder, fruchtloser Mühsal ihr Leben fristeten. Bis an ihr Ende entbehrten sie die kleinen Freuden, die in den Städten das Herz der Armen höher schlagen ließen: das muntere Treiben in den Palästren, die Wärme der Thermen, das Vergnügen an den Gastmählern der *collegia*, die Fülle der sozialen Unterstützungen, den Glanz der Schauspiele. Auf keinen Fall dürfen diese Gegensätze untereinandergemengt werden. Wir müssen also nochmals betonen: Der Römer, dessen Tage wir schrittweise begleiten wollen, ist ein Untertan der ersten Antonine und lebt ausschließlich in der Stadt, besser, in der Stadt der Städte, in der Urbs, im Mittelpunkt und auf dem Gipfel der Welt, in Rom, der hochmütigen Königin, die der ungeheuren Masse ihrer Untertanen anscheinend endgültig den Frieden gebracht hat.

Doch das Leben dieses Römers könnten wir nicht wirklich begreifen, wenn wir nicht zuvor versucht hätten, unvoreingenommen in einer kurzen, aber wahrheitsgetreuen Übersicht die Verhältnisse kennenzulernen, unter denen es sich abspielt und von denen es zwangsläufig bestimmt wird: das äußere Gepräge der Großstadt, in der es verläuft; die sozialen Bereiche der verschiedenen Klassen, deren Hierarchie es bestimmt; die Innenwelt der Empfindungen und Ideen, aus denen sich im Wechselspiel Vorzüge und Schwächen ableiten; und auch der Zeitrechnung und Tageseinteilung dieses Römers aus Rom (des noch heute sprichwörtlichen *romano di Roma*) werden wir erst näherkommen, wenn wir in großen Zügen den Umkreis seines Daseins umschritten haben, ohne den sein tägliches Leben für uns nahezu unverständlich bleiben müßte.

La Ferté-sur-Aube, 1. September 1938 *Jérôme Carcopino*

Erster Teil · Lebensformen in Rom

I. Die Umwelt: die Stadt, die Häuser und ihre Ordnung

Das kaiserliche Rom trägt äußerlich so verschiedene Züge, daß ohne Kenntnis der ausgleichenden Kräfte der Geschichte und des inneren Lebens die Widersprüche unauflösbar bleiben müßten.
Auf Grund seiner bedeutenden Einwohnerzahl, der architektonischen Größe und der marmorglänzenden Schönheit seiner öffentlichen Gebäude zählt es zu den großen Metropolen der westlichen Mittelmeerwelt. Durch die zusammengepferchten Menschenmassen jedoch, die auf unzureichendem, von Natur und Menschenhand beschränktem Gelände wohnen müssen, durch die erstickende Enge seiner winkligen Gassen, die mangelhaften städtischen Versorgungsdienste und den gefährlichen Wirrwarr seines Verkehrs ähnelt es den mittelalterlichen Städten, wie sie uns von den Chronisten geschildert werden. Manche muselmanischen Städte haben bis auf den heutigen Tag dieselbe anziehende und trotzdem schmutzige Farbenpracht, die unglaublichen Häßlichkeiten und das wirre Gewimmel bewahrt.
Diesen grundlegenden Gegensatz gilt es zunächst vor Augen zu führen.

Erstes Kapitel
Glanz, Weite, Bevölkerung der Urbs

1. Glanz der Urbs: das Forum Traiani

Über den Glanz, der am Anfang des 2. Jahrhunderts unserer Zeitrechnung die Stadt durchleuchtet, möchte ich mich nicht ausführlicher verbreiten. Die Schönheit der Ruinen ist unvergleichlich. Doch wäre es quälend langweilig, eine nach der anderen aufzuzählen und sie der Reihe nach zu beschreiben. Wir wollen lediglich einen Augenblick bei den Baudenkmälern verweilen, die sich mit dem Namen Trajans verbinden und mit denen der Genius seines Jahrhunderts den Höhepunkt erreicht.[1] Obwohl sie heute meist nicht mehr sind als zernagte Gerippe, bewahren sie alle unter der Flut des südlichen Lichts noch die harmonische Kraft großer Kunstwerke. Doch vielleicht verkörpert sich nirgendwo die Idee der Kultur und der Gesellschaft so edel und befriedigend zugleich wie im Forum Traiani, das in der Mitte der Urbs das Forum Cäsars mit dem Forum des Augustus verbindet. In diesem Bauwerk entfalten sich Reichtum und Zucht unserer Vorfahren, die Menschen waren wie wir, hier ist ihr geistiger Rang und ihre künstlerische Meisterschaft bezeugt. In den Jahren von 109 bis 113 gelang Trajan tatsächlich die Vollendung eines Werks, das nicht nur unsere Bewunderung erregt, sondern unserem eigenen Stilgefühl entspricht. Durch die Großartigkeit seines Entwurfs, durch die geschmeidige Planung im ganzen und die reiche Gestaltung im einzelnen, die Kühnheit und Eleganz der Linien, durch die Gliederung und Bewegtheit des Schmucks hält das gesamte Werk, wie es sich uns nach den jüngsten Ausgrabungen Corrado Riccis nun in seiner ursprünglichen Vollendung darbietet, den Vergleich mit den anspruchsvollsten Schöpfungen moderner Architekten aus, denen es unaufhörlich als Lehrbeispiel und Lernmodell gedient hat. Es ist ein getreuer Ausdruck seiner Zeit, die uns mit diesem Bauwerk erstaunlich naherückt.

Trotz der Hindernisse, die das schwierige Gelände und die störende Nachbarschaft früherer Denkmäler der Entstehung entgegensetzten, umfaßte die gesamte Anlage in festgefügtem und wohlgegliedertem Verband einen öffentlichen Platz, ein Forum also, eine Gerichtsbasilika, zwei Bibliotheken, die berühmte Säule zwischen den beiden Bibliotheken und einen riesigen überdachten Markt. Wir wissen nicht, an welchem Tag die Markthalle beendet wurde. Sicherlich jedoch ist sie vor der Säule entstanden, deren Höhe, wie wir sehen werden, auf sie abgestimmt ist. Das Forum und die Basilika wurden von Trajan am 1. Januar 112, die Säule am 13. Mai 113 feierlich eingeweiht, eine an Pracht und Herrlichkeit unübertroffene Anlage (s. Karte S. 516).

Beginnen wir im Süden mit der majestätischen Schlichtheit des eigentlichen Forums. Einen weiten, mit Steinfliesen belegten Platz von 116 Meter Länge und 95 Meter Breite umzog ein Säulengang, an der südlichen Zugangsseite eine einfache, auf den anderen drei Seiten eine doppelte Säulenreihe. Im Osten bildete die mit Marmor verkleidete Rückwand aus Basalttuff einen Halbkreis von 45 Meter Tiefe. In der Mitte des Platzes erhob sich in vergoldeter Bronze das Reiterstandbild des Kaisers. In den Säulenabschnitten des Rundgangs folgten einander die bescheideneren Standbilder der berühmten Männer, die durch Schwert oder Wort dem Imperium treu gedient hatten. Drei Stufen aus gelbem Marmor führten hinauf zum Eingang der Basilica Ulpia (s. Abb. 1), die nach dem Familiennamen Trajans, Ulpius, benannt war. Ihre Länge von Osten nach Westen betrug 159 Meter, ihre Breite von Norden nach Süden 55 Meter. Sie lag einen Meter höher als das Forum und übertraf es noch an verschwenderischer Pracht, eine ungeheure Säulenhalle in orientalisierendem Stil. Man betrat sie von Osten her durch eine der Längsseiten. Vier innere Säulenreihen mit insgesamt 96 Säulen teilten sie in fünf Schiffe von 130 Meter Länge, deren Mittelschiff 25 Meter Breite erreichte. Sie war vollständig mit Marmor aus Luna ausgekleidet, mit Bronzeziegeln gedeckt und mit einem Säulengang umzogen, dessen Zwischenräume Skulpturen schmückten. Die

Attika zierten lebendig modellierte Basreliefs. Das obere Gesims trug auf jeder Fläche die stolze Inschrift: *e manubiis*, aus Kriegsbeute errichtet (Sieg über Decebalus und seine Daker). Auf der anderen Seite erstreckten sich parallel zur Basilica Ulpia die rechteckigen Gebäude der beiden Bibliotheken. Ihre Sohle lag genauso hoch über der Basilika wie die Basilika über dem Forum; sie hie-

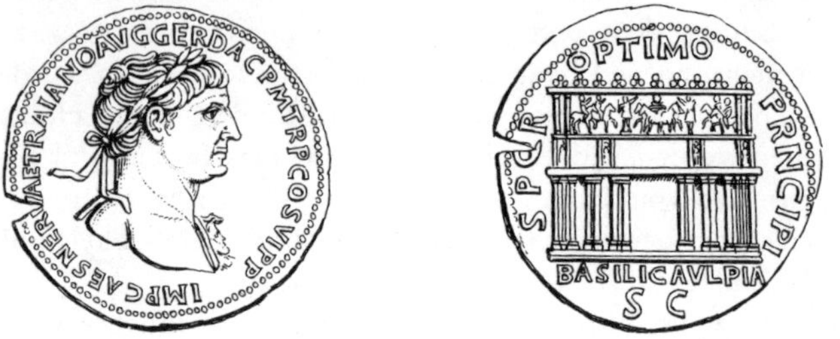

Abb. 1. Basilica Ulpia. Trajanische Münze.

ßen, gleichfalls nach dem Gentilverband ihres gemeinsamen Gründers benannt, *bibliothecae Ulpiae*, Ulpische Bibliotheken (s. Abb. 2). Die eine barg die griechischen, die andere die lateinischen Bände und die kaiserlichen Archive. Auf den Manuskriptschränken, *plutei*, standen die Büsten der Schriftsteller, die sich das höchste Ansehen in den beiden Sprachen des Imperiums erworben hatten.
Die Bibliotheken trennte ein rechteckiger Hof, 24 mal 16 Meter, in dessen Mitte sich das Wunder der Wunder immer noch fast unversehrt erhebt: die Trajanssäule (s. Taf. 2). Ihren Sockel bildet ein Steinwürfel von 5,50 Meter Höhe. Auf seiner Südseite führt ein Bronzetor nach innen, über dem sich die Widmungsinschrift befand. Auf den drei anderen Seiten schmückten ihn Waffentropaia auf allen vier Seiten umsäumten ihn mit Lorbeerzweigen umrankte Rundstäbe. Der gänzlich aus Marmor gebildete Säulenschaft hat einen Durchmesser von 3,70 Meter und eine Höhe von 100 Fuß (29,77 Meter). Er birgt eine Wendeltreppe aus weißem Marmor, die von der Sockelkammer in 185 Stufen aufsteigt, und trägt ein gewaltiges dorisches Kapitell, das zu Anfang ein Bronze-

Abb. 2. Bibliotheca Ulpia. Rekonstruktion der Innenansicht.

adler mit ausgebreiteten Flügeln, später, nach Trajans Tod, eine Bronzestatue des Kaisers überragte. Wahrscheinlich wurde die Figur während der Germaneneinfälle heruntergerissen und eingeschmolzen. Jedenfalls ersetzte man sie 1588 durch die heute noch dort befindliche Statue des heiligen Petrus. Die Gesamthöhe der Säule betrug und beträgt ungefähr 38 Meter, das entspricht den 128,5 Fuß der alten Dokumente. Doch so großartig auch die Maße der Trajanssäule sein mögen, ihre eigentliche Wirkung gewinnt sie durch die äußere Gestaltung der Blöcke, aus denen sie zusammengesetzt ist. Auf siebzehn kolossalen Marmorzylindern entrollt sich das schraubenförmige Gewinde von dreiundzwanzig Bildflächen, die auseinandergezogen fast 200 Meter messen würden. Vom Sockel bis zum Kapitell reihen sich die Hauptbegebenheiten der zwei dakischen Kriege in geschichtlicher Folge vom Anfang des ersten bis zum Ende des zweiten Feldzugs aneinander. Das Geschick, mit dem die Basreliefs ausgeführt sind, zeigt sich auch an den dreiundvierzig dem Betrachter verborgenen Fenstern, durch die das Licht in das Treppenhaus fällt. Die 2500 Figuren, die heute durch die Unbilden der Witterung wieder den warmen, aber völlig einfarbigen Ton des parischen Marmors tragen, aus dem sie einst der Meißel trieb, glänzten ursprünglich in den lebhaftesten Farben. Sie bezeugen das außerordentliche Können der römischen Bildhauer, die in dieser Art historischer Reliefs Bewundernswertes leisteten.

Trajan starb unerwartet in den ersten Augusttagen des Jahres 117. Kurz zuvor hatte er bekanntlich Hadrian den Befehl des gegen die Parther mobilisierten Heeres anvertraut und befand sich schon auf der Rückreise nach Rom. Seine Asche wurde in einer Goldurne aus der Provinz Asien nach Rom überführt und in der Sockelkammer der Säule beigesetzt. Hadrian und der Senat veranlaßten die Bestattung Trajans innerhalb der Stadtgrenzen *(pomerium)*, wo nach dem Gesetz sonst kein gewöhnlicher Sterblicher beerdigt werden durfte (vgl. Abb. 3); sie erklärten damit einstimmig, der Verewigte unterliege nicht den allgemeinen Vorschriften. Doch erfüllten sie damit keineswegs Trajans Wünsche und Pläne. Die Trajanssäule wurde also erst nachträglich zum Grabmal ihres Schöpfers. Er hatte sie lediglich zu zweifachem Gedenken errichten lassen: Sie sollte durch ihre Bildwerke seine Siege über den äußeren Feind verewigen und durch ihre beispiellose Größe der übermenschlichen Anstrengung Unsterblichkeit verleihen, mit der er zum Ruhme Roms alle Widerstände überwunden hatte. In dieser Hinsicht sind die beiden letzten Zeilen der Inschrift aufschlußreich, von der heute nur noch einige Buchstaben lesbar sind, die jedoch im 7. Jahrhundert jener unbekannte Besucher vollständig notieren konnte, den wir den Anonymus von Einsiedeln nennen. Sie enthüllen Trajans Absicht in einer Wendung, deren Sinn jetzt völlig klar ist: *ad declarandum quantae altitudinis mons et locus tantis operibus sit egestus.* Im Lateinischen kann das Verbum *egerere* sowohl »abtra-

Abb. 3.
Mausoleum Augusti.
Rekonstruktion.

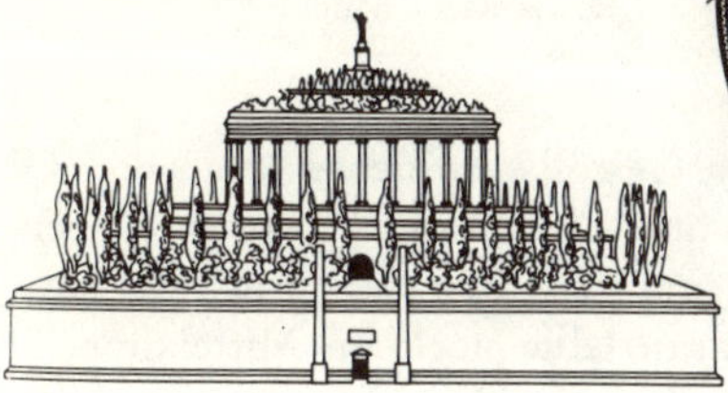

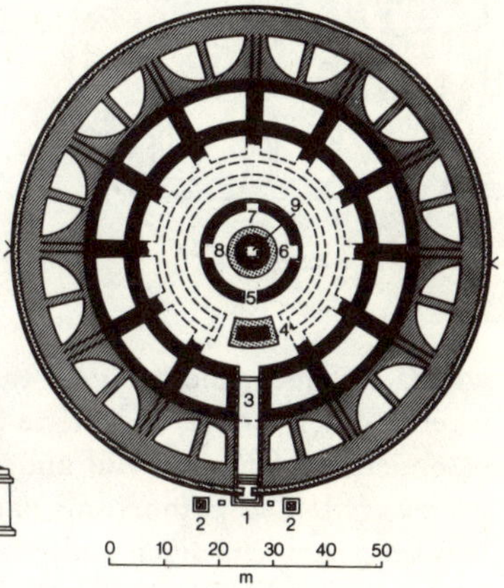

gen« als auch »erhöhen« bedeuten. So ergibt sich bei buchstäblicher Übersetzung des stolzen Satzes, daß die Säule durch ihren emporragenden Schaft zeigen sollte, in welchem Maße und mit welchem Arbeitsaufwand der vom Quirinal zum Capitol vorspringende Höhenrücken *(mons)* eingeebnet und der Platz *(locus)* mit den riesigen Gebäuden geschmückt werden mußte, die nach Osten das Werk abschlossen. Dem wissenschaftlichen Eifer Corrado Riccis gelang es 1932, diesen Teil freizulegen und zugänglich zu machen. Ganz offensichtlich handelt es sich um den stattlichen, halbkreisförmigen Ziegelbau, der auf der Seite des Quirinals und der Subura das eigentliche Forum Traiani umzog und mit souveräner Leichtigkeit die fünf Stockwerke trug, in denen die hundertfünfzig Läden, *tabernae*, eines Marktes untergebracht waren (s. Taf. 1). Im Erdgeschoß lagen auf gleicher Höhe mit dem Forum die nicht sehr tiefen Räume, in denen wahrscheinlich Obst und Blumen verkauft wurden. Im ersten Stock drängten sich, gesäumt von einer Loggia mit

Abb. 4. Verteilung von *congiaria.* Trajanische Münze.

weiten Arkaden, die geräumigen Gewölbe, in denen Wein und Öl lagerten. Der zweite und dritte Stock boten die selteneren Waren, besonders Pfeffer und die anderen Gewürze des fernen Orients, *pipera*, feil. Die Erinnerung daran lebte noch im Mittelalter im Namen der abschüssigen und gewundenen Gasse fort, der *via Biberatica,* in der die Gewürzhändler wohnten, ehe sie von den Untertanen der Päpste verdrängt wurden. Im vierten Stock erstreckte sich der Staatssaal zur Verteilung der Getreide- und Geldspenden (s. Abb. 4). Dort befanden sich seit Ende des 2. Jahrhunderts die Büros der kaiserlichen Unterstützungsämter, die *stationes arcariorum Caesarianorum.* Der fünfte und letzte Stock beherbergte die Becken des Fischmarkts. Sie erhielten durch ihre Kanalisation entweder Süßwasser aus den Aquädukten oder Meerwasser aus Ostia.

Von hier oben umfängt der Blick die riesigen Anlagen Trajans.

Hier steht man genau auf der Höhe des Heiligenscheins, der den Kopf Sankt Peters auf der Trajanssäule umgibt. Während man so die Bedeutung der Inschrift erfaßt, die nun keinen Widersinn mehr birgt, eröffnet sich ganz die Großartigkeit der Arbeiten, die der Architekt Apollodor von Damaskus auf Befehl des größten aller Kaiser ausgeführt hat. Die massigen Bauwerke erklimmen und verdecken die Hänge des Quirinals, die damals ohne die Hilfe von Sprengmitteln eingeebnet werden mußten. Dabei sind ihre Proportionen so glücklich gewählt, daß wir die Schwere vergessen und nur noch das Gleichgewicht der Kräfte spüren. Das Meisterwerk hat die Jahrhunderte überdauert und nichts von seiner Größe eingebüßt. Schon die Römer waren sich klar darüber, daß Rom und die Welt nichts Schöneres zu bieten hatten. Ammianus Marcellinus berichtet, daß der Kaiser Constantius, der Sohn Konstantins, als er im Jahre 356 nach seinem feierlichen Einzug in Rom in Begleitung des persischen Gesandten Hormisdas zum erstenmal die Fliesen des Forum Traiani betrat, einen Schrei der Bewunderung nicht zurückzuhalten vermochte und sogleich seinen Schmerz darüber bekundete, daß ihm niemals ein Standbild vergönnt sein werde, das sich mit der Reiterstatue seines Vorgängers messen könne. »Was klagst du«, entgegnete der Gesandte des Großkönigs, »da du doch niemals in der Lage wärst, deinem Pferd einen ebenso schönen Stall zu bieten.« Die Menschen der Spätantike spürten ihr Unvermögen vor dieser auf dem Höhepunkt geschichtlicher Sendung aus Stein erblühten Monumentalität, die das Schöpfertum ihrer Vorfahren ausstrahlte. Und so stolz wir auch auf die Leistungen unserer eigenen Zeit sind, so meinen doch auch wir, daß dieses Werk des alten Roms die größte Bewunderung verdient. Obwohl die gewaltige Ellipse des Kolosseums vollendet wirkt, erfaßt uns doch ein Unbehagen bei der Erinnerung an die Gemetzel, denen es als Schauplatz diente. Die Caracalla-Thermen wirken übertrieben und lassen Dekadenz ahnen. Vor dem Forum und dem Markt Trajans hingegen bleiben unsere Eindrücke ungetrübt. Die Anlage wirkt, ohne uns zu erdrücken. Die kunstvolle Führung der Linien läßt ihre ungeheure Größe vergessen. Das Bauwerk bildet einen jener klaren Gipfel der Kunst, auf dem sich die besten Baumeister aller Zeiten begegnen.

Eifrige Schüler und gelehrige Nachahmer haben ihn erklommen: Michelangelo, der diesen nüchternen und starken Lebenswillen auf die Fassade des Palazzo Farnese übertrug, und auch die Architekten Napoleons, die aus der Bronze der Kanonen von Austerlitz die Vendômesäule gossen. In diesem erhabenen Spiegel leuchtet das Antlitz Roms auf, das uns als eine Weltstadt, verschwistert mit unseren Weltstädten, erscheint. Es ist den gleichen Nöten ausgesetzt und sucht sie mit derselben Haltung zu meistern, die auch die führenden Kräfte unserer Zeit auszeichnet (vgl. Taf. 1 und 2).
Es ist tatsächlich erstaunlich, wie Trajan sich offensichtlich nicht damit begnügte, den Sieg zu verewigen, der mit einem Schlage die Schatzkammer der Cäsaren erneut mit Gold füllte und die Grundlage für alle Aufwendungen bildete, sondern ihn auch durch die Überlegenheit der Kultur zu rechtfertigen suchte, die seine Soldaten den Besiegten brachten. Die Statuen seiner Säulenhallen verkörpern in enger Nachbarschaft den Ruhm des Geistes und den Ruhm der Waffen. Den Markt, auf dem das Volk seine Lebensmittel holte, das Forum, wo die Konsuln ihre Audienzen gaben und die Kaiser ihre Reden hielten, wo Hadrian den Nachlaß ausstehender Steuern verkündete (s. Abb. 5), wo Mark Aurel sein Privatvermögen der Staatskasse zur Verfügung stellte, schloß das Halbrund ab, in dem, wie Marrou nachgewiesen hat, die Meister der Literatur damals und noch im 4. Jahrhundert ihre Schüler versammelten und Unterricht erteilten.
Die mit auffallendem Luxus ausgestattete Basilika (vgl. Abb. 1)

Abb. 5. Erlaß von Steuerrückständen. Hadrianische Münze.

war drei Stufen tiefer angesetzt als die benachbarten Bibliotheken. Für die zwischen ihnen errichtete Bildsäule lassen sich als Nachfahren, um nur die antiken Beispiele zu nennen, die Markussäule in Rom und die Säulen des Theodosius und des Arkadius in Konstantinopel anführen. Hingegen konnte bis heute kein Vorbild für sie entdeckt werden. So darf nach der kürzlich wieder zu Ehren gekommenen Ansicht Paribenis angenommen werden, daß die Idee, die der Baumeister Apollodor von Damaskus ausführte, vom Kaiser selbst stammt: Trajan habe die Säule inmitten einer Welt von Büchern errichtet, um in ihren marmornen Gewinden gleichsam zwei Schriftrollen zu öffnen, die seine kriegerischen Unternehmungen nachbildeten und seine Macht und Milde zum Himmel erhoben. Ein Relief nämlich, dreimal größer als die andern, trennt die Darstellungen der beiden Bänder und erschließt ihre Bedeutung. Es zeigt eine Viktoria, die Buchstaben auf ihren Schild schreibt. *Ense et stylo*, durch Schwert und Feder, könnte die Auslegung lauten, ein leuchtendes Symbol für die auf Frieden und Kultur gerichteten Absichten, die Trajan bei seinen Eroberungen hegte. Es erhellt die Überzeugung, die seinen Plänen zugrunde lag. Der römische Imperialismus, der sich um die Ausrottung von Ungerechtigkeit und Gewalt mühte, erblickt in dieser Anschauung seine geistige Rechtfertigung.

Dieses Ideal des neuen Reiches beseelte auch die Hauptstadt, deren Wachstum mit der ungeheuren Ausdehnung Schritt hielt und die schließlich zahlenmäßig den bedeutendsten Städten unserer Zeit nicht nachstand. Mit der Einweihung seines Forums vollendete Trajan die Erneuerung der Stadt. Sie sollte nicht nur seiner Herrschaft würdig sein, er wollte auch das Los der Bevölkerung erleichtern, die durch wachsende Zuwanderungen mehr und mehr unter Wohnungsnot litt. Zu diesem Zweck hatte er bereits den Circus Maximus erweitert, ein Becken für Wasserspiele geschaffen, den Tiber kanalisiert, neue Aquädukte gebaut, die größten öffentlichen Thermen errichtet, die Rom je gekannt hatte, und die privaten Bauvorhaben streng einer weit vorausgreifenden Planung unterworfen. Jetzt krönte er sein Werk. Er durchschnitt den Quirinal und öffnete damit dem Durchgangsverkehr neue Straßen. Seine Vorgänger

Cäsar, Augustus, die Flavier hatten bereits versucht, durch die Anlage von Plätzen die qualvolle Enge um das eigentliche Forum aufzulockern. Jetzt schuf Trajan einen weiten öffentlichen Platz, wodurch er den Kern der Metropole entlastete, und indem er diesen Platz mit Seitengebäuden einfaßte, mit einer Basilika und Bibliotheken, läuterte er das alltägliche Treiben der Umgebung. Durch die Markthallen, die in diesen Ausmaßen und in dieser vorzüglichen Ausstattung Paris erst im 19. Jahrhundert aufzuweisen vermochte, erleichterte er die Versorgung der Massen mit Nahrungsmitteln. Im Grunde blieben alle von ihm geschaffenen Einrichtungen unverständlich ohne die ungeheure Ballung von Menschen, deren Los sie verbesserten. Und selbst inmitten der nackten Ruinen spüren wir heute noch das unsichtbare Gewimmel der Menschen, ein Eindruck, der als Beweis genügen würde, wenn nicht seit langem einwandfreie Zeugnisse für die hohen Bevölkerungszahlen vorlägen.

2. *Roms Stadtmauern: seine wirkliche Ausdehnung*

Kein Problem ist so umstritten wie die Bevölkerungszahl der Hauptstadt des Römischen Reiches.[2] Wenn die Behauptung stimmt, die bereits der berberische Soziologe Ibn-Khaldun aufstellte, das Wachstum der Städte, eine notwendige Folge der Menschheitsentwicklung, sei von ihrer Kulturhöhe abhängig, so kann es tatsächlich für den Historiker keine brennendere Frage geben. Seit der Renaissance stehen sich die Fachwissenschaftler in zwei Lagern gegenüber. Die einen sind wie behext von ihrem Gegenstand und billigen der Antike, die sie wie ein Erinnerungsstück des Goldenen Zeitalters hätscheln, ohne weiteres alle Möglichkeiten zu, die der wissenschaftliche Fortschritt der modernen Welt geboten hat. So schätzt unter anderen Justus Lipsius die Einwohnerzahl des kaiserlichen Roms ohne Bedenken auf vier Millionen. Die anderen hingegen, von der mangelnden Leistungsfähigkeit früherer Generationen überzeugt, verweigern der Antike a priori solche Entwicklungsmöglichkeiten. So beschränkt Dureau de la Malle, der in

Frankreich als erster die Fragen der antiken Bevölkerungsentwicklung ernsthaft untersucht hat, die Einwohnerzahl der Cäsarenstadt auf höchstens 261 000 Seelen. Aber Dureau de la Malle und Justus Lipsius hatten sozusagen das Ergebnis ihrer Berechnung bereits vorher festgelegt. Eine vorurteilslose kritische Untersuchung dürfte zwischen diesen beiden Extremen die tatsächliche Zahl ermitteln können. Die Anhänger des kleinen Roms, wie ich sie einmal nennen will, sind in den meisten Fällen Statistiker, die ihre Frage zu lösen suchen, ohne die zeitgenössischen Dokumente zu prüfen. Sie schieben von vorneherein die doch immerhin recht ausführlichen Hinweise der antiken Autoren beiseite und ziehen ihre Schlüsse aus der Beurteilung des Baugeländes. Ihre Rechnung kennt nur eine Grundlage: das Verhältnis zwischen bekannter Oberfläche und möglicher Bevölkerung. Aus diesem Grunde sind sie der Ansicht, das kaiserliche Rom, dessen Flächenraum ihnen durch die Aurelianische Mauer genau begrenzt scheint, decke sich mit geringen Unterschieden genau mit der Fläche des heutigen Roms und könne damals nicht mehr Menschen beherbergt haben als heute. Auf den ersten Blick erscheint der Beweis schlüssig. Bei genauerem Nachdenken jedoch erweist er sich als ein Trugschluß. Er beruht auf der falschen Annahme, der Flächenraum des alten Roms sei genau bekannt und man könne für diese Fläche die aus den jüngsten Statistiken unserer Zeit gewonnenen demographischen Koeffizienten anwenden.
Diese Untersuchungsmethode begeht den Fehler, die Elastizität des Geländes oder besser die Anpassungsfähigkeit der Bevölkerung nicht zu berücksichtigen. Dureau de la Malle gewann seine Ergebnisse, indem er auf den Raum, den die Aurelianische Mauer umschloß, die Pariser Bevölkerungsdichte aus der Zeit des Louis-Philippe übertrug, 150 Einwohner je Hektar. Hätte er seinen Bericht fünfundsiebzig Jahre später verfaßt, etwa 1914, als die Bevölkerungsdichte 400 Einwohner je Hektar betrug, würde er ein dreimal höheres Ergebnis errechnet haben. Ferdinand Lot ist derselben falschen Schlußfolgerung erlegen, als er ohne weiteres für das Aurelianische Rom die Dichte des Roms von 1901 ansetzte, das damals 538 000 Seelen zählte. Seitdem hat sich Roms Wohnraum durch die Bauten nach dem Ersten Weltkrieg bei weitem nicht verdop-

pelt. Trotzdem erbrachte die Volkszählung im Januar 1939 mit 1 284 000 mehr als die doppelte Einwohnerzahl. In beiden Fällen ergibt sich für die dem alten Rom zugeschriebene Wohnfläche ein bestimmtes Ergebnis, doch nicht, wie man sich einbildet, die Zahl seiner damaligen Bewohner, sondern die Zahl, die es an dem Tag enthalten haben könnte, an dem der Beweis geführt wurde. Dieser Tag aber kann willkürlich gewählt werden. Selbst auf völlig gleicher Bodenfläche sind die Wohnbedingungen nicht zu allen Epochen gleich. Und es ist klar, daß die Verhältniszahl, die man zwischen einer als bekannt angenommenen Grundfläche und einer unbekannten Bevölkerung ersinnt, selbst eine Unbekannte bleiben muß.

Eine Unbekannte, möchte ich nochmals betonen, deren Erforschung für Rom von vorneherein mit Irrtümern begann. Denn das alte Rom hat sich nach meiner Überzeugung keineswegs auf den Raum beschränkt, den man ihm zuweisen will. Die Aurelianische Mauer, die man als Grenze setzt, umschloß ebensowenig das gesamte kaiserliche Rom wie das *pomerium* oder die fälschlich dem Servius Tullius zugeschriebene Mauer das gesamte republikanische Rom. Doch hier ist ein erklärender Rückblick erforderlich.

Wie alle großen Gemeinwesen der griechischen und lateinischen Antike bestand das alte Rom von seinen legendären Anfängen bis zum Ende seiner Geschichte aus zwei untrennbaren Elementen: einer genau umrissenen städtischen Siedlung, der *urbs Roma*, und dem zu ihr gehörenden ländlichen Gebiet, dem *ager Romanus*. Er reichte bis zur Grenze der Nachbargemeinden, deren politische Eingliederung die Eigenständigkeit der Munizipien übrigens nicht unterdrücken konnte. Dazu gehörten Lavinium, Ostia, Fregenae, Veji, Fidenae, Ficulea, Gabii, Tibur, Bovillae. Wenn man sich die Mühe nimmt, die Angaben auszuwerten, die uns der Byzantiner Zacharias überliefert, so erhält man für den *ager Romanus* eine Ellipse, die mit den nahezu gleichen Durchmessern von 17,650 Kilometern und 19,100 Kilometern bei einem Umfang von rund 57 Kilometern eine Fläche von nahezu 25 000 Hektar bildete. Wir sind natürlich nicht in der Lage, die Konturen genau anzugeben oder die darin verstreut wohnende Bevölkerung zu berechnen. Die Bürger des *ager Romanus* waren mit denselben Rechten Römer der Stadt Rom wie die *cives* im dichtbesiedelten Stadtkern. Doch bildeten nur diese die städtische Plebs *(plebs urbana)* innerhalb des Kreises, der im staatlichen Sinne den Bezirk der eigentlichen Stadt, der *urbs*, umschloß.

Dort wohnten die Götter in ihren Heiligtümern, der König und später auch die Magistrate, auf die seine aufgeteilte Macht überging, der Senat und die Komitien, die den Staat regierten, den die Bürgerschaft darstellte. So war die Stadt ursprünglich etwas ganz anderes und wesentlich mehr als eine Anhäufung von Wohnhäusern. Sie bildete einen nach den Regeln der Augurallehre »inaugurierten Tempel«. Ihre Grenze war so genau festgelegt, als gelte noch die Furche des latinischen Gründers, der sie einst getreu dem etruskischen Ritual gezogen hatte. Vor seinem Pflug ging ein leuchtend weißes Gespann, ein Stier und eine Kuh. Er hob die Pflugschar an den Stellen, an denen wahrscheinlich die Tore sein würden, er griff sorgsam die Schollen auf, die sein räderloser Pflug beiseitedrückte, und warf sie in den Kreis zurück. Dieser heilige Kreis, *orbis*, der im kleinen Maßstab die Gräben und Mauern vorwegnahm, die ihm später Dauer verschafften, und der also *pomerium (< pone muros)* hieß, verlieh der Urbs ihren Namen, ihre ursprüngliche Umgrenzung, ihre übernatürliche Unberührbarkeit, die noch durch feste Verbote gesichert wurde. Im Pomerium war jeder fremde Kult ebenso untersagt wie alle Waffengewalt, ihr Boden durfte nicht durch Leichenbestattungen entweiht werden. Wenn auch in der klassischen Zeit die religiöse Bedeutung des Pomeriums erhalten blieb und es auch weiterhin die politische Freiheit seiner Bürger schützte, indem es sich beim Antreten der Legionen schloß, so war es nun doch nicht mehr die Grenze der Stadt. Seine Bedeutung gewann symbolischen Sinn. Aus praktischer Notwendigkeit trat an seine Stelle eine handfeste Wirklichkeit: die fälschlich dem König Servius Tullius zugeschriebene, zwischen 378 und 352 auf Befehl des republikanischen Senats gebaute Mauer, deren Tuffblöcke so solide gefügt waren, daß noch heute im Rom des 20. Jahrhunderts ganze Befestigungszüge aus dem Boden ragen, insbesondere an der Via delle Finanze, in den Gärten des Palazzo Colonna und vor der Stazione Termini an der Piazza dei Cinquecento, und der Verlauf der Mauer genau nachgezeichnet werden kann. Seit dem 3. Jahrhundert vor unserer Zeitrechnung begrenzt nicht mehr das Pomerium (vgl. Abb. 6) den Stadtbezirk, sondern die Mauer, deren mächtige Quadern einst den Angriff Hannibals abwehrten. Der Verlauf der beiden Grenzen stimmt durchaus nicht überein. Wenn die Mauer auch, wie das Pomerium, nicht das Marsfeld einbezieht, die Ebene, die sich zwischen Tiber und den Hügeln erstreckt und militärischen Übungen und dem Götterdienst diente, so umfaßt sie andererseits Gebiete, die das Pomerium nicht einschließt, die *arx*, den Kapitolinischen Hügel, den äußersten Nordosten des Esquilins, das Velabrum, vor allem auch die beiden Hügel des Aventins, den nördlichen seit ihrer Gründung, den südlichen, seit die Konsuln des Jahres 87 sie bis dort verlängerten, um

Abb. 6.
Grenzstein des Pomeriums *(cippus pomerii).* Claudisch.

besser dem Angriff Cinnas widerstehen zu können. Man hat berechnet, daß die Mauer 426 Hektar umfaßte. Das ist wenig im Verhältnis zu den 7000 Hektar des heutigen Paris, aber viel, wenn man die Fläche mit den 120 Hektar des antiken Capua vergleicht, mit den 117 Hektar von Caere und den ganzen 32 Hektar, mit denen sich Praeneste (Palestrina) begnügte. Doch was nutzen alle diese Vergleiche? Aus der Berechnung der Oberfläche der Urbs läßt sich ihre Bevölkerungszahl nicht ermitteln. Seit sich die Römer anschickten, die Welt zu erobern, und seit sie ihre Feinde nicht mehr fürchteten, verloren die Mauern, mit denen sie sich beim Aufkeimen der gallischen Angst umgeben hatten, den militärischen Wert. Die Bewohner der Urbs schritten über den Wall hinaus, wie der Wall einst das Pomerium überschritten hatte. Im Jahre 81 v. Chr. überließ Sulla, gestützt auf ein den *imperatores*, die die Grenzen des Reiches erweitert hatten, bisweilen zugestandenes Recht, dem Stadtvolk einen leider flächenmäßig nicht genau bekannten Teil des Marsfeldes, um die Wohnverhältnisse wirksam zu verbessern. Nach dieser Seite dehnte sich die Urbs nun offiziell über den Wall nach außen, inoffiziell hatte sie schon vorher damit begonnen. Cäsar legalisierte lediglich einen Tatbestand, der zweifellos bis ins 2. Jahrhundert vor unserer Zeitrechnung zurückreichte, als er auf eine Meile (1478 Meter) hinter der Stadtmauer die Grenze festlegte, bis zu der in Rom die Bestimmungen jenes erst nach seinem Tode zu seiner letzten Form gelangten Gesetzes, das uns die Tafel von Heraklea überliefert hat, gelten sollten.

Auch Augustus führte lediglich in verstärktem Maße das von seinem Adoptivvater begonnene Werk fort, als er im Jahre 8 v. Chr. den Bereich der Urbs mit den vierzehn Bezirken gleichsetzte, in die er die alten und neuen Viertel aufgeteilt hatte: dreizehn Bezirke auf dem linken Ufer des Tiber, der vierzehnte auf dem rechten Ufer, jenseits des Tiber, die *regio Transtiberina*, deren Name im heutigen Trastevere fortlebt (s. Karte S. 514).

Augustus, der sich rühmte, die Welt befriedet zu haben, und feierlich den Janustempel (vgl. Abb. 7) schloß, war von keiner Furcht mehr gehindert, die alte republikanische Befestigung ihrer ursprünglichen Bestimmung zu entziehen. Rom, durch Ruhm und Eroberungen der Sorge um Sicherheit enthoben, sprengte sie nun nach allen Seiten. Nur fünf der vierzehn Bezirke des Augustus lagen innerhalb des alten Rings, fünf erstreckten sich weit über ihn hinaus, vier lagen völlig außerhalb: der fünfte (Esquilin), der siebente (Via Lata), der neunte (Circus Flaminius) und der vierzehnte (Transtiberim). Wie um die Absicht des Kaisers zu bekräftigen, gab der Volksmund dem ersten bald den Namen Porta Capena, die zuerst an der Grenze gelegen hatte und von nun an den Mittelpunkt bildete.[3]

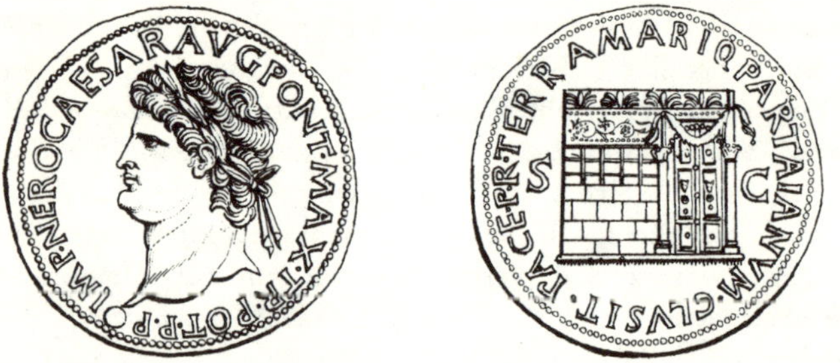

Abb. 7. Der geschlossene Ianustempel. Neronische Münze.

Die vierzehn Bezirke des Augustus bestanden so lange wie das Imperium. Sie geben den Rahmen, in dem wir das Rom der frühen Antonine darstellen wollen; ihre Grenzen sind die Grenzen Roms. Keineswegs aber geben sie genügend Anhalt für genaue Berechnungen, und auf jeden Fall wäre es ein grober Irrtum, sie mit dem Bereich der Ziegelmauer gleichzusetzen, mit der Aurelian bei der Annäherung der Barbaren die Hauptstadt des Reiches schützen wollte und die seit dem Jahre 274 n. Chr. das Pomerium und den Verteidigungsgürtel bildete. Heute sind die Mauerzüge streckenweise zerstört, die Türme zum Teil auseinandergerissen. Aber immer noch vermittelt das mächtige Bauwerk, dessen Ziegelmauern im Schein der Abendsonne strahlend erglühen, auch dem blasiertesten Fremden den Eindruck der Majestät, die Rom auch in seinem Verfall innewohnte. (Siehe Abb. 8.)

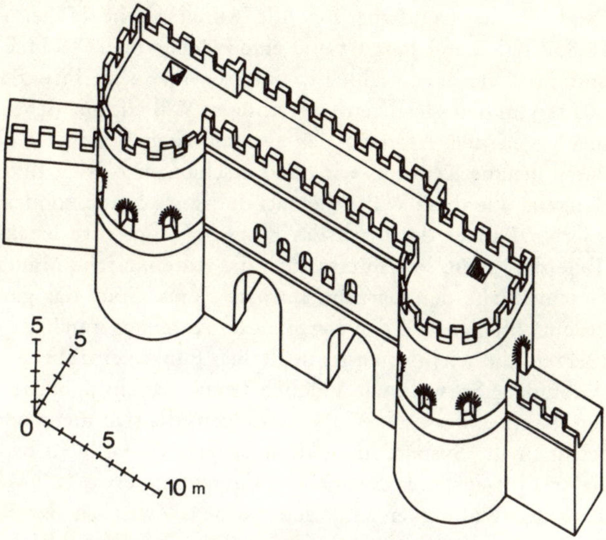

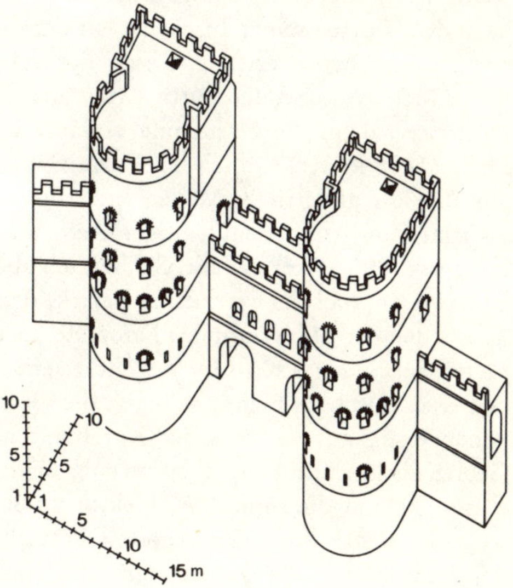

Abb. 8. Porta Appia (S. Sebastiano). Rekonstruktion der zwei Bauphasen.

Obgleich der Rundweg über die Aurelianische Mauer (s. Taf. 4) 18,837 Kilometer lang ist und eine Fläche von 1386 Hektar, 67 Ar und 50 Centiar umschließt, unterscheidet sich ihre Bauweise in nichts von den gleichzeitig errichteten Wällen, mit denen sich Gallien gegen den Ansturm der germanischen Stämme einigelte und deren genaue Kenntnis wir den Forschungen Adrien Blanchets verdanken. Wie diese Wälle niemals die ganze Stadt, sondern immer – wie ein Panzer die Brust des Kriegers – nur ihre lebenswichtigen Teile schützten, so schützte auch die Aurelianische Mauer nicht die Gesamtfläche der vierzehn Bezirke Roms. Statt das ganze Gebiet zu umschließen, lag den Ingenieuren Aurelians zunächst einmal am Herzen, die wichtigsten strategischen Punkte einzubeziehen und zu verbinden. So weit wie möglich benutzten sie dabei frühere Bauten, beispielsweise die Wasserleitungen, die sich mehr oder weniger leicht in ihr System eingliedern ließen. Vom Pincio bis zur Porta Salaria im siebenten Bezirk sind Grenzcippi etwa 100 Meter außerhalb der Wallmauer gefunden worden. Zwischen der Porta Praenestina und der Porta Asinaria reichte der fünfte Bezirk 300 Meter weiter nach außen, denn dort erhebt sich der Antinous-Obelisk, der nach den Worten seiner Inschrift »an der Grenze der Stadt« errichtet wurde. Ebenso erstreckte sich der erste Bezirk zwischen der Porta Metrovia und der Porta Ardeatina durchschnittlich 600 Meter weiter, denn die Grenzlinie verläuft in diesem Abschnitt eine Meile (1478 Meter) südlich der Porta Capena, und der erste Bezirk umfaßte die anderthalb Meilen entfernte *aedes Martis* und reichte bis zum Fluß Almo, dem heutigen Acquataccio, der in einer Entfernung von 800 Metern fließt. Schließlich aber wäre vor allem leicht zu beweisen, daß der vierzehnte Bezirk, dessen Umfang jenseits des Tibers den der Mauer um das Doppelte übertrifft, im Norden 1800 Meter, im Süden 1300 Meter weiterreichte. Unter diesen Umständen ist es durchaus nicht angängig, die vierzehn Bezirke des kaiserlichen Roms auf das von der Aurelianischen Mauer umschlossene Gebiet zu beschränken. Ebensowenig zulässig wäre es, ihren Flächeninhalt auf die rund 2000 Hektar zu begrenzen, welche die bewegliche Kette ihrer Grenzposten bezeichnete. Seit der Zeit des Augustus hatten die Juristen grundsätzlich festgelegt, daß dieses

Rom der vierzehn Bezirke nicht an einen unveränderlichen Wall gebunden sei, sondern de facto und de jure ein lebendiges Wesen darstelle, das sich durch den unaufhörlichen Wohnungsbau in diesem oder jenem Bezirk ausdehne und stets bis zu einer Meile (1478 Meter) jenseits der letzten Wohninsel reiche: *Roma continentibus aedificiis finitur, mille passus a continentibus aedificiis numerandi sunt.*[4] Diese sehr lebensnahe juristische Feststellung vereitelt von vorneherein jeden Versuch, die Bevölkerungszahl Roms nach der ungewissen und stets veränderlichen Fläche der vierzehn Bezirke zu berechnen, doch spricht aus ihr die gläubige Überzeugung an ein unbegrenztes Wachstum der kaiserlichen Stadt.

3. *Das Anwachsen der römischen Bevölkerung*

Dieses Wachstum geht überzeugend aus den uns bekannten Dokumenten hervor. Es zeigte sich bereits deutlich in dem Zeitraum von Sulla bis zum Prinzipat und steigerte sich noch unter der glücklichen Regierung der Antonine. Man braucht nur die beiden im Abstand von drei Jahrhunderten aufgestellten Statistiken nebeneinander zu halten, die uns der Zufall überliefert hat. Sie beziehen sich auf die *vici* Roms, auf die innerhalb der vierzehn Bezirke durch Straßen abgegrenzten Stadtteile, die seit Augustus unter Leitung ihrer »Bürgermeister«, der *vicomagistri* (s. Taf. 10), eigene Verwaltung und eigene Laren besaßen. So berichtet uns Plinius der Ältere, daß beim Lustrum des Jahres 73 n. Chr., das Vespasian und Titus als Zensoren leiteten, Rom in 265 *vici* eingeteilt war. Hingegen geben die *Regionarii*, diese überaus kostbare Sammlung von Regionenverzeichnissen aus dem 4. Jahrhundert, die Lanciani den »Gotha der Antike« nannte, insgesamt 307 *vici* an. So stieg zwischen 73 n. Chr. und 345 n. Chr. – dem mittleren Datum zwischen dem Jahr 334, in dem das älteste der Regionenverzeichnisse, die *Notitia*, begonnen wurde, und dem Jahr 357, aus dem die Zusammenstellung des jüngsten Regionenkatalogs, das *Curiosum*, stammt – die Zahl der *vici* um 42. Das bedeutete für Rom eine Ausweitung um 15,8 Prozent. Für den Zeitraum von Cäsar bis zu Septimius

Severus läßt sich ein entsprechendes Anwachsen der Bevölkerung feststellen. Zwar ist es nicht ausdrücklich urkundlich belegt, ergibt sich indessen mit Sicherheit aus der Erhöhung der Unterstützungen an die römische Plebs. Zur Zeit Cäsars und Augustus' hatte die Annona an wenigstens 150 000 bedürftige Einwohner kostenlos Getreide zu verteilen. Als Septimius Severus anläßlich der Zehnjahresfeier seiner Regierung im Jahre 203 dem Volk seine Spende gab, deren Großzügigkeit Cassius Dio gepriesen hat, belief sich die Zahl der Unterstützten auf 175 000. Das bedeutet eine Erhöhung um 16,6 Prozent. Die annähernd gleiche Höhe der Prozentsätze ist zweifach aufschlußreich. Zunächst beweist sie, daß sich die flächenmäßige Erweiterung der vierzehn Bezirke Roms auch bevölkerungsmäßig auswirkte; ferner erkennt man – ebenso wie aus dem dauerhaften Frieden während der ersten Hälfte des 2. Jahrhunderts –, daß das Schwergewicht des Bevölkerungszuwachses, den die Regionenverzeichnisse im 4. Jahrhundert bezeugen, der sich aber bereits in den reichen Spenden des Jahres 203 angekündigt hatte, in dieser Zeit liegt. Daraus ergibt sich für uns die Notwendigkeit, die Bevölkerung Roms unter den ersten Antoninen, also in einer Zeit höchsten Wohlstandes, für die uns jedoch leider jede Statistik fehlt, mit einer Zahl anzusetzen, die höher liegt als in den unmittelbar vorhergehenden Epochen und nur wenig unter den Angaben bleibt, die uns die etwas späteren Registerbücher an die Hand geben.

Vom Anfang des 1. Jahrhunderts vor unserer Zeitrechnung bis zur Mitte des 1. Jahrhunderts unserer Zeitrechnung können wir das unaufhaltsame Wachstum verfolgen, das die Bevölkerungszahl anschwellen ließ und sogar das soziale Gefüge der Urbs erschütterte und die Versorgung mit Lebensmitteln gefährdete. Als im Jahre 91 vor Chr. der Bundesgenossenkrieg ausbrach, strömten wie eine Sturmflut alle Italiker nach Rom hinein, die sich nicht den Aufständischen anschließen wollten und Schutz gegen ihre Zwangsmaßnahmen suchten. Der Krieg hat, wie ich an anderer Stelle nachgewiesen habe, einen jähen Anstieg der Bevölkerung verursacht, ähnlich wie 1923 Athen als Refugium der Griechen Kleinasiens zum Rang der großen europäischen Kapitalen aufstieg. Da die »demokratische« Regierung Roms und die gegen sie mobilisierten

Armeen des senatorischen Adels um Italien und die Provinzen im Kampf lagen, mußten die Zensoren des Jahres 86 auf eine allgemeine Volkszählung im Imperium verzichten. Statt dessen führten sie eine Zählung aller in der Stadt zusammengepferchten Einwohner durch. Hieronymus verzeichnet in seiner Chronik ohne Unterschied von Geschlecht, Alter, Rang oder Nationalität als Ergebnis insgesamt 463 000 Köpfe: *descriptione Romae facta inventa sunt hominum CCCCLXIII milia.* Dreißig Jahre später hatte sich die Zahl beträchtlich erhöht, wenn – wie der Scholiast des Lukan versichert – Pompeius, der im September des Jahres 57 v. Chr. die Verwaltung der Annona übernommen hatte, tatsächlich einen Getreidevorrat für mindestens 486 000 hungrige Münder zu beschaffen hatte. Nach Cäsars Triumph im Jahre 45 v. Chr. schnellte die Bevölkerungszahl erneut empor. Genaue Angaben liegen nicht vor, doch handelt es sich um einen bedeutenden Zuwachs, da statt der 40–50 000 Getreideempfänger, die Cicero im Jahre 71 v. Chr. in den Reden gegen Verres erwähnt, Cäsar im Jahre 44 v. Chr. 150 000 Personen zum Empfang des kostenlosen Getreides zuließ. In seiner Eigenschaft als *praefectus morum* führte Cäsar allgemein das Verfahren ein, das die Umstände des Jahres 86 v. Chr. den Zensoren abgenötigt hatten. Er ließ neben dem üblichen *album* der Bürger des Imperiums ein umfassendes Verzeichnis der Einwohner der Urbs anlegen, das von nun an jede Straße und jedes Wohngebäude erfassen sollte. Für die Angaben waren die Eigentümer verantwortlich.

Das Anwachsen hielt unter dem Prinzipat des Augustus an. Die Angaben, aus denen wir Schlüsse ziehen können, veranlassen uns, die Einwohnerzahl Roms auf etwa eine Million zu veranschlagen. Da ist zunächst die Getreidemenge, die von der Annona in dieser Zeit jährlich für die Versorgung eingelagert werden mußte. 20 Millionen *modii* (1 750 000 Hektoliter) kamen, wie Aurelius Victor berichtet, aus Ägypten; die doppelte Menge, berichtet Josephus, aus Afrika, insgesamt also 60 Millionen *modii* (5 250 000 Hektoliter). Bei einem Durchschnittsverbrauch von 60 *modii* (5,25 Hektoliter) je Kopf und Jahr entspräche das einer Million Getreideempfänger. Einen Hinweis liefern ferner die *Res gestae* des Augustus. Als er zum zweiundzwanzigsten Mal mit der tribunizischen Amtsgewalt bekleidet und zum zwölften Mal Konsul wurde, d. h. im Jahre 5 v. Chr., »gab er jedem der 320 000 Einwohner«, die damals die Plebs der Stadt bildeten, 60 Denare. Nun wurde die Verteilung, wie wir aus der vom Kaiser genau gewählten Bezeichnung ersehen können, nur an die männlichen Erwachsenen vorgenommen: *viritim* bestimmt der lateinische, κατ' ἄνδρα übersetzt der griechische Text. Die Knaben unter elf Jahren und die Frauen, die gleichfalls zur *plebs urbana* gehörten, waren also ausgeschlossen. Wenn man das von den Statistikern errechnete heutige Zahlenverhältnis von Männern, Frauen und Kindern zugrunde legt, läßt sich also folgern, daß sich die Gesamtsumme der römischen *cives* in der Stadt im Jahre 5 v. Chr. auf mindestens 675 000 belief. Weiter müssen hinzugerechnet werden: die Garnison mit rund zehntausend Mann, die in Rom stationiert waren, aber nie an der Spendenverteilung *(congiarium)* teilnahmen, die große Menge der in der Stadt wohnenden Fremden und vor allem die noch wesentlich größere Masse der Sklaven. So sind wir auch durch diese Hinweise berechtigt, die Gesamtbevölkerung Roms während der Regierungszeit des Augustus auf eine Million, wenn nicht gar noch höher, zu veranschlagen.

Die Statistiken der Regionenverzeichnisse des 4. Jahrhunderts unserer Zeitrechnung[5] nötigen uns indessen, diese Zahl für das 2. Jahrhundert erneut zu erhöhen, für das wir bereits die stärkste Entwicklung der Bevölkerung Roms vermerkt haben. Wenn man die im *Curiosum* aufgeführten Wohnungen aller Bezirke der Urbs zusammenzählt, kommt man jeweils auf die Gesamtsumme von 1782 *domus* und 46 290 *insulae*. Das *Breviarium* hingegen, mit dem die *Notitia* beginnt, gibt zusammenfassend 1797 *domus* und 46 602 *insulae* an. Der Unterschied in den beiden Dokumenten rührt gewiß von der Unaufmerksamkeit des *Curiosum*-Kopisten her, den auf die Dauer die gleichförmigen Zahlenreihen langweilten. Wahrscheinlich hat er, um die zeitraubende Arbeit abzukürzen, einige der ihm vorliegenden Angaben abgerundet oder ausgelassen. Vielleicht hat er sie sogar einfach zusammengezogen und einander angeglichen, indem er ohne weiteres dieselbe Anzahl *domus* dem zehnten und dem elften Bezirk, dieselbe Anzahl *insulae* wie beim dritten und vierten Bezirk auch dem zwölften und dem dreizehnten Bezirk zuteilte. Es wäre falsch, aus einem Vergleich zwischen *Curiosum* und *Notitia* besondere Schlüsse ziehen zu wollen. Es kommt darauf an, das Regionenverzeichnis zu wählen, das die geringsten Irrtumsmöglichkeiten bietet. Mit anderen Worten: maßgeblich kann für uns nur die Aufstellung der *Notitia* sein. Aus der uns von ihr überlieferten Zahl der Wohnstätten Roms, den 1797 *domus* und 46 602 *insulae,* muß man die Einwohnerzahl ermitteln, indem man sie, da sie nicht unmittelbar gegeben wird, aus den Angaben ableitet.

Natürlich kann das Ergebnis nur annäherungsweise genau sein. Die heutige Forschung zeigt sich übrigens sehr spitzfindig. In Frankreich haben vor allem Édouard Cuq und Ferdinand Lot bei der *Notitia* den Plural *domus* ausgelegt, als seien darin alle Wohngebäude der Urbs eingeschlossen, und den Plural *insulae*, als sei er gleichbedeutend mit *cenacula* und bezeichne die bewirtschafteten Wohnungen in diesen Gebäuden. Sie behandelten also seither diese beiden Angaben, als sei eine in der anderen enthalten. Da sie einen Durchschnitt von fünf Bewohnern je Wohnung annahmen und die 46 602 *insulae* der *Notitia* als maßgeblich zugrunde legten, kamen sie ohne weiteres zu einer globalen Schätzung von 233 010 Einwohnern. Doch ihre Berechnungen sind von Anfang an mit dem Irrtum falscher Wortauslegung behaftet. Für einen Lateiner ist *domus*, in dessen Wortstamm der Begriff des erblichen (Grund-)Besitzes *(dominium)* steckt, das einzelne Haus, in dem einzig und allein die Familie des Besitzers lebt; die *insula* hingegen, ein inselartiger Bau, wie schon ihr Name besagt, ist das Mietshaus, der in viele Wohnungen, *cenacula*, aufgeteilte Block, die alle je einen einzelnen Mieter oder eine Familie von Mietern beherbergen. Beispiele dafür lassen sich zur Genüge anführen. Bei Sueton, der an die Vorschrift erinnert, die Cäsar den Besitzern der *insulae* zur Anfertigung der Zählrollen erteilte, heißt es: *per dominos insularum.* Tacitus verzichtet bei der Beschreibung der Feuersbrunst des Jahres 64 n. Chr. auf eine genaue Berechnung der zerstörten Tempel, *domus* und *insulae.* Der Biograph der *Historia Augusta* berichtet, daß in Rom unter der Regierung des Antoninus Pius die Flammen an einem einzigen Tag 340 Wohnungen, Mietwohnungen oder Einzelhäuser, vernichteten: *incendium trecentas quadraginta insulas vel domus absumpsit*. In allen diesen Texten erscheint die *insula* nie anders denn als einzelnes, selbständiges Gebäude. Sie ist ein Baukomplex, aber nicht eine Wohneinheit. In dieser Bedeutung ist sie auch in der Übersicht der *Notitia* enthalten. Den unwiderleglichen Beweis dafür bietet die genaue Beschreibung, mit der das Dokument unter anderen Gebäuden, die im IX. Bezirk die Aufmerksamkeit der Reisenden verdienen, die *insula Felicles* würdigt, den »Wohnblock« der Felicula, auf dessen ungewöhnliche Ausmaße wir später noch einzugehen haben. So können wir also unmöglich die 46 602 *insulae* den 1797 *domus* der Statistik gleichsetzen. Im Gegenteil, sie müssen hinzugezählt werden. Und bei Berücksichtigung ihres Fassungsvermögens können wir gar nicht umhin, ihre Zahl nicht nur mit der Durchschnittszahl der Bewohner je *cenaculum*, sondern darüber hinaus auch noch mit der Durchschnittszahl der *cenacula*, der Wohnungen, zu multiplizieren, die jede enthielt.

Die Summe von 233 010 Einwohnern, zu der jene Rechner gelangen, die dem Begriff *insula* diese entstellende Bedeutung unterlegen, bildet also schon eine unzumutbare Verringerung, wenn man sie lediglich mit der Gesamtsumme der erwachsenen Bürger vergleicht, die in der Urbs die großzügigen Gaben des Augustus empfingen. Die Minderung ist so offensichtlich, daß sie die unsinnige Methode zur Lächerlichkeit verurteilt. Sollte aber vielleicht als Reaktion gegen solch ein System die Folgerung zu ziehen sein, man müsse jeder *insula* die 21 oder 22 *cenacula* zuweisen, die sich in der *Notitia* aus dem Verhältnis von 1797 *domus* zu ebensovielen *insulae* ergeben, und den 46 602 *insulae* ebensoviele *cenacula* zuweisen? Das hieße doch wohl von einer Übertreibung in die andere fallen.

Wenn wir im folgenden Kapitel den Typ des römischen Hauses näher betrachten, werden wir uns bald davon überzeugen, daß die *insula* durchschnittlich fünf bis sechs *cenacula*, Wohnungen, umfaßte, in denen jeweils mindestens fünf bis sechs Menschen untergebracht waren. Als Unterlagen dienen uns die Regionenverzeichnisse des 4. Jahrhunderts, die uns zu dem Schluß nötigen, daß Rom entweder im 2. Jahrhundert bereits die höchste Bevölkerungszahl erreicht hatte oder aber sich das Anwachsen nun in starkem Maße beschleunigte. Die Stadt zählte außer den rund 50 000 Bürgern, Freigelassenen und Sklaven, die sich auf mindestens 1000 *domus* verteilten, in den Wohnungen ihrer 46 602 Mietshäuser zwischen 1 165 050 und 1 677 672 Einwohner. Doch wenn man sich auch an die niedrigste der beiden Schätzungen hält, und selbst wenn man die Bevölkerungszahl der Urbs unter den Antoninen auf 1 200 000 beschränkt,[6] so wird doch ganz deutlich, daß sie der Einwohnerzahl unserer Städte gleichkommt. Freilich verfügte Rom nicht über die Errungenschaften der Technik und die Verkehrsmittel, die das Zusammenleben und die Versorgung der Massen in den modernen Städten erleichtern. Aus diesem Grunde darf man sich nicht darüber täuschen, daß die Hauptstadt des Imperiums mehr unter den Mißständen der Übervölkerung zu leiden hatte als unsere Städte. Wenn sich Rom so gewaltig entwickelte, in jeder Hinsicht dem heu-

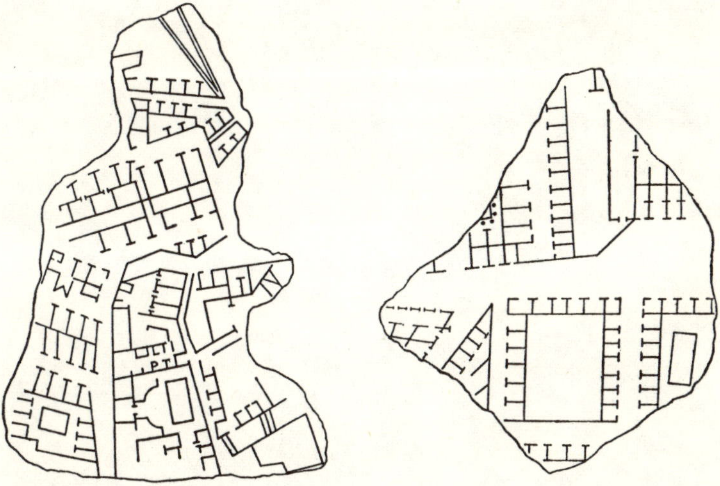

Abb. 9. Vetus Roma und *nova Urbs.* Fragmente der severischen Forma Urbis.

tigen New York vergleichbar, wenn es als Königin der antiken Welt in trajanischer Zeit die riesige Stadt wurde, vor deren Größe Fremde und Einheimische staunend standen, wie das heutige Europa staunend vor der amerikanischen Metropole steht, so hat es doch, da seine Herrscherrolle es am Ende zu Boden zwang, diese Riesengröße teuer bezahlen müssen.

Terrarum dea gentiumque, Roma,
Cui par est nihil et nihil secundum.[7]

Göttin der Kontinente und Nationen, o Rom, dem nichts gleichkommt und dem sich nichts vergleichen läßt!

Zweites Kapitel

Häuser und Straßen, Größe und Elend der Antike

Selbst wenn man für die kaiserliche Urbs mehr als 2000 Hektar ansetzte, wäre sie doch immer noch viel zu klein, um ohne weiteres 1 200 000 Bewohner fassen zu können, zumal nicht alle Teile bewohnbar waren und auch nicht alle bewohnt werden durften. So fielen größtenteils die nicht unbedeutenden Flächen der öffentlichen Gebäude, Heiligtümer, Basiliken, Hafenanlagen, Thermen, Zirkusbauten und Theater aus, die von Staats wegen nur für wenige Leute, Türhüter, Speicherbesitzer, Schreiber, Gerichtsdiener, Staatssklaven oder Mitglieder bevorrechtigter Körperschaften freigegeben waren; vollständig indessen auch der Tiber, seine unsicheren Ufer und die rund vierzig Parks und Gärten, die sich hauptsächlich am Esquilin, am Pincio und an beiden Ufern des Flusses erstreckten; weiterhin das ausschließlich dem Kaiser vorbehaltene palatinische Viertel, das Marsfeld, dessen Tempel, Säulenhallen, Palästren, Krematorien *(ustrinae)* und Gräber mehr als 200 Hektar einnahmen, in denen aus Ehrfurcht vor den Göttern den Menschen zu wohnen auch weiterhin verboten war. Wenn man nun noch berücksichtigt, daß die Alten nicht über die ober- und unterirdischen Verkehrsmittel verfügten, denen die heutigen Metropolen ihre Entwicklung verdanken, so wird klar, daß ihnen wegen der Unzulänglichkeit ihrer Transportmittel in der flächenmäßigen Ausdehnung immer bestimmte Grenzen gesteckt waren, zweifellos jene Grenzen, die bereits Augustus und seine Nachfolger gezogen hatten und über die hinaus keine Entwicklung ohne Gefährdung des städtischen Lebens und seiner Einheit möglich war. Da sich die Erweiterung der Grundfläche aus Mangel an technischen Möglichkeiten verbot und deshalb mit der Zunahme der Bevölkerung nicht Schritt halten konnte, mußten sich die Römer damit begnügen, auf andere Weise Raum zu gewinnen. Das geschah durch zwei gegensätzliche Maßnahmen: die Straßen wurden eng gehalten, die Häuser in die Höhe getrieben. Deshalb stehen zwischen den glanzvollen Monumenten des kaiserlichen Roms überall die zusammenhanglosen Wohnbauten, die zugleich armselig und prunkvoll, groß angelegt, aber nicht solide sind; enge Gassen und dunkle Stege schlängeln sich zwischen ihnen hindurch. Immer werden wir, wenn wir uns um das wahre Antlitz Roms mühen, verwirrt vor den gegensätzlichen Eindrücken stehen: moderne Größe und mittelalterlich anmutende Unzulänglichkeit, amerikanisch wirkende Großplanung und orientalisch kleinräumiges Durcheinander prallen unmittelbar zusammen.

1. Moderner Eindruck des römischen Hauses

Zunächst ist man frappiert von der modernen Gestaltung der üblichen römischen Wohnungen. Über ihre Maße, Grundrisse und ihr wirkliches Aussehen wissen wir jetzt genauer Bescheid durch meine im Jahre 1910 erfolgte Veröffentlichung über das Hafenviertel von Ostia, dieses kleine, aber getreue Spiegelbild Roms, ferner durch die seit 1907 dort wieder aufgenommenen Ausgrabungen, aus denen zehn Jahre später Guido Calza geschickt die richtigen Schlüsse zog, durch die in Rom vorgenommene Rekonstruktion der Gebäude an der »Pfeffer-Straße«, der Via Biberatica, auf dem trajanischen Markt, durch die Bloßlegung von Resten, die unter der Treppe von Ara Coeli (s. Abb. 10) verborgen waren, durch die Untersuchungen von Wohnungen am Palatin, Via dei Cerchi und unter der Galerie der Piazza Colonna.[1] Als man zu Beginn dieses Jahrhunderts die verschiedenen Bauten sich vorzustellen versuchte, die man aus der Lava und den Schlacken des Vesuvs freigelegt hatte, übertrug man sie ohne weiteres an die Ufer des Tiber. Voller Eifer zeichnete man die Gebäude der Urbs nach dem Vorbild von Herkulaneum und Pompeji. Heute dagegen wird kein erfahrener Archäologe mehr auf diese summarische und völlig illusorische Methode verfallen. Gewiß ähneln das sogenannte Haus der Livia am Palatin und das Haus der Gamalae in Ostia, das später einem gewissen Apuleius gehörte, den campanischen Gebäuden. Selbst bei Anlegung strenger Maßstäbe kann man zugeben, daß die Villen der Besitzenden, die bebauten Grundstücke oder *domus*, die in den

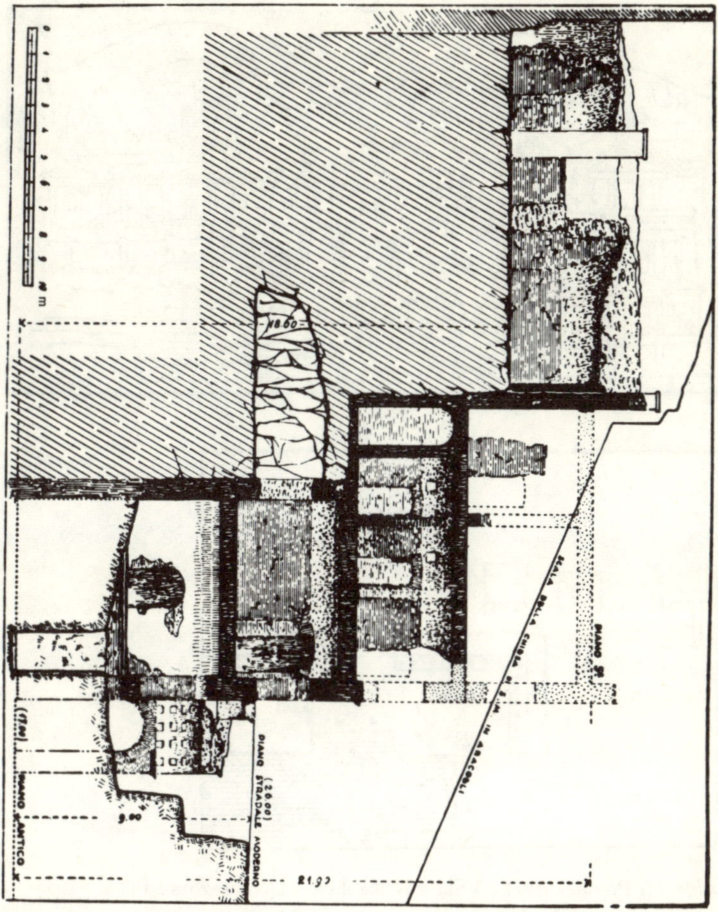

Abb. 10. Mehrstöckige *insula* am Kapitol. Querschnitt.

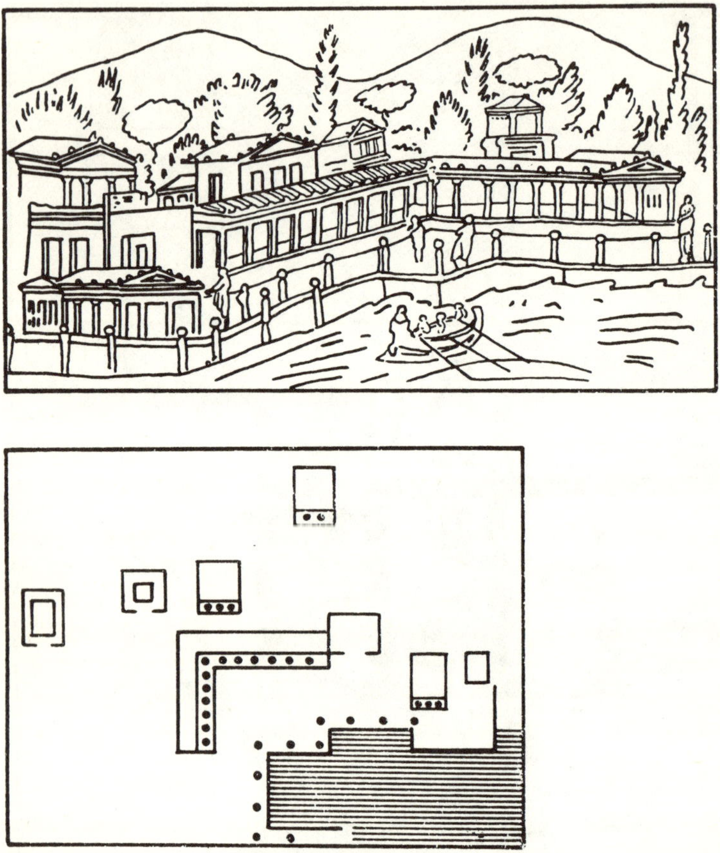

Abb. 11. Pompejanische Villa mit Seeblick. Zeichnung und Plan.

Regionenverzeichnissen vermerkt sind, größtenteils der Form nach mit den Häusern von Herkulaneum und Pompeji übereinstimmen. Doch geben die Regionenverzeichnisse für die Urbs insgesamt nur 1797 *domus* gegen 46 602 *insulae* an. Auf ein Einzelhaus kommen also 26 Mietshäuser. In Übereinstimmung mit dem Zeugnis der literarischen Quellen und bei genauer Auswertung der Katasterfragmente der Urbs, die Septimius Severus auf dem Forum Pacis von neuem erstellte, haben die letzten Forschungen gezeigt, daß der Unterschied zwischen der Unzahl der *insulae* und den ausnehmend wenigen *domus* ebenso groß ist wie zwischen einem römischen Palast und einem *villino* am Strand (s. Abb. 11) oder zwischen den Gebäuden an der Rue de Rivoli oder den großen Pariser Boulevards und den Bauernhäusern der Bretagne. So widersinnig die Behauptung auch erscheinen mag, es besteht mehr Übereinstimmung zwischen der *insula* der kaiserlichen Hauptstadt und den *case* des heutigen Rom als zwischen der *insula* und der *domus* pompejanischer Bauart.

Die *domus* verschloß sich zur Straße mit einer lückenlosen Wand und öffnete sich mit allen ihren Türen und Fenstern nach innen. Die *insula* öffnete sich nach außen und manchmal auch, wenn sie im Viereck um einen Mittelhof angelegt war, mit allen Türen, Fenstern, Treppenhäusern nach außen und nach innen.

Die *domus* besteht aus Räumen, deren Ausmaß ein für allemal berechnet, deren Zweck von vorneherein festgelegt, deren Ordnung und Folge unwandelbar ist: Korridor (*fauces*), Vorhalle *(atrium)*, *alae*, *triclinium*, *tablinum*, *peristylium* (s. Abb. 12). Die *insula* umfaßt zu *cenacula* vereinte Räume als voneinander getrennte Wohnungen, die wie unsere Appartements keiner festgelegten Bestimmung unterliegen, jedoch in den einzelnen Stockwerken genau übereinander angeordnet sind.

Die *domus*, unmittelbar aus der hellenistischen Architektur hervorgegangen, entwickelte sich horizontal, die *insula* dagegen vertikal. Sie ist wahrscheinlich im Laufe des 4. Jahrhunderts vor unserer Zeitrechnung aus der Notwendigkeit entstanden, innerhalb der sogenannten Servianischen Mauer eine fortwährend wachsende Bewohnerschaft aufzunehmen. Im Gegensatz zu der *domus* von Pompeji ist die römische *insula* in die Höhe geklettert und hat schließlich während der Kaiserzeit schwindelerregende Dimensionen erreicht. Dadurch flößte sie den Alten große Bewunderung ein, aber noch heute verblüfft uns ihre Ähnlichkeit mit unseren jüngsten und gewagtesten städtebaulichen Schöpfungen. Schon im 3. Jahrhundert vor unserer Zeitrechnung waren die *insulae* mit drei Stockwerken *(tabulata, contabulationes, contignationes)* so zahlreich geworden, daß sie keinerlei Aufsehen mehr erregten. Livius[2] erwähnt bei der Aufzählung aller seltsamen Vorzeichen, die im Winter 218 auf 217 v. Chr. den Angriff Hannibals ankündigten, eine am Rand des *forum boarium* gelegene *insula*, deren Treppe ein auf dem Markt entwichener Ochse erstürmte. Das Tier stürzte sich unter den Entsetzensschreien der Zuschauer aus dem dritten Stock in die Tiefe. Am Ende der Republik waren die mittelhohen Häuser, die diese Anekdote beiläufig erwähnt und über deren dritten Stock kein weiteres Wort verloren wird, längst überholt. Das Rom Ciceros wirkte mit seinen übereinandergetürmten Wohnungen, als schwebe es aufgehängt in der Luft: *Romam cenaculis sublatam atque suspensam.*[3] Unter Augustus reckte sich Rom noch höher empor. So heißt es bei Vitruvius: »Die Majestät der Stadt, das beträchtliche Anwachsen ihrer Bevölkerung verlangen eine außergewöhnliche Vergrößerung des Wohnraums. Die Umstände lassen als einzigen Ausweg die Erhöhung der Gebäude offen.«[4] Dieser Ausweg freilich bot mancherlei Gefahren. Da das Zusammenstürzen der Häuser Leben und Sicherheit der Bürger bedrohte, setzte der Kaiser die zulässige Höhe herab und beschränkte das Höchstmaß für alle Privatbauten auf 70 Fuß (20 Meter).[5] Aus Geiz wetteiferten Besitzer und Unternehmer nun tollkühn, die im Rahmen der Beschränkung zulässigen Möglichkeiten bis zum letzten auszunutzen. So unglaublich es für jene Zeit erscheinen mag, das Kaiserreich bietet überreichlich Beweise für dieses Emportreiben der Gebäude. Noch Strabo, der das Tyrus der ersten Jahre unserer Zeitrechnung beschreibt, stellt mit Erstaunen fest, daß die Häuser dieses berühmten Orienthafens fast höher sind als die des kaiserlichen Roms.[6] Doch schon einhundert Jahre später bespöttelt Juvenal das in die Luft strebende Rom, das sich nur noch auf Pfosten, dünn und lang wie Flöten,

Abb. 12. Pompeji. Haus des Pansa. Grundriß.

1 Portikus; 2 Schlafraum; 3 Triclinium; 4 Säulenhof; 5 Tablinum; 6 Alae; 7 Atrium; 8 Tabernae; 9 Eingang.

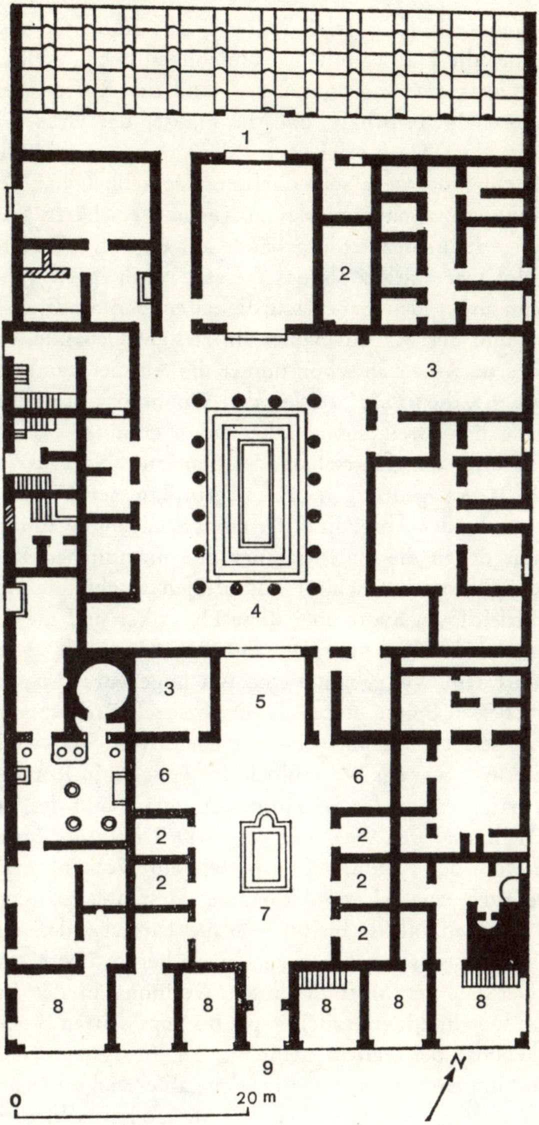
1
2
3
4
3
5
6
6
2
2
2
2
7
2
8
8
8
8
8
9
N
0
20 m

stütze.[7] Weitere fünfzig Jahre später bricht Aulus Gellius in Klagen aus über die Häuser mit den unzähligen hochgestellten Stockwerken: *multis arduisque tabulatis.*[8] Und der Rhetor Aelius Aristides überschlägt ernsthaft, daß die Häuser der Urbs bis Hadria am Adriatischen Meer reichen würden, wenn sie plötzlich nicht höher als ein Stockwerk sein dürften.[9] Vergeblich hat Trajan die Einschränkungsmaßnahmen des Augustus verschärft,[10] indem er die zulässige Höhe der Privatgebäude auf 60 Fuß (18 Meter) senkte. Die Not war stärker als das Gesetz. Noch im 4. Jahrhundert zeigte man unter den Sehenswürdigkeiten der Stadt, neben dem Pantheon und der Markus-Säule, ein riesiges Gebäude, dessen bemerkenswertes Aussehen schon immer die Aufmerksamkeit der Besucher fesselte, die *insula Felicles*, den Wohnblock der Felicula. Der Ruhm der schon zweihundert Jahre zuvor erbauten *insula* war bereits zu Beginn der Herrschaft des Septimius Severus (193–211) über die Meere gedrungen. Als Tertullian seine afrikanischen Landsleute von der Absurdität der Gedankengebilde zu überzeugen suchte, mit denen die Valentinianer den unendlichen Raum zwischen Schöpfer und Geschöpf auszufüllen trachteten, fand er in seinem mitleidlosen Spott über diese Häretiker und die Ausgeburten ihrer Delirien keinen treffenderen Vergleich als zu sagen, sie hätten »aus dem Weltgebäude eine Art ungeheures Logierhaus gemacht, in dessen Spitze, unter die Dachziegel – *ad summas tegulas* – sie Gott setzten und das sich mit ebensoviel Stockwerken zum Himmel erhebt wie der Wohnblock der Felicula in Rom«.[11] Offensichtlich hatten trotz der Edikte des Augustus und des Trajan die Bauunternehmer ihren Wagemut verstärkt. Die *insula Felicles* ragte aus dem Rom der Antonine hervor wie ein Wolkenkratzer. Doch wenn sie auch eine seltene Ausnahme darstellte, sozusagen einen monströsen Grenzfall, so bleibt doch die Tatsache, daß die Häuser mit fünf oder sechs Stockwerken um sie herum überaus zahlreich waren. Der Dichter Martial, dessen Wohnung in der Birnbaumstraße am Quirinal lag, brauchte nur bis zum dritten Stock zu steigen, er wohnte bei weitem nicht am ungünstigsten. In derselben *insula* und in den benachbarten *insulae* gab es viel schlechter untergebrachte Mieter, die weit höher »die Stange hinaufklettern« muß-

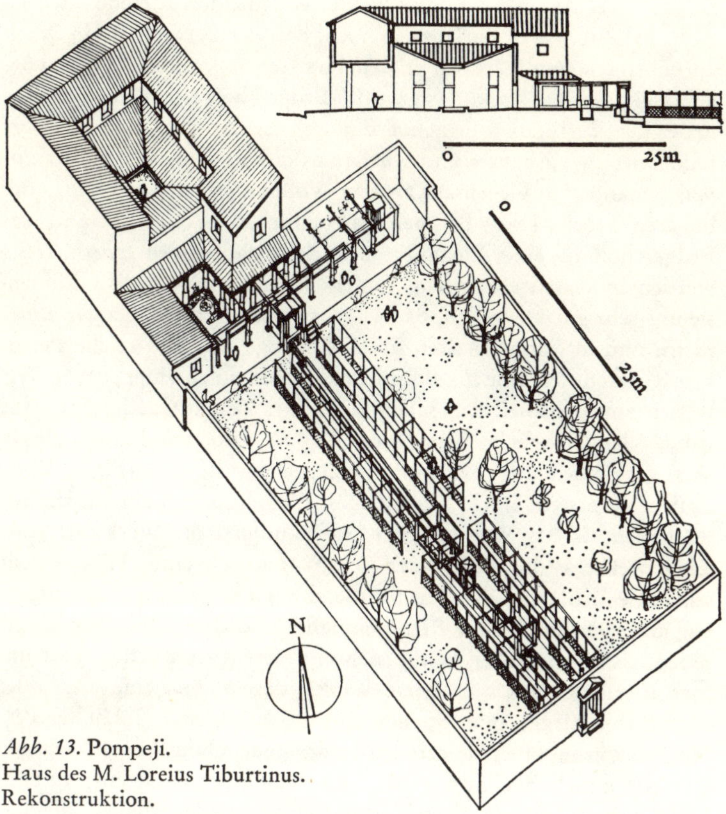

Abb. 13. Pompeji.
Haus des M. Loreius Tiburtinus.
Rekonstruktion.

ten. In der grausigen Schilderung, die uns Juvenal von einer römischen Feuersbrunst zeichnet, wendet er sich an den Unglücklichen, der, wie der Gott der Valentinianer, unter den Dachziegeln haust. »Schon steht der dritte Stock in Flammen, und du weißt noch von nichts, schon liegt das erste Stockwerk in Schutt und Asche, aber als letzter wirst du Armseliger gebraten, der vor dem Regen nur durch die Dachziegel geschützt ist, wo die schmachtenden Tauben ihre Eier legen.«[12]

Es gab zwei Arten der immer wieder erstehenden Riesenbauten (s. Abb. 13). Sie waren übrigens so hoch, daß der Betrachter ein Stück zurücktreten mußte, wenn er den First sehen wollte. Bei den vornehmeren *insulae* stand das gesamte Erdgeschoß einem einzigen Inhaber zur Verfügung. Es genoß dadurch das Ansehen und die Vorteile eines Privathauses und wurde aus diesem Grund auch oft *domus* genannt, im Gegensatz zu den Wohnungen, den *cenacula*, der höheren Stockwerke. Bei den gewöhnlichen *insulae* bestand das Erdgeschoß aus einer Unzahl von Verkaufsläden, den *tabernae*. Sie werden in den literarischen Texten häufig erwähnt. Wir können sie uns sehr gut vorstellen, da viele Grundmauern auf der *via Biberatica* und in Ostia erhalten sind. Nur ungewöhnlich reiche Personen leisteten sich eine *domus* im Erdgeschoß solch einer *insula*. Wir wissen zum Beispiel, daß schon zu Cäsars Zeiten Caelius für seine *domus* eine jährliche Miete von 30 000 Sesterzen bezahlte.[13] In den Gewölben der *tabernae* hingegen hauste armseliges Volk. Auf den ersten Blick scheint ein Einzelraum nichts enthalten zu haben als das Warenlager eines Händlers, die Werkstatt eines Handwerkers, das Büro oder den Warentisch eines Hökers. Die *tabernae* öffneten sich zur Straße mit einer weiten Rundbogentür, die fast die gesamte Breite einnahm und deren hölzerne Flügel jeden Abend sorgfältig geschlossen und verriegelt wurden. Fast immer aber befand sich in einem Winkel der *taberna* eine vier- oder fünfstufige Ziegel- oder Steintreppe, die durch eine Holzleiter verlängert wurde. Über sie erreichte man einen Hängeboden, dem ein einziges, längliches, mitten über der Tür eingeschnittenes Fenster Licht gab. In diesem Verschlag hatten die Ladeninhaber, die Lagerarbeiter, die Handwerker ihren privaten Wohnraum. Ob freie Arbeiter, ob Haussklaven, stets stand dem Inhaber einer *taberna* für sich und seine Angehörigen nur ein einziger Raum zur Verfügung. Sie arbeiteten, kochten, aßen, schliefen in einem Gedränge, das höchstens noch von dem Durcheinander bei den Mietern der obersten Stockwerke übertroffen werden konnte. Wahrscheinlich aber waren die Verhältnisse dort noch schlimmer. Mindestens hatten sie, wie es scheint, immer Schwierigkeiten, die Miete aufzubringen. Um die Schuldner zum Zahlen zu zwingen, brauchte der

Besitzer lediglich die Leiter zu dem Wohnverschlag wegzuziehen. Indem er ihnen so den Weg zu den Lebensmitteln abschnitt, zwang er sie zum Nachgeben. Die Redewendung *percludere inquilinum*, einen Mieter blockieren, wäre in ihrer bildlichen Bedeutung bei den Rechtsgelehrten in dem Sinne, einen Mieter zur Zahlung zu zwingen, nicht entstanden, wenn der ursprüngliche, nur im Rahmen der ärmlichen Verhältnisse der *taberna* verständliche Vorgang nicht im kaiserlichen Rom an der Tagesordnung gewesen wäre. Die Unterschiede zwischen den zwei Arten von *insulae* beruhten fast ausschließlich darin, daß die einen im Erdgeschoß eine *domus*, die anderen *tabernae* hatten. Doch diese Verschiedenheit änderte auch nichts daran, daß ihr Leben nach denselben Gesetzen verlief und das äußere Bild der oberen Stockwerke völlig gleich war (s. Abb. 14).

Und wie sieht es im heutigen Rom aus? Es ist nicht zu leugnen, daß sich im Verlauf der letzten sechzig Jahre, vor allem nach der Parzellierung der Villa Ludovisi, gesonderte »aristokratische Viertel« gebildet haben. Doch vorher umschlang stets ein Band nachbarschaftlicher Gleichberechtigung die vornehmen Häuser und die einfachsten Wohnungen. Noch heute überkommt den Fremden höchstes Erstaunen, wenn er plötzlich aus dem Gewirr der Armeleutestraßen die Majestät eines Palazzo Farnese auftauchen sieht. Durch diesen brüderlichen Zug hat das Rom der Renaissance das Rom Cäsars wiederaufleben lassen, in dem die oberen Klassen und die kleinen Leute friedlich nebeneinander wohnten. Der hoffärtige Pompeius fürchtete nicht, sich etwas zu vergeben, wenn er den Carinae treu blieb. Ehe Julius Cäsar, der klügste aller Patrizier, aus politischen und religiösen Gründen in die Nebengebäude der Regia übersiedelte, wohnte er in der volkstümlichen Subura. Einige Zeit später legte Mäcenas seine Gärten im übelbeleumundeten Teil des Esquilin an. Um die gleiche Zeit wählte der steinreiche Asinius Pollio den plebejischen Hügel des Aventin zu seiner Residenz, den gleichfalls Licinius Sura, der kaiserliche Stellvertreter Trajans, zum Wohnsitz nahm. Am Ende des 1. Jahrhunderts unserer Zeitrechnung wohnten der Neffe des Kaisers Vespasian und ein Habenichts wie der Poet Martial dicht beieinander auf den Hängen des Quirinals, und am Ende des 2. Jahrhunderts wird Commodus auf seinem Ruhesitz ermordet, den er sich inmitten des demokratischen Caelius eingerichtet hat. Natürlich stiegen die verschiedenen Viertel nach jeder Feuersbrunst solider und schöner aus der Asche empor. Trotzdem aber verringern sich die Gegensätze augenfällig nach jedem Wiederaufbau. Jeder Versuch, die vierzehn Bezirke der Urbs besonderen Klassen zuzuteilen, ist von vorneherein erfolglos. Als Zugeständnis ließe sich höchstens sagen, daß immer weiter in die Außenbezirke rücken mußte, wer die Menge fliehen wollte. Er mußte sich in die »ländlichen« Gebiete zurückziehen, in die Pinienhaine des Pincius und des Janiculus, wo sich die Parks der vorstädtischen Landhäuser erstreckten.[14] Die geringeren Bürger hingegen, aus dem Stadtkern durch die Anwesenheit des Hofes und die Vielzahl der öffentlichen Gebäude vertrieben, trotzdem aber durch ihre Geschäfte hier zum Verweilen gezwungen, strömten vor allem in die mittleren Zonen zwischen den Foren und den äußeren Bezirken ein, die an die republikanische Mauer stießen und durch Augustus völlig in die Urbs einbezogen waren. Wenn man nun die Regionenverzeichnisse bezirksweise prüft, welche Zahlen für die *insulae*, die Mietshäuser, und die *vici*, die trennenden Straßenzüge zwischen den *insulae*, eingetragen sind, und wenn man diese Zahlen in zwei Gruppen zusammenzieht, einmal die acht Bezirke der alten Stadt, zum andern die sechs Bezirke der neuen Stadt, so errechnen sich als durchschnittliches Ergebnis bei der ersten Gruppe 2965 *insulae* und 17 *vici*, bei der zweiten Gruppe 3429 *insulae* und 28 *vici*. Unter Berücksichtigung der Zahl der Bezirke besaßen also die neuen Teile der Stadt mehr Wohnhäuser, und ihre größte Ausdehnung haben die Miethäuser nicht in der Altstadt, wo je *vicus* bis zu 174 *insulae* zu zählen sind, sondern in der neuen, wo die Zahl der *insulae* je *vicus* nur 123 erreichte. Zudem haben die Regionenverzeichnisse die riesige *insula* der Felicula, den Wolkenkratzer, im neunten, nach dem Circus Flaminius benannten Bezirk,

Abb. 14. Ostia. Haus der Diana. Grundriß des Erdgeschosses und des ersten Stocks (a). Axonometrischer Plan (b).

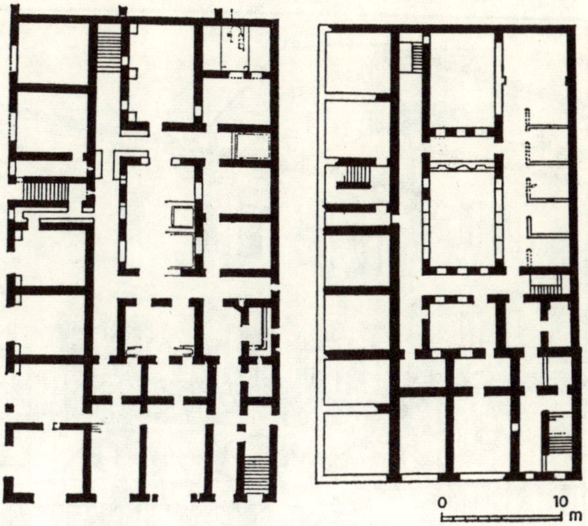

a)

b)

Abb. 15. Ostia. Fassade einer *insula.* Rekonstruktion.

also mitten im Bereich der neuen Stadt, aufgeführt. Stichproben führen zu den gleichen Schlußfolgerungen wie die Auswertung der Gesamtstatistik: die kaiserliche Stadtplanung hat in jeder Hinsicht und auf moderne Weise die geräumigen Miethäuser des alten Rom außergewöhnlich vergrößert.

Von außen ähnelten sich die riesigen Blöcke der *insulae* alle mehr oder weniger, zur Straße hin zeigten sie eine fast einheitliche Front. Überall lagen die großfenstrigen *cenacula* ihrer Stockwerke symmetrisch übereinander. Die steinernen Treppen, die unmittelbar von der Straße in die höhergelegenen Wohnungen stiegen, führten in ihren unteren Teilen an den *tabernae* oder an der *domus* vorbei.

In seinen wesentlichen Zügen ist uns der Bauplan der *insulae* vertraut. Sie wirken wie Stadthäuser von gestern oder heute. Die zuständigen Fachgelehrten haben sie nach den besterhaltenen Ruinen rekonstruiert. Die Zeichnungen weisen so starke Ähnlichkeit mit unseren eigenen Wohnungen auf, daß wir auf den ersten Blick mißtrauisch werden könnten. Doch belehrt uns jede genaue Prüfung, daß die Untersuchungen gewissenhaft durchgeführt worden sind. So hat zum Beispiel Boëthius einfach auf demselben Foto irgendeinen Abschnitt des Trajansmarktes oder ein Gebäude aus Ostia neben ein heutiges Haus aus der Via dei Cappellari in Rom oder der Via dei Tribunali in Neapel gestellt und auf diese Weise nachgewiesen, wie überraschend ähnlich, teilweise sogar völlig gleich diese durch viele Jahrhunderte getrennten Bauten sind.[15] Wenn die Untertanen Trajans und Hadrians heute von den Toten auferstünden, würden sie beim Betreten der jetzigen *casoni* wahrscheinlich glauben, ihre eigenen Häuser wiederzufinden. Mit Bedauern aber würden sie wohl feststellen, daß ihre Wohnungen im Laufe der Jahre zumindest äußerlich eher verloren als gewonnen haben.

Wenn wir das Äußere der jetzigen italienischen Häuser zum Vergleich heranziehen, so müssen wir den *insulae* Roms den feineren Geschmack und die elegantere Ausführung zuerkennen. Tatsächlich wirkt das antike Haus moderner als die Häuser der Gegenwart (s. Abb. 15). Die Außenwände sind mit Holz und Steinwerk verziert oder bestehen aus meisterhaft zusammengesetzten Ziegeln; sie sind mit einer Kunst ausgeführt, die bei uns seit den Schlössern Ludwigs XIII. nicht mehr lebendig ist. Türen und Fenster waren ebenso zahlreich, aber meist größer. Ein Säulengang deckte fast immer die Ladenreihe. Auf den breiteren Straßen stießen die Stockwerke mit Loggien, *pergulae*, vor, die auf den Säulengängen ruhten, oder mit Balkonen, *maeniana*, von lustigster Vielfalt: einige aus Holz, deren Stützbalken man im Mauerwerk gefunden hat, andere aus Ziegelsteinen, entweder auf die Gewölbezwickel, deren waagerechte Simslinien eine gleichmäßige Stütze bildeten, oder auf eine Reihe halbkreisförmiger Konsolen aus Tiburtiner Kalkstein (Travertin) gesetzt, die tief in das Mauerwerk der Seitenwände eingesenkt wurden. Kletterpflanzen bedeckten die Pfeiler der Loggien und die Geländer der Balkone. Fast alle Fenster schmückten Topfblumen; sie bildeten die kleinen Gärten, von denen Plinius der Ältere erzählt. Noch in den stickigsten Ecken der Großstadt linderten sie ein wenig das Heimweh nach dem Lande, das die armen Stadtbewohner so stark verspürten, weil sie aus bäuerlichen Geschlechtern stammten.[16] Aus Ostia wissen wir, daß am Ende des 4. Jahrhunderts auch bescheidene Herbergen von den Wirten mit schattenspendenden Gebüschen umpflanzt wurden, so auch jene Hütte, in der Augustin seine erhabene Unterhaltung mit der heiligen Monika führte. Die wesentlich ältere *Casa dei Dipinti* scheint von allen Seiten bis zum First mit Blumen umrankt gewesen zu sein. Die Rekonstruktion, die Calza und Gismondi unter Berücksichtigung aller Anhaltspunkte unternommen haben, erweckt das Bild einer Gartensiedlung, die sich in jeder Hinsicht mit den Siedlungen vergleichen läßt, wie sie heute für die Handwerker und Kleinbürger unserer großen Städte geschaffen werden. Wenn man dieses Bild sieht, neigt man dazu, jeden Fortschritt abzuleugnen und die Menschen zu beneiden, die einstmals unter Trajan, Hadrian oder Antoninus Pius bereits die Annehmlichkeiten kannten, die sich hier unseren Augen bieten.

Leider entsprach aber selbst bei dieser *insula*, der luxuriösesten übrigens, die uns bisher die Archäologie erschlossen hat, die innere Einrichtung in keiner Weise ihrem Äußeren. Dabei hatten es die Architekten an Ausstattung durchaus nicht fehlen lassen. Sie besaß bunte Steinfliesen und Mosaike, deren kunstreiche Ausführung Vitruv uns genau beschrieben hat. Die Architekten ließen sie in langwierigen und kostspieligen Verfahren, die derselbe Autor eingehend behandelt, mit Farben ausmalen, die heute zu drei Vierteln verblichen sind, doch damals so frisch und lebhaft leuchteten wie die Fresken (vgl. Taf. 6) von Pompeji. Diesen Farben verdankt das Haus den Namen, den ihm die italienischen Gelehrten verliehen: *Casa dei Dipinti*, Haus der Malereien. Ich möchte nicht gerade behaupten, daß es mit *laquearia*, verschiebbaren Deckenkassetten aus Thujaholz oder Elfenbein ausgestattet war, aus denen Parvenüs wie Trimalchio zum Entzücken ihrer übersättigten Tischgenossen Blumen und Wohlgerüche, Leckerbissen oder kostbare Geschenke herniederregnen ließen. Vielleicht waren die Zimmerdecken aber schon mit jenem vergoldeten Stuck (s. Taf. 5) geschmückt, an dem bereits die meisten Zeitgenossen Plinius des Älteren Gefallen fanden. Jedenfalls war der Verschwendungssucht vollauf Genüge getan. Hingegen aber waren auch die prunkvollsten *insulae* viel zu leicht gebaut, kaum mit Möbeln, nur mangelhaft hygienisch ausgestattet und ungenügend beleuchtet und geheizt.

2. *Archaischer Eindruck des römischen Hauses*

Während der Grundriß der *domus* in Pompeji mindestens 800 bis 900 Quadratmeter aufwies, erreichten schon die *insulae* von Ostia, obwohl sie nach dem großzügigen Gesamtplan Hadrians entstanden, nur selten diese Ausmaße. Die Grundflächen der *insulae* Roms aber, über die uns die Katasterfragmente des Septimius Severus Auskunft geben, halten sich im allgemeinen zwischen 300 und 400 Quadratmetern. Die hochgezogenen Häuser sind viel zu schmal, und ihre Maße sind selbst dann unzulänglich, wenn man gegen alle Wahrscheinlichkeit annehmen wollte, es habe nicht noch schmalere, nun für immer von der Erde begrabene Häuser gegeben. 300 Quadratmeter Bodenfläche für einen Bau von 18 bis 20 Meter Höhe sind äußerst wenig, vor allem, wenn man die Dicke der Decken zwischen den Stockwerken in Betracht zieht. Man braucht nur die beiden Zahlen nebeneinander zu halten, um die in ihrem Mißverhältnis steckende Gefahr zu erkennen. Die Wohnhäuser Roms besaßen keineswegs die ihrer Höhe entsprechende Grundfläche. Die Einsturzgefahr erhöhte sich noch durch die Raffgier der Erbauer, die auf Kosten der Festigkeit des Mauerwerks am Baumaterial sparten. Vitruvius sagt: »Das Gesetz schrieb für die Außenwände eine Höchststärke von anderthalb Fuß (0,45 Meter) vor, und die anderen Wände durften nicht dicker sein, damit nicht noch mehr Platz verlorenging.« Mindestens seit Augustus, fügte er hinzu, habe man dieser zur Pflicht erhobenen außergewöhnlich geringen Dicke durch Ziegelsteineinlagen abzuhelfen versucht, die das Mauerwerk stützen sollten. Und mit philosophischem Lächeln behauptet er,

die Mischung aus Steinschichten, Ziegeleinlagen und Bruchsteinreihen habe die Wohnungen mit Leichtigkeit große Höhen erreichen lassen und dem römischen Volk ermöglicht, sich ohne Schwierigkeiten elegante Wohnungen zu schaffen – *populus Romanus egregias habet sine impeditione habitationes.*[17]
Zwanzig Jahre später wäre Vitruvius entsetzt gewesen. Die von ihm gepriesene Eleganz und Leichtigkeit waren auf Kosten der Sicherheit zustande gekommen. Selbst als man im 2. Jahrhundert die Seitenwände verstärkte und alle Außenflächen mit Ziegeln verkleidete, stürzten die Häuser weiter ein. Häufig mußte man sie auch jetzt noch vorbeugend niederreißen. Jedenfalls erfüllte das Abbruchgetöse fortwährend die Stadt. Die Mieter in einer *insula* schwebten immer in der Gefahr, daß ihnen das Gebäude über dem Kopf zusammenbrach. Erinnert sei an die trübsinnige und wütende Tirade Juvenals: »Wer von uns fürchtet oder hätte je den Zusammenbruch seines Hauses im lieblichen Praeneste gefürchtet, in Volsinii, von grünen Hügeln umschlossen ... Aber wir, wir wohnen in einer Stadt, die sich größtenteils auf gebrechliche Pfähle stützt, und wenn der Hausverwalter ein altes Loch oberflächlich gestopft hat, lädt er die Leute ein, in aller Ruhe unter der wackelnden Ruine zu schlafen.« Der Satiriker hat keineswegs übertrieben. Sein Grimm ist berechtigt, denn wir kennen ähnliche Fälle aus den *Digesta.* »Gesetzt den Fall, der Besitzer einer *insula* habe sie en bloc für 30 000 Sesterzen einem Hauptmieter verpachtet, der durch seine Untervermietungen einen Erlös von 40 000 Sesterzen herauszieht. Geht er nun daran, sie unter dem Vorwand abzureißen, es drohe der Zusammenbruch, so ist eine Schadenersatzklage des Hauptmieters zulässig. Wenn das Gebäude aus berechtigten Gründen abgerissen wird, so hat der Kläger lediglich Anspruch auf Erstattung der eigenen Miete. Wird hingegen das Gebäude abgerissen, um dem Besitzer einen besseren und einkömmlicheren Neubau zu ermöglichen, so wird der Verpächter dem Pächter, dessen Untermieter dadurch vertrieben worden sind, zusätzlich die Summe erstatten müssen, um die durch diese Machenschaften der Hauptmieter geprellt worden ist.«[18] Dieser Text ist auch durch die Bemerkungen, die er zwischen den Zeilen enthält, aufschlußreich. Er läßt kei-

nen Zweifel darüber, daß die erwähnten Praktiken häufig vorkamen.

Außerdem waren die Häuser feuergefährdet. Die schweren Deckenkonstruktionen erforderten dicke Holzbohlen. Die tragbaren Heizbecken, die Kerzen, die rauchenden Lampen und die Fackeln zur Nachtbeleuchtung bedeuteten Brandgefahr in jeder Ecke. Mit dem Wasser war es zudem erbärmlich bestellt. Feuersbrünste breiteten sich verheerend schnell aus. Erwähnenswert ist der Trick, dessen sich im letzten Jahrhundert der Republik der Plutokrat Crassus bediente, um die Brandschäden zur Vergrößerung seines ungeheuren Vermögens auszunutzen. Sobald er von einer Feuersbrunst hörte, eilte er herbei, sprach dem verzweifelten Besitzer sein Beileid zu dem plötzlichen Verlust seines Hab und Guts aus und schwätzte ihm im selben Atemzug zu einem niedrigen Preis das unter einem Haufen rauchender Trümmer begrabene Grundstück ab. Darauf baute er mit einer eigenen Maurergruppe auf demselben Platz eine nagelneue *insula*, deren Mieten das von ihm investierte Kapital bei weitem übertrafen. Aber auch in der Kaiserzeit wäre, obwohl Augustus eine Feuer- und Nachtwache geschaffen hatte, die Taktik des Crassus nicht weniger erfolgreich gewesen. Selbst noch unter Trajan, der auf strenge Ordnung in der Urbs hielt, gehörten die Feuersbrünste zum Alltag der Römer. Der Reiche zitterte um seine Wohnung. Eine Gruppe von Sklaven wachte über die Bernsteinschätze, die Bronzen, die Säulen aus phrygischem Marmor und die Einlegearbeiten aus Schildpatt. Den Armen überfielen im Schlaf die lodernden Flammen in seiner »Mansarde«, als sollte er bei lebendigem Leibe geröstet werden. Die Furcht vor Brand quälte alle derart stark, daß Juvenal erklärte, aus Rom fliehen zu wollen. »Ach, könnte ich doch an einem Ort leben, wo kein Feuer wütet, wo kein Alarm die Nächte stört.«[19] Die Berichte der Juristen stimmen mit seinen Satiren überein. Ulpian stellte fest, daß im kaiserlichen Rom kein Tag ohne Feuersbrünste verging: *Plurimis uno die incendiis exortis.*[20]

Der Schaden der Katastrophen wurde wenigstens dadurch etwas gemildert, daß nur wenige Möbel vorhanden waren. Falls die armen Teufel in den *cenacula* rechtzeitig gewarnt wurden, fiel es ihnen nicht schwer, schnell mit ihrem Kram auszuziehen.[21] Die Reichen hatten natürlich mehr zu verlieren, sie konnten nicht alles in einem Bündel zusammenpacken. Indessen besaßen auch sie, die Marmor- oder Bronzestatuen eingerechnet, nicht viele Möbel. Doch waren die einzelnen Stücke aus kostbarstem Material und in bester Ausführung hergestellt. Wenn Juvenals Millionär übertriebene Vorsichtsmaßnahmen gegen die Feuergefahr ergreift, so handelt es sich nicht eigentlich um Möbel, sondern lediglich um Kunst- und Schmuckgegenstände. Bei allen Römern bestand das Mobiliar hauptsächlich aus den Betten. Auf den Betten aßen sie, empfingen sie ihre Gäste, lasen und schrieben sie während der übrigen Stunden. Die Lagerstätten der kleinen Leute waren fest an die Wand angebaut und mit Strohsäcken belegt. Zahl und Ausstattung der Betten wuchs mit steigendem Wohlstand. Die meisten waren schmal und einschläfig, sogenannte *lectuli*; das zweischläfige Ehebett hieß *lectus genialis*. In den Speisesälen gab es *triclinia*, auf denen drei Leute Platz fanden. Wer besonders vornehm sein wollte, besaß Betten, die für sechs Leute Platz boten. Einige waren aus Bronze gegossen, die meisten aber aus Holz gefertigt, aus Eiche, Ahorn, Pistazie, Thuja oder aus den edlen exotischen Hölzern, deren flammende Maserung in tausend Farben spielte wie das Gefieder des Pfaus: *lecti pavonini*. Manche Holzrahmen standen auf bronzenen Füßen, oft waren die Füße sogar aus Elfenbein, die Rahmen aus Bronze. In das Holz war oft zum Schmuck Schildpatt eingelegt, manchmal wurde die Bronze mit Silber oder Gold in Nielloarbeit verziert.[22] Es gab sogar Betten aus massivem Silber wie bei Trimalchio. Immer aber war das Bett das Hauptmöbel, in der herrschaftlichen *domus* wie in der proletarischen *insula*. Das Bett war den Römern wichtiger als alle sonstigen Möbel.

Die Tische sahen ganz anders aus als die unseren. Die großen vierbeinigen Tische, wie wir sie benutzen, sind erst durch die Einwirkung des christlichen Kults aufgekommen. In der hohen Kaiserzeit waren die *mensae* entweder Marmorplatten auf einem Fuß *(cartibula)*, die einige Kostbarkeiten der Wohnung darboten, oder niedrige, von drei oder vier beweglichen *trapezophora* getragene Holz-

oder Bronzetischchen, manchmal auch einfache Dreifüße, deren zusammenklappbare Metallbeine meist in Löwenklauen endeten.
Bei den Ausgrabungen fanden sich von Sitzgelegenheiten noch weniger Überreste als von Tischen. Das hat seinen Grund darin, daß die Menschen im Liegen aßen und arbeiteten. Der mit Armstützen und Rückenlehne versehene Sessel, *thronus*, blieb der Gottheit vorbehalten. Der mit einer stärker oder schwächer geschrägten Lehne gearbeitete Stuhl, *cathedra*, wurde kaum jemals im Privatleben gebraucht. Nur einige große Damen, deren Verweichlichung Juvenal übrigens tadelt, hatten die Angewohnheit, sich lässig in solchen Sesseln auszustrecken. Die Texte erwähnen nur zwei Häuser mit Sesseln: die Empfangshalle des Augustuspalastes und das *cubiculum*, in dem Plinius der Jüngere seine Freunde zum Gespräch empfing. Überall sonst erscheinen Sessel nur als Attribute des Lehrers oder verschiedener Priester: des Mitglieds der Arvalbruderschaft, also eines der Staatskulte, des Oberhauptes einiger heidnischer Geheimsekten und später des christlichen Presbyters. So tragen unsere Katheder also mit Recht den Namen der *cathedrae*. Im allgemeinen begnügten sich die Römer mit Bänken, *scamna*, oder Schemeln, *subsellia*, oder *sellae*, Sitzen ohne Arm- und Rückenlehnen, die sie auch draußen mit sich führten. Selbst, wenn es für die Magistrate Ehrensessel, kurulische Stühle, aus Elfenbein oder aus Gold gab, wie den Ehrensitz Julius Cäsars, so handelte es sich doch immer um Klappsessel. Das übrige Mobiliar bestand aus Auflegedecken, Teppichen, Steppdecken, Kissen, die man auf den Betten, vor den Tischen, auf den Bänken und *sellae* ausbreitete. Dazu kam der Schmuck und das Tafelgeschirr. Silbergeschirr war so allgemein im Gebrauch, daß Martial die knickrigen Patrone bespöttelt, die bei den Saturnalien ihren Gästen als Gabe nicht wenigstens fünf *librae* (etwas mehr als anderthalb Kilo) überreichten.[23] Nur bei den Allerärmsten bestand das Geschirr aus Ton. Bei den Reichen war es aus funkelndem Gold,[24] von Meisterhand ziseliert und mit kostbaren Steinen geschmückt (vgl. Taf. 16 und Abb. 16). Die antiken Beschreibungen lesen sich wie ein Märchen aus Tausendundeiner Nacht. Es tut sich eine Welt auf, wie sie der Islam nie verlassen hat, große kahle Räume, in denen sich der Reichtum an der Viel-

zahl schwellender Diwanpolster, an knisternden Damaststoffen, am damaszierten Gold-, Silber- und Kupferschmuck kundtut.
Von allem Komfort, den das heutige Abendland kennzeichnet, ist freilich nichts bekannt. So ließ die Beleuchtung auch in den vornehmsten römischen Häusern viel zu wünschen übrig. Türen und Fenster gab es zwar genug, aber sie mußten häufig dicht geschlossen werden. Weder in der Via Biberatica am Trajansmarkt noch in

Abb. 16. Bronzenes Wärmebecken. Aus Pompeji.

der Casa dei Dipinti in Ostia sind Überbleibsel von Glimmer oder Glasscherben an den Fenstern gefunden worden, ein Beweis, daß die Wohnungen nicht mit den dünnen durchsichtigen Scheiben von *lapis specularis* versehen waren, mit denen man in der Kaiserzeit in den wohlhabenderen Familien nicht selten einen Schlafzimmeralkoven, ein Badezimmer, einen Treibgarten oder auch eine Sänfte ausstattete. Es fehlten aber auch Scheiben aus dickem Milchglas, wie sie die Fenster der Thermen in Pompeji und Herkulaneum aufweisen, wo die Wärme durch diesen hermetischen Abschluß gehalten und doch genügend Licht eingelassen wurde.[25] Türen und Fenster wurden entweder sehr schlecht mit Vorhängen aus Stoff oder Fellen geschützt, die der Wind hin und her schlug, oder aber allzu gut durch ein- oder zweiflüglige Holzläden, die zwar Kälte und Regen, Hundshitze und Nordwind abhielten, aber gleichzeitig auch dem Licht den Zutritt verwehrten. Ein derart allseitig gepanzerter Raum verurteilte den Bewohner, selbst wenn er ein ehemaliger Konsul war und Plinius der Jüngere hieß, am hellichten Tag vor Kälte zu zittern oder sich vor einem Gewitter tief in die Finsternis zurückzuziehen, damit das Flammen der Blitze die Vorhänge nicht durchdrang.[26] Eine Tür, sagt ein Sprichwort, muß geschlossen oder offen sein. In der römischen *insula* wäre es freilich zum Wohlbefinden der Mieter nötig gewesen, daß ihre Fenster niemals ganz geöffnet, aber auch niemals ganz geschlossen gewesen wären. Obwohl die *insula* viele und große Fenster besaß, hat sie den Bewohnern niemals die Annehmlichkeiten verschafft, die unsere Fenster bieten.

Ebenso schlecht stand es in der *insula* mit der Heizung. Ein offenes Herdfeuer, wie es die Bäuerinnen in der Mitte ihrer Hütten entzündeten und dessen Funken und Rauch durch ein zu diesem Zweck im Dach offengelassenes Loch entweichen konnten, durfte natürlich nicht benutzt werden, da sie nicht über ein *atrium* verfügte und ihre *cenacula* unmittelbar übereinander lagen; andererseits wäre die Annahme, die *insula* habe Zentralheizung besessen, ein großer Irrtum. Falsche Auslegung von Worten und Tatbeständen haben zu dieser Deutung geführt. Die Heizvorrichtungen, deren Reste man in vielen Ruinen gefunden hat, haben hier niemals ihre Dienste getan (s. Abb. 17). Sie bestanden zunächst aus einem Heizapparat, der *hypocausis*, die sich aus ein oder zwei Herden zusammensetzte. Je nach der gewünschten Hitze und Dauer des Feuers wurde sie mit Holz, Holzkohle, Reisig oder trockenem Gras gefüllt. Dazu kam der Leitkanal, durch den Wärme, Ruß und Rauch zusammen in das angrenzende *hypocaustum*, die Wärmekammer, eindrangen. Diese ist gekennzeichnet durch die parallelen Reihen kleiner Ziegelsäulen, zwischen denen die Wärme zirkulierte.

Die geheizten Räume lagen oder besser waren über dem Hypocaustum »aufgehängt« und hießen deshalb *suspensurae.* Ganz gleich nun, ob sie mit dem Hypocaustum durch Öffnungen im oberen Bereich der von Hohlräumen durchzogenen Wände verbunden waren oder nicht, die *suspensurae* waren in jedem Fall durch eine Decke von ihm getrennt. Sie setzte sich zusammen aus einer Ziegelsteinlage, einer Tonschicht und einem Stein- oder Marmorbelag. Dadurch wurden die unerwünschten oder schädlichen Dünste abgehalten und eine Überhitzung vermieden, zugleich aber auch die

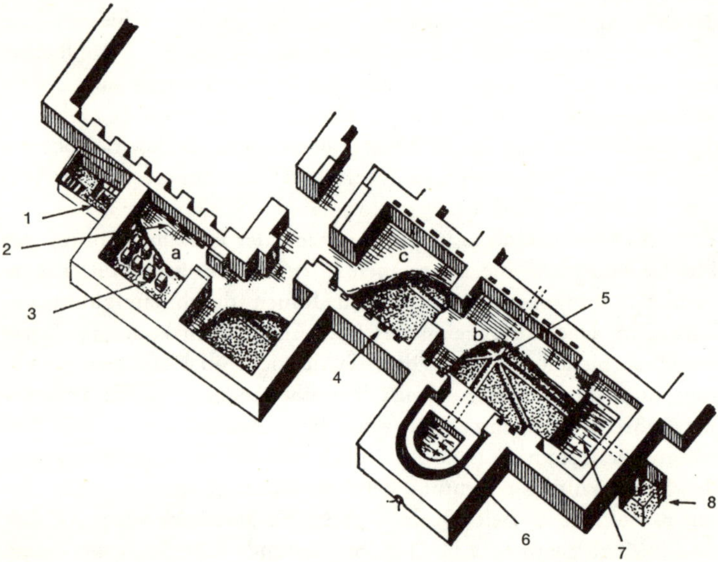

Abb. 17. Heizungssystem auf Hypokaustengrundlage für eine Badeanlage. Hypothetische Rekonstruktion.

1 Holzkohleofen mit hoher, rauchfreier Hitze für das Schwitzbad (*sudatorium*, a).
2 Bodenöffnungen für Heißluft.
3 Pilae.
4 Wandöffnungen für Heißluft.
5 Heißluftkanäle.
6 Schwimmbecken.
7 Wassererhitzer.
8 Ofen zum Erhitzen des Wassers für das calidarium (b) und tepidarium (c).

Erwärmung der Räume verlangsamt. Die geheizte Oberfläche der *suspensurae* war nie größer als die der Hypokausten, jedes Hypocaustum erforderte mindestens eine Hypocausis. Daraus folgt, daß es sich hier nicht um eine wirkliche Zentralheizung handelte und daß dieses Heizsystem nicht in mehrstöckigen Häusern angewandt werden konnte. Im alten Italien konnte es ein Gebäude nur dann vollständig beheizen, wenn dieses aus einem einzigen abgeschlossenen und zusammenhängenden Raum bestand wie zum Beispiel die in Rom 1929 freigelegte Bedürfnisanstalt zwischen dem Forum Romanum und dem Forum Cäsars. An allen anderen Stellen diente die Heizung stets nur einem kleinen Teil des Gebäudes, dem Baderaum in den vornehmen Villen Pompejis oder dem *caldarium* der öffentlichen Thermen. Doch, das sei besonders betont, in keiner uns bekannten *insula* sind Spuren dieser Heizung gefunden worden.

Die römische *insula* besaß jedoch nicht nur keine Heizkörper, sondern auch keine Kamine. In Pompeji gab es einige Bäckereien, zu deren Herd ein Rohr gehörte, das unserem Kaminrohr ähnelt. Indessen wissen wir nicht genau, welchem Zweck es diente. Von den beiden Funden, auf die wir uns berufen können, ist das eine Rohr so verstümmelt, daß wir nicht wissen, wo es endete. Das andere aber mündete nicht etwa über dem Dach, sondern in einer Schwitzkammer des ersten Stockwerks. Luftabzüge sind weder in den Landhäusern Pompejis noch in Herkulaneum entdeckt worden, natürlich auch nicht in den Häusern Ostias, die in allen Einzelheiten den römischen *insulae* entsprachen.

In den Wohnungen der Urbs verfügten die Menschen im Kampf gegen die Kälte also nur über Holzkohlenbecken, während man Brot und Fladen auf dem eingeschlossenen Feuer buk und die anderen Speisen auf Wärmöfchen schmoren ließ. Viele Kohlenbecken waren tragbar oder mit Rollen versehen, einige geschickt und kunstvoll aus Kupfer oder Bronze gearbeitet. Aber der Zierat glich bei weitem nicht den technischen Mißstand aus: der Wärmebereich war zu gering. Auch den anspruchsvollen städtischen Wohnungen fehlte die gleichmäßige Wärme, mit denen unsere Heizkörper die Zimmer erfüllen, aber auch das gemütliche Knistern des Kamins.

Überdies waren sie nicht selten vom heimtückischen Auftreten gesundheitsschädlicher Gase, häufiger noch durch die unausbleibliche Rauchentwicklung bedroht, die sich auch durch lange Trokkenlagerung des Heizmaterials und sogar durch dessen vorherige

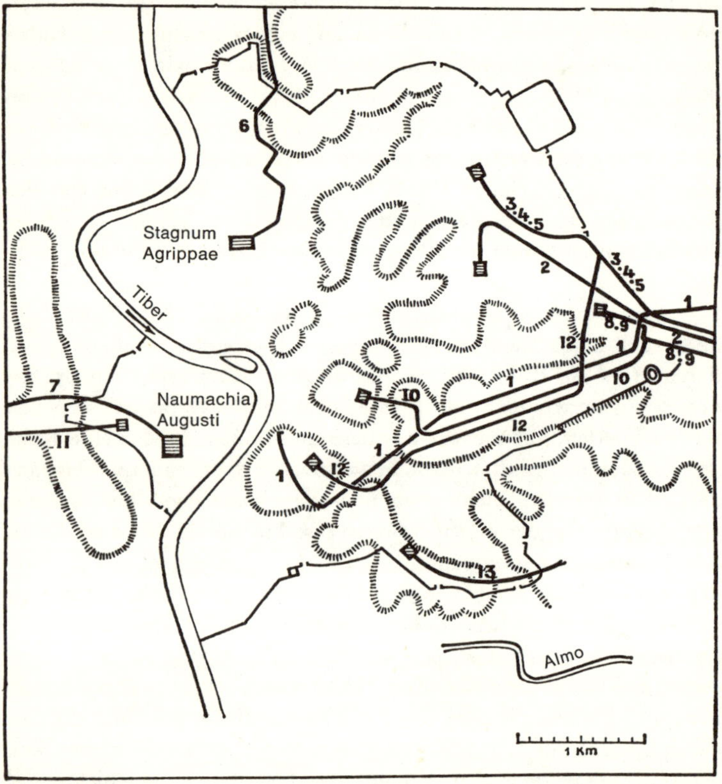

Abb. 18. Das System der römischen Wasserleitungen innerhalb und in unmittelbarer Umgebung der Stadt.

1 aqua Appia; 2 Anio vetus; 3 aqua Marcia; 4 aqua Tepula; 5 aqua Iulia; 6 aqua Virgo; 7 aqua Alsietina; 8 aqua Claudia; 9 Anio novus; 10 arcus Neroniani Caelimontani (aquae Claudiae); 11 aqua Traiana; 12 rivus Herculaneus (aquae Marciae); 13 aqua Marcia Antoniniana.

Verkohlung *(ligna coctilia, acapna)* nicht immer vermeiden ließ.[27] Die Einwohner des alten Rom haben in der glücklicherweise nur kurzen kalten Jahreszeit ihre klammen Finger immer nur über der Glut der Kohlenbecken erwärmen können.

Mit Wasser war es in der *insula* keineswegs besser bestellt, obgleich man allgemein vom Gegenteil überzeugt ist. Dabei vergißt man aber, daß die Zuführung des Wassers auf Staatskosten von den Römern als eine öffentliche Dienstleistung aufgefaßt wurde, weshalb ein etwaiges Privatinteresse von Anfang an ausgeschlossen war, und noch zur Kaiserzeit *ad usum populi*, wie Frontin sagt, betrieben wurde, d. h. zum Nutzen der Allgemeinheit und ohne besondere Rücksicht auf den einzelnen. Man denkt an die vierzehn Aquädukte (s. Taf. 30 und Abb. 18), die Rom das frische Quellwasser der Apenninen zuführten, eine Milliarde Liter täglich, wie Lanciani berechnet hat, man denkt an die 247 Wasserspeicher, *castella*, in denen das Wasser geklärt wurde, an die Springbrunnen, die heute noch die Stadt mit ihrem melodischen Plätschern erfüllen, an die dicken Bleirohre, die das Wasser aus den Aquädukten und Brunnen in die Privatwohnungen leiteten, und man gefällt sich in der Vorstellung, daß die Römer wie wir den Segen fließenden Wassers genossen. Diese Vorstellungen sind leider völlig falsch. Zunächst: es dauerte bis zum Prinzipat des Kaisers Trajan und der am 24. Juni 109 erfolgten Einweihung des nach ihm benannten Aquädukts,[28] der *aqua Traiana* (s. Abb. 19), ehe das Quellwasser in die rechts des Tibers gelegenen Viertel geleitet wurde, die sich bis dahin mit ihren Brunnen begnügen mußten. Aber auch die auf dem linken Ufer errichteten Abzweigungen waren nur gegen Entrichtung einer Gebühr und ausschließlich an die Person des Grundbesitzers vergeben worden. Mindestens bis zum Beginn des 2. Jahrhunderts wurden diese schwer erhältlichen Konzessionen nur auf Widerruf erteilt. Beim Tode des Inhabers zog die Verwaltung die Konzession noch am selben Abend ein. Vor allem aber beschränkten sich diese Zuleitungen, wie es scheint, auf die Erdgeschosse und damit vorzugsweise auf die Wohnungen der Reichen, die in den Mietshäusern wohnten. Obwohl beispielsweise die nahe Kolonie Ostia nach dem Vorbild Roms einen Aquädukt, ein städtisches

Abb. 19. Bleiröhre aus den Installationen der Trajansthermen.

Kanalisationssystem und private Leitungen besaß, sind dort nirgendwo Rohre zur Versorgung der Stockwerke mit Quellwasser gefunden worden. Aus welcher Zeit auch immer die alten Texte stammen mögen, sie enthalten nichts über die Möglichkeit solcher Zuleitungen. Schon in den Komödien des Plautus wacht der Hausherr streng darüber, daß die Dienerschaft jeden Tag die acht oder neun Bronze- oder Tonfässer, *dolia*, füllt, die er stets in Reserve hält.[29] Noch in der Kaiserzeit bleibt der Dichter Martial zu seinem Leidwesen auf jene Pumpe mit gebogenem Schwengel angewiesen, die in seinem Hof steht.[30] In den Satiren Juvenals werden die Wasserträger, die *aquarii*, als Abschaum der Sklaven bezeichnet.[31] Bei den Rechtsgelehrten der ersten Hälfte des 3. Jahrhunderts gehören sie als unentbehrlicher Bestandteil so fest zum Gemeinschaftsleben jedes Wohnhauses, daß sie wie die Türhüter, die *ostiarii*, und die Zimmerkehrer, die *zetarii*, mit ihm sozusagen eine Einheit bilden und mit in den Besitz dessen übergehen, der das Haus erworben hatte.[32] Der Präfekt der kaiserlichen Garde *(praefectus praetorio)* Paulus beauftragt in seinen Instruktionen für den Präfekten der *vigiles* diesen Kommandanten der römischen Feuerwehr und Nothilfe, den Mietern mitzuteilen, daß sie in ihren Wohnungen stets

Wasser vorrätig haben müßten, damit ein Brand im Keim erstickt werden könne: *ut aquam unusquisque inquilinus in cenaculo habeat iubetur admonere.*[33]

Wenn die Römer der Kaiserzeit nur wie wir einen Hahn hätten aufzudrehen brauchen, um Wasser ins Becken fließen zu lassen, wäre die Anweisung wohl überflüssig gewesen. Von einigen Ausnahmen abgesehen, von denen noch zu reden sein wird, gelangte das Wasser der Aquädukte eben lediglich bis zum Erdgeschoß der *insulae*. Die Bewohner der oberen *cenacula* mußten es am nächsten Brunnen holen. Je höher die Wohnungen lagen, desto beschwerlicher war also die Sauberhaltung – und gerade diese letzten *contignationes* unter dem Dach, in denen die ärmsten Proletarier hausten, hätten der Reinigung mehr als andere bedurft. Viele Behausungen der römischen *insulae* starrten vor Schmutz, nicht nur, weil das Wasser zum Aufwischen und geeignete Putzmittel fehlten, sondern leider auch ein Abguß oder Müllschlucker – er existiert nur in der vorgefaßten Meinung optimistischer Archäologen.

Damit will ich keineswegs verkennen, welche Bewunderung das Kloakennetz verdient, das den Unrat der Stadt zum Tiber wegschwemmte. Es wurde im 6. Jahrhundert vor unserer Zeitrechnung begonnen und unter der Republik und im Kaiserreich fortwährend erweitert und verbessert. Es war so großartig geplant, ausgeführt und in Ordnung gehalten, daß in einigen Abschnitten Heuwagen bequem fahren konnten. Agrippa, der vielleicht am meisten zu seiner Verbesserung beitrug, indem er durch sieben Kanäle gleichzeitig das überschüssige Wasser der Aquädukte in die Kloaken leiten ließ, konnte ohne Schwierigkeiten das ganze System mit einem Boot befahren. Es war so solide gebaut, daß der weiträumigste und zugleich älteste Ausfluß, die *cloaca maxima*, der vom Forum zum Fuß des Aventin führende zentrale Auffangkanal, noch heute in Höhe des *Ponte rotto* in den Fluß mündet. Wie zu den Zeiten der Könige, denen das Werk zugeschrieben wird, spannen sich Bogen, die fünf Meter Durchmesser haben und deren Gewölbesteine aus Tuff, vom Alter patiniert, aber nicht zerstört, seit mehr als zweitausendfünfhundert Jahren halten. Es ist ein mächtiges Meisterwerk, an dem neben der reichen, von den Etruskern bei der

Entwässerung der Küstensümpfe, der Maremmen, erworbenen Erfahrung die Kühnheit und die Ausdauer des römischen Volkes mitwirkten, ein Werk, das, wie es sich uns heute noch darbietet, der Antike zur Ehre gereicht. Unbestreitbar aber waren die Alten nicht geschickt genug, das Werk so auszunutzen, wie wir es an ihrer Stelle ausgenutzt hätten. Sie haben bei weitem nicht die Vorteile daraus gezogen, die es ihnen für die Sauberkeit der Stadt, für die Gesundheit und Hygiene der Bewohner hätte bieten können.

Wenn sie die Anlage auch als Abfallgrube für die Erdgeschosse und als Kanalisation für die öffentlichen Latrinen benutzten, die unmittelbar darüber eingerichtet waren: um eine Verbindung mit den privaten Latrinen der *cenacula* haben sie sich nicht bemüht. In Pompeji gab es nur eine ganz geringe Zahl von Villen, deren Etagenlatrinen den Unrat durch einen unmittelbar nach unten führenden Schacht oder durch ein besonderes Röhrensystem abführen konnten. Im Jahre 1910 glaubte ich, in zwei oder drei Räumen des Hafenviertels von Ostia Abflußrohre entdeckt zu haben.[34] Doch die von mir gegebene Deutung dieser Rohre ist völlig ungesichert. Sie stammten, nach den verwendeten rohen Steinen zu urteilen, sehr wahrscheinlich aus einer späteren Epoche. Die Rohre liefen in einer Ecke der *taberna* zusammen und endeten am Boden in einem schlecht gemauerten Sockel. Da der Untergrund nicht untersucht wurde, ließ sich nicht feststellen, ob sie in ihn hineinreichten, und da die oberen Teile des Häuserblocks zerstört sind, läßt sich nicht einmal nachweisen, ob die Rohre über den Hängeboden der *taberna* hinausreichten. Bei den bedeutendsten *insulae* Ostias fehlen sie ebenso wie bei den bis jetzt erforschten Ruinen Roms. So müssen wir uns dem Urteil des Abbé Thédenat anschließen, der am Anfang unseres Jahrhunderts bündig erklärte, die Kloaken der Urbs hätten niemals mit den Wohnungen der *insulae* in Verbindung gestanden. Daß im römischen Hause alles in den Abguß geschüttet wurde, ist ein modernes Märchen, und von allen Schattenseiten der antiken Stadt würde ohne Zweifel dieser Mangel das Empfinden der modernen Zeitgenossen am meisten stören. (Vgl. Abb. 20.)

Die reicheren Leute waren natürlich besser dran. Sie konnten sich in ihrem Einzelhaus eine Latrine einrichten lassen. Das Wasser der

Abb. 20. Ostia. Casette tipo. Hadrianisch. Grundriß.

Aquädukte versorgte das Haus, und im ungünstigsten Fall, wenn es zu weit von einer Kanalisationsstelle entfernt war, fiel der Unrat in einen unter der Latrine laufenden seichten Graben, der – wie die 1892 in der Nähe von San Pietro in Vincoli freigelegte Grube – nicht selten obendrein den Fehler hatte, daß es ihm an Tiefe und Dichtigkeit mangelte. Düngemittelhändler besaßen das ohne Zweifel unter Vespasian erworbene Recht der Ausleerung. Wohnten die vom Schicksal Bevorzugten in einer *insula*, so hatten sie natürlich das Erdgeschoß gemietet, das ihnen dieselben Vorteile bot wie ein Privathaus und daher häufig auch als *domus* bezeichnet wurde.

Die Armen hingegen hatten einen weiteren Weg zurückzulegen. Auf jeden Fall mußten sie ihre Wohnung verlassen. Falls ihnen die kleine Ausgabe nicht zu teuer erschien, betraten sie gegen Entgelt eine der öffentlichen Bedürfnisanstalten, die von Gemeindepächtern, *conductores foricarum*, verwaltet wurden. Die von den Regionenverzeichnissen bestätigte große Zahl dieser Anlagen kennzeichnet den erheblichen Umfang ihrer Kundschaft. Im Rom Trajans war – wie noch in manchen rückständigen Ortschaften unserer Zeit – die überwiegende Mehrzahl der Bewohner auf diese öffentlichen Einrichtungen angewiesen. Aber weiter geht die Übereinstimmung nicht. Die Beispiele, um nur Pompeji, Timgad, Ostia und Rom selbst anzuführen, wo wir die schon erwähnte, im Winter von einem Hypokaustenheizsystem erwärmte *forica* zwischen dem Forum und dem *forum Iulium* kennen, überraschen auf zweifache Weise. Genau wie die Freiluftsitze der Soldaten im Felde waren sie im wahrsten Sinne des Wortes öffentlich. Ohne irgendwelches Schamgefühl traf man sich dort, unterhielt sich und nahm Einladungen zum Essen an[35] (vgl. Abb. 21). Andererseits aber waren sie entgegen unseren Gewohnheiten prunkvoll ausgestattet. Im Halbkreis oder Rechteck standen etwa zwanzig marmorne Sitze, hinter denen in Rinnen ununterbrochen Wasser lief. Den Sitzring umrahmten als Delphine gebildete Konsolen, die als Stütze und Abtrennung dienten. Darüber standen nicht selten, so auf dem Palatin, Helden- oder Götterstatuen in entsprechenden Nischen oder wie in Ostia ein Altar der Fortuna, der Göttin der Gesundheit und des Glücks.[36] Häufig plätscherte in der Halle auch ein Wasserspiel,

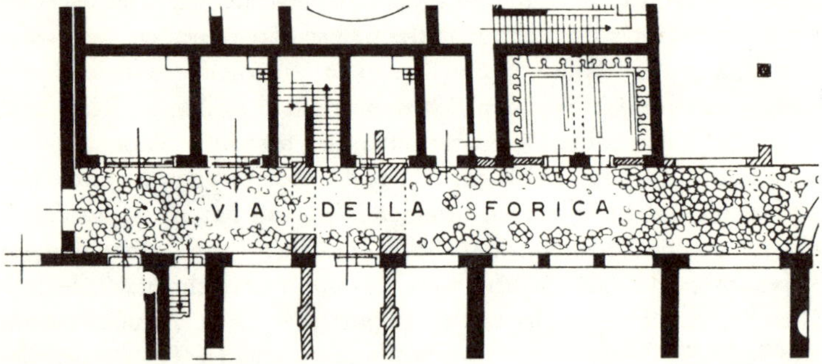

Abb. 21. Ostia. Mehrsitzige Latrinen im Haus der Triclinien.

so in Timgad. Wir müssen gestehen, daß diese erstaunliche Mischung von Zartheit und Roheit, die Pracht und die Anmut der Ausstattung in Verbindung mit der verblüffenden Unbefangenheit der Menschen uns befremden. Unwillkürlich denken wir an die Medersas des 15. Jahrhunderts, die in Fez zu sehen sind und deren Aborte – ebenfalls dazu eingerichtet, eine Menge von Besuchern gleichzeitig zu beherbergen – mit feinster Stuckarbeit verziert sind und eine Zedernholzdecke in durchbrochener Schnitzarbeit zeigen. Und auf einmal haben wir die Empfindung, daß dieses geheimnisvolle und alltägliche, dieses kunstbegnadete und erdgebundene Rom weit mehr Ähnlichkeit hat mit dem äußersten Winkel des Maghreb aus der Zeit der Meriniden als mit unserem zeitgenössischen Lebensstil.

Die öffentlichen Bedürfnisanstalten wurden aber weder von Geizhälsen noch von Habenichtsen besucht. Den Geizigen war das eine As zuviel, das sie dem Pächter der *foricae* zu zahlen hatten. Sie zogen es vor, die zu diesem Zweck oben mit Löchern versehenen Kannen zu benutzen, die der Walkmüller vor seiner Werkstatt aufstellte, der auf diese Weise gratis den zur Ausübung seines Gewerbes nötigen Urin erhielt. Das Recht dazu hatte er sich gegen jene sprichwörtlich gewordene »nicht stinkende« Abgabe von Vespasian bewilligen lassen. Oder sie stolperten von den oberen Etagen herunter und entleerten ihre Nachtgeschirre *(lasana)* oder die Nachtstühle *(sellae pertusae)* in den Bottich oder das *dolium*, die unter dem Treppenverschlag aufgestellt waren.[37] Wenn ihnen diese Möglichkeit vom Herrn der *insula* verweigert wurde, begaben sie sich zu einem Misthaufen in der Nachbarschaft. Denn im Rom der Cäsaren war wie in einem armen Dorf mehr als eine Gasse durch Abwässergräben *(lacus)* verstänkert. Cato der Ältere ließ sie als Censor pflastern, als er die Kloaken zu reinigen und sie unter dem Aventin herzuführen befahl. Auch im Jahrhundert Ciceros und Cäsars waren sie noch nicht verschwunden: Lukrez erwähnt sie in seinem Gedicht *De rerum natura*. Zweihundert Jahre später, unter Trajan, waren sie immer noch da. In diese Gräben krochen die entmenschten Frauen, die sich unter dem Schutz eines barbarischen Gesetzes ihrer Leibesfrucht zu entledigen trachteten, aber auch die über ihre Unfruchtbarkeit betrübten Ehefrauen, um heimlich ein Kind an sich zu nehmen und durch diesen Betrug die Sehnsucht ihrer leichtgläubigen Gatten nach Nachkommenschaft zu befriedigen.[38]

Es gab freilich auch armselige Tröpfe, denen die Dunggruben zu weit und die Treppen zu steil waren. Sie ersparten sich den Weg und schleuderten den Inhalt ihrer Nachttöpfe durch das Fenster auf die Straße. Wehe den Spaziergängern, die in die Flugbahn gerieten! Beschmutzt oder gar verstümmelt, wie in der Satire Juvenals,[39] blieb ihnen nichts übrig, als Klage gegen Unbekannt zu erheben. Viele Stellen in den *Digesten* zeigen, daß die Rechtsgelehrten es nicht für unter ihrer Würde hielten, auf diese Delikte einzugehen und die Gerichte damit zu befassen, daß die Richter den

Schuldigen nachspürten und die Schadenersatzhöhe bestimmten. Ulpian stellte Richtlinien auf, damit die Schuldigen besser erfaßt werden könnten. »Wenn die Wohnung *(cenaculum)* unter mehrere Benutzer aufgeteilt ist, wird nur derjenige zur Rechenschaft gezogen, aus dessen Wohnungsteil die Flüssigkeit herabgeschüttet wurde. Wenn der Mieter gewerbsmäßig untervermietet *(cenacularium exercens)*, selbst aber den größten Teil der Wohnung benutzt, wird er allein zur Verantwortung gezogen. Wenn dagegen der Mieter zwar gewerbsmäßig untervermietet, aber nur einen geringen Teil der Wohnung für sich beansprucht, so sind er und seine Untermieter gleichermaßen zur Verantwortung zu ziehen. Ebenso ist zu verfahren, wenn Wurf oder Guß von einem Balkon erfolgt sind.« An anderer Stelle berücksichtigt Ulpian die durch die Untersuchung festgestellte individuelle Strafbarkeit und fordert den Prätor auf, die Bußen nach dem Grad der angerichteten Schäden festzusetzen. »Wenn von einem Haus eines dieser Geschosse heruntersaust und

Abb. 22. Villa rustica bei Boscoreale. Grundriß.

A Hof
1 und 5 Zisterneneinfassungen; 2 Waschbecken; 3 Sammelbecken aus Blei; 4 Stufen.
B Küche
1 Herd; 2 Wasserbehälter; 3 Treppe; 4 Kellereingang.
C–G Badeanlage
H Stall
J Geräteraum
K und L Schlafräume
M Vorzimmer
N Triclinium
O Backstube
1 Mahlstein / Steinmühle; 2 Backofen.
P zwei Weinkeltern
1 Sockel für die Kelter; 2 Gefäße für die Aufnahme des Traubensaftes; 3 Gefäß für den Saft des zweiten Keltergangs bzw. den Trester; 4 Löcher für den Kelterbaum *(arbor)*; 5 Löcher für die Haspelständer *(stipites)* zum Anziehen und Lösen der Presse; 6 Zugangsgrube zur Preßanlage.
Q Flur
1 Weinfässer.
R Hof für die Weinreifung
1 Abzugskanal; 2 Fässer für die Reifung des Weins; 3 Bleikessel; 4 Zisterneneinfassung.
S Raum unbekannter Bestimmung
T Tenne (zum Dreschen)
U Zisterne für das auf die Tenne fallende Regenwasser
V Schlafräume
W Kellereingang
X Handmühle
Y Ölkelter
1 Sockel der Ölpresse; 2 Loch für den Kelterbaum; 3 Kellereingang; 4 Löcher für die Haspelständer; 5 Zugang zur Preßanlage; 6 Auffangbehälter für Öl.
Z Olivenpresse

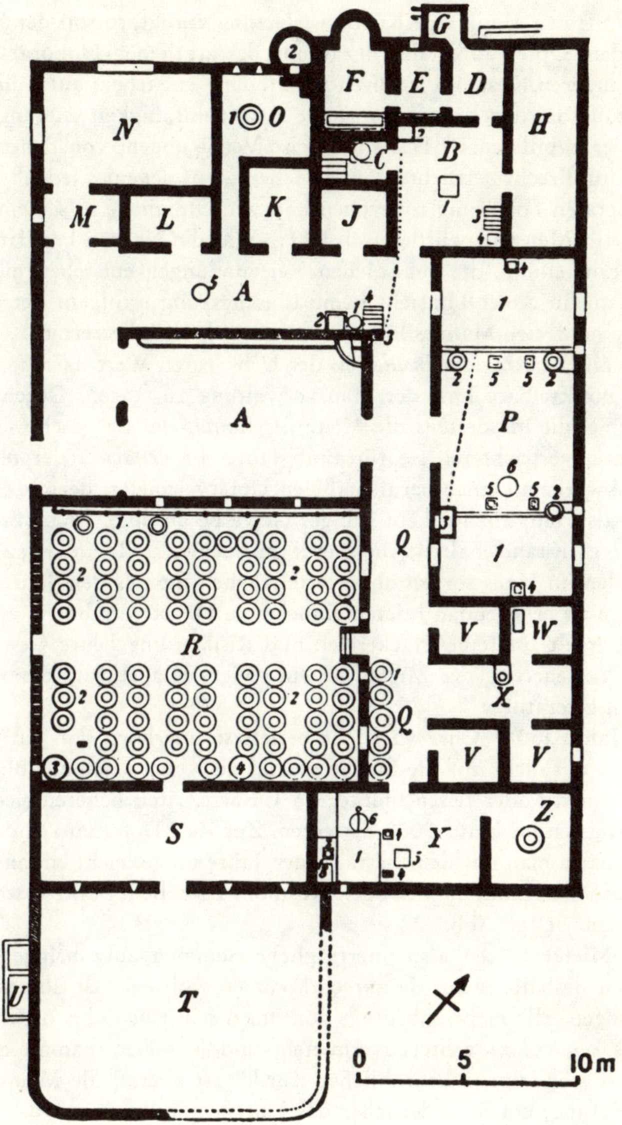
G
2
F
E
D
1
O
N
H
2
B
C
1
3
K
J
M
L
4
5
A
4
1
2
3
1
2
5
5
2
A
P
6
5
5
2
3
1
1
Q
1
4
2
2
V
W
R
X
2
2
Q
V
V
3
4
Z
6
S
Y
5
T
U
0
5
10m

einem freien Mann eine Körperverletzung zufügt, so soll der Richter dem Opfer außer der Bezahlung des ärztlichen Honorars und der anderen Kosten, die durch die Heilung entstehen, auch die Erstattung der durch die verursachte Arbeitsunfähigkeit entgangenen Gelder zubilligen.«[40] Das sind weise Verfügungen, von denen unser Unfallrecht befruchtet zu sein scheint, aus denen es jedoch nicht die letzten Folgerungen gezogen hat, wie Ulpian sie in seinem Gefühl für Menschenwürde ausdrückt: »Was die Narben betrifft und die Entstellung, die aus solchen Verwundungen entstehen mögen, so kann in dieser Hinsicht keine Einschätzung erfolgen: der Körper eines freien Mannes läßt sich nicht nach Geld bewerten.«

Fast alle Besitzer der *insulae* in der Urbs legten Wert darauf, nicht die unmittelbare Last der Hausverwaltung zu tragen. Gegen eine Summe, die mindestens die Miete der *domus* des Erdgeschosses erreichte, verpachteten sie für fünf Jahre die *cenacula* der oberen Stockwerke an einen berufsmäßigen Untervermieter, der aber freilich als Hauptmieter kein ruhiges Gewerbe ausübte. Er mußte die Räume instand halten, die Leute aussuchen und einweisen, für Frieden im Haus sorgen und vierteljährlich die aus den Jahresverträgen zu erhebenden Mieten einnehmen. Dabei verschaffte er sich als Entgelt für seine Plackereien und Risiken ungeheure Gewinne. Die Verteuerung der Mieten ist ein ewiges Klagethema der römischen Literatur.

Im Jahre 153 v. Chr. waren sie bereits so unerhört, daß ein Exilkönig, um nicht auf die Straße gesetzt zu werden, seine Wohnung mit einem Maler teilen mußte. Zu Cäsars Zeiten beliefen sich die niedrigsten noch auf 2000 Sesterzen. Zur Zeit Domitians und Trajans hätte man mit dem Betrag einer Jahresmiete leicht ein ansehnliches Stück Land in Sora oder Frosinone zu vollem Besitz erwerben können.[41] (Vgl. Abb. 22.)

Die Mieter hatten also unerträgliche Summen aufzubringen. Sie waren deshalb, wenn sie zurechtkommen wollten, fast überall gezwungen, alle nicht unbedingt von ihnen selbst benötigten Zimmer ihres *cenaculum* weiterzuvermieten, und je höher man in einem Hause stieg, um so bedrohlicher wurde fast überall die Menschenanhäufung, um so widerlicher das Durcheinander. Wenn das Erdgeschoß in mehrere *tabernae* aufgeteilt war, drängten sich dort Handwerker, Kleinhändler und Garköche wie der *deversitor* der von Petron[42] beschriebenen *insula.* Wenn das Erdgeschoß aber einem einzigen Besitzer gehörte, so war es von den Angehörigen des Herrn der *domus* bewohnt. Stets aber füllten sich die Wohnungen darüber nach und nach mit einem Gewimmel von Gesindel und Gaunern. Ganze Familien rauften sich dort, Staubwolken, Schutt und Müll lagerten übereinander. Es wimmelte von Wanzen. Man denke nur an die Stelle im *Satyricon*, wo einer der schlechten Gesellen, unter seiner Lagerstatt versteckt, seinen Mund an die Wand drückt, die schwarz ist von Ungeziefer. Die Häuser – handele es sich nun um elegante *domus* oder *insulae* der beschriebenen Art – wurden fast überall zu Karawansereien, deren kraß gemischte Bevölkerung zur Aufrechterhaltung der Ordnung ein Heer von Sklaven und Türhütern unter dem Befehl eines Sklavenaufsehers erforderte.

Große Straßen waren selten. In der gesamten Urbs drängten sich die Wohnhäuser in einem Wirrwarr von Stiegen, engen, krummen und dunklen Gassen und Gäßchen; der Marmor der Paläste leuchtete unmittelbar neben dem Dunkel der Räuberhöhlen.

3. *Die Straßen Roms · Der Verkehr*

Wenn sich die Straßen Roms[43] durch den Schlag eines Zauberstabs hätten entwirren und aneinanderlegen lassen, so würden sie, wie sie von Vespasian und Titus anläßlich der Zählung des Jahres 73 n. Chr. aufgenommen und vermessen wurden, die Länge von 60 000 Schritt, etwa 85 Kilometer, ergeben haben. Plinius der Ältere, von Stolz über das Bild dieser ungeheuren Strecke bewegt, vergleicht damit die Höhe der Häuser und ruft aus, es gebe in der gesamten antiken Welt keine Stadt, deren Größe mit Rom verglichen werden könne.[44] In Wahrheit aber handelt es sich hier lediglich um eine quantitative Größe. Sie zerfällt in ihre Bestandteile, wenn die imaginäre Schau des Plinius und seine auf dem Pergament gezogene Gerade aufgegeben wird: Das römische Wegenetz war in

Wirklichkeit ein einziges unentwirrbares Knäuel, dessen Nachteile die Größe der darin liegenden Gebäudekomplexe nur noch verstärkte. Daß sich die Feuersbrunst des Jahres 64 n. Chr. so schnell ausbreiten konnte, führt Tacitus auf die engen und gewundenen Straßen zurück, die sich plan- und regellos durch die riesigen Blöcke der *insulae* schlängelten.[45] Und wenn Nero auch aus diesem Brand lernte und die zerstörten Häuserviertel nach einem vernünftigen Plan aufbaute, indem er die Fluchten begradigte und die Zwischenräume erweiterte, so hat er im ganzen sein Ziel doch nicht erreicht. Bis zum Ende des Kaiserreichs bildeten die Straßen Roms insgesamt eher ein unorganisches Gewirr als ein wirklich benutzbares System. Immer noch zeigten sie das Gepräge ihres fernen Ursprungs und der alten Bestimmungen, die bei der Entstehung in dem ländlichen Flecken maßgebend gewesen waren. So waren die den Fußgängern vorbehaltenen Wege die *itinera*, die Straßen, die nur für einen Wagen Raum boten, die *actus*, die Straßen, auf denen zwei Wagen aneinander vorbeifahren oder sich überholen konnten, die eigentlichen *viae*. Von den unzähligen Straßen Roms verdienten nur zwei innerhalb der alten republikanischen Mauer den Namen *via*, die *via Sacra* (vgl. Abb. 23) und die *via Nova*, die das Forum durchquerten oder an ihm entlangliefen. Sie erstaunen uns heute noch, weil sie so schmal sind. Zwischen den Mauertoren und der Grenze der vierzehn Bezirke verdienen rund zwanzig andere dieselbe Bezeichnung: die Straßen, die von Rom nach Italien hinausführen, die Via Appia, die Via Latina, die Via Ostiensis, die Via Labicana usw. Ihre Breite schwankt zwischen 4,80 Meter und 6,50 Meter, ein Beweis, daß sie nicht viel hinzugewonnen haben, seit ihnen die Zwölf Tafeln eine Breite von höchstens 16 Fuß = 4,80 Meter vorschrieben. Die meisten anderen Straßen, die normalen *vici*, erreichten diese Breite kaum. Viele waren schmaler, einfache Gassen, *angiportus*, oder Pfade, *semitae*, bei denen ein Maß von 10 Fuß = 2,90 Meter nicht unterschritten werden durfte, damit die Anlieger ihre Balkone vor die Etagen bauen konnten.[46] Die Enge wirkte sich besonders störend aus, weil die Straßen oftmals im Zickzack liefen und an den »sieben Hügeln« zuweilen steil anstiegen oder abfielen. Daher hießen auch mehrere »Auffahrt«, »Hang«, *clivus*, so der *Clivus Capitolinus*, der *Clivus Argentarius* usw. Ständig wurden sie durch den Abfall der anliegenden Häuser verunreinigt.[47] Sie wurden durchaus nicht so in Ordnung gehalten, wie Cäsar es in jener erst nach seinem Tode in die uns überlieferte Form gebrachten sogenannten *lex Iulia municipalis*

a)

b)

Abb. 23. Quadriga im Triumphzug. Dupondius des Germanicus (a) und Sesterz des Mark Aurel (b).

vorgeschrieben hatte. Auch späterhin waren sie weder mit Bürgersteigen versehen noch gepflastert, wie der Diktator gleichfalls gefordert hatte.

Man lese einmal den berühmten Text nach, der auf der Bronzetafel von Heraklea eingraviert ist. In scharfem Ton befiehlt Cäsar den Grundbesitzern, deren Gebäude an einer öffentlichen Straße liegen, die Reinigung vor ihren Häusern vorzunehmen. Der Ädil, dem das Viertel untersteht, solle gegen eine Unterlassung gegebenenfalls dadurch einschreiten, daß er auf Kosten des schuldigen Anliegers einen von der staatlichen Verwaltung beauftragten Unternehmer mit Arbeitsgruppen einsetzt. Der billigste solle dabei den Zuschlag erhalten. Bei auch nur der geringsten Säumigkeit solle der betroffene Hausbesitzer einen um die Hälfte erhöhten Betrag zahlen. Der Befehl ist scharf gehalten, die Strafe unerbittlich. Doch so klug das Verfahren auch im einzelnen ausgedacht war, es brachte in der Ausführung stets Verzögerungen mit sich, mindestens zehn Tage, die es in den meisten Fällen unwirksam machten. Gewiß hätten von den Ädilen unmittelbar eingestellte Mannschaften kräftiger Straßenkehrer und Schlammräumer die Arbeit schneller und besser erledigt. Indessen besitzen wir keinen Hinweis dafür, daß es sie gegeben hat. Der Gedanke, daß der Staat unter diesen Umständen mit seiner Autorität und seiner Verantwortlichkeit das Versagen der Privatleute ausgleichen solle, wäre selbst einem mit dem Genie Julius Cäsars begabten Römer nicht gekommen. So waren aus Mangel an geeigneten Dienstkräften die Magistrate trotz aller Wachsamkeit und allem Eifer niemals in der Lage, die Straßen des kaiserlichen Rom in einen Zustand zu versetzen, der sich mit dem Zustand unserer Straßen vergleichen ließe.

Nach meiner Meinung haben die Römer es auch nie erreicht, in der ganzen Stadt Bürgersteige *(margines, crepidines)* anzulegen oder gar alle Straßen zu pflastern *(sternendae viae)*, wie es Cäsar einstmals vorgeschwebt hatte. Die Archäologen, die das Gegenteil annehmen, berufen sich allen Ernstes auf die ausgedehnten Pflasterungen der italischen Straßen, ohne dabei zu bedenken, daß die 312 v. Chr. erfolgte Pflasterung der Via Appia schon 65 Jahre zurücklag, ehe sie mit dem *Clivus Publicius* auch ins Innere der republikanischen Mauer Einzug hielt.[48] Andere stützen sich auf das Beispiel Pompejis und vergessen dabei, wie sehr sich diese Analogie als trügerisch erwies. Die Übereinstimmung gilt aber für die *vici* ebensowenig wie für die *insulae* der Urbs. Wären die Straßen im kaiserlichen Rom gepflastert gewesen, so hätte der von Martial erwähnte Prätor der Flavier nicht »mitten durch den Dreck«[49] gehen müssen, und auch Juvenal würde nicht im Schmutz steckengeblieben sein. Bürgersteige können unmöglich die Straßen flankiert haben, sie wären von der Flut der Auslagen und Waren überschwemmt worden, der erst das Edikt Domitians Einhalt gebot: »Ihm ist es zu verdanken, daß man jetzt keine von Flaschen umrahmten Pfeiler mehr sieht, keine rußenden Garküchen, welche die öffentlichen Straßen verhunzen. Barbier, Schenkwirt, Fleischbrater, Metzger sind jetzt hinter die Schwelle gebannt. Rom war nichts mehr als ein riesiges Kaufhaus, jetzt ist es endlich wieder Rom!«[50]

Hat das erwähnte Edikt eine dauerhafte Wirkung ausüben können? Wir dürfen wohl daran zweifeln. Die Verbannung der Gemüsekörbe jedoch, die der despotische Herrscherwille am Tage nicht erreichte, gelang während der Nacht vollkommen. In der Tat ist dies eines der Merkmale, durch die sich das kaiserliche Rom am auffälligsten von den heutigen Großstädten unterscheidet: Roms Straßen versanken, wenn der Mond nicht schien, in tiefste Dunkelheit. Keine Öllampen, keine Wandleuchter mit Kerzen,[51] keine Laternen an den Türpfosten erhellten die Nacht. Rom erstrahlte lediglich bei den außergewöhnlichen Illuminationen, die zum Zeichen eines allgemeinen Freudenfestes stattfanden. So an jenem Abend, als Cicero die Stadt von der catilinarischen Pest befreit hatte. In normalen Zeiten jedoch legte sich die Nacht düster und drohend wie ein unheilvoller Mantel über die Stadt. Jeder eilte nach Hause, schloß ab und riegelte sich ein. Die Geschäfte lagen verlassen, die Sicherheitsketten spannten sich fest hinter den Türflügeln, die Blumentöpfe mit ihrer bunten Pracht wurden von den Fensterbänken hereingeholt, die Läden der Wohnungen geschlossen.[52]

Wenn die Reichen ausgingen, ließen sie sich von fackeltragenden Sklaven begleiten. Die anderen vertrauten nicht allzusehr auf die nächtlichen Streifen *(sebaciaria)*, die mit Pechfackeln in der Hand ihre Wachrunden gingen. Jeder der sieben Kohorten waren zwei Bezirke zugewiesen, ein zu großer Bereich, als daß er ausreichend hätte überwacht werden können. In die Nacht hinaus begab sich jeder nur widerwillig. Dem Vorwurf der Leichtfertigkeit setzt sich aus, wer abends zum Essen ausgeht, ohne sein Testament gemacht zu haben, seufzte Juvenal. Vielleicht trägt der Satiriker etwas dick auf, wenn er behauptet, das Rom seiner Zeit sei weniger sicher als der Gallinarische Wald und die Pontinischen Sümpfe.[53] Doch genügt es, in den Digesten die Mörder *(sicarii)*, Einbrecher *(effractores)* und Straßenräuber aller Art *(raptores)* zu notieren, die zur Ahndung ihrer Untaten dem Präfekten der Vigiles überantwortet werden. Dabei wird klar, daß in den düsteren *vici*, in denen zu Sullas Zeit der von einer Abendeinladung heimkehrende Roscius aus Ameria den Tod fand, »sehr viele mißliche Abenteuer zu fürchten waren«. Nicht alle endeten tragisch. Immerhin aber setzte sich der nächtliche Spaziergänger wenigstens einem Angriff auf sein leibliches Wohl aus, »wenn sich über ihm Fenster öffneten, hinter denen man noch nicht schlief«. Am wenigsten folgenschwer verlief noch das Abenteuer der traurigen Helden aus dem Roman des Petronius, die sehr spät und benebelt die Tafel des Trimalchio verließen, sich verirrten, da ihnen Laternen fehlten, und bis zum Morgengrauen vergeblich im Labyrinth der schilderlosen, nicht numerierten und unbeleuchteten Straßen ihre Wohnung suchten.[54]

Der Verkehr in den Straßen wurde ganz und gar von diesem Gegensatz zwischen Tag und Nacht bestimmt. Über Tag ging es sehr lebhaft zu, es herrschte ein gewaltiges Drängen und Stoßen, ein höllischer Lärm. Die *tabernae* füllten sich, sobald sich die Läden öffneten und die Körbe hinausgestellt wurden. Barbiere rasierten ihre Kunden mitten auf der Straße. Hausierer aus Trastevere liefen hin und her und tauschten ihre Pakete Schwefelhölzer gegen Glaswaren. Anderswo lockten Garköche lauthals nach bewährter Manier ihre Kundschaft und boten dampfende Würstchen in heißen Pfannen dar. Lehrer und Schüler schrien sich gegen den starken Wind die Kehlen heiser. Hier ließ ein Wechsler auf einem fleckigen Tisch seine Münzen mit dem Bilde Neros klingen, dort wirbelte ein Goldstaubschläger wild seinen glänzenden Schlegel auf einem abgenutzten Stein. An der Ecke drängte sich ein Kreis von Schaulustigen um einen Schlangenbeschwörer. Überall pochten die Hämmer der Kesselflicker, flehten die Stimmen der Bettler, die im Namen der Bellona oder, indem sie die Erinnerung an ihr mißliches Schicksal beschworen, die Vorübergehenden zu mitleidigen Gaben zu bewegen suchten. Schreiend und stoßend drängten sich die Massen durch die Gäßchen, die selbst eines Dorfes unwürdig gewesen wären.[55]

Man könnte nun annehmen, der Wirrwarr des Tages sei nachts ängstlicher Stille und friedhofsähnlicher Ruhe gewichen. Die einen Unannehmlichkeiten wurden jedoch lediglich von anderen abgelöst. Dem Strom der Menschen, die nun in ihren Häusern saßen, folgten nach dem Willen Cäsars jetzt die Züge der Lasttiere mit ihren Fuhrleuten. Der Diktator hatte völlig richtig erkannt, daß in den engen und fast unpassierbaren Gäßchen Roms der Fahrzeugverkehr, wie ihn die Bedürfnisse von mehreren hunderttausend Einwohnern erforderten, bei Tage sofort eine Verstopfung und eine dauernde Gefahr herbeigeführt hätte. Deshalb verankerte er diese radikale Maßnahme in dem oben erwähnten sogenannten Iulischen Gesetz. Von Sonnenaufgang bis zum Beginn der Dämmerung wurde kein Fahrzeugverkehr im Innern der Urbs geduldet. Die während der Nacht eingetroffenen Wagen, die vor der Abfahrt von der Morgendämmerung überrascht wurden, hatten lediglich das Recht, an ihren Standplätzen leer stehenzubleiben. Nur vier Ausnahmen ließ diese eisern durchgeführte Regel zu: an hohen Festtagen für die Wagen der Vestalinnen, des Opferkönigs *(rex sacrorum)* und der Flamines; an Triumphtagen für die zum Siegeszug nötigen Wagen, an den Tagen der öffentlichen Spiele für die Wagen, die für das Staatsfest erforderlich waren. Dazu kam eine immerwährende, an allen Tagen des Jahres gültige Ausnahme für die Lastwagen der Unternehmer, die das im Wust erstickende Rom abzubrechen hatten, um es gesünder und schöner wiederaufzubauen. Außer diesen Ausnahmen gab es auf der Straße im alten Rom tagsüber nur Fußgänger, Reiter und Benutzer von Sänften und Tragstühlen. Das galt auch für die Begräbnisse. Die in ihrem Sarg *(capulum)* oder auf einer Leihbahre *(sandapila)* liegenden Toten wurden zum Scheiterhaufen zur Einäscherung oder zum Grab ihrer Beerdigung von den *vespillones*[56] immer auf einer einfachen Bahre getragen (vgl. Taf. 7, 8, 29 und Abb. 24). Dabei war es gleichgültig, ob die Beerdigung in bescheidener Form gegen Abend statt-

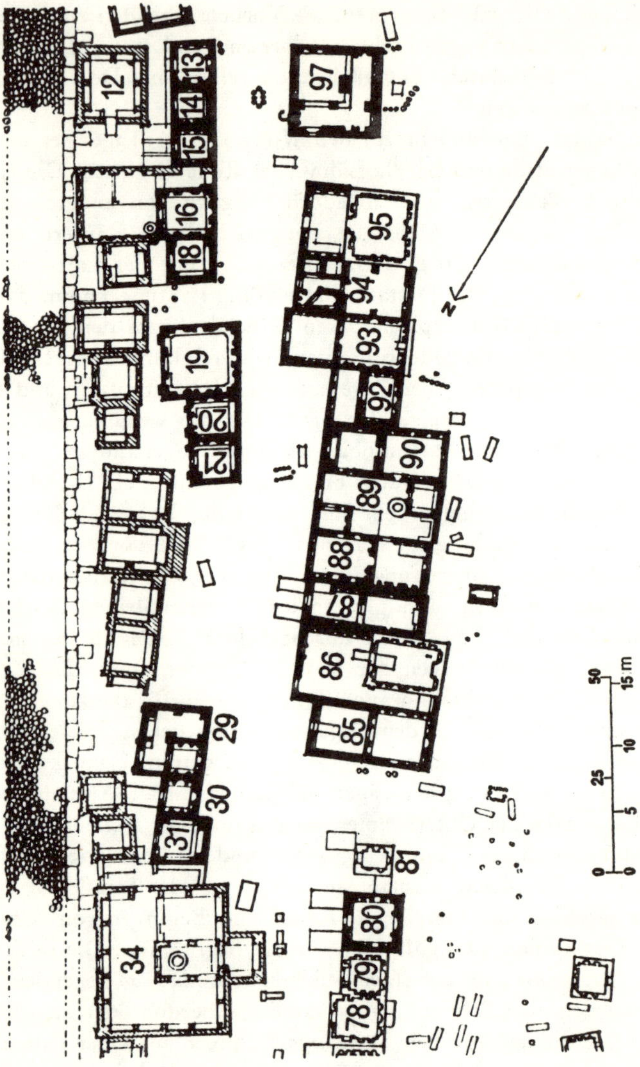

Abb. 24. Isola Sacra. Plan der Grabanlagen.

fand oder mit majestätischem Prunk am hellichten Tag, ob ihr Flötenspieler und Hornbläser vorausgingen oder nicht, ob eine lange Reihe von Verwandten, Freunden, bezahlten Klageweibern *(praeficae)* folgte oder nicht.

Bei Einbruch der Nacht begann also das Scheppern der Wagen (s. Taf. 14 und Abb. 25) aller Art, die mit ihrem Lärm die Stadt erfüllten. Falsch wäre die Vorstellung, Cäsars Gesetzgebung habe

Abb. 25. Prunkwagen *(carpentum)* der älteren Agrippina. Münze des Caligula.

ihn nur kurze Zeit überlebt, und es sei einflußreichen Leuten früher oder später gelungen, seine drakonischen Verfügungen zu umgehen. Die eiserne Faust des Diktators hat Jahrhunderte geprägt, und die Kaiser, die nach ihm kamen, haben niemals die Römer von den harten Vorschriften befreit, die er im Lebensinteresse der Gemeinschaft über sie verhängt hatte. Sie haben sie alle der Reihe nach bestätigt und sogar erweitert. Claudius sollte sie auf alle italischen Munizipien ausdehnen, Mark Aurel auf alle Städte des Imperiums ohne Rücksicht auf ihre stadtrechtliche Stellung. Vorher schon hatte Hadrian die Bespannung und die Fracht der Wagen festgelegt, die berechtigt sein sollten, in die Stadt einzufahren.[57] Am Ende des 1. Jahrhunderts und im 2. Jahrhundert unserer Zeitrechnung schildern uns die Schriftsteller Rom niemals anders als in der von Cäsar endgültig festgelegten Ordnung.

So hören wir bei Martial, daß bei Nacht das Räderrollen der Wagen die *insulae* erschüttert und der Tiber vom Schreien der Packträger und Treidler widerhallt.[58] Bei Juvenal, daß der unaufhörliche Durchgangsverkehr und der ihn begleitende Krach die Römer erbarmungslos zur Schlaflosigkeit verurteilt. »In welchem Mietzimmer ist Schlafen noch möglich? Die rollenden Wagen in den Kehren der Gäßchen, die Flüche der Maultiertreiber, die nicht vorankommen, würden den Kaiser Claudius selbst und sogar die Seehunde vertreiben.« Im unerträglichen Gedränge des Tages, über das der Dichter sich anschließend empört, erscheint über dem Durcheinander der Fußgänger nur »das Wiegen einer liburnischen Sänfte«. Die Masse, die den Dichter einpfercht, geht zu Fuß, in einer ständig neu aufgewirbelten Staubwolke. Juvenal will eilig vorwärts, die Menge weicht nicht auseinander. Die Nachfolgenden drängeln, ein Ellenbogen stößt ihn, dann ein Balken, dann beult ihm ein 39-Liter-Faß den Kopf ein. Ein derber Stiefel quetscht seinen Fuß, ein Nagel bohrt sich ihm in den großen Zeh, seine eben ausgebesserte Tunika zerreißt in Fetzen. Und nun ist der Teufel los! Eine Karre erscheint, auf der ein langer Balken schwankt, ein anderer Wagen mit einer ganzen Tanne und noch einer, beladen mit ligurischem Marmor. »Wenn die Achse bricht, die Ladung aus dem Gleichgewicht gerät und auf die Passanten niederschmettert, was wird dann noch von den zerquetschten Körpern der Ärmsten übrigbleiben?«[59]

Deshalb durften unter den Flaviern und unter Trajan wie auch anderthalb Jahrhunderte zuvor, seit der Veröffentlichung der Anordnungen Julius Cäsars, in Rom bei Tag nur die Fahrzeuge der Bauunternehmer verkehren. Das Gesetz des großen Toten galt immer noch. Und dieses Beharren in der Ordnung verschafft dem kaiserlichen Rom eine Sonderstellung gegenüber allen Städten der Welt. Mit Leichtigkeit vereinigt die Stadt die größten Gegensätze in sich. Die Urbs paßt sich in natürlicher Weise den verschiedensten Forderungen der Vergangenheit und der Gegenwart an und bleibt doch, während sie scheinbar Unvereinbares assimiliert, im Grunde unverändert und unvergleichbar sie selbst. Eben hörten wir von den auf Kosten der Baufestigkeit hochgetriebenen Häusern, die nicht viel niedriger waren als die Häuser unserer Zeit, von extravagantem Luxus moderner Prägung und von mittelalterlich anmutender Anspruchslosigkeit. Jetzt bringen uns die Straßen zum Entsetzen. Man glaubt Szenen aus irgendeinem Basar des Orients vor sich zu haben. Sie sind vollgepfropft mit lärmenden, drängenden, buntscheckig durcheinandergewürfelten Menschen, wie wir ihnen auf dem Platz Djema Elfna in Marrakesch begegnen können, und bieten ein Bild der wirren Unordnung, das mit der Vorstellung von zivilisierter Lebensweise ganz unvereinbar scheint. Unvermittelt aber verändern sie sich: ein gebieterischer, logischer Befehl, mit einem Federstrich dekretiert und generationenlang aufrechterhalten, schafft die soziale Ordnung, die bei den Römern die Mängel der Technik ausglich und die auch das von der Vielzahl seiner Entdeckungen und der Komplexität seines Fortschritts bedrängte heutige Abendland noch zu seinem Wohl in die Tat umzusetzen versucht.

II. Die sittliche Ordnung

Die Gesellschaft im Stadtbild des 2. Jahrhunderts weist erstaunliche Gegensätze auf. Sie ist streng hierarchisch gegliedert und trotzdem durch starkes Streben nach Gleichberechtigung bestimmt. Eine uniforme Mittelklasse steht zwischen einer mit Multimillionären gespickten Aristokratie und den anonymen Massen des Proletariats. Innerhalb der Familien hat sich eine Entwicklung von strikter Unterordnung zu äußerster Freiheit vollzogen. Die Gesellschaft ist zwar von der Würde ihrer Kultur durchdrungen, doch fehlt ihr der wirkliche Halt. Sie schwankt zwischen den Imperativen asketischer Lehren und der Zügellosigkeit völlig laxer Amoralität, sie taumelt zwischen den Negationen eines egoistischen Skeptizismus und dem übertriebenen Rausch schwärmerischer Geheimkulte. Gegensätzlich wie der zwiegesichtige Gott Janus bietet das Rom Trajans in moralischer Hinsicht einen Pfuhl der Perversion, in dem die Antike zu verrotten beginnt, und eine erhabene Freistatt, in der sich die reinen Ideale zur Erneuerung der Gesittung erhalten.

Erstes Kapitel

Die Gesellschaft: die Zensusklassen und die Macht des Geldes

1. Hierarchie und Gleichheit · Kosmopolitismus

Auf den ersten Blick scheint die römische Gesellschaft von festen Schranken durchzogen. Grundsätzlich sind die freigeborenen Menschen, *ingenui*, ob sie nun Bürger aus Rom sind oder anderswoher stammen, durch den Rang ihrer Herkunft radikal von der Masse der Sklaven getrennt, die als Tiere mit Menschengesichtern ohne Rechte, ohne Schutz, ohne Persönlichkeit der Willkür ihres Herrn ausgeliefert und wie eine Herde eher ein Sachwert als Lebewesen sind: *res mancipi*. Ein tiefgreifender Unterschied trennt die römischen Bürger, die das Gesetz schützt, von den anderen, die es unterwirft. Außerdem gliedert die eigentlichen römischen Bürger eine gesellschaftliche Rangordnung, die sich jeweils nach ihrem Besitzstand richtet.

Auf der untersten Stufe stehen die Niedriggeborenen, die *humiliores*, Leute ohne steuerpflichtigen Geldbesitz. Plinius der Jüngere ließ sie in Bithynien, das er als Legat Trajans verwaltete, von den Ehrenämtern der Gemeinden ausschließen, in Rom wurden sie beim geringsten Vergehen ausgepeitscht und schon bei kleineren Verbrechen in die Minen, *ad metalla*, geschickt, den wilden Tieren im Amphitheater vorgeworfen oder zur Kreuzigung verurteilt. Über ihnen stehen die »ehrbaren« *(honestiores)* Leute, die »Bürgerlichen« dieser Zeit, denen ein Besitz von mindestens 5000 Sesterzen die »Ehrbarkeit« verschafft und bei schwereren Vergehen mildere und weniger ehrenrührige Strafen sichert: Verbannung, Ausweisung, Vermögensentzug. Sie sind in mehrere Gruppen unterteilt, von denen die niedrigste und zugleich menschenreichste keinen Anspruch darauf erheben kann, Staatsdienst zu leisten, also auch nicht an der kleinsten Stelle öffentliche Macht innehaben und ausüben darf. Deshalb hat sie auch kein Recht auf den schönen Standesnamen *ordo.* Die Bezeichnung *ordo* kommt erst den höheren Gruppen der Gesellschaft zu. Wird im munizipalen Bereich die magistratsfähige Schicht unter der Bezeichnung *ordo decurionum* zusammengefaßt (was natürlich nicht ausschließt, daß in diesen Funktionen auch Männer ritterlichen oder senatorischen Standes tätig werden), so beginnt der *ordo*-Begriff in der offiziellen Hierarchie der Stadt Rom mit dem Ritterstand *(ordo equester)*, dessen Mitglieder mindestens 400 000 Sesterzen besitzen. Sie erhalten vom Kaiser, wenn sie sein Vertrauen erlangt haben, Befehlsgewalt über seine Hilfstruppen; außerdem sind ihnen einige zivile Ämter vorbehalten: Prokuraturen in der Domänen- und Steuerverwaltung, Statthalterschaften in zweitrangigen Provinzen wie den *Alpes* und Mauretanien, seit Hadrian auch verschiedene leitende Posten in der kaiserlichen Kanzlei und seit Augustus alle Präfekturen mit Ausnahme der Stadtpräfektur in Rom. Die Spitze bildet der Senatorenstand *(ordo senatorius).* Seine Mitglieder besitzen mindestens eine Million Sesterzen und werden, wenn der Kaiser es anordnet, Befehlshaber seiner Legionen, Legaten und Prokonsuln der bedeutendsten Provinzen, Verwaltungsleiter der wichtigsten Stadtämter Roms und besetzen die großen städtischen Priesterkollegien.

Durch eine kunstvolle Hierarchie sind diese verschiedenen Arten von Bevorrechteten untereinander abgestuft, und um die Unterschiede besser zu kennzeichnen, verlieh Hadrian jeder Gruppe ein nur ihr gebührendes Adelsprädikat. »Ausgezeichneter« Mann, *vir egregius*, hießen die einfachen Prokuratoren; »sehr vollkommener Mann« die Präfekten, *vir perfectissimus*, mit Ausnahme derjenigen des Prätoriums, deren Bezeichnung, *vir eminentissimus*, in der »Eminenz« der Kardinäle der römischen Kirche wieder zu Ehren kam; »sehr ruhmvoller Mann«, *vir clarissimus*, hießen die Senatoren und ihre Kinder.

Dieses starre und genau geregelte System, das in seinem kunstvollen Aufbau einen Vorläufer der komplizierten, von Peter dem Großen erdachten Rangordnung des »Čin« oder der Dienstgrade in der napoleonischen Armee und der Ehrenlegion darstellt, bildet in Rom, von wo Offiziere und Amtsträger auszogen und wohin sie

nach Ablauf ihres Dienstes zurückkehrten, eine Art Pyramide, an deren Spitze, sozusagen zwischen Himmel und Erde, der Kaiser mit seiner unvergleichlichen Würde schwebt.
Der Kaiser ist, wie sein Name besagt – *princeps* –, der Erste des Senats und des Volks. Doch erwächst aus dieser Führerstellung zwischen ihm und der übrigen Menschheit kein Unterschied gradueller, sondern kategorialer Natur. Als Verkörperung des Gesetzes und Wahrer der Auspizien steht der Kaiser näher den Göttern, von denen abzustammen er sich rühmt und zu denen er, zum *divus* erklärt, in einer Apotheose nach seinem Tode zurückkehren wird, als den einfachen Sterblichen, von denen ihn mit dem Tag der Thronbesteigung der sakral-unverletzliche Charakter eines Augustus scheidet. Wenn auch Trajan mit Geringschätzung den von Domitian erhobenen Anspruch zurückgewiesen hat, mit dem Doppeltitel »Herr und Gott« *(dominus et deus)* gegrüßt zu werden, so verschmähte er doch nicht den Kult, der in seiner Person dem kaiserlichen Genius gewidmet wurde und der als Band diente, die verschiedenartigen Städte zusammenzuhalten, die im Orient wie im Okzident das Weltreich *(orbis romanus)* bildeten. Er mußte dulden, daß seine Entscheidungen unverhohlen als »vom Himmel stammend« von jenen bezeichnet wurden, deren kühnste Wünsche sie erfüllten. So erscheint Rom auf den ersten Blick als eine unter theokratisch fundierter Autokratie erstarrte, in den unzähligen Zellen einer unbeweglichen Organisation verhärtete Welt.
Bei näherer Betrachtung erweist sich jedoch, daß die Zellwände keineswegs undurchlässig sind. Starke ausgleichende Strömungen durchfluten unaufhörlich die Grundschichten der Gesellschaft, vermischen und ordnen sie neu, ohne sie völlig voneinander zu trennen. Selbst das kaiserliche Haus bleibt davon nicht unberührt und muß sich schließlich einbeziehen lassen. Seit mit Nero die Familie der Julier erlosch, stellte der Prinzipat nicht mehr das Erbteil einer prädestinierten *gens* dar. Seit die blanken Schwerter im Bürgerkrieg des Jahres 69 gegeneinanderklirrten, sind die *arcana* des Reiches, wie Tacitus sagt, entschleiert. Nicht das Blut Cäsars und Augustus' hält das Reich zusammen, sondern die Legionen. Vespasian und Trajan gelangten als Legaten aus dem Orient bzw. aus Ger-

manien zur höchsten Macht: der eine, weil die Begeisterung seiner Truppen ihn emportrug, der andere, weil seine Armee Furcht verbreitete und er ihr unbändiges Vertrauen einflößte. Beide erhoben sich zur Göttlichkeit, weil sie zuvor die Befehlsgewalt über das Reich ergriffen, statt wie Caligula, Claudius oder Nero im Namen der Göttlichkeit ihrer Dynastie zur Herrschaft zu gelangen. Die Legionäre, die Vespasian zum Kaiser ausriefen, die Senatoren, die Nerva zwangen, Trajan, den General der rheinischen Grenzgebiete, zu adoptieren, vollführten eine Revolution. Genauso, wie es später von der Großen Armee hieß, daß jeder Korporal den Marschallstab im Tornister trage, so spürte man von dieser Zeit an in Rom, daß jeder Heerführer eines Tages den Thron besteigen könne.

Daraus erklärt sich, daß Verdienst und Aufstieg, die hier zum erstenmal bei der Berufung zur Kaiserwürde berücksichtigt werden, nun im gesamten Lebensraum des Reiches Anerkennung finden und eine Belebung und Verjüngung einleiten. Dadurch entstehen nach allen Richtungen Verbindungen, die Nationen und Klassen einander näherbringen, miteinander verschmelzen und viele Vorurteile ausräumen. Im gleichen Maße, wie sich das *ius gentium*, das Recht der fremden Nationen, nach dem Vorbild des *ius civile*, des Rechts der römischen Bürger, umformt und das *ius civile* unter dem Einfluß der Philosophie sich nach dem Naturrecht, dem *ius naturale*, zu richten sucht, verringert sich der Abstand zwischen Römern und Fremden, zwischen Bürgern und Zugewanderten. Auch durch individuelle Gunsterweise und Freilassungen, durch massierte Bürgerrechtsverleihungen, die sich auf ganze Einheiten entlassener Hilfstruppen oder auf die Gesamtheit eines durch Rangerhöhung zur Kolonie erklärten Gemeinwesens erstrecken,[1] fluten ständig neue Gruppen peregrinen Ursprungs in Rom ein. Niemals hat sich der kosmopolitische Charakter der Urbs deutlicher ausgeprägt. In allen gesellschaftlichen Schichten werden die eigentlichen Römer nicht nur durch die italische Einwanderung überschwemmt, sondern auch durch die aus allen Provinzen und Regionen des Weltreiches mit ihren verschiedenen Sprachen, Sitten, Gebräuchen und Kulten herbeiströmenden Menschenmassen.

Juvenal empört sich gegen diese Schmutzflut, die sich vom Orontes in den Tiber ergießt. Doch die von ihm verachteten Syrer haben sich, sobald sie konnten, als römische Bürger gebärdet. Und diejenigen, die ihren Fremdenhaß herausschrien, waren selbst mehr oder weniger fremd in der Stadt, die sie gegen neue Eindringlinge schützen wollten. Juvenal ist nichts als ein zugezogener Campanier oder Herniker. Und Martial, der in seinem Haus an der Birnbaumstraße beim Quirinal wohnt, sehnt sich stets nach seiner kleinen aragonischen Heimat Bilbilis. Plinius der Jüngere, ob er nun in Rom, in seiner laurentinischen Villa oder in seinem Besitztum in der Toscana wohnt, bleibt seiner cisalpinischen Heimat treu, dem fernen Como, das immer seinem Herzen nahesteht. Die Curia umfaßt jetzt Senatoren, die aus Gallien, Spanien, Afrika und Asien stammen. Die römischen Herrscher kommen aus Städten oder kleinen Dörfern, die weit jenseits der Berge und Meere liegen und noch nicht allzu lange zum Reich gehören. Trajan und Hadrian stammen aus Italica in der Baetica, ihr Nachfolger Antoninus Pius aus dem Bürgertum von Nîmes in der Gallia Narbonensis, und am Ende des 2. Jahrhunderts ist das Reich geteilt zwischen dem Cäsar Clodius Albinus aus Hadrumetum (Sousse) und dem Augustus Septimius Severus aus Leptis Magna in Tripolitanien, der auch nach der Thronbesteigung, wie sein Biograph erzählt, niemals bei seinen Ansprachen den semitischen Akzent abzulegen vermochte, der ihm von seiner punischen Herkunft anhaftete. Das Rom der Antonine ist der Treffplatz, auf dem sich das römische Volk und die unterlegenen Völker begegnen, denen durch die alten Gesetze doch feste Trennschranken gesetzt zu sein schienen, oder besser: Rom ist der Tiegel, in dem es den neuen Lebensformen trotz den Gesetzen gelang, die Völker miteinander zu verschmelzen. Es ist ein Babel, wenn man so sagen will, aber ein Babel, in dem jedermann, koste es was es wolle, lateinisch sprechen und denken lernt.[2]

2. *Sklaven und Freigelassene*

Alle lernten römisch denken und sprechen, sogar die Sklaven. Ihr Lebensstandard stieg im 2. Jahrhundert auf das Niveau der Freigeborenen. Die sich ständig mildernde Gesetzgebung löste stückweise ihre Ketten und erleichterte ihnen die Befreiung. Der praktische Lebenssinn und eine gewisse natürliche Menschlichkeit, die ihrer bäuerlichen Herkunft entsprach, hatte die Römer davor bewahrt, ihre Sklaven, *servi*, grausam zu behandeln. Immer gingen sie mit ihnen um wie Cato mit seinen Arbeitsochsen. Als Ansporn der Leistungen dienen schon in früher Zeit Prämien und Löhne. Die Summen werden gespart *(peculium)* und im allgemeinen als Lösegeld zum Freikauf verwandt. Sklaverei ist in Rom – von Ausnahmen abgesehen – nie unerträglich oder unlösbar gewesen. Freilich war sie nie so milde und so leicht zu lösen wie unter den Antoninen.

Seit dem letzten Jahrhundert der Republik durfte auch der Sklave um seine Seele besorgt sein. Die freien Bürger ließen ihn zur Ausübung ihrer wichtigsten Kulte zu. So versahen in Minturnae, im Heiligtum der Spes, der Göttin der Hoffnung, etwa seit dem Jahre 70 v. Chr. ebenso viele *magistri* aus dem Sklavenstande wie Freigelassene und Freigeborene den Dienst gemeinschaftlich. Die Stellung der Sklaven im Tempeldienst festigte sich, als sich die Kultur später geistig vertiefte und der Einfluß der philanthropischen Philosophien wuchs. Im 1. Jahrhundert unserer Zeitrechnung ehren die Grabinschriften der Sklaven erstmals öffentlich die Manen der Verstorbenen, und im 2. Jahrhundert gehören zu den Begräbnisvereinen (vgl. Taf. 9 und Abb. 26) und den Kollegien der Mysterienkultanhänger, wie sie sich z. B. im Jahre 133 unserer Zeitrechnung unter dem Doppelkult der Diana und des Antinous in Lanuvium bildeten, brüderlich vereint Freigeborene, Freigelassene und Sklaven. Die Sklaven bewirten am Tage ihrer späteren Freilassung ihre Kollegen mit einer Amphore Wein. Die Gesetzgebung folgte dem Fortschritt der Ideen. Am Anfang der Kaiserzeit hatte eine *lex Petronia* dem Herrn untersagt, seine Sklaven ohne gerichtliches Urteil den wilden Tieren auszuliefern. Gegen Mitte des 1. Jahrhunderts be-

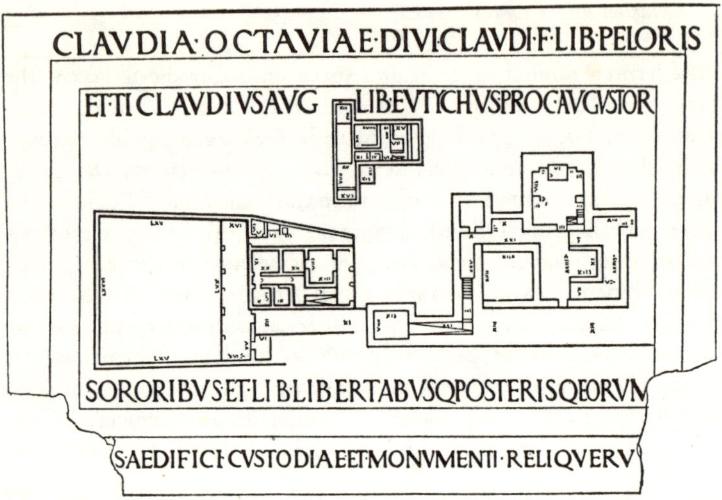

Abb. 26. Marmorplan des Grabgartens der Claudia Peloris und des Ti. Claudius Eutychus.

stimmte ein Edikt des Kaisers Claudius, kranken oder siechen Sklaven von Amts wegen die Freiheit zu schenken, wenn ihr Herr sie im Stich ließ. Kurz danach verpflichtete ein Edikt Neros den Stadtpräfekten zur Entgegennahme und Verfolgung der Klagen, die Sklaven gegen Ungerechtigkeiten ihrer Herren anstrengten. Wahrscheinlich ging die Abfassung des Edikts auf den Einfluß Senecas zurück, der die Anerkennung der Sklaven als Menschen eindringlich gefordert hatte. Im Jahre 83 untersagte ein unter Domitian gefaßter Senatsbeschluß die Kastration der Sklaven. Ein Herr, der gegen diesen Beschluß verstoßen hatte, wurde mit der Einziehung seines halben Vermögens bestraft. Im 2. Jahrhundert mußte Hadrian das Strafmaß für dieses Verbrechen verdoppeln, das er zum »Kapitalverbrechen« erklärte. Er schrieb dem Senat zwei von der gleichen menschlichen Gesinnung zeugende Dekrete vor. Das eine untersagte den Herren, ihre Sklaven dem *leno* oder dem *lanista*, dem Kuppler oder dem Veranstalter der Gladiatorenkämpfe, zu verkaufen. Das andere machte die Vollziehung der von den Herren über ihre Sklaven verhängten Strafmaßnahmen von der Zustimmung des *praefectus vigilum* abhängig. In der Mitte des Jahrhunderts erreichte die Entwicklung mit einer Verfügung des Antoninus Pius ihren Höhepunkt: jede Tötung eines Sklaven, die lediglich auf den Befehl seines Herrn erfolgte, galt als Mordtat.

Im übrigen ist es damals weniger die Gesetzgebung, die jene neue Milde in Leben und Sitten bewirkte, vielmehr spiegelt sie diese nur wieder. Juvenal geißelt mit seinen Satiren den Geizigen, der seine Sklaven hungern läßt, den Spieler, der beim Würfeln im Handumdrehen ein Vermögen durchbringt, seine Sklaven aber in durchlöcherten Tuniken frieren läßt, die Kokette, die bei der geringsten Verspätung ihrer Träger, bei der kleinsten Ungeschicklichkeit ihrer Kammerfrauen aufbraust und Peitsche und Ochsenziemer schwingt. Die Empörung des Dichters entspricht der öffentlichen Meinung, die sich mit demselben Entsetzen gegen Rutilus wendet, dessen verabscheuenswürdige Grausamkeit er brandmarkt.[3]

Wenn zu dieser Zeit die Herren auch nicht ganz darauf verzichten, die Vergehen ihrer Sklaven mit körperlichen Züchtigungen zu bestrafen, so begnügen sie sich doch meistens mit der Rute, wie sie Martial ohne Gewissensbisse bei jeder verdorbenen Mahlzeit seinen Koch schmecken ließ. Doch die Schläge hindern die Römer keineswegs, ihre Sklaven zu umhegen, sie zu lieben und um ihr Unglück oder um ihren Tod zu weinen.[4] In den großen Häusern, in denen zahlreiche Sklaven als gewandte Spezialisten tätig sind und einige sogar als Erzieher, Ärzte oder Vorleser eine vorzügliche Ausbildung genossen haben, werden sie nicht anders als freie Menschen behandelt. Welchen Wert legt Plinius der Jüngere darauf, daß sein Vetter Paternus sie sorgfältig für ihn auf dem Markt auswählt! Wie liebevoll ist er auf die Gesundheit seiner Sklaven bedacht! Um ihnen Genesung zu verschaffen, schickt er sie nach Ägypten oder nach Fréjus in der provenzalischen Ebene. Mit welcher Bereitwilligkeit kommt er ihren berechtigten Wünschen entgegen und gehorcht er, wie er sagt, ihren Ansinnen wie Befehlen! Wie vertrauensvoll verläßt er sich zum Ansporn ihres Eifers mehr auf ihre Ergebenheit als auf seine Strenge, wenn unvermutet ein Verwandter zu Besuch kommt, in der Überzeugung, sie würden – wie in einem seiner Briefe zu lesen – sich bemühen, ihrem Herrn in der Person der Gäste noch angenehmer zu sein! Bei seinen Freunden finden wir übrigens dieselbe vertrauensvolle, ich möchte sagen, an die Zusammengehörigkeit einer Familie gemahnende Haltung. Als den alten Senator Corellius Rufus eine Krankheit ans Bett fesselt, müssen seine Lieblingsdiener ihm im Zimmer Gesellschaft leisten, und wenn er sie wegen einer vertraulichen Botschaft fortschickt, geht seine Frau mit ihnen hinaus. Plinius der Jüngere, bei dem diese wohlwollende Haltung noch stärker ausgeprägt ist, hält es durchaus nicht für unter seiner Würde, sich mit seinen Sklaven zu unterhalten. Wenn er auf dem Lande wohnt, lädt er die Klügsten zu gelehrten Gesprächen nach dem Abendessen ein. Die Sklaven wiederum vergelten die wohlwollende Behandlung mit dankbarer Hingabe. Die Nachricht von einem Attentat, das einige Leibsklaven auf den Senator Larcius Macedo verüben, stürzt Plinius den Jüngeren[5] in Entsetzen, doch dieses Entsetzen ist ein Beweis für die Tatsache, daß sich solche Vorfälle höchst selten ereigneten. Und die leider vergebliche Sorgfalt, mit der die treu gebliebene Dienerschaft das Opfer umhegt, zeigt, daß die Sklaven auch dort, wo sie sehr rauh angefaßt werden, nun ihren Herrn behandeln, wie er sie behandelt: als Menschen. Ein Grieche, der in der Mitte des 2. Jahrhunderts in Rom lebt, stellt mit Erstaunen fest, daß sich die Unterschiede zwischen Sklaven und freien Menschen fast völlig verwischt haben. In Rom, bemerkt der unter Antoninus Pius schreibende Appian, unterscheidet sich der Sklave nicht einmal äußerlich vom freien Mann. Außer bei den Anlässen, bei denen sein Herr die *toga praetexta*, das Zeichen der Magistratswürde, trug, sah er nicht im mindesten anders aus. Appian fügt hinzu: Sobald der Sklave freigelassen ist, lebt er gleichberechtigt mit den Bürgern.[6]

Tatsächlich kann in der gesamten Antike Rom allein das Verdienst für sich in Anspruch nehmen, seine Parias losgekauft zu haben, indem es ihnen das Tor zum Leben öffnete. Gewiß lag nun der Weg zu den Ämtern und zur Magistratur für den freigelassenen Sklaven *(libertus)* nicht ohne weiteres offen. Gewiß blieb er auch jetzt noch an seinen ehemaligen Herrn, den er *patronus* nannte, durch Dienstleistungen oder geldliche Verpflichtungen und für immer durch die Erweisung eines an Kindespflichten gemahnenden Gehorsams, *obsequium*, verbunden. (Vgl. Taf. 14.) Doch sobald die Freilassung,

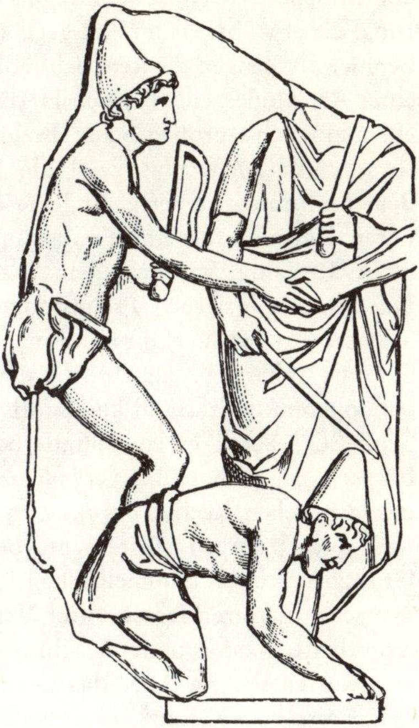

Abb. 27.
Freilassung zweier Sklaven.
Marmorrelief.

manumissio, regelrecht ausgesprochen war, erlangte er durch die Gnade seines lebenden oder verstorbenen Herrn Namen und Würde eines römischen Bürgers. Die Freilassung geschah in einem fiktiven Freilassungsprozeß, *per vindictam*, vor dem Prätor (vgl. Abb. 27) oder durch die anläßlich eines Lustrums stattfindende Einschreibung in die Register der Zensoren *(censu)*, meistens aber durch eine testamentarische Klausel *(testamento)*. In der dritten Generation konnten die Nachkommen die politischen Rechte ohne Einschränkung ausüben und unterschieden sich in nichts mehr von den Freigeborenen. Mit der Zeit lockerten sich die Formalitäten der Freilassung. An Stelle der alten Formen bürgerten sich, da eine gesetzliche Regelung fehlte, schnellere und einfachere Verfahren ein. Es genügte ein einfaches Schreiben des Patrons oder sogar eine mündliche Erklärung, die etwa bei einem Fest gegeben wurde und für die einige Teilnehmer als Zeugen dienten. Schließlich wurden die Freilassungen zu einer Art Modesache. Bei den Herren spielte der Stolz mit, sich mit einer möglichst großen Schar Freigelassener zu umgeben. Das ging so weit, daß Augustus, weil die Freilassungen überhandnahmen, dem Mißbrauch steuerte. Er legte ein Mindestalter, 20 Jahre, fest, unter dem niemand eine Freilassung vornehmen, und ein Mindestalter, 30 Jahre, vor dem kein Sklave freigelassen werden durfte. Die testamentarischen Freilassungen, die bei weitem den größten Teil der legalen Verfahren ausmachten, wurden von der Zahl der Sklaven abhängig gemacht, die der Herr besaß, und durften auch bei höherem Besitzstand keinesfalls die Zahl hundert überschreiten. Schließlich schuf er eine minderberechtigte Kategorie von Halbbürgern, die man *Latini Iuniani* nannte. Ihnen wurde nur ein Teil des latinischen Rechts, des *ius Latii*, und keine Fähigkeit zur aktiven und passiven Testamentsvollstreckung zugestanden. Diese Gruppe sollte das Sammelbecken für das bunte Gemisch von Sklaven sein, die ihre Herren unter Verletzung der von ihm erlassenen Vorschriften oder ohne Beachtung der legalen Verfahrensweisen freigelassen hatten. Aber das Leben war stärker als der Wille des Augustus. Seine Gesetzgebung zerbröckelte. Um dem fortschreitenden Geburtenschwund Einhalt zu gebieten, hob er die rechtliche Minderstellung der *Latini Iuniani*, soweit sie Familienväter waren, selber wieder auf. Tiberius machte den ehemaligen Angehörigen der Wach- und Schutzeinheiten *(vigiles)* dasselbe Zugeständnis, um die Einschreibungen in seine Kohorten zu erhöhen. Claudius schließlich dehnte zur Erleichterung und Verstärkung des Handels das Zugeständnis auf die Freigelassenen beiderlei Geschlechts aus, die ihr Geld zur Ausrüstung von Handelsschiffen verwandten; Nero gewährte es denen, die ihr Geld im Hausbau anlegten, Trajan denen, die Bäckereien einrichteten. Aus Wohlwollen gegenüber den eigenen *liberti* und den *liberti* ihrer Freunde mühten sich alle Herrscher, die letzten Spuren ihres Sklaventums zu tilgen und bei erster Gelegenheit die freigelassenen Sklaven in den zweiten *ordo* des Staates aufrücken zu lassen. Sie gewährten ihnen entweder fiktiv den Rechtsstatus eines Freigeborenen *(natalium restitutio)* oder streiften ihnen sogar den goldenen Ritterring über den Finger. So stellen die Freilassungen, die in dieser Zeit zahlreicher als je zuvor sind, die freigelassenen Sklaven auf völlig gleiche Ebene mit den anderen Bürgern, verschaffen ihnen Stellungen und Reichtümer und gestatten ihnen, wie wir es bei Trimalchio sehen, sich nun selber viele Sklaven anzuschaffen.

So ist es verständlich, daß ein Inschriftenforscher bereits bei einem flüchtigen Rundgang durch die römischen Ruinen den Eindruck erhält, Sklaven und Freigelassene seien in der Kaiserzeit die vorherrschende Klasse gewesen; drei von vier der in Rom erhaltenen Inschriften stammen von Angehörigen dieser beiden Gruppen. In den meisten Fällen können die Sklaven der Urbs aufgrund der Art ihrer Namen den griechisch-orientalischen Ursprung nicht verleugnen. Tenney Frank vermag mit einem durch reichhaltige und genaue statistische Angaben belegten Aufsatz ohne weiteres davon zu überzeugen, daß mindestens achtzig Prozent der Bevölkerung Roms durch eine mehr oder minder weit zurückliegende Freilassung aus dem Sklavenstand hervorgegangen sind.[7] Auf den ersten Blick scheint dieser Kräftezuwachs verheißungsvoll, sowohl für die römische Gesellschaft, die sie dauernd mit neuen Elementen speist, als auch für den römischen Staat, dessen Rekrutierungsfeld er in unermeßlicher Weise ausweitet. Es liegt nahe, im Rom der Antonine die wahren Vorzüge eines freien Kräftespiels vollkommener Demokratie zu erblicken.

3. Verwirrung der sozialen Ordnung

Leider lassen sich die Schatten nicht übersehen, die in Wirklichkeit bereits das Bild verdunkeln. Unter dem Prinzipat Nervas bestand nur noch die Hälfte der fünfunddreißig Jahre zuvor, im Jahre 65, gezählten Senatorenfamilien und wieder dreißig Jahre später nur noch eine einzige der fünfundvierzig Patrizierfamilien, die hundertfünfundsiebzig Jahre zuvor Julius Cäsar eingesetzt hatte. So war es für die Stadt bedeutungsvoll, daß eine fortwährende Zufuhr frischen Blutes wie ein mächtiger Strom aus den untersten Schichten der Bevölkerung erfolgte und die Führungsschicht erneuerte. Da jedoch die Kräfte fast ausschließlich aus der Masse der Sklaven kamen, setzte sich die römische Gesellschaft und der römische Staat einer unvermeidbaren Überfremdung und damit für die Zukunft großen Gefahren aus.

Damit die Sklavenschaft unaufhörlich die Lücken der oberen Klassen aufzufüllen vermochte, mußte sie selbst ständig aufgefrischt werden. Die Kriege Trajans (s. Abb. 28), insbesondere sein zweiter dakischer Feldzug, von dem er nach dem Zeugnis seines Arztes Criton 50 000 Gefangene heimbrachte, die alsbald versteigert wurden,[8] sind die letzten, in denen das Reich seine Siege mühelos und

Abb. 28. Trajan läßt am Ende des 2. Dakischen Feldzugs Frauen, Kinder und Greise ins Exil oder in die Sklaverei wegführen. Relief von der Trajanssäule.

ohne Rückschläge erfocht. Nach den beiden von Frieden überstrahlten Prinzipaten seiner Nachfolger Hadrian und Antoninus Pius setzten mit Mark Aurel die teuer erkauften halben Siege ein, die erschöpfenden Abwehrkämpfe und schließlich die Einfälle und Rückschläge, die den starken Nachschub an Sklaven zum Erliegen brachten. Schon läßt sich der Augenblick voraussehen, da der Sklavenstand, durch die spärlicher werdende Auffüllung mit Kriegsgefangenen gezwungen, die eigene Substanz anzugreifen, nicht mehr in der Lage sein würde, die Grundlage zu bilden, auf der in den vorangegangenen Generationen das System der römischen Wirtschaft geruht hatte. Vom gleichen Zeitpunkt an muß Rom seiner Welt, um sie weiter regieren zu können, die trostlose Zwangsjacke anlegen, die im römischen Reich der Spätantike zur Lebensgewohnheit wird.

Gewiß zeichnet sich dieses Übel noch nicht unter den Flaviern und den ersten Antoninen ab. Jedoch drohen bereits andere Gefahren, die schwer auf dem scheinbaren Wohlstand der Regierungen lasten. Bevor der Druck zu schwach wird, ist er zu rasch und zu ungleichmäßig. Die ersten Kaiser versuchten ihn allmählich unter Kontrolle zu bringen und in geordnete Bahnen zu leiten. Doch die Zeit war schneller. Die Mängel eines gleichzeitig autokratischen und auf Vermögensklassen beruhenden Systems haben den Ablauf und das Wesen der gesellschaftlichen Umwandlungen gestört und verdorben.

Weil die Cäsaren unter dem Deckmantel des schönen Scheins absolute Autorität besaßen und ausübten, eroberten ihre Sklaven und Freigelassenen die noch übrigen Machtstellungen. Theoretisch stellten sie nur »Sachwert« dar, bestenfalls waren sie Bürger minderen Rechts. Da sie aber täglich Umgang mit der geheiligten Person des Herrschers hatten und sein Vertrauen genossen und da er ihnen blindlings einen Teil seiner weitreichenden Befugnisse übertrug, befahlen sie in der Praxis schonungslos über Angehörige der *plebs* ebenso wie über angesehene Römer. Die kaiserliche Kanzlei, in der die Bittschriften aus dem gesamten Erdkreis zusammenliefen und von der die Befehle an die Provinzgouverneure und an die Magistrate der Hauptstadt ausgingen, in der die für die Rechtsprechung aller Gerichte, auch des Senatsgerichts, maßgebliche Gesetzgebung erarbeitet wurde, hat bis zu Claudius wohl ausschließlich Sklaven umfaßt. Von Claudius bis zu Trajan einschließlich setzte sie sich aus Freigelassenen zusammen. Wie die Adligen des 17. Jahrhunderts, bevormundet durch Minister und Angestellte des Bürgertums, ihren Zorn verbissen, so haben sich auch die Senatoren der hohen Kaiserzeit schweigend und innerlich wütend der Macht ehemaliger Sklaven beugen müssen, die im Namen des Princeps Beförderungen aussprachen, Güter verteilten, über das Leben seiner Untertanen entschieden. Es waren jene Sklaven, die mit einem Sprung in die Nähe des Thrones gelangten und wie Narcissus oder Pallas für ihre geheime und einflußreiche Arbeit Güter und Ehren einheimsten. Doch damit nicht genug. Wenn der Kaiser außerhalb ihrer Reihen aus den beiden obersten Ständen des Staates Vertraute und Freunde auswählte, so herrschte auch der unter ihm scheinbar regierende Adel in Wirklichkeit nur durch seine Dienerschaft; denn die Adligen überließen ihren Sklaven und Freigelassenen gewöhnlich die anstrengende Führung der Geschäfte. So vereinigten sich im Einfluß auf die Hauptstadt und das Reich die Sklaven und Freigelassenen des Princeps mit den Sklaven und Freigelassenen seines Hofes. Wie weit sich ihre zwielichtigen Verbindungen und ihre Macht erstreckten, wurde offenbar, als sie, die der von Mißtrauen und unersättlicher Gier erfüllte Despotismus Domitians in den Senat geführt hatte, sich seiner entledigen wollten, um ihr Leben zu retten. Die von den Senatoren ersehnte und angestiftete Ermordung des Tyrannen wurde im Vorzimmer seines Hauses vorbereitet und von seinen Leuten und den Leuten seiner Umgebung ausgeführt: von seinem Larenkultknaben *(puer a sacrario)*, dem Vorsteher seines Schlafgemachs *(praepositus a cubiculo)*, dem Griechen Parthenius und einem Hofmeister seiner Schwester Domitilla, dem Griechen Stephanus. Nach dem Attentat wurde das Wort Freiheit *(libertas restituta)* auf den Münzen propagiert. Unzweifelhaft bildete sich die »Versammlung der *patres conscripti*«, der römische Senat, ein, die Republik erstehen zu lassen, indem er das Reich einem seiner wenig hervorgetretenen Mitglieder übertrug, dem furchtsamen, schon in den Sechzigern stehenden Nerva. Doch das war offensichtlich nur Wortgeklingel und leerer Schein. Die *res publica* als gemeinsames Gut der Bürger und die

Freiheit als stolze Frucht gemeinsamer Erfahrung können nicht aus einer von »Zugereisten« und Sklaven angezettelten Verschwörung erwachsen. Auch die Kaiser erkannten schließlich, daß diese niedrigen Existenzen an der Spitze des Staates eine Gefahr für ihre Regierung bedeuteten. Hadrian tat den ersten Schritt, indem er die leitenden Stellungen seiner Kanzlei dem Ritterstand vorbehielt. Seine Nachfolger hielten es ebenso. Um tiefere Wirkung zu erzielen, hätte sich die Reform jedoch auch auf die unteren Stellungen erstrecken müssen. Die Kaiser beschäftigten auch weiterhin, um des Gehorsams versichert zu sein und um keine Betrügereien befürchten zu müssen, die sie nicht unmittelbar bestrafen konnten, in ihren Verwaltungen fremdes Personal aus dem Sklavenstand, *procuratores* und *institores*, mit denen sie nach Belieben umgehen zu können meinten. Indessen waren sie mit der fortschreitenden Ausdehnung des Reichs und mit der Entwicklung des fiskalischen Systems immer mehr auf sie angewiesen. Unzweifelhaft gab es unter den mit allen Kräften auf ihre *manumissio* bedachten *servi* und unter den *liberti*, denen die Freilassung mehr als nur pflichtmäßige Dankbarkeit abnötigte, eine Reihe von zuverlässigen Beamten, ehrbaren Verwaltern, klugen und ergebenen Angestellten. Und wenn die kaiserliche Verwaltungsmaschinerie im 2. Jahrhundert fast ohne Knirschen lief, so lag das wahrscheinlich nicht so sehr an der Sorgfalt der Aufsicht, sondern mehr an der Gewissenhaftigkeit und dem sachkundigen Geschick ihrer Mitarbeiter. Weil aber die Herde zu groß war, gab es in ihr auch räudige Schafe: *vilici*, die bei ihren Forderungen und beim Eintreiben der Steuern zu scharf vorgingen, zu sehr auf Gewinn und Belohnungen versessene Gerichtsdiener, unverschämte, grausame und pflichtvergessene Prokuratoren. So entstand das beklagenswerte, paradox erscheinende Bild einer Regierung, die in löblicher Absicht Wert auf die Verbesserung ihrer Leistungen legte und dabei ihre Herrschaftsfunktionen an Menschen auslieferte, die in Ketten geboren und nur zum Dienen bestimmt waren. Statt einer stufenweise sich vollziehenden, sinnvollen Entwicklung erlebten die Römer fortwährend die Erniedrigung bürgerlicher Würde durch brutale Mißachtung ihrer Rechte. Das untergrub die Moral in der Hauptstadt und auf dem Land. Unter

Commodus richteten die freien Bürger, die als freiwillige *coloni* das afrikanische Staatsgut von Suk-el-Khmis bearbeiteten und rechtlos und ohne Gnade unter der Peitsche des Verwalters, eines Sklaven, der im Namen und Auftrag des Kaisers den *saltus Burunitanus*[9] leitete, litten, ihre Klagen an den Kaiser und baten um Einhaltung früher ergangener Edikte. Schon Juvenal reizte es zu äußerster Wut, als er sah, daß im Rom Trajans Söhne freier Männer aus Geschäftsgründen und durch die Höflingswirtschaft den Sklaven der Reichen nachliefen:

Divitis hic servo claudit latus ingenuorum
Filius . . .[10]

Seit Juvenal schien es tatsächlich vorteilhafter, Sklave bei einem Reichen als ein freier, aber armer Bürger zu sein. Damit war die wohlgemeinte kaiserliche Ordnung erschüttert. Doch das Gleichgewicht der Gesellschaft wurde noch gefährlicher gestört. Der Besitz, nach dem sich ihre Hierarchie richtete, sammelte sich, statt sich auf die arbeitsamen Familien zu verteilen und ihren Fleiß und ihre Sparsamkeit zu fördern, durch die Gunst des Princeps und durch Spekulation bei einer immer geringer werdenden Zahl von außerordentlich Privilegierten. Während in den Provinzen und auch in Italien immer noch ein kraftvolles und an Zahl nicht geringes Bürgertum lebt, das die munizipalen Lasten zu tragen hat, lichten sich seine Reihen in der Hauptstadt zwischen den Plutokraten, die um den Hof kreisen, und der Masse der Plebs. Die Plebs war hinfort zu armselig, ihr Leben ohne die Zuwendungen des Kaisers und die Geschenke der Großen zu fristen, und zu unbeschäftigt, um ohne den Reiz der Spiele leben zu können, die man ihr unter Trajan alle zwei Tage bot.

4. »Lebensstandard« und Plutokratie

Wenngleich uns natürlich genaue Zahlen fehlen, so ist es doch möglich, einigermaßen gesicherte Annäherungswerte zu geben. Im ersten Kapitel sahen wir, daß die Zahl der Unterstützungsberechtigten im Lauf des 2. Jahrhunderts von 150 000 auf 175 000 stieg. Da die Familienoberhäupter bei den Verteilungen die Unterstützungen in Empfang nahmen, können wir ohne Bedenken aus den Zahlen schließen, daß etwa 130 000 Familien vom Staat ernährt wurden. Wenn man nun mit Martial fünf Personen je Familie ansetzt,[11] würde sich eine Gesamtsumme von 600 000 bis 700 000 Unterstützten ergeben. Und selbst, wenn man nur drei Personen rechnete, wären es noch 400 000. Mindestens ein Drittel, vielleicht sogar die Hälfte der Bevölkerung der Urbs lebte mittelbar oder unmittelbar von der öffentlichen Fürsorge. Daraus läßt sich indessen keineswegs schließen, daß die anderen zwei Drittel oder die andere Hälfte der Bürger ohne staatliche Mittel ausgekommen wäre. Denn außer den Unterstützten sind in der Zahl der gesamten Bevölkerung die Soldaten der Garnison enthalten, mindestens etwa 10 000 Mann, dazu die in Rom weilenden Fremden *(peregrini)*, deren genaue Zahl wir nicht kennen, die aber gemessen an der Häufigkeit der sich aus den *manumissiones* ergebenden Einbürgerungen nicht bedeutend sein dürfte; schließlich die Sklaven, deren Zahl im Verhältnis zu den freien Männern mindestens ein Drittel ausmachte, wie es für das Pergamon dieser Zeit bezeugt wird.[12] Wenn wir also für das Rom Trajans 1 200 000 Seelen ansetzen, müssen wir davon 400 000 Sklaven abziehen. Damit gelangen wir zu einer Zahl von etwa 100 000 römischen Familienvätern, deren Einkünfte es ihnen ersparten, an den Schaltern der Annona anstehen zu müssen.

Diese im Vergleich zur Masse der Besitzlosen geringe Zahl der Besitzenden wirkt erschreckend, wenn man sich die ungleichmäßige Verteilung der Reichtümer innerhalb dieser Minderheit vorstellt. Der überwiegende Teil der sogenannten mittleren Klassen fristete ein ärmliches Leben im Verhältnis zum Luxus einiger Tausend Multimillionäre. Im Rom Trajans hätten fünftausend Sesterzen, deren Besitz in den Munizipien den *honestior* von der Plebs schied, niemandem zum auskömmlichen Leben gereicht. Zwanzigtausend Sesterzen stellten als Rente, nicht als Kapital, das Lebensminimum des kleinen römischen Bürgers dar. Dieses Einkommen wünscht sich für seine alten Tage ein abgewirtschafteter Lebemann, den Juvenal in einer seiner Satiren auftreten läßt.[13] Und in einem anderen Stück setzt der Dichter als wünschenswerte Höchstgrenze für einen weisen Mann vierhunderttausend Sesterzen fest und sagt dem imaginären Gesprächspartner: »Wenn du bei dieser Summe ein Maul ziehst, nimm das Vermögen von zwei Rittern, und wenn dir das noch nicht genug ist, wirst du niemals, weder mit den Reichtümern des Krösus noch mit den Schätzen der persischen Könige, zufrieden sein«.[14] Der Weise soll sich also mit annehmbarem Wohlstand zufrieden geben. Indessen wird auch deutlich gesagt, daß der bescheidenste Wohlstand das für die Ritter vorgeschriebene Kapital von vierhunderttausend Sesterzen erfordert. Die beiden Zeugnisse bestätigen und ergänzen einander, zumal es nach den Untersuchungen Billeters feststeht, daß zu Lebzeiten des Dichters der normale Zinssatz fünf Prozent betrug. Folglich begannen zur Zeit Trajans in Rom die mittleren Klassen erst mit der ritterlichen Vermögensgruppe. Man mußte mindestens ihr jährliches Einkommen von zwanzigtausend Sesterzen ausgeben können, um das allerbescheidenste bürgerliche Leben zu führen. Darunter begann die Armut der proletarisierten Massen, denen die Kleinbürger übrigens in Wirklichkeit viel näher standen als den steinreichen Kapitalisten, denen sie lediglich durch theoretisch gültige Gesetze nahegerückt waren.

Was konnten schon ihre vierhunderttausend Sesterzen im Vergleich mit den Millionen, den Dutzenden von Millionen bedeuten, mit denen die wirklichen Magnaten Roms, jene Senatoren aus den Provinzen, um sich warfen? In den Provinzen erstreckten sich ihre Domänen und Besitzungen, die ihnen Zutritt zum »glänzenden Stand der Erlauchten« *(ordo splendidissimus)* und außerdem einen Sitz in der Kurie einbrachten. Doch sie erfüllten nicht nur ihre Amtspflichten, überwachten nicht nur die Grundstücke, die sie laut Vorschrift in Italien zu kaufen hatten. Sie verschafften vor allem ihrem Namen und ihrem Heimatland Berühmtheit durch die verschwenderischen Ausgaben in Rom und durch den glänzenden Rang, den sie in der Urbs zu erreichen wußten. Diese Ritter gelangten zu den höchsten Ämtern ihrer Klasse und bereicherten sich durch den Aufstieg in der Finanz- und Nahrungsmittelverwaltung. Weiterhin gehörten die Freigelassenen zu den Reichen, die durch die Vermögensverwaltung des Princeps und der Großen zu Geld gekommen waren. Rom zog als Herrin der Welt ungeheure Schätze an sich. Auch wenn wir die zeitbedingten Unterschiede berücksichtigen, scheint mir, daß unter dem Prinzipat Trajans die Konzentrierung des Kapitals nicht geringer war als in unserem 20. Jahrhundert bei den Finanzmännern der City oder den Bankiers der Wall Street. Es gab Römer, die, wie die Lords in London, ganze Stadtviertel besaßen, so jener Maximus, auf den Martial folgendes Epigramm münzte: »Du hast ein Haus am Esquilin, ein anderes auf dem Hügel der Diana, und auch an der Straße der Patrizier ist ein Dach dein eigen. Von hier blickst du auf das Sanctuarium der Cybele, von dort auf den Tempel der Vesta; einmal siehst du den neuen Tempel Jupiters (auf dem Kapitol), dann seine alte Heimstatt (auf dem Quirinal). Sag mir doch, wo ich dich treffen kann, wo ich dich suchen soll. Wer überall wohnt, Maximus, wohnt nirgends.«

Wie moderne Finanzleute legten auch die Römer ihre Gelder in gewinnbringenden Krediten an. Einen namens Afer hören wir in einem Epigramm vergnüglich die Namen der Schuldner und der verliehenen Summen herunterleiern: »Coranus schuldet mir hunderttausend Sesterzen, Mancinus zweihunderttausend, Titius dreihunderttausend, Albinus die doppelte Summe, Sabinus eine Million, Serranus auch eine Million ...« Wenn es sich bei diesem Afer und Maximus vielleicht auch nur um erfundene Personen handelt, so ist die Mitteilung doch kennzeichnend für die Plutokratie, die damals in Rom ihr Unwesen trieb. Es gab zweifellos viele, die wie der an anderer Stelle von Martial erwähnte Africanus[15] hundert Millionen Sesterzen besaßen. Niemand würde sich reich genannt haben, der nicht mindestens zwanzig Millionen sein eigen nannte. Der ehemalige Konsul Plinius der Jüngere, vielleicht der größte Advokat seiner Zeit, dessen Testament immerhin fast diese Summe aufweist,[16] behauptet von sich, daß er nicht reich sei. Calvinas Vater schuldete ihm hunderttausend Sesterzen. Plinius erläßt ihm die Schuld und schreibt in tiefstem Ernst, seine Vermögensverhältnisse seien bescheiden – *modicae facultates* –, seine Einkünfte seien wegen der Bewirtschaftungsweise seiner kleinen Ländereien gering und unsicher, er sei deshalb gezwungen, durch eine bescheidene Lebensführung seinen mittelmäßigen Einkünften Rechnung zu tragen.[17] Tatsächlich war ein Freigelassener wie Trimalchio, dessen Nachlaß Petronius auf dreißig Millionen schätzt, reicher als er.[18] Auch der unbekannte, von Martial erwähnte Afer, der allein aus seinen Liegenschaften 3 600 000 Sesterzen bezog, war dreimal reicher als Plinius. Er gehörte seinem Vermögen nach ohne weiteres in die Größenordnung der Plutokraten. Hingegen fehlte zwischen seinem Vermögen, das fünfzigmal die zum Eintritt in den Ritterstand erforderliche Summe umfaßte, und dem Vermögen der »mittleren Klassen« einfach jede Vergleichsmöglichkeit. Die kleinen Bürger erstickten förmlich unter den Reichen. Sie konnten sich lediglich damit trösten, daß der Unterschied zwischen diesen großen Vermögen und dem unermeßlichen Reichtum des Princeps nicht geringer war.

Dem Princeps genügte es nicht, in den Besitz seiner Familie einen guten Teil des Besitzes seiner Vorgänger einzuverleiben. Er heimste

Abb. 29. Villa eines afrikanischen Grundbesitzers. Zeichnung nach einem Mosaik aus Tabarka.

Abb. 30. Der Schatz der Daker wird nach Rom abtransportiert. Relief von der Trajanssäule.

vor allem in Asien und Afrika ungeheure Latifundien (vgl. Abb. 29) als Erbschaften ein, schöpfte überall bei den von seinen Richtern verhängten Enteignungen den Rahm ab und konnte darüber hinaus, ohne daß jemand von ihm eine Abrechnung zu fordern gewagt hätte, mit seiner Privatschatulle die Einkünfte des Fiskus verbinden, in den die zur Unterhaltung seiner Soldaten erhobenen Steuerbeträge flossen. Außerdem verfügte er nach seinem Belieben über die Einkünfte aus Ägypten, den privaten Kronbesitz, und mit vollen Händen konnte er aus der Kriegsbeute schöpfen. Im Jahre 106[19] beschlagnahmte Trajan den Schatz des Decebalus (s. Abb. 30) und ließ sofort die Goldadern seiner jüngsten Eroberung ausbeuten.[20] Dadurch vor allem ist der Kaiser zum Milliardär geworden, und seine Autorität gründete sich vielleicht von nun an weniger auf den Gehorsam, den ihm seine Armeen geschworen hatten, als auf die Machtmittel seines schier unerschöpflichen und keinerlei Kontrolle unterworfenen Vermögens. Zwischen ihm und den römischen Plutokraten klaffte ein fast ebenso großer Abstand wie zwischen diesen und dem »Mittelstand«. Diese Unterschiede zeigen sich auch in der Zahl der Sklaven.

Am Anfang des 2. Jahrhunderts v. Chr. gab es in der Urbs nur vereinzelt Häuser mit mehr als einem Sklaven. Das beweisen auch die Namen, die meist auf die Zusammensetzung von *puer* in der Bedeutung Diener mit dem Genitiv des Vornamens des Herrn zurückzuführen sind: *Lucipor*, *Marcipor* heißt Sklave des Lucius, Sklave des Marcus. Ganz im Gegensatz dazu gibt es im 2. Jahrhundert unserer Zeitrechnung so gut wie keine Herren mehr, die nur einen Sklaven haben. So mußte man sie an den Fingern herzählen, denn mit denselben zeigte man ja auf sie wie auf jenen Habenichts Cotta, über den sich Martial lustig macht.[21] Entweder kaufte man überhaupt keine Sklaven, denn es war – wie Juvenal schreibt – sehr kostspielig, den Bauch von Sklaven zu füllen, oder man kaufte gleich mehrere zusammen. So erklärt sich auch, weshalb Juvenal im folgenden Vers das Wort ›Bauch‹ im Plural gebraucht:

> *... magno*
> *servorum ventres.*[22]

Auf mindestens zwei Sklaven beliefen sich beim Zirkusbesuch die Ansprüche des Greises, dessen Mäßigung wir weiter oben erwähnt haben. Der Durchschnitt lag jedoch vier- oder fünfmal höher. Die einfachsten Grundbesitzer mußten sich mit einem Gefolge von acht *servi* zeigen, wenn sie nicht ihren Kredit gefährden wollten. Bei Martial bietet der Geizhals Cimber anläßlich der Saturnalien acht Syrer auf, die ihm die winzige Last seiner lächerlichen Geschenke zu tragen haben.[23] Bei Juvenal halten die Kläger ihren Prozeß für verloren, wenn sie ihn einem Advokaten anvertrauen, der sich an der Gerichtsschranke nicht mit einem ebenso großen Gefolge von Sklaven zu zeigen vermag.[24] Dies ist die Squadra, mit der sich die kleinen Bürger für gewöhnlich zufrieden geben, die reicheren Bürger aber verfügen über eine ganze Heerschar. Um sich innerhalb dieser Massen auszukennen, teilen sie ihr Personal nach den Abteilungen ein, die in der Stadt oder auf dem Lande beschäftigt sind. In der Stadt wiederum unterteilen sie nach dem Hausdienst *(servi atrienses)* und nach dem Außendienst *(cursores, viatores)*. Außerdem gliedern sie schließlich diese großen Abteilungen in einzelne Zehnerschaften, die als Dekurien numeriert werden. Eine überflüssige Maßregel, denn Herren und Sklaven lernen sich trotzdem nicht kennen. Auf dem Höhepunkt eines Banketts weiß Trimalchio nicht mehr genau, welchem seiner Diener er gerade einen Befehl erteilt. »Zu welcher Dekurie gehörst du?« fragt er seinen Koch.

»Zur vierzigsten!« – »Bist du gekauft oder im Haus geboren?« – »Weder das eine noch das andere, ich bin dir testamentarisch von Pansa vermacht worden.« – »Gib dir Mühe, sonst werde ich dich in die Dekurie der *cursores* einreihen.«[25] Beim Lesen solch eines Dialogs wird begreiflich, daß bei der Masse der Sklaven Trimalchios kaum jeder Zehnte seinen Herrn kennt. Aus dem Zusammenhang ergibt sich, daß es mindestens vierhundert waren. Da uns nichts zu der Annahme berechtigt, die vierzigste Dekurie, die allein im Roman des Petronius erwähnt wird, sei die letzte gewesen, so ist wohl die Vermutung erlaubt, daß es ihrer noch mehr gab. Plinius der Jüngere jedenfalls, der, wie wir gesehen haben, über zehn Millionen weniger als Trimalchio verfügte, besaß für sich selbst mindestens fünfhundert Sklaven; denn in seinem Testament schenkte er hundert die Freiheit, und nach den Bestimmungen der wahrscheinlich im Jahre 2 v. Chr. erlassenen und im 2. Jahrhundert immer noch gültigen *lex Fufia Caninia*[26] war es den Besitzern von hundert bis fünfhundert Sklaven ausdrücklich erlaubt, ein Fünftel freizulassen; damit war zugleich den Besitzern von über fünfhundert Sklaven untersagt, mehr als hundert die Freiheit zu schenken. Diese Zahlen sind erstaunlich; und doch steht fest, daß sie im 2. Jahrhundert häufig überboten wurden. Die Art, wie der Rechtsgelehrte Gaius sich anderthalb Jahrhunderte nach der *lex Fufia Caninia* überrascht darüber zeigt, daß bei den testamentarischen *manumissiones* die zugelassene Quote von hundert Freilassungen bei fünfhundert Sklaven überhaupt nicht erhöht worden war, ist ein sicheres Anzeichen dafür, daß die Quote einfach nicht mehr den veränderten Umständen entsprach. Und wenn auch unter den Flaviern die Zahl von 4116 Sklaven, über die gegen Ende des 1. Jahrhunderts v. Chr. der Freigelassene C. Caelius Isidorus verfügte, bei den Einzelpersonen eine so bemerkenswerte Ausnahme blieb, daß Plinius der Ältere sie ausdrücklich mitteilt,[27] so besteht doch kein Zweifel, daß die *familiae serviles* der großen römischen Kapitalisten tausend Köpfe zählten. Und der Kaiser, unendlich reicher als der reichste von ihnen, hatte gewiß an die 20 000 Sklaven.

Das ist die höchste Zahlenangabe, die wir bei Athenäus finden,[28] und sie kann sich nur auf den Princeps beziehen. Gewiß müssen von diesem Heer die Sklaven abgesetzt werden, die die *domus divina* der Cäsaren zur Erhebung der Steuern überall in der Welt unterhielt, zur Überwachung der verpachteten Besitzungen, zur Verwaltung der ungeheuren Landdomänen, der Marmor- und Porphyrsteinbrüche. Aber auch in Rom, wo die jüngsten Ausgrabungen mit den Graffiti des Paedagogiums die Spuren ihrer Unterrichtsräume ans Tageslicht gebracht haben, muß die Zahl der kaiserlichen Sklaven Legion gewesen sein. Das wäre schon allein aus der unglaublichen Vielfalt der ihnen übertragenen Aufgaben zu schließen, über die uns die Grabinschriften Nachricht geben.

Wer sie unbefangen liest, ist verwirrt von der außerordentlich weit vorangetriebenen Spezialisierung, von dem sinnlosen Luxus und der spitzfindigen Etikette, die jene Spezialisierung erforderte. Für jede Kleidung hatte der Kaiser besondere Bediente: für seine Palasttuniken sind die *a veste privata* zuständig, für seine Stadttogen die *a veste forensi*, für seinen kleinen militärischen Dienstanzug die *a veste castrensi*, für seinen großen Paradeanzug die *a veste triumphali*, für die Theaterkleidung die *a veste scaenica*, für den Anzug im Amphitheater die *a veste gladiatoria*. Für jede Art von Geschirr gibt es eine besondere Gruppe: für das Geschirr, aus dem er ißt, aus dem er trinkt, für das Silbergeschirr, das Goldgeschirr, das Geschirr aus Bergkristall, das mit kostbaren Steinen verzierte Geschirr. Seine Juwelen sind einer Heerschar von *servi* oder *liberti ab ornamentis* anvertraut, bei denen unter anderem die Aufseher über die Fibeln *(a fibulis)* und die Aufseher über die Perlen *(a margaritis)* zu unterscheiden sind. Bei seiner Körperpflege wetteifern Bademeister *(balneatores)*, Masseure *(aliptae)*, Haarkünstler *(ornatores)*, Barbiere *(tonsores)*. Das Zeremoniell seiner Empfänge sieht mehrere Arten von Türstehern vor: die *velarii* heben die Vorhänge beim Eintritt der Besucher, die *ab admissione* führen sie zu ihm hinein, die *nomenclatores* nennen die Namen. Für das Kochen der Speisen, Herrichten des Tisches und zur Aufwartung ist eine vielfältig gemischte Gruppe erforderlich, angefangen bei den Heizern seiner Herde *(fornicarii)*, den einfachen Köchen *(coci)* über die Brotbäcker *(pistores)*, Pastetenbäcker *(libarii)*, Konditoren *(dul-*

ciarii) bis hin zu den »Haushofmeistern«, die für die Ordnung der Mahlzeiten verantwortlich sind *(structores)*, den Bedienten des Speisesaals *(triclinarii)*, den Dienern, die Schüsseln herbeitragen (*ministratores*, s. Abb. 83), denen, die sie hinaustragen *(analectae)*, den Mundschenken, die ihm zu trinken bieten und die sich wiederum danach unterscheiden, ob sie die Flasche halten *(a lagona)* oder den Becher reichen *(a cyatho)*; schließlich noch die Vorkoster *(praegustatores)*, die an sich selbst die völlige Unschädlichkeit der Getränke und Nahrungsmittel zu beweisen haben und dies gewiß auf bessere Weise, als es die mit diesem Amt betrauten Sklaven des Clau-

Abb. 31. Porträtzeichnen. Modellsitzen für malende Pygmäen. Pompejanisches Wandgemälde.

dius und Britannicus taten. Zur Unterhaltung hat er endlich noch die Qual der Wahl zwischen den Gesängen seiner Choristen *(symphoniaci)*, den musikalischen Darbietungen seines Orchesters, den Luftsprüngen seiner Tänzerinnen *(saltatrices)*, den Späßen seiner Zwerge (*nanni*, s. Abb. 31), seiner »Schwatzkünstler« *(fatui)* und seiner Narren (*moriones*, s. Taf. 13).

Selbst wenn ein Kaiser wie Trajan einfache Sitten liebte, keinen Dünkel besaß und sich allem Pomp entzog, konnte er beim Aufenthalt in Rom, unter den Augen seiner Untertanen nicht auf den Aufwand verzichten, den sein als heilig betrachtetes Amt erforderte. Der Prunk umhüllte seine öffentliche Tätigkeit mit einem fast mythologisch zu nennenden Glanz, der selbst dem Großkönig von Persien nicht unangemessen gewesen wäre, und mit zwei klärenden, wenngleich in gewisser Hinsicht hinkenden Vergleichen wird man, so scheint mir, sagen dürfen, daß selbst der Hof der Valois ihn um seine Genüsse und der von Versailles um die feierliche Pracht und das pomphafte Gepränge hätten beneiden können. Schon vor dem Sonnenkönig hätte der römische Caesar Augustus jenes *Nec pluribus impar* Ludwigs XIV. zu seiner Devise wählen können. Ohne Zweifel wetteiferten die Häuser der römischen Magnaten darin, das des Kaisers nachzuahmen, aber wie weitläufig auch immer sie waren, wie differenziert wir uns ihre innere Organisation aus den Zeilen der ehrenden Grabsprüche ihrer Freigelassenen und Sklaven auch immer vorstellen mögen, boten sie doch nie mehr als einen blassen Abklatsch, ein fernes und verkleinertes Abbild. Im Vergleich zum Kaiser waren selbst die reichsten Untertanen nur armseliger Staub. Das Gefühl aber, das sie alle vor seiner unerreichbaren Überlegenheit empfanden, erleichterte den

Abb. 32. Friedens- und Wohlfahrtspropaganda des römischen Prinzipats. Hadrianische Münze.

Ärmsten wiederum, den Unterschied zwischen dem Luxus der herrschenden Klassen und dem eigenen jämmerlichen Dasein voller Einschränkungen und Armseligkeit zu ertragen.

Der Übergang von der Plebs in die mittlere Bürgerschicht blieb weiterhin verhältnismäßig einfach. Den glücklichen Feldzügen Trajans folgte Wohlstand. Der Handel blühte, weil seine Siege und die Diplomatie Hadrians (s. Abb. 32) die Straßen zum Fernen Osten geöffnet hatten. Die ersten Antonine gaben das Beispiel für einen wirtschaftlichen Liberalismus; der Unsegen von Länderhäufungen in denselben Händen wurde durch die Schaffung eines erblichen Nutzungsrechts gebannt, das über die Grundbesitzer hinaus und – wenn nötig – sogar gegen sie auch denen zugute kam, die den Mut gehabt hatten, ihr Land urbar zu machen. Das förderte die wirtschaftliche Entwicklung und erhöhte für die arbeitsamen Hauptpächter und Kolonen, die einen Teil der großen Domänen bestellten, für die Schiffseigner und Bankiers, die Groß- und Kleinhändler die Möglichkeiten, auf ehrenhafte Weise ein ehrenhaftes Vermögen zu erwerben (vgl. Abb. 33). Anderseits brachten die Herrscher, die nun endlich ihrer Herrschaftsstellung würdig waren, sämt-

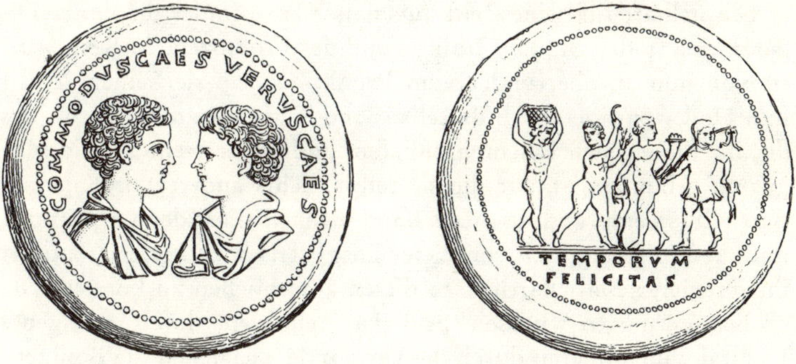

Abb. 33. Wohlfahrtspropaganda der römischen Kaiser. Bronzemedaillon des Annius Verus.

liche Abteilungen ihrer Verwaltung in Ordnung. In der Armee wurde wieder straffe Disziplin eingeführt, die zivilen und militärischen Vorgesetzten mit Sorgfalt ausgewählt und befördert; hinzu kamen die guten Gehälter und der erhöhte Sold für ihre Leistungen, wodurch der Eifer angespornt wurde. All das waren Maßnahmen, die das Aufblühen einer mittleren Bürgerschaft auf den neuen sozialen Grundlagen begünstigten. Kein Prokurator erhielt weniger als sechzigtausend Sesterzen im Jahr. Alle Zenturionen und *primipili* erhielten mindestens zwanzigtausend bzw. vierzigtausend.[29] Die Prokuratoren konnten die Summe für den Ritterzensus, die sie ja schon besaßen, mitunter verdoppeln und verdreifachen, die beiden anderen Gruppen sie immerhin erreichen und damit, wie viele Inschriften des 2. Jahrhunderts bezeugen, die Aufnahmehürde in den Ritterstand überwinden. Der Mann, der in dieser Epoche für uns am deutlichsten die mittlere Klasse verkörpert, ist der Dichter Juvenal: er ist einer dieser ehemaligen Offiziere, die ihr Schäfchen ins trockene gebracht und ihr bescheidenes Auskommen im Schoß der römischen Kleinbürgerschaft gefunden haben.

Allerdings sehnt sich Juvenal oft nach dem glücklichen Leben, das ihm seine bescheidenen Einkünfte auf dem Lande erlaubten, für das sie in Rom jedoch nicht ausreichen. Auch in dieser Hinsicht ist er beispielhaft für seine Zeit. Juvenals Klasse findet ihr bestes Lebensklima in den Städten Italiens und der Provinzen. In Rom wird sie von nun an überrundet vom Prunk, an dem sie keinen Anteil hat. Und wenn sie durch dasselbe Band einerseits an die Plebs, aus der ihr die eigenen Klienten zuliefen, und andererseits an die Magnaten gebunden ist, für die sie selbst nichts anderes als Klienten darstellt, so empfand sie dieses Band mehr als Last denn als Stütze, und die Hoffnung, sich von dieser Last befreien zu können, entglitt ihr mit der, gesellschaftlich zu diesen aufschließen zu können. Die großen Vermögen wuchsen sprunghaft, einerseits durch ihr eigenes Kapital, zum anderen durch die Umstände, aus denen die Besitzenden allein Nutzen ziehen konnten. Sie hatten das Vorrecht hoher Kommandostellen an sich gerissen, wie zum Beispiel die Prokonsulate, die jährlich eine Million Sesterzen einbringen konnten. Der Herrscher traf völlig willkürlich Entscheidungen und übertrug den Günstlingen unbegrenzt seine Machtbefugnisse. Dazu kam in Rom eine sich ruckhaft aufblähende Spekulation. Sie wurde zum Antrieb einer Wirtschaft, in der die Produktion von Tag zu Tag mehr an Bedeutung verlor und der Handel alles überwucherte. Arbeit allein, die bisher Wohlstand verheißen hatte, genügte nicht, jene Vermögen zu erringen, die kaiserliche Gunst und Börsenspekulationen einbrachten. Zwischenhändler und kluge Spekulanten, wie sie immer am Rand der Massen gefährlich auftauchen, waren die einzigen, die Millionen erraffen konnten. Martial läßt seinem Groll freien Lauf, als er Advokaten ihre Honorare in natura nehmen und die schönsten Gaben des Geistes und der Bildung auf völlig verlorenem Posten sieht: »Welchem Lehrer, o Lupus, willst du die Erziehung deines Sohnes anvertrauen? Ich bitte dich: laß ihn keine Bücher Ciceros, keine Gedichte Virgils anrühren! Laß ihn lieber den Beruf eines Harfenspielers oder eines Flötisten lernen, oder besser noch, wenn er gescheit ist, mach aus ihm einen Auktionskommissar *(praeco)*.«[30] Und an anderer Stelle ruft er aus: »Zwei Prätoren, vier Tribunen, sieben Advokaten, zehn Dichter baten jüngst einen Greis um die Hand seiner Tochter. Ohne Zögern wählte er als Schwiegersohn den Auktionskommissar Eulogus. Sage mir, Severus, ob das unsinnig gehandelt war?«[31] Wenn auch die Kleinbürgerschaft in der Provinz noch an den Segen der Arbeit glauben konnte, in Rom vertraute sie nicht mehr darauf.

Lesen wir doch jenes reizende Epigramm, in dem der Dichter-Parasit so etwas wie das lateinische Gegenstück zum »Sonett des Plantin« geschaffen hat, dem es wahrscheinlich sogar als Vorbild gedient hat:[32]

> Diese Dinge, mein teuerster Martialis,
> sind's, die glücklich das Leben uns gestalten:
> ein Vermögen, ererbt und nicht erschuftet,
> fruchtbar Land und im Herd beständig Feuer,
> kein Prozeß und Klientendienst nur selten,
> Ruhe stets, auch ein Leib, gesund und kräftig,
> kluge Ehrlichkeit, gleichgesinnte Freunde,
> beim Bankett Geselligkeit ohne Luxus,
> eine Nacht, nicht trunken, doch ohne Sorgen,
> nicht stets einsam im Bett, doch stets manierlich,
> Schlaf, durch den uns das Dunkel kurz erscheinet,
> mit dem Los, das uns zufiel, sich bescheiden
> und das Ende nicht fürchten noch ersehnen.

Dieses Gedicht gibt keine Freudenschreie überschäumenden Glücks von sich, sondern stößt einen Seufzer aus, in dem sich Resignation mit der Zufriedenheit der Selbstbescheidung mischt. Es drückt keinerlei Streben nach etwas Besserem aus, von dem es behaupten würde, es sei unmöglich. Glück liegt nach seiner Grundstimmung im Freisein von einer mühseligen Arbeit, deren Sinnlosigkeit unterstellt wird. Über dieses matte Wunschbild ziehen die Wolken der Wirklichkeit, gleiten die müden Schatten einer alternden Welt. Die gesellschaftlichen Klassen, zumindest in Rom, beginnen sich zu verhärten. In den mittleren Stufen ist die Hierarchie noch in Bewegung, in den Spitzen erstarrt sie schon. Statt der regelmäßigen Zuflüsse gab es zu oft zusammenhanglose Einsprengungen und plötzliche Erschütterungen. Das Streben nach Gleichberechtigung verkehrt sich in sein Gegenteil. Es ist in falsche Bahnen gelenkt, erst verzögert, dann überstürzt. Mit den mittleren Klassen, die so etwas wie die Drehscheibe bilden, veränderte sich die demokratische Ordnung unter dem doppelten Druck der Massen, denen eine aus den Fugen geratene Wirtschaft keinen normalen Lebensaufstieg ermöglichte, und einer übertriebenen Bürokratie, die den Absolutismus des Monarchen verschlimmerte. Sie beutete seine märchenhaften Schätze aus und setzte seinen allmächtigen Willen in Verwaltungsakte um. So ist der Glanz, der die Urbs im 2. Jahrhundert unserer Zeitrechnung überstrahlt, bereits von jenen Schatten durchzogen, die die Spätantike bald darauf über die übrige Welt ausbreiten sollte, und schon jetzt beginnt die Stadt nicht mehr den Mut aufzubringen, die sich unheilvoll zusammenziehenden Wolken auseinanderzutreiben. Kollektive müssen, um erfolgreich gegen ihre Mängel ankämpfen zu können, an die Zukunft glauben. Die römische Gesellschaft aber, in ihren Hoffnungen auf stufenweisen Aufstieg enttäuscht sowie durch ihr langsames Dahinsiechen und ihren Mangel an Stabilität beunruhigt, beginnt an sich zu zweifeln: die feste Grundlage ihrer Familien zerbröckelt, die Einheit des sittlichen Bewußtseins ist gesprengt.

Zweites Kapitel

Ehe, Frau, Familie: Tugenden und Laster

1. Nachlassen der väterlichen Gewalt

Im 2. Jahrhundert unserer Zeitrechnung gerät das Familienrecht früherer Zeit in Verfall: *totum gentilicium ius in desuetudinem abiit.*[1] Von den Grundlagen, auf denen die patriarchalische Familie des alten Roms beruhte, der agnatischen Verwandtschaftsbindung, der unbegrenzten Macht des *pater familias*, sind nur noch kümmerliche Reste übriggeblieben.

Während einstmals als einzige legitime Verwandtschaft die Abstammung männlicherseits, *agnatio*, galt, kommt jetzt die *cognatio* hinzu, die Verwandtschaft in weiblicher Linie, und reicht noch über die gesetzliche Ehe hinaus.

Mit dem Ende der Republik war der Mutter das formelle Recht hinsichtlich der Kinder in gleichem Maße wie dem Vater zuerkannt worden. Der Spruch des Prätors verlieh ihr das Aufsichtsrecht über ihre Nachkommen sowohl im Fall der Vormundschaft wie bei schlechter Lebensführung ihres Ehemannes. Unter Hadrian, der als der geistige Urheber dessen gilt, was unter der Bezeichnung *senatusconsultum Tertullianum* bekannt ist, erwarb sie, wenn sie drei Kinder hatte und der Verstorbene selbst weder Nachkommen noch vom selben Vater stammende Brüder oder Stiefbrüder hinterließ, das Erbrecht *ab intestato* für jedes ihrer Kinder, selbst wenn sie außerehelich geboren waren. Schließlich berief der unter Mark Aurel im Jahre 178 ergangene Orfitianische Senatsbeschluß ausdrücklich ihre Kinder ins mütterliche Erbrecht, unabhängig von der Verbindung, aus der sie hervorgegangen waren. Sie standen an erster Stelle, vor den »Agnaten« des Toten. Von nun an vollendet sich die Entwicklung, die das antike System bürgerlicher Erbfolge untergrub und schließlich die Grundprinzipien der römischen Familie zerstörte, indem sie das Recht des »Blutes« in dem Sinne zum Gesetz erhob, in dem es in der modernen Gesellschaft vorwiegend gebraucht wird. In

Rom ist die Familie jetzt auf die *coniunctio sanguinis* gegründet, weil sich nach der schönen Formulierung Ciceros in *De Officiis* dieses Band der Natur am besten eignete, die menschlichen Wesen durch gegenseitige Achtung und Liebe aneinanderzuketten *(et benevolentia devincit homines et caritate)*.[2]

Gleichzeitig verschwinden nach und nach die beiden wesentlichen Züge der *patria potestas*, die absolute Autorität des Vaters über seine Kinder und die absolute Autorität des Ehemannes über seine Frau, die ihm in die Hand *(in manu)* gegeben ist, als sei sie eine seiner Töchter *(loco filiae)*. Im 2. Jahrhundert unserer Zeitrech-

Abb. 34. Alimentarstiftung Trajans. Trajanische Goldmünze.

nung ist kaum noch etwas davon zu spüren. Der *pater familias* hat jetzt das Recht über Leben und Tod seiner Kinder eingebüßt, das ihm die Zwölf Tafeln und die durch ihren angeblichen königlichen Ursprung geheiligten Gesetze verliehen hatten. Gewiß, noch besitzt er die furchtbare Macht, die ihm erst unter dem wohltuenden Einfluß des Christentums im Jahre 374 entrissen wird, seine Neugeborenen auf den öffentlichen Dunghaufen auszusetzen, wo sie vor Hunger und Kälte starben,[3] wenn nicht das Mitleid eines Vorübergehenden, Bote und Werkzeug göttlicher Gunst, sich ihrer erbarmte. Wenn er arm ist, nimmt er jedoch ebenso gern wie früher Zuflucht zu dieser Spielart legalen Kindesmordes. Trotz vereinzelter Proteste stoischer Redner, zu denen beispielsweise Musonius Rufus gehörte, setzte er weiterhin ohne Gewissensbisse vor allem seine Bastarde und seine Töchter aus. Das geht aus einer zur Zeit Trajans angefertigten Einschreibeliste der kaiserlichen Alimentarstiftung hervor (s. Abb. 34), bei der für eine Stadt und für ein Jahr als Empfänger im frühen Kindesalter nur zwei Bastarde, *spurii*, genannt sind, gegenüber 179 legitimen Kindern. Von diesen sind nur 34 Mädchen gegenüber 145 Knaben. Aus diesem Mißverhältnis kann offenbar kein anderer Schluß gezogen werden, als daß Bastarde und Mädchen am häufigsten Opfer der »Aussetzungen« waren.[4] Hatte der *pater familias* jedoch seine Kinder bei der Geburt verschont, so konnte er sich von diesem Augenblick an ihrer nicht mehr entledigen. Er konnte sie weder in der Rechtsform der *mancipatio* verkaufen, die sie in früheren Zeiten dem Sklavendienst überantwortete und die nun nur noch als gesetzliche Fiktion zum gegenteiligen Zweck der Adoption oder Emanzipation zugelassen war, noch konnte er sie einer Hinrichtung ausliefern, die – obzwar, wie das Schicksal des Aulus Fulvius, eines Gefährten Catilinas, zeigt, im 1. Jahrhundert v. Chr. noch zugelassen – inzwischen zu einem Kapitalverbrechen erklärt worden war. Bevor Konstantin die Ermordung eines Kindes durch seinen Vater dem Vatermord gleichsetzte, hatte Hadrian schon einen Vater durch Verbannung auf eine Insel bestraft, der auf einem Jagdzug seinen Sohn umbrachte, der immerhin die zweite Ehe des Vaters geschändet hatte.[5] Kaiser Trajan zwang einen anderen Vater, der seinen Sohn lediglich mißhandelt hatte, ihn sofort mündig zu sprechen und für die Zukunft auf eine eventuelle Erbschaft zu verzichten.[6]

So hatte sich seit Ende der Republik die Emanzipation des Kindes nach Umfang und Sinn vollkommen verändert. Früher war die *emancipatio* für den Sohn eine Strafe gewesen, eine geringere zwar als Tod und Sklaverei, gleichwohl aber noch immer schwer genug, bedeutete sie doch durch den Bruch der ihn mit seinen Angehörigen verbindenden Beziehungen den Ausschluß aus dem Familienverband und damit notwendigerweise die Enterbung. Nun wurde sie ihm wie eine Gunst erwiesen, und dank dem zu Beginn der Kaiserzeit geschaffenen prätorischen Rechtsinstitut der *bonorum possessio* wurde er durch sie in den Stand gesetzt, Eigentum zu erwerben und zu verwalten, ohne dadurch das väterliche Erbe einzubüßen. Solange dies Gesetz den Eindruck einer Strafe erweckte, scheuten sich die Familienväter, es anzuwenden. Ständig aber bedienten sie sich seiner, als es für die Kinder eine Wohltat geworden war, deren

Kosten sie zu tragen hatten. Aufs neue paßten sich die Gesetze den Empfindungen an. Zur Zeit Trajans und Hadrians forderte die öffentliche Meinung, indem sie die gewalttätige Strenge der Vergangenheit in die Acht tat, von der väterlichen Gewalt nichts als fromme Zärtlichkeit, für die ein Rechtsgelehrter des 3. Jahrhunderts schließlich die Formel fand: *patria potestas in pietate debet, non atrocitate consistere.*[7]

Mehr bedurfte es durchaus nicht, um den Lebenskreis der römischen Familie zu erneuern und in den Beziehungen zwischen Vätern und Söhnen zärtliche Zuneigung zu schaffen. Sie hielt die Mitte zwischen der starren Disziplin, die Cato der Ältere daheim praktizierte, und der sorglosen Freundschaft, die heutzutage bei uns üblich ist. Plinius der Jüngere, dessen Ehen kinderlos geblieben waren, fordert für die Söhne seiner Freunde eine Unabhängigkeit der Lebensführung, wie er sie den seinen gewiß nicht verweigert hätte, denn Nachsicht war allgemein üblich geworden und gehörte für die »vornehmen« Leute zum guten Ton. »Ein Vater«, so schreibt er, »entrüstete sich über seinen Sohn, weil er zu verschwenderisch Geld ausgegeben hatte ... Ich sagte ihm, als der junge Mann gegangen war: ›Höre, hast du vielleicht nie etwas getan, wofür du einen Tadel deines Vaters verdient hättest?‹«[8]

Gewiß predigte Plinius der Jüngere nicht zu Unrecht Milde und eine liberale Haltung. Doch verstanden sich die Römer stellenweise nicht auf das Maßhalten. Sie verfielen in übertriebene Nachsicht. Sie verzichteten darauf, ihre Kinder zu leiten, ließen sich von ihnen beherrschen und bildeten sich ein, ihre Pflicht zu erfüllen, wenn sie den letzten Blutstropfen hergaben, um ihnen jeden Gefallen zu tun. So zogen sie schließlich Müßiggänger und Verschwender heran, wie jenen Philomusus, von dessen Unheil Martial erzählt: Gleich nachdem er die Erbschaft seines Vaters angetreten hatte, war er mit einem Schlag ärmer als zu der Zeit, wo er tagtäglich seine großzügigen Unterstützungen erhielt. »Dein Vater, Philomusus, hatte dir ein Monatsgeld von zweitausend Sesterzen gewährt und ließ dir diese Summe pünktlich auszahlen. Bei seinem Tod hat er dich zu seinem Universalerben eingesetzt. Dein Vater hat dich enterbt, Philomusus!«[9] Leider aber war es nicht das väterliche Vermögen allein, das von dem nun herrschenden Individualismus gebrandschatzt wurde. Seit dem 2. Jahrhundert unserer Zeitrechnung wurden in Rom die stark geprägten Charaktere seltener. Während das harte Antlitz des von der Tradition geformten *pater familia*s verschwand, tauchte das weichliche Gesicht des »Familiensohnes« auf, das unvermeidliche, verzogene Kind der Gesellschaft, die sich an Luxus gewöhnt und die Ordnung verloren hat. Schlimmer noch: schon gibt es Väter, die aus Gewinnsucht die Ideale des Volkes mißachten und methodisch die Heranwachsenden verderben, deren Erziehung ihnen anvertraut ist. So war es bei dem großen Advokaten Regulus, dem Rivalen und Feind Plinius' des Jüngeren. Willfährig billigte er alle Launen seines Sohnes. Er ließ ihm einen Vogelbauer mit pfeifenden, singenden und sprechenden Amseln, Nachtigallen und Papageien einrichten, er kaufte ihm Hunde aller Rassen, er besorgte ihm gallische Ponys als Kutsch- und Reitpferde. Und sobald seine Frau gestorben war, aus deren unermeßlichem Reichtum die Geschenke bestritten worden waren, ließ er seinen Sohn sofort emanzipieren, damit er in den Besitz des mütterlichen Vermögens gelangen, es ungescheut genießen und es am Ende eines durch tolle Ausschweifungen verkürzten Lebens seinem Vater hinterlassen konnte.[10] Gewiß entrüstet sich Plinius der Jüngere hier nur über einen ganz außergewöhnlichen Einzelfall. Kennzeichnend indessen ist, daß er sich überhaupt ereignen konnte. Jedenfalls hätte es dazu nicht kommen können, wenn nicht die Frauen im selben Maße und stärker noch als die Kinder von dem Zwang der Gemeinschaft befreit gewesen wären, den ehedem die sich nun auflösende *patria potestas* den römischen Familien auferlegt hatte.

2. *Verlobung und Eheschließung*

Mit der sich ständig mindernden *patria potestas* über die Kinder schwächte sich natürlich auch die Stellung des Gatten gegenüber seiner Frau. In früheren Zeiten gab es drei Arten römischer Eheschließung, durch die die Frau unter die *manus* des Gatten gestellt wurde: die *confarreatio*, bei der die Ehegatten in feierlicher Form einen Speltkuchen in Gegenwart des Pontifex maximus und des *flamen dialis*, des Priesters des obersten Gottes, dem Kapitolinischen Jupiter zum Opfer darbrachten; die *coemptio*, ein fiktiver Verkauf, bei dem der plebejische Vater seine Tochter dem Gatten »mancipierte«; schließlich der *usus*, der durch einjähriges, ununterbrochenes Zusammenleben zwischen einem Plebejer und einer Patrizierin dieselben Rechtsfolgen hervorbrachte. Von diesen drei Formen hat sich keine bis ins 2. Jahrhundert unserer Zeitrechnung erhalten. Zunächst verschwand der *usus*. Wahrscheinlich haben die augusteischen Gesetze ihn formell abgeschafft. Die zur Zeit der Proskriptionen des zweiten Triumvirats entstandene *laudatio Turiae* ist das letzte Beispiel, in dem die *coemptio* klar bestätigt wird. Die *confarreatio* war am Anfang des Prinzipats so allgemein in Vergessenheit geraten, daß man unter Tiberius Mühe hatte, in der Stadt drei Patrizier zu finden, die aus einer so geweihten Verbindung stammten. Aus diesen Formen, von denen schon Gaius nur noch in der Vergangenheit spricht und die nun lediglich den Rechtsgelehrten als Material für rückgreifende Kommentare dienten, bildete sich eine Hochzeitsform, die äußerlich und dem Sinne nach der unsrigen bis ins einzelne ähnelt, eine Eheschließung, die wir als unmittelbare Vorläuferin unserer heutigen ansehen dürfen.

Auch ihr ging die Verlobung voraus, die keinerlei unmittelbare Verpflichtungen nach sich zog. Sie wurde in Rom so oft gefeiert, daß Plinius sie zu den tausend Nichtigkeiten zählt, mit denen seine Zeitgenossen ihre Tage anfüllten.[11] Die Verlobung bestand in einem Versprechen, das die Brautleute unter Zustimmung der beiderseitigen Eltern einander in Anwesenheit von Verwandten und Freunden gaben, die zum Teil als Zeugen dienten, zum anderen Teil lediglich Gäste beim Schlußbankett waren. Sichtbaren Ausdruck fand die Verlobung dadurch, daß der Bräutigam der Braut Geschenke[12] und einen symbolischen Ring überreichte, der als ein Überbleibsel der bei der früheren *coemptio* üblichen Pfänder gelten dürfte.[13] Es war ein vergoldeter Eisenreif oder ein unseren Trauringen ähnlicher Goldreif. Die Braut mußte ihn während der Feier an den Finger stecken, an dem noch heute meist unsere Trauringe getragen werden, also »an den Nachbarfinger des kleinen Fingers der linken Hand«.[14] Aus diesem Grunde nennen wir ihn nach einem aus dem Vulgärlateinischen abgeleiteten Wort Ringfinger *(anularius)*, ohne uns jemals bewußt zu werden, warum die Römer ihn zu diesem Zweck wählten; Aulus Gellius gibt eine ausführliche Erklärung: »Wenn man den menschlichen Körper öffnet, wie es die Ägypter tun, und Zerlegungen durchführt, ἀνατομαί, um mit den Griechen zu sprechen, findet man einen sehr feinen Nerv, der beim Ringfinger beginnt und bis ins Herz führt. Weil er so mit einer Art Band mit dem Hauptorgan zusammenhängt, hält man diesen Finger besser als alle anderen dafür geeignet, den Ring zu tragen.«[15] Durch diese im Namen einer imaginären Wissenschaft hergestellte direkte Verbindung zwischen dem Herzen und dem Ringfinger hat Aulus Gellius offensichtlich den feierlichen Ernst, der die Verlobung auszeichnete, unterstreichen wollen, ebenso wie das Gefühl wechselseitiger Zuneigung, das die Zeitgenossen in ihr bezeugt sahen und deren freiwillige öffentliche Bekundung nicht nur den wesentlichen Bestandteil der Zeremonie (s. Abb. 35) bildete, sondern auch den rechtsgültigen Akt bei der römischen Eheschließung.

Zahlreiche literarische Darstellungen haben uns sämtliche Einzelheiten überliefert. An dem für die Hochzeit anberaumten Tag legte die Braut, deren Haar am Vorabend mit einem roten Netz umwunden wurde, die dem Brauch entsprechende Kleidung an: zunächst eine saumlose Tunika, *tunica recta*, die durch einen doppelt geknoteten Wollgürtel, *cingulum herculeum*, gehalten wird. Darüber einen safranfarbigen Mantel, die *palla*. An den Füßen Sandalen der gleichen Farbe; um den Hals eine metallene Kette. Ihre Frisur bestand in sechs künstlichen, mit Bändern voneinander getrennten Zöpfen, *seni crines*, wie sie die Vestalinnen während ihres gesamten Dienstes trugen; als Kopfputz diente ein orangegelb geflammter Schleier, der deshalb *flammeum* hieß und der züchtig den oberen Teil des Gesichtes verbarg; darauf ruhte zur Zeit Cäsars und Augustus' ein schlicht aus Majoran und Eisenkraut geflochtener Kranz, der später aus Myrten und Orangenblüten bestand. Nach beendeter Toilette empfing die Braut inmitten ihrer

Abb. 35. Römische Hochzeit. Sarkophagrelief.

Angehörigen ihren Bräutigam, seine Familie und seine Freunde. Alle begaben sich nun in ein benachbartes Heiligtum oder in das häusliche *atrium*, um den Göttern ein Opfer darzubringen. Als Opfertier wurde ein Mutterschaf, seltener ein Ochse, meistens ein Schwein gewählt. Danach kamen der *auspex* und die Zeugen an die Reihe. Die Tätigkeit der Zeugen, wahrscheinlich zehn aus dem Verwandtenkreis der beiden Vermählten, beschränkte sich darauf, stumm ihr Siegel auf den Ehevertrag zu drücken, dessen Fassung übrigens nicht verbindlich vorgeschrieben war. Der *auspex*, dessen unübersetzbarer Titel ein Amt familiärer und privater Zukunftsschau ohne priesterliche Einsetzung und ohne amtlichen Auftrag bezeichnete, spielte dabei eine wichtige Rolle. Nach Untersuchung der Eingeweide übernahm er die Verantwortung für die Gunst der Auspizien, ohne die die Heirat als von den Göttern verworfen betrachtet worden und damit ungültig gewesen wäre. Sobald er in die ehrerbietige Stille seine Worte gesprochen hatte, gaben die Ehegatten in seiner Gegenwart ihr beiderseitiges Einverständnis: *»Ubi tu Gaius, ego Gaia.«* Damit war der Ritus vollzogen. Die Anwesenden bringen laut ihre Glückwünsche dar. *Feliciter!* Das Glück sei mit euch! Ihr Jubel eröffnet ein Fest, das erst in der Nacht endet, wenn der Augenblick gekommen ist, die Braut aus den Armen der Mutter in das Haus des Ehegatten zu führen. Flötenspieler, denen fünf Fackelträger folgen, eröffnen den Zug. Unterwegs werden lustige und anzügliche Lieder gesungen. Kurz vor der Ankunft wirft man den vom Lärm angezogenen Kindern Nüsse zu. Mit Nüssen hat auch die Gattin in ihrer Kinderzeit gespielt, ihr Aufprallen auf dem Straßenpflaster sagt heute fröhlich das Glück voraus, das die Zukunft für sie im Schoße birgt. Nun treten drei Freunde des Jungvermählten vor. Der eine, der eigentliche Brautführer, der *pronubus*, schwingt die aus Weißdorn geflochtene Hochzeitsfackel, während die beiden andern die Gattin emporheben und sie, ohne daß ihre Füße die Erde berühren, über die Schwelle ihres neuen, mit weißen Tüchern und grünem Gezweig geschmückten Heimes tragen. Drei ihrer Gefährtinnen treten hinter der *nova nupta* ein. Die eine trägt ihren Spinnrocken, die andere ihre Spindel, beides Zeichen ihrer häuslichen Tugend und Tätigkeit. Nachdem der Gatte ihr Wasser und Feuer gewiesen hat, führt die dritte, die *pronuba*, die an Würde die erste ist, sie zum Hochzeitsbett, wo der Gatte sie zum Platznehmen einlädt, ihr die *palla* abnimmt und sich anschickt, den *nodus herculeus* ihres Gürtels aufzuknoten, während sich die Anwesenden zurückziehen.[16]

Wenn wir einmal das Blutopfer und den flammenden Glanz des Brautschleiers außer acht lassen: scheint es nicht, als habe dies Zeremoniell das Römische Reich überlebt und bilde, von einigen Änderungen abgesehen, noch heute die Ordnung der meisten zeitgenössischen Hochzeitsfeierlichkeiten? Es verhält sich durchaus so, wie kürzlich L. Duchesne mit seltenem und um so bemerkenswerterem Scharfblick feststellte: »Mit Ausnahme der Opferschau hat der christliche Brauch das gesamte römische Hochzeitsritual beibehalten. Selbst der Brautkranz findet sich hier wieder. Die Kirche als eine ihrem Wesen nach konservative Kraft pflegte in diesen Dingen nur das zu ändern, was mit ihren Glaubensaussagen unvereinbar war.« In ihrer Grundform besteht die christliche Eheschließung darin, daß sich zwei Seelen freimütig einander hingeben. Ganz unabhängig vom Gottesdienst und den später folgenden Festlichkeiten erwächst das Sakrament aus der Bekundung der innigen Verbindung, die die Vermählten in Gegenwart des Priesters geloben. Der Priester ist nur da, um das Gelöbnis vor Gott zu bekunden.[17] Diese Definiton umreißt gleichsam auch die römische Ehe der klassischen Epoche. Auch sie wurde in dem Augenblick geschlossen, in dem Gaius und Gaia, gestärkt durch die vom *auspex* festgestellte Zustimmung der Gottheit, gemeinsam ihren Willen erklärten, sich aneinander zu binden, wobei hinzugefügt werden muß: die Verbindung erfolgte durch diese Erklärung. Alles andere waren nur Zutaten. Am Ende der Republik schon, als Cato der Jüngere mit Marcia eine zweite Ehe einging, beschlossen sie beide, auf diese Zutaten zu verzichten. Sie leisteten sich lediglich ihre Schwüre. Auf Zeugen verzichteten sie. Nicht einmal ihre nächsten Verwandten luden sie ein. In aller Stille vollzogen sie die Vermählung lediglich unter den von Brutus vorgenommenen Auspizien:

> *Pignora nulla domus; nulli coiere propinqui:*
> *Iunguntur taciti contentique auspice Bruto.*[18]

Wahrer Adel kennzeichnet diesen Einklang der Herzen, der als Grundlage für eine Ehe genügt. Unzweifelhaft hat die Entwicklung der Philosophie, insbesondere der Stoizismus, der schon Cato und Porcia den Weg wies, dazu beigetragen, im römischen Recht diese modern anmutende Auffassung zu prägen, die der ursprünglichen Entwicklung vollkommen zuwiderlief und schließlich ihren ganzen Aufbau zerstörte. Für die Alten, von denen Gaius immer als längst verschwundenen Gestalten spricht, war es ausgemacht, daß die Frau wegen ihres natürlichen Unwertes zu einem Leben in ewiger Unmündigkeit verdammt sei.[19] Bei der Ehe *cum manu* wurde sie nur aus der *manus* ihrer Blutseltern oder männlichen

Verwandten entlassen, um gleich wieder in die *manus* ihres Gatten zu geraten. Bei der Ehe *sine manu* blieb sie unter der Autorität des gesetzlich benannten Vormundes *(tutor legitimus)*[20], der ihr pflichtmäßig beim Tode ihres letzten blutsverwandten Vorfahren unter ihren männlichen Verwandten ausgesucht werden mußte. In der Zeit jedoch, als die Heirat *sine manu* die andere verdrängte, verlor die damit untrennbar verbunden gewesene gesetzliche Vormundschaft jede Bedeutung. Seit dem Ende der Republik genügte es, daß eine Mündel sich über irgendeine Verfehlung ihres Vormunds beklagte, sofort ernannte ihr der Prätor einen anderen. Als zu Beginn des Prinzipats die bevölkerungspolitischen Gesetze erlassen wurden, mit denen der Name des Augustus untrennbar verknüpft ist, wurde die gesetzliche Vormundschaft dem Wunsche des Kaisers nach Erleichterung fruchtbarer Ehen geopfert. Es wurden nicht nur die Ehefrauen, die drei Kinder hatten, von der Vormundschaft befreit, sondern es wurde auch vorgeschrieben, daß der Vormund seines Amtes zu entheben sei, den die Bevormundete anzeigte, weil er ihre Heiratspläne nicht billigen oder ihre Mitgift nicht auszahlen wollte. Zur Zeit Hadrians brauchten die verheirateten Frauen keinen Vormund mehr, um ihr Testament aufzusetzen. Die Väter zwangen ihre Töchter nunmehr ebensowenig gegen ihren Willen zu einer Heirat, wie sie daran dachten, eine von diesen geplante Eheschließung ohne einleuchtende Gründe zu verhindern, denn die Ehe wird, wie der große Rechtsgelehrte dieser Zeit, Salvius Julianus, erklärt, nicht durch Zwang, sondern durch die Willenserklärung der Ehegatten geschlossen, und die freie Zustimmung des Mädchens ist zu ihrem Vollzug unerläßlich: *nuptiae consensu contrahentium fiunt; nuptiis filiam familias consentire oportet.*[21]

3. Emanzipation und Heroismus der römischen Frau

Die neue Auslegung hat die römische Ehe ihrer Natur nach völlig geändert. Der Autorität ihres Gatten war die Matrone schon durch die fast ausschließlich vorherrschende Ehe *sine manu* entzogen, nun fiel auch die andere Bevormundung fort: sie durfte selbst wählen.

Sie trat frei in die Ehe ein und lebte gleichberechtigt mit ihrem Gatten.

Im Gegensatz zu der landläufigen Meinung, die das Bild der Lebensverhältnisse in den ersten Jahrhunderten der Republik ohne weiteres auf die Kaiserzeit überträgt, ist es sicher, daß die römische Frau in den Zeiten, von denen wir sprechen, eine mindestens ebenbürtige, wenn nicht höhere Würde und Unabhängigkeit genoß, als unsere heutige Frauenbewegung für sie beansprucht. Mehr als ein Theoretiker antiker Frauenbewegung, so z. B. unter den Flaviern Musonius Rufus, forderte die geistige und moralische Gleichberechtigung beider Geschlechter.[22] Am Ende des 1., am Anfang des 2. Jahrhunderts gibt es zahlreiche dieser großen Frauengestalten, vor deren Charakterstärke wir noch heute Achtung empfinden. Auf dem Thron folgen Herrscherinnen aufeinander, die würdig sind, neben ihren Gatten den geheiligten Titel der Augusta zu tragen, den Livia erst nach dem Tode ihres Mannes erhielt. Plotina teilte Ruhm und Verantwortung mit Trajan, den sie in den Krieg gegen die Parther begleitete. Klug wußte sie in den letzten Lebensminuten den Willen des *optimus princeps* so zu beeinflussen oder zu ergänzen, daß Hadrian in Ordnung und Frieden den Thron besteigen konnte, für den ihn der verstorbene Herrscher nur im geheimen vorgesehen hatte. Sabinas Bild kann nicht getrübt werden durch den oder die Verfasser der *Historia Augusta*, deren Altweibergeschwätz durch die Fülle verehrender Inschriften widerlegt wird, die an ihre Wohltaten erinnern, und durch die zahlreichen Statuen, die sie schon zu Lebzeiten vergöttlichten. Außerdem wollte Hadrian, von dem gesagt wird, daß er sich schlecht mit ihr verstanden habe, sie in Wirklichkeit mit Rücksicht und Verehrung umgeben sehen, so daß Sueton, weil er darauf nicht achtete, von heute auf morgen sein Sekretariat *ab epistulis* verlor. Die großen Damen der Aristokratie gemahnen an viele ihrer unvergänglichen Vorbilder, an die unter früheren Mißherrschaften zu Heldinnen gewordenen Frauen, die, als Gefährtinnen ihrer Gatten eng mit ihren Unternehmungen und ihrer Politik verbunden, bei drohender Gefahr sich nicht von ihren Männern trennten, sondern es vorzogen, mit ihnen unterzugehen.

Unter Tiberius wollte Sextia nicht Aemilius Scaurus überleben und Paxea nicht Pomponius Labeo.[23] Als Nero Seneca den Befehl bekanntgab, sich zu töten, öffnete sich Paulina, die junge Frau des Philosophen, gleichzeitig mit ihrem Mann die Adern. Sie verblutete nur deshalb nicht, weil Nero von ihrem Opfer erfuhr und befahl, um jeden Preis das Gelingen ihrer Tat zu verhindern. Er zwang sie, sich die Arme abschnüren und die Wunden verbinden zu lassen. Der Bericht, den uns die *Annalen* von dieser Szene überliefern, das Bild, das sie uns von dem ausgebluteten und schmerzensreichen Gesicht der Witwe Senecas zeichnen, die nun für die wenigen ihr auf Erden verbleibenden Jahre die Male der Tragödie trägt,[24] vermitteln uns die tiefe Bewegung, die zu Trajans Zeiten die Römer bei der Erinnerung an dieses immerhin schon ein halbes Jahrhundert zurückliegende Drama ehelicher Treue empfanden. Tacitus hat für die Standhaftigkeit Paulinas dieselbe Bewunderung bezeugt wie sein Freund Plinius der Jüngere für den stolzen Mut, den die ältere Arria unter Claudius bewies, die er in einem seiner schönsten Briefe feierte.[25]

Es sei mir gestattet, noch einmal des längeren aus diesen bekannten Abschnitten zu zitieren. Die ältere Arria war die Gattin des Senators Caecina Paetus. In einer Situation großen Schmerzes bewies sie, welch stoischer Hingabe ihre Liebe für ihn fähig war. Paetus lag ebenso wie sein Sohn krank darnieder, und für beide, so schien es, bestand kaum noch eine Hoffnung. In der Tat starb der Sohn bald. Große Schönheit hatten ihn ebenso ausgezeichnet wie gute Sitten von seltener Reinheit, und seine Eltern liebten ihn mehr noch wegen seiner Verdienste als aufgrund der Tatsache, daß er ihr Sohn war. Arria bereitete die Beisetzungsfeierlichkeiten vor und geleitete den Sohn im Trauerzug zu Grabe, ohne daß ihr Gatte etwas davon bemerkte. Wenn sie das Zimmer des Paetus betrat, tat sie so, als sei beider Sohn noch am Leben, und da der Vater häufig nach Neuigkeiten von seinem Sohn fragte, antwortete sie: »Er hat gut geschlafen. Das Essen hat ihm gut geschmeckt.« Wenn sie dann die lange zurückgehaltenen Tränen gegen ihr Ankämpfen hervordrängen fühlte, ging sie hinaus und überließ sich ihrem Kummer. Sobald sie sich ausgeweint hatte, trocknete sie ihre Tränen, machte ihr Gesicht zurecht und ging wieder hinein – die Trauer sozusagen an der Tür zurücklassend. Durch diese fast übermenschliche Anstrengung konnte Arria wenigstens ihren Mann von der Krankheit retten, die ihr den Sohn entrissen hatte. Als er jedoch im Jahre 42 n. Chr. in die Niederschlagung des Scribonianus-Aufstandes verwickelt und unter den Augen seiner Frau, die ihn nach Illyricum begleitet hatte, verhaftet wurde, konnte sie ihn schließlich der kaiserlichen Rache nicht mehr entziehen. Sie flehte die Soldaten an, auch sie hinwegzuführen. »Einem Konsular«, so sagte sie, »müßt ihr doch Sklaven geben, die ihn bei Tisch bedienen, die ihm beim Ankleiden helfen und ihm die Schuhe schnüren. All dies werde ich selbst tun.« Da ihre Bitten nichts halfen, mietete sie ein Fischerboot und folgte auf diesem gebrechlichen Gefährt dem Schiff, auf dem man Paetus nach Italien führte. Doch umsonst, in Rom zeigte sich Claudius unerbittlich. Daraufhin verkündete Arria, sie wolle mit ihrem Gatten sterben. Thrasea, ihr Schwiegersohn, versuchte zunächst, sie davon abzubringen. »Wie könntet Ihr denn zustimmen, daß, sollte eines Tages auch ich untergehen müssen, Eure Tochter mit mir dahinginge?« Doch Arrias wilde Entschlossenheit zeigte sich unbeugsam. »Wenn meine Tochter mit Euch ebenfalls so lange und in derselben Übereinstimmung wie ich mit Paetus zusammengelebt hat, dann würde ich nichts dagegen sagen.« So ihre Antwort, und um allen weiteren Versuchen, sie umzustimmen, zuvorzukommen, warf sie sich mit Schwung gegen eine Mauer und stieß sich den Kopf so hart gegen die Wand, daß sie bewußtlos zu Boden fiel. Als sie wieder zu sich gekommen war, sagte sie: »Ich habe Euch ja darauf hingewiesen, daß ich einen Weg finden werde zu sterben, er mag so schwer sein, wie er wolle, wenn Ihr mir den leichteren verweigert.« Und als für Paetus die schicksalhafte Stunde schlug, zog sie einen Dolch aus dem Kleid, durchbohrte ihre Brust, riß sich die blutige Waffe aus dem Busen und reichte sie ihrem Gatten mit dem unvergänglichen, fast götternahen Wort: »Paetus, es schmerzt nicht.«

Wenn ich ein wenig bei dieser berühmten Geschichte verweilte, so deshalb, weil sie mir in einem bestimmten Frauentyp der Kaiserzeit eine der schönsten Verkörperungen irdischer Größe zeigt. Mit diesen freien und stolzen Geschöpfen, zu denen auch Arria die Ältere gehört, erreichte das antike Rom in denselben Jahren, in denen es die blutige Taufe durch die ersten Märtyrer des Christentums empfing, einen Gipfel seiner Humanität. Es ist durchaus nicht nur das bloße Andenken, das im 2. Jahrhundert gefeiert wird, sondern das Beispiel spornte wieder und wieder zur Nachahmung an. Gewiß, das kaiserliche Recht ersparte jetzt den Matronen die Opfer, die Claudius und Nero ihnen auferlegt hatten und das die strenge Härte Vespasians beinahe auch der jüngeren Arria nicht erspart hätte.[26] Doch immer noch gab es reichlich Gelegenheit, ähnliche Fälle zu erleben. Zumindest in der führenden Schicht waren die römischen Frauen keineswegs degeneriert.

Plinius der Jüngere berichtet aus seiner Bekanntschaft von einigen Frauen, die ohne ihre Gatten nicht weiterleben wollten. »Eines Tages fuhr ich mit dem Boot auf meinem Comer See spazieren«, schreibt er, »da machte mich ein älterer Freund auf eine oberhalb des Sees liegende Villa aufmerksam. ›Von hier‹, sagte er, ›hat sich einmal eine unserer Landsmänninnen mit ihrem Gatten hinabgestürzt!‹ Ich fragte nach dem Grund. Der Gatte litt an einem Geschwür, das die Geschlechtsorgane befallen hatte. Seine Frau verlangte es zu sehen, da niemand aufrichtiger als sie sagen würde, ob eine Heilung möglich sei. Sie sah es und verlor alle Hoffnung. So kettete sie sich an ihn und ließ sich mit ihm in den See fallen.«[27]

Zweifellos handelt es sich hier schon um Ausnahmen oder, wenn man diesen Begriff vorzieht, um Grenzfälle, in denen der Mut in wilde Verzweiflung übergeht und die »Tugend« an krankhafter Verhärtung zu leiden beginnt. Doch wie viele zärtlich verbundene Paare, wie viele einfach edle und reine Gattinnen mögen danebenstehen. Selbst bei Martial stoßen wir auf eine Reihe vollkommener Frauen. Claudia Rufina, »obwohl sie von den tätowierten Britanniern abstammt«, verkörpert rein die latinische Seele. Nigrina, »glücklicher als Euadne oder Alkestis, hat es verdient, daß sie nicht sterben mußte, um ihre Liebe zu beweisen«. Die lautere Seele Sulpicias leuchtet aus reinen literarischen Schöpfungen des Dichters hervor: sie handelt hier nicht mit der Raserei einer Zauberin von Kolchis, sie erzählt nicht vom Mahl des schrecklichen Thyestes, sie

Abb. 36. Bildhauer bei der Arbeit an einer Stele mit Porträtbüste. Marmorrelief.

zeigt nur sittsame Liebe. »Keine Frau war je temperamentvoller, keine war je schamhafter, und doch würde sie weder die Gemahlin Jupiters noch die Geliebte Apollos werden wollen, wenn ihr Calenus entrissen würde.«[28] In derselben Weise zeichnet sich die Frauenwelt um Plinius den Jüngeren durch Hingabe, Zurückhaltung und Ehrbarkeit aus. So wäre die Gattin seines alten Freundes Macrinus würdig gewesen, »als Beispiel hingestellt zu werden, selbst wenn sie in der heroischen Zeit gelebt hätte: sie hatte neununddreißig Jahre mit ihm verbracht ohne Zwist, ohne Schmollen, in ungetrübtem Verstehen und beiderseitiger Achtung«.[29] Plinius der Jüngere scheint selber vollkommenes Glück in der Verbindung mit Calpurnia, seiner dritten Frau, genossen zu haben. Wieviel Lob spendet er ihr, indem er ihre Feinheit, ihre Bescheidenheit, ihre Liebe, ihre Treue und ihren literarischen Geschmack rühmt, den sie sich in ihrer Neigung zu ihm angeeignet hat. »Welche Ängste steht sie aus, wenn sie erfährt, daß er vor Gericht plädieren muß! Welche Freude, wenn sie hört, daß er es hinter sich hat! Sie wird nicht müde zu lesen, immer wieder zu lesen und auswendig zu lernen, was er geschrieben hat. Wenn er einen öffentlichen Vortrag hält, steht sie hinter einem Vorhang und lauscht begierig auf den Beifall. Zu seinen Versen komponiert sie Melodien und begleitet sich auf der Zither, ohne jemals von einem Lehrer unterwiesen zu sein, außer von der Liebe, die der beste Lehrmeister ist.«[30]

So stellt uns Calpurnia den modernen Typ einer Ehefrau vor Augen, die ihrem gelehrten Literatengatten Wegbegleiterin und Mitarbeiterin ist. Dabei haftet an ihrer Mitarbeit nichts Blaustrümpfig-Pedantisches, vielmehr erhöht sie noch den Charme ihrer Jugend und – weit davon entfernt, die wechselseitigen Gefühle zu ersticken, belebt sie noch deren Frische. Beiden scheint jede auch noch so kurze Trennung echte Schmerzen zu bereiten. Wenn die Pflichten Plinius von zu Hause fernhalten, sucht sie ihn in seinen Schriften, die sie dorthin legt, wo sie ihn sonst zu sehen pflegte, und wenn Calpurnia auf Reisen ist, nimmt Plinius wieder und wieder ihre Briefe hervor und liest sie, als seien sie soeben eingetroffen. Nachts hält er sich hellwach ihr geliebtes Bild vor Augen und zu den Stunden des Tags, in denen sie sich zu sehen pflegten, »tragen

ihn seine Füße wie von selbst« in das Zimmer, wo sie sich meist aufhielt, und traurig, »wie wenn sie ihm die Tür verschlossen hätte, kommt er aus dem leeren Gemach zurück«.[31]
Überfliegt man diese anmutigen Briefe voller Zärtlichkeit, ist man zunächst versucht, die pessimistische Maxime La Rochefoucaulds, es könne keine glücklichen Ehen geben, zu leugnen. Bei näherem Zusehen tritt allerdings die Konvention aus diesen ein wenig steifen und angelesenen Ergüssen deutlich hervor. Zu Plinius' Zeit wurden die Ehen nicht aus starken Gefühlen, sondern aus Standesrücksichten geschlossen. Er wird wohl für sich selbst seine Frau nicht anders ausgesucht haben, als er es für Minucius Acilianus tat: er legte nicht nur Wert auf die körperlichen und geistigen Vorzüge der Auserwählten, sondern auch auf ihren Stand und ihre Vermögensverhältnisse; denn ich sage mir, gesteht er, daß man auch diesen Punkt keinesfalls außer acht lassen darf – *ne id quidem praetereundum esse videtur.*[32] Am meisten scheint er eben an Calpurnia die Bewunderung geliebt zu haben, die sie seinen Schriften zollte. Obwohl er das Gegenteil behauptet, hat man bald den Eindruck, daß er sich leicht über das Alleinsein tröstet und daß ihm ihre Abwesenheit das Vergnügen bereitet, seine Blätter mit schön gedrechselten Jammerworten zu füllen. Denn die beiden Ehegatten waren, auch wenn sie unter demselben Dach wohnten, durchaus nicht immer zusammen. Sie hielten auf getrennte Zimmer. Auch im Frieden seiner toskanischen Villa suchte Plinius der Jüngere vor allem die seinen Meditationen günstige Einsamkeit. Bei Tagesanbruch ruft er beileibe nicht seine Frau Calpurnia, sondern seinen Sekretär *(notarius)* ans Bett.[33] Seine eheliche Liebe richtet sich nach den Regeln guten Benehmens und ist für ihn vor allem eine Angelegenheit gesellschaftlicher Höflichkeit. An anderen Stellen wird deutlich, daß es seiner Liebe empfindlich an Wärme und Innigkeit mangelte. Wir denken beispielsweise an die eigenartigen Briefe, die er an den Großvater und an die Tante Calpurnias sandte und in denen er ihnen von den Vaterschaftshoffnungen berichtete, mit denen seine Frau ihn beglücken sollte, und von dem traurigen Ereignis, das die Hoffnung jäh vernichtete.[34] An Calpurnius Fabatus schreibt er: »Je mehr Ihr danach verlangt, daß wir Euch einen Urenkel schen-

ken, desto mehr werdet Ihr unseren Kummer begreifen, wenn Ihr erfahrt, daß Eure Enkelin eine Fehlgeburt durchgemacht hat. Da sie aus Mangel an Erfahrung von ihrer Schwangerschaft nichts ahnte, hat sie es versäumt, das zu tun, was in solchen Fällen zu tun ist, und im Gegenteil das getan, was man zu unterlassen hat. Diesen Irrtum hat sie in einer Weise bezahlen müssen, die wohl geeignet ist, ihr eine Lehre zu sein; denn sie war nahe daran zu sterben.« In dem Brief an Calpurnia Hispulla ändert er die Form, nicht aber den inhaltlichen Kern seiner befremdlichen Erklärungen. »Calpurnia hat sich in großer Gefahr befunden – möge uns kein Unglück daraus erwachsen – nicht aus eigener Schuld, sondern auf Grund ihres Alters, aus dem sich ihre Fehlgeburt erklärt und das traurige Ende einer Schwangerschaft, von der sie nichts ahnte. Laß es dir angelegen sein, das Unglück bei deinem Vater zu entschuldigen, denn Frauen haben mehr Verständnis dafür ...« Hier haben wir tatsächlich kein Verständnis mehr, es sei denn, wir verständen nun nur zu gut, in welchem Maße Plinius der Jüngere, der sich so aufmerksam der geistigen Erziehung der jungen Frauen widmete, alles andere außer acht ließ. Hier zeigt sich eine ärgerniserregende Kälte, ein widernatürlich erscheinender Abstand, die Kehrseite einer Freiheit, die zur Gleichgültigkeit wird, und einer Gleichstellung der Gatten, die – statt sie zu einer inneren Annäherung zu führen – gerade die Ehen der Besten des kaiserlichen Roms häufig zu einer Art von egoistischer Betäubung, wenn nicht schließlich gar zu Abwegigkeiten und Perversion treibt.

4. Feminismus und sittlicher Verfall

Den Heldinnen, den vorbildlichen Frauen und ausgezeichneten Müttern, die es immer noch in der kaiserlichen Aristokratie gab, ließen sich ohne weiteres die »befreiten«, besser noch die »entfesselten« Ehefrauen gegenüberstellen, die in verschiedenster Art aus den neuen römischen Heiratsbedingungen hervorgingen: einige wollten nichts von ihrem bequemen Wohlleben einbüßen und vermieden deshalb geschickt jede Mutterschaft; andere wollten auf keinem Gebiet ihren Gatten nachstehen und wetteiferten mit ihnen sogar auf den Gebieten, die dem weiblichen Geschlecht völlig unangemessen erschienen; anderen wiederum genügte das Leben an der Seite ihrer Männer nicht; um ihr eigenes Leben führen zu können, scheuten sie vor Verrat nicht zurück und ließen bedenkenlos ihre Männer im Stich.

Die römischen Ehen am Ende des 1. und am Anfang des 2. Jahrhunderts unserer Zeitrechnung bleiben durch willentliche Geburtenbeschränkung oder durch nachlassende Fortpflanzungskraft sehr häufig unfruchtbar. Beispielhaft dafür sind die höchsten Kreise. Auf den unverheirateten Kaiser Nerva, der vielleicht sogar wegen seiner Ehelosigkeit gewählt worden war, folgten Trajan und Hadrian, die zwar beide verheiratet waren, von denen jedoch keiner legitime Kinder hatte. Der Konsular Plinius der Jüngere erhielt aus seinen insgesamt drei Ehen keinerlei Erben. Sein Vermögen wurde nach seinem Tode auf seine frommen Stiftungen und seine Dienerschaft verteilt. Das Kleinbürgertum war offensichtlich auch nicht geburtenstark. Jedenfalls geht aus Tausenden von hinterlassenen Inschriften hervor, daß der Verstorbene statt von der Nachkommenschaft von seinen Freigelassenen beweint wurde. In vollem Ernst stellt Martial seinen Lesern Claudia Rufina als bewundernswert hin, weil sie drei Kinder gehabt habe. Des weiteren erinnert er an eine ihm bekannte Matrone, die zweimal bei den Säkularfeiern der Jahre 47 und 88 n. Chr. ausgezeichnet wurde, weil sie ihrem Gatten fünf Söhne gebar, und widmet ihr eigens ein Epigramm. So galt eine Kinderzahl, die heutzutage weder Aufmerksamkeit noch irgendeine besondere Entschädigung bedingen würde, im damaligen Rom schon als außerordentlich und schien strahlender Auszeichnungen würdig.

Die Römerinnen wenden sich jetzt von der Erfüllung ihrer Mutterpflichten ab und widmen sich dafür Tätigkeiten, die sich in der Zeit der Republik die Männer eifersüchtig vorbehalten hatten. Juvenal hat in seiner sechsten Satire zum Vergnügen seiner Leser eine Reihe von Porträts entworfen, in denen er Frauen schildert, die Stickrahmen, Lektüre, Gesang oder Leier verlassen und sich mit allen Kräften darum bemühen, es den Männern gleichzutun oder sie zu überflügeln. Manche stürzen sich mit wahrer Wollust in Prozeßakten, begeistern sich für die Politik, sind versessen auf die neuesten Nachrichten aus der ganzen Welt, auf Klatsch und Geschwätz der Hauptstadt, auf die Intrigen am Hof, wissen Bescheid über alles, was in Thrakien und bei den Völkern des fernen Orients geschieht, diskutieren die Schwere der über den König von Armenien oder über die Parther verhängten Drohungen und legen in Gegenwart ihrer schweigenden Männer, unverschämt genug, den anwesenden Generälen in ihrem Feldherrnmantel *(paludamentum)* ihre Theorien und Pläne dar. Andere verzichten auf die Diskussion diplomatischer Künste und strategischer Übungen und widmen sich dem literarischen Ruhm. Überschwenglich und unermüdlich tun sie, als seien sie auf höchste Sprachreinheit im Griechischen und Lateinischen bedacht, beschämen selbst bei Tisch die Gesprächspartner durch ihr angelerntes Wissen und durch die Bestimmtheit ihres Urteils. Sie »rechten über die todesbereite Dido ... und legen hier Virgil und da Homer auf die Waagschale«. Anmaßend fahren sie den gelehrtesten Grammatikern und den redegewandtesten Rhetoren über den Mund.[35] Plinius der Jüngere bewunderte den Charme solcher Gelehrsamkeit. Es sei nicht nur an die Lobsprüche erinnert, die er Calpurnia widmet, sondern auch an die Begeisterung, in die ihn Kultur und Geschmack der Gefährtin des Pompeius Saturninus und die formvollendeten Redewendungen ihrer Briefe versetzen, die man für »Plautus oder Terenz in Prosa«[36] halten könnte. Juvenal hingegen kann die »gelehrten Frauen« nicht leiden. Er vergleicht ihr Geschwätz dem Geklapper von Kesseln und Schellen, verabscheut die »Preziösen«, die Palaemon nachplappern, ohne freilich je die Sprachgesetze zu verletzen, und lobt ihnen zum Trotz die Frau, »die keinen eigenen Stil hat, nichts aus der Geschichte weiß und überhaupt nichts von dem versteht, was sie liest«.[37]

Das gilt also den Intellektuellen. Doch die »Sportweiber« bringen den Satiriker noch mehr in Wut als die »Blaustrümpfe«. Er verschont mit seinen sarkastischen Bemerkungen weder die Zeitgenossinnen, die an den Jagden der Männer teilnehmen und wie Mevia, den Spieß in der Hand und die Brust entblößt, »die Eber Etruriens durchbohren«, noch jene, die in Männerkleidung an Wagenrennen teilnehmen, vor allem aber nicht die Frauen, die sich für Fechten und Ringkampf begeistern. Voller Spott beschreibt er, wie sie sich mit *ceroma*, der Ringsalbe einreiben, wie sie ihr Rüstzeug anlegen: Sportmantel, Arm- und Beinschienen, Leibgurt, Federbusch, und in wilden Übungen ihre Kraft verausgaben. »Seht, wie hitzig sie die Streiche austeilen, die man sie gelehrt hat. Wer zählt die Kerben im Pfosten, auf den sie, den Schild in der Faust, mit starken Degenschlägen losdreschen? Wer weiß, ob nicht in ihrem Herzen noch größerer Ehrgeiz glüht, ob sie sich nicht berufen fühlen, tatsächlich im Amphitheater zu kämpfen?«

Manch einer, der heute die zahlreichen Rekordleistungen von Frauen bewundert, wird vielleicht die Schultern zucken und Juvenal Kleinlichkeit und Engstirnigkeit vorwerfen. Doch dürfen wir nicht verkennen, daß die Skandalchronik seiner Zeit die in seiner folgenden Frage liegende Furcht als nicht unberechtigt zu erkennen gibt: »Welche Scham kann sich noch eine Frau bewahren, die einen Helm trägt und sich so von ihrem Geschlecht lossagt?« Die Emanzipation der Frau, die in der hohen Kaiserzeit ihre größten Erfolge zeitigt, hat ihr keineswegs nur Vorteile und Überlegenheit gebracht, und es war fast unvermeidlich, daß die Frauen bei dem Versuch, die Männer allzu eng nachzuahmen, schließlich schneller deren Schwächen und Fehler übernahmen als deren Kraft, die ihnen die Natur weiterhin versagte.[38] Seit drei Jahrhunderten waren Frauen bei den Festlichkeiten die Tischgenossen ihrer Ehemänner. Seit sie nun aber darüber hinaus ihre Konkurrenten in der Palästra werden, benehmen sie sich natürlich auch wie Athleten und geben den Männern bei Tisch nichts nach. Auch Frauen, die sich nicht mit sportlicher Tätigkeit entschuldigen konnten, gewöhnten sich beim Essen und Trinken Portionen an, die auf ein erhebliches Bewegungspensum pro Tag würden schließen lassen. So beschreibt Petronius uns Trimalchios dicke Gefährtin Fortunata, wie sie sich mit Essen und Wein vollpfropft, mit schwerer Zunge und verstörten Gedanken dasitzt und ihre Blicke in Trunkenheit verschwimmen. Die wegen ihres Benehmens von Juvenal in seinen Satiren gegeißelten großen Damen und andere, die wegen ihres Geldes für große Damen galten, gaben sich schamlos einer ekelhaften Völlerei hin. Eine dieser »Feinschmeckerinnen« dehnt ihre Gelage bis Mitternacht hin und »verschlingt riesige Austern, während die in den ungemischten Falerner gegossenen Würzstoffe schäumen und sie die Decke des Saales schwanken sieht und die Leuchter doppelt wahrnimmt«. Eine andere ist noch weiter heruntergekommen. Mit hochrotem Kopf trifft sie mit Verspätung zur *cena* ein. »Vor lauter Durst würde sie die ganze Korbflasche, die zu ihren Füßen steht, austrinken. Vor dem Essen füllt sie sich daraus einen zweiten Schoppen ein, um sich damit den Magen auszuwaschen und um dann, wenn sie ihn erst wieder von sich gegeben hat, einen um so gefräßigeren Appetit zu haben. Wie eine lange Schlange, die in ein Faß gefallen ist, säuft sie und erbricht sie, so daß ihrem Mann speiübel wird und er kaum seine Galle zurückhalten kann.«[39] Gewiß handelt es sich hier um Übertreibungen; aber es ist doch bezeichnend, daß der Satiriker solche Typen auswählen konnte, die seine Leser halbwegs zu erkennen glaubten. Offensichtlich hat die völlige Unabhängigkeit, in der nun die römischen Frauen lebten, jede sittliche Zucht zerstört und durch Ausschweifungen zur Auflösung der familiären Bande geführt. Sie lebten von nun an sozusagen nur noch als »Nachbarinnen« neben ihren Männern her:

> *vivit tamquam vicina mariti.*[40]

Daraus ergab sich natürlich, daß sie ihren Ehemännern nicht die versprochene Treue hielten, eine Treue freilich, die viele gleich bei der Eheschließung mit einem gehörigen Maß an Zynismus verweigerten. Eine erklärt ihrem Ehegatten: »Vereinbart ist damals, daß du tun dürftest, was du wolltest, aber auch, daß ich mich meinen Neigungen hingeben dürfte. Vergeblich wirst du Himmel und Erde in Bewegung setzen, denn auch ich bin ein Mensch!«

> *Ut faceres tu quod velles nec non ego possem*
> *Indulgere mihi. Clames licet et mare caelo*
> *Confundas! Homo sum!*[41]

Doch ist nicht nur in den Epigrammen Martials und in den Satiren Juvenals vom Ehebruch die Rede. Im züchtigen Briefwechsel Plinius' des Jüngeren ist ein ganzer Brief dem Verlauf eines Prozesses gewidmet, den Trajan in seiner Eigenschaft als oberster Befehlshaber des Heeres entschied. Ein Centurio war angeklagt, die Frau eines seiner Vorgesetzten verführt zu haben, eines Mitglieds des Senatorenstandes, das in derselben Legion als Militärtribun Dienst tat, in der auch er diente. Was bei diesem Fall Plinius am seltsamsten anmutet, ist offensichtlich nicht der Ehebruch an sich, sondern das Zusammentreffen der damit verbundenen Umstände: ein Fall flagranter Disziplinlosigkeit, der die sofortige Dienstenthebung des Centurios nach sich zog, und das Zögern des Tribunen, zur Wahrung seiner Ehre die Bestrafung zu verlangen, die seine Frau verdient hatte und die der Kaiser nun irgendwie von Amts wegen aussprechen mußte.[42]

Offensichtlich gab es eine Unzahl ehelicher Zerwürfnisse in der Stadt. So beschwört Juvenal einen zum Essen eingeladenen Freund, an seinem Tisch die Sorgen zu vergessen, die ihn den ganzen Tag geplagt haben, vor allem die Sorge um das Verhalten seiner Frau, die am frühen Morgen auszugehen pflege und »erst bei Nacht mit wirrem Haar, geröteten Augen und heißem Atem« heimkomme.[43]

Vergeblich hatte Augustus hundert Jahre zuvor durch ein Gesetz gegen verbotene Liebesbeziehungen einzuschreiten versucht. Die Ehebrecher wurden verbannt, die Hälfte ihres Vermögens eingezogen und ihnen für immer verboten, sich je miteinander zu verheiraten. Unzweifelhaft bedeutete das Gesetz von unserem modernen Standpunkt aus einen Fortschritt gegenüber dem früheren Recht. Zur Zeit Catos des Älteren betrachteten die Römer den Fehltritt einer Frau noch als ein Verbrechen, das der beleidigte Gatte mit dem Tode bestrafen konnte. Den Fehltritt eines Ehemannes hingegen sahen sie als unbedeutend an, er ging straffrei aus, als treffe ihn keine Schuld. Die kaiserliche Gesetzgebung war menschlicher, da sie dem Gatten das Recht nahm, so grausam Justiz zu üben, und zugleich gerechter, da sie die Strafen auf beide Geschlechter verteilte. Die Tatsache aber, daß sie, wie wir heute sagen würden, den Ehebruch justizreif machte, ist bereits ein Zeichen für die Häufigkeit begangener Ehebrüche. Sicher ist jedenfalls, daß eine Verminderung der Ehebrüche nicht gelang.[44] Am Ende des 1. Jahrhunderts unserer Zeitrechnung war die *lex Iulia de adulteriis* fast vergessen. Um sie wieder anwenden zu können, blieb Domitian nichts anderes übrig, als sie feierlich zu erneuern. Natürlich fällt es Martial nicht schwer, katzbuckelnde Lobsprüche zu ersinnen für dieses »heilige Edikt des allergrößten Staatsmanns«, dem Rom mehr als bloße Triumphe verdanke, da er Rom die Keuschheit zurückgegeben habe:

Plus debet tibi Roma quod pudica est.[45]

Doch es scheint, daß nach Domitians Tod diese Verfügung zusammen mit der *lex Iulia* im Staub der Archive verschwand und von den Richtern unbeachtet blieb. Einige Jahre später erkühnt sich Juvenal, den Urheber des Gesetzes zu verhöhnen, »diesen mit einer der Tragödie würdigen Blutschande besudelten Liebhaber, der darauf bestand, für jedermann gallige Vorschriften wiederaufleben zu lassen, die selbst Mars und Venus hätten fürchten müssen«.[46] Zwei Generationen nach Juvenal waren sie derart in Mißkredit geraten, daß Septimius Severus die Arbeit Domitians von neuem beginnen mußte,[47] wie vorher Domitian das Werk des Augustus aufzugreifen versucht hatte. Daß sich die Zahl der Ehebrüche im 2. Jahrhundert verringerte, ist nicht auf die Strenge der Gesetze zurückzuführen, sondern vielmehr auf die erleichterten Scheidungsbedingungen, durch die in gewisser Weise der Ehebruch im voraus gesetzlich zulässig wurde.

5. Scheidungen · Zerfall der Familie

Niemals war die römische Ehe unauflöslich gewesen, auch nicht in den legendären Zeiten, auf die sich das klassische Rom gerne wie auf ein Idealbild berief. Bei der Heirat *cum manu* der ersten Jahrhunderte war es zwar völlig unmöglich, daß eine Frau den Gatten verstieß, unter dessen Autorität sie gestellt war. Hingegen gehörte es zu den verbrieften Rechten des Mannes, die Frau jederzeit verstoßen zu können. In der Praxis freilich wurde diese grundsätzliche

Regelung häufig in milderer Form durchgeführt, zweifellos, um die Sicherheit der Familie nicht zu gefährden. Wie aus einigen genau überlieferten Beispielen zu ersehen ist, setzt bis zum 3. Jahrhundert v. Chr. die Verstoßung ein schuldhaftes Vergehen der Frau voraus, das dann von einem aus der Familie des Gatten gebildeten Rat abgeurteilt wird. Die Zwölf Tafeln enthalten wahrscheinlich einen Auszug aus der allgemeinen Verurteilungsformel, mit der ein Ehemann von der Frau die Schlüssel des Hauses zurückfordern konnte, das sie bisher als Herrin verwaltet hatte und aus dem sie nun unwiderruflich ausgestoßen war: *claves ademit, exegit.*[48] Im Jahre 307 v. Chr. entkleideten die Zensoren einen Senator seiner Würde, weil er seine Frau verstoßen hatte, ohne zuvor das Urteil des Familientribunals zu erwirken.[49] Ein Jahrhundert später, 235 v. Chr., erregte der Senator Sp. Carvilius Ruga Ärgernis bei seinen Kollegen, als er seine Frau, der er kein Vergehen vorzuwerfen hatte, lediglich deshalb verstieß, weil sie ihm keine Kinder geschenkt hatte.[50]

Ähnliche Fälle aber gingen bald ohne den Tadel aus, den er sich damals noch zugezogen hatte. In den folgenden Generationen begannen die Römer, ohne daß jemand Ärgernis nahm oder Strafen verhängte, sich ihrer Frauen ohne die geringste ernsthafte Begründung zu entledigen. Es genügte, daß eine Frau unverschleiert ausgegangen, auf der Straße bei einer schlecht beleumundeten Freigelassenen im Gespräch stehengeblieben war oder sich ohne Erlaubnis zu einer Vorstellung der öffentlichen Spiele begeben hatte.[51] Häufig suchte man gar nicht erst einen Vorwand. Nachdem aber nun die Ehegatten ihre Befugnis, die von ihnen eingegangenen Verbindungen nach Belieben aufzulösen, mißbräuchlich übertrieben hatten, gestand die Eheschließung *sine manu* der Frau das gleiche Recht zu. Wenn sie unter dem Druck ihrer Eltern und männlichen Verwandten die Ehe eingegangen war, so konnten diese nun mit einem einzigen Wort die eheliche Verbindung lösen und sie zu sich zurückführen – *abducere uxorem.* Für den Fall aber, daß sie ihre Verwandten verloren hatte, lag die Entscheidung bei ihr allein – sie war eine Person *sui juris.* Ein entsprechendes Wort von ihrer Seite genügte zur Trennung.[52] Die Entwicklung vollzog sich so, daß zur Zeit Ciceros die Scheidung unter Zustimmung beider oder auf Betreiben eines einzigen Ehepartners durchaus an der Tagesordnung war. Der alternde Sulla heiratete in fünfter Ehe eine junge geschiedene Frau namens Valeria, die Halbschwester des Orators Hortensius.[53] Pompejus war zweimal verwitwet, seine erste Frau hieß Aemilia, die andere Julia. Zwischendurch jedoch war er auch zweimal geschieden: von Antistia, mit deren Hand er sich der Gunst des Prätors versichern wollte, von dem die Einsetzung in das ungeheure väterliche Erbe abhing; indessen drohte später diese Verbindung seine politische Karriere zu gefährden. Von Mucia, weil ihr Benehmen in der Zeit seiner langen Abwesenheit während seiner überseeischen Feldzüge zu wünschen übrig ließ.[54] Cäsar, der Witwer Cornelias, verstieß seine zweite Frau Pompeia, obwohl sie unschuldig war, denn auf der Frau Cäsars durfte nicht einmal ein Verdacht ruhen.[55] Nachdem sich der tugendsame Cato der Jüngere von Marcia getrennt hatte, schämte er sich durchaus nicht, sie von neuem zu ehelichen, sobald ihr eigener Besitz um das Vermögen des Hortensius vermehrt war, den sie in der Zwischenzeit geheiratet und wieder verloren hatte.[56] Und ebensowenig Scham bewies auch der siebenundfünfzigjährige Cicero. Ohne Zögern verstieß er, um seinen Finanzen durch die Mitgift der jungen und reichen Publilia aufzuhelfen, nach dreißig Jahren gemeinsamen Lebens seine Terentia, die Mutter seiner Kinder, die übrigens leichten Herzens dieses Mißgeschick ertragen zu haben scheint, da sie sich noch zweimal verheiratete, erst mit Sallust, dann mit Messala Corvinus, und über hundert Jahre alt wurde.[57]

So erleben wir also zumindest in der Aristokratie, die in unseren Quellen vorherrscht, eine wahre Epidemie von Ehescheidungen. Sie breiten sich trotz oder gar wegen der Gesetzgebung des Augustus im Kaiserreich seuchenhaft aus und drohen zur Dauerplage zu werden. Augustus hatte mit seiner *lex de ordinibus maritandis* lediglich dem Geburtenrückgang in den oberen Klassen Einhalt gebieten wollen. Und wenn er auch durch den Druck rechtlicher Nachteile die Untreuen belangen und die Geschiedenen zwingen konnte, sich wieder zu verheiraten, so suchte er jedoch keineswegs Scheidungen zu verhindern, die nach Auflösung der unglücklichen

Ehen sofort zu geeigneteren und fruchtbareren Ehen führen konnten. Die Auflösung von Verlobungen verbot er, weil er feststellte, daß hartgesottene Junggesellen mit Absicht eine Verlobung nach der anderen aufhoben, um auf unbestimmte Zeit die stets angekündigte, aber niemals gehaltene Hochzeit hinauszuschieben, und sich auf diese Weise sowohl um seine Verfügung als auch um die Strafen herumdrückten, die er den Widerspenstigen androhte.[58] Ehescheidungen konnte und wollte er nicht unterbinden. Er begnügte sich damit, sie gesetzlich zu regeln. Zunächst gestand er zu, es genüge wie früher der Wille eines Ehepartners zur Erlangung der Scheidung. Er forderte lediglich, der Wille solle in Gegenwart von sieben Zeugen ausgesprochen und durch eine Botschaft bestätigt werden, deren Überbringer im allgemeinen ein Freigelassener des Hauses war. Später ordnete er an, der verstoßenen Frau auf gesetzlicher Grundlage, der sogenannten *actio rei uxoriae*, die Mitgift selbst dann zurückzuerstatten, wenn sie oder ihre Angehörigen aus Leichtsinn oder übergroßer Vertrauensseligkeit im Ehevertrag keine Klausel zur Rückerstattung bei Trennung der Ehe aufgenommen hatten. Von nun an stand ihr die Wiedererstattung zu. Ausgenommen blieben die Werte, die der Richter dem Gatten zur Unterstützung bei der Erziehung der ihm verbleibenden Kinder *(propter liberos)* oder als Entgelt für von der Frau verursachte Schäden zusprach, die sie durch Verschwendungssucht *(propter impensas)*, durch Unterschlagungen *(propter res amotas)* oder durch schlechten Lebenswandel *(propter mores)* angerichtet hatte.[59] Aus demselben Grunde hatte Augustus auch die zur Mitgift gehörenden italischen Ländereien der Verfügung des Ehegatten entzogen. Er suchte jeweils den Frauen die Mitgift, diesen ewigen Anreiz für die Freier, zu erhalten, weil sie ihre Aussicht auf neue Heirat erhöhte. Es ergab sich jedoch, daß seine Maßnahmen, die genau seiner Bevölkerungspolitik entsprachen und auch in sozialer Hinsicht unangreifbar waren, durch eine Folgeerscheinung, die er hätte voraussehen müssen, den Untergang des Familiensinnes bei den Römern beschleunigten. Wenn das Bangen um die Mitgift einen Mann anspornen sollte, die Frau zu behalten, die er nur wegen dieser Mitgift genommen hatte, so konnte aus einem derart kläglichen Gefühl nichts Gutes erwachsen. So unterwarf diese Habsucht den Mann immer mehr der reichen Ehefrau. Bei Horaz heißt es:

... dotata regit virum
coniux.[60]

Da so die Ehe ständig herabgewürdigt wurde, hielt die Verbindung stets nur bis zu dem Augenblick, in dem der seiner Frau überdrüssig gewordene Mann die Gewißheit gewann, binnen kurzem eine andere, mit größerer Mitgift ausgestattete Frau zu finden. Unter diesen Umständen, für die eine allzusehr gepriesene Gesetzgebung teilweise verantwortlich gemacht werden muß, kann es nicht wundernehmen, daß die lateinischen Texte uns im Laufe der ersten zwei Jahrhunderte des Kaiserreichs nur Ehen zeigen, die entweder zeitweilig durch Geld zusammengehalten oder ebensohäufig trotz des Geldes oder um des Geldes willen gelöst werden.
Auf Grund ihres gesetzlichen Status *sine manu* war die Matrone nun Herrin ihres eigenen Vermögens und dank der Julischen Gesetze sicher, mindestens den Hauptteil, wenn nicht gar die ganze Mitgift wiederzuerhalten. Ihr Mann durfte, soweit sie in italischem Boden angelegt war, darüber nicht mehr frei verfügen und nirgendwo selbst mit ihrer Einwilligung irgendwelche Hypotheken darauf aufnehmen.[61] Fachmännisch unterstützt von einem Verwalter, der sie berät und ständig umschmeichelt, wie wir es von dem kleinen aufgekratzten Prokurator kennen, der unter Domitian der Frau des Marianus[62] nicht von der Seite weicht, handelt sie und erteilt sie ihre Befehle. Juvenal stellt fest: »Ihr Gatte kann nichts ohne ihre Zustimmung hergeben, nichts verkaufen, wenn sie sich widersetzt, nichts gegen ihren Willen ankaufen.«[63] Und wie der Satiriker behauptet, daß es auf der ganzen Welt nichts Unerträglicheres gebe als eine reiche Frau:

Intolerabilius nihil est quam femina dives,[64]

so erklärt Martial, er werde sich nicht an eine reiche Frau gewöhnen, weil er nicht unter dem Hochzeitsschleier ersticken wolle:

Uxorem quare locupletem ducere nolim
quaeritis? Uxori nubere nolo meae.[65]

Die Männer aber, die von einer Mitgift und nicht von Liebe gebannt waren, wechselten früher oder später, falls sie nicht von ihrer Herrin den Laufpaß erhielten, von einer goldgespickten Ehe in die andere. Diese haltlosen Ehepaare vertrieben sich im kaiserlichen Rom in der Stadt wie am Hofe die Zeit mit ihrem Wechselspiel: Sie gingen Bindungen ein, um sie wieder zu lösen, und trieben es so weiter bis in ihr Alter. Die Freigelassenen, die das Gesetz des Augustus damit beauftragte, die schriftliche Scheidungsnachricht an den Rechtsvertreter zu überbringen, hatten noch nie so viel zu tun gehabt. Juvenal läßt es sich nicht entgehen, in seinen Satiren mit einigen Strichen das geschäftige Bild festzuhalten: »Sobald sich drei Falten auf dem Antlitz Bibulas zeigen, fliegt Sertorius, ihr Gatte, gleich zu anderen Liebchen aus. ›Schnür dein Bündel nun und scher dich!‹ wird ihr ein Freigelassener des Hauses sogleich darauf bedeuten.«[66] In solch einem Fall blieb der verstoßenen Gattin nichts übrig, als dem Befehl zu gehorchen, dessen Fassung der Dichter leicht verändert hat, den uns Gaius aber in seiner juristisch gültigen Form überliefert: *tuas res tibi agito*, »trag deine Sachen fort«. Zugleich aber hatte sie sorgfältig darauf zu achten, daß sie nichts mitnahm, was ihrem Gatten gehörte. Sein Eigentum erkannte sie beim Abschied mit den Worten an: »Behalte deine Sachen bei dir«, *tuas res tibi habeto*.[67]

Doch darf man nicht annehmen, daß stets der Mann die Scheidung veranlaßte. Auch die Frauen verstießen ihre Ehegatten und ließen sie, nachdem sie ihnen ihr Gesetz unbarmherzig aufgezwungen hatten, skrupellos im Stich. So prangert Juvenal ein flatterhaftes Eheweib an, das sich acht Ehemänner im Verlauf von fünf Herbsten zulegte,[68] und Martial eine Telesilla, die dreißig Tage nach der Wiederinkraftsetzung der Julischen Gesetze durch Domitian ihren zehnten Gatten heiratete.[69] Vergeblich boten die Kaiser jetzt den Untertanen ihre eigene Einehe als Beispiel. Statt Trajan und Plotina, Hadrian und Sabina, Antoninus und Faustina zum Vorbild zu nehmen, die lebenslang einander verbunden blieben, äfften die Untertanen eifrig den früheren Kaisern nach, die einschließlich Augustus alle einmal oder mehrfach geschieden waren. Erstaunlicherweise landeten bei dem häufigen Wechsel, wie wir den Mitteilungen der Rechtsgelehrten jener Zeit entnehmen, die Schöne und ihre Mitgift nach mehreren Zwischenstationen mitunter wieder im ersten Ehebett.[70] Selbst die Gründe, die eine liebende Frau nur desto stärker an ihren Gatten binden, Alter, Krankheit, Abreise an die Front, wurden schamlos von ihnen zum Anlaß genommen, Heim und Herd zu verlassen.[71] Als noch ernsteres Symptom des Sittenverfalls aber ist anzusehen, daß überhaupt keine Entrüstung seitens der öffentlichen Meinung erfolgte. So gilt für das Rom der Antonine die furchtbare Wahrheit Senecas: »Keine Frau brauchte mehr beim Ehebruch zu erröten, da die berühmtesten Damen der Gesellschaft sich angewöhnt hatten, ihre Jahre nicht nach den Namen der Konsuln, sondern nach den Namen ihrer Ehegatten zu zählen. Sie ließen sich scheiden, um zu heiraten. Sie heirateten, um sich scheiden zu lassen:

exeunt matrimonii causa, nubunt repudii.[72]

Wie weit sind wir von dem erbaulichen Bild entfernt, das uns die römische Familie in den heroischen Zeiten der Republik bot! Dieser feste Block ohne Spalten und Risse ist an allen Ecken und Enden geborsten. Damals war die Frau ihrem Gatten als dem Herrn und Meister streng unterworfen, nun ist sie ihm gleichgestellt und wetteifert mit ihm, wenn sie ihn nicht gar beherrscht.[73] Damals lebte sie in Gütergemeinschaft, jetzt dagegen in fast vollständiger Gütertrennung. Sie war stolz auf ihren Kinderreichtum, den sie nun um alles in der Welt zu vermeiden sucht. Sie war treu und zeigt sich nun flatterhaft und verderbt.[74] Damals waren Ehescheidungen selten, nun folgen sie mit solch unbekümmerter Schnelligkeit aufeinander, daß man mit Martial schon vom gesetzlich erlaubten Ehebruch sprechen kann:

Quae nubit totiens, non nubit; adultera lege est.[75]

Drittes Kapitel

Erziehung, Kultur, religiöser Glaube: Licht und Schatten

1. Zersetzungssymptome

Außer den Gesetzen haben auch andere Gründe den Niedergang der Familie als sittlichen Halt beschleunigt oder unmittelbar zu ihrer völligen Zerrüttung geführt. Soweit sie wirtschaftlicher Art sind, beruhen sie auf der verderblichen Macht des Reichtums, der auf schlimme Art erworben und auf noch schlimmere Art verteilt war, wie wir eben dargelegt haben. Außerdem sind es soziale Gründe. Sie erwachsen aus dem bösartigen Virus, der freie Völker durch die Verbindung mit dem Sklaventum befällt. Vor allem aber sind es geistige Gründe, die zur Verwirrung der Gehirne in dieser Weltstadt führen, in der nüchternste Gleichgültigkeit und wuchernder Aberglaube mit dem Aufblühen neuer Geheimlehren streiten.

Während des von den Siegen Trajans erfüllten ersten Viertels des 2. Jahrhunderts überschwemmten Gefangene beiderlei Geschlechts aus Dakien, Arabien und von den fernen Ufern des Euphrat und Tigris zu Tausenden die Märkte und Häuser der Urbs. Zur selben Zeit wuchsen in Rom die Schwierigkeiten, die mit dem Überhandnehmen von Sklaven verbunden sind. Die römische Gesellschaft erlag einem zu allen Zeiten und an allen Orten gültigen Naturgesetz: wo das Sklaventum überhandnimmt, verliert die Ehe an Wert, wird gefährdet oder gar völlig untergraben. Selbst die reichen Römer schreckte, auch wenn sie noch nicht verkommen waren, die Aussicht auf ein Leben, in dem sie täglich mit dem Starrsinn einer legitimen Frau zu rechnen hatten. Der rechtmäßigen Ehe zogen sie das angenehmere Konkubinat vor, das Augustus zu einer minderwertigeren, aber durchaus zulässigen Verbindung erhoben hatte[1] und an dem niemand mehr den geringsten Anstoß nahm. Mit dem Konkubinat begnügte sich der gekrönte Weise und Kaiser Mark Aurel bald nach seiner Witwerschaft.[2] Vorsätzlich schenkten die Römer deshalb einer Lieblingssklavin die Freiheit, weil sie davon überzeugt waren, daß die Freigelassene auf Grund des dem Herrn geleisteten *obsequium* stets fügsam und treu bleiben werde. Darüber hinaus wußten sie, daß sie aus dieser Verbindung entstehende Kinder adoptieren und ihnen so den Makel der illegitimen Geburt nehmen konnten. Wahrscheinlich aber sahen sie oft von der Erfüllung dieser Formalität ab, deren Folgen ihr Ansehen schmälern konnte. In sehr vielen Grabschriften behalten ein Mann und seine Frau, die gleichzeitig seine *liberta* ist, den Zugang zu ihrem Grab nicht ihrer Nachkommenschaft *(liberis)*, sondern ihren Freigelassenen *(libertis libertabusque posterisque eorum)* vor. Das gibt Anlaß zu der Vermutung, daß in einigen Fällen, in denen von Unfruchtbarkeit der Verbindung nicht die Rede sein kann, die zweitrangigen Ehegatten einer üblichen *adrogatio* ihrer Sprößlinge eine einfache *manumissio* vorzogen, die später durch Beteiligung an ihren Testamenten vervollständigt wurde. So beginnt hier und da in den besten Familien Roms eine regelrechte Rassenmischung, die – wie auch in jüngster Zeit die entsprechenden Mischungsphänomene in anderen sklavenhaltenden Gesellschaften erkennen lassen – notwendigerweise die Symptome nationalen und sozialen Identitätsverlustes, den schon das Umsichgreifen des römischen Freilassungswesens allenthalben ein wenig gefördert hatte, verstärken mußte.

Weil sie nach außen hin einen Schein von Anstand aufrechterhielten, gelang es den Stadtbürgern immerhin, eine Zeitlang ihren Ruf zu wahren. Vielen aber – und nicht den geringsten – scheinen die doch so leichten Ketten des üblichen Konkubinats immer noch zu hart und zu schwer. Sie beschäftigten sich mit nichts anderem als mit ihrem Wohlleben und mit ihrem Vergnügen, achteten nicht auf die Pflichten ihrer Stellung oder auf die Würde ihres Amtes und zogen vor, als Paschas über die Sklavenharems zu herrschen, deren Einrichtung ihnen ihr Vermögen gestattete. Als ein Senatskollege Plinius' des Jüngeren, der ehemalige Prätor Larcius Macedo, durch einen Trupp seiner unzufriedenen Sklaven ermordet wurde, umringte den Leichnam mit Schreien und Heulen sofort die Schar seiner »Odalisken«: *concubinae cum ululatu et clamore con-*

currunt.[3] Bis in die legitimen Haushaltungen hinein verursachte die Gegenwart der Sklaven ernsthafte Scherereien. Viele wohlgezielte Pfeile läßt Martial auf die Ehebrecher los: er verspottet den Hausherrn, der eine Dienerin zurückkauft, weil er sie als Mätresse nicht entbehren kann; mit versteckten Worten spielt er auf die große Dame an, die sich in einen Friseur vergafft und ihm, nachdem sie ihn freigelassen hat, den Betrag für die Erwerbung der Ritterwürde vorstreckt; er schreibt Marullas zahlreiche Kinder nicht Cinna, ihrem Gatten, zu, sondern ihrem Koch, ihrem Verwalter, ihrem Pastetenbäcker, ihrem Flötisten und sogar ihrem Faustkämpfer und ihrem Narren. Zweifellos greifen diese Epigramme die himmelschreiendsten Skandale der Stadt auf. Aber das Thema würde gewiß weniger häufig behandelt worden sein, wenn die Skandale seltener geblieben wären. Bei der Lektüre der Dichter dieser Zeit gewinnen wir den Eindruck, daß in manchen römischen Familien Schimpfreden geführt wurden wie in dem Distichon:

Ancillariolum tua te vocat uxor et ipsa
Lecticariola est . . .

»Seine Frau nennt ihn einen Mägdeliebhaber, und sie selbst läuft den Sänftenträgern nach . . .«[4]
Mißbräuche im Umgang mit der Sklavenschaft haben bis in die höchsten Familien hinein, in denen früher Liebschaften mit dem Dienstpersonal völlig ausgeschlossen waren, zu einer Erschlaffung der Moral geführt. Schädlicher als die gewöhnliche Prostitution der »Wölfinnen« *(lupae)*, der »Luder«, die abends an den Vorstadtstraßen hinter den Grabmälern[5] ihr Wesen trieben, wirkten die Konkubinate, die auch in den besten Häusern üblich waren. Dazu erzeugten die zahlreichen Verbindungen mit Sklaven eine Atmosphäre schamlosen Sichgehenlassens, so daß die Ehe im Wert ständig sank und die Ehegatten sie nur noch als eine harmlose und vorübergehende Angelegenheit betrachteten. Um dieser schleichenden Seuche widerstehen zu können, hätten die Römer eines starken Ideals bedurft. Doch war ihre geistige Schicht, abgesehen von einigen bedeutenden Persönlichkeiten, philosophischen Schulen und gläubigen Sekten, wegen der zu einfältigen, oberflächlichen, nur

mit Worten spielenden Kultur nicht mehr in der Lage, ein Ideal hervorzubringen, und noch weniger fähig, da innere Überzeugungskraft fehlte, es in die Tat umzusetzen.

2. *Die Grundschule*

Der Matrone wurde die Sorge für die Kinder, dieses natürlichste Recht der Frau, genommen, sobald sie dem zartesten Alter entwachsen waren. Cornelia, die Mutter der Gracchen, bleibt eine ruhmvolle Ausnahme. In den sittenstrengen Jahrhunderten der Republik überläßt Cato der Ältere niemand anderem die Ausbildung seines Sohnes, und er rühmt sich, ihm Lesen, Schreiben, Fechten und Schwimmen beigebracht zu haben. In der Kaiserzeit hat es noch bis zur Regierung des Antoninus Pius gedauert, bis die Richter der Mutter, nachdem sie die Unwürdigkeit eines Vaters festgestellt hatten, die Obhut der Kinder anvertrauen durften.[6] Sobald die Kinder heranwuchsen, entlastete sich die Mutter natürlich von den Erziehungssorgen. Die reiche Frau legte sie in die Hände eines anerkannten Erziehers, den sie sich für teures Geld leisten konnte. Sie glaubte ihre Pflicht getan zu haben, wenn sie die Wahl nach fachmännischem Rat getroffen hatte.[7] Die armen Frauen erledigten diese Frage, indem sie ihre Kinder in eine der privaten Schulen schickten, die von Berufslehrern seit Ende des 2. Jahrhunderts v. Chr. in Rom eröffnet worden waren und die es jetzt in ausreichender Zahl gab.

Diese Regelung bedeutete jedoch für alle Beteiligten ein großes Übel. Vor allem den Frauen wurde der fortwährende Müßiggang, wie Plinius der Jüngere schreibt, zum Verderben. Den schlechteren erwuchs aus der Beschäftigungslosigkeit ein Anreiz oder eine Entschuldigung zu schlechtem Benehmen. Die Ehrbareren klammerten sich aus demselben Grund mit Vorliebe an jene Beschäftigungen, bei denen wir sie sich tummeln sahen, begeisterten sich für das Geschwätz ihrer Klubs[8] oder zogen sich in eine einseitige Weiberwelt zurück, wie jene alte Ummidia Quadratilla. Sie starb im Alter von 80 Jahren und hatte alle Tage ihres Lebens, an denen sie nicht zu den öffentlichen Spielen gehen konnte, damit zugebracht, die Steine ihres Damebretts hin- und herzurücken oder für sich Pantomimen spielen zu lassen, über die sie in ihrem Haus in reicher Zahl verfügte.[9]

Vor allem aber litten die Kinder ernstlich, weil sie der mütterlichen Fürsorge beraubt waren. Immer waren es Untergebene, Sklaven oder bestenfalls Freigelassene, die mit der Erziehung beauftragt waren. Dieser empörende Widersinn führte zu erschreckenden Folgen. Wenn der Schüler aus einer begüterten Familie stammte, konnte er ohne Schwierigkeiten den »Meister« auf den untergeordneten Platz verweisen, der einem Bedienten auch dann zukam, wenn er Lehrer war. In seinen *Bacchiden* läßt Plautus bereits den frühreifen Jüngling Pistoclerus auftreten, der seinen »Pädagogen« Lydus nur an die ihm als Sklaven gemäße Unterwürfigkeit zu erinnern brauchte, um ihn zu seiner Mätresse zu schleppen. Er sagte: »Bin ich vielleicht dein Sklave, oder bist du der meine?«[10] Die Frage bedurfte keiner Antwort. In Rom hat mehr als ein *magister*, wie Gaston Boissier treffend bemerkt, die Frage des Pistoclerus an Lydus hören müssen (vgl. Taf. 13). Die Kinder empfanden keinerlei Achtung vor dem Lehrer aus niederem Stand, dessen Schule sie besuchten. Er wurde mit der lächerlichen Bezahlung von acht Assen je Kopf und Monat entlohnt, mußte seinen Lebensunterhalt mit der untergeordneten Beschäftigung als öffentlicher Schreiber aufbessern[11] und konnte die Autorität den Jungen gegenüber nur mit Peitsche und Rute erzwingen, jenen Zuchtmitteln, die zur Zeit Martials und Juvenals die Nachfolger des Prügelmeisters Orbilius, vor dem auch Horaz zitterte, so ausgiebig anwandten.[12]

Der Erzieherberuf war vollständig verschrien. Die Annalisten aus dem Anfang des 1. Jahrhunderts v. Chr. ersannen für den *magister* aus Falerii, den ersten in der Reihe der Schulmeister in der römischen Geschichte, wegen der Antipathie, die er ihnen einflößte, die Rolle eines wahren Theaterverräters.[13] In der Kaiserzeit genossen die »Pädagogen« keinen besseren Ruf. Kluge Geister waren geneigt, sie für den Abschaum der Gesellschaft zu halten.[14] Die Gründe, die zu ihrer Verdammung führten, lassen sich leicht herausfinden. Dazu gehören die Gleichgültigkeit des Staates, der ihre Tätigkeit in keiner Weise kontrollierte und sie erst im Jahre 425 unserer Zeitrechnung unmittelbar besoldete, und zwar in Byzanz, fünfzehn Jahre nach der Plünderung Roms durch Alarich;[15] die mangelhaften Bedingungen, unter denen sie ihren Unterricht erteilten – Mädchen und Jungen aller Altersstufen waren im selben unbequemen Raum vereint, die Mädchen von sieben bis dreizehn, die Knaben von sieben bis fünfzehn Jahren –, die übertriebene Härte der Disziplin, die diese so unterschiedliche Gemeinschaft erforderte. Das Übermaß der körperlichen Züchtigungen erzeugte bei den Schülern scheinheilige Verstellung und Feigheit, bei dem Lehrer oft eine Art von Sadismus. Betrübt stellt Quintilian fest: »Schmerz und Furcht lassen die Kinder anstellen, was sich anständigerweise nicht mitteilen läßt und wodurch sie sich bald mit Schande bedecken. Noch schlimmer aber ist es, wenn man verabsäumt hat, das Verhalten der Aufseher und Lehrer zu überprüfen. Ich wage nicht, von den Schmähungen zu sprechen, zu denen sich diese abscheulichen Menschen durch ihr Recht zu körperlicher Züchtigung hinreißen lassen, und auch nicht von den Tätlichkeiten, zu denen die Angst der unglücklichen Kinder bisweilen andere aufreizte: man hat mich wohl nur zu gut verstanden: *nimium est quod intellegitur . . .*«[16]

So konnte der *ludus litterarius*, die römische Grundschule, die Jugend, deren Unterrichtung sie dienen sollte, auch verderben. Hingegen ließ sie sehr selten die Jugend etwas von der Schönheit der Wissenschaft ahnen. Der Unterricht begann früh am Morgen, ging pausenlos bis zum Mittag durch, wurde unter dem Vordach eines Ladens abgehalten, ständig umbrandet vom Straßenlärm, von dem ihn lediglich einige Zeltplanen trennten. Die gesamte Ausstattung bestand aus einem Stuhl für den Lehrer, Bänken oder Schemeln für die Schüler, einer schwarzen Tafel, Schreibtäfelchen und einigen Rechenbrettern. Der Unterricht verlief in hoffnungsloser Eintönigkeit das ganze Jahr hindurch und wurde nur an den Markttagen *(nundinae)*, den *Quinquatrus* und während der Sommerferien ausgesetzt. Der Ehrgeiz des Lehrers beschränkte sich darauf, den Schülern mechanisch Lesen, Schreiben und Rechnen beizubringen. Da ihm dazu mehrere Jahre zur Verfügung standen, legte er keinen Wert darauf, seine armseligen Methoden zu verbessern oder

Leben in den trübsinnigen Schlendrian zu bringen. So lehrte er in der von Quintilian als verdammungswürdig bezeichneten Art seine Hörer die Namen und Reihenfolge der Buchstaben, ehe er ihnen überhaupt einmal deren Form zeigte. Und wenn seine Schüler endlich mit Mühe und Not die Buchstabenbilder an der Tafel unterscheiden konnten, so stand ihnen nun die Anstrengung bevor, sie zu Silben und Wörtern zusammenzusetzen.[17] Ihr Arbeitspensum wurde wie absichtlich in die Länge gezogen. Wenn es ans Schreiben ging (vgl. Abb. 37), stemmten sich ihnen dieselben verständnislosen, lang-

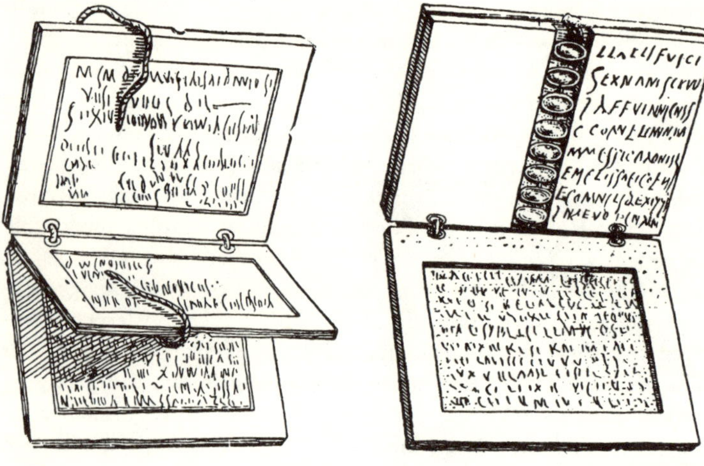

Abb. 37. Quittungstafeln des L. Caecilius Iucundus aus Pompeji.

weiligen Methoden entgegen. Ohne jegliche überleitende Einführung wurden sie vor das fertige Schriftbild gesetzt. Und da sie überhaupt nicht an das Nachzeichnen gewöhnt waren, mußte der Lehrer ihnen die Hand führen. So bedurfte es unzähliger Versuche, bis sie endlich die nötige Fertigkeit besaßen, selbständig das einfache Nachmalen der Buchstaben ausführen zu können.[18] Die Rechenübungen verlangten von ihnen keinen Deut eigenen Überlegens mehr und boten ihnen deshalb ebensowenig Freude. Viele Stunden verbrachten sie damit, die Einer an den Fingern abzuzählen, eins und zwei an der rechten, drei und vier an der linken Hand. Danach übten sie die Zehner, Hunderter, Tausender mit kleinen Kieselsteinen, den *calculi*, auf den entsprechenden Linien der Rechentafeln.[19]

Als sicher darf gelten, wie es auch durch die Inschrift von Aljustrel erwiesen ist, daß die Herrscher des 2. Jahrhunderts, vor allem Hadrian, wohlwollend die Verbreitung der Grundschulen bis in die entlegensten Provinzen des Reiches verfolgt haben. Sie ermutigten die gutwilligen Lehrer durch Steuerfreiheit, sich in den fernsten Dörfern niederzulassen, zu denen z. B. Vipasca mitten im erzreichen Gebiet von Lusitanien gehörte.[20] Sicherlich haben auch die bitteren Vorwürfe Quintilians hier und da Gehör gefunden und dadurch dem Beispiel einiger »Pädagogen« berühmter Familien Nachfolger verschafft. Zu ihnen zählte vornehmlich der Lehrer, den Herodes Atticus für seinen Sohn ausgesucht hatte. Um seinen Schüler auf fröhliche Weise zu fördern, verschaffte er ihm ein Alphabet aus Elfenbein und eins, in dem die Buchstaben aus Teig gebacken waren. Außerdem ließ er vor ihm Sklaven hin- und hermarschieren, die jeder auf dem Rücken eine Tafel trugen, auf der einer der vierundzwanzig lateinischen Buchstaben in starker Vergrößerung aufgemalt war.[21] Doch was bedeutete ein Lehrer, der sich aus dem Schlendrian erhob, gegenüber den vielen, die im alten Trott weitermachten! Von den *ludi litterarii*, deren Zahl sich im 2. Jahrhundert vervielfachte, haben viele die erzieherische Aufgabe verfehlt, die sie an den Kindern der Bürger hätten erfüllen sollen. Im ganzen erfüllten die Schulen selbst in der blühendsten Epoche des Kaiserreichs, in der sie sehr zahlreich waren, keineswegs die Aufgaben, die wir unseren heutigen Schulen stellen. Sie schwächten die Moral, statt sie zu stärken. Sie richteten die Begabungen zugrunde, statt sie anzuregen. Und wenn sie auch die Geister ein wenig schulten, so fehlte ihnen doch jede Begeisterung. Ihre Schüler verließen sie mit einem schwer erworbenen Päckchen unbedeutender allgemeiner Kenntnisse. Die Kenntnisse waren so gering, daß sich Vegetius im 4. Jahrhundert über die große Zahl völlig Unge-

Abb. 38. Römische Schule. Züchtigung eines Knaben. Wandgemälde aus Herculaneum.

bildeter entsetzte, die in die Legionen eintraten und nicht imstande waren, die Buchführung ihrer Einheit wahrzunehmen.[22] Da strahlende Vorbilder, ernste und nacheiferungswürdige Ideen und der Anreiz zu geistiger Wißbegier fehlten, aus denen Berufungen für das ganze Leben hervorgehen, nahmen die Schüler nichts mit als die trübe Erinnerung an verlorene Jahre, die sie bei grausamen Strafen (s. Abb. 38) mit langweiligem Geschwätz und Gestotter verbracht hatten. Die allgemeine Erziehung hat also in der Hauptstadt nichts geleistet. Wenn es trotzdem eine römische Pädagogik gab, so doch keinesfalls bei den »Pädagogen«, deren Herzensangelegenheit sie hätte sein müssen, sondern bei den Grammatikern und Rhetoren. Sie haben im Rahmen ihrer Möglichkeiten der Aristokratie und dem Bürgertum der Kaiserzeit alles geboten, was heute unsere höheren Schulen und Universitäten zu bieten haben.

3. Der formalistische Unterricht des Grammatikers

Wenn man die von Wissen und Redefertigkeit aufgeplusterten Adepten hört, so scheint ihre Erziehung beinah unfehlbar zu sein und geradenwegs zur höchsten Weisheit hinaufzuführen. Am Ende des 2. Jahrhunderts schreibt einer dieser Schönredner, Apuleius von Madaura: »Bei einem Gastmahl dient der erste Becher dem Durst, der zweite der Freude, der dritte der Wollust, der vierte der Narrheit. Bei den Festen der Musen jedoch gewinnt unsere Seele, je mehr uns zu trinken geboten wird, ständig an Weisheit und Kraft. Den ersten Becher schenkt uns der Grundschullehrer ein *(litterator)*, der unseren rauhen Geist glättet. Es folgt der Grammatiker *(grammaticus)*, der uns mit den verschiedensten Kenntnissen ausrüstet. Dann aber ist der Rhetor *(rhetor)* an der Reihe, der uns die Waffe der Beredsamkeit in die Hand legt.«[23] Wer könnte stolzer auf sich sein! Doch leider waren die Becher den Lippen nicht so nahe, und die Wirklichkeit rechtfertigte Apuleius' Gefühlsüberschwang keineswegs.

Zunächst einmal wandten sich die Grammatiker und Rhetoren nur an ein begrenztes Publikum. Selbst noch im 2. Jahrhundert erstreckte sich ihr Unterricht nur auf die Kreise, wie sie ursprünglich vom Mißtrauen der führenden Oligarchie ausgewählt worden waren. Im Laufe des 2. Jahrhunderts vor unserer Zeitrechnung erkannte nun der römische Senat, die *patres conscripti*, deren Waffen und Diplomatie gegen die Griechen gerichtet war, an, daß sie ihre Söhne nicht hinter den Untertanen und Vasallen zurückstehen lassen konnten, die sie dereinst zu beherrschen hatten. Deshalb förderten sie in Rom die Gründung von Schulen nach hellenistischem Vorbild. Sie richteten im Wetteifer mit Athen, Pergamon und Rhodos Schulen ein und wünschten, daß man dort nach Art der Griechen lernte, was die gelehrtesten Griechen an Wissen zu bieten hatten. Gleichzeitig aber waren sie sich über die wirkungsvolle Auslese im klaren, die in dieser höheren Ausbildung beschlossen lag. Da sie nicht ihre politische Machtstellung einbüßen wollten, richteten sie es so ein, daß diese neuerworbenen Vorteile ihrer Kaste vorbehalten blieben. Die ersten Lehrer der Grammatik und Rhetorik, die sich mit Erlaubnis in Rom niederließen, waren Flüchtlinge aus Asien und Ägypten, Opfer des Aristonikos und Ptolemaios Physkon, denen Rom Zuflucht gewährte. Sie unterrichteten alle auf griechisch. Als später Italiker ihre Stelle einnahmen, behielten sie diesen Brauch bei. So wurde der Unterricht in den Grammatikklassen in Griechisch und Latein, in den Rhetorikklassen ausschließlich in Griechisch erteilt. Es gab Ansätze, mit diesem lästigen Zwang, der eine Isolierung bedeuten konnte, zu brechen. Bei der mit dem Namen Marius eng verknüpften demokratischen Revolution forderte einer seiner Klienten, der Rhetor Plotius Gallus, man solle mit den Schülern lateinisch sprechen. Einige Jahre später wurde die *Rhetorik für Herennius (Rhetorica ad Herennium)* herausgegeben. Sie enthielt Beispiele aus der jüngsten Geschichte, bezog sich auf die in den Komitien verhandelten Themen und ging offensichtlich aus den gleichen liberalen, wirklichkeitsbezogenen, auf allgemeines Verständnis gerichteten Bestrebungen hervor. Doch die Oligarchie war auf der Hut. Sie ließ sich ihr Erbrecht auf alleinige Regierungsführung nicht entreißen: da die Beredsamkeit in den Versammlungen ausschlaggebend war, in denen sich jedes Jahr ihre Vormachtstellung erneuerte, wollte sie, daß ihre Söhne allein dies Geheimnis besaßen. Deshalb verfolgte sie die voreiligen Neuerer. Die *Rhetorik für Herennius* hat keine Nachfolger gefunden, auch kennen wir noch immer nicht den Namen ihres Verfassers. L. Plotius Gallus mußte seinen Unterricht auf Befehl der Zensoren einstellen. Sie entschieden im Jahre 93 v. Chr., »daß zu den Regeln der Vorfahren zurückzukehren sei und daß es ein Vergehen bedeute, eine Neuerung gegen die Gewohnheit einzuführen«.[24] Schulen lateinischer Beredsamkeit wurden in Rom erst wieder unter der Diktatur Cäsars eröffnet, der die theoretischen Schriften Ciceros Vorschub leisteten,[25] und unter dem kaiserlichen Regime, das zur Zeit der Flavier in Quintilian den berühmtesten Lehrer freigebig unterstützte. Doch nun war die Sache entschieden: der Unterricht in Rhetorik, selbst wenn er in Lateinisch und Griechisch erfolgte, blieb das erbliche Vorrecht weniger. Die Grammatikklasse aber, die erste Stufe des Unterrichts, bleibt, um den Zuhörerkreis besser auszusieben, zweisprachig bis zum Ende der Kaiserzeit.

In der Folge wird vor allem die Kunst der Rede, auf die nacheinander Grammatik und Rhetorik zielen, jedes Inhalts beraubt. Die Politik hatte sich von ihr zurückgezogen und das Forum den Prätorianern überlassen. Die Rechtsstreitigkeiten gerieten mehr und mehr in die Hände von Spezialisten und lieferten keinen Stoff mehr, seit der Prinzipat von Augustus bis Hadrian die Rechtswissenschaften immer mehr in seine Verwaltung einbezog. Auch die Philosophie, die Naturwissenschaften und die zu ihnen gehörende Mathematik, die in der griechischen Antike eine Einheit gebildet hatten, genossen nur noch in ihren Ursprungsländern, vor allem im Museion von Alexandrien und in Athen, Trajans und Hadrians großzügige Förderung. Aus Rom verbannte Vespasian die Philosophen. Er entzog ihnen die Privilegien und bevorzugte die Rhetoren und die Grammatiker.[26] Das Studium der Philosophie hat sich nie von dem alten Verbot erholen können, mit dem es der Senat zunächst im Jahre 161 v. Chr. und erneut 153 v. Chr. belegte und mit dem er unter Mißachtung der ihnen gebührenden diplomatischen Immunität den Akademiker Karneades, den Stoiker Diogenes und den Peripatetiker Kritolaos auswies.[27] Die Beschäftigung mit der Philosophie hatte seither fortwährend Anlaß zu Verdächtigungen gegeben.[28] Wenn ein Bürger sich ihr nicht nur in freundschaftlicher Unterhaltung, gelegentlichem Privatgespräch oder in einsamer Meditation im elfenbeinernen Turm widmen wollte, so blieb ihm im allgemeinen nur die Wahl zwischen zwei Möglichkeiten. War er reich genug, so konnte er auf eigene Kosten einen Lehrer im Hause halten. Sonst aber mußte er in eine der fernen Städte umsiedeln, wo die Philosophen ihre Spekulationen unter freiem Himmel vortragen durften. Ihre Systeme, gleich ob physikalischer oder metaphysischer Art, gehörten ebensowenig wie Politik und Geschichte zum Gegenstand des öffentlichen Unterrichts. Die von freiem Denken und freier Wissenschaft abgeschnittene Beredsamkeit drehte sich, jeder Handlungsmöglichkeit beraubt, in einem ermüdenden Kreis von literarischer Übung und spitzfindiger Wortkünstelei. Die vorbereitenden Studien zur Grammatik und Rhetorik blieben deshalb trotz der Vorliebe, die sie bei der begüterten Jugend fanden, trotz des Ehrenplatzes, den Cäsar ihnen in den

tabernae seines Forums und Trajan im Hemizyklus des seinigen eingeräumt hatten,[29] unfruchtbar durch den unheilbaren Formalismus, auf den sich die Redekunst beschränkte.
Die jungen Leute traten bei dem Grammatiker in einem Alter ein, das sich nach ihrer Begabung und nach ihren Familienverhältnissen richtete. Oft jedoch, wie wir den Grabschriften der ersten Jahrhunderte unserer Zeitrechnung entnehmen können, beängstigend früh.[30] Mit dem Grammatiker drangen sie in die Literatur oder vielmehr in zwei Literaturen ein: bei dem *grammaticus* galt die griechische Literatur der römischen als ebenbürtig, sie nahm sogar den Vorrang ein. In einem sehr bemerkenswerten Buch mit dem Titel *St. Augustin et la fin de la culture antique* hat H.-I. Marrou, ausgehend von Quintilian, Anzeichen einer Abschwächung des Griechischen in der römischen Kultur feststellen wollen;[31] doch bin ich der Überzeugung, daß er damit ein wenig Opfer seiner auf die individuelle Gestalt des Kirchenvaters gerichteten Fragestellung geworden ist, und fürchte, daß er die Schlußfolgerungen, die für das Afrika des in Thagaste geborenen, in Madaura und Karthago ausgebildeten und als Bischof von Hippo gestorbenen Augustinus stimmen mögen, zu Unrecht auf Italien übertragen hat. Mit Leichtigkeit lassen sich für das Rom des 2. Jahrhunderts eine ganze Reihe von Beobachtungen anführen, mit denen man seiner Meinung entgegentreten könnte: die affektierte Vorliebe der »feinen Damen« für das Griechische, die Juvenal und Martial der Lächerlichkeit preisgeben;[32] die von den griechischen Wanderrednern während des ganzen 2. Jahrhunderts in Gallien ebenso wie in Italien erzielten Erfolge, deren eigenwüchsigste Verkörperung Lukian darstellt;[33] die griechische Veröffentlichung von Abhandlungen der »Philosophen«, von Musonius Rufus bis zu Favorinus von Arles; die griechischen Epigramme des Kaisers Hadrian und die Selbstbetrachtungen Mark Aurels; vor allem aber die Hartnäckigkeit, mit der sich das Griechische in der Liturgie und in der Apologetik der Christen in Rom erhielt. Ihre Kirche übernahm das Lateinische erst bei der großen Erschütterung, die um die Mitte des 3. Jahrhunderts das Kaiserreich zersplitterte und die Grundlagen der antiken Zivilisation ins Wanken brachte.[34] Es müßte seltsam

erscheinen, wenn das Griechische in Rom zu einer Zeit zurückgegangen wäre, als ihm in Italien auf allen Gebieten die absinkende lateinische Literatur Platz machte. Tatsächlich bezeugen die Inschriften seine im Unterricht wirksame Lebenskraft, angefangen mit dem Epitaph des jungen Q. Sulpicius Maximus, der im Alter von elf Jahren starb, nachdem er über zweiundfünfzig Wettbewerber den Preis in griechischer Poesie bei den kapitolinischen Spielen des Jahres 94 n. Chr. davongetragen hatte,[35] bis zum Sohn des Delmatius, der bei seinem Hinscheiden im Alter von sieben Jahren nur Zeit für den griechischen Unterricht gehabt und seine Kenntnisse im lateinischen Schrifttum allein hatte erwerben müssen.[36] Die römischen Grammatiker scheinen also ununterbrochen ihren Unterricht in der lateinischen Literatur auf dem Unterricht in der griechischen Literatur aufgebaut zu haben, ähnlich wie sich bis ins 18. Jahrhundert in Europa der Unterricht in der Muttersprache immer auf dem Hintergrund des Lateinischen abspielte.

Was die Lektionen dadurch an lebendiger Aktualität verloren, hätten sie an Vielfalt gewinnen können. Im *ludus litterarius* indessen hielt sich die Weisheit des *magister* an ein einziges Buch, ein Exemplar der Zwölf Tafeln, aus dem die Anfänger erst die Buchstaben herauslasen, ehe sie sie nachzuschreiben versuchten. Der *grammaticus* verfügte dagegen immerhin über eine zweisprachige Bibliothek. Wegen der Vorherrschaft fremder und der erdrückenden Vorrangstellung alter Werke war jedoch die Verteilung sehr ungleichmäßig. Homer, die Tragiker, die Komiker, vor allem Menander, die Lyriker und Äsop lieferten einen reichen Schatz griechischer Texte, wohingegen die Wahl lateinischer Autoren lange Zeit auf die Dichter der ersten Generationen, Livius Andronicus, Ennius, Terenz beschränkt blieb. Außerdem war der *grammaticus* eitel genug, diese Schriftsteller, deren Werke mehr oder weniger aus dem Griechischen entlehnt waren, auf griechisch zu erklären.[37] Erst im letzten Viertel des 1. Jahrhunderts vor unserer Zeitrechnung entschied sich ein Freigelassener des Atticus, Q. Caecilius Epirota, in der damals von ihm geleiteten Grammatikklasse zwei Revolutionen auf einen Schlag durchzuführen: er wagte es, lateinisch zu sprechen, und führte in seine Lektionen noch lebende oder erst kürzlich verstorbene lateinische Autoren, Vergil und Cicero, ein.[38] Sein kühnes Vorbild fand nur zögernd Nachfolge. In den ersten zwei Jahrhunderten der Kaiserzeit erschienen ein oder zwei Generationen nach dem Tod eines berühmten Schriftstellers seine Werke unten auf den Programmlisten. Nach und nach tauchten auf dem Gebiet der Prosa die Abhandlungen Senecas auf, auf dem Gebiet der Poesie die Episteln des Horaz, die *Fasti* Ovids, die *Pharsalia* Lukans, die *Thebais* des Statius. Doch diese Verjüngungsversuche reichten nicht aus, einen Unterricht zu verändern, den man mit um so größerem Recht als »klassisch« bezeichnen kann, weil er sich stark an die Tradition bereits gesicherter Erfolge band. Es ist sogar wahrscheinlich, daß der Klassizismus sich erneut verstärkte, als sich mit der Regierung Hadrians die Wiederbelebung des Attizismus verband. Er wird uns deutlich aus der großen Zahl kalte Eleganz ausstrahlender Statuen und Basreliefs und an einer Rückwendung des literarischen Geschmacks zum Archaischen, die ein Kaiser predigte, der zwar hochgebildet, aber doch mehr von Cato dem Älteren und Ennius als von Vergil und Cicero angetan war. Die Grammatikschule von Rom blickte in allen Zeiten auf die Vergangenheit. Ihr Latein ist im eigentlichen Sinne nie eine lebendige Sprache gewesen. Doch war es, wie das von ihm nicht zu trennende Griechisch, eine Sprache, der die »Klassiker« sich bedient hatten. Sie erstarrte in den Formen, in die ihr Talent es ein für allemal gegossen hatte. Da der Unterricht der *grammatici* völlig auf Buchwissen ausgerichtet war, zeigte er im Grundsätzlichen bereits eine Erstarrung, die noch durch die ungeschickten Lehrmethoden verstärkt wurde.

Der Unterricht umfaßte zunächst Übungen im Vorlesen und im auswendig gelernten Vortrag. Da die eigentliche Ausbildung des zukünftigen Redners noch in weiter Ferne lag, begann die Grammatikklasse mit einem Stilkurs. Er bildete unzweifelhaft den Geschmack der Schüler und erweiterte ihr Verständnis, doch gleichzeitig förderte er zum Schaden tieferer Empfindung bei ihnen die Neigung zu Bravourstücken und theatralischer Pose. Dann begann der Lehrer mit ihnen den Text durchzunehmen. Dabei handelte es sich zunächst darum, die in ihren Händen befindlichen Abschriften aufeinander abzustimmen, bei denen durch die handschriftliche

Übertragung Unstimmigkeiten entstanden, wie wir sie bei unseren gedruckten Ausgaben nicht zu befürchten haben. Die *emendatio*, die wir heute vielleicht Textkritik nennen würden, wandte sich an die Urteilskraft der Zuhörer. Und sie hätte gewiß die Verstandesgaben gut geschult, wenn sie nicht in den ewigen Diskussionen über die Vorzüge und Mängel der Stellen von ästhetischen Vorurteilen verfälscht worden wäre. Nach einer Gesamtbeurteilung, die im allgemeinen die Lektionen beschloß, entspann sich der eigentliche Kommentar, jene *enarratio*, deren Mängel später selbst das Werk des Servius beeinträchtigen sollten.

Der Grammatiker analysierte in Eile das ausgewählte Werk, dann begann er Satz um Satz oder Vers um Vers mit der Auslegung, der *explanatio*, indem er mit pedantischer Genauigkeit den Sinn jedes Wortes herausschälte, die einzelnen Figuren bestimmte, in denen die Worte vorkamen, und die Mannigfaltigkeit der »Tropen«: Metaphorik, Metonymie, Katachrese, Litotes, Syllepsis. Den Sinn des Werks betrachtete er immer als zweitrangig, als Zusammenhang der Wörter. Die Wirklichkeit bleibt irgendwie mit der Form des Ausgesagten undeutlich zwischen den Zeilen. Lediglich auf Umwegen hatten an seinem Unterricht die Fächer teil, die bei den Römern die freien Künste genannt wurden. In ihrer Gesamtheit umfaßten sie bei weitem nicht alle Gebiete, aus denen sich die Wissenschaften entwickelten, sie faßten stets nur die zarten Zweige dessen zusammen, was die Griechen als ἐγκύκλιος παιδεία bezeichneten, also nicht die enzyklopädische, sondern die normale gängige Erziehung, die von der Antike kaum verändert dem Mittelalter weitergereicht wurde. Der römische Grammatiker behandelte alles, ohne etwas zu vertiefen, und seine Schüler streiften nur beiläufig das Wissen, das in seiner Literatur vorkam: die für das Verständnis der poetischen Legenden unerläßliche Mythologie; die Musik, soweit von ihr das Metrum der Oden oder Chöre abhing; die Geographie, wenn es Odysseus auf den Irrfahrten zu folgen galt; die Geschichte, weil ohne sie manche Stelle der *Aeneis* unverständlich geblieben wäre; die Astronomie, sobald in einem Vers ein Stern auf- oder unterging; die Mathematik, soweit von ihr Musik und Astronomie abhingen. Durch ihren übermäßig ausgebildeten Sinn

für das Praktische verblendet, sahen die Römer in ihrer ständigen Suche nach sofortigem Gewinn nicht den Sinn einer auf lange Sicht geführten zweckfreien Forschung.
Streben ohne unmittelbaren Gewinn lockte sie nicht. Sie sammelten die vor ihnen erzielten Ergebnisse und entnahmen die fertige Wissenschaft aus ihren Büchern, ohne sie erweitern oder auch nur überprüfen zu wollen. König Juba beispielsweise, der im Hause Octavias erzogen worden war und dessen mauretanisches Staatsgebiet von Elefantenherden beunruhigt wurde, sah sich die Dickhäuter nicht etwa mit eigenen Augen an, sondern zog es vor, sie nach dem in seiner Lektüre reichlich vorhandenen Geschwafel zu beschreiben. Fünfzig Jahre vorher hatte Sallust, den Cäsar mit der Verwaltung der neuen Provinz Afrika betraute, sich so wenig über die rebellischen Städte unterrichtet, daß er in seiner Schrift *De bello Iugurthino* Cirta, das zukünftige Constantine und die ehemalige Hauptstadt der Numider, die als selbständige Kolonie eben errichtet worden war, in Seelenruhe als nicht weit vom Meer gelegen bezeichnet.[39] Bei einer derartigen Gleichgültigkeit der bedeutendsten Geister in Rom ist es verständlich, daß die Durchschnittsmeinung nicht gegen das herrschende Erziehungssystem aufbegehrte. So wurde die Wissenschaft zur Dienerin der Literatur herabgewürdigt, wie das Mittelalter die Philosophie zur demütigen Magd der Theologie machte. Zweifellos hat nichts stärker den römischen Unterricht verknöchern lassen als diese sinnlose Unterordnung. Dazu kam die Nichtigkeit des Ziels, das der Literatur selbst gesetzt war; man forderte von ihr lediglich die Ausbildung von Rednern in einer Zeit, in der die Redekunst keine Daseinsberechtigung mehr besaß.

4. Die wirklichkeitsfremde Rhetorik

Denn die große Redekunst, *magna eloquentia*, die wahre Redekunst, die sich zuweilen über die Redekunst lustig macht, »gleicht der Flamme«, wie Tacitus schreibt. »Sie lechzt nach Nahrung, sie ist wie die Flamme vom Augenblick bewegt und spendet nur Licht, wenn sie glänzt.«[40] Und genau, wie die Flamme erlöscht, wenn es ihr an Luft mangelt, so gibt es keine Redekunst mehr, wenn die Freiheit zerstört ist. Die gesamte Geschichte, die Tacitus übersehen konnte, bestätigte seine Ansicht. Die Redekunst hat in Rom ebensowenig die Auflösung der Volksversammlungen überlebt wie ehemals bei den Griechen den Despotismus in den Diadochenstaaten. Der Lehrer Alexanders, Aristoteles, unterscheidet drei Arten von Beredsamkeit: der Redner sucht eine Entscheidung herauszufordern, er rechtfertigt einen vorher gefaßten Beschluß, oder er begnügt sich mit Berichten oder Lobsprüchen, die mit dem Gang der öffentlichen Angelegenheiten und mit Menschenführung nicht unmittelbar etwas zu tun haben. Er hatte damals schon den Vorrang der ersten vor der zweiten Aufgabe und der zweiten vor der dritten erkannt. Hingegen sehen wir um 150 v. Chr. den Rhetor Hermagoras diese Wertordnung umkehren und den ersten Rang der Rede zuerkennen, die er »epideiktisch« nennt, einer reinen Prunkberedsamkeit, die ihm so verdienstvoll erscheint, weil sie sich selbstgenügsam auf einer von der Wirklichkeit unabhängigen Ebene bewegt. Durch ihre auf Prunk bedachte Einfältigkeit entwickelt sie eine »l'art pour l'art«-Theorie auf einem Gebiet, auf dem diese Doktrin unerträglich ist.[41] Hermagoras hat bewußt oder unbewußt die Folgerungen aus der Revolution gezogen, die in den hellenistischen Königreichen vorangegangen war. Die Römer übernahmen willig sein Paradoxon, als sie sich einem politischen Regime anpaßten, das dem der hellenistischen Basileis (βασιλεῖς) ähnelte und in dem die Macht der Imperatoren die gesamte Freiheit der Republik an sich zog. Kaum eine Generation nach Cato dem Älteren, der als Redner den Mann bezeichnete, der seinen guten Gedanken zum Sieg zu verhelfen wußte – *vir bonus et dicendi peritus* – und so die Beredsamkeit der Tat unterordnete, hatten die Römer widerstandslos die Vorschriften griechischer Rhetorik angenommen, in denen das eine vom anderen getrennt war. Und als Cäsar ihnen seine Monarchie aufzwang, vollzogen sie mit fast natürlich zu nennender Notwendigkeit die Scheidung, die die in ihren Schulen gelehrte Rhetorik dazu verurteilte, sich mit ihrem ganzen Apparat stereotyper Redeanweisungen und einem Wortgeklingel, dem jede Resonanz fehlte, im luftleeren Raum zu bewegen.

Die Rhetoriklehrer legten gleichmäßig für den Aufbau aller Reden vom *exordium*, der Einleitung, bis zum Schluß sechs Teile fest. Sie untersuchten die verschiedenen Verbindungsmöglichkeiten, die sich zwischen den Teilen ergeben könnten, und begannen darauf mit der reichhaltigen Skala von Übungen, die zur vollkommenen Beherrschung jedes Teiles als geeignet galten. Dazu gehörten die Erzählung, die Sentenz, die Chrie, die Entwicklung der Charaktere oder Ethopoiie, die These und die Diskussion.[42] Die geringste Kleinigkeit war festgelegt, alles wurde nach unveränderlichen Maßstäben in automatischer Folge abgewickelt. Offensichtlich war man ernsthaft der Ansicht, man könne einen Redner von der Sohle bis zum Scheitel ausbilden – *fiunt oratores* –, und die Lehrer waren überzeugt, daß sie ihren Schülern durch die Abrichtung auf diese Kunststückchen ausnahmslos den Ehrentitel des Rhetors verschaffen könnten. Nichts ist vielleicht für ihre engstirnige Methode kennzeichnender als die Chrie, eine Deklination, bei der nicht Wörter, sondern Gedanken oder Sätze dekliniert werden, Lehrsätze von hoher Bedeutung, als ob die Maxime eines Weisen sich ändern und bereichern könne in der Ein- oder Mehrzahl oder in den verschiedenen Fällen, in denen die Lehrer sie unermüdlich behandelten: Marcus Porcius Cato hat gesagt, daß die Wurzeln der Wissenschaft bitter seien ...; von Marcus Porcius Cato stammt die Maxime, daß ...; es schien Marcus Porcius Cato, daß ...; von Marcus Porcius Cato ist gesagt worden, daß ...; ein Mann wie Marcus Porcius Cato hat gesagt, daß ...; usw., usw. Auf ebendiese Weise soll auch der Herr Jourdain in Molières Komödie »Le bourgeois gentilhomme« seine ersten Gehversuche in der Kunst der wohlgebauten Rede machen, indem er unendliche Reihen von Chrien über ein von seinem Lehrer vorgeschlagenes Thema bildet: »Schöne Marquise, ihre schönen Augen lassen mich vor Liebe sterben. Vor Liebe, schöne Marquise, lassen mich ihre schönen Augen sterben ...«, nur mit dem Unterschied, daß Molière den Herrn Jourdain und seinen Redelehrer der Lächerlichkeit preisgeben wollte, während im 1. und 2. Jahrhundert n. Chr. kein Rhetor auch nur im Traum daran dachte, über solche Chrien zu lachen, deren flache Aufzählungen uns – vor Diomedes – schon Sueton ganz ernsthaft vorführt[43] und deren Anwendung auch Quintilian in seiner *Institutio oratoria* billigt.[44]

Wenn nun der Rhetoriklehrer seine Schüler genügend mit dem Auf und Ab seiner Papageienmethode vertraut glaubte, forderte er sie auf, ihr Talent in öffentlichen Reden zu beweisen. In der Kaiserzeit freilich hatten diese Versuche die Bezeichnung *causae* verloren, die sie noch zur Zeit Ciceros trugen und aus der im Französischen das Wort »choses« entstanden ist. Ob es sich nun um *suasoriae* handelte, in denen mehr oder minder heikle Gewissenskonflikte diskutiert wurden, oder um *controversiae*, die aus fiktiven Verteidigungs- oder Anklagereden bestanden: von nun an stellen die *causae* in der ihnen jetzt anhaftenden abschätzigen Bedeutung nur noch Deklamationen dar, *declamationes*. Sicherlich hätten diese Redeübungen die Verbindung zwischen den Schulen und dem wirklichen Leben wiederherstellen können, wenn sich die Lehrer von ihrer Manie zu lösen vermocht hätten. Sie mieden jedoch die Wirklichkeit um jeden Preis und widmeten sich einem Stoff um so lieber, je unwahrscheinlicher er war. Ursprünglich bestand kein Unterschied zwischen *grammaticus* und *rhetor*.[45] Später teilten sich ihre Schulen, doch die ursprüngliche Verbindung blieb immer noch erkennbar. Der Grammatiker ebnete den Lektionen des Rhetors den Weg. Die Rhetoren aber trotteten weiter im Ideen- und Anschauungskreis, den der Grammatiker durchmessen hatte. Der Schüler konnte ruhig die Klasse wechseln, der Geist des Unterrichts wechselte nicht. Der Unterricht diente überall sklavenhaft einer künstlichen Literatur und war in engstirnigem Klassizismus befangen.

Die Themen der *suasoriae*, die Seneca der Ältere seinen Schülern aufgab, bezogen sich nicht auf den lebendigen Alltag, sondern stets auf Bereiche der Vergangenheit, oft einer sehr fremden und weit zurückliegenden Vergangenheit. Was er an jüngerem »Geschichts«-Stoff in seine Übungen eingehen läßt, sind fiktive Episoden aus den letzten Lebenswochen Ciceros. In einem Fall ist sich Cicero unschlüssig, ob er Antonius um Gnade anflehen soll oder nicht, in einem anderen, ob er sich, um diese Gnade zu bewirken, bereitfinden kann, seine Werke zu verbrennen. Sonst sind die Beispiele allenthalben nicht der römischen, sondern der griechischen Geschichte entnommen. Alexander der Große fragt sich einmal, ob er den Indischen Ozean befahren soll, ein andermal, ob er entgegen den Orakelsprüchen nach Babylon einmarschieren soll. Die Athener überlegen, ob sie sich dem Ultimatum des Xerxes unterwerfen sollen, und die dreihundert Spartiaten des Leonidas gehen mit sich zu Rat, ob sie sich bis zum letzten Mann niederhauen lassen sollen, um die Perser beim Durchzug durch die Thermopylen aufzuhalten. Doch bisweilen erscheinen selbst diese Ereignisse aus der alten Geschichte als zu kurz zurückliegend und zu gewöhnlich. Dann verlegt der Rhetor jene Vergangenheit, mit der er seinen Unterricht aufputzt, bis in die nebelhafte Ferne der Legenden und stellt seinen Schülern die Aufgabe, jene Rede zu rekonstruieren, in der Agamemnon sich fragt, ob er, um seiner Flotte die Hilfe günstiger Winde zu sichern, dem Befehl des Sehers Kalchas folgen und seine Tochter Iphigenie opfern soll.

Man sieht, wie willkürlich und künstlich die *suasoriae* angelegt sind. Aber auch die *controversiae*, die den Advokaten auf seinen Beruf vorbereiten sollten, entfernten sich weit von den Ereignissen des täglichen Lebens und bewegten sich in einer erklügelten Welt seltsamer Hypothesen und abseitiger Fälle. Die Skizzen, die Sueton den alten Handbüchern entnommen hat, zeigen schon zur Genüge die unnatürliche, krankhafte Neigung zum Außergewöhnlichen und Phantastischen. Einer dieser lachhaften Prozesse beschäftigt sich mit folgendem Fall: Spaziergänger, die an einem schönen Sommertag für ein paar Mußestunden an den Strand von Ostia gefahren waren, um die Meeresluft zu genießen, kommen mit einem ihnen begegnenden Fischer überein, er solle ihnen den Fang seines nächsten Fischzugs verkaufen. Der Handel wird getätigt, und als nun der Fischer – welcher Zufall! – einen Goldbarren im Netz hat, fordern sie denselben für den geringen Preis, den man vorher vereinbart hatte. Ein anderer Fall zeigt einen Sklavenhändler, der, um bei der Ausschiffung in Brundisium für seine wertvollste Erwerbung keine Zollgebühr entrichten zu müssen, auf die Idee gekommen war, den schönen Knaben in die *toga praetexta*, den Mantel der jungen Bürger, zu kleiden. Bei der Ankunft in Rom will nun der so angetane Knabe seine Verkleidung nicht aufgeben und behauptet steif und fest – *mordicus* –, sie als Zeichen der nicht wieder rückgängig zu machenden Freilassung erhalten zu haben.[46]

Immerhin belassen diese beiden phantastischen Rechtsfälle der Realität wenigstens noch einen bescheidenen Platz. Die *controversiae* des älteren Seneca, der uns die Gegenstände derselben in reicher Auswahl vor Augen führt, verweigern ihr dagegen systematisch jeden Anteil. Statt den Prüfungsstoff, den er seinen Schülern vorlegt, aus seiner Zeit zu nehmen, bemüht er sich eifrig um Anachronismen und Unwahrscheinlichkeiten. Er hütet sich, seine »Kontroversen« aus dem römischen Zivilrecht zu nehmen. Im Gegenteil, er bedient sich bei seinen Entwürfen häufig erfundener, meist deformierter, mit Absicht ausgeklügelter und überspannter Fakten, die er jeder Logik zum Hohn nach fernen, längst vergangenen, teils sogar bis in alle Einzelheiten von ihm selbst erfundenen Gesetzen zusammenfügt. Unter den von Seneca dem Älteren zusammengestellten Stoffen habe ich nur einen einzigen entdeckt, der sich ohne wesentliche Veränderung auf ein authentisches Zeugnis der römischen Annalisten stützt: die Kapitalklage gegen L. Quinctius Flamininus. Er wurde für schuldig befunden, während seiner Befehlszeit in Gallien bei einem Bankett, um seiner Geliebten einen Wunsch zu erfüllen, befohlen zu haben, daß man vor ihren Augen einem Gefangenen den Kopf abschlug. Alle anderen Texte gehen rücksichtslos mit der Wahrheit um. So weiß man beispielsweise, daß bei den Verfolgungen des Jahres 43 v. Chr. Cicero durch einen gewissen Popilius Laenas ermordet wurde, dessen Interessen er zwar als Advokat wahrgenommen hatte, wahrscheinlich in einer zivilrechtlichen, auf jeden Fall aber unbedeutenden Sache, da kein Autor sich damit aufhielt, sie näher zu beschreiben. Der Rhetor bemächtigt sich dieses Zusammentreffens. Da ihm aber die angedeutete Undankbarkeit als Charakterzug nicht schwarz genug erscheint, verstärkt er sie und trägt seinen Hörern den Stoff seelenruhig folgendermaßen vor: »Popilius, des Vatermordes angeklagt, wird von Cicero verteidigt, der den Freispruch erwirkt. Cicero, von Antonius geächtet, wird von Popilius ermordet. Gegen Popilius ist eine Anklagerede wegen Sittenlosigkeit zu halten.« Die *actio de moribus* wäre im vorliegenden Fall nicht anwendbar, außerdem ist der Stoff nach den Bedürfnissen der *causa* zurechtgebogen worden,[47] und schließlich ist von niemandem je bezeugt worden, daß Popilius Laenas ein anderes Verbrechen als die legale Ermordung Ciceros begangen hat. Dem Rhetor macht es nichts aus, das Recht zu beugen und die Geschichte zu vergewaltigen, wenn es ihm durch seine absichtlichen Irrtümer gelingt, die Rede zu dramatisieren, die er seinen Schülern aufgegeben hat.

Immerhin fand er sich – wie hier – wenigstens gelegentlich bereit, seinen Fällen ein römisches Gewand zu geben. Für gewöhnlich zieht er es vor, seine Zuhörerschaft in ferne Länder mit exotischen Lebensgewohnheiten zu führen. Dann sucht er in der griechischen Vergangenheit die Anekdoten zusammen, die er »reizvoll« ausgestalten möchte. So nimmt er z. B. ein elisches Gesetz an, das vorschrieb, Frevlern die Hände abzuhacken, und erfindet völlig frei folgende Kontroverse: Die Bewohner von Elis hatten die Athener gebeten, ihnen den Phidias auszuleihen, damit er ihnen eine Statue schaffe, die sie dem Olympischen Zeus weihen wollten. Athen stellte ihnen den Künstler frei unter der Bedingung, daß er zurückgegeben würde oder aber man 100 Talente zu zahlen habe. Als Phidias sein Werk vollendet hatte, behaupteten die Eleer, er habe zu seinen Gunsten einen Teil des für die Statue bestimmten Goldes auf die Seite geschafft, schnitten ihm als einem Frevler die Hände ab und schickten ihn so nach Athen zurück. Der athenische Rechtsvertreter fordert die 100 Talente, der von Elis verweigert sie. In einem anderen Fall wirft der Rhetor mit seinen haltlosen Phantastereien die Biographie des Iphikrates durcheinander, indem er sie mit der des Kimon, Sohn des Miltiades, vermengt; und um Furcht und Mitleid noch besser zu wecken, inszeniert er unter Mißachtung jeder Chronologie eine ganz unglaubliche Anklagerede gegen Parrhasios, der, ganz zu Unrecht mit den Zügen eines schändlichen Henkers versehen, sein Modell, einen in die Sklaverei geratenen Kriegsgefangenen aus Olynth, auf die Folter gespannt habe, um den Leiden des Prometheus auf dem für den Athenatempel bestimmten Bild mehr Ausdruckskraft zu verleihen. Wenn unser Meister der Redekunst dann einmal auf solche Geschichtsklitterungen verzichtet, dann meist, um kleine Kriminalromane mit übertriebenen Figuren und orakelhaften Lösungen zusammenzuschreiben. In seiner Schule ist anscheinend nur von Gewaltherrschaften und Verschwörungen, von Entführungen und Enthüllungen, von Zuchtlosigkeiten und anderen Schrecken die Rede. Man hört dort von einem Mann, der seine Frau des Ehebruchs beschuldigt, weil ein reicher Händler aus der Nachbarschaft sie wegen ihrer Tugendhaftigkeit zur Erbin eingesetzt hat; von einem Vater, der seinen Sohn enterben möchte, weil dieser sich weigert, auf die verführerische Aussicht einer vorteilhaften Ehepartie einzugehen, und statt dessen die Tochter eines Räubers zur Frau behalten will, die er geheiratet hatte, nachdem er durch sie Leben und Freiheit gewonnen hatte; von einem ebenso tapferen wie frevlerischen Soldaten, der von einem in der Nähe des Schlachtfeldes gelegenen Grab die dort als Tropaion aufgestellten Waffen raubt, um damit siegreich in den Kampf zu ziehen; schließlich von einer Jungfrau, die, von Mädchenräubern zur Prostitution gezwungen, sich gegen dieses schamlose Gewerbe aufgelehnt und dabei einen alten Haudegen getötet hat, der im Begriff stand, ihr zu nahe zu treten, dann aus dem Bordell geflohen war und, nun wieder frei, die Würde einer Priesterin in einem Heiligtum erhalten hatte.

Auf solche Einfälle waren die Rhetoriklehrer ganz besonders stolz. Besessen von der Suche nach besonderen Effekten, schmeichelten sie sich eines Fundes um so mehr, je unwahrscheinlicher und wirrer die zugrundeliegende Situation war und je mehr die Personen die Welt des Normalen und Gewöhnlichen hinter sich ließen. Den Wert einer Rede schätzt er nach der Zahl und dem Grad der Schwierigkeiten, nach dem Maße, wie sie das Außergewöhnliche – *materias inopinabiles* – zu entwickeln, gleichsam aus Nichts etwas zu machen vermochte, nach dem Beispiel des Favorinus von Arles, der zur Zeit Hadrians seine Zuhörerschaft mit einer Lobesrede auf Thersites ebenso in Entzücken versetzte wie mit einer Danksagungsrede nach einer Malariaepidemie. Sie verwechselten also ständig Kunst mit Künstlichkeit, Originalität mit Mangel an Natürlichkeit; und man kann sich bei längerem Betrachten des Eindrucks nicht erwehren, daß sie nichts anderes als Komödianten und Papageien heranbilden konnten. Gewiß haben sich unter uns – und noch jüngst – Kritiker gefunden, die »in gewissem Maße« ihre Verteidigung übernehmen wollten, mit dem Scheinargument, daß die Pädagogik der Rhetoren eben andere Ziele gehabt habe als die unsere und daß, da sie es einzig auf die Ausbildung der Erfindungskraft ihrer Schüler abgesehen habe, sie mit einem gewissen Recht der Meinung sein konnte, je absurder ein Gegenstand sei, desto mehr »Verdienst komme dem Schüler bei seiner Behandlung zu«, wie Aulus Gellius sagte.[48] Doch ist diese Vorstellung selbst eine völlige Ungereimtheit[49] und wurde auch schon von den letzten großen Schriftstellern der lateinischen Sprache als solche beurteilt.

Seneca verurteilte einen Unterricht, der nicht die Menschen für das Leben, sondern Schüler für die Schule bildete, *non vitae sed scholae discimus*.[50] Auf der ersten Seite seines Romans ironisiert Petronius das Phrasendreschen, das die Klassen seiner Zeit erfüllte.[51] Betrübt stellt Tacitus fest, daß »die Tyrannenmorde, die Heilmittel gegen die Pest, die Blutschande der Familienmütter, über die man mit großen Redensarten in den Schulen debattierte, nichts mit dem ›Forum‹ zu tun haben und daß diese Übertreibungen Betrug an der Wahrheit seien«.[52] Juvenal beutelt die sogenannten Redner, »denen nichts in der linken Brustseite schlägt«, diese Packesel, »diese Maultiere, die uns den Schädel sprengen mit ihrem furchtbaren Hannibal und den Reden, die sie ihn alle sechs Tage halten lassen«, diese unglückseligen Lehrer, die »an dem hundertmal aufgewärmten Kohl ersticken werden«.[53] Seien wir also nicht römischer als die Römer selbst und verzichten wir auf den zum Scheitern verurteilten Versuch, ein Bildungssystem zu rechtfertigen, dessen maßlose Pedanterie schon die hervorragendsten Köpfe der damaligen Zeit anprangerten. Gewiß, wer sich darauf beschränkt, nur beiläufig ein paar dieser konventionellen Geschmacklosigkeiten zu zitieren, mag sich mit einem Achselzucken darüber hinwegsetzen. Wer sie jedoch in dem genannten Traktat des älteren Seneca am Stück lesen muß, kann sich bald eines unüberwindbaren Gefühls der Langeweile und des Überdrusses nicht erwehren. Und bei dem Gedanken, daß auf solch eintönigen Lehrverfahren, auf so gesuchten und gequälten Übertreibungen, auf so falschen und unvernünftigen Themen letztlich doch das höhere Schulwesen Roms beruhte, so erfaßt einen Sorge um die Zukunft der lateinischen Literatur, die um die Mitte des 2. Jahrhunderts n. Chr. an dem Mißbrauch, den man mit ihr treibt, zugrunde ging. Man fürchtet für das Schicksal einer Kultur, deren schwerfällige Abseitigkeiten Altersschwäche voraussagen, und betrachtet mit Schrecken die Kraftlosigkeit, zu der selbst die Besten einer Jugend verurteilt erscheinen, die keine andere geistige Nahrung kennt als das verdorbene, leere Stroh, das ihnen die »Meister« mit ihrem Geschwätz vorsetzen. Aus Angst, für ungebildet zu gelten, aus dem Ehrgeiz, zu erstaunen und zu verblüffen, ersetzte man das Denken durch bloßes Gedächtnis, die menschliche Stimme durch wohlgesetzte Spracheffekte und vorgeschriebene Lautfolgen, Aufrichtigkeit durch affektiertes Getue und natürliches Sprechgebaren durch Grimassen und Verrenkungen, denen nicht einmal mehr das Verdienst der Neuheit zukam. Eine krankhafte Leidenschaft für das Ungewohnte und Außergewöhnliche ließ den gesunden Menschenverstand wie einen Makel, Lebenserfahrung wie Schwachheit und das Leben selbst wie etwas Häßliches verachten und zurückstoßen. Doch schon rächte sich das Leben an den Abtrünnigen, schon wurden die Römer der Schulnarrheiten überdrüssig. Die Besten behandelten sie als Parodie und verließen sie angewidert, wie Lukian, entschlossen, an allem zu zweifeln und über alles zu lachen. Oder sie kehrten wie der Pöbel allen Erscheinungen der Kultur den Rücken und begnügten sich mit dem, was unmittelbar ihre Bedürfnisse und ihre Vergnügungssucht befriedigte.[54] Die Wißbegierigen und Edleren aber suchten, zwar enttäuscht, aber nicht entmutigt, in den Heilsreligionen Befriedigung für die seelische Leere, die weder die verkümmerte Wissenschaft noch die von Grammatikern und Rhetoren mißhandelte Literatur hatte füllen können.

5. Niedergang der alten Religion

Ein großes geistiges Ereignis beherrscht unübersehbar die Geschichte der Kaiserzeit: das Aufkommen einer Persönlichkeitsreligion als Folge der Eroberung Roms durch den Mystizismus des Orients. Gewiß, das römische Pantheon bleibt scheinbar unverändert. Die Zeremonien, nach geheiligtem Kalender von den *pontifices* zu bestimmten Zeiten abgehalten, vollziehen sich weiterhin nach dem Brauch der Ahnen. Aber die Seele der Menschen ist aus dem Pantheon ausgezogen, und wenn es auch noch über Diener verfügt, so sind sie doch nicht mehr wahrhaft ergeben. Mit ihren nebelhaften Göttern und farblosen Mythen, einfachen Fabellehren, die von Einzelzügen der lateinischen Topographie bestimmt waren, oder armseliger Abklatsch der Abenteuer, die den Olympiern der griechischen Heldengedichte zustießen, lähmte die römische Religion den Glaubensschwung durch abgemessene Kühle und auf Nutzen bedachte Nüchternheit. Dazu gehörten auch die im Verfahrensstil einer trockenen Prozeßordnung abgefaßten Gebete, die metaphysische Bedürfnislosigkeit, die Gleichgültigkeit gegenüber moralischen Werten, die Engstirnigkeit und die Banalität ihres Wirkungskreises, der sich auf die Belange der Stadt und ihrer Politik beschränkte. Weil sie sich im Grunde zu nichts anderem eignete, als Soldaten gegen Kriegsgefahren und Bauern gegen Wetterschäden zu schützen,[55] hatte sie im buntgescheckten Rom des 2. Jahrhunderts die Gewalt über die Herzen verloren. (Vgl. Abb. 39.)

Zweifellos hörte der Pöbel nicht auf, lebhafte Begeisterung für die Götterfeste zu zeigen, die kräftig von öffentlichen Mitteln unterstützt wurden. Doch Gaston Boissier erliegt übertriebenem Optimismus, wenn er darin eine Bestätigung von Frömmigkeit erblickt. Die kleinen Leute haben mehr Freude an anderen Veranstaltungen, weil »sie fröhlicher, lärmender sind und mehr zu ihnen gehörig erscheinen«.[56] Es wäre also falsch, Illusionen aus den Gefühlen zu schöpfen, die ihnen die offiziellen Feierlichkeiten erregen. Im besonderen läßt sich aus ihrem Geschmack an den Trinkgelagen und Tänzen, die jedes Jahr am Ufer des Tibers zum Fest der Anna Perenna gehören, nicht auf den tiefen Ernst ihrer Verehrung für diese alte lateinische Göttin schließen. Das wäre ebenso unklug, als wollte man heute Weite und Macht des Katholizismus in Paris an der Menge der Pariser messen, die zur Christmette strömt. Es fehlt auch unzweifelhaft nicht an Anzeichen dafür, daß das römische Bürgertum auch weiterhin in der Kaiserzeit seine Pflichten gegenüber den vom Staat anerkannten Gottheiten wahrnimmt. Ein »Konservativer« wie Juvenal beispielsweise, der wie berufsmäßig fremde Glaubenslehren verflucht, scheint auf den ersten Blick mit

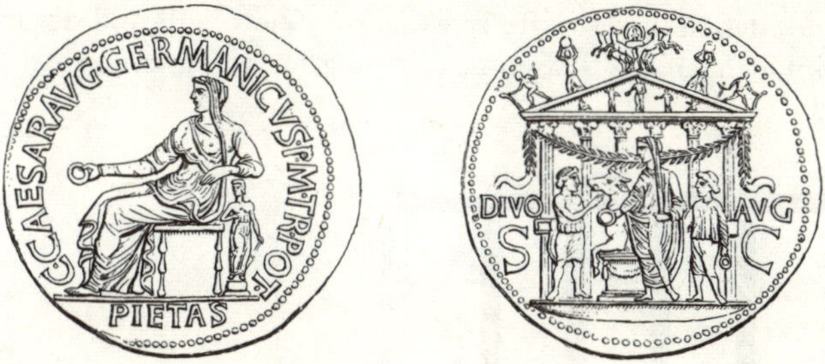

Abb. 39. Tempel des Divus Augustus mit Opferszene. Münze des Caligula.

allen Fasern an der Nationalreligion zu hängen, und man glaubt an seine tiefste Hinneigung, wenn man den hübschen Anfang der zwölften Satire liest, wo er mit köstlicher Frische die Zurüstungen seiner Opfergaben zu einem Fest der Kapitolinischen Trias schildert. »Süßer als die Wiederkehr meines Geburtstags, Corvinus, ist mir dieser Tag, da auf dem Rasenaltar festlich die den Göttern geweihten Tiere warten. Der Juno Regina führe ich ein Lämmchen zu, weiß wie Schnee; ein anderes von gleichem Fell wird der Göttin dargebracht, die im Kampf sich schirmt mit der Maske der libyschen Gorgo. Und dort harrt, zugedacht dem tarpejischen Jupiter, ein ungebärdiges Opfer, es zerrt am Strick und blickt wütend, ein wildes Kalb und schon reif für Tempel und Altar, der reine Wein wird es netzen, das jetzt sich scheut, am Euter der Mutter zu saugen, und mit seinen keimenden Hörnern den Stamm der Bäume stößt. Wäre ich so reich wie meine Wünsche, einen Stier größer noch als Hispulla würde ich herbeischleppen, denn ich will die Heimkehr eines Freundes feiern, der noch unter den schrecklichen Gefahren zittert, denen er eben entronnen ist, und kaum begreift, daß er noch lebt . . .«[57] (Siehe Abb. 40.)

Doch wenn wir aufmerksam diese prachtvollen Verse lesen: nicht den Göttern gilt ihre zärtliche Leidenschaft, sie gilt der bäuerlichen Landschaft, in der die Opfergabe hergerichtet wird, den Haustieren, die Juvenal aus seiner Herde zum Opfer auswählt und deren Schönheit er als Besitzer und Dichter schätzt, vor allem aber dem Freund, dessen unverhoffte Rückkehr er feiern will und der in dieser einladenden und klaren Schilderung im voraus schon den Duft

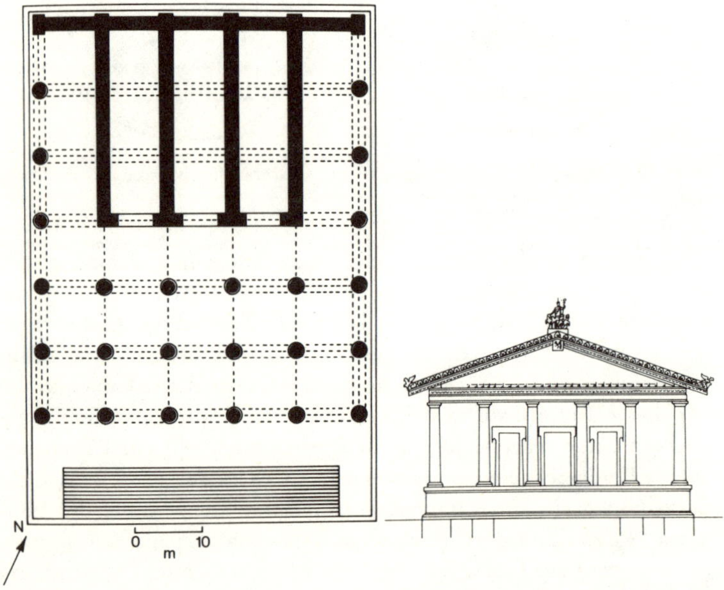

Abb. 40. Tempel des Jupiter Capitolinus. Grundriß und Rekonstruktion der Fassade.

des Festes verspüren soll, zu dem er jubelnd eingeladen wird. Die den dunklen Hintergrund des Bildes abgebenden Gottheiten Minerva und Juno Regina müssen sich mit einer mittelmäßigen Umschreibung und ihrer rituellen Benennung zufriedengeben, Jupiter sogar, dessen Tempel auf dem Kapitol sich, wie jeder weiß, auf dem tarpejischen Felsen erhob, lediglich mit der rein topographischen Beifügung. Außerdem wäre es Juvenal gewiß schwergefallen, sie anschaulich darzustellen. Ihr Bild war ihm verblaßt, sie waren für ihn nur noch Figuren, und mit ihnen schob er die gesamte Mythologie beiseite. Denn »daß es irgendwo Manen und ein unterweltliches Königreich geben soll, die Stange Charons und schwarze Frösche im Abgrund des Styx, und daß eine einzige Barke ausreichen soll, so viele Tausende Tote überzusetzen, das glauben sogar die Kinder nicht mehr, außer jenen, die noch nicht so alt sind, daß sie Eintrittsgeld in den Bädern bezahlen müssen . . .«[58]

Im Grunde war der Skeptizismus Juvenals allgemein verbreitet. Er hatte sich der kleinen Leute bemächtigt, unter denen die Gutgesinnten mit Bedauern die Gleichgültigkeit der großen Masse für diese römischen Götter feststellten, die jetzt *pedes lanatos* haben, d. h. »auf Socken schleichen«. Unverhüllt skeptisch waren die großen Damen – *stolatae* –, die »sich den Teufel um Jupiter scherten«.[59] Skeptisch zeigten sich auch die bedeutendsten und staatstreuesten Zeitgenossen Juvenals. Und wenn auch große Herren wie Tacitus und Plinius der Jüngere ebensoviel und mehr als der Satiriker den Kult »ausübten«, so »glaubten« sie doch nicht mehr. Als Prätor unter Domitian, als Konsul und Prokonsul Asiens unter Trajan hat Tacitus notwendigerweise Dienst in den Zeremonien des staatlichen Polytheismus getan (s. Abb. 41), und gegen die Juden ist er mindestens so stark eingenommen wie Juvenal. Das bestätigt uns seine orthodoxe Auffassung. Doch sie wird erschüttert durch folgendes: er scheut sich nicht, an diesen Juden, die er haßt, indirekt den Glauben zu loben an einen »ewigen und höchsten Gott, dessen Bildnis nicht dargestellt werden kann und der nicht vergehen soll«. Und in seiner *Germania* hat er gleichermaßen seine Bewunderung ausgedrückt für den barbarischen Stamm, der aus Furcht, die Größe seiner Götter zu beleidigen, darauf verzichtet,

Abb. 41. Feierliches Opfer während des 2. Dakischen Feldzugs. Im Hintergrund die römische Brücke über die Donau. Relief von der Trajanssäule.

sie in Mauern einzusperren oder auf menschliche Weise darzustellen, der statt dessen lieber ihrem Kult die Wälder und Gehölze seines Landes weiht und für den »diese geheimnisvollen Einsamkeiten, wo er sie verehrt, ohne sie zu sehen, mit der Gottheit eins zu werden scheinen«. Diese uneingestandene, aber offenbare Sympathie enthüllt Tacitus in beiden Fällen als einen Heiden, der von seinen Göttern nicht mehr überzeugt ist.[60]

Sein Freund Plinius der Jüngere zeigt in nicht geringerem Maße diese innere Lösung von den religiösen Formen. Er unterwirft sich ihnen wegen ihres ehrwürdigen Alters und ihrer vom Staat geheiligten Würde in seinem täglichen Tun und Lassen, schließt sie jedoch von jeder engeren Berührung mit seinem Gewissen aus. Gaston Boissier zitiert als Beweis für Plinius' Religiosität den Brief, in dem er seinem Freunde Romanus den Zauber schildert, den die Quelle des Clitumnus im Schatten der Zypressen und des alten Tempels ausübt, wo der Jupiter des Ortes sein Orakel spendet.[61] Die Schilderung ist tatsächlich hübsch, doch sie zieht ihre Kraft aus demselben Antrieb wie die eben erwähnten Verse Juvenals. Mit gleicher Lebendigkeit verströmt sie die zarte Verlockung, die Naturfreunden aus der Versenkung in eine schöne Landschaft erwächst. Sie stört sich nicht an den an diesem Ort stattfindenden frommen Verehrungen, sondern macht sich zum Schluß sogar noch über die Andächtigen lustig. »Dort, o Romanus, könntest du dich bilden, denn du wirst auf allen Säulen und allen Mauern zu Ehren der Quelle und des Gottes die Inschriften vieler Leute eingeritzt finden. Manche wird dein Erstaunen erregen, über manche wirst

Abb. 42. Tintinnabulum als Weihgabe.

du lachen. Oder nein, da du gut erzogen bist, wirst du nicht lachen.«[62] (Vgl. Abb. 42.) In einer anderen Briefstelle erklärt Plinius sich bereit, gemäß dem von ihm erfragten Rat der *haruspices* eine auf seiner toskanischen Domäne gelegene Kapelle der Ceres wiederaufzubauen. Die Art jedoch, wie er seinem Architekten den Plan eröffnet, bezeugt viel weniger Verehrung für die Göttin als Fürsorge für ihre Gläubigen. Plinius erwägt die Erwerbung einer neuen Ceres, da »die derzeitige hölzerne und sehr alte Statue an mehreren Stellen beschädigt ist«, doch sieht er vor allem den Bau eines Säulengangs in der Nähe des Heiligtums vor, denn bis jetzt fanden die Besucher in der Umgebung »keinen Schutz vor Sonne und Regen«.[63] Statt um die Gunst der Ceres geht es Plinius dem Jüngeren um seine Bauern. Die Sorgfalt, mit der er ihre Pilgerdienste zu erleichtern sucht, hat mit seinen inneren Überzeugungen ebensowenig zu tun wie Voltaires Glauben mit dem Eifer, den er auf die Gottesdienste in seinem Herrensitz Ferney verwandte.

Es gibt aber noch bessere Beweise, die innere Gleichgültigkeit Plinius des Jüngeren gegenüber den Kulten zu zeigen, deren Formen er äußerlich erfüllt. Der Brief, in dem er seine eben erfolgte Wahl in das Augurenkollegium mitteilt, zeigt die Freude, die ihn erfüllt, als völlig weltlicher Art. Er geht kaum auf die heiligende Macht ein – *sacerdotium plane sacrum* –, die diese Würde ihm verleiht, und er verweilt überhaupt nicht bei dem unvergleichlichen Vorrecht, das ihm von nun an erlaubt, die Zeichen des himmlischen Willens zu deuten, die Magistrate und sogar den Kaiser persönlich über den Wert der Auspizien zu unterrichten. Im Gegenteil. Als beneidenswert an diesem Amt, dessen übernatürliche Aufgabe ein Gläubiger mit Bangnis und Frohlocken zugleich übernommen hätte, erscheint ihm zunächst, daß es ihm auf Lebenszeit zuerkannt ist – *insigne est quod non adimitur viventi*; dann, daß es ihm auf Empfehlung Trajans gegeben wurde; weiterhin, daß er es als Nachfolger Frontins erhielt; endlich aber und ganz besonders, daß der ausgezeichnete Redner M. Tullius Cicero es ehemals innegehabt hat.[64] Die Befriedigung, mit der sich Plinius der Jüngere brüstet, enthält also nichts Religiöses. Es sind die Gefühle eines Höflings, eines Weltmanns, eines Literaten, aber keineswegs die eines Gläubigen. Plinius der Jüngere genießt die Tatsache, daß er zum Auguren ernannt worden ist, ungefähr so, wie heutzutage ein Schriftsteller die Mitteilung, daß er in die Akademie aufgenommen wird. Und tatsächlich waren die öffentlichen Priesterschaften der Römer für ihre Würdenträger zu einer Art »Akademie« herabgesunken.

Sogar die Begeisterung, die der Kaiserkult anfänglich erregt hatte, war verflogen. Er war lediglich das neueste und beste Antriebsmittel in der großen offiziellen Maschinerie, die auf vollen Touren

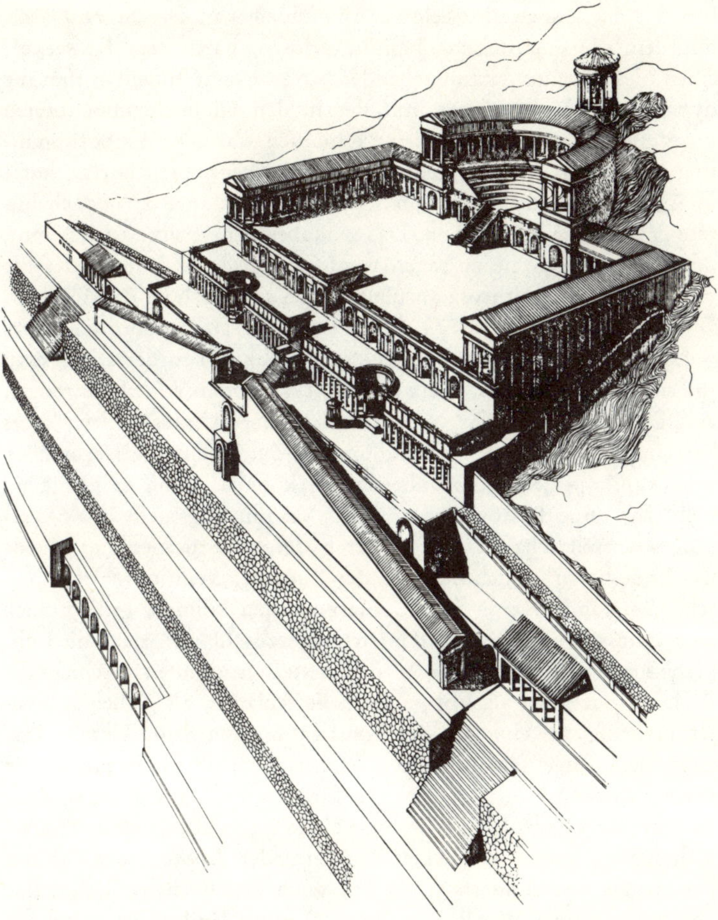

Abb. 43. Praeneste. Das Terrassenheiligtum der Fortuna Primigenia.

lief, aus der jedoch die Seele verschwunden war. Der Sturz Neros, mit dem die augusteische Familie erlosch, hatte dem Kaiserkult einen nicht wieder gutzumachenden Stoß versetzt, indem er ihm die dynastische Stütze raubte, mit der in den Diadochenmonarchien die Vergöttlichung der Basileis verbunden war. Der Emporkömmling Vespasian, der eine neue Dynastie zu begründen hoffte, hatte in Ägypten wundertätige Macht vorgetäuscht, in Rom jedoch hütete er sich vor dergleichen. Das makabre Scherzwort ist bekannt, das er in der Agonie zu sagen wagte, indem er lächelnd auf seine bevorstehende Apotheose anspielte: »Ich spüre schon, daß ich bald Gott werde.«[65] (Vgl. Taf. 23, Abb. 44 und 66.) Die Ermordung seines Sohnes Domitian, der uneingedenk seiner Abkunft forderte, daß man ihn sogar in Italien als »Herr und Gott«, *dominus et deus*, anredete, zeigte mit einem Schlag, wie sehr der Skeptizismus seines Vaters berechtigt war. Die Kaiserreligion hätte vielleicht die Verbrechen des »kahlköpfigen Nero« überdauern können, wenn er genügend Geld für seine Prätorianer und die Vergnügungssucht des Stadtpöbels verwirtschaftet hätte. Durch deren Zurücksetzung wurde das Ende bewirkt; man kam zu der Einsicht: wenn durch militärische Aufstände Kaiser inthronisiert werden können, genügt auch eine Palastrevolution, den Herrn niederzuschlagen, den die Religion zum Gott erhob. Unter den ersten Antoninen erschien die Religion nur noch als Vorwand zu Festgelagen, als Zubehör loyaler Haltung, als eine Klausel konstitutionellen Stils. Unmittelbar nach dem Tage seines Regierungsantritts erklärte Trajan seinen verstorbenen Adoptivvater Nerva für vergöttlicht – *divus* –, doch er legte Wert darauf, dem Ereignis einen menschlich verständlichen Rahmen zu geben. Er behielt die Ehre der Apotheose nicht nur den Toten vor, sondern sah in ihr auch den höchsten Lohn, den der Staat seinen Wohltätern geben konnte. Indem er es seinem Panegyriker überließ, eine recht weltliche Formel für diese im Rahmen einer allgemeinen guten Staatsführung zu sehende Maßnahme zu finden, konnte Plinius der Jüngere mit seiner Billigung den *patres* erklären, der entscheidende Beweis für die Göttlichkeit eines verewigten Cäsars zeige sich in der Leistung seines Nachfolgers – *certissima divinitatis fides est bonus successor.* Außerdem fügte er in die öffentlichen Gebete, in denen die Götter um die Erhaltung seines Lebens und seiner Gesundheit angefleht wurden, den Vorbehalt ein, daß sie nur Erhörung finden sollten, wenn er den Staat gut und zum Nutzen aller regiere: *si bene rem publicam et ex utilitate omnium rexerit.*[66] (Siehe Abb. 44.)

Es wäre unbillig, die großartige Absicht einer solchen Politik verkennen zu wollen. Gleichermaßen naiv wäre aber auch die Annahme, sie hätte noch Schwung und schöpferische Leistung entwickeln können. Der Sieger von Aktium hatte den Bürgerkriegen ein Ende gesetzt und Rom das Reich und den allgemeinen Frieden gesichert. Er hatte den Titel Augustus angenommen, sich über die menschliche Ordnung erhoben und sich, umjubelt von der Masse und gepriesen von den Dichtern, in die Reihe der Götter erhoben.

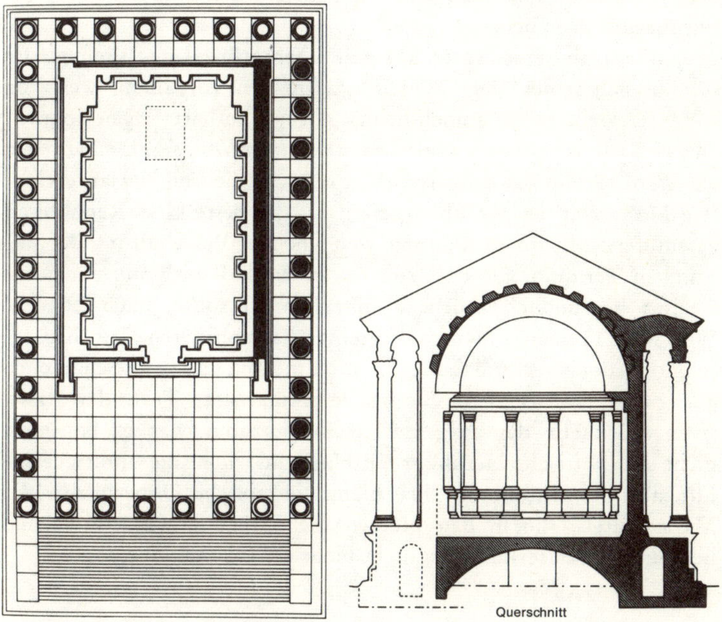

Abb. 44. Tempel des Divus Hadrianus. Plan und Querschnitt.

Doch diese Zeiten waren vorbei. Längst glaubte auch die einfältige Menge nicht mehr, dem Weg des Gottes Cäsar wie der Spur eines Kometen durch das Firmament in den Himmel Roms folgen zu können. Vorbei waren auch die Zeiten, in denen jeder, vom letzten Bürger bis zum Erbprinzen, unter den Auspizien seines Sohnes Tiberius alle Kraft zum Gelingen militärischer Pläne einsetzte. Person und Leistung des Kaisers stiegen wieder auf die Erde herunter. Die Macht der Gewohnheit und das Hofzeremoniell hielten gewiß noch manchen ergebenen Untertan an, das »göttliche Haus« *(domus divina)*[67] und die »himmlische Entscheidung« Cäsars anzurufen. Aber die meisten waren sich darüber klar, daß eigentlich von kaiserlichem »Haus« nicht mehr die Rede sein konnte. Die Getreuesten lobten ganz einfach des Kaisers »unermüdliche Hingabe zum Wohle der Menschheit«.[68] Ebenso waren sich auch die Herrscher dessen bewußt, daß das Kaisertum für sie die letzte erreichbare Würde bedeutete.

Trajan umgab seine Taten nie mit übernatürlichem Nimbus. Er rühmte sich seines Siegs über die Germanen vor allem, weil vor seiner Thronbesteigung noch niemand von ihm hatte sagen können, daß er Sohn eines Gottes war: *necdum dei filius (erat)*.[69] Man lese den *Panegyricus* des jüngeren Plinius nach: die von Trajan errichtete Monarchie ist auf allen Seiten als die beste aller Republiken geschildert. Mit ihr sollte unter weitgehender Beibehaltung der politischen Terminologie der früheren Herrschaftsordnung ein neues Regime begründet werden. Zum erstenmal sollte, nach Tacitus' Wort, die Freiheit mit dem Prinzipat harmonisieren. Die Kaiserreligion jedoch verlor dabei, zumindest in Rom und beim Senat, endgültig ihre Transzendenz. Sie wurde säkularisiert. Trotz der offensiven Rückkehr des aufgeklärten Despotismus war es bestimmt nicht die spöttische Herablassung Hadrians, nicht die unterwürfige Hingabe des Antoninus Pius, nicht die stoische Unberührbarkeit Mark Aurels, die in den Herzen die Erregung wiedererwachen ließ, die der Kaiserkult dort nicht mehr erwecken konnte.

6. Vordringen orientalischer Geheimkulte

Indessen war der Glaube nicht aus Rom verschwunden. Er war sogar nicht einmal geringer geworden. Im Gegenteil. In dem Maße, wie die Intelligenz durch eine Erziehung, die weder rational noch real Faßbares bot, verkümmert und ihrer Waffen beraubt war, vergrößerte der Glaube seinen Bereich und gewann an Intensität. Jedoch hatte der römische Glaube Richtung und Gegenstand gewechselt. Er wandte sich vom offiziellen Polytheismus ab und suchte Zuflucht in den Thiasoi, die nun die philosophischen Sekten bildeten, und in den Bruderschaften, in denen die Mysterien orientalischer Götter gefeiert wurden. Dort erhielten die Gläubigen endlich Antwort auf ihre Fragen und Beruhigung für ihre Unruhe. Sie fanden eine Erklärung der Welt, aber auch Lebensregeln und Erlösung vom Bösen und vom Tod. So ergibt sich im 2. Jahrhundert unserer Zeitrechnung das Paradoxon, daß in Rom ein im heutigen Sinne religiöses Leben in dem Augenblick aufkeimt, als die Staatsreligion in den Herzen ausstirbt.

Diese seit langem vorbereitete und ungeheuer bedeutungsvolle Umwandlung geht auf den hellenistischen Einfluß zurück, dem Rom, ohne es eigentlich zu merken, seit zwei Jahrhunderten unterlag und durch den die Offenbarung orientalischer Dogmen und die Lehre griechischer Philosophen sich schließlich vereinigten (vgl. Taf. 16). In der Epoche, in der wir uns befinden, übernehmen die von den Lehrstühlen verbannten Philosophien in Rom Stellung und Aufgabe der Religionen für die Lehrer, die wahre Gewissenslenker werden, und für die Anhänger, deren Verhaltensweisen sie bis zum Schnitt des Bartes und der Kleidung regeln und bestimmen. Doch wenn sie auch, wie der Epikureismus, das Weiterleben im Jenseits leugnen und die Unsterblichen in zwischenweltliche Untätigkeit verweisen, so geben sie sich doch als Befreier vom Todeskampf und seinen Schrecken. Sie veranstalten für ihre Mitglieder fromme Feste, deren »Heroen« ihre »Stifter« sind und bei denen dieselben Hymnen und dieselben Opfer dargebracht werden wie bei den göttlichen Zeremonien.[70] Und wenn ihre Prediger auch Griechen aus Athen sind oder Römer, die griechisch sprechen und

Abb. 45. Mithras-Relief.

schreiben, so können die Philosophen doch nicht die orientalischen Spekulationen verbergen, in denen ihre Dialektik wurzelt. Joseph Bidez hat alle Erscheinungen aufgezeigt, die der Stoizismus nicht nur den Semiten verdankte, die ihn verbreiteten, sondern auch den Glaubenslehren des Semitismus selbst;[71] sicher ist der Neopythagoreismus, den Nigidius Figulus in Rom predigte, durch den alexandrinischen Geist tief modifiziert worden.[72] Andererseits sind die von Franz Cumont aufgezeigten Ähnlichkeiten zwischen Kulten ganz verschiedenen Ursprungs – der Kybele und des Attis, des Mithras (s. Abb. 45) und des Baal, der Dea Syria, der Isis (s. Taf. 11) und des Serapis – so zahlreich und deutlich, daß eine allen gemeinsame Einwirkung offensichtlich ist. Ob sie aus Anatolien oder dem Iran, aus Syrien oder aus Ägypten stammen, ob sie männlich oder weiblich sind, ob sie nach blutigen oder unblutigen Riten gefeiert werden, immer bieten die »orientalischen« Gottheiten, denen wir im Römischen Reich begegnen, identische Züge. Sie verkörpern Auffassungen, die sich überschneiden und auswechselbar erscheinen. Diese Götter sind beileibe nicht unverwundbar, sie leiden, sterben und erstehen wieder von den Toten auf, ihre Mythen umspannen den Kosmos und bergen sein Geheimnis. Die Sternenheimat der Götter überspannt alle irdischen Heimatländer. Sie gewähren nur den eingeweihten Anhängern – doch diesen ohne Unterschied der Nationalität und des Standes – den Beistand, der jedem einzelnen nach seiner Reinheit zukommt.

Es wäre vergebliche Mühe, als Basis der verwandtschaftlich anmutenden Analogien irgendeine prästabilierte Harmonie unter den geistigen Bewegungen des Orients herausfinden zu wollen. In Wirklichkeit hat keine dieser »orientalischen« Religionen italischen Boden erreicht, ohne lange in griechischen oder gräzisierten Ländern beheimatet gewesen zu sein. Als diese Kulte durch den Hellenismus gleich nach der Eroberung Alexanders importiert wurden, gelangten sie erst über die Grenzen, nachdem sie beim Durchgang von ihrem gröbsten Ballast befreit und dafür mit dem kosmopolitischen Geist der Philosophien aufgefüllt waren.[73] Daher rührt ihr gleichförmiges Aussehen, die durch einen Symbolismus, dessen Zeichen kaum voneinander abweichen, geförderte Unterstellung ihrer einzelnen Mythen unter die Idee einer universalen Gottheit. Daher rührt weiterhin ihre Unterordnung unter eine Astrologie, die ebenso klar in dem Strahlendiadem des Attis in Ostia triumphiert wie in den meisten uns bekannten Mithräen und wie auf dem Deckenbild des Baalheiligtums in Palmyra, wo der Zeusadler seine Fittiche im Kreis der Tierzeichen spannt. Schließlich aber bekehrten sich die Römer nicht nur leicht zu den Göttern des Orients, weil der Orient reich an Schätzen und Völkern war, sondern weil die hellenistische Kultur, die Rom durchtränkte, die aus allen Teilen des Orients stammenden Kulte sozusagen nach ihrem Bild und unter dem Einfluß ihrer geistigen Strömungen geformt hatte.

Im 2. Jahrhundert unserer Zeitrechnung wird Rom von diesen Kulten überschwemmt. Die aus Anatolien stammenden Kulte waren durch die von Kaiser Claudius dekretierte Reform der Liturgie der Kybele und des Attis eingebürgert worden. Die unter Tiberius verbannten ägyptischen Kulte wurden durch Caligula öffentlich zugelassen. Den durch eine Feuersbrunst im Jahre 80 n. Chr. zerstörten Isistempel baute Domitian mit einem Luxus auf, von dem die erhaltenen Obelisken auf dem Platz der Minerva und in unmittelbarer Nähe des Pantheons ebenso zeugen wie die kolossalen Statuen des Nil und des Tiber, deren eine der Vatikan und deren andere der Louvre besitzt. Seit der Mitte des 1. Jahrhunderts besaßen Hadad und die neben ihm sitzende Atargatis, die syrische Göttin, einen Tempel, der auf dem rechten Ufer des Tibers unter dem *Lucus Furrinae* am Janiculus lag und im Jahre 1907 von Paul Gauckler aufgefunden wurde. Hadad war die einzige Gottheit, der Nero, der alle anderen nicht anerkannte, Ehren erweisen ließ. Außerdem werden nachweislich in der flavischen Epoche Mithras-Heiligtümer in Rom und in Capua unterhalten.[74] Die zahlreichen Kollegien, in denen diese heterogenen Götter verehrt wurden, lebten nicht nur zwistlos nebeneinander, sondern schlossen sich sogar zur Werbung neuer Mitglieder zusammen. Die Attis- und Mithrasverehrer scheinen in Ostia auf gemeinsame Kosten den Bauplatz erworben zu haben, auf dem sie nebeneinander die Gebäude ihrer verschiedenen Kulte errichteten. Im Tempel am Janiculus standen die syrischen Idole in friedlicher Nachbarschaft mit griechischen und ägyptischen Gottheiten.[75] Die Rivalität zwischen den Religionen war geringer als die geistige Verwandtschaft und das Zusammengehörigkeitsgefühl. Den einen wie den anderen Religionen dienten eifersüchtig von der Masse der Laien abgesonderte, von der Doktrin mit Offenbarungsmacht begabte Priester, die sich in Kleidung und Lebensführung von den anderen Menschen unterschieden. Alle verlangten Einführung in die Mysterien und zeitweiliges Verharren in mehr oder weniger strenger Askese. Jede huldigte auf ihre Weise den gleichen astralen und henotheistischen Spekulationen und verkündete dieselben Heilsbotschaften.

Die Geister, die nicht von ihnen überzeugt worden waren, verfolgten diese Religionen mit argwöhnischem Haß. So schlägt Juvenal, dessen Wut nicht endet über die Flut der abergläubischen Lehren, die der Orontes in den Tiber ergießt, mit beiden Fäusten auf alle ein. Wie Tiberius einen Ehebruch, den einige Isisjünger durch Intrigen begünstigten, zum Vorwand genommen hatte, alle Isispriester auf einen Schlag zu vertreiben, so verdammt er unterschiedslos alle orientalischen Kultführer. Der Scharlatanerie und der Betrügerei beschuldigt er die Chaldäer, Kommagener, Phrygier oder Isispriester, »die, in Leinen gekleidet, den Schädel geschoren, unter der Maske des Anubis durch die Straßen eilen und sich über die Herzenszerknirschung des Volkes ins Fäustchen lachen«.[76] Unermüdlich geißelt er die schamlose Ausbeutung, die sie betreiben, indem sie »gegen eine fette Gans oder einen dünnen Kuchen« den Ablaß ihrer Götter an die leichtgläubigen Sünder verkaufen oder kraft ihrer prophetischen Gaben und wahrsagerischen Fähigkeiten »dieser einen hübschen jungen Liebhaber, jener das herrliche Erbe eines kinderlosen reichen Kauzes«[77] versprechen. Er wettert gegen ihre Obszönität, bald gegen den unheimlichen Zug der Göttermutter, aus dem »ein ungeheurer Eunuch, dessen Bild von seinen infamen Untergebenen verehrt wird«, hervorragt,[78] bald gegen das, »was sich bei den Mysterien ereignet, wenn das Flötenspiel die Lenden kitzelt und wenn unter dem doppelten Einfluß der Trompeten und des Weins die Priapusmänaden außer sich geraten, die Haare raufen und schrille Schreie ausstoßen«.[79] (Siehe Taf. 17.) Er hält sich die Seiten beim Anblick der Bußen und Kasteiungen, denen sich bigotte Männlein und Weiblein mit düsterer Hingabe unterwerfen: eine Frau zerschlägt »im Morgengrauen, mitten im Winter ... das Eis des Tibers, um dreimal unterzutauchen ...« und schleppt sich dann »nackt und zitternd ... auf blutenden Knien über das Feld des Tarquinius Superbus«; eine andere geht »auf Befehl der weißen Io bis tief nach Ägypten hinein, um Wasser in der Nähe des glühendheißen Meroe zu schöpfen, das sie zurückbringen soll, um den Isistempel zu netzen«.[80]

Dieser harte Spott darf uns nicht verwundern. Juvenal verkörpert mit der Kraft seines Genies die natürliche Reaktion der »alten Römer«, deren Haß sich gegen alles Neue und Fremde, gegen schwülstige Übertreibung richtete und die am liebsten die Glaubensbewegungen nach den weisen Grundsätzen ziviler oder militärischer Ordnung geregelt hätten. Doch müssen aus unserem zeitlichen Abstand heraus seine Vorwürfe erschreckend ungerecht erscheinen, denn er wirft nur den orientalischen Religionen ihre abergläubischen Lehren vor. Deren Ursprung aber reicht viel weiter zurück als das Eindringen des Orients in die Geschichte Roms, und ihre Entwicklung hat sich häufig außerhalb dieser vollzogen. Vor allem aber verkennt er in seinem blinden Zorn den moralischen Fortschritt, den die orientalischen Religionen trotz aller Exzesse und Verirrungen durch ihre innere Begeisterung bewirkt haben.

So ist zum Beispiel die Wahrsagekunst, der jene Astrologie unbestreitbar neue Lebenskraft geschenkt hat, zu allen Zeiten in Rom ausgeübt worden. Der Polytheismus, der seit Homer selbst Jupiter an das höchste Schicksal kettete, war so untrennbar von den Untersuchungen des Vogelflugs und der Eingeweideschau, daß Geister, die im 2. Jahrhundert den fremden Religionen gleichgültig, wenn nicht feindlich gegenüberstanden, sich ihrer ohne Mißtrauen bedienten. Die staatlichen Mächte zweifelten so wenig daran, daß sie die nicht zugelassenen Wahrsager bestraften. Juvenal verspottet die Adepten der Chaldäer, die zitternd vor Angst die Bedeutung der Konjunktionen Saturns erwarten, oder jene Törin, die krank und bettlägerig »ihre Mahlzeiten nur zu der von Petosiris bestimmten Stunde einnehmen« zu können glaubt.[81] Doch hat er sich offenbar Scheuklappen aufgesetzt. Sonst hätte er in allen Schichten der römischen Gesellschaft jene Leute bemerkt, die der von ihm getadelten Leichtgläubigkeit erlagen. So läßt der freigelassene Parvenü Trimalchio seine Gäste vor einem Tafelaufsatz speisen, der den Tierkreis darstellt. Er rühmt sich, »unter dem Krebs« geboren zu sein, diesem unschätzbar günstigen Zeichen, dem er es verdanke, »fest auf beiden Beinen zu stehen und Schätze auf der Erde und auf dem Meer zu besitzen«. Dann lauscht er offenen Munds den Geschichten von Vampiren und Werwölfen und schaudert schließlich, weil er den Hahnenschrei mitten in seinem Zechgelage vernimmt.[82] In den höheren sozialen Schichten sind die Beispiele nicht weniger bezeichnend. Trotz einiger Ironie leugnet Tacitus nicht ausdrücklich die Wahrheit der »Voraussagen«. Er führt sie ebenso peinlich genau auf wie seine Vorgänger und bekennt, daß er nicht wagt, von ihnen zu lassen und »von der Tradition festgelegte«[83] Dinge als Fabeln zu behandeln. Fast alle Geister seiner Art hegen damals die gleichen Besorgnisse. Sueton wird von einem Traum erschüttert und sieht sich schon einen Prozeß verlieren. Regulus, als Advokat der gehässige Gegner Plinius' des Jüngeren, benutzt Horoskope und Eingeweideschau, um seinen Ruf zu festigen und Testamente zu erschleichen. Plinius der Jüngere neigt dazu, die Kindereien der Traumdeutung (s. Abb. 46) zu verwerfen. Er formuliert die Ansicht, indem er Homer zitiert, daß in jedem Falle, welcher Art die seinen Schlaf verstörenden Träume auch sein mögen, »die beste aller Vorbedeutungen jene« sei, »die verlangt, das Vaterland zu verteidigen«. Zur selben Zeit aber belästigte er den Stellvertreter des Kaisers, den Konsular Licinius Sura, der mit seinen Talenten als Kriegsmann den Ruf unerschöpflichen Wissens verband, indem er ihn schriftlich fragt, was von Gespenstern und Phantomen zu halten sei. An ihre Wirklichkeit habe ihn eine Reihe von Erfahrungen, die er bis in alle Einzelheiten aufzählt, bisher zu glauben gezwungen.[84] Dieser Brief würde genügen, unsere Vorsicht gegenüber den leidenschaftlichen Angriffen Juvenals zu wekken. Beim Lesen dieser Flut von Albernheiten wird man unversehens mit Nachsicht gegenüber einer Wahrsagerei erfüllt, die die Stoiker mindestens durch die immanente Kraft der Vorhersehung zu legitimieren versuchten, und gegenüber einem Okkultismus und

einer Geisterbeschwörung, bei denen die orientalischen Religionen sich wenigstens um die Erhebung der Seelen mühten.
Die Überlegenheit der orientalischen Religionen über die von ihnen verdrängte träge Theologie kann unmöglich geleugnet werden. Zweifellos haben Riten wie das Stieropfer *(taurobolium)* der Großen Mutter oder die Zurschaustellung und der Umzug der ausgerissenen Pinie, wodurch die Verstümmelung des Attis beschworen wird, etwas Barbarisches und Unzüchtiges, und man hat sagen können, »sie riechen nach Schlachthaus und Bordell«.[85] Aber die Religionen, die sie praktizierten, haben deshalb auf die Individuen doch eine lebensstärkende und wohltuende Wirkung ausgeübt. Um sich davon zu überzeugen, bedarf es nur mehr eines Blickes in die kraftvollen Untersuchungen, die wir Franz Cumont verdanken.[86] Die orientalischen Religionen blenden den Gläubigen durch den

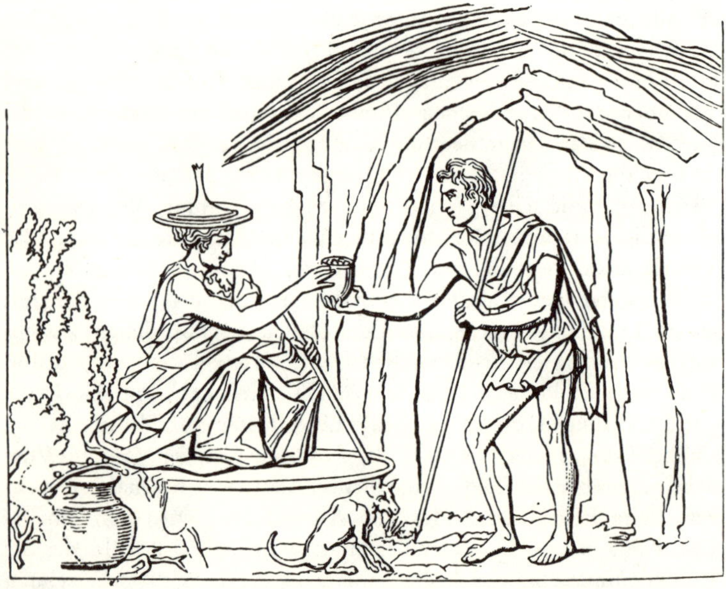

Abb. 46. Befragung einer Zauberin. Pompejanisches Wandgemälde.

Glanz ihrer Feste und den Pomp ihrer Prozessionen; sie verzaubern ihn durch ihren schmachtenden Gesang, ihre berauschende Musik und durch die Nervenspannung, die ihre langanhaltenden Kasteiungen und ihre quälenden Kontemplationen hervorrufen. Durch den Überschwang ihrer wilden Tänze oder gar durch die Verabreichung gegorener Getränke nach einer Abstinenzzeit zielen sie stets auf eine Ekstase, in der »die von der Körperhaft befreite und vom Schmerz gelöste Seele sich in Entzücken verliert«. Mit Recht bemerkt Franz Cumont, daß im Mystizismus das Abgleiten »vom Erhabenen zum Verdorbenen« leicht sei (vgl. Taf. 18). Aber es stimmt auch, daß die den Naturkulten anhaftenden Verderbtheiten und die unter griechischer Spekulation und römischer Disziplin konvergierenden orientalischen Mystizismen ein Ideal entwickelten. Sie stiegen zu geistigen Höhen hinauf, auf denen die Begegnung umfassenden Wissens, vollkommener Tugend und des Siegs, der über physische Schwäche, Sünde und Tod davongetragen wird, als glänzende Erfüllung göttlicher Verheißungen erscheint. So falsch auch jedesmal die ihrer »Lehre« innewohnende Wissenschaft sein mochte, insgesamt erregte und beruhigte sie den Wissensdurst ihrer Jünger. Zu den ihnen auferlegten Waschungen und materiellen Reinigungsopfern gesellte sich innere Befriedigung durch Verzicht und Askese. Mit der Lehre, daß die Liturgie ohne Frömmigkeit wirkungslos sei, verbanden sie das Recht, ihren Anhängern den Weg in die glückselige Unsterblichkeit zu prophezeien, die in den himmlischen Sphären ihre ewig wieder auferstehenden Götter besaßen. Bald bringen die orientalischen Religionen eine geistige Bewegung in Gang, von der die unzufriedenen und erregten Gewissen angezogen werden (s. Abb. 47).

Die besten Geister der Urbs, auch jene, die sich am weitesten von orientalischen Geheimlehren entfernt glaubten, fühlten unklar, daß die göttlichen Belohnungen weniger nur empfangen als verdient sein wollten. Während Juvenal seine Wutausbrüche zu der lichteren Überzeugung minderte, daß »der Mensch den Göttern teurer ist als sich selbst«,[87] gab es für Persius zu Anfang der 2. Hälfte des 1. Jahrhunderts keinen Zweifel, daß die Götter – er unterscheidet sie nicht weiter – zunächst von ihm fordern »eine Seele, in der profanes und göttliches Recht harmonisch zusammenwirken, einen bis in den letzten Winkel gereinigten Geist und ein ganz von Rechtlichkeit erfülltes Herz«.[88] Unter Domitian erklärt Statius diesen Glaubensakt aus der ausschließlichen Kraft persönlicher Religion: »Wie könnte ich, arm, wie ich bin, vor den Göttern Gerechtigkeit finden? Nein, das wird mir nicht gelingen, selbst wenn Umbrien für mich die Schätze seiner Täler spendete und die Weiden des Clitumnus mir ihre schneeweißen Stiere lieferten; und doch haben

Abb. 47. Das Paradies der Mysten des Sabazius.

die Götter manches Mal die Opfergabe, die ich ihnen mit ein bißchen Salz und Mehl auf einem Rasenstück zutrug, anzunehmen geruht.«[89] Die Dichter, Sprecher ihrer Zeitgenossen, betrachteten also die Gunst der Götter als Belohnung für die Tugend der Menschen.

Anderseits nimmt nun in der Sprache des 2. Jahrhunderts das lateinische Wort *salus*, mit dem sich ehedem lediglich der Begriff körperlicher Gesundheit verband, eine moralische und eschatologische Bedeutung an, in der die diesseitige Befreiung der Seele und ihre Glückseligkeit in der himmlischen Ewigkeit einbeschlossen sind. Mehr und mehr dehnt sich die transzendente Idee des Heils von den orientalischen Kulten auf alle wirklich religiösen Gemeinschaften der römischen Antike aus. Sie durchdringt die Bewegung, die sich mit einem Schlage zu Ehren des Antinous gebildet hatte, des schönen bithynischen Sklaven, der in Ägypten sein Leben opferte, um den Kaiser zu retten.[90] Sie wird der Mittelpunkt der Bruderschaften, in denen sich, vor allem in Bovillae, unter Antoninus Pius die Dendrophoren der Kybele und des Attis trafen,[91] und

Abb. 48.
Privates Heiligtum des Hercules Cubans (Reg. XIV).

auch der einfachen Begräbniskollegien (*collegia funeraticia*, *s. Taf. 9*), die seit Hadrians Zeit die kleinen Leute und Sklaven aus Lanuvium in einem Bund unter der doppelten Anrufung der Diana der Toten und des Salvators Antinous vereinten.[92] Sie errang solches Ansehen, daß sich beide Kollegien mit dem Beiwort benannten, in dem die Heilshoffnung ausgedrückt ist: *collegium salutare*. Selbst die

Herrscher konnten sich ihrem Bann nicht entziehen. Sie legten zwar noch Wert darauf, daß die Münzen und Monumente des 2. Jahrhunderts unserer Zeitrechnung sie ähnlich wie die Olympier zeigen, den Augustus wie Mars, von dem die Gründer der Urbs abstammen, die Augusta wie Venus, die gemeinsame Mutter der Cäsaren und des römischen Volkes.[93] Sie stärken auch noch ihre Heiligkeit in der heiligen Flut alter latinischer Legenden. Nichtsdestoweniger glauben sie aber nicht mehr, daß die vom Senat zuerkannte Apotheose genüge, ihnen das übernatürliche Heil zu verschaffen, nach dem sie so begierig sind wie andere Menschen. Hadrian ließ seinem vergöttlichten Antinous Statuen, Tempel und ganze Städte errichten, und schon bevor Commodus in einen Kultverein zu Ehren des Mithras eintrat,[94] betonte Antoninus Pius in der klaren Sprache seiner Münzen, daß Faustina die Ältere, die Frau, die er am Anfang seiner Regierung verlor und deren Tempel immer noch auf dem Forum seinen symbolischen Fries erhebt, auf dem Wagen der Kybele nur durch die Fürsprache der Mutter der Götter, der Herrin des Heils, *mater deum salutaris*,[95] zum Himmel aufsteigen konnte. So entstanden und gediehen also durch das Zusammenwirken der orientalischen Geheimkulte und der römischen Lebensweisheit auf den Ruinen des ehrwürdigen Pantheons neue und fruchtbare Glaubenslehren. Im Schoße des verfallenden Heidentums entwickelte sich ein Wettbewerb um die Erlösung der Menschen im Zusammenwirken ihrer Verdienste und der göttlichen Hilfe. Infolge dieses Zusammentreffens, das die Agnostiker im Rahmen des historischen Determinismus deuten, in dem die Gläubigen jedoch nicht erst seit Bossuet das Einwirken der Vorsehung erkennen, hat Rom ein für das Christentum günstiges Klima geschaffen. Damals war die Kirche der Christen schon groß und stark genug, ihre ersten gemeinschaftlichen Friedhöfe anzulegen und mit den Stimmen ihrer Apologeten bis zu den Stufen des Thrones Beispiel und Gebet ihrer Anhänger zu erheben.

7. Aufkommen des Christentums in Rom

Statius, Martial, Juvenal ahnten nichts vom Christentum. Auch Plinius der Jüngere, der doch in Bithynien mit den Christen seiner Provinz zu tun hatte,[96] macht keine Anspielung auf ihre Existenz in der Stadt. Auch Tacitus und Sueton sprechen vom Christentum nur vom Hörensagen, der eine mit beleidigenden Ausdrücken, die jede objektive Kenntnis ausschließen, der andere mit etlichen Irrtümern und Verwechslungen, die ihn mangelhaft unterrichtet und beschränkt im Urteil zeigen.[97] Trotzdem ist es sicher, daß die »Christenheit« Roms bis in die Regierungszeit des Claudius zurückreicht (41–54).[98] Ihre Ausbreitung unter Nero, der ihr die Schuld an der Feuersbrunst des Jahres 64 zuschiebt, reicht schon hin, ihr mit grausamen Todesstrafen die erste der Verfolgungen aufzuerlegen, die über sie kommen, ohne sie zugrunde zu richten. Offensichtlich ist das unterirdische Wachstum mit erstaunlicher Schnelligkeit vor sich gegangen. Die Ursache dafür ist vielleicht weniger die Bedeutung der Urbs in der Welt als die Bedeutung der jüdischen Kolonie in der Urbs. Sie hatte durch das Wohlwollen Julius Cäsars Fuß gefaßt und zeigte sich seit Beginn der Kaiserzeit so rührig und im Ansteigen begriffen, daß Tiberius im Jahre 19 gegen sie einschreiten mußte und auf einen Schlag viertausend Juden nach Sardinien abschieben konnte. Durch die jüdische Kolonie drang das von Jerusalem ausgegangene Christentum in Rom ein. Es zerbrach die Einheit, indem es gegen die Anhänger des alten Gesetzes die Jünger des neuen Glaubens stellte. Die jüdische Religion hatte ihre verführerische Anziehungskraft auf viele Römer durch die Größe des Monotheismus und die Schönheit des Dekalogs ausgeübt. Vom Christentum ging derselbe Glanz aus, dazu aber noch die Botschaft von der Erlösung und der Brüderlichkeit, so daß es bald eigene Bekehrungskraft entwickelte. Äußerlich und aus einem gewissen Abstand gesehen, unterschieden sich die beiden Religionen kaum. So ist es durchaus möglich, daß die von Juvenal gegen die Juden ausgestoßenen Schmähungen zum Teil auf die Christen gemünzt sind, die er nicht von ihnen trennte. Dem Blick eines oberflächlichen Betrachters konnten sie wegen der Verpflichtung auf die Gebote Gottes auch »an die jüdischen Sitten gebunden«[99] erscheinen. Doch nach der im Jahre 70 erfolgten Zerstörung des Tempels von Jerusalem und unter den ersten Antoninen begann sich die »Kirche« mit Macht von der Synagoge zu unterscheiden. Ihre durch keine volksgebundenen Belange aufgehaltene Ausbreitungskraft wuchs wesentlich stärker.

Selbstverständlich können wir nicht zahlenmäßig die Konversionen angeben, die das Christentum in Rom erzielte. Es wäre jedoch falsch, sie auf das niedere Volk zu beschränken. Die Episteln des heiligen Paulus grüßen Brüder im Hause des Kaisers – *in domo Caesaris* – und zeigen damit, daß der Apostel von Anfang an unter der Dienerschaft der Kaiser Schüler hatte, inmitten der Sklaven und Freigelassenen, die unter dem Mantel scheinbarer Unterordnung zu den mächtigsten Dienern der Regierung zählten.[100] Einige Jahre später läßt eine Fülle übereinstimmender Anzeichen den Schluß zu, daß die christliche Kirche ihre Verbindungen bereits in die führenden Schichten ausdehnte. Tacitus teilt mit, daß Pomponia Graecina, die Frau des Konsuls Aulus Plautius, des Besiegers der Briten, die unter Nero lebte und unter den Flaviern starb, wegen ihrer ernsten Lebensweise, ihres Trübsinns und ihrer Trauerkleidung verdächtigt wurde, »zu einer verbrecherischen, fremden Religion« zu gehören. Cassius Dio und Sueton berichten, daß Domitian der Reihe nach wegen Atheismus als Verbrecher verfolgen ließ: M'. Acilius Glabrio, Konsul des Jahres 91, der hingerichtet wurde; ferner das mit ihm blutsmäßig verwandte Paar, seinen Vetter Flavius Clemens, Konsul des Jahres 95, der zum Tode verurteilt, und Flavia Domitilla, die auf die Insel Pandataria verbannt wurde;[101] schließlich notiert Tacitus in seinen *Historiae*, daß der leibliche Bruder Vespasians, Flavius Sabinus, der Stadtpräfekt war, »als Nero die Christen zur Beleuchtung seiner Gärten in lebendige Fackeln verwandelte, durch den schrecklichen Anblick gegen Ende seines Lebens den Verstand verlor«.[102]

Gewiß, keiner dieser Texte stellt die großen Persönlichkeiten, von denen die Autoren berichten, ausdrücklich in die Reihen der Christen. Doch ist mit Emile Mâle die Frage berechtigt, ob nicht Flavius Sabinus durch den Mut, den die ersten römischen Märtyrer bewiesen, für die neue Religion gewonnen wurde.[103] Sehr wahrscheinlich müssen wir auch unter der fremden Religion, die Pomponia Graecina als verboten vorgeworfen wird, das Christentum verstehen. Dieselbe Annahme gilt für die wegen Atheismus Angeklagten, die ihr Glaube unstreitig davon abhalten mußte, ihre Pflichten gegenüber den falschen Göttern des Polytheismus zu erfüllen. Im Fall des Flavius Clemens und der Flavia Domitilla wird die Wahrscheinlichkeit noch dadurch erhöht, daß deren Nichte, die wie ihre Tante Flavia Domitilla hieß, nach dem Zeugnis des Eusebius wegen der als Verbrechen geltenden Zugehörigkeit zum Christentum auf der Insel Pontia interniert wurde.[104] Wie dem auch sei: mag man auch mit gewissen radikalen Kritikern die Priscilla-Katakombe, in der die Erinnerung an die Acilii Glabriones weiterlebt, die Gruft der Lucina, in der eine freilich späte griechische Inschrift mit dem Namen eines gewissen Pomponius Graecinus entdeckt wurde, und die Grabstätte der Domitilla, deren Name unfehlbar die Erinnerung an die Opfer des Domitian beschwört, mag man all diese Monumente erst in das 2. Drittel des 2. Jahrhunderts hinabdatieren, so kann das den von de Rossi beobachteten Übereinstimmungen[105] der verschiedenen Quellen, die eben für die Annahme aufsehenerregender Bekehrungen seit dem Ende des 1. Jahrhunderts sprechen, in keiner Weise etwas von ihrer Bedeutung nehmen. Es bleibt jedenfalls ganz unbestreitbar, daß seit der Regierung Hadrians (117–138) die Umgebung mehrerer Großer dieser Zeit die Reihen der römischen »Kirche« verstärkte.

Sicherlich stellten die Anhänger in der Stadt immer noch eine schwache Minderheit dar. Sie waren den Vorurteilen der Massen ebenso ausgesetzt wie dem Argwohn der staatlichen Macht, nicht nur, weil sie als Anhänger Jesu sich der üblichen Praktiken enthielten, sondern auch weil sie, erfüllt von ihrem himmlischen Vaterland, keinen Blick für ihre Heimatstadt hatten und – da sie auf die Frage nach ihrer Herkunft immer nur antworteten, sie seien Christen – als Deserteure und Staatsfeinde gelten mußten.[106] Doch fehlte den Strafen, denen sie sich durch ihre Unnachgiebigkeit aussetzten und denen unter Hadrian der Papst Telesphorus zum Opfer fiel, die nötige Konsequenz, die zur Ausrottung der Sekte genügt

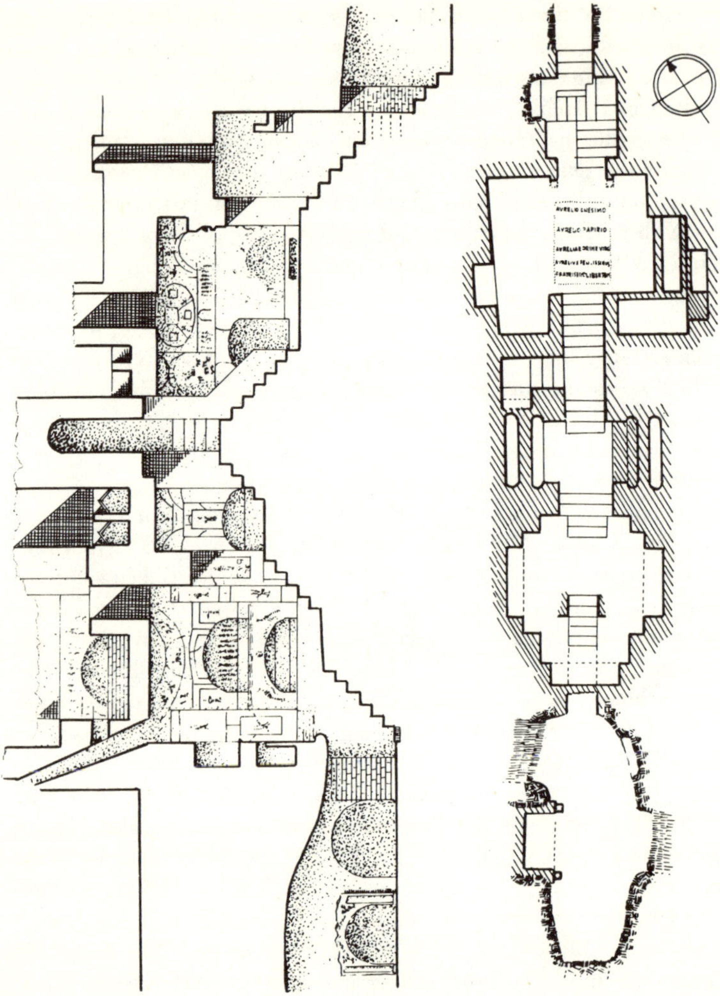

Abb. 49. Grabstätte der Aurelier. Rom. 1. Hälfte 3. Jh.

hätte, und die Tatsache, daß die Verurteilten sie mit solcher Festigkeit zu tragen wußten, erregte die Bewunderung ihrer Gegner. Und mehr noch als ihre apologetischen Schriften, deren nicht geringe Reihe Quadratus unter dem Prinzipat des Hadrian eröffnet, sind es das Heldentum ihrer Märtyrer, die Kraft ihres Credo und die evangelische Milde ihres gesamten Lebens, die ihre Ausdehnung von nun an unaufhörlich voranschreiten ließen. Denn schließlich sind selbst die Forscher, die die Entsprechungen zwischen dem Christentum und den heidnischen Mysterienreligionen hervorheben, mit ihren Gegnern darin einig, daß es sich ihnen nur vorübergehend angeglichen hat, obgleich es weit über sie hinausragt.[107] Dem Polytheismus des griechisch-römischen Götterhimmels, mag er auch zu bloß symbolischen Formen herabgekommen sein, und dem recht unbestimmten Henotheismus der orientalischen Religionen setzte es seine Lehre vom einen, allmächtigen Vatergott entgegen. Den freilich durch die metaphysische Lehre vom göttlichen Äther und den ewigen Gestirnen abgeschwächten Formen des Götzenkultes begegnete es mit einem geistgetragenen Gottesdienst, der sich befreit hatte von ihren astrologischen Irrwegen, ihren Blutopfern und ihren düsteren Initiationsfeiern. An deren Stelle waren nun die Taufe mit reinem Wasser, die feierlichen Gebete und das gemeinsame Abendmahl getreten. Wie die heidnischen Mysterienreligionen gab es, gestützt auf die Autorität seiner heiligen Bücher, Antwort auf alle Fragen hinsichtlich des Ursprungs aller Dinge und der Bestimmung der Menschen. Der Erlöser aber, dessen »Frohe Botschaft« es offenbarte, erschien im Gegensatz zu den ungreifbar und vage sich im Labyrinth der Mythologien verlierenden Mysteriengottheiten in der wunderbaren Wirklichkeit des irdischen Lebens Jesu, des Gottessohnes. Wie jene Religionen versprach das Christentum Heil für das Leben nach dem Tode, doch statt es in den schweigenden Abgrund der Sternenewigkeit hinaufzuverlegen, gab es ihm den Charakter wirklichen Lebens durch die persönliche Auferweckung, wie sie sich an Christus vollzogen hatte. Zwar schrieb es seinen Gläubigen auch Regeln vor. Doch es übertrieb nicht. Ohne Kontemplation, Askese und Ekstase auszuschließen, verdichtete es seine moralische Haltung in der Barmherzigkeit und Liebe zum Nächsten, wie seine Evangelien es vorschrieben.

Darin bestand unzweifelhaft die Hauptanziehungskraft der neuen Religion: Die Christen waren alle Brüder und redeten sich auch als Brüder an. Ihre Zusammenkünfte fanden oft unter der griechischen Bezeichnung »Agape« statt, was Liebe bedeutet. Beständig halfen sie einander, »ohne Aufsehen noch Anmaßung«. Von Gemeinde zu Gemeinde bestand ein unaufhörlicher Austausch von »Ratschlägen, Lehren und materieller Hilfe«, und »all das war«, wie Duchesne schreibt, »auf andere Weise lebendig als die heidnischen Bruderschaften«. Oft hieß es deshalb von den Christen: »Wie ist ihre Religion einfach und rein! Welches Vertrauen haben sie zu Gott und seinen Verheißungen! Wie sehr lieben sie sich, und wie glücklich sind sie miteinander!«[108]

Im 2. Jahrhundert unserer Zeitrechnung durchdrang diese evangelische Freude natürlich erst einzelne Gruppen in der Bevölkerungsmenge der ungeheuren Stadt. Aber sie strahlte schon ihre Wirkung aus und hatte ganz gewiß, ohne daß die große Masse es wußte, bereits begonnen, Tausende von Existenzen umzuformen. An diesen Aspekt muß man denken, wenn man das Leben Roms in dieser Zeit verstehen will. Noch ist die Kirche wenig sichtbar. Doch sie ist schon da, sie handelt schon. Und wenn ihre Wohltaten auch nicht in aller Öffentlichkeit geschehen, so dürfen wir doch nicht die Fracht der heilbringenden Kraft unterschätzen. Sie setzt im geheimen die Heilmittel gegen die schlimmsten Verderbnisse an, von denen die Kultur der Stadt bedroht ist. Im Namen eines neuen Ideals belebt sie erschütterte oder verlorene antike Tugenden: Würde und Mut der Individuen, Zusammenhalt der Familien, den Sinn für moralische Werte im Leben der Erwachsenen und bei der Erziehung der Kinder. Darüber hinaus durchdringt sie die Beziehungen zwischen den Menschen mit einer *humanitas*, die den strengen antiken Gemeinschaften noch unbekannt war. Unter dem vornehmen äußeren Gewand verbirgt sich von nun an nur noch schlecht der innere Zerfall, der auf die Dauer Roms Macht zerstören und seine Schätze zerstreuen wird. Auffallend ist zur Zeit der Antonine, wie die Massen die kaiserliche Majestät umwimmeln, kennzeichnend ist Geldsucht, der luxuriöse Prunk, der das Elend überdeckt, das Ausmaß der Spiele, in denen die Faulheit sich wohlfühlt und die schlechten Instinkte geschürt werden, die Nichtigkeit blutarmer Geistigkeit und die Raserei vertierter Sinnenlust. Aber dieser trügerische Glanz mit seinen dunklen Schatten kann nicht das kleine Licht überdecken, das sich, so schwach und zitternd es auch sein mochte, in einigen vornehmen Herzen wie die Morgendämmerung einer anderen Welt entzündet hatte.

Zweiter Teil · Der Tag des Römers

Erstes Kapitel
Tageseinteilung, Aufstehen, Toilette

In dem ungeheuer großen, weltläufigen Rom der ersten Antonine prallen zwar die Gegensätze heftig aufeinander, doch läßt sich trotzdem mit einiger Genauigkeit der Tageslauf des »Durchschnittsrömers« nachzeichnen. Natürlich wird eine derartige Darstellung immer etwas willkürlich bleiben. Wenn wir indessen von den beruflichen Unterschieden absehen und von den außergewöhnlichen Fällen auf den obersten und untersten Sprossen der sozialen Stufenleiter, dem unermeßlichen Reichtum der Multimillionäre und dem Elend der Habenichtse, so gibt es für die Masse doch einen Bereich von Sorgen, Tätigkeiten und Vergnügungen, die sich mit geringen Unterschieden im täglichen Leben der meisten Einwohner der Urbs wiederfinden. Die Entwicklung dieses Bereichs läßt sich ohne Schwierigkeiten verfolgen, da das tägliche Leben sich gleichmäßig vollzog und nicht an das starre System einer genauen Stundeneinteilung gebunden war.

1. Tage und Stunden des römischen Kalenders

Seit der Kalenderreform des Julius Cäsar im Jahre 46 v. Chr. richtete sich der römische Kalender, ebenso wie der unsere, der aus ihm hervorgegangen ist, nach der Dauer des Erdumlaufs um die Sonne. Die zwölf Monate unseres Jahres bewahren die Reihenfolge, Länge und Namen, die ihnen Cäsars Genie und Augustus' Umsicht verlieh. Seit den Anfängen der Kaiserzeit hatten alle Monate, auch der Februar in gewöhnlichen Jahren und in Schaltjahren, dieselbe

Anzahl von Tagen wie bei uns. Außerdem führte die Astrologie, die zwischen den Religionen und den übrigen weltanschaulichen Systemen ihr Wesen trieb, neben der alten amtlichen Einrichtung der Kalenden (der erste jeden Monats), der Nonen (der fünfte oder siebente jeden Monats) und der Iden (der dreizehnte oder fünfzehnte jeden Monats)[1] den Gebrauch der Woche zu sieben Tagen ein, entsprechend den sieben Planeten, deren Bewegungen als bestimmend für das Universum angesehen wurde. Der Brauch verankerte sich in dieser Zeit so tief im öffentlichen Bewußtsein, daß Cassius Dio ihn am Anfang des 3. Jahrhunderts unserer Zeitrechnung als spezifisch römisch ansah.[2] Lediglich mit einer Veränderung – der Tag des Herrn, *dies Dominica (dimanche)*, ersetzte den Sonnentag, *dies solis* (Sonntag, *sunday*) – hat er unangetastet in den meisten Ländern romanischer Sprache den Niedergang der Astrologie und den Sieg des Christentums überlebt. (Siehe Abb. 50.) Weiterhin war jeder der sieben Wochentage in vierundzwanzig Stunden eingeteilt, deren Anfang nicht wie bei den Babyloniern auf den Sonnenaufgang oder wie bei den Griechen auf Sonnenuntergang festgelegt war, sondern wie heute noch bei uns auf die Mitte der Nacht, die wir deshalb Mitternacht nennen.[3] Doch hiermit hören die Übereinstimmungen in der Zeitrechnung zwischen der römischen Antike und unserem Zeitalter auf. Und wenn die erst spät im römischen Tageslauf erschienenen lateinischen Stunden, *horae*, auch mit den französischen *heures* denselben Namen tragen und als Tag dieselbe Zeit umschließen, so stellen sie doch etwas ganz anderes dar.

Wort und Sache stammen von den Griechen und sind an die Messungen gebunden, die sie gegen Ende des 5. Jahrhunderts vor unserer Zeitrechnung an den Abschnitten des sichtbaren Sonnenumlaufs auszuführen gelernt hatten. Die von Meton den Athenern geschenkte Sonnenuhr bestand aus einer steinernen Halbkugel, *polos* (πόλος), in deren Mitte ein spitzer Sonnenstab aus Metall, *gnomon* (γνώμων), steckte. Sobald sich die Sonne über den Horizont hob, zeigte sich der Schatten an der Wölbung der dem Zenit zugewandten Halbkugel und zeichnete dort im Gegenlauf die Tagesbahn der Sonne. Viermal im Jahr, bei den Tagundnachtgleichen und bei den

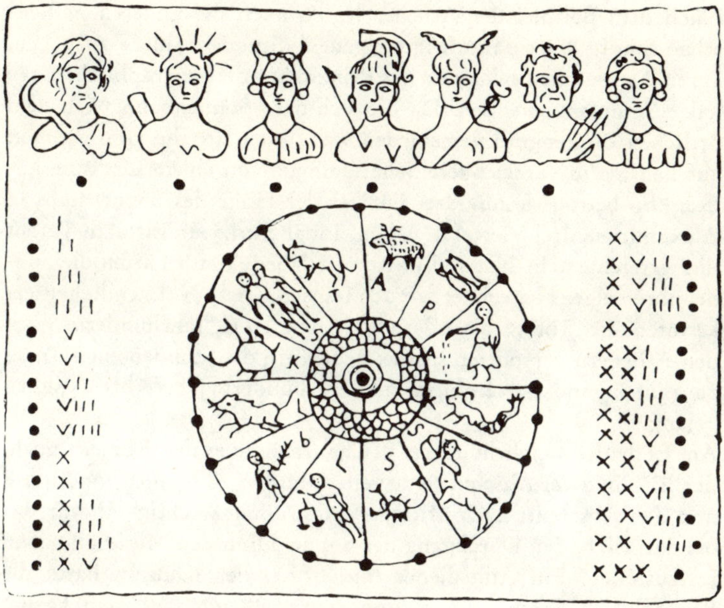

Abb. 50. Steckkalender aus Rom. Oben Wochentage, Mitte Tierkreis, rechts und links Monatstage.

Sonnenwenden, vermerkte man durch einen in den Stein eingeritzten Strich die so erhaltenen Schattenveränderungen. Da die vom Herbstäquinoktium beschriebene Kurve mit der Kurve des Frühlingsäquinoktiums zusammenfiel, erhielt man schließlich drei konzentrische Linien, die später jeweils in zwölf gleiche Abschnitte eingeteilt wurden. Jetzt mußten noch die entsprechenden Punkte der drei Parallelen durch zwölf Linien mit wachsendem Abstand verbunden werden, damit man die zwölf Stunden erhielt – ὥραι, *horae*, die in einem Jahr den Lauf der Sonne markierten und deren Folge der *polos* getreulich aufzeichnete. Deshalb hieß er »Stundenzähler« oder ὡρολόγιον, ein Wort, das im lateinischen *horologium* den Sinn und die Form der griechischen Bezeichnung bewahrt.[4]

Nach dem Beispiel der Athener legten auch die anderen hellenischen Städte Wert darauf, ihre eigenen »Stundenzähler« zu haben. Ihren Astronomen gelang es, das Prinzip auf die geographische Lage jeder Stadt anzuwenden. Da die sichtbare Sonnenbahn nach dem örtlichen Breitengrad verschieden war, wechselte die vom *gnomon* auf dem *polos* verzeichnete Schattenlänge von einem Ort zum andern. So betrug sie nur drei Fünftel der Höhe des Sonnenstabs in Alexandrien, drei Viertel in Athen, annähernd neun Elftel in Tarent und erreichte acht Neuntel in Rom. Für jede Stadt hätten die Sonnenuhren eigens berechnet werden müssen. Diese Notwendigkeit erkannten die Römer als allerletzte. Erst zwei Jahrhunderte nach den Athenern verspürten sie das Bedürfnis, die Stunden eines Tages zu zählen, und es vergingen weitere hundert Jahre, bis es ihnen gelang.[5]

Am Ende des 4. Jahrhunderts v. Chr. genügte es den Römern noch, den Tag in zwei Abschnitte zu teilen, in den Abschnitt vor Mittag und den Abschnitt nach Mittag. Von größter Wichtigkeit war dabei natürlich, den Durchgang der Sonne durch den Meridian genau festzustellen. Ein Amtsdiener *(apparitor)* der Konsuln hatte die Beobachtung durchzuführen und dem Volk, das auf dem Forum weilte, den Durchgang sofort zu verkünden. Wichtig war die Mitteilung für alle, die zur Einhaltung der Termine vor Mittag auf dem Gericht erscheinen mußten. Da der »Herold« das Zeichen zu geben hatte, wenn das Gestirn »zwischen die Rostra und die Graecostasis« eintrat, ist sein Amt zweifellos erst jüngeren Datums. Denn von den Rostra (Schiffsschnäbeln) konnte erst gesprochen werden, nachdem C. Maenius sie im Jahre 338 v. Chr. von den Antiaten als Seekriegsbeute heimgebracht und man sie an der Rednertribüne angebracht hatte. Und von einer *graecostasis*, dem Gebäude zum Empfang der griechischen Gesandtschaften, konnte nicht die Rede sein, ehe die erste Gesandtschaft, anscheinend im Jahre 306 v. Chr.,[6] durch Demetrios Poliorketes zum Senat geschickt wurde. Zur Zeit des Pyrrhuskrieges wurde ein kleiner Fortschritt durch die Unterteilung jeder Tageshälfte in zwei Abschnitte erzielt: in Morgen und Vormittag, *mane* und *ante meridiem*, und in Nachmittag und Abend, *de meridie* und *suprema*.[7] Aber erst gegen Anfang des Ersten Punischen Krieges, 263 v. Chr., drangen das *horologium* der Griechen und seine Stundeneinteilung nach Rom vor.[8] Einer der Konsuln dieses Jahres, M'. Valerius Messalla, hatte in seiner sizilischen Beute die Sonnenuhr aus Catania heimgebracht. Er ließ sie unverändert auf dem *comitium* aufstellen, wo sie drei Generationen lang den Römern Stunden verkündete, die mit der Wirklichkeit nicht übereinstimmten. Trotz der Behauptung Plinius' des Älteren, die Römer hätten sich neunundneunzig Jahre hindurch blindlings danach gerichtet,[9] darf wohl angenommen werden, daß sie sich während dieser langen Zeit wohl kaum auf einen solchen Irrtum versteiften, sondern vielmehr weiterhin eben ohne exakte Tageszeiten gelebt haben. Sie werden wahrscheinlich die Sonnenuhr Messallas nicht beachtet und sich auf gut Glück nach der Sonnenbahn über den Monumenten der Stadtplätze gerichtet haben.

Im Jahre 164 v. Chr. jedoch, vier Jahre nach dem Sieg bei Pydna, schenkte der Zensor Q. Marcius Philippus den Römern erstmals einen eigens für sie eingerichteten »Stundenweiser«, und da nun begrüßten sie, wenn man dem älteren Plinius glauben will, dies Geschenk freudig wie eine langentbehrte Wohltat.[10] In den dreißig Jahren, in denen römische Legionen auf griechischem Gebiet kämpften, gegen Philipp V., gegen die Ätoler und Antiochos von Syrien und schließlich gegen Perseus, waren sie mit den Erfindungen ihrer Feinde vertraut geworden und hatten, zweifellos manchmal zu ihrem Schaden, die Vorteile einer Stundeneinteilung erfahren, die zuverlässiger war als die, mit der sie sich bisher begnügt hatten. Mit Freuden sahen sie nun, daß der Stundenweiser in ihrem Vaterland eingeführt und benutzt wurde. Um sich denselben Dank zu verdienen wie Q. Marcius Philippus, setzten P. Cornelius Scipio Nasica und M. Popillius Laenas, seine Nachfolger im Zensorenamt, sein Beginnen fort. Sie stellten neben seine Sonnenuhr eine Wasseruhr, von der auch an nebligen Tagen und nachts die Stunden abgelesen werden konnten.[11]

Seit mehr als hundert Jahren bedienten sich die Alexandriner des ὕδριον ὡροσκοπεῖον, um nicht auf das *horologium* mit seinen unvermeidlichen Fehlern allein angewiesen zu sein. Ktesibios hatte es aus der älteren Klepsydra entwickelt. Der Mechanismus der Was-

seruhr *(horologium ex aqua)* war denkbar einfach. In ein zylindrisches Gefäß floß gleichmäßig Wasser, und man konnte an Markierungen, die nach dem Vorbild der Sonnenuhr angebracht waren, die Menge ablesen, die einer Stunde entsprach. Durch eine einfache Umstellung beim Ablesen der Monatssenkrechten konnte auch die Stundeneinteilung der Nacht vorgenommen werden. Es ist begreiflich, daß sich die Wasseruhr in Rom schnell verbreitete.
Es waren einige sehr große Sonnenuhren gebaut worden. So auf dem Marsfeld, wo Augustus im Jahre 10 v. Chr. auf der heutigen

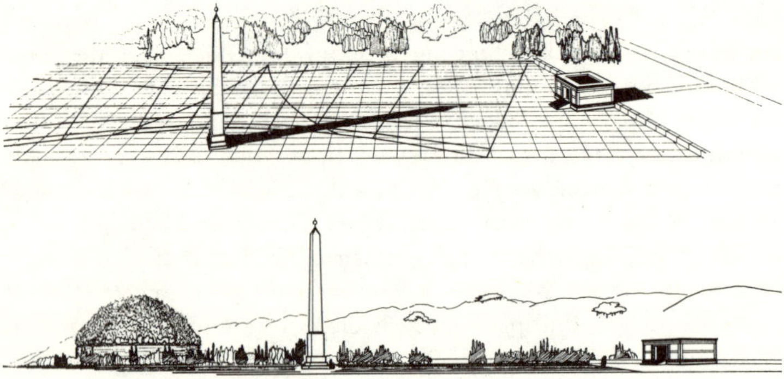

Abb. 51. Horologium Augusti auf dem Marsfeld.

Piazza di Montecitorio einen Obelisken als riesigen Gnomon errichtete, dessen Schatten die Tagesstunden auf Bronzestrichen anzeigte, die in den Marmorboden um den Obelisken herum eingelassen waren[12] (s. Abb. 51). Daneben aber entstanden auch kleine Sonnenuhren, Taschensonnenuhren, die dieselben Dienste wie unsere Uhren leisteten. In Forbach und in Aquileja hat man Exemplare gefunden von nicht mehr als drei Zentimetern Durchmesser. Doch zur selben Zeit schmückten sich die öffentlichen Gebäude der Urbs und auch die Häuser reicher Privatleute mit Wasseruhren, auf deren stetige Vervollkommnung und Ausgestaltung seit augusteischer Zeit die *clepsydarii* und *organarii* all ihr technisches Geschick verwandten. Wie unsere Standuhren ihr Schlagwerk haben und unsere Turmuhren ihr Glockenspiel, so waren die von Vitruvius beschriebenen *horologia ex aqua* mit automatischen Schwimmern versehen, die bei jedem Stundenwechsel Kieselsteine oder Eier in die Luft schleuderten oder sogar Pfiffe ausstießen.[13]

In der 2. Hälfte des 1. und im 2. nachchristlichen Jahrhundert kamen diese Wasseruhren immer mehr in Mode. Wie um 1900 das Klavier, so galten zur Zeit Trajans die Wasseruhren als sichtbare Zeichen für Wohlstand und Ansehen. Im Roman des Petronius, der uns Trimalchio als einen »unerhört schicken« Mann vorstellt, *lautissimus homo*, bekunden die Mitspieler ihre Bewunderung: hat er nicht »eine Uhr in seinem Speisesaal und einen Hornbläser, der eigens zum Blasen angestellt ist, damit man zu jeder Stunde weiß, welches Stück des Lebens schon wieder entronnen ist«? Trimalchio ist so versessen auf seine Uhr, daß er sie gerne ins Jenseits mitnehmen möchte. Im Testament schreibt er seinen Erben vor, ihm ein prunkvolles Grabmal zu errichten, an der Stirnseite 100 Fuß (30 Meter) breit und doppelt so tief, »mit einer Uhr in der Mitte, so daß niemand nach der Stunde blicken könne, ohne seinen Namen zu lesen«.[14] Dieses Begehren an die Nachwelt wäre unverständlich, wenn die Zeitgenossen Trimalchios nicht die Gewohnheit gehabt hätten, ständig nach den Uhren zu sehen: offensichtlich war die Beachtung der Stunden zum gern geübten Brauch geworden. Indessen würden wir uns in der Annahme täuschen, die Römer hätten unentwegt auf die Zeiger ihrer Sonnenuhren oder auf die Schwimmer ihrer Wasseruhren gestarrt, wie wir auf die Zeiger unserer Uhren. Sie waren nicht wie wir Sklaven der Stunden, weil ihre Stunden keineswegs von gleicher Länge und im übrigen eben doch nicht ganz genau waren.

Zunächst einmal stimmten Gnomon und Wasseruhr bei weitem nicht genau überein. Der Gnomon tat nur dort getreulich seinen Dienst, wo seine Konstrukteure ihn auf die Ortsbreite geeicht hatten. Die Messungen der Wasseruhr wiederum zeigten einheitliche Werte für alle Monatstage, obwohl die Sonne nicht immer gleich lange schien. Doch konnten ihre Hersteller gewisse Schwankungen der nach dem Gnomon vorgenommenen Regulierungen nicht verhindern. Wenn also jemand nach der Zeit fragte, so war er nur zu sicher, daß er verschiedene Antworten erhielt, denn in Rom war es, wie Seneca feststellt, unmöglich, die genaue Stunde zu wissen. Es war leichter, zwei Philosophen unter einen Hut zu bringen als die Uhren auf denselben Stand: *horam non possum certam tibi dicere; facilius inter philosophos quam inter horologia convenit.*[15]

Außerdem änderten sich die Stunden unaufhörlich. Ursprünglich waren sie für den eigentlichen Tag berechnet worden. Die Wasseruhren aber mußten sich, wie es ihrer Anlage entsprach, getrennt für den Tag und für die Nacht auffüllen und entleeren. Hieraus ergab sich ein erster Unterschied zwischen dem bürgerlichen Tag, dessen vierundzwanzig Stunden sich von Mitternacht zu Mitternacht erstreckten, und den vierundzwanzig Stunden des natürlichen Tags, die sich aus zwei Gruppen von je zwölf Stunden zusammensetzten, den zwölf Stunden des Tages und den zwölf Stunden der Nacht.[16]

Doch das ist noch nicht alles. Während unsere Stunden einheitlich sechzig Minuten zu je sechzig Sekunden umfassen und aufs genaueste voneinander getrennt sind, bewirkte die fehlende Unterteilung der römischen Stunden, daß jede sich über den ganzen Zwischenraum zwischen der vorhergehenden und der folgenden erstreckte. Dieser Zeitraum war aber nicht festgelegt, sondern änderte sich fortwährend vom Jahresanfang bis zum Jahresende. Auch für ein und denselben Tag waren die Stundenlängen für den eigentlichen Tag und die Nacht genau entgegengesetzt. Weil die zwölf Tagesstunden vom Gnomon notwendigerweise zwischen Sonnenauf- und -untergang verteilt wurden, blieb für die Nachtstunden stets der Zeitraum zwischen Sonnenuntergang und -aufgang übrig. Die Tages- und Nachtstunden wurden also nach der Jahreszeit im gleichen Verhältnis länger oder kürzer. So waren die Tages- und Nachtstunden nur zweimal im Lauf eines Jahres gleich lang, an den Äquinoktien. Vor und nach der Tag- und Nachtgleiche entwickelte sich ihre Länge in genau umgekehrt proportionalem Verhältnis auseinander, bis sie zur Winter- bzw. Sommersonnenwende (den Solstitien) ihren größten Unterschied erreichte. Am 25. Dezember, dem Tag der Wintersonnenwende, zählte man nur 8 Stunden 54 Minuten Sonnenlicht gegenüber 15 Stunden 6 Minuten Dunkelheit. Damit schrumpft die Tagesstunde auf 44 4/9 Minuten zusammen, während die Nachtstunde auf eine Stunde 15 5/9 Minuten anwuchs. Zur Sommersonnenwende kehrte sich dieses Verhältnis entsprechend um.

Bei der Wintersonnenwende sah die Folge der Tagesstunden so aus:

I.	*Hora prima*	von	7 Uhr 33 bis	8 Uhr 17
II.	*Hora secunda*	von	8 Uhr 17 bis	9 Uhr 02
III.	*Hora tertia*	von	9 Uhr 02 bis	9 Uhr 46
IV.	*Hora quarta*	von	9 Uhr 46 bis	10 Uhr 31
V.	*Hora quinta*	von	10 Uhr 31 bis	11 Uhr 15
VI.	*Hora sexta*	von	11 Uhr 15 bis	Mittag
VII.	*Hora septima*	von	Mittag bis	12 Uhr 44
VIII.	*Hora octava*	von	12 Uhr 44 bis	1 Uhr 29
IX.	*Hora nona*	von	1 Uhr 29 bis	2 Uhr 13
X.	*Hora decima*	von	2 Uhr 13 bis	2 Uhr 58
XI.	*Hora undecima*	von	2 Uhr 58 bis	3 Uhr 42
XII.	*Hora duodecima*	von	3 Uhr 42 bis	4 Uhr 27

Bei der Sommersonnenwende dagegen reihten sich die Tagesstunden folgendermaßen aneinander:

I.	*Hora prima*	von	4 Uhr 27 bis	5 Uhr 42
II.	*Hora secunda*	von	5 Uhr 42 bis	6 Uhr 58
III.	*Hora tertia*	von	6 Uhr 58 bis	8 Uhr 13
IV.	*Hora quarta*	von	8 Uhr 13 bis	9 Uhr 29
V.	*Hora quinta*	von	9 Uhr 29 bis	10 Uhr 44
VI.	*Hora sexta*	von	10 Uhr 44 bis	Mittag
VII.	*Hora septima*	von	Mittag bis	1 Uhr 15
VIII.	*Hora octava*	von	1 Uhr 15 bis	2 Uhr 31
IX.	*Hora nona*	von	2 Uhr 31 bis	3 Uhr 46
X.	*Hora decima*	von	3 Uhr 46 bis	5 Uhr 02
XI.	*Hora undecima*	von	5 Uhr 02 bis	6 Uhr 17
XII.	*Hora duodecima*	von	6 Uhr 17 bis	7 Uhr 33

Die Stunden der Nacht entsprechen in umgekehrter Proportionalität der Längenordnung der Tagesstunden, d. h., zur Wintersonnen-

wende erreichen sie dieselbe Dauer wie die Tagesstunden zur Sommersonnenwende und desgleichen zur Sommersonnenwende die Länge der Tagesstunden am Datum des Wintersolstitiums.
Daraus ergaben sich für das römische Leben tiefreichende Folgen. Da erstens die Meßinstrumente während der ganzen Antike empirisch und ungenügend blieben, ist die Stundeneinteilung niemals mit der mathematischen Genauigkeit erfolgt, wie es nach dem obigen, heutigen Methoden entsprechenden Plan unserer Zeitbegriffe den Anschein haben könnte. Das römische Leben blieb also trotz städtischer Geschäftigkeit ständig so schmiegsam und elastisch, wie es in unseren heutigen Großstädten nicht denkbar wäre. Da sich zweitens die Tageslänge nach den Jahreszeiten richtete, vollzog sich der Rhythmus des Lebens in verschiedenen Phasen: es ebbte in den dunklen Monaten ab und stieg mit der Wiederkehr der schönen, lichtreichen Zeit wieder an. Trotz Großstadtgewimmel blieb das römische Leben in Zuschnitt und Gebaren immer ländlich.

2. *Das Aufstehen*

Das kaiserliche Rom erwachte früh wie ein Dorf bei Sonnenaufgang, wenn nicht gar schon vor der Morgendämmerung. Denken wir dabei noch einmal an das bereits erwähnte Epigramm Martials, in dem er die Störungen aufzählt, die zu seiner Zeit den Schlummer der Römer heimsuchten. Sobald die Sonne aufgeht, sind sie dem ohrenbetäubenden Krach ausgeliefert, der Straßen und Plätze erfüllt und in dem sich das Gehämmer der Schmiede mit dem ununterbrochenen Lärm der Schüler verbindet.[17] Um sich gegen den Lärm zu schützen, ziehen sich die Reichen in ihre durch dicke Mauern und buschbestandene Vorgärten geschützten Häuser zurück. Doch hier werden sie durch den Lärm der Sklaven aufgeschreckt, die für die Sauberkeit des Hauses zu sorgen haben. Kaum graut der Morgen, da stürzt sich beim Glockenschlag auf die Gemächer eine noch schlaftrunkene Dienerschaft, bewaffnet mit einer Unzahl von Eimern, Wischtüchern *(mappae)*, Leitern zur Deckenreinigung, Stangen *(perticae)*, an denen Schwämme *(spon-*

gia) befestigt sind, mit Flederwischen und Besen *(scopae)*, teils aus grünen Palmen, teils aus Tamarisken-, Heidekraut- und Feldmyrtenreisern gebunden. Sie streuen Sägemehl auf die Fliesen und kehren es anschließend zusammen mit dem Schmutz fort, mit dem es sich verbunden hat. Mit Schwämmen putzen sie die Pfeiler und Simse, sie wischen, reiben, fächern mit verbissenem Eifer. Wenn der Herr einen vornehmen Gast erwartet, steht er schon mit ihnen auf, um sie bei der Arbeit anzutreiben. Mit rauher Stimme schreit er seine Befehle in das Durcheinander: »Kehre die Fliesen! Du, putze die Säulen sauber, wisch mit dem Tuch dort das vertrocknete Spinngewebe fort, reibt das Silber blank und die ziselierten Gefäße!«[18] Auch wenn er einem Verwalter die Aufsicht überläßt, wird er vom Arbeitslärm aufgeschreckt; es sei denn, er habe wie Plinius in seiner laurentinischen Villa vorsichtshalber einen Trennflur zwischen seinem Zimmer und den Räumen angelegt, in denen sich jeden Morgen der gleiche Wirrwarr abspielt.[19]

Im allgemeinen waren die Römer Frühaufsteher. In der antiken Stadt war die künstliche Beleuchtung so kläglich, daß alle Bewohner, reiche und arme, nach Möglichkeit das Tageslicht auszunutzen trachteten. Jeder handelte nach der Maxime Plinius des Älteren: Leben heißt Wachsein! *profecto enim vita vigilia est.*[20] Im allgemeinen aalten sich lediglich die jungen Tagediebe, von denen Aulus Gellius erzählt, oder die Trunkenbolde, die ihren Weinrausch vom Vorabend ausschlafen mußten, noch länger im Bett.[21] Doch standen sie wohl immer lange vor Mittag auf, da die »fünfte Stunde«, zu der sie sich zum Ausgehen anschickten, wie es bei Persius heißt, gewöhnlich vor elf Uhr vormittags[22] zu Ende ging und das späte Aufstehen, mit dem sich Horaz bei Mandela[23] brüstet und das Martial nur in der Stille seines fernen Bilbilis genoß,[24] nie später als zur »dritten Stunde« stattfand, die im Sommer gegen acht Uhr endete.

Außerdem war man so an das frühe Aufwachen gewöhnt, daß mancher, der noch im Bett blieb, dort schon sein Tagewerk begann. Ihm leuchtete das bescheidene und flackernde Licht des Wachsdochtes, das man *lucubrum* nannte. Daraus entstanden die Wörter *lucubratio* und *lucubrare*, gelehrte Nachtarbeit leisten.[25] Von Cicero bis Horaz, von den beiden Plinii bis Mark Aurel haben die vornehmen Römer jeden Winter um die Wette »elukubriert«,[26] und zu jeder Jahreszeit begab sich Plinius, Verfasser der *Naturgeschichte*, nachdem er den letzten Teil der Nacht in »Elukubrationen«[27] zugebracht hatte, vor Morgengrauen zu Kaiser Vespasian, der ihn nicht warten ließ, um Berichte zu empfangen und die Post durchzusehen.[28]

Der Sprung aus dem Bett und das Verlassen des Hauses geschahen sozusagen im selben Atemzug. Das Aufstehen war eine einfache Angelegenheit. Wobei noch gesagt werden muß, daß das Schlafzimmer *(cubiculum)* auch nicht zum Verweilen einlud. Es war klein, seine einfachen Läden tauchten, wenn sie geschlossen waren, das Zimmer in Dunkelheit. Geöffnet aber setzten sie es dem Regen, der Sonne und dem Wind aus. Tiberius, eine seltene Ausnahme, versah sein Schlafzimmer mit künstlerischen Meisterwerken und erregte damit Aufsehen.[29] Im allgemeinen besaß es keine anderen Möbel als die Liege *(cubile)*, die ihm seinen Namen gab. Dazu kamen manchmal eine Truhe zur Aufbewahrung von Stoffen und Münzen *(arca)*, der Stuhl, auf dem Plinius der Jüngere seine Sekretäre und seine zu Besuch kommenden Freunde Platz nehmen ließ und Martial seinen Mantel ablegte, dann noch das Nachtgeschirr, *lasanum*[30] oder *scaphium*[31], von dem uns in der Literatur verschiedene Modelle, vom einfachen Tongeschirr *(matella fictilis)*[32] bis zum edelsteingeschmückten Silbergefäß[33], beschrieben sind. So prunkvoll man sich auch immer die Kopf- und Seitenstücke der Betten vorstellen mag, ihre Bequemlichkeit entspricht bei weitem nicht der reichen Ausstattung.[34] Auf den gekreuzten Gurten liegen eine Matratze *(torus)* und ein Kopfkissen *(culcita, cervical)*, dessen Füllung *(tomentum)* bei armen Leuten aus Heu oder Schilfgras, bei reichen aus Wolle von den Schafherden im Tal der Maas oder gar aus Schwanenflaum bestand.[35] Es fehlen sowohl Polster als Unterlage wie Laken als Bezug. Auf der Matratze liegen nur zwei Dekken oder Teppiche *(tapetia)*. Auf der einen *(stragulum)* ruht der Schläfer,[36] mit der anderen *(operimentum)* deckt er sich zu. Das *operimentum* besteht aus einer Steppdecke *(lodices)* oder einem buntfarbenen Oberbett aus Damast *(polymita)*.[37] Schließlich liegt am Fuß des Bettes, vor der Matratze also *(ante torum)*, wie die Alten sagten, ein Bettvorleger *(toral)*, der an Luxus oft den *lodices*[38] nicht nachstand.

Das *toral* auf dem Fußboden gehörte sozusagen zur pflichtmäßigen Ausstattung. Ob der Römer nun *soleae* trug, eine Art Kapuzinersandalen, deren Sohlen mit Schnüren an den Knöcheln befestigt waren, oder *crepidae*, Ledersandalen, die ein durch Ösen gezogener Riemen hielt, oder *calcei*, Lederhalbschuhe mit gekreuzten Riemen, oder *caligae*, geschlossene Halbstiefel, immer war er sofort barfüßig, wenn er seine Schuhe ablegte. Zuweilen schützte er zwar seine Beine mit Wadenbändern *(fasciae)*. Niemals aber besaß er etwas Ähnliches wie unsere Socken oder Strümpfe. Vor dem Schlafen zog er die Schuhe aus.[39] Hingegen entkleidete er sich so wenig wie die heutigen Orientalen. Er zog seine Kleider nur halb aus. Er nahm den Mantel ab und legte ihn entweder auf das *operimentum* als zusätzliche Decke[40] oder warf ihn nachlässig auf den nächsten Stuhl.[41]

Die Alten unterschieden deutlich zwei Arten von Kleidungsstükken: in die einen schlüpfte man hinein, die andern legte man sich um. So unterscheidet das Griechische ἐνδύματα und ἐπιβλήματα und das Lateinische gleichermaßen *indumenta*, die Tag und Nacht getragen werden, und *amictus*, die man nur für einen Teil des Tages anlegt.

Zu den *indumenta* gehört in erster Linie das *subligaculum* oder *licium*, das durchaus nicht, wie es zuweilen geschieht, als Unterhose gedeutet werden darf, sondern als einfacher, meist leinener Schurz, der um die Taille geknotet wird. Ursprünglich war er vielleicht für arm und reich das einzige Unterkleid. Die Armen besaßen nichts anderes, die Reichen trugen unmittelbar auf dem Unterkleid die Toga, wie es noch zur Zeit Cäsars und Augustus' einige streng konservativ Gesinnte taten, um ihre Treue zu den althergebrachten Sitten zu beweisen.[42] Im 2. Jahrhundert n. Chr. war es in der Öffentlichkeit nur noch der Anzug der Athleten.[43] Sogar die Handwerker[44] hatten sich daran gewöhnt, über dem *licium* die *tunica* anzulegen, die das allgemein übliche *indumentum* geworden ist. Die Tunika, eine Art Hemd aus Leinen oder Wolle, bestand aus zwei zusammengenähten Stoffbahnen. Man zog sie über den Kopf und raffte sie mit einem Gürtel so an den Körper, daß sie hinten bis in Höhe der Kniekehlen hing, vorne aber etwas tiefer reichte.[45] Die Mode brachte einige Änderungen bei diesem Kleidungsstück, das allgemein beide Geschlechter und alle sozialen Schichten trugen. Für die Frauen war die Tunika länger als für die Männer, sie konnte bis zu den Fersen reichen *(tunica talaris)*.[46] Die militärische Tunika war kürzer als die bürgerliche, die der einfachen Bürger kürzer als die der Senatoren, die überdies ein breiter Purpursaum, der *latus clavus*, schmückte.[47] Während der Kaiserzeit trugen die Römer nicht selten zwei Tuniken übereinander. Die untere hieß *subucula*, die obere, die eigentliche Tunika, hieß *tunica exterior*. Manchmal zogen kälteempfindliche Personen sogar zwei *subuculae* statt einer an oder sogar drei wie Augustus, soweit wir den Einzelheiten Glauben schenken dürfen, die uns Sueton über die sonderbaren Gewohnheiten des Kaisers mitteilt.[48] Sommer wie Winter hatten die Tuniken jedoch immer nur kurze Ärmel, die gerade den Oberarm bedeckten. Erst in der Spätantike wurden längere Ärmel allgemein zugelassen.[49] Daraus erklären sich die Fausthandschuhe, die selbst den Sklaven bei strenger Kälte gestattet waren,[50] und die Notwendigkeit eines *amictus*, der über den *indumenta* getragen wurde.

Der *amictus*, das unverwechselbar römische Gewand zur Zeit der römischen Republik und am Anfang der Kaiserzeit, war der aus einem Stoffteller von 2,70 Meter Durchmesser geschnittene Überwurf aus weißem Wollstoff, die *toga* (s. Taf. 10 und 12), deren Name mit dem Verbum *tegere*, bedecken, verwandt ist. Ihre Kreisform unterschied sie von allen Kleidungsstücken, die sich aus dem ἱμάτιον der Hellenen entwickelt hatten.[51] In einer schönen Abhandlung hat kürzlich Léon Heuzey die unvereinbaren Auffassungen gegenübergestellt, die sich in diesen beiden »Trachten« ausdrücken.[52] Mit ihrer Vorliebe für gradlinige Architekturen »lassen die Griechen dem Stück Stoff, das ihnen als Kleid dient, die geraden Kanten und Ecken, die es auf dem Webstuhl hatte«; sie haben diesen Grundformen »wunderbare Wirkungen abgewonnen, die der Schlichtheit ihres Geschmacks und der Klarheit ihres Geistes gefielen«. Im Gegensatz dazu haben erst die Etrusker, dann die Römer, die schon frühzeitig den Bogen in ihre Bauweise einführten und die mit Vorliebe ihre Tempel auf kreisförmigen Flächen errichteten, die Winkel ihrer Kleidung abgerundet. Auf diese Weise erzielten sie »einen reicheren und majestätischeren Aufputz, aber ein weniger freies und weniger schönes Aussehen«. Durch ihren nie veränderten Schnitt war die Toga die unverkennbare Volkstracht der Römer. An der herrscherlichen Weite erkannten die Mörder, die Mithridates den Italikern in der Provinz Asien nachjagte, auf den ersten Blick ihre Opfer.[53] Auf der Höhe des Kaiserreichs blieb die Toga das Staatskleid, das von allen öffentlichen Manifestationen des Bürgersinns untrennbar war. Die bauschige, eindrucksvolle, feierliche Toga war das würdige Kleid der Herren der Welt, doch ihre Tragweise gestaltete sich sehr kompliziert, ihr peinlich geordneter Faltenwurf wirkte ein wenig gekünstelt. Es erforderte außerordentliches Geschick, sie nach allen Regeln der Kunst umzuhängen. Selbst ein so wenig eitler Konsul wie Cincinnatus konnte dabei nicht ohne Hilfe auskommen, die er sich, Held antiker Einfachheit, übrigens tatsächlich nur von seiner Frau Racilia angedeihen ließ.[54] In der Toga die Haltung beim schwungvollen Schreiten zu bewahren, eine feurige Rede zu halten und den wirbelnden Ansturm der Menge zu bestehen, erforderte unablässige Aufmerksamkeit.[55] Ihr Gewicht machte sie zu einer kaum erträglichen Bürde.[56] Damit sie blütenweiß blieb, mußte sie gründlich und häufig gewaschen werden, so daß sie bald verschliß und nur eine geringe Lebensdauer hatte.[57] Vergeblich erließen die Herrscher deshalb Anordnungen, die das Tragen der Toga zur Pflicht machten:[58] Claudius für das Tribunal,[59] Domitian für das Theater,[60] Commodus für das Amphitheater.[61] Wer am Anfang des 2. Jahrhunderts unserer Zeitrechnung von Rom aufs Land ging, ließ die Toga zurück[62] und nahm das *pallium*, eine Nachbildung des hellenischen ἱμάτιον, die *lacerna*, ein farbiges *pallium*, oder die *paenula*, eine *lacerna* mit Kapuze *(cucullus)*. In Rom ersetzte man sie beim gemeinschaftlichen Mahl durch die *synthesis*, die in ihrem Oberteil die Einfachheit der Tunika mit der Weite der Toga im Unterteil verband.[63] In den Munizipien wollten selbst die Magistrate nicht mehr ihr

Amt in der Toga ausüben, und die Bürger trugen sie nur noch am Tag ihres Begräbnisses, auf dem Totenbett.[64]

Bei Lebzeiten hingegen hüteten sie sich sehr, sich mit ihr zu Bett zu legen. Das Umhängen der Toga oder des *amictus*, der ihr in der allgemeinen Beliebtheit folgte, war das einzige Geschäft, das beim Aufstehen Zeit kostete und eine Mühe erforderte, die kaum geringer war als der Aufwand, den jetzt die Archäologen treiben müssen, um ihre Tragweise zu erforschen. Wer, wie die Ädilen der Munizipien, gelegentlich auf alle Arten des *amictus* verzichtete oder die ärgerliche Last des Ankleidens auf später verschob, war im Nu fertig. Er brauchte nichts zu tun als die Schuhe auf dem *toral* anzuziehen. Sobald beispielsweise der Kaiser Vespasian seine *calcei*, seine Halbschuhe, angelegt hatte, empfing er, da er sich im Handumdrehen und ohne fremde Hilfe anzog, seine Räte und oblag der Ausübung seiner kaiserlichen Pflichten.[65] Kaum hatten sie sich aus dem Bett erhoben, waren die Römer jener Zeit zur Ausübung ihrer Ämter bereit.

Das erste Frühstück ersetzten sie durch ein hastig getrunkenes Glas Wasser.[66] Da sie im übrigen wußten, daß sie gegen Abend zum Bad gingen, entweder in die öffentlichen Bäder oder in das private *balneum* in ihrem Hause, falls ihre Vermögensverhältnisse ihnen die Einrichtung gestattete, hielten sie sich nicht mit ihrer Toilette auf.

In Pompeji ist nur eine einzige Villa gefunden worden, die Villa des Diomedes, in der das Schlafzimmer des Hausherrn eine *zotheca*, einen Alkoven, mit Tisch und Waschbecken enthielt. Der Bericht Suetons, der uns am Aufstehen Vespasians teilnehmen läßt, übergeht stillschweigend die Morgentoilette, und obwohl derselbe Sueton uns sie auch in seiner Schilderung der letzten Lebensstunden Domitians erwähnt, teilt er nichts Näheres mit, weil er ihr offensichtlich keine Wichtigkeit beimißt.[67] Erschreckt durch die Weissagung, daß die fünfte Morgenstunde, in der er tatsächlich am 18. September des Jahres 96 n. Chr. ermordet wurde, ihm unerbittlich den Tod bringen werde, hatte sich der Kaiser in sein Zimmer verkrochen und den ganzen Vormittag sein Bett nicht verlassen, unter dessen Pfühl er ein Schwert hütete. Plötzlich aber, auf die falsche Nachricht, die sechste Stunde sei angebrochen, wohingegen in Wirklichkeit erst die fünfte begonnen hatte, entschloß er sich, aufzustehen und in einem Nebenraum die Körperpflege – *ad corporis curam* – vorzunehmen. Aber Parthenius, sein Kämmerer, der zu den Verschwörern gehörte, hielt ihn im Zimmer unter dem Vorwand zurück, ein Besucher beharre darauf, ihm persönlich schwerwiegende Enthüllungen zu unterbreiten. Leider hat Sueton uns mit keinem weiteren Wort die Pflege, *cura*, beschrieben, die Domitian seinem Körper angedeihen lassen wollte, als die List der Mörder ihn daran hinderte. Die Kürze der Erwähnung indessen und die Leichtigkeit, mit der Domitian über die Sache hinweggeht, erweisen klar ihre geringe Bedeutung. Da außerdem *sapo* (von dem das frz. *savon*, Seife, abgeleitet ist) nichts als ein Färbemittel bedeutete und der Gebrauch der Seife noch unbekannt war,[68] handelte es sich wohl lediglich darum, Kopf und Hände mit frischem Wasser zu benetzen. Darauf beschränkt sich auch noch im 4. Jahrhundert die *cura corporis*, die Ausonius in einer entzückenden kleinen Ode seiner *Ephemeris* in Versen besungen hat. »Sklave, wohlan denn! Reiche mir die Schuhe und meinen Mantel aus Musselin! Bring mir den *amictus*, den du mir gerichtet, denn ich gehe aus. Und gieße mir fließendes Wasser, daß ich die Hände mir wasche, den Mund und die Augen:

> *Da rore fontano abluam*
> *Manus et os et lumina!*«[69]

Danach betritt der Dichter die Kapelle, und nach verrichtetem Gebet begibt er sich zu seinen Freunden.

3. *Die Toilette des Mannes · Der Tonsor*

Die vorschriftsmäßige Toilette der eleganten römischen Herren vollzog sich im 2. nachchristlichen Jahrhundert beim *tonsor*. Ihm vertrauten sie den Schnitt des Bartes und die Pflege des Haupthaars an. Darauf legte schon Julius Cäsar bei der *cura corporis* Wert, auf dessen modischen Ehrgeiz Sueton hinweist.[70] Im 2. Jahrhundert wird daraus eine Tyrannei. Wer reich genug ist, *tonsores* in seiner Dienerschaft zu halten, vertraut sich ihnen schon früh am Morgen an und notfalls noch einmal im Laufe des Tages.

Wer sich diese hohe Ausgabe nicht leisten kann, tritt, sooft er es für nötig hält, bei einem der unzähligen *tonsores* ein, die in der Stadt ihre Geschäfte in den *tabernae* eröffnet haben oder gar unter freiem Himmel für eine anspruchslosere Kundschaft arbeiten.[71] Die Müßiggänger finden sich hier häufig zu ausgedehnten Sitzungen ein. Doch wie dürfte man in Anbetracht der aufgewandten Zeit und der sie bedrängenden Sorgen jene als Müßiggänger zu bezeichnen wagen, die sich zwischen Kamm und Spiegel geschäftig zeigen: *Hos tu otiosos vocas inter pectinem speculumque occupatos?*[72] Vom Tagesanbruch bis zur achten Stunde drängt sich die Menge in der *tonstrina*.[73] So wird sie ein regelrechter Treffpunkt, ein Salon, eine Klatschstube, der denkbar beste Ort für Begegnungen, Austausch von Neuigkeiten und Geschwätz.[74] Immer wirkt sie bunt und reizvoll. Seit der augusteischen Zeit haben sich die Kunstliebhaber um die Genrebilder gerauft, auf denen die Alexandriner derartiges darstellten.[75] Bemerkenswert wird die *tonstrina* weiterhin durch die hohen Preise, die dort gefordert werden. In den Satiren Juvenals und in den Epigrammen Martials taucht mehrfach der Typ des ehemaligen *tonsor* auf, der sein Glück gemacht hat und nun als achtunggebietender Ritter oder reicher Grundbesitzer erscheint.[76]

Der Laden des Barbiers, die *tonstrina*, ist von Bänken gesäumt, auf denen die wartenden Kunden sitzen. An den Wänden hängen Spiegel, vor denen häufig auch Männer stehenbleiben, die nicht bedient werden wollen. Sie betrachten sich ausgiebig und rücken, wenn nötig, ihre Kleidung zurecht.[77] Der Kunde, der gerade an der Reihe ist, hat auf einem Schemel Platz genommen. Seine Kleider sind durch ein kleineres oder größeres Tuch geschützt, *mappa* oder *sudarium*, oder durch einen Frisiermantel *(involucre)* aus Batist *(linteum)* oder aus Musselin *(sindon)*.[78] Der *tonsor*, umringt von seinen Gehilfen *(circitores)*, schneidet ihm die Haare oder legt sie ihm, wenn sie seit dem letzten Mal noch nicht sehr gewachsen sind, nach der Mode zurecht, die sich immer nach der Haartracht der Herrscher richtete. Mit Ausnahme von Nero, der sein Haupthaar kunstreich zu tragen liebte,[79] scheinen sich die Herrscher, wie ihre Münzen und Büsten zeigen, zumindest bis Trajan, wohl nach dem Beispiel des Augustus gerichtet zu haben, der seinen *tonsores* immer nur einige flüchtige Augenblicke widmete,[80] oder nach den Schönheitsregeln Quintilians und Martials, die beide langen Haaren und getürmten Locken abhold waren.[81] Am Anfang des 2. Jahrhunderts begnügten sich die meisten Römer mit einem einfachen Haarschnitt, der freilich immer eine Bearbeitung mit dem Kamm erforderte. Der Schnitt wurde mit einer Eisenschere ausgeführt *(forfex)*, einem recht mangelhaften Werkzeug, da weder die beiden Schenkel durch einen gemeinsamen Stift in der Mitte verbunden noch mit Griffringen am Ende versehen waren. So ließ der Schnitt viel zu wünschen übrig. Oft zeigte er die Unebenheiten, die wir »Stufen« nennen und über die Horaz in den *Episteln* spottet:

Si curatus inaequali tonsore capillos
Occurri, rides . . .[82]

Deshalb zogen die eleganten Herren bald eine richtige Frisur vor. Wie die Bildnisse zeigen, tragen schon Hadrian, sein Sohn Lucius Cäsar und dessen Sohn Lucius Verus eine Haartracht, deren künstliches Gelock entweder durch entsprechendes Kämmen *(flexo ad pectinem capillo*[83]*)* oder durch das *calamistrum* hergestellt ist, einen Eisenstab, den die *ciniflones* mit der Metallscheide in glühende Asche hielten und um den der *tonsor* mit geschickter Hand die Haare wickelte. Im Anfang des 2. Jahrhunderts war dieses Verfahren allgemein üblich, nicht nur bei jungen Leuten, denen niemand einen Vorwurf daraus gemacht hätte, sondern auch bei reifen Männern, deren schon lichtes Haar sich wenig zu dieser Behandlung eignete, so daß die Frisur lächerlich wirkte. So schreibt Martial spöttisch an Marinus: »Man sieht, wie du zur Rechten und zur Linken deine dünngesäten Haare zusammensuchst, um den glänzenden Schädel mit den Schläfenlocken zu bedecken. Sie umrahmen das entblätterte Haupt mit riesigen Schnörkeln und flattern, vom Winde bewegt, nach beiden Seiten auseinander. Wolle doch, Marinus, dein Alter freimütig weisen und wolle nicht jünger

erscheinen: nichts Häßlicheres gibt es auf der Welt als einen lokkensüchtigen Glatzkopf ...«[84]
Dem *tonsor* oblag es auch, seinen Kunden zu dem ersehnten jugendlichen Aussehen zu verhelfen. Auf die mühsam erzielten Locken goß er Färbemittel[85] und Duftstoffe, rieb Schminke auf die Wangen, klebte kleine runde Stoffpflästerchen auf, die unreine Hautstellen verdecken oder einem farblosen Gesicht Glanz verleihen sollten. Diese Schminkpflästerchen hießen *splenia lunata.* Wer diese groben Künste an sich anwenden ließ, mußte mit mancherlei Spott rechnen. Er reichte von den beißenden Scherzen Ciceros über die angefeuchteten Haartollen einiger Laffen unter seinen Feinden[86] bis zu Martials Epigrammen über die wetteifernden Gecken seiner Zeit: Carocinus, der nach allen Essenzen aus den Bleitöpfen Niceros', eines berühmten Parfümherstellers, roch;[87] Postumus, der ihm besonders verdächtig ist, weil »er immer gut riecht und immer gut riechen schlecht riechen heißt«;[88] Rufus, dessen glänzende Frisur das Marcellustheater durchduftete und dessen Stirn die Schönheitspflästerchen wie mit Sternen schmückten.[89]
Doch in der Zeit, der wir uns widmen, bestand die tägliche Arbeit des *tonsor* außerdem darin, die Bärte zu stutzen oder zu rasieren. Diese Gewohnheit hatte sich erst im Laufe der Zeit ergeben. Die Römer trugen ebenso wie die Griechen lange Zeit Bärte. Die Griechen hatten sie dann nach dem Beispiel und auf Befehl Alexanders geschnitten. Erst hundertfünfzig Jahre später taten es die Römer ebenso. Im Anfang des 2. Jahrhunderts v. Chr. ist Titus Quinctius Flamininus auf der Bildseite seiner prokonsularischen Münzen bärtig dargestellt, ebenso Cato der Ältere, wie aus den literarischen Nachrichten zu seiner Zensur und seiner Person hervorgeht.[90] Eine Generation später ist die Zahl der Bärtigen bereits geringer geworden. Scipio Aemilianus wünschte jeden Tag rasiert zu werden. Selbst als er aus Protest gegen ungerechte Anklagen darauf hätte verzichten sollen, ließ er sich nicht davon abbringen.[91] Vierzig Jahre später wurde der Brauch, den er eingeführt hatte, von den *dictatores* verbreitet, als ob der Geist der hellenistischen Kultur, von dem sie gegen ihre eigentliche Absicht erfüllt waren, die Fundamente des politischen Systems bis in die kleinsten Alltäglichkeiten durch-

drungen habe. Sulla war glattgesichtig, Cäsar, sein eigentlicher Nachfolger, legte größten Wert darauf, immer frisch rasiert zu erscheinen.[92] Nachdem Augustus Kaiser geworden war, hätte er es sich nicht verziehen, auch nur einmal auf die Klinge des *tonsor* verzichtet zu haben.[93] Gegen Ende des 1. vorchristlichen Jahrhunderts mußten schon sehr schmerzliche und bedeutende Ereignisse eintreten, wenn die Machthaber auf eine Formalität verzichten sollten, die für sie zu einer Art Staatspflicht geworden war: für Cäsar die Ermordung seiner Unterführer durch die Eburonen,[94] für Cato den Jüngeren die Schlappe seiner Partei bei Thapsus im Jahre 46 v. Chr.,[95] für Antonius die Niederlage bei Modena,[96] für Augustus die Botschaft vom Unglück des Varus.[97] Während der Kaiserzeit haben die *principes* von Tiberius bis Trajan nie auf die Rasur verzichtet, und ihre Untertanen hätten sich ihrer unwürdig geglaubt, wenn sie es nicht genauso gehalten hätten.

Wenn zum erstenmal der Bart eines jungen Mannes unter den Klingen des *tonsor* fiel, spielte sich eine religiöse Zeremonie ab, die *depositio barbae*. Wir kennen die Daten, zu welchen die Kaiser und ihre Verwandten sie vollzogen: Augustus im September 39 v.Chr.,[98] Marcellus im Jahre 25 v. Chr., während er am Zug gegen die Kantabrer teilnahm,[99] Caligula und Nero zu der Zeit, als sie die Männertoga anlegten.[100] Die einfachen Bürger richteten sich bis in die kleinste Einzelheit nach ihren Kaisern. So verewigen tiefbetrübte Eltern in einer römischen Grabinschrift, daß ihr verstorbener Sohn am Ende seines dreiundzwanzigsten Jahres den Bart geschoren bekam, im selben Alter wie Augustus;[101] wie Nero das Haar seiner *depositio* in einer Goldpyxis dem Jupiter Capitolinus weihte,[102] so zeigte Trimalchio seinen Gästen in seiner Privatkapelle zwischen den Silberstatuetten seiner Laren und einer Marmorstatuette der Venus gleichfalls eine goldene Kapsel, die seine *lanugo* enthielt.[103] Die Armen begnügten sich mit einer gläsernen Kapsel, wie sie eine glückliche Ausgrabung 1832 aus einem antiken Haus der Via Salaria zutage förderte.[104] Zu Juvenals Zeit beging arm und reich nach den verfügbaren Mitteln – und manchmal auch darüber hinaus – mit Lustbarkeiten und Schmausereien das Fest, zu dem alle Freunde der Familie eingeladen wurden.[105]

Bei der *depositio barbae* schnitt der *tonsor* mit der Schere den Bart, als gelte es, ihn als Erstlingsopfer der Gottheit darzubringen. Die Heranwachsenden, deren Kinn erst ein mehr oder weniger dichter Flaum bedeckte, warteten im allgemeinen das Ende ihrer Jugendzeit ab, bis sie sich rasieren ließen.[106] Hatte man aber ein bestimmtes Alter erreicht, wäre es unschicklich gewesen, sich noch dem Schermesser zu entziehen, es sei denn man war Soldat[107] oder Philosoph[108]. Martial vergleicht diejenigen, die sich davor drücken wollen, den afrikanischen Ziegenböcken, die zwischen den beiden Syrten am Ufer des Cynips weiden.[109] Zu den *tonsores*, die unter freiem Himmel arbeiteten,[110] wurden sogar die Sklaven geschickt, wenn der Herr nicht aus Sparsamkeit den eigenen Barbier ansetzte, sich die Hände auf der Sklavenschwarte zu schulen, wie es Hadrians Prokuratoren im Minengebiet von Vipasca taten.[111] Niemand rasierte sich selbst, denn wegen des Mangels an feinem Handwerkszeug mußten sich die Römer erfahrenen Spezialisten anvertrauen. Gewiß, die Archäologen haben viele Rasiermesser in den prähistorischen und etruskischen Höhlen entdeckt. Daß sie bei den römischen Ausgrabungen wenige oder gar keine gefunden haben, mag auf den ersten Blick unverständlich erscheinen. Das liegt jedoch daran, daß die Rasiermesser der Terramaren und der Etrusker aus Bronze waren, die anderen Messer jedoch aus Eisen, die eigentlichen Schermesser *(novaculae)* und die Klingen, die man zum Rasieren und zum Schneiden der Nägel benutzte *(cultri* oder *cultelli)*. Der Rost hat sie zerfressen. Diese *ferramenta* – der Gattungsname gilt für alle Abarten – waren sehr zerbrechlich und wenig dauerhaft. Das war indessen ihr geringster Mangel. Vergeblich schärfte der *tonsor* sie auf seinem Wetzstein, einer in Spanien gekauften *laminitana*,[112] die er mit Spucke anfeuchtete.[113] Die Schneide fuhr schmerzvoll, aber ohne Wirkung über die Wangen, die weder mit Seifenschaum noch mit Öl vorher in Berührung gekommen waren. Der einzige mir bekannte Text, der einige Aufklärung über diese Einzelheiten bringt, stellt nach meiner Meinung unbestreitbar fest, daß der *tonsor* seinem Kunden vorher das Gesicht lediglich mit klarem Wasser einrieb. Ich denke an die hübsche Anekdote, in der Plutarch von der Freigebigkeit des M. Antonius

Creticus erzählt, des Vaters des Triumvirn Antonius. Als eines Tages ein Freund den Verschwender um Geld anging, mußte er zugeben, daß seine Frau, die ihn argwöhnisch überwachte und den Daumen fest auf dem Geldbeutel hielt, ihm keinen Groschen Bargeld im Haus gelassen hatte. Da verfiel er auf eine List, um trotz der Geldverlegenheit seinem Freund helfen zu können. Schnell befahl er einem Sklaven, ihm Wasser in einer Silberschale zu bringen. Er nahm das Becken und rieb sich die Wangen ein, als ob er sich rasieren lassen wollte. Dann aber, nachdem er den Sklaven unter einem Vorwand fortgeschickt hatte, reichte er die Silberschale dem Freund, der nach diesem gelungenen Streich befriedigt verschwand. Die List des Antonius Creticus ist offensichtlich nur verständlich, wenn der *tonsor* vor der Rasur das Gesicht nur mit klarem Wasser einzureiben hatte.[114]

Unter solchen Umständen mußte der *tonsor* natürlich mit außergewöhnlichem Fingerspitzengefühl begabt sein. Erst nachdem er lange bei einem Meister gelernt und sicher im Umgang mit den stumpfen Rasiermessern geworden war, durfte er selbst einen Laden eröffnen.[115] Doch sein Beruf war mit Schwierigkeiten gespickt. Die anerkannten Könner wurden zwar so berühmt, daß sogar die Dichter sie in ihren Versen verherrlichten. So widmete Martial dem Pantagathus folgenden zärtlichen Nachruf: »In diesem Grabe ruht, hingerafft in der Blüte der Jahre, Pantagathus, Schmelz und Schmerz seines Herrn; unübertroffen, wie er die Haare schnitt mit dem Eisen, daß es kaum sie berührte, unübertroffen auch, wie er die stachligen Wangen glättete. O Erde, könntest du ihm sanft und leicht sein, wie ihm gebührt, leichter und sanfter kannst du nicht sein als seine kunstfertige Hand.«[116] Leider gehörte Pantagathus zu den Ausnahmen. Die meisten seiner Berufsgenossen besaßen bei weitem nicht seine Geschicklichkeit. Besonders die *tonsores* an den Straßenecken bereiteten ihrer Kundschaft manche bittere Überraschung. Irgendein Vorfall auf der Straße, ein Menschenauflauf, die kleinste Unaufmerksamkeit genügte: die Hände des Barbiers rutschten aus, sein Kunde trug Schrammen davon. Die Verletzungen waren so zahlreich und bösartig, daß sich die Juristen schon unter Augustus damit beschäftigten und Geldstrafen verhängten.[117]

Im Anfang des 2. Jahrhunderts hat sich in dieser Hinsicht nichts gebessert. Die Kunden des *tonsor* konnten im allgemeinen nur zwischen einer mit aller Vorsicht durchgeführten, aber endlosen Sitzung und einer schnellen, aber gefahrvollen und blutigen Operation wählen, die mit mehr oder weniger tiefen Schmissen endete. Die berühmtesten Barbiere arbeiteten sündhaft langsam. Augustus suchte nach Möglichkeit die Zeit zu nutzen, indem er las oder mit dem Griffel auf seinen Schreibtäfelchen schrieb.[118] Noch hundert Jahre später heißt es witzig über das gemächliche Tempo: »Während der Barbier noch die linke Wange des Lupercus bearbeitet, sprießt rechts schon der Bart von neuem ...«[119] – »Ich hatte als Barbier einen jungen Mann, so geschickt wie höchstens noch Thalamus, der Barbier Neros. Eines Tages lieh ich ihn Rufus, daß er seine Wangen glättete. Auf seinen Befehl bearbeitete er immer wieder die Barthaare, nahm sie vor dem Spiegel einzeln vor, so lange, bis schließlich mein Barbier ganz bärtig zu mir zurückkam ...«[120]

Bei den meisten *tonsores* dauerte die Qual nicht so lange, war aber dafür desto schmerzhafter. »Wer nicht alsbald zu den Schatten des Styx hinabsteigen möchte, meidet, sofern er nur ein wenig klug ist, den Barbier Antiochus. Nicht so grausam sind die Messerschnitte, mit denen sich die Anhänger Kybeles ritzen, wenn sie im Rausch der phrygischen Musik rasen. Sanfter richten Alcos ärztliche Hände gebrochene Knochen. Zählt die Narben an meinem Kinn, sie wären eines Faustkampfes würdig, nicht meine Frau hat sie mir beigebracht, obwohl sie furchtbar ist mit ihren zornigen Krallen, sondern die Klinge des Antiochus und seine verruchte Hand. Von allen Tieren klug ist doch allein der Ziegenbock: Er trägt den Bart, entzieht sich seinem Henker so ...«[121] Solche Schnittwunden gab es täglich. Plinius der Ältere hat uns das abscheulich anmutende Mittel überliefert, mit dem die Blutungen gestillt wurden: mit Öl und Essig getränkte Spinnwebenknäuel.[122]

Wer sich dem *tonsor* anvertraute, durfte nicht feige sein. Doch wie Martials Gargilianus, der vor dem Barbier zitterte[123], zogen es viele Römer trotz aller Unbequemlichkeiten vor, jeden Morgen[124] die Hilfe des *dropacista* in Anspruch zu nehmen und sich von ihm mit *dropax*[125], einem aus Harz und Pech hergestellten Enthaarungsmittel, behandeln zu lassen, oder mit *psilothrum*, einem aus der Zaunrebe[126] gewonnenen Mittel, das wie viele andere Tinkturen aus Reblaub, Eselsfett, Ziegengalle, Fledermausblut, Viperndpuder gewonnen wurde. Plinius der Ältere hat uns bei der Beschreibung nichts erspart.[127] Auf den Rat des Verfassers der *Naturgeschichte* gingen die Römer sogar dazu über, neben diesen Enthaarungsmitteln auch das Auszupfen anwenden zu lassen.[128] Wie die Frauenwelt von heute und wie ehemals Julius Cäsar ließen sie sich die Haare einzeln mit der Pinzette, der *volsella*,[129] auszupfen. Einige besonders eitle Herren gingen so weit, daß sie sich vom *tonsor* den Bart teils mit der Schere, teils mit dem Rasiermesser, teils mit der Pinzette bearbeiten ließen. Dann kam es vor, daß sie beim Verlassen der *tonstrina* hören mußten: »Deine Wangen sind teils geschoren, teils rasiert, teils gezupft; wer könnte noch meinen, daß den Anblick ein einziger Kopf gewährt?«[130]

Zu Anfang des 2. Jahrhunderts wurde es den meisten Römern lästig, sich von den *tonsores* quälen zu lassen. Mit Hadrian trat eine Änderung ein. Vielleicht wollte er, wie sein Biograph meint, eine häßliche Narbe verstecken, vielleicht wollte er aber auch das unerträgliche Joch der *tonsores* abschütteln. Jedenfalls war sein Kinn bald so vom Bart umlockt, wie es die Münzen, Büsten und Statuen zeigen. Seine Untertanen und Nachfolger folgten willig seinem Beispiel. Was zweieinhalb Jahrhunderte hindurch die hauptsächliche *cura corporis* der Männer gewesen war, verschwand nun für einhundertundfünfzig Jahre von der Tagesordnung der Römer und ließ nichts als betrübliche Erinnerungen zurück.

4. Die Toilette der Frau · Die Ornatrix

So viel über die Toilette des Römers. Wir wenden uns im folgenden der römischen Dame und ihrem morgendlichen »Lever« zu.

Man rufe sich das unterhaltsame Kapitel aus der *Physiologie du mariage* ins Gedächtnis, in dem Balzac auf hochgelehrte Weise die Vor- und Nachteile der verschiedenen Systeme abwägt, zwischen denen die Eheleute zu wählen haben, wenn sie ein harmonisches

Zusammenleben ermöglichen wollen, ob sie nämlich ein Bett in einem Zimmer, zwei getrennte Betten in einem Zimmer oder zwei Betten in zwei getrennten Zimmern bevorzugen sollen. Balzac billigt die erste Möglichkeit, zieht die dritte vor und lehnt die zweite, den Kompromiß der getrennten Betten, mit Entschiedenheit ab. Ohne es zu wissen, hat der große Romancier damit die im kaiserlichen Rom vorherrschenden Bräuche auf eine handliche Formel gebracht.

Höchst selten fanden sich im ersten Stock der kürzlich in Herculaneum freigelegten Häuser *cubicula* mit zwei Ehebetten. Es hat überdies eine gewisse Wahrscheinlichkeit, daß sie zu einer Pension oder einem Hotel gehörten; für einen Privathaushalt läßt sich jedenfalls keinerlei Beweis erbringen. Die literarischen Texte wiederum bezeugen die Anwesenheit von mehreren Schlafstellen in ein und demselben Raum nur für die durch Untermieter überbelegten *cenacula*. Für verheiratete Leute kennen sie nur das gemeinsame Ehebett *(lectus genialis)* oder eben je ein abgetrenntes Zimmer für jeden der Ehegatten. Die Entscheidung für die eine oder andere Möglichkeit erfolgte in den meisten Fällen nach der Größe der Wohnung, im Grunde also nach den sozialen Verhältnissen. Kleine Leute, einfache Bürger, die mit dem Platz sparen mußten, ließen es in der Ehe beim gemeinschaftlichen Bett bewenden. Martial etwa, der in einem seiner Epigramme mit dem Gedanken spielt, eine reiche, aber nicht mehr ganz junge Frau zu heiraten, allerdings unter der Bedingung, daß sie nie miteinander schlafen werden *(communis tecum nec mihi lectus erit)*,[131] erwärmt sich in einem anderen für die Zärtlichkeit, die sich Calenus und Sulpicia während ihres fünfzehnjährigen Zusammenlebens bezeugten, und beschwört ohne schamhafte Zurückhaltung das Liebesgerangel, das ihr Ehebett und ihre »die Wohlgerüche des Niceros im Übermaß verströmende Lampe« gesehen haben.[132] Die großen Herren der reicheren Schichten legten ihre Häuser dagegen auf einen Lebensstil an, in dem beide Gatten ihre Unabhängigkeit genießen konnten. Wenn Plinius der Jüngere »um die erste Stunde, kaum einmal früher, kaum einmal später« erwacht, ist er stets allein in seinem Zimmer. Er genießt die stille Einsamkeit und die Dämmerung hinter den geschlossenen Vorhängen seines Bettes, er fühlt sich frei, von niemandem bedrängt, und nutzt die Zeit, um nachzudenken und zu dichten.[133] Währenddessen ruht seine liebe Calpurnia noch in ihrem Zimmer oder steht gerade auf. Es ist dasselbe Zimmer, in dem er sie voll Liebe aufsucht, wenn sie in seinem Hause weilt, und zu dem wie von selbst seine Schritte streben, auch wenn seine Frau sich außer Hauses auf Reisen befindet.[134]

Offensichtlich gehörte es also in der hohen Gesellschaft zum guten Ton, daß die Eheleute in getrennten Schlafzimmern die Nacht zubrachten, und wie selbstverständlich suchten die Emporkömmlinge und Neureichen sie hierin zu imitieren. Petron läßt es sich in seinem Roman nicht entgehen, auf diese Verkehrtheit hinzuweisen. Trimalchio brüstet sich dort mit den riesigen Ausmaßen der Wohnung, die er sich hat einrichten lassen: »Seht her«, sagt er, damit alle es wissen, »dies ist mein Schlafzimmer, und dort« – er weist mit einem Augenzwinkern auf seine Frau – »dort habt ihr das Nest dieser Schlange.«[135] Aber Trimalchio macht uns hier nur etwas vor; denn mag er sich über seine Natur auch erheben wollen: sie behält nur um so mehr die Oberhand. Im wirklichen Leben blieb nämlich das eine der beiden Zimmer, mit deren Einrichtung er den Architekten beauftragt hat, dauernd unbewohnt, denn was auch immer er behaupten mag, er schläft nicht in seinem Zimmer, sondern teilt in dem anderen das Bett mit Fortunata. Wie gewisse vornehme Herren sich bemühen, ihre Frauen oder Geliebten in der Öffentlichkeit mit dem förmlichen »Sie« anzureden und sich in einem Moment der Unachtsamkeit ein verräterisches »Du« entschlüpfen lassen, so widerlegt er sich in einer an Unflätigkeiten reichen Erörterung über gewisse Verdauungsphänomene, indem er nicht zögert, seine Schlaflosigkeit ebenjenen Detonationen zuzuschreiben, die seine gewichtige Ehehälfte an seiner Seite von sich gibt: »Du lachst, Fortunata, obwohl doch du es bist, die mich allnächtlich am Schlafen hindert.« – *Rides, Fortunata, quae soles me nocte desomnem facere.*[136]

Ob aber die Römerin im gemeinsamen oder in ihrem eigenen Zimmer schlief, bei der Toilette gab es zwischen ihr und ihrem Mann kaum Unterschiede. Auch sie behielt im Bett die Unterkleider an:

Schurz, Büstenhalter *(strophium, mamillare)* oder Mieder *(capetium)*, eine oder mehrere Tuniken, und zum Leidwesen des Ehegatten manchmal sogar noch einen Mantel.[137] Deshalb brauchte sie nach dem Aufstehen ebenfalls nur ihre Sandalen auf dem *toral* anzustreifen und sich den *amictus* umzuwerfen. Das Waschen wurde nebenbei erledigt. Bis zur Stunde des Badens bestand für die Römerin wie für den Römer die *cura corporis* in allerlei Dingen, die uns nebensächlich erscheinen. Die Römerinnen der Kaiserzeit hielten es mit ihrer Toilette so wie die Orientalinnen noch heute: das Drum und Dran galt ihnen als Hauptsache.
Die Eitelkeit der Römerinnen stellte mancherlei Ansprüche. Hierüber vermitteln uns die Juristen, die genaue Verzeichnisse der weiblichen Nachlässe überlieferten, die besten Auskünfte. Sie unterteilen die hinterlassenen persönlichen Dinge in drei Gruppen: Toilettensachen *(mundus muliebris)*, Schmuck *(ornamenta)*, Kleider *(vestis)*. Bei den *vestes* zählen sie die verschiedenen Kleiderstoffe auf. Zu den Toilettensachen, die der Frau zur Reinlichkeit dienen *(mundus muliebris est quo mulier mundior fit)*, gehören Waschbecken *(matellae)*, Spiegel *(specula)* aus Kupfer oder Silber, manchmal sogar schon aus Doppelglas, das freilich nicht mit Quecksilber, sondern mit Blei hinterlegt ist. Reiche Frauen, die nicht auf die öffentlichen Bäder angewiesen sind, besitzen eine eigene Badewanne *(lavatio)*. Die *ornamenta* umfassen die Gerätschaften und Mittel, die zur Schönheitspflege dienen, von den Kämmen und Nadeln oder Fibeln bis hin zu den Hautsalben und den Schmuckstükken. Für die Stunde des Bads nahm sie sich Zeit zu *mundus* und *ornamenta*, Schönheitspflege und Schmuck, doch wenn sie morgens aus dem Bett sprang, genügten ihr einige Handgriffe: *ex somno statim ornata non commundata.*[138]
Es begann mit der Frisur. In der Zeit, von der wir sprechen, war das keine kleine Angelegenheit. Seit langem schon hatten die Matronen die einfache, nur unter Claudius für kurze Zeit wieder zur Mode gewordene republikanische Haartracht aufgegeben, bei der die Haare durch einen Mittelscheitel geteilt und im Nacken zu einem Knoten zusammengeflochten waren. Sie begnügten sich auch nicht mehr mit über die Stirn gelegten Flechten, wie sie manche

Büsten der Livia und Octavia zeigen. Mit Messalina erschienen jene Frisuren, deren künstlicher Aufbau die Frauenbildnisse der flavischen Zeit kennzeichnen (s. Abb. 52). Zu den tonangebenden Damen des Hofes gehörten in jenen Jahren Marciana, die Schwester Trajans, und Matidia, seine Nichte. Wenn sie auch in späteren Jahren auf jene Frisuren verzichteten, so steckten sie doch ihre Flechten zu turmhohen Diademen auf. Statius schreibt in einem Gedicht seiner *Silvae*: »Sieh doch den Glanz dieser erhabenen Stirn und die herrliche Krone aus Haar!«[139] Doch Juvenal verspottet eine ele-

Abb. 52.
Flavische Frauenfrisur.
Domitianische Goldmünze.

gante Schöne, deren kleine Gestalt in lächerlichem Gegensatz zu ihrer turmhohen Frisur steht. »Stockwerk auf Stockwerk getürmt! Welch kühnen Bau sie auf dem Kopf trägt! Von vorne gleicht sie Andromache. Von rückwärts aber wirkt sie so klein, als sei es gar nicht dieselbe Frau.«[140]

Wie die Römer nicht ohne *tonsor* auskamen, so waren die Römerinnen wegen der kunstvollen Vorbereitungen auf die Geschicklichkeit ihrer Friseusen, der *ornatrices*, angewiesen. Viele Grabinschriften berichten uns von ihnen und von den Häusern, in denen sie beschäftigt waren. Wie der Mann beim Barbier, so hatten die Frauen lange Sitzungen bei ihnen auszuhalten. Und auch die Schmerzen waren nicht geringer. Vor allem, wenn sie sich wie jene Julia, von der Macrobius berichtet, rücksichtslos die ergrauenden Haare auszupfen ließen.[141] Doch war das Amt der *ornatrix* durchaus kein Kinderspiel. Sehr oft wurden sie, die anderen Schmerzen zuzufügen hatten, selbst zu Märtyrerinnen. Es brauchte nur eine der Herrinnen mit dem Erfolg der endlos langen und schmerzensreichen Sitzung nicht zufrieden zu sein. Epigramme und Satiren hallen wider von den Wutschreien der Matronen und den Seufzern der Dienerinnen. Bei Juvenal heißt es: »Die gnädige Frau hat ein Stelldichein. Heute will sie besonders schön sein. Die Haare zerrauft, die Schultern nackt, die Brust entblößt, arbeitet Psecas (›Krümel‹) an der Frisur. Doch nun sitzt eine Locke zu hoch. Warum denn das? Klatsch! Sofort bestraft der Ochsenziemer die Missetat.«[142] Ebenso erzählt Martial: »Lockte sich auch nur ein einziges Härchen falsch, löste sich auch nur eine einzige Nadel, so bestrafte Lalage das Verbrechen mit dem Spiegel, der es ihr entdeckte, und Plecusa (›die Flechterin‹) sank als Opfer der furchtbaren Haartracht zu Boden.«[143] Glücklich konnte sich unter solchen Umständen die *ornatrix* preisen, die für eine kahlköpfige Herrin nur falsche Zöpfe *(crines, galeri, corymbia)* oder gar vollständige Perücken herzurichten brauchte. Manche waren blond, gefärbt mit dem *sapo* aus Mainz, einer Mischung aus Ziegenschmer und Buchenholzasche,[144] manche ebenholzschwarz wie die Schnitthaare, die in so großen Mengen aus Indien eingeführt wurden, daß die kaiserliche Regierung die *capilli Indici* in der Liste der zollpflichtigen Waren aufführte.[145]

Keineswegs aber erschöpfte sich damit die Aufgabe der *ornatrices.* Außerdem mußten sie ihre Herrin enthaaren[146] und schminken: die Stirn und die Arme weiß mit Kreide und Bleiweiß[147]; die Wangen und Lippen rot mit Ocker, *fucus*, oder dunkelroter Weinhefe[148]; die Wimpern und Augenpartien[149] schwarz mit Asche *(fuligo)* oder Antimonpuder[150]. Ihre Paletten waren eine umfangreiche Sammlung von Töpfchen und Fläschchen, von Salbengefäßen aus Alabaster, von *gutti* und Döschen, denen sie nach Bedarf Tinkturen, Pomaden und Schminken entnahmen. Gewöhnlich hielt die Herrin des Hauses die ganze Sammlung im Schrank des ehelichen Schlafzimmers *(thalamus)* verschlossen.[151] Morgens breitete sie alles auf dem Tisch aus, dicht neben dem Hornpulver, das sie nach dem Beispiel Messalinas zur Zahnpflege benutzte.[152] Ehe sie aber ihre *ornatrices* zum Dienst rief, verschloß sie sorgfältig die Türen. Denn sie wußte mit Ovid, daß »die Kunst der Verschönerung einer Frau nur hilft, wenn niemand sieht, wie sie angewandt wird«.[153] Auf dem Weg zum Bad führte sie die gesamte Ausrüstung in einem Köfferchen mit sich. Es enthielt getrennte Fächer für alle Näpfe und war häufig aus massivem Silber. Das Kästchen hieß mit dem Gattungsnamen *capsa* und barg als »Alabastrothek« die Näpfchen, mit denen die Römerin ihr Gesicht für den Tag herrichtete. Das geschah morgens nach dem Aufstehen und aufs neue nach dem Baden. Erst wenn sie zu Bett ging, wurden die Mittel entfernt. »Du wohnst, o Galla, in hundert Näpfchen, und das Gesicht, das wir sehen, schläft nicht mit dir.«[154]

Nach dem Schminken sucht die Matrone, natürlich immer unter dem Beistand der *ornatrices*, ihre oft mit kostbaren Steinen besetzten Schmuckstücke aus. Sie drückt das Diadem ins Haar, legt die Ohrringe an, das Halsband *(monile)* oder die Halsketten *(catellae)*, den Brustschmuck *(pectoral)*, die Armbänder, die Fingerringe, die Armreifen und die Reifen an den Fußknöcheln, die *periscelides*, ähnlich den goldenen Khalkhals, die die arabischen Frauen aus einem der »großen Zelte« an derselben Stelle tragen.[155] Nun eilen die Kammerfrauen *(a veste)* mit den Kleidern herbei. Sie legen ihr als Zeichen ihres hohen Standes die lange Übertunika an, die *stola*, deren unterer Rand mit einem goldgestickten Streifen *(instita)* verziert ist, und knoten den Gürtel *(zona)*. Schließlich schlingen sie ihr das *supparum* um,[156] einen langen Schal, der von den Schultern bis auf die Füße reicht, oder die *palla*, das *pallium* für Frauen, einen gefältelten Mantel von leuchtender Farbe. Die Frauenkleidung unterschied sich in Rom nicht durch den Zuschnitt von der Männerkleidung, sondern durch feinere Stoffe und größere Farbfreudigkeit. Statt Leinen und Wolle wurden meist Baumwollstoffe verwandt. Sie kamen aus Indien, seit der von Augustus und nach den Siegen Trajans gesicherte parthische Friede die ungestörte Ausfuhr verbürgte. Vor allem wurden aber auch Seidenstoffe verarbeitet. Sie gelangten seit Nero von den geheimnisumwitterten Serern, dem Seidenvolk der Antike, regelmäßig ins Kaiserreich. Der Transport geschah auf den Landwegen, die von Issedon Scythica (Kaschgar) bis ans Schwarze Meer oder sogar über Persien zum Tigris und Euphrat führten, oder durch die Küstenschiffahrt vom Indus bis zum Persischen Golf und die Seeschiffahrt vom Indus zu den ägyptischen Häfen am Roten Meer. Diese Stoffe waren nicht nur weicher, leichter und farbiger, sie ließen sich auch besser verarbeiten.

Die *offectores* verstärkten mit ihren Mitteln die ursprünglichen Farben, die *infectores* bleichten sie. Es gab so viele Spezialfärber, *purpurarii, flammarii, crocotarii, violarii,* wie die von ihnen verwandten pflanzlichen, tierischen und mineralischen Färbmittel. Aus Kreide, Seifenkraut und Weinstein wurden weiße, aus Safran und Reseda gelbe, aus Galläpfeln schwarze, aus Färberwaid blaue sowie aus Krapp, Färberflechte und Purpurschnecken hell- und dunkelrote Farbstoffe gewonnen. Der Ratschläge Ovids stets eingedenk,[157] achteten die Matronen sorgfältig darauf, daß die Farben ihrer Kleider gut aufeinander abgestimmt waren und auch zur Gesichtstönung paßten. Wenn sie durch die Stadt spazierten, leuchteten die Straßen von den farbigen Roben, Schals und Mänteln, so festlich beschwingt wie jene glänzend schwarze, mit schimmernden Stickereien versehene *palla,* in der Isis bei Apulejus erscheint.[158]
Einige Zutaten freilich, die das reizvolle Bild der Römerinnen erhöhten, unterscheiden den Aufputz der Frauen doch von der männlichen Kleidung. Die Römer trugen bei glühender Sonne wie bei strömendem Regen keinerlei Kopfbedeckung. Sie begnügten sich damit, einen Zipfel der Toga oder des *pallium* über den Kopf zu schlagen oder den *cucullus* ihrer *paenula* überzustülpen. Die römische Frau hingegen trug zwar nun kein Haarnetz *(reticulum)* mehr,[159] dafür aber, wenn Diadem oder *mitra* zu Hause blieben, ein einfaches Purpurband *(vitta)* oder einen *tutulus,*[160] dessen Band sich nach Art der Kopfbedeckung der *flaminicae* in der Mitte verbreiterte und die Stirn dreieckig überragte. Den Hals umschlang oft ein Seidentuch *(focale).* Über dem Arm hing die *mappa,* mit der sie Staub und Schweiß aus dem Gesicht wischte *(orarium, sudarium).* Vielleicht putzte sie sich damit auch schon die Nase. Doch dürfen wir diese Sitte keineswegs zu früh ansetzen, da *muccinium,* das einzige lateinische Wort, das zu Recht als Taschentuch übersetzt werden darf, nicht vor Ende des 3. nachchristlichen Jahrhunderts bezeugt ist.[161] In einer Hand wippte oft ein Fächer aus Pfauenfedern, mit dem sie die Fliegen verscheuchte *(muscarium).*[162]
Während der schönen Jahreszeit hielt sie in der anderen Hand einen meist leuchtend grünen Sonnenschirm *(umbrella, umbraculum),* falls sie ihn nicht von einer Dienerin ihres Gefolges *(pedise-*

qua) oder einem galanten Begleiter tragen ließ. Weil der Schirm aber nicht immer zuklappbar war, blieb er zu Hause, wenn der Wind zu stark wehte.[163]

So aufgeputzt, boten sich also die Schönen den Blicken der Freundinnen und der Bewunderung der Vorübergehenden dar. Die Koketterie war damals nicht geringer als heute, und so nahm unzweifelhaft wegen der verwickelten Vorbereitung das Aufstehen bei den Frauen doch wesentlich mehr Zeit in Anspruch als bei den Männern. Doch das war im Grunde bedeutungslos, denn die römischen Frauen waren längst nicht so beschäftigt wie die Männer und nahmen eigentlich nur an den vergnüglichen Seiten des staatsbürgerlichen Lebens teil.

Zweites Kapitel
Das Tagewerk

1. *Die Pflichten der Klienten*

Im Rom Trajans blieben die Frauen meist zu Hause. Ärmere hatten den Haushalt zu besorgen,[1] wenigstens bis zu der Stunde, wo sich die öffentlichen Thermen für sie öffneten. Die reichen Damen, durch ihre Dienerschaft aller täglichen Arbeit enthoben, gingen nach Belieben aus, besuchten Freundinnen, unternahmen Spaziergänge, sahen den Schauspielen zu und folgten den Einladungen. Die Männer dagegen waren ständig unterwegs. Wenn sie einem Beruf oblagen, begann ihre Arbeit allenthalben, selbst auf dem Forum oder im Senat, mit der ersten Stunde. Die Klientelpflichten zwangen aber auch die Unbeschäftigten gleich nach dem Aufstehen zu unaufhörlicher Tätigkeit. Denn nicht nur die Freigelassenen hatten Patrone, von denen sie fortwährend abhingen. Jeder Römer, vom ärmsten Schlucker bis zum großen Herrn, fühlte sich irgend jemandem, der mächtiger war als er, zur Ehrerbietung verpflichtet, zum *obsequium*, wie sie es nannten. In dieser Hinsicht unterschieden sie sich nicht von den ehemaligen Sklaven, die von dem Herrn abhängig blieben, der sie freigelassen hatte.

Der *patronus* mußte seine Klienten bei sich empfangen, sie hin und wieder zur Tafel einladen, ihnen mit Unterstützungen beistehen und sie beschenken. Fehlte es ihnen am Nötigsten, so gab er ihnen Lebensmittel, die sie in einem Körbchen, *sportula*, als »Sportel« heimtrugen. Da das häufig umständlich war, überreichte er ihnen der Einfachheit halber ein Geldgeschenk. Unter Trajan nahm der Brauch feste Formen an, so daß der Betrag in fast allen Häusern gleich hoch war und sich eine Art »Sportel-Tarif« durchsetzte. Er betrug je Kopf und Tag sechs Sesterzen.[2] Für viele Advokaten ohne Prozesse, Lehrer ohne Schüler, Künstler ohne Aufträge stellte diese geringe Zuwendung das einzig sichere Einkommen dar.[3] Für die Klienten, die einen Beruf ausübten, bedeutete sie einen Zuschuß.

Damit sie nun nicht zu spät in der Werkstatt oder im Laden eintrafen, eilten sie schon vor Tagesanbruch los.[4] Der Einfluß eines großen Herrn richtete sich nach der Zahl seiner Klienten. Deshalb hätte es seinem Ansehen geschadet, wenn er morgens im Bett geblieben wäre, statt sich dem Empfang zu widmen. Im fernen Bilbilis oder sonst irgendwo in der Provinz hätte er vielleicht darauf verzichten können. Nicht aber in Rom. Dort konnte er es sich nicht erlauben, den verschiedenen Klagen und Bitten kein Gehör zu schenken und sich den Begrüßungsbesuchen zu entziehen.[5] Eine bis in alle Einzelheiten festgelegte Besuchsordnung regelte den Empfang. Es stand den Klienten frei, zu Fuß oder mit der Sänfte zu kommen, auf jeden Fall aber mußten sie in der Toga erscheinen. Diese strenge Vorschrift verursachte hohe Kosten. Die Sporteln hätten dafür bei weitem nicht ausgereicht, wenn der Patron nicht hin und wieder bei einem besonderen Anlaß eine neue Toga außer den fünf bis sechs Pfund Silberzeug geschenkt hätte, die sie jeweils als Neujahrsgeld einheimsten.[6] Geduldig mußten sie warten, bis sie an der Reihe waren. Nicht wer zuerst eintraf, kam zuerst dran, sondern die Reihenfolge richtete sich nach dem gesellschaftlichen Rang. Die Prätoren rangierten also vor den Tribunen, die Ritter vor den einfachen Bürgern, die Freigeborenen vor den Freigelassenen.[7] Bei der Begrüßung hatten sie außerdem darauf zu achten, daß sie ihren Patron nicht wie üblich mit seinem Namen, sondern mit »Herr« *(dominus)* anredeten. Sonst liefen sie Gefahr, mit leeren Händen weggeschickt zu werden.[8]

So begann das Leben in Rom jeden Morgen mit dem Hin und Her dieser Höflichkeitsbezeugungen. Um die Sporteln zu erhöhen, führten die Armen gleich mehrere Besuche durch. Die Wohlhabenden aber machten sich auch sofort auf den Weg, nachdem sie ihre Klienten empfangen hatten. Denn so hoch jemand auch in der römischen Hierarchie stieg, immer gab es einen, der noch höher stand und dem Ehren zu bezeigen waren. Genaugenommen hatte in ganz Rom nur der Kaiser niemanden über sich. Lediglich die Frauen waren von diesen Bücklingszeremonien ausgeschlossen. Im allgemeinen empfingen und erwiderten sie keine derartigen Besuche. Eine Ausnahme von dieser Regel bildeten im 2. Jahrhundert nur die

Witwen, die persönlich dem Patron ihres verstorbenen Mannes Beschwerden oder Bitten vortragen wollten, und die Frauen jener lästigen Bittsteller, die sich bei ihren Besuchsrunden von ihren prunkvoll in Sänften getragenen Gemahlinnen begleiten ließen. Sie wollten durch erhöhten Eifer zusätzlich einiges herausholen. Selbstverständlich hat Juvenal mit seinem Spott an diesen Habgierigen nicht gespart. »Hier kommt einer, der seine kranke oder schwangere Frau hinter sich herzieht. Dort fordert ein anderer eine Gabe für seine Frau und weist auf die geschlossene, aber leere Sänfte. ›Galla ist hier. Glauben Sie es nicht? Galla, streck den Kopf heraus! Nein, wir wollen sie nicht stören, sie schläft . . .‹«[9] Die Ausrede ist so durchsichtig, daß es wirklich fraglich ist, ob Juvenal sie nicht zum Scherz erfunden hat. Ob sie nun aber stimmt oder nicht, auf jeden Fall beweist sie den Widerwillen, den die Matronen davor verspürten, ihre Männer bei dem morgendlichen Rummel der Klientenbesuche zu begleiten.

2. *Kaufleute und Handwerker*

Sobald die Besuche beendet waren, ging jeder seiner Beschäftigung nach. Das kaiserliche Rom, in dem der Hof residierte und die Senatoren, die obersten Beamten einer weitverzweigten Verwaltung, saßen, war natürlich die Stadt der »Rentiers«, wie Rostovtzeff sagt.[10] Rentiers waren die reichen Grundbesitzer, denen ihre großen Güter in der Provinz die Berufung in die Kurie eingetragen und den Aufenthalt in der Urbs zur Pflicht gemacht hatte;[11] Rentiers die Schreiber, die in den verschiedenen Verwaltungen arbeiteten und deren Ämter wie unter der französischen Monarchie käuflich waren;[12] Rentiers auch die Verwalter und die Teilhaber der Publikanengesellschaften, deren Aufträge durch ihre Kapitalien garantiert waren und deren Einkünfte durch die Erträgnisse erhöht wurden. Vom Staat lebten die unzähligen Beamten, die in allen Teilen des Reiches den Kaiser vertraten und pünktlich durch den Fiskus ihre Gehälter erhielten, und schließlich auch die 150 000 Proletarier, die von der *annona* auf Kosten des Staates ernährt wurden und die als ewige Arbeitslose, mit ihrem Los aber zufrieden, ihre Anstrengungen darauf beschränkten, an einem Tag im Monat die Lebensmittel zu empfangen, die ihnen rechtmäßig bis zum Lebensende zustanden. Gleichzeitig aber gab es noch ein ganz anderes Rom. Die bezahlten oder unterstützten Rentiers konnten der Urbs nicht ihren Charakter als wirtschaftliche Metropole nehmen. Die politische Vorrangstellung und die gigantische städtische Entwicklung zwangen Rom, sich nicht nur rücksichtslos in Spekulation und Handel zu entfalten, sondern auch in mannigfacher anderer Hinsicht produktive Arbeit zu leisten. Es sei daran erin-

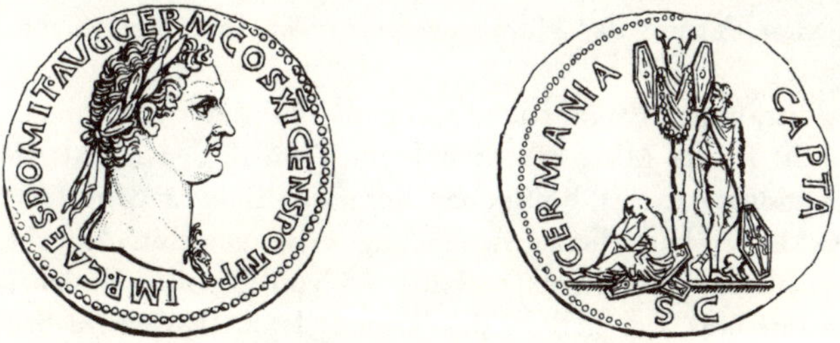

Abb. 53. Eroberungs- und Siegespropaganda römischer Kaiser. Domitianische Münze.

nert, daß die Straßen Italiens und die Schiffsrouten des Mittelmeers in Rom zusammenliefen und daß Rom, die Königin der Welt, die Schätze der Produktion an sich zog. Rom bestimmte über das Finanzwesen und die Produktionskräfte und behielt sich dafür bei der Nutzung der Reichtümer seines Imperiums das Erstzugriffsrecht vor. Um diese Vormachtstellung aufrechtzuerhalten, mußte Rom unaufhörlich auf seine Weise tätig sein.

Wie ungeheuer die Anstrengung zur systematischen Auswertung war, wird durch die Römer selbst bestätigt. Sie ist heute noch an den verfallenen Ruinen einiger Bauwerke zu erkennen. Petronius berichtet gleich zu Beginn des Gedichts, das er seinem Roman angehängt hat: »Die ganze Welt lag in den Händen der siegreichen

Römer. Meer und Erde gehörten ihnen sternenweit, und sie waren doch nicht zufrieden. Die Kiele ihrer schwerbeladenen Frachtschiffe durchfurchten die Fluten. Wenn es irgendwo in der Ferne einen entlegenen Hafen gab, ein unbekanntes Land, das rotes Gold ausführen wollte, so galt es als Feind, und schon bereitete das Geschick mörderische Kriege vor, um neue Schätze zu erobern. Bescheidene Freuden boten keinen Reiz, durchschnittliche Vergnügungen fanden keinen Anklang bei der Plebs. Auch der einfache Soldat war mit den Bronzen aus Korinth vertraut. Die Numider und die Serer woben für den Römer neue Stoffe, arabische Stämme plünderten für ihn ihre Steppen.«[13] Diese großen Vorstellungen sprechen heute noch aus den Resten des nicht weit von Rom gelegenen Forums der Handelsvertretungen in Ostia. (Siehe Abb. 54.)

Die weiträumige Esplanade ist mehr als 100 Meter lang und 80 Meter breit. In der Mitte erhebt sich ein Tempel, den ich als Tempel der Annona Augusta bestimmen konnte.[14] Er war dem zur Gottheit erklärten kaiserlichen Ernährungswesen geweiht. Auf der Eingangsseite des Heiligtums verläuft ein von Cipollin-Säulen getragener Portikus, der sich an das Theater lehnt. In seinem Schatten ergingen sich einstmals die Zuschauer. Die durch eine Mauer abgeschlossenen drei anderen Seiten wurden durch eine doppelte Säulenreihe beherrscht, die aus stuckverkleideten Ziegelsteinen bestand. Dahin öffnete sich eine Flucht von 61 kleinen Kammern. Sie waren voneinander durch gemauerte Grundsockel getrennt, auf denen sich Holzwände erhoben, und dienten, wie aus ihrer einheitlichen Einrichtung und den gleichen Ausmaßen (ungefähr 4 mal 4 Meter) ersichtlich ist, alle demselben Zweck. Dieser ist uns durch die Reihe von schwarzweißen Mosaiken entschleiert worden, die vor der Schwelle jeder Kammer in den Boden eingelassen waren. Die figürlich reichen und ausdrucksvollen Mosaiken führen in die entsprechenden Säle der verschiedenen Berufsverbände, die sich mit Zustimmung der römischen Verwaltung dort eingerichtet hatten. Im äußersten Osten finden wir die *statio* der Kalfaterer und Seiler, im angrenzenden Raum die Kürschner. Dann kamen die Holzhändler, deren Name in ein Feld mit schwalbenschwanzförmigen

Erweiterungen *(tabula ansata)* eingeschrieben ist. Dann die *mensores frumentarii*, die Getreidemesser. Einer ist bei der Ausübung seines Amtes dargestellt: er kniet auf der Erde und glättet mit seinem Streichmaß, *rutellum*, den Inhalt eines *modius*, eines Maß-

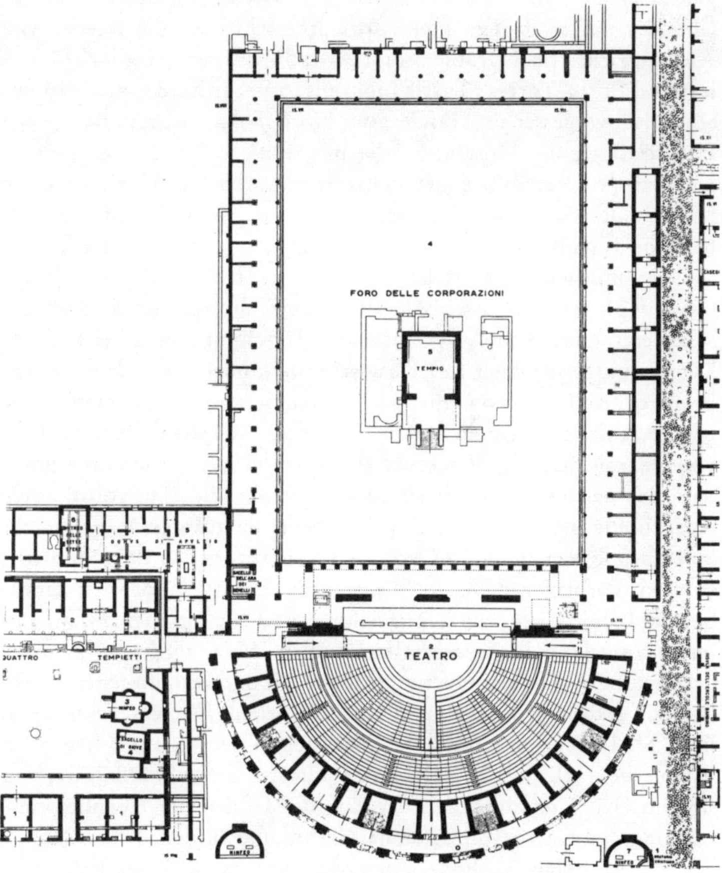

Abb. 54. Ostia. Forum der Korporationen. Plan.

scheffels (vgl. Abb. 60). Am anderen Ende befand sich die *statio* der *sacomarii*, der Wiegemeister, deren Arbeit das Amt der *mensores* ergänzte. Der entzückend gearbeitete Altar, der hier entdeckt wurde, im Jahre 124 n. Chr. dem Schutzgott ihres Berufes geweiht, heute im Thermenmuseum ausgestellt, läßt keinen Zweifel, daß sämtliche Räume ehemals kultischen Zwecken dienten. Die übrigen gehörten den Gilden der Reeder *(navicularii)*, die sich untereinander nur nach dem Heimatort unterschieden: die Reeder von Alexandrien, von Narbonne und Arles in Gallien; Cagliari (Carales) und Porto-Torres (Turris Libisonis) auf Sardinien; die berühmten oder vergessenen Häfen von Nordafrika: Karthago, dessen Handelsflotte der Mosaikkünstler mit wenigen Strichen dargestellt hat; Hippo-Diarrhytus, heute Bizerta; Curbis, heute Kourba, im Norden des Golfs von Hammamet; Missua, Sidi-Daoud südwestlich von Kap Bon; Gummi, Bordj-Cedria, im Golf von Karthago; Musluvium, heute Sidi-Rekane, zwischen Ziama und Bougie, dessen kompliziertes und trotzdem sehr aufschlußreiches Wappen Fische zeigt, einen Amor, der auf einem Delphin reitet, zwei Frauenköpfe, von denen einer fast verwischt, der andere von einer Ährenkrone gekrönt und von einer Sichel flankiert ist. Schließlich nenne ich noch Sabratha, den Hafen der Syrte, aus dem das Elfenbein von Fezzan ausgeführt wurde. Ihn symbolisiert ein Elefant unter dem Namen seiner Schiffsgenossen. Schon diese unvollständige Aufzählung mag trocken erscheinen. Statt sie auf dem Papier nachzulesen, möge man sie in Ostia selbst entziffern, an den einfachen Bildern vorbeiwandeln, in denen jede Berufsgruppe mit einem Sinnbild ihr Wesen hat kennzeichnen und die Erinnerung an das ferne Vaterland hat wachhalten wollen. Man wird von Bewunderung und Ehrfurcht vor der großartigen und erstaunlichen Wirklichkeit erfüllt sein, die in diesen einfachen Zeichen beschlossen liegt. Sie bilden tatsächlich die Schlüssel zu den dahinter liegenden Sälen, diese kleinen Kapellen der Zünfte, diese Standaltäre, wo sich im Geiste unaufhörlich der Zug der Gilden der Kornlieferanten um seine Göttin, die Annona, drehte und in denen die Flamme der Staatsreligion leuchtete. Außerdem aber wird dieser Platz von der unermeßlichen Weite der Meere und Länder zwischen der

Landenge von Suez und den Säulen des Herkules umschlossen. Plötzlich glaubt man das Gewimmel der Völker zu sehen, die sich nicht kennen und doch von nah und fern herbeieilen, den Wünschen Roms zu willfahren.[15] (Siehe Abb. 55.)

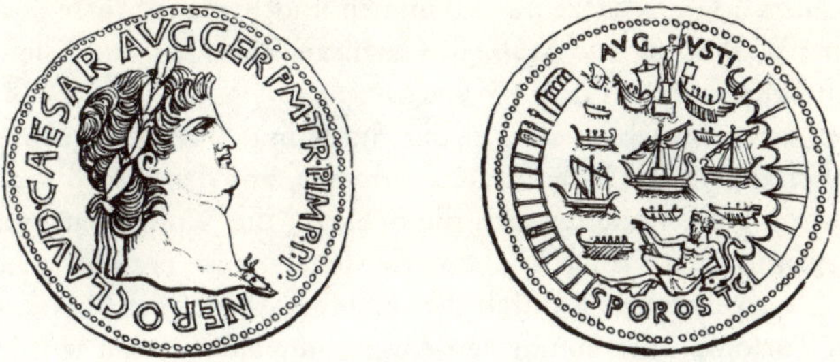

a)

b)

Abb. 55. Der Hafen von Ostia. Münze des Nero (a) und Medaillon des Commodus (b).

In den drei Häfen Roms, im Portus, in Ostia (s. Taf. 19) und im Emporium am Fuße des Aventin strömten die Güter der Welt zusammen: Ziegel und Ziegelsteine, Gemüse, Obst und Weine aus Italien; Getreide aus Ägypten und Afrika; Öl aus Spanien; Wild, Holz und Wolle aus Gallien; Pökelfleisch aus der Baetica; Datteln aus den Oasen; Marmor aus der Toskana, aus Griechenland und Numidien; Porphyr aus der Arabischen Wüste; Blei, Silber und Kupfer von der Iberischen Halbinsel; Elfenbein aus den Syrten und den beiden Mauretanien; Gold aus Dalmatien und Dakien; Zinn von den Kassiteriden; Bernstein aus den baltischen Ländern; *papyri* aus dem Niltal; Glasschätze aus Phönizien und Syrien; Stoffe aus dem Orient; Weihrauch aus Arabien; Gewürze, Korallen und Edelsteine aus Indien; Seide aus dem Fernen Orient.[16]

Meilenweit erstreckten sich in der Stadt und ihrer Umgebung die Lagerschuppen und Vorratshäuser, *horrea*, aus denen sich die Urbs versorgte. Dort stapelten sich die Schätze, die Wohlleben und Luxus garantierten. Auch die *horrea* des Portus Traiani gehörten dazu, deren Bedeutung durch die im Jahre 1923 vom Fürsten Giovanni Torlonia unternommenen Ausgrabungen erwiesen wurde; die *horrea* von Ostia, die erst zu einem Drittel der Ausdehnung freigelegt sind, die sie zur Zeit Hadrians hatten, und doch schon eine Fläche von rund 12 Hektar einnehmen; die *horrea* Roms sind nur teilweise erforscht. Doch kennen wir ihre Anzahl und ihre Größe aus den Texten. Einige dienten nur zur Lagerung bestimmter Erzeugnisse. So waren die *horrea candelaria* mit Fackeln, Kerzen und Talg gefüllt, die *horrea chartaria* auf dem Esquilin mit Papyrus und Pergament. In der Nähe des Forums befanden sich die *horrea piperataria* für die Vorräte an Pfeffer, Ingwer und Gewürzen, die über Arabien hereingekommen waren. In den meisten anderen Magazinen lagerten die verschiedensten Erzeugnisse nebeneinander. Die Schuppen unterschieden sich nur nach Lage und Bezeichnung. Ihre Namen trugen sie vom ersten Besitzer und behielten ihn auch bei, als sie in das Eigentum der Cäsaren übergingen, so die *horrea Nervae* an der Via Latina, die *horrea Ummidiana* auf dem Aventin, die *horrea Agrippiana* zwischen dem Clivus Victoriae und dem Vicus Tuscus am Rande des Forums; dazu kamen die anderen, die zwischen dem Aventin und dem Tiber lagen (s. Abb. 56): die *horrea Seiana*, die *horrea Lolliana* und die sehr bedeutenden *horrea Galbae*. Ihre Gründung reichte bis ans Ende des 2. Jahrhunderts v. Chr. zurück, in der Kaiserzeit wurden sie vergrößert und umfaßten mehr als drei Hektar. Um drei große Mittelhöfe liefen die Reihen der *tabernae*, in denen nicht nur Getreide, Wein und Öl lagerten, sondern auch alle anderen Arten von Stoffen und Waren. Wenigstens dürfen wir das aus den epigraphischen Zeugnissen schließen, die uns die verschiedenen Händler und die von ihnen angemieteten Speicher oder Läden nennen. Es ist dort sowohl von einer Fischhändlerin, *piscatrix*, die Rede wie von einem Marmorschneider, *marmorarius*, und auch von einem Händler in Uniformen und Mänteln, *sagarius*.[17]

Zu diesem Aufgebot an Lagern kamen in den ersten Jahren des 2. Jahrhunderts n. Chr. noch die Zentralhallen des Trajansmark-

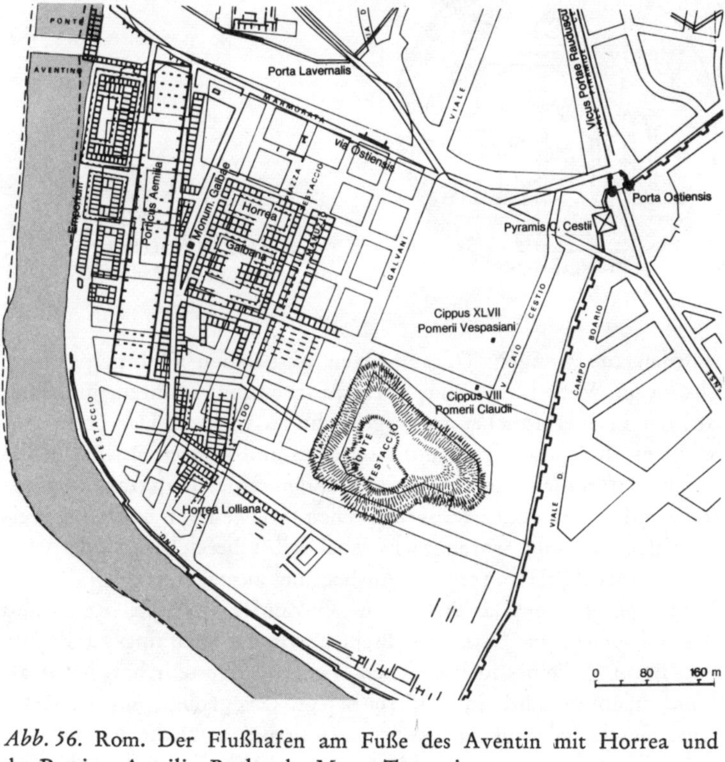

Abb. 56. Rom. Der Flußhafen am Fuße des Aventin mit Horrea und der Porticus Aemilia. Rechts der Monte Testaccio.

tes.[18] Es ist klar, daß damit das Rom der Antonine als Bank und Börse der Antike auch der bedeutendste Handelsplatz war. Und wenn es auch nicht die Entwicklung einer eigentlichen Industrie gekannt hat, so war doch neben dem Personalstab der Finanziers und Großkaufleute ein ganzes Heer von Angestellten in den Kontoren tätig, dazu Einzelhändler in den Läden und Handwerker auf den Werkplätzen, die zur Erhaltung der Bauwerke und Unterkünfte in der Nähe der Hafenbecken erforderlich waren. Dort

Abb. 57. Macellum magnum. Neronische Münze.

wurden die riesigen Warenmengen ausgeladen und gespeichert, ehe sie in Werkstätten eine letzte Bearbeitung erfuhren, um dann an den Endverbraucher weitergereicht zu werden. Das betraf sowohl die Rohprodukte wie die seltenen und kostbaren Waren, die Roms Untertanen und die fernen Kunden seiner Untertanen außerhalb und innerhalb der kaiserzeitlichen Grenzen von überall herbeizubringen bemüht waren, sich dabei selbst bereichernd oder aber als wehrlose Objekte fremder Ausbeutung ausgeliefert.

Man möge nur einmal die Listen der Zünfte *(collegia)* Roms und des nah gelegenen Ostia durchsehen, wie sie Waltzing zu Beginn von Band IV seines meisterlichen Werkes aufgestellt hat. Mehr als hundertfünfzig sind einwandfrei belegt. Das genügt, um die Kraft eines Geschäftslebens zu beweisen, zu dem sowohl die Aristokratie der Unternehmer wie die Masse der bezahlten Kräfte gehörten.

Dabei ist es nicht immer möglich, zwischen dem Händler und Finanzmann, dem Kaufmann und Industriellen, dem Wiederverkäufer und dem Fabrikanten eine Grenze zu ziehen. Das gilt für die meisten Großhändler, *magnarii*, in Getreide, Wein und Öl; für die Reeder, *domini navium*, die ganze Flotten bauten, ausrüsteten und unterhielten; ebenso auch für die Erbauer und Ausrüster von Schiffen, *fabri navales* und *curatores navium*. Sie sind alle zugleich Handelsleute und Geldgeber. Das Gebiet der Lebensmittelversorgung freilich, das sich außergewöhnlich rasch entwickelte, teilt sich in verschiedene Sondergruppen. Dazu zählten in der Gruppe der Kleinverkäufer, die lediglich ihre Waren zu verkaufen hatten, die Händler in Hülsenfrüchten *(lupinarii)*, in Obst *(fructuarii)* und in Melonen *(peponarii)*. Andere erzeugten und erwarben selbst, was sie anboten. Die *olitores* waren gleichzeitig Gemüsehändler und Gärtner, die *piscatores* allesamt Fischer und Fischhändler. Bei den meisten Gewerben war die Ausübung eines richtigen Berufes mehr oder weniger erforderlich. Die ambulanten *vinarii* zogen von *vicus* zu *vicus* und führten zum Ausschank ihrer Gewächse auf ihren Wagen eine ganze Ausrüstung an Fässern und Amphoren mit sich. Die Schenkwirte *(thermopolae)* boten in ihren Schwenkkrügen kunstvolle Mischungen aus Wasser und Wein und brachten sie auf die gewünschte Temperatur. Ein Blick auf die Basreliefs des berühmten Grabmals des Eurysaces zeigt (s. Taf. 22), daß in einer großen Bäckerei der *pistor* oder Bäcker gleichzeitig Müller *(molinarius)* war. Pastetenbäcker *(siliginarii)*, Konditoren *(pastillarii)* und Gastwirte *(caupones)* lockten Kundschaft an Theken und Tische durch vorzüglich zubereitete Gerichte. Auch bei den Luxusgegenständen muß man überall ein Mindestmaß an technischen Fertigkeiten in Rechnung stellen; die Parfümeriehändler und Drogisten *(pigmentarii)*, die ihre eigenhändig zubereiteten Mischungen anpriesen; die Spiegelhändler *(specularii)*, die ihre Spiegel polierten und zur Schau stellten; die Blumenhändler *(rosarii, violarii)*, die ihre Blumensträuße nach dem Geschmack der Passanten ordneten und die Kränze für die *coronarii* (s. Abb. 58) wanden; die Elfenbeinschnitzer *(eborarii)*, welche die von Afrikajägern eingeführten Stoßzähne verarbeiteten, die Händler mit Ringen *(anu-*

larii) und mit Perlen *(margaritarii)* und ebenso die Goldschläger *(brattiarii inauratores)* und die Goldschmiede *(aurifices)*. Im Bekleidungsgewerbe gab es keinen Zweig, bei dem Verkauf und Herstellung nicht in einer Hand lagen. Das gilt für die *lintarii*, die ihr Leinen verarbeiteten, für die Kleiderschneider *(vestiarii)* und Uni-

Abb. 58. Kranz- und Girlandenflechter. Pompejanisches Wandgemälde.

formschneider *(sagarii)*, für die Schuster *(sutores)* und für die Hersteller von Männerstiefeln *(caligarii)* und Damenstiefeln *(fabri solarii baxiarii)*. Es sei vor allem auch an die vielfältigen Tätigkeiten erinnert, die im kaiserlichen Rom das Bekleidungsgewerbe nach sich zog. Dazu gehörten die einfachen Berufe der Bleicher *(fontani)*, der Walker *(fullones)*, der Färber *(tinctores, offectores, infectores)*, weiterhin die anspruchsvolleren Berufe der Sticker *(plumarii)* und Seidenhandwerker *(serarii)*, die mit Baumwolle die Seidengewebe durchschossen, die seit Claudius regelmäßig mit den Monsunwinden aus China über das Meer kamen.

Vor allem aber spielten in Rom zwei Berufsgruppen eine große Rolle. Die eine stellte alles selbst her, was sie dem Publikum anbot. Die andere hatte nichts als die Kraft ihrer Arme *(operae)* zu bieten. Zur ersten Gruppe gehörten die Gerber *(corarii)*, die Kürschner *(pelliones)*, die Seiler *(restiones)*, die Kalfaterer *(stuppatores)*, die Schreiner und Kunsttischler *(citrarii)*, die Eisen- und Bronzeverhütter (*fabri aerarii, ferrarii*, s. Abb. 59). Zur zweiten Gruppe zählten die Angehörigen des Baugewerbes, die Abbruchunternehmen (*subrutores)*, Maurer *(structores)* und Zimmerleute (*fabri tignarii*, s. Taf. 7), und des Transportgewerbes, die Transporte auf dem Lande durchführen, also die Maultiertreiber *(muliones)*, Fuhrleute *(iumentarii)*, Rollkutscher *(catabolenses)*, Wagenführer *(vecturarii)*, Reisewagenkutscher (*cisiarii*, s. Taf. 14), und die Berufe, die Transporte auf dem Wasser durchführen, also die Frachtschiffer *(lenuncularii)*, die Kahnführer *(lintrarii)*, die Küstenfahrer *(scapharii)*, die Flößer *(caudicarii)*, die Treidler *(helciarii)* und die Sandschlepper *(saburrarii)*. Zum Schluß seien noch die Berufsgruppen erwähnt, denen die Bewachung der Häfen und die Versorgung mit Arbeitskräften oblag: die Wachleute *(custodiarii)*, die Träger *(baiuli)*, die Schauerleute *(geruli)*, die Sackträger *(saccarii)*. Wenn man das letzte Blatt dieses endlosen Katalogs umgeschlagen hat, gibt es keinen Zweifel mehr daran, daß im Rom der Antonine doch mehr Arbeiter als »Rentiers« wohnten.[19] Das Geratter ihrer Werkzeuge, ihr Schreien, Lärmen, Fluchen und Rufen erfüllte jahrein, jahraus die Stadt mit dem ohrenbetäubenden Lärm, der in den zeitgenössischen Satiren gegeißelt wird.[20]

In dreierlei Hinsicht unterscheiden sich jedoch die Arbeiter Roms wesentlich von der heutigen Arbeiterschaft.

Zunächst einmal wohnten sie nicht in dichtbesiedelten Arbeitervierteln beieinander. Eine Ausnahme bildete lediglich das Hafenviertel am Tiber und am Aventin. Sonst jedoch bildeten sie nirgendwo eine geschlossene »Stadt in der Stadt«. Zweitens arbeiteten sie nicht auf einem großen Gelände oder in einer riesigen Fabrik zusammen, sondern waren auf eine Unzahl von Läden, Werkstätten und Arbeitsplätzen verteilt, die in buntem Wechsel zwischen den Märkten, Privathäusern und Mietskasernen lagen.[21]

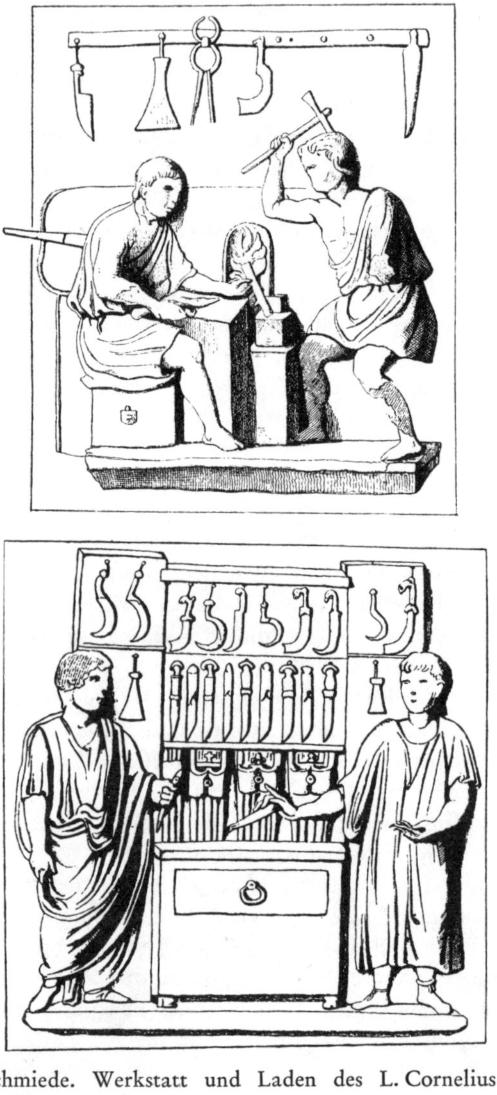

Abb. 59. Schmiede. Werkstatt und Laden des L. Cornelius Atimetus. Relief von einem Grabaltar.

Drittens bestehen diese Arbeitstrupps fast nur aus Männern. Die Frauenbewegung der antoninischen Zeit bleibt eine außergewöhnliche, aristokratische Angelegenheit und ganz auf die führende Schicht beschränkt. Die großen Damen konnten auf allen Gebieten den Männern nachstreben, sie fanden keinerlei Nachfolge in den unteren Gesellschaftsschichten. Die einfachen Frauen dachten nicht daran, sich in den Existenzkampf zu stürzen. Der Musik, der Literatur, den Wissenschaften widmeten sich die großen Damen wie dem Sport: sie füllten ihre Mußestunden aus.[22] Es wäre ihnen unwürdig vorgekommen, wenn sie daraus einen Beruf gemacht hätten. Unter den mehr als tausend einschlägigen Grabinschriften, die die Herausgeber des *Corpus Inscriptionum Latinarum* im Band VI für die Urbs gesammelt haben, habe ich mit Mühe eine Frau als Sekretärin *(libraria)*[23], eine Schreiberin *(amanuensis)*[24], eine Stenographin *(notaria)*[25] und zwei Erzieherinnen *(paedagogae)*[26] gegen achtzehn Erzieher[27], vier Ärztinnen[28] gegen einundfünfzig *medici*[29] gefunden. Im übrigen hätte die entsprechende Rubrik in einem Personenregister bei den meisten Römerinnen die heute mehr oder weniger übliche Angabe »ohne Beruf« aufgewiesen. Aus den Inschriften des Kaiserreichs geht klar hervor, daß die Frauen im allgemeinen nur Ämter versehen, für die der Mann von Natur aus ungeeignet ist. Sie sind also Schneiderin *(sarcinatrix)*[30], Friseuse *(tonstrix*[31], *ornatrix*[32]*)*, Hebamme *(obstetrix)*[33] und Amme *(nutrix)*[34] oder beschränken sich auf Beschäftigungen, für die sie zu allen Zeiten begabter und erfahrener waren. So habe ich nur eine Fischfrau *(piscatrix)*[35], eine Gemüsehändlerin (*negotiatrix leguminaria*, vgl. Taf. 20)[36], eine Modistin *(vestifica)*[37] bei zwanzig Schneidern oder *vestifici*[38], zwei Händlerinnen in Wollstoffen *(lanipendae)*[39] und zwei in Seidenstoffen *(sericariae)*[40] festgestellt. Daß es keine Schmuckhändlerinnen gibt, braucht nicht zu verwundern. In Rom gab es keinen Unterschied zwischen den *argentarii*, die Schmuck verkauften, und den *argentarii* (s. Taf. 24), die Bank- und Wechselgeschäfte ausübten. Die prätorische Rechtsprechung, die den Frauen das Auftreten vor Gericht im Auftrag eines anderen untersagte,[41] hatte ihnen auch Bankgeschäfte verboten. Bezeichnend ist auch, daß die Frauen niemals in den Berufen auftauchen, die von den Kaisern gefördert worden sind: Claudius förderte das Schiffswesen[42], Trajan das Bäckergewerbe[43]. Ich habe nicht eine *pistrix* unter den *pistores* der Stadt entdeckt[44] und ebensowenig einen Frauennamen unter den uns überlieferten Listen der *navicularii.* Claudius versprach sogar das *ius trium liberorum*, das Vorrecht für Mütter mit drei Kindern, den reichen unverheirateten oder kinderlosen verheirateten Frauen, wenn sie auf ihre Kosten Lastschiffe ausrüsteten. Wenn die Matronen seinem Drängen nachgaben, so blieben sie doch selbst immer im Hintergrund. Sie schickten einen Strohmann vor, einen freigeborenen *procurator* oder einen *institor* aus dem Sklavenstand. Nichts beweist besser, wie sehr die Römerin trotz aller geistigen und bürgerlichen Emanzipation, die sie in der Kaiserzeit genoß, doch vorzog, im Haus zu hocken und sich vom Getümmel des Forums und vom Lärm der Berufe fernzuhalten.

Abb. 60. Angestellte der Annona. Wandmalerei aus den Domitilla-Katakomben.

Sie lebte so tief im *farniente*, daß sie die Läden ebensowenig als Kundin wie als Angestellte betrat. Nicht seine Ehefrau, sondern der *proletarius* selbst eilte am vorbestimmten Tag zu dem Schalter der *porticus Minucia*, den ihm sein Bezugsschein, die *tessera*, für die *annona* anwies (s. Abb. 60). Ein historisches Relief im Konservatorenpalast der Kapitolinischen Museen stellt höchstwahrscheinlich die großzügigen Spenden Hadrians dar. Dort steht der Kaiser auf einer Estrade und kündet seine Gaben dem römischen Volk an. Es wird symbolisiert durch drei Bürger verschiedenen Alters, einen Knaben, einen Jüngling, einen reifen Mann. Eine Frau wird nicht dargestellt, sie war auch in Wirklichkeit nicht dabei, wenn das kaiserliche Manna verteilt wurde.[45] Die Frauen fehlen gleichfalls bei den meisten Bildern aus Herkulaneum und Pompeji und auch auf den Grabskulpturen, bei denen der Bildhauer Szenen des täglichen Lebens dargestellt und zur Belebung Geschäftsauslagen und Büros einbezogen hat.

Diese Darstellungen weisen nur Frauen auf, wenn ihre Anwe-

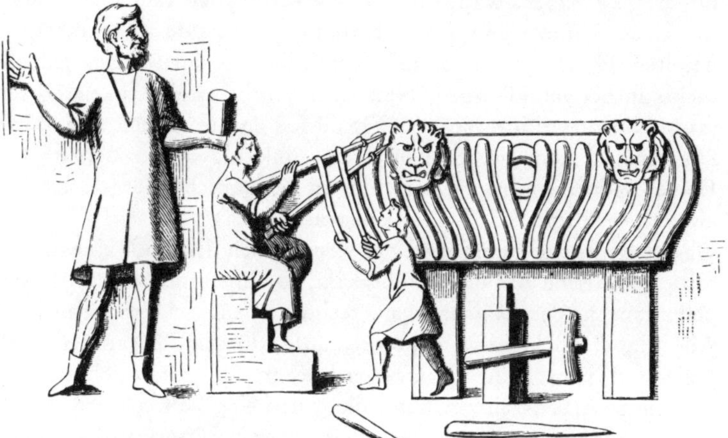

Abb. 61. Sarkophagproduktion. Relief von einem Sarkophag.

senheit unumgänglich ist: wenn der Walker die Wäsche einer Matrone übergibt[46]; wenn eine Witwe beim Marmorschneider *(marmorarius)* das Grabmal für ihren verstorbenen Gatten bestellt[47] (vgl. Abb. 36); und wenn der Schuhmacher einer Frau Schuhe anmißt[48]; dann natürlich bei den Schneidern und in den Modegeschäften. Auf den Basreliefs in den Uffizien zu Florenz[49] trifft sie ihre Wahl, während ihr Gatte neben ihr auf der Bank sitzt. Auf den kampanischen Fresken[50] ist sie von ihrer Lieblingsgefährtin oder einem ganzen Schwarm von Freundinnen begleitet.

In den *Saepta Iulia* hingegen, die nach der Abschaffung der Volksversammlungen in eine Promenade verwandelt worden waren, auf der die Bronzehändler, die Juweliere und die Antiquare nach Kauflustigen spähten, lustwandelten und kauften nur Männer: Der Sammler Eros, der besessene Mamurra, der alte Euctus.[51] Auch in der Bäckerei,[52] in der Fleischerei[53] (s. Taf. 25), in der Garküche,[54] überall stehen sich nur Verkäufer und Käufer gegenüber. Auf den Bildern, die uns die Pompejaner von ihren öffentlichen Plätzen hinterlassen haben, wandeln geschmückte Frauen teils allein, teils mit einem Kind, wie auf dem berühmten Gemälde aus dem sogenannten Haus der Livia auf dem Palatin.[55] Sie tragen jedoch nichts in der Hand, weder Netz noch Korb; sorglos spazieren sie als Müßiggängerinnen umher. Wir dürfen daraus schließen, daß im kaiserlichen Rom die Frauen keine Einkäufe tätigten. Nur der Römer selbst, wie heute noch der muselmanische Bürger, kaufte ein und versorgte das Haus mit Vorräten.[56]

Obgleich nun die Untätigkeit der Römerinnen der Stadt eine orientalisch-exotische Atmosphäre verleiht, so ähneln doch die Arbeitsbedingungen der Römer dem technisch entwickelten heutigen Abendland. Auch die Römer waren aufgeklärt und organisiert und ließen sich von der Arbeit nicht erdrücken. Sie hatten sich an eine bestimmte Arbeitszeit gewöhnt, die genau eingehalten wurde, weil die Korporationen allen Mitgliedern einer Berufsgruppe verbindliche Richtlinien vorschreiben konnten. Diese Innungen waren durch die Gesetzgebung des Kaisers Augustus und die Erlasse seiner Nachfolger vereinheitlicht worden. Die Naturgegebenheiten und der Sonnenkalender beschränkten im Winter die Arbeitszeit auf höchstens acht heutige Stunden.[57] Wahrscheinlich aber richteten die Römer es so ein, daß sie auch in der schönen Jahreszeit nicht länger zu arbeiten brauchten. Nach meiner Meinung gelang es ihnen sogar, im Anfang des 2. Jahrhunderts unserer Zeitrechnung die Arbeitszeit noch zu verkürzen. Es wäre unbillig gewesen, wenn die Transportarbeiter, die gesetzmäßig während der Nacht ihre Wagen stillzulegen hatten, eine größere Arbeitslast hätten bewältigen müssen als ihre Kameraden, die am hellen Tag arbeiteten. Der Morgen graute noch längst nicht, als Trimalchios Zechgenossen nach zu reichem Gelage aufbrachen. Da die Straßen völlig finster und die Kumpane betrunken waren, verirrten sie sich. Doch wurden sie auf den richtigen Weg durch die Fuhrleute ihres Gastgebers gewiesen, die mit ihrem Wagenzug eben heimkehrten, nachdem sie offenbar ihre Arbeit getan hatten.[58] Für dieselbe Epoche besitzen wir außerdem zahlreiche Hinweise, daß die Werkstätten, Geschäfte und Läden zwar bei Tagesanbruch öffneten, jedoch weit vor Sonnenuntergang schlossen. Die fünfte Stunde war noch lange nicht zu Ende und die Sklaven nach erledigter Arbeit auf dem Weg zum Bad,[59] als ein hungriger Schmarotzer weit vor der üblichen Zeit bei Martial erschien, um eine Einladung herauszuschinden.

Die freien Handwerker hatten sich gewiß nicht schlechtere Bedingungen aufdrängen lassen. Die Gastwirte zwar und die Antiquare, die bis zur letzten Minute die Spaziergänger der *Saepta Iulia* zum Kauf reizen wollten, schlossen nicht vor der elften Stunde,[60] auch die Barbiere *(tonsores)*, die auf die Mußezeit ihrer Kunden angewiesen waren, arbeiteten bis zur achten Stunde.[61] Wenn man jedoch diese und einige andere Berufe außer acht läßt, so endete die Arbeitszeit fast für die gesamte römische Arbeiterschaft mit der sechsten oder mit der siebten Stunde, sehr wahrscheinlich mit der sechsten im Sommer und mit der siebten im Winter:

In quintam varios extendit Roma labores
Sexta quies lassis, septima finis erit.[62]

Setzt man nun 45 heutige Minuten für die römische Stunde zur Wintersonnenwende und 75 zur Zeit der Sommersonnenwende ein,[63] so ergeben sich für den römischen Arbeitstag ungefähr sieben heutige Stunden im Sommer und weniger als sechs heutige Stunden im Winter.

Im Sommer wie im Winter verfügten die römischen Arbeiter frei über den gesamten oder jedenfalls über den größten Teil des Nachmittags, und unsere Vierzigstundenwoche mit ihrer unterschiedlichen Aufteilung auf die Tages- und Nachtschichten wäre ihnen vielleicht eher als eine Verschlechterung denn als Verbesserung ihrer Arbeitsbedingungen erschienen. Ihre ländlichen Lebensgewohnheiten und ihr unvergleichliches Überlegenheitsgefühl bewahrten sie vor der Erschöpfung durch unaufhörliche und ermattende Arbeit. Zur Zeit Martials verhalfen die Berufsinnungen den Händlern und Geschäftsleuten, den Handwerkern und Arbeitern des römischen Volkes zu einer angenehmen Zeiteinteilung. Sie konnten ihre Arbeit so einrichten, daß ihnen an jedem Tag siebzehn oder achtzehn der vierundzwanzig Stunden zu einem Leben in völliger Ruhe, gleichsam zum Genuß eines Rentnerdaseins, verblieben.

3. *Rechtswesen und Politik*

Die geistigen Berufe hatten es allem Anschein nach nicht so gut wie die Geschäftsleute und Arbeiter. Ich spreche nicht von den Arbeitstieren, den Helden und Opfern ihres unersättlichen Wissensdurstes, deren Verkörperung Plinius der Ältere darstellt. Aus reinem Vergnügen widmete er bekanntlich rund zwanzig Stunden am Tag seinen Schriften. Ab ein Uhr nachts begann er, sogar im August, schon bei Kerzenlicht die Arbeit. Nachdem er seine Besuche bei Hof erledigt hatte, schaffte er pausenlos mit bewundernswerter Zähigkeit weiter. Erst gegen Mittag gönnte er sich einen Augenblick Ruhe, nahm eine leichte Mahlzeit ein, streckte sich in die Sonne, während ein Sekretär ihm weiter vorlas, was am Vormittag noch nicht hatte erledigt werden können. Dann nahm er ein kaltes Bad und ruhte ein wenig. Nach einem eilig eingenommenen Imbiß begann er von neuem hingebungsvoll seine Studien und arbeitete hartnäckig und ununterbrochen bis zum Abendessen.[64] Doch stellt Plinius der Ältere eine unerhörte Ausnahme dar. Er ist der einzigartige Fall eines römischen Enzyklopädisten, der sein Leben dem Dämon der Wissenschaften opfert. Mit Leib und Seele widmete er sich seinen anstrengenden, dabei völlig zweckfreien Untersuchungen, die tatsächlich als Früchte seiner Mußestunden zu bezeichnen sind. Keinesfalls kann er als Maßstab für die normale Tätigkeit seiner Zeitgenossen genommen werden. Doch wenn sie auch bei weitem nicht mit Plinius dem Älteren verglichen werden können: die gelehrten »Bürger«, die im kaiserlichen Rom freie Berufe in unserem Sinne ausübten, waren im allgemeinen reichlich mit den Pflichten ihres Arbeitslebens belastet. Zwar fehlen uns genaue Unterlagen über die Beanspruchung, der die *officiales* der Verwaltungsbehörden ausgesetzt waren, und wir können auch nicht mit Sicherheit die Leistungen der *scrinia*, der kaiserlichen Ministerien, angeben, wir finden jedoch hier und da in der Literatur aufschlußreiche Hinweise. Aus ihnen wird das Maß der Verpflichtungen deutlich, die im besonderen die Rechtsgelehrten zu erfüllen hatten, außerdem die noch schwerere Bürde, die in einigen Jahresabschnitten auf den Senatoren lastete, die verantwortungsbewußt ihr hohes Amt zu erfüllen trachteten.

Eine wertvolle Anmerkung Martials teilt mit, daß an den wegen des Fehlens jeden sakralrechtlichen Hindernisses für die Rechtsprechung vorgesehenen *dies fasti* die ordentlichen Gerichtshöfe *(tribunalia)* ihre Sitzungen ohne Unterbrechung von Tagesanbruch bis zum Ende der vierten Stunde abhielten.[65] Auf den ersten Blick scheinen damit die Sitzungen im Winter drei heutige Stunden gedauert zu haben, im Sommer hätten sie sich nicht über fünf Stunden ausgedehnt. Bei näherer Betrachtung ergibt sich jedoch, daß der Text eine Wiederaufnahme nach der Unterbrechung nicht ausschließt, und aus anderen Zeugnissen geht einwandfrei hervor, daß die Wiederaufnahme sogar mehrfach erfolgen konnte. Das Zwölf-Tafel-Gesetz sah bereits vor, daß sich ein Verfahren, das auf den Vormittag anberaumt war, bei Anwesenheit beider Parteien bis zum Sonnenuntergang ausdehnen konnte.[66] Zur Zeit Martials verlangte und erhielt der Advokat einer der Parteien vom Richter bereits eine Redezeit von mindestens sechs Wasseruhrlängen.[67] Aus einem Text Plinius' des Jüngeren dürfen wir ableiten, daß die Laufzeit der Wasseruhren, deren Füllung auf die Stundenlänge zur Zeit der Äquinoktien abgestimmt war,[68] etwa zwanzig heutige Minuten dauerte. So ergibt sich aus den Angaben, daß eine einzige Verteidigungsrede im Winter fast eine Sitzung ausfüllte und daß die Gegenrede und der Zeugenaufmarsch mindestens eine weitere Sitzung für den Abschluß des Prozesses erforderten. Darüber hinaus aber gab es Advokaten, die sich nicht mit sechs Wasseruhrlängen begnügten. Zu ihnen gehörte der redselige Caecilianus, dem Martial ein Epigramm widmete: »Schreiend verlangst du sieben Klepsydren für dich, Caecilianus, und der Richter hat sie dir, wenn auch widerwillig, gewährt. Und nun sprichst du endlos, neigst dich zurück und schluckst das laue Wasser, das man dir in Kristallflaschen hinstellt. Um deine Schwatzsucht, deinen Durst zu stillen, trink doch aus der Klepsydra, Caecilianus!«[69] Wäre der launige Rat befolgt worden, so hätten sich die zweieinhalb Stunden, die der Richter unvorsichtigerweise diesem hemmungslosen Verteidiger zugebilligt hatte, auf einen Schlag um zwanzig Minuten verringert. Doch nur in der Phantasie des Dichters wären sie gewonnen worden. Der Prozeß hingegen, dessen Umstände stimmen oder von Martial erfunden sein mögen, wird mindestens fünf heutige Stunden gedauert haben. Dabei ist es gleichgültig, ob er unterbrochen wurde oder nicht. Wir haben guten Grund, den tiefen und feinfühligen Rechtssinn der Römer zu bewundern. Sie lehrten die Welt das Recht. Doch dürfen wir uns nicht verhehlen, daß in dieser schönen Begabung auch ein böser Geist steckte. Wie der rechtsbesessene Michael Kohlhaas sind auch die Römer auf die Dauer ihrer Prozeßlust erlegen. Das zeigte sich bereits in Ciceros raffinierten Plädoyers. Es war verhängnisvoll, daß die Prozeßsucht die Stadt befiel, aus der die Cäsaren die Politik verbannt hatten. Von Regierung zu Regierung stieg die Flut unaufhaltsam und schwemmte mehr Rechtsstreitigkeiten an, als die Menschen bewältigen konnten. Um der Fülle Herr zu werden, mußte Augustus schon im Jahre 2 v. Chr. das von ihm erbaute und nach ihm benannte Forum freigeben.[70] Fünfundsiebzig Jahre später war die Masse wieder derart angewachsen, daß sich Vespasian fragte, wie das Zustandekommen so zahlreicher Rechtsstreitigkeiten zu bekämpfen sei, für die »das Leben der Kläger kaum ausreichen würde«.[71] Im Rom der ersten Jahre des 2. Jahrhunderts hallte das Echo der Prozesse von überall über das Forum: vom Tribunal des Stadtprätors *(praetor urbanus)* beim *puteal Libonis*,[72] vom Tribunal des Fremdenprätors *(praetor peregrinus)* zwischen dem *lacus Curtius* und der Statue des Marsyas[73] und von der Basilica Julia, wo sich die Centumvirn, die Richter vornehmlich in Erbstreitigkeiten, versammelten. Und die Strafgerichtsbarkeit dröhnte gleichzeitig ihre Sprüche vom Forum Augusti, wo der Stadtpräfekt *(praefectus urbi)* seine Rechtssprüche abgab,[74] von der Kaserne der Castra praetoria, wo der Gardepräfekt *(praefectus praetorio)* seine Urteile fällte, von der Kurie, wo die Senatoren ihre Standesgenossen bestraften, die pflichtvergessen oder mißfällig gehandelt hatten, vom Palatin, wo der Herrscher die Einsprüche und Berufungsanträge aus der ganzen Welt in jener Exedra seiner privaten Basilika anhörte, die von den Jahrhunderten verschont wurde.

Zweihundertunddreißig Tage im Jahr erfüllten Zivilprozesse[75] die Urbs mit einer verzehrenden Gerichtsseuche, ganz zu schweigen von den Strafprozessen, für die eine solche zeitliche Einschränkung nicht galt. Sie ergriff nicht nur Kläger und Beklagte, sondern auch die Advokaten und die Menge der Neugierigen, die aus Sensationssucht und Lust an Wortgefechten stundenlang gebannt den Gerichtssitzungen lauschten. Für keine andere Tätigkeit waren sie während dieser Zeit zu haben.

Für niemanden stellten die Gerichtssitzungen ein reines Vergnügen dar. Sie waren anstrengend für Kläger, Zeugen, Richter, Advokaten und auch für die Zuschauer. Am besten besuchen wir einmal eine Gerichtssitzung der Centumvirn in der Basilica Julia.[76] Sie wurde von Julius Cäsar geplant und von Augustus vollendet und neu errichtet. Von der Via Sacra, die an dem Gebäude entlangläuft, steigen wir sieben Stufen hinauf zum marmornen Säulengang, der die Basilika umzieht.[77] Über zwei weitere Stufen treten wir in den geräumigen Saal ein. Sechsunddreißig marmorumkleidete Ziegelsäulen teilen sie in drei Schiffe. Das Hauptschiff war 18 Meter breit und 82 Meter lang. Auf den Tribünen, die den ersten Stock des Mittelraums beherrschen, und in den langen Seitenschiffen versammelten sich die Zuschauer, Männer und Frauen, die in unmittelbarer Nähe der Parteien und dicht beim »Gerichtshof« keinen Platz gefunden hatten. Die Versammlung der Centumvirn zählte nicht hundert, wie man aus ihrem Namen schließen könnte, sondern hundertachtzig Mitglieder, die in vier verschiedene Kammern aufgeteilt waren.[78] Je nach der Streitsache tagten die Kammern getrennt oder gemeinsam. Bei gemeinsamen Sitzungen führte der *praetor hastarius* selbst den Vorsitz. Für seinen kurulischen Stuhl *(sella curulis)* war eigens eine Estrade errichtet worden, auf der zu beiden Seiten auch die hundertachtzig Beisitzer saßen, ihnen zu Füßen die Kläger, ihre Bürgen, Verteidiger und Freunde. Etwas entfernt von dieser *corona* stand das gemeine Volk. Bei getrennten Sitzungen hatte jede Kammer fünfundvierzig Beisitzer und einen Decemvir als Präsidenten. Es tagten also vier gleiche Gruppen, jede von der anderen durch Vorhänge oder Stellwände getrennt. Häufig hockten Magistrat und Publikum dicht gedrängt aufeinander, so daß sich die Debatten in einer erstickenden Atmosphäre abspielten. Zu allem Mißgeschick war auch die Akustik jämmerlich schlecht, die Advokaten mußten doppelt laut schreien, die Richter doppelt aufmerksam, die Zuhörer doppelt geduldig sein. Oft dröhnte die weite Halle von der metallischen Stimme eines Verteidigers, der mit seinen Darlegungen die Verhandlungen der anderen Gruppen übertönte. So erhielt Galerius Trachalus, Konsul des Jahres 68 n. Chr., der mit außerordentlicher Stimmgewalt begabt war, Beifall vom Publikum der anderen Kammern, das ihn nicht sah und eigentlich auch nicht hören sollte.[79] Dazu kam noch zur weiteren Lärmerhöhung die bezahlte Begeisterung der »Claqueure«. Larcius Licinus setzte sie als erster ein, schamlose Advokaten taten es ihm nach, obwohl Plinius der Jüngere die Einrichtung scharf mißbilligte. Sie wollten das Gericht beeindrucken, ihr Ansehen fördern und mit ihnen ihre Prozesse gewinnen. Eines Tages hielt Domitius Afer in Gegenwart Quintilians eine Verteidigungsrede und beeindruckte durch seine Worte und sein ruhiges Wesen eine Gruppe der Centumvirn. Da drangen die maßlosen Beifallsschreie von nebenan an sein Ohr. Erstaunt schwieg er still. Als wieder Ruhe eintrat, nahm er seine Rede auf. Erneut ertönten Schreie. Er unterbrach wieder. Das Spiel wiederholte sich ein drittes Mal. Schließlich fragte er, wer in der Nachbarkammer spreche. »Licinus«, hieß es. Da verzichtete er auf seine Rede und sagte: »Centumvirn, unsere Kunst ist verloren.« So war es jedoch nicht. Für die Bravoschreier war sie es allerdings nicht, für die σοφοκλεῖς, wie sie griechisch heißen, die *laudiceni*,[80] die »Sich-von-ihrem-Lob-Ernährenden«, wie sie auf lateinisch genannt wurden. Ob die Verteidigungsrede gut oder schlecht war, sie klatschten und erhielten ihren Lohn. Außerdem war es ihnen im Rahmen ihres Vertrags freigestellt, ihre Aufmerksamkeit von den Gerichtsvorgängen abzuwenden, sobald ein Advokat an die Reihe kam, mit dem sie nichts zu tun hatten. Zwar blieben sie im Saal, doch widmeten sie sich nun irgendeinem Zeitvertreib, oft einer Art Damespiel. Ausgrabungen in der Basilica Julia haben mehrere marmorne Fußbodenplatten mit entsprechenden *graffiti, tabulae lusoriae*, freigelegt.[81] Zweifellos aber waren die Klatscher die einzigen, die ihr Vergnügen im Saal fanden. Leicht kann man sich das Mißbehagen und die Qual vorstellen, die aufmerksame Richter, verantwortungsbewußte Advokaten bei einer Sitzung inmitten des tosenden Lärms und fortgesetzten Durcheinanders befielen, wenn die bestellten Bravoschreie den Raum durchbrandeten.

Plinius der Jüngere rühmt sich, seinen Ruf begründet zu haben, indem er vor den Centumvirn die längsten und, wie er schreibt, auch die besten seiner Plädoyers hielt.[82] Doch welche geistigen und körperlichen Anstrengungen waren damit verbunden! Wenn er am Ende seiner Laufbahn auf die Anfänge in der Basilica Julia zu sprechen kommt, hat man den Eindruck, daß er sich immer noch nur mit Todesangst daran erinnert.[83] Er könnte, scheint es, davon wie von seinem Aufenthalt beim Tribunal in Centumcellae (Civitavecchia), das Trajan in seiner Villa abhielt, sagen: »Tage voller Ehren, doch auch Tage voller Bürden! – *Vides quam honesti, quam severi dies!*«

Der Kaiser war mit den von ihm zu behandelnden Rechtsstreitigkeiten, von denen manche aus den Provinzen an ihn herangetragen wurden, genauso überlastet wie die anderen Richter. Einen aufschlußreichen Einblick gibt uns eine Sitzung, bei der Trajan anläßlich eines Sommeraufenthaltes in Centumcellae präsidierte und bei der Plinius zugegen war.[84] Sie dauerte nur drei Tage. Die drei

Angelegenheiten, die auf der Liste verzeichnet sind, waren unbedeutend: eine mangelhaft begründete, aus erbitterter Eifersucht erfolgende Verleumdungsklage gegen einen vornehmen Epheser namens Claudius Ariston, einen Mann, den Plinius der Jüngere als »freigebig, allgemein beliebt und trotzdem ehrenhaft« beschreibt. Weiterhin ein Ehebruchsprozeß gegen Galitta, die Frau eines Militärtribunen, die angeklagt ist, ihre Gunst einem einfachen Centurio zugewandt zu haben. Schließlich ein Streit über die Rechtsgültigkeit von Zusätzen zum Testament eines Unbekannten namens Julius Tiro. Obwohl Trajan nur einen Fall pro Tag erledigen wollte, mußte er doch seine beste Arbeitszeit daran wenden. Im besonderen gab ihm die Testamentsangelegenheit manche Nuß zu knacken. Einer seiner Prokuratoren in Dakien, Eurythmus, bestritt die Rechtmäßigkeit der Testamentszusätze. Die Erben mißtrauten der örtlichen Gerichtsbarkeit und erbaten die Entscheidung des Kaisers. Nachdem ihnen dies zugestanden war, taten sie jedoch so, als ob sie mit der Klageerhebung aus Rücksicht auf den Herrscher zögerten, dessen Freigelassener Eurythmus war. Erst auf die offizielle Aufforderung Trajans erschienen zwei von ihnen vor Gericht. Eurythmus bat ums Wort, um seine Anschuldigungen zu beweisen. Die beiden Miterben, denen Trajan das Wort erteilt hatte, weigerten sich zu sprechen und begründeten ihre Weigerung mit dem Vorwand, sie könnten aus Verbundenheit mit den anderen Miterben nicht allein die Interessen aller wahrnehmen. Die Advokaten versetzten diese Manöver und Gegenmanöver in helles Entzücken, sie stürzten sich mit wahrer Begeisterung in das Dickicht der Verfahrensformen. Mehrfach ermahnte der Kaiser sie zum Maßhalten, eine Mahnung, die er selbst auch beachtete. Schließlich aber dauerten ihm die Kniffe und Schliche zu lange. Er wandte sich an seinen Rat *(consilium)* und forderte ihn auf, die Spitzfindigkeiten zu beenden. Sehr spät erst konnte er die Verhandlung aufheben und die Beisitzer zu den vorbereiteten Unterhaltungen *(iucundissimae remissiones)* einladen. Inzwischen aber war es schon Zeit zum Essen geworden.[85]

Keiner der Beklagten hatte der kaiserlichen Majestät den schuldigen Respekt versagt. Indessen muß vermerkt werden, daß es nicht immer so zuging. Manchmal konnten die Angeklagten keine vierundzwanzig Stunden abwarten, um den Kaiser zu verfluchen, so daß seine Rechtsprechung in des Wortes wahrer Bedeutung mit einer Szene endete. Ein Papyrus aus Oxyrhynchos berichtet uns den Auftritt, den ein Ägypter namens Appianos, Gymnasiarch und Priester aus Alexandrien, Kaiser Commodus zu bieten wagte, der ihn gerade zum Tode verurteilt hatte. Kaum hatte ihm der Herrscher den Urteilsspruch verkündet, als Appianos sich in einer Haltung maßlosen Abscheus gegen ihn wandte. »Weißt du denn, mit wem du sprichst?« fragte ihn Commodus. »Ja, mit einem Tyrannen.« – »Nein«, unterbrach ihn Commodus, »mit dem Kaiser.« – »Bestimmt nicht«, entgegnete Appianos, »dein Vater, der göttliche Mark Aurel, hatte das Recht, sich Kaiser zu nennen, weil er die Weisheit förderte, das Geld verachtete und das Gute liebte. Aber du hast kein Recht dazu, denn du bist das Gegenteil deines Vaters, bist tyrannisch, lasterhaft und brutal.«[86] So konnte es geschehen, daß der Herrscher nicht nur durch das Geschwätz und die Schliche seiner Gerichtsuntertanen wie ein einfacher Centumvir überschrien, sondern dazu noch maßlos beleidigt wurde. Während der Kaiserhof an die Pracht Ludwigs XIV. erinnert, gemahnt uns sein Tribunal und der Wirrwarr der spitzfindigen, lauten und langen Prozesse an die würdelosen, pöbelhaften Tumulte der Rechtshändel eines Paschas im Patio seines Serails.

So anstrengend und zeitraubend indessen die Tätigkeit der Advokaten und Richter auch gewesen sein mag, im Leben der Senatoren gab es Perioden, in denen sie noch weniger Herren ihrer Zeit waren. Gewiß hatte der Senat seit Augustus die Zahl der regelmäßigen Sitzungen *(dies legitimi)* beträchtlich verringert. Im September und Oktober herrschten gesetzliche Ferien. Für den Rest des Jahres wurde der Senat normalerweise nur an zwei Tagen im Monat einberufen, an den Kalenden und Iden.[87] Darüber hinaus war er wesentlich entlastet, weil die Cäsaren sich selbst eifrig als Gesetzgeber betätigten. Hin und wieder jedoch mußte mit außerordentlichen Sitzungen gerechnet werden. Je seltener sie stattfanden, desto anstrengender waren sie. Der Herrscher berief sie ein und benutzte sie, um politische Verbrechen mit furchtbaren Strafen zu belegen, für die er gerne die formelle Verantwortung abschob. Dann begannen für die *patres* wahre Zwangsarbeitstage. Entziehen konnten sie sich diesen außergewöhnlichen Einberufungen nur, wenn sie ihre Abwesenheit rechtmäßig zu begründen vermochten.

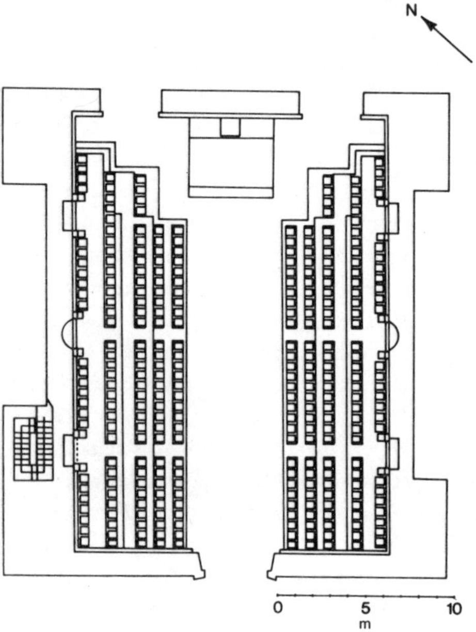

Abb. 62.
Curia Iulia. Grundriß.

Sie versammelten sich in der Kurie Julius Cäsars. Der von Diokletian unternommene Neubau hat mit größter Wahrscheinlichkeit den alten Plan und die Maße übernommen. Mit 25,50 Meter Länge und 67,60 Meter Breite[88] bot sie nur dreihundert Plätze auf den drei übereinanderliegenden Estraden, die Bartoli vor einiger Zeit unter dem Boden der ehemaligen Kirche Sant' Adriano entdeckt hat (s. Abb. 62). Da bei wichtigen Angelegenheiten mehr als die Hälfte der sechshundert Mitglieder der Einberufung folgte, waren sie wahrscheinlich genauso zusammengepfercht wie das englische

Parlament in der Lordkammer bei der Thronrede. Nach vorherigem Opfer und Gebet traten sie bei der ersten Tagesstunde in das Gebäude ein und verließen es erst bei einbrechender Nacht.[89] Das ging so mehrere Tage hindurch. Sie hätten dieses Strafamt nicht aushalten können, wenn die Regeln, besser noch: das Gewohnheitsrecht, ihnen nicht unausgesprochen gestattet hätten, nach Belieben zu kommen und zu gehen, zu verschwinden und wieder zu erscheinen. Im Saal herrschte eine ununterbrochene Flut von Diskussionen, eine Sintflut von Redeschwall und Maulfechtereien. Bei Plinius dem Jüngeren finden sich Berichte über mehrere Sitzungen des Senats, der als Staatsgerichtshof tagte. Marius Priscus, Prokonsul von Afrika, und seine Komplizen haben sich wegen Untreue zu verantworten. Eine andere Sitzung hat auf das Bittgesuch einer ganzen Provinz die Veruntreuungen des Caecilius Classicus, des ehemaligen Gouverneurs der Baetica, zu untersuchen und zu bestrafen. Die Lektüre erfüllt uns mit Bedauern für die an den kurulischen Stuhl geketteten Senatoren. Beim ersten Prozeß führte Trajan in seiner Eigenschaft als Konsul den Vorsitz. Drei Tage dauerte er ununterbrochen vom Morgengrauen bis zum Abend. An einem dieser Tage redete Plinius der Jüngere, der gegen einen Komplizen des Priscus die Anklage zu erheben hatte, pausenlos fünf Stunden hintereinander. Schließlich zeigte sich seine Ermüdung so deutlich, daß der Kaiser ihm mehrmals riet, Kehle und Lunge zu schonen. Als er geendet hatte, entgegnete Claudius Marcellinus für den Angeklagten in einem Plädoyer gleichen Ausmaßes. Bei den letzten Worten des zweiten Redners verschob Trajan die Fortsetzung auf den nächsten Tag, weil er fürchtete, eine dritte Rede würde auch noch die Nacht beanspruchen.[90] Beim zweiten Prozeß dagegen brauchte Plinius der Jüngere nur zuzuhören und abzustimmen. Deshalb erschien ihm im Vergleich der Fall Classicus wesentlich erträglicher und wirklich »kurz und leicht« *(et circa Classicum quidem brevis et expeditus labor)*. Daß er leicht erschien, kann man sich vorstellen. Die Spanier hatten die Anklage gut vorbereitet und alle Punkte der Verteidigung im voraus zunichte gemacht. Sie hatten private, sehr zynische Briefe des Angeklagten beschlagnahmt. Vor allem einen Brief, in dem er einer seiner Geliebten die

Rückkehr nach Rom ankündigte und so offen von seinen Unterschlagungen und seiner Liebe berichtete, daß seine Worte ihn gnadenlos ins Verderben stürzten. »Freude, o Freude! Ich komme schnell wie der Wind zu dir, denn ich habe vier Millionen Sesterzen eingeheimst, indem ich die Hälfte meiner Untergebenen betrog ...« Doch kurz war der Prozeß des Classicus nicht, trotz der Beweiskraft des Belastungsmaterials. Wie der Prozeß gegen Marius Priscus beanspruchte er drei Sitzungen des Senats. Und obwohl Plinius der Jüngere nicht zu reden brauchte, verließ er auch diesen Prozeß völlig erschöpft. An seinen lieben Cornelius Minicianus schreibt er: »Du kannst dir vorstellen, wie müde wir sind nach all den Plädoyers und Debatten, nach all den Zeugen, die zu verhören, zu bestärken, zu widerlegen waren. *(Concipere animo potes quam simus fatigati!)*«[91] Das verstehen wir wohl. Unverständlich aber bleibt uns, wie die Römer dieses beschwerliche System dulden konnten, ohne es zu reformieren oder zu vereinfachen. Ist anzunehmen, daß sie mehr Ausdauer und stärkere Nerven hatten als wir? Oder waren sie vielleicht durch die ein ganzes Jahrhundert währenden öffentlichen Vorlesungen gegen Abscheu, Überdruß und Langeweile endgültig gefeit?

4. Die öffentlichen Vorlesungen

Der Brauch der öffentlichen Vorlesungen zählt zu den ebenso langweiligen wie unumgänglichen Lieblingsbeschäftigungen der Römer. Unseren Begriffen ist er so fremd, daß er einige erklärende Worte erfordert.

Zwei Jahrhunderte hindurch haben die Gelehrten und Literaten in Rom das nicht gekannt, was wir unter Veröffentlichen verstehen. Bis zum Ende der Republik fertigten sie daheim oder im Hause eines Gönners Abschriften ihrer Werke an und verteilten sie an Bekannte. Atticus, dem Cicero seine Reden und Abhandlungen anvertraute, entwickelte aus der Werkstatt, die er zum Abschreiben einrichtete, ein beachtliches Unternehmen. Gleichzeitig verschaffte ihm Cäsar, der im Geistigen ebenso revolutionär wirkte wie im

Weltlichen, eine ausgedehnte Kundschaft, indem er die erste römische Staatsbibliothek gründete. Sie wurde nach dem Beispiel der Bibliothek des Museions von Alexandrien eingerichtet. Ihre Vollendung geht freilich erst auf Asinius Pollio zurück.[92] Bald danach wurden auch in den Provinzen Büchereien gegründet.[93] Die immer zahlreicher werdenden staatlichen und Gemeindebibliotheken riefen die Buchverleger auf den Plan *(bibliopolae, librarii)*. Bald zählte der neue Beruf berühmte Vertreter: die Sosii, die Horaz nennt, eröffneten ein Geschäft mit *volumina* am Ausgang des Vicus Tuscus zum Forum, in der Nähe der Statue des Gottes Vertumnus, hinter dem Castortempel;[94] bei Dorus konnte man Livius und Seneca kaufen;[95] Tryphon bot die *Institutio oratoria* Quintilians und Martials *Epigramme* an.[96] Berühmt waren auch Tryphons Konkurrenten Q. Pollius Valerianus, Secundus nicht weit vom Friedensforum *(Forum Pacis)* und Atrectus am Argiletum.[97] Die Händler bildeten Schreibsklaven aus und verkauften die Abschriften ziemlich teuer. Zwei oder vier Sesterzen nahmen sie für einen Text, der zwanzig Seiten in unserem Duodezformat umfaßte, fünf Denare oder zwanzig Sesterzen für einen *liber*, der kaum vierzig entsprechende Seiten enthielt.[98] Den gesamten Erlös aber behielten sie für sich. Und obgleich sie sich das Abschreiben bezahlen ließen, so kauften sie doch nicht einmal das Manuskript eines berühmten Schriftstellers an, sondern übernahmen allenfalls die Aufgabe, es kostenlos zu vervielfältigen.[99] Vor allem aber waren sie davon entbunden, den Autoren später auch nur die geringsten Rechte an ihren Schriften zuzugestehen. Denn der alte Rechtsgrundsatz *solo cedit superficies*, jede Zutat gehört dem Besitzer des Bodens, auf dem sie erfolgt, hatten die Juristen unterschiedslos auch auf die *papyri* und Pergamente ausgedehnt, die mit Schriftzeichen versehen wurden.[100] Auf diese Weise wurden die Buchhändler reich. »Bis tief nach Britannien hinein« und in die ganze Welt verschickten sie Verse, die sogar »der Centurio in seiner fernen Garnison in den immer vom Rauhreif überzogenen Landstrichen der Geten vor sich hin sprach«. Doch von ihren Gewinnen floß dem armen Poeten kein roter Heller zu.[101]

Unter diesen Umständen war es fast unvermeidlich, daß Anfänger und arme Schlucker den öffentlichen Vortrag ihrer Prosa als Gelegenheit benutzten, dem Geschäftsgebaren des *librarius* zu entgehen oder einen Druck auf ihn auszuüben. Sie empfanden davor keine Scheu, weil es ihnen nicht darauf ankam, eine Ausgabe ihrer Arbeiten vorwegzunehmen, die ihnen doch nichts einbrachte. Anderseits lag der kaiserlichen Regierung natürlich an einer Kontrolle der literarischen Produktion. Sie scheute zwar vor aufsehenerregenden Autodafés zurück, wie sie Tiberius befohlen hatte,[102] und wollte auch keine Todesurteile wie einst Domitian, der Hermogenes von Tarsus und seine *librarii* kreuzigen ließ.[103] Sie zog es vor, geräuschlos ihr Ziel durch indirekte Verfahren zu erreichen, die sich im Niltal bewährt hatten. Die Präfekten und Prokuratoren verfügten als Vorsteher der staatlichen Bibliotheken bereits über die Macht, ein langsames, aber sicheres Verschwinden verdächtiger oder gefährlicher Bücher zu bewirken, denen sie die Türen ihrer Wandschränke verschlossen hatten.[104] Sie legten Wert darauf, die Schriften zu fördern, die der Regierung und ihrer Politik dienlich und nützlich waren. So braucht es nicht zu erstaunen, daß Asinius Pollio, dessen Name mit der ersten römischen Bibliothek verbunden ist, gleich nach der Gründung zu einer öffentlichen Lesung seiner *Bürgerkriege (Historiae)*[105] einlud. Er führte damit eine Übung ein, auf die Schriftsteller und Regierung anscheinend nur gewartet hatten. Sofort setzte sie sich durch. Aus dem Zusammenspiel allmächtiger Verleger und beflissener Bibliotheken entwickelte sich der Brauch des öffentlichen Rezitierens. Er verbreitete sich sofort und wurde zu einer Landplage der Literatur. Politische Berechnung und schriftstellerischer Ehrgeiz brachten die Lawine ins Rollen. Nichts vermochte sie mehr aufzuhalten.

Seit seinem Regierungsantritt förderte Augustus emsig die neue Mode. »Bereitwillig und ausdauernd lauschte er allen, die ihm Verse und historische Darstellungen, Reden und Dialoge vorlasen.«[106] Einige Jahre später kam es noch besser. Angeregt von dem historischen Werk des Livius, setzte sich Claudius in den Kopf, Geschichtsschreiber zu werden. Sobald er ein Kapitel beendet hatte, trug er es vor. Als Prinz von Geblüt fehlte es ihm nie an Zuhörern. Bei einer seiner Lesungen jedoch ereignete sich ein grotesker Zwi-

1

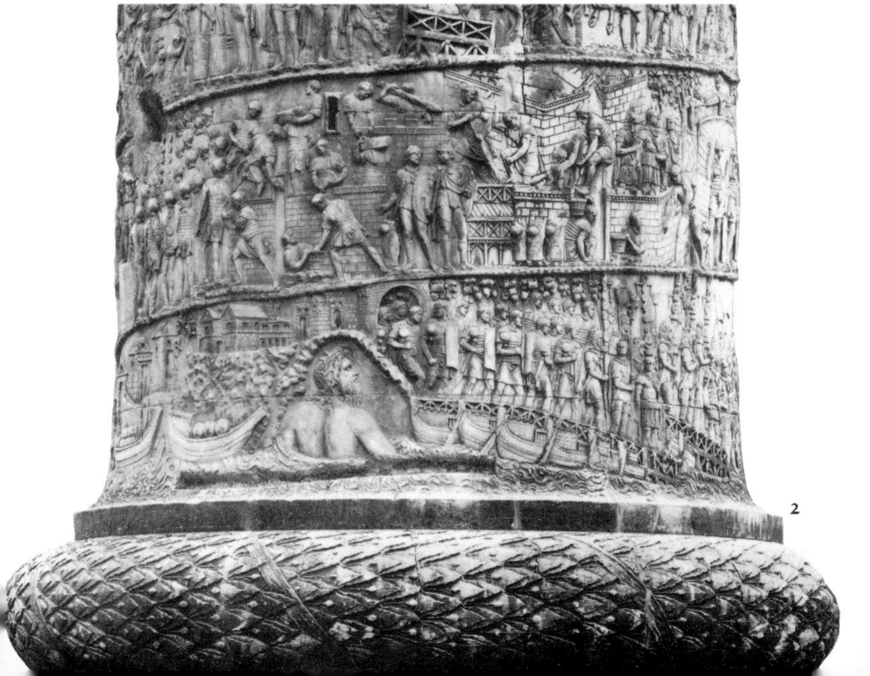

2

3

4

5

6

7

8

9

10

11

12

13

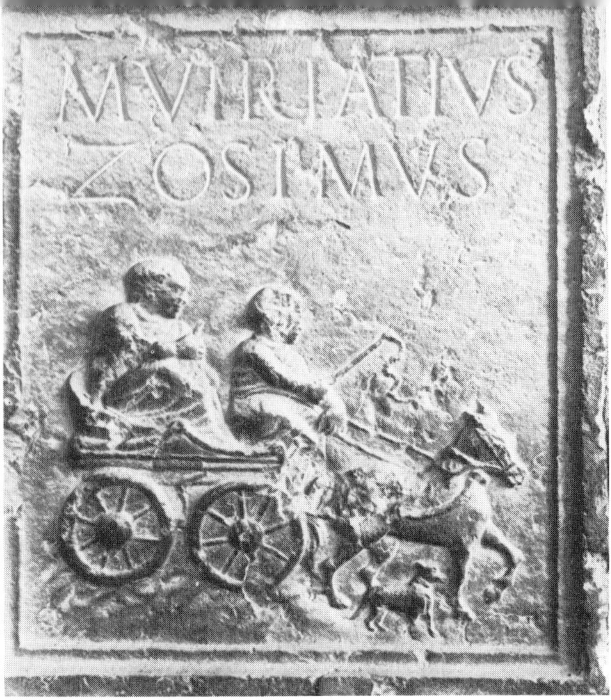
ZOSIMVS

14

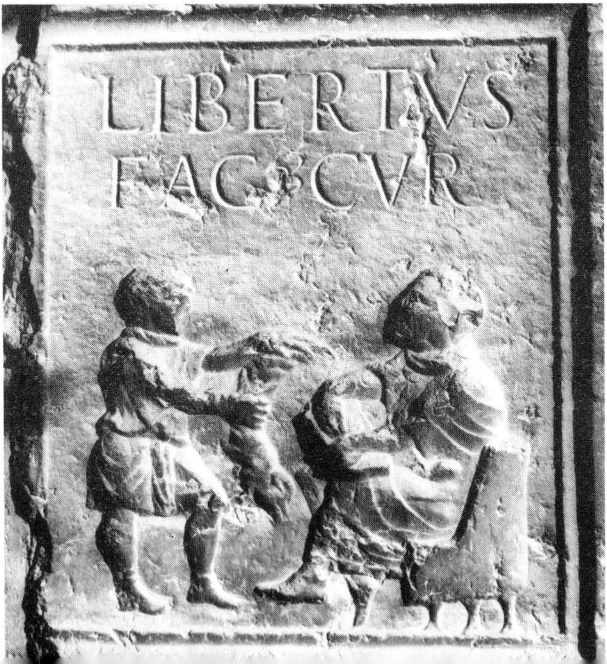
LIBERTVS
FAC CVR

15

16

7

18

19

20

L·CALIDIVS·EROTICVS
SIBI·ET·FANNIAE·VOLVPTATI·V·F
COPO·COMPVTEMVS·HABES·VINI·ƆI·PANE
A·I·PVLMENTAR·A·II·CONVENIT·PVELL
A·VIIII·ET·HOC·CONVENIT·FAENVM
MVLO·A·II·ISTE·MVLVS·ME·AD·FACTVM
DABIT

21

22

23

L·CALPVRNIO·DAPHNO
ARGENTARIO
MACELLI·MAGNI
TI·CLAVDIVS·AVG·L
APELLES·ET
ASCONIA·QVARTA
PROPINQVO·CARISSIMO
FECERVNT

24

25

26

27

28

LICENTIOSVS
ASTACIVS
ASTACIVS
IACVLATOR
PVRPVREVS
ENTINVS
BACCIBVS
RODAN
ASTIVVS

29

30

schenfall. Ein Zuhörer, dick wie ein Flußpferd, brach krachend mit einer Bank zu Boden und erregte unerhörte Lachsalven, die das Vorlesen empfindlich störten. Jäh gab der scheue und stotternde Claudius seine Laufbahn als Vorleser auf. Indessen verzichtete er keineswegs darauf, seine Schreibereien durch einen stimmlich geschulten Freigelassenen vortragen zu lassen.[107] Als er später über das Reich herrschte, stellte er gerne seinen Palast anderen zum Vorlesen zur Verfügung. Überglücklich war er, wenn er sich als einfacher Zuhörer einfinden konnte. Diese unerwartete Ehre widerfuhr eines Tages dem Konsular Nonianus vor einem völlig verblüfften Publikum.[108] Auch Domitian, der leidenschaftlich der Poesie zugetan war, hat häufig seine Verse öffentlich vorgelesen.[109] Ebenso wahrscheinlich Hadrian, von dem jedenfalls erwiesen ist, daß er endgültig das öffentliche Vorlesen zu einer festen Einrichtung machte. Er ließ auf seine Kosten eigens ein Gebäude dafür errichten, das *Athenaeum*, das wie ein kleines Theater gebaut war. Leider ist nicht bekannt, wo es gestanden hat. Seine Untertanen aber waren ihm so dankbar dafür, als ob er endlich den freien Künsten eine würdige Zufluchtsstätte geschaffen hätte: *ludus ingenuarum artium*.[110]

Die Errichtung des Athenaeums zeigte deutlich, wie wichtig die öffentlichen Lesungen geworden waren. Die Stadt wimmelte von unzähligen Talenten. Architektonisch bot das Gebäude keine Neuerungen. Es stellte lediglich einen zu seinem Zweck bestimmten öffentlichen Raum unter den zahlreichen Sälen dar, die bisher vom Redeschwall der Lesungen erfüllt waren. Jedem einigermaßen vermögenden Schriftsteller lag es am Herzen, in seinem Haus ein *auditorium* einzurichten,[111] einen Raum, der ausschließlich zum Vorlesen diente. Mehrere Freunde Plinius' des Jüngeren, Calpurnius Piso zum Beispiel und Titinius Capito,[112] haben bereitwillig Geld dafür hergegeben. In der Aufmachung waren die Räume in fast jeder *domus* gleich. Auf einer Bühne saß der vorlesende Autor. Er hatte sich besonders schön hergerichtet. Sein Haar war gestrählt, er trug eine neue Toga und seine sämtlichen Fingerringe. Er bemühte sich, die Zuhörer nicht nur durch seine vortrefflichen Arbeiten zu begeistern, sondern auch durch sein stattliches Äußeres und edles Benehmen, durch liebenswürdige Blicke, durch zurückhaltendes Sprechen und den sanften Ton seiner Stimme.[113] Die Vorhänge hinter seinem Sitz verdeckten den neugierigen Augen jene Zuhörer, die ihn zwar gerne hören, aber selbst nicht gern gesehen werden wollten. Seine Frau zum Beispiel.[114] Durch Täfelchen *(codicilli)* hatte er die vor ihm sitzenden Gäste eingeladen. In den ersten Reihen saßen sie in Armstühlen *(cathedrae)*, dahinter in Bankreihen. Die für Ordnung sorgenden Saaldiener verteilten die Programme der Lesung *(libelli)*.[115] Dieser Aufwand war nicht für jeden Geldbeutel erschwinglich. Arme Autoren blieben auf die Hilfe reicher Freunde angewiesen. Titinius Capito und andere große Herren, vom Geist wahrer Kollegialität beseelt, liehen gerne ihr Auditorium her.[116] Geldsäcke, die weniger großherzig als praktisch dachten, vermieteten Säle gegen Bezahlung. Juvenal brandmarkt die Spekulation, der sich einige dieser Geizhälse unter mäzenatischer Maske hingaben. Sie forderten hohe Summen für die kurze Benutzung eines unsauberen, mit armseligen Leihmöbeln ausgestatteten Lokals.[117] Ein Auditorium brauchte man übrigens zu einer Vorlesung nur, wenn man die Öffentlichkeit wirkungsvoll auf sich aufmerksam machen wollte. Die Könner, deren Ruf bereits gefestigt war, zogen eine kleinere, auserwählte Zuhörerschaft vor. Plinius der Jüngere lud zu seinen Lesungen nur eine Handvoll Freunde ein. Er empfing sie im *triclinium*, im Speisesaal. Die einen streckten sich auf den Ruhebetten aus, die dort immer standen, die anderen saßen auf eigens herbeigeholten Stühlen.[118] Die armen Schlucker aber, die kein *triclinium* besaßen und denen das Geld fehlte, einen Raum zu mieten, kamen trotzdem zu ihrem Recht. Wo sie eine Gruppe Menschen fanden, deren Neugier sie zu erregen hofften, stellten sie sich hin und entrollten unweigerlich ihr *volumen*. Dafür eignete sich das Forum ebensogut wie irgendeine Säulenhalle oder die Menschenmenge in den Thermen.[119] Die *recitatio* eroberte sich Straßen und Winkel. Und die zeitgenössischen Texte bestätigen, daß jederzeit und an jedem Orte öffentlich vorgelesen wurde, morgens wie abends, sommers und winters.

Wer den Ehrgeiz hatte, vor einer großen Zuhörerschaft zu lesen, verzichtete auf die heißen Monate, in denen fast alle Römer zur

Erholung auf dem Lande weilten. Wer jedoch mehr Wert auf Qualität als auf Quantität legte, zog diese Monate gerade vor, weil sich dann besser eine Elite versammeln ließ. Plinius der Jüngere hat sogar im Juli gelesen. Er hoffte, das Aussetzen der Gerichtstätigkeit verschaffe ihm mehr geistige Freiheit und gebe seinen Berufsgenossen Gelegenheit, sein Auditorium mit ihrer Gegenwart zu beehren.[120] Aus ähnlichen Gründen fanden die meisten Lesungen nachmittags statt. Dann konnten die Geschäftsleute frei über ihre Zeit verfügen.[121] Unersättliche aber gab es, denen diese Zeitspanne keineswegs genügte, ihre Meisterwerke darzubieten. Sie wiegten sich in der Hoffnung, ihre Gäste einen ganzen Tag lang unterhalten zu können *(totum diem impendere)*,[122] wenn nicht gar einen zweiten und weitere Tage.[123] Gewiß erstaunen uns nun die übertrieben langen Pflichtsitzungen der Gerichte und des Senats nicht mehr, wenn man sich vergegenwärtigt, mit welchem Eifer sich die Müßiggänger der Übertreibung der *auditoria* unterwarfen.

Die Teilnehmer aber verfuhren nicht immer höflich mit ihrem Gastgeber. Ihre Aufmerksamkeit ließ viel zu wünschen übrig. Plinius der Jüngere enthüllt in seinen Briefen Vorkommnisse, die uns ausführlich über das ungebundene Benehmen des Publikums unterrichten. Während eines Aprilmonats, in dem die *recitatio* keinen Tag ausgesetzt hatte, waren die Zuhörer am Ende ihrer Kräfte. Pausenlos folgte eine Einladung der anderen. Sie vertrieben sich die Zeit während des Lesens mit privaten Gesprächen oder sie zogen sich, nachdem sie im Saal gesehen worden waren, vor Beendigung der Veranstaltung zurück. Die einen geräuschlos und heimlich, die anderen offen und rücksichtslos, »indem sie fast die Türen knallten«.[124] Einmal kam Plinius der Jüngere zu spät in ein übervolles Auditorium. Sein Eintreten erst erinnerte die Anwesenden an ihr ungehöriges Benehmen. Voller Stolz bemerkte er, wie sie nun ihre lebhafte Unterhaltung unterbrachen und wie verzaubert zuzuhören begannen.[125] Ein andermal schienen die Teilnehmer zwar aufmerksam und gesittet zu lauschen, bezeigten aber in Wirklichkeit doch Teilnahmslosigkeit und Kälte. Sie trieben die Unverschämtheit so weit, daß sie sich zu einem Nickerchen verlocken ließen. An einer *recitatio* nahm einmal der berühmte Rechtsgelehrte

Javolenus Priscus teil. Ehe der Autor sein *volumen* entrollte, fragte er den Gelehrten vorschriftsmäßig als die höchste anwesende Respektsperson, ob er die Lesung beginnen dürfe. »*Prisce iubes?* Priscus, gestattest du, daß ich beginne?« Als sei Javolenus Priscus eben aus einem Traum erwacht und aus allen Wolken gefallen, antwortete er ungehalten: »Aber nein, mir liegt nichts daran, ich befehle gar nichts. – *Ego vero non iubeo.*« Gelächter überschüttete den völlig fassungslosen Autor.[126]

In anderen Sitzungen versuchten die Zuhörer zwar, den Schein aufmerksamen Lauschens zu wahren, doch ihre Haltung strafte sie Lügen. Vor den schönsten Abschnitten selbst eines mit aller Sorgfalt und aller Erfindungskraft ausgearbeiteten Buches verharrten sie in statuarischer Unbeweglichkeit, in herablassender und weltenweit entfernter Trägheit, ohne auch nur das geringste Zeichen bewußten Anhörens, eine Handbewegung, ein Zucken der Lippen, erkennen zu lassen, ja, selbst aufzustehen konnten sie sich nicht entschließen, und sei es auch nur »weil sie es satt waren zu sitzen«.[127] Plinius, der uns diese schweigsame Gesellschaft beschreibt, entrüstet sich bei dem Gedanken an diese Verräter, die einen ganzen Tag darauf verwandten, den Schriftsteller, dessen Einladung sie doch angenommen hatten, zu verletzen und aus einem engen Freund in einen Todfeind zu verwandeln. Aber die menschliche Fassungskraft hat eben Grenzen, auch bei den Römern, und in allen Sprachen ist Beredsamkeit ohne Maß auf die Dauer langweilig. Es war einfach Unvernunft, wenn ein Autor ganze Tage lang seinem Publikum die Schönheiten seines Werkes aufzuzwingen versuchte, Schönheiten, die Erschöpfung und Langeweile nicht mehr genießen ließen, und die pausenlos fortgesetzte *recitatio* mußte schließlich Ekel und Gleichgültigkeit erzeugen. Statt Liebe zur Literatur erwuchs aus den öffentlichen Lesungen Abneigung. Die Geduld der Zuhörer wurde zu lange auf die Probe gestellt und die verderbliche Entwicklung noch dadurch gefördert, daß niemandem zur Belebung der eintönigen Dauerveranstaltungen etwas anderes einfiel als ein ebenso abwechslungsreiches wie zusammenhangloses Durcheinander der verschiedenen literarischen Gattungen. Jeder Gegenstand, jede Darstellungsform galt als geeignet.

Die Advokaten gaben dabei erneut ihre Plädoyers zum besten,[128] die Politiker ihre Reden.[129] Die vornehmen Herren, die ihr ganzes Leben hindurch nur dann geschrieben hatten, wenn berufliche oder familiäre Pflichten zu erfüllen oder gesellschaftliche Beziehungen zu pflegen waren, lasen anstandslos die Totenreden vor, die sie aus Verbundenheit mit dem Verstorbenen zum erstenmal vor seiner sterblichen Hülle gehalten hatten.[130] Die Literaten aber erwiesen sich in jeder Hinsicht als unerschöpflich und lasen auch ihre unbedeutendsten Arbeiten, als seien sie lebensentscheidend. Waren die Plädoyers und Ansprachen ausgeschlachtet, so kamen sie mit Geschichtsbüchern, die um so willkommener waren, als die Berichte weit in die Vergangenheit zurückreichten und niemand im Saal beim Vorlesen zu erröten brauchte.[131] Was für die Prosa galt, galt auch für die Verse. Es mischten sich bunt die Späße Plinius' des Jüngeren,[132] die Astrologien des Calpurnius Piso,[133] die Elegien des Passennus Paulus,[134] die *Thebais* des Statius[135] und die ellenlange Litanei der banalen Epopöen, die ihn und Vergil nachahmten. Dazu gehörten Werke über Herakles, Diomedes, das brüllende »Meer, in das der junge Ikarus mit seinen zerbrechenden Vogelschwingen stürzte«.[136] Anzureihen wäre ein langer Zug von Tragödien ohne Kulissen[137] und Komödien ohne Mitwirkende.[138] So folgten in den *auditoria* die verschiedensten Werke der Literatur, wie heute die Erzeugnisse der musikalischen Produktion auf den Grammophonen heruntergeleiert werden.

Vergeblich versucht Plinius, in den Illusionen über den Rang und den Nutzen jener Übungen zu verharren, in denen erfolgreich zu sein ihn so mit Stolz erfüllt, vergeblich auch versucht er sich einzureden, daß der erneute Vortrag seiner Gerichtsreden bei öffentlichen Lesungen ihn anstacheln wird, sie umzuarbeiten und noch zu vervollkommnen, und daß die bei der *recitatio* eines Werkes zu erwartenden Kritiken ihm helfen werden, die verbleibenden Mängel auszumerzen.[139] Dies sind nichts anderes als die nicht mehr zu verschweigenden Niederlagen und die – freilich klug ausgedachten – Spitzfindigkeiten eines verzogenen Kindes, das untröstlich den Verlust oder das Verbot seines Lieblingsspielzeugs beweint. Diese geringfügigen Gewinne, diese unbeständigen Vorteile können kaum die Unannehmlichkeiten, die Gefahren und Schäden aufwiegen, die schon bei der Einrichtung der öffentlichen Lesungen Horaz vorausgesehen hatte.[140] Welches Erschrecken hätte den Dichter ergriffen, wäre er nur hundert Jahre später in das Rom zurückgekehrt, in dem die Lesewut die schlimmsten Folgen zeitigte, wie er sie nicht hätte erahnen können!

Nun wirkten sich die Missetaten einer rein formellen Erziehung aus. Beim Schreiben sowohl wie beim Lesen mußten die *volumina* entrollt werden. Immer war nur eine einzige Stelle erfaßbar, ein Vergleich mit vorhergehenden oder folgenden Stellen nicht möglich. Dadurch wirkte bereits der Aufbau römischer Werke derart uneinheitlich, daß auch die besten Arbeiten, an unseren Maßstäben gemessen, mehr oder weniger dem Urteil entsprechen, das Caligula im Streit gegen Seneca gefällt hat:[141] sie sind Sand ohne Bindung, *arena sine calce*. In den öffentlichen Lesungen erweckte der Autor notgedrungen die Anteilnahme des Publikums nicht durch die Schönheit des gesamten Aufbaus, sondern durch auffallende Einzelheiten. Das verstärkte die Gestaltlosigkeit eines *volumen* und beschleunigte eine unheilvolle Entwicklung. Schließlich war der allgemeine Geschmack so verrottet, daß nur noch effektvolle Tiraden und ausgeklügelte *sententiae* Anklang fanden. Außerdem trennten die öffentlichen Vorlesungen die Arbeiten aus ihrem natürlichen Wirkungsbereich, sie lösten die Verteidigungsreden vom Gericht, die politischen Diskussionen von der Kurie, die Tragödie und die Komödie vom Theater. Die Bande, die noch zwischen Literatur und Leben bestanden, erschlafften. Ja, ihre Schädlichkeit war schließlich so groß – und die neuzeitlichen Forscher haben ihr verderbliches Wirken ebensowenig erkannt wie die Alten –, daß sie den Zusammenbruch der Literatur unter dieser erdrückenden Last mit herbeigeführt haben. Die schnelle Befriedigung schriftstellerischer Eitelkeit, mit der sie die Autoren überhäuften, hat diese nach und nach immer mehr von höheren Bestrebungen abgewandt, so daß sie sich mit den vordergründigen und einnebelnden Erfolgen zufriedengaben, die der unmittelbare Beifall eines von unechter Begeisterung getragenen Auditoriums liefern konnte, zumal in diesem doch vor allem die Freunde saßen, denen es auf eine Gefälligkeit nicht ankam, und daneben die Kollegen, die ihrerseits auf eine entsprechende Behandlung warteten. Man kann über das Ausmaß des Schadens, den die Fortschritte von Radio und Fernsehen dem Buch zugefügt haben oder noch zufügen werden, geteilter Meinung sein; streiten läßt sich dagegen wohl nicht über die nachteiligen Folgen, die die Welle öffentlicher Lesungen auf ihrem Höhepunkt für die Publikation der *volumina* gehabt hat. Und ebenso unbestreitbar ist die erschreckende Krankheit falscher Berufungen, die sich wie eine Krebsgeschwulst aus den Wucherungen des Rezitationswesens entwickelt hat. Als die öffentlichen Lesungen in Rom zur Hauptbeschäftigung und zum fast einzigen Gegenstand der Literatenaufmerksamkeit wurde, verlor die Literatur an Würde, Rang und Seriosität. Sie war eine rein gesellschaftliche Angelegenheit geworden, und je weiter sich der Kreis der »Liebhaber« zog, desto tiefer sank das Niveau. Wer eingeladen wurde, wollte natürlich auch selbst einladen, und indem jeder meinte, auf das Podium des Vortragenden steigen zu können, verwandelten sich die Hörer in Schreiber. Das hätte wie der Triumph der Literatur erscheinen können, doch kündigte dieser Pyrrhus-Sieg, diese maß- und sinnlose Aufblähung, nur deren Ende an. In dem Augenblick, wo die Literatur ebenso viele Schriftsteller wie Zuhörer, wir würden sagen: ebenso viele Autoren wie Leser, hatte und zwischen beiden nicht mehr zu unterscheiden war, in diesem Augenblick war die Literatur dazu verurteilt, an ihrem bösartigen Tumor zugrunde zu gehen.

Drittes Kapitel
Die Schauspiele

1. »Panem et circenses«

Allgemein bekannt ist das flammende Wort Juvenals, das er seinen Zeitgenossen, »dem verkommenen Haufen der Kinder des Remus«, entgegenschleudert. In dem lakonischen Urteilsspruch zittert noch mehr Verachtung als Wut. »Seit dieses Volk keine Stimmen mehr zu verkaufen hat, dieses Volk, das einstmals die Macht, die *fasces*, die Legionen und alles zu verteilen hatte, liegt ihm nach seinem Sturz ängstlich und lüstern nur noch zweierlei am Herzen: Brot und Spiele.

... duas tantum res anxius optat
panem et circenses.«[1]

So bekannt diese Verse auch sein mögen, sie seien trotzdem am Beginn des Kapitels, das ihnen gewidmet ist, noch einmal wiederholt. Ihr Schimpf brennt wie glühendes Eisen, aber in ihnen ertönt auch der lauteste Ruf republikanischer Überzeugung, der jemals in der Kaiserzeit geäußert wurde. Außerdem aber drücken sie die historische Wahrheit aus, wie sie vierzig Jahre später auch Fronto mit ruhiger Weisheit formuliert: »Das römische Volk ist vor allem von zwei Dingen in Anspruch genommen, von seiner Ernährung und von seinen Spielen *(populum Romanum duabus praecipue rebus, annona et spectaculis, teneri).*«[2]
Die Cäsaren ließen sich beides angelegen sein: sie boten dem Volk Ernährung und Zerstreuung. Durch die Verteilung der Monatsrationen an der Porticus Minucia sorgten sie für das tägliche Brot. Die Freizeit füllten und ordneten sie im religiösen und weltlichen Bereich durch Darbietungen auf dem Forum, im Theater, im Stadion, im Amphitheater, auf der Wasserkampfbahn *(naumachia).* Durch immer neue Unterhaltungen hielten sie das Volk in Atem. Auch als ihre Kassen schrumpften und die Ausgaben eingeschränkt

werden mußten, ließen sie nicht nach, neue Vergnügungen zu ersinnen. Niemals in der Geschichte hat irgendein Volk so viele Feste gefeiert.

Die beste Übersicht gibt der Kalender, wie ihn uns die epigraphischen Zeugnisse überliefert haben. In jeder Kolumne der *fasti*, in denen die einzelnen Daten verzeichnet sind, finden sich reichlich Festtage.[3] Manche gehören zur Gliederung der Monate, so außer den zwölf Iden noch sechs Kalenden und drei Nonen, insgesamt also einundzwanzig Tage. Die Tradition der fünfundvierzig Tage der *feriae publicae* reicht zurück bis ins Dunkel der latinischen Ursprünge und hat sich noch in der Kaiserzeit erhalten. Dazu zählen unter anderen die *Lupercalia* im Februar; die *Parilia*, die *Cerialia* und die *Vinalia* im April; die *Vestalia* und die *Matralia* im Juni; die neuntägigen *Volcanalia* im August; dazu die *Saturnalia*, die vom 17. bis zum 24. Dezember dauerten. Einige *ludi*, Spiele, nahmen nur einen Tag in Anspruch: die Reiterspiele am 19. März und 19. Oktober; das Sacklaufen der *Robigalia* am 25. April; das Wettlaufen und die Maultierrennen der *Consualia* am 21. August und 15. Dezember; das Preisangeln der *ludi piscatorii* am 8. Juni; die Pferderennen des *equus october* am 15. Oktober, der *ludi martiales* am 1. August und die Pferderennen zur Erinnerung an den Geburtstag des Augustus, des Begründers des Prinzipats am 23. September. Dazu kamen je nach den Regenten die Geburtstage *(dies natalis)* und die Tage der Thronbesteigung *(dies imperii)* der herrschenden Kaiser und der Apotheose seines Vorgängers, womit sich die Summe um weitere zwölf Tage erhöht. Außerdem aber gab es Festspiele, die sich über mehrere Tage erstreckten und reiterliche oder szenische Darbietungen, manchmal auch beides, brachten. Die Republik hatte sie in den Entscheidungsstunden ihrer Geschichte zu Ehren der Götter gestiftet. Der Ehrgeiz der Diktatoren und die Politik der Cäsaren ließ die Feste weiter anwachsen. Dazu gehörten die 366 v. Chr. begründeten *ludi Romani*, die jetzt vom 4. bis zum 19. September ausgedehnt wurden; die zuerst zwischen 220 und 216 v. Chr. auftauchenden *ludi plebei*, die nun vom 4. bis 17. November dauerten; die aus dem Jahre 208 v. Chr. datierenden *ludi Apollinares*, die sich vom 6. bis zum 13. Juli erstreckten; die im Jahre 202 v. Chr. der Ceres geweihten *ludi Ceriales* zwischen dem 12. und 18. April; die *ludi Megalenses*, die seit der 191 erfolgten Weihe ihres Heiligtums auf dem Palatin der Großen Göttermutter Kybele gewidmet und nie unterbrochen worden waren, vom 4. bis 10. April; die *ludi Florales*, die anscheinend erst seit 173 v. Chr. regelmäßig zu Ehren der Göttin Flora gefeiert wurden, und zwar unter recht eigenartigen Umständen vom 28. April bis zum 3. Mai; die *ludi Victoriae Sullanae*, in denen Sullas Anspruch auf Divinität durchbrach und die noch 200 Jahre nach seinem Tode gefeiert wurden, vom 27. Oktober bis zum 1. November; die *ludi*

Abb. 63. Säkularspiele. Münze des Septimius Severus.

Victoriae Caesaris, die Rom ständig an die Ruhmestaten des Gallieneroberers erinnerten und die seit 45 v. Chr. auch die Gedenktage an Pharsalos, Zela, Thapsus und Munda einbezogen, vom 20. bis 30. Juli; endlich die zehntägigen *ludi Fortunae reducis*, die Augustus als Friedensbringer im Jahre 11 v. Chr. gestiftet hatte, vom 3. bis zum 12. Oktober.

Zusammengefaßt ergeben sich also zweiundzwanzig verbindliche Einzelfeiertage, dazu fünfundvierzig Tage *feriae publicae*, dazu zwölf eintägige *ludi*, dazu 103 Tage *ludi* mehr oder minder langer Dauer. Auch wenn wir außer acht lassen, daß manche Tage mit zwei Festen besetzt waren – so der 8. Juni mit den *Vestalia* (vgl. Abb. 64) und den *ludi piscatorii* –, so ergibt die Berechnung noch als erstaunliches Ergebnis: die verbindlichen Feiertage nahmen im kaiserlichen Rom mehr als die Hälfte des Jahres ein. Und doch waren es in Wirklichkeit immer noch bedeutend mehr als die hier festgestellten 182 Tage.

Denn unsere Berechnung ist bei weitem nicht vollständig. Unberücksichtigt blieben die Feste des Attis, die in zweifacher Form im März stattfanden: als ein *quatriduum* der Geburt, des Opfers, des Todes und der Auferstehung des göttlichen Begleiters der Kybele, *cannophoria, dendrophoria, sanguis, hilaria,* und als eine Prozes-

Abb. 64. Vestalinnen. Silbermedaillon der Iulia Domna.

sion zum Flusse Almo, wo am 28. März das Bild der Großen Mutter ins Wasser getaucht wurde. Nachdem der Kaiser Claudius den Gott Attis in die römische Welt eingebürgert hatte, ist es kaum möglich, die Mysterien seiner Religion als nicht staatlich anzusehen. Außerdem haben wir die Feiertage der ländlichen Umgebung beiseite gelassen. An ihnen nahm die Bevölkerung Roms eifrig teil. Das galt sowohl für die ländlichen Festgelage, die mit der Anrufung der Anna Perenna verbunden waren, als auch für die *feriae latinae* auf den Höhen der Albanerberge. Ebenso blieben die Festlichkeiten unberücksichtigt, die ohne staatliche Lenkung und Finanzierung hoch in der Gunst des römischen Volkes standen. Ihr Mittelpunkt waren die Heiligtümer der Stadtviertel *(vici)*, die Kapellen fremdstämmiger, aber genehmigter Religionen, die *scholae* der Gilden und Bruderschaften. Weiterhin die für Soldaten vorgeschriebenen Feiern, von denen im numidischen Tebessa und in Dura am Euphrat Listen gefunden wurden. Wahrscheinlich durfte in den Castra Praetoria die städtische Plebs auch daran teilnehmen wie an ruhmreichen militärischen Gedenktagen und an den Treuekundgebungen.[4] Außerdem aber haben wir nur die normalen Jahre berücksichtigt. Es gab indessen Jahre, die zusätzlich vierjährlich wiederkehrende Festspiele boten, so früher die *Actiaca* und später den *agon capitolinus*. Im Laufe der Zeit traten die vielfältigen Jubiläumsfeiern hinzu, so die *ludi saeculares* in den Jahren 17 v. Chr. und 88 und 204 n. Chr. (s. Abb. 63), weiterhin die Hundertjahrfeiern der Ewigen Stadt, so in den Jahren 47, 147 und 248.[5] Vor allem aber konnten wir die von den Kaisern reichlich anberaumten Gelegenheitsfeste nicht aufführen. Sie wurden willkürlich in den Kalender eingeschaltet. Ihre Zahl entzieht sich jeder annähernden Schätzung, stieg aber immer mit dem glücklichen Verlauf einer Regierung. Der Reiz bestand gerade darin, daß sie unvorhergesehen gefeiert wurden. Dazu gehörten die Triumphe, die sich der Kaiser vom Senat zuerkennen ließ; die Wettkämpfe, vor allem die *munera*, die Gladiatorenkämpfe, die er aus irgendeinem Anlaß anordnete. Sie waren schließlich so häufig wie die *ludi* und zogen sich im 2. Jahrhundert unserer Zeitrechnung über ganze Monate hin. Bei genauer Berechnung ergibt sich, daß im 2. Jahrhundert kein römisches Jahr verging, in dem nicht auf einen Arbeitstag ein oder zwei Feiertage kamen.

2. *Das Programm für die Freizeit*

Zunächst wirkt diese Tatsache überraschend. Bei näherer Überlegung jedoch erscheint sie als unvermeidliche Folge der politischen und sozialen Entwicklung. Die Herren des Kaiserreichs hatten gelernt, sich der einstmals aus religiösen Gründen eingeführten Feste zu bedienen, um desto sicherer die Massen zu beherrschen.

Jeder römische Festtag ist religiösen Ursprungs.[6] Die Religion bleibt auch später mehr oder weniger beteiligt, wenn auch nur an der Oberfläche, denn die Römer erfüllten zwar immer noch die alten Formen, verstanden sie aber nicht mehr. Sie hatten den Sinn und die ursprüngliche Bedeutung vergessen. Der Fischerwettbewerb am 8. Juni zum Beispiel vollzog sich unter dem Vorsitz des Stadtprätors und wurde auf dem Volcanal mit einer Fischbraterei abgeschlossen, bei der die Gewinner sich gütlich taten. Eine ganz eindeutige Anmerkung bei Festus jedoch spricht von einem Ersatzopfer, das hier dem Gott Vulkan an Stelle von Menschenopfern dargebracht wird: *pisciculi pro animis humanis.*[7] Am 15. Oktober fand auf dem Forum ein Pferderennen statt, dessen Abschluß ebenfalls den ursprünglichen Sinn enthüllt. Dem gewinnenden Pferd erging es übel. Sofort nach dem Sieg schlachtete der Opferpriester *(flamen)* des Mars das Tier ab. Das Blut wurde in zwei Gefäße gefüllt. Das eine goß man gleich am Altar der Regia aus, das andere erhielten die Vestalinnen (s. Abb. 64), die es für die verschiedenen Reinigungsakte *(lustrationes)* des Jahres aufhoben (vgl. Abb. 65).

Abb. 65. Lustration der römischen Armee während des 1. Dakischen Feldzugs. Relief von der Trajanssäule.

Den Kopf trennte der Priester mit einem Messer ab. Er war der Preis, um den die Anwohner der Via Sacra und die Bewohner der Subura so erbittert kämpften, wie heute die Einwohner von Siena bei den *contrade* anläßlich des *palio*. Die Stadtviertel stritten um die Ehre, wer die Trophäe des »Oktoberpferdes« auf den Mauern eines Gebäudes aufstellen durfte. Die Bedeutung dieser seltsamen Sitte erhellt sich, wenn wir auf ihre Entstehung zurückblicken. Jedes Jahr begannen die Kriegszüge im Frühling und endeten im Herbst. Nach der Rückkehr veranstalteten die Latiner des alten Roms ein Pferderennen als Dank für die Götter. Dabei opferten sie das Siegerpferd. Mit dem Ausgießen des Blutes vollzogen sie die Reinigung der Stadt. Das Skelett stellten sie als Schutzbild auf.

In diesen undenklich alten Bräuchen zeigt sich unmittelbar der religiöse Ritus der Ahnen. Und wenn die Religion in den jüngeren Spielen auch nicht so sichtbar hervortrat, so war ihre Rolle eigentlich doch nicht geringer. Die Republik hatte, indem sie in Notzeiten den Olymp um Hilfe anrief, die Spiele den Göttern geweiht, Jupiter sowohl als auch Apollo, Ceres, Kybele und Flora. Und die Diktatoren fügten ihre Siege hinzu, um sie göttlich erscheinen zu lassen und sich mit ihnen über menschliches Maß zu erheben. Die Kämpfe und Rennen, die szenischen Darbietungen und der Purpur des Triumphators sollten nicht nur den Göttern Dank abstatten, sondern auch die Kraft der Götter herabbeschwören auf den triumphierenden Magistrat, auf die Schauspieler der Dramen und die Sieger der Wettkämpfe. Als der Staat im Jahre 105 v. Chr. selbst Gladiatorenkämpfe einrichtete, die bis dahin lediglich Privatpersonen bei den Gräbern ihrer Vorfahren veranstaltet hatten,[8] nannte er sie *munus*. In diesem Namen, der in der Folgezeit erhalten blieb, drückt sich die düstere Absicht aus, durch Menschenopfer den Zorn der Unsterblichen zu versöhnen und durch das Hinschlachten Lebender die Unruhe der Toten zu besänftigen. »Von der Pflicht vorgeschriebenes Opfer« nannte sie Festus zur Zeit des Augustus. »Als Ehrenpflicht gegenüber den Manen« bezeichnete Tertullian sie am Ende des 2. Jahrhunderts. »Auf die Erde vergossenes Blut, um den sicheltragenden Gott am hohen Himmelszelt zu versöhnen«, schreibt Ausonius später.[9] Man könnte zu der Annahme neigen, daß die aus finsterem etruskischem Geist stammende Auffassung die Jahrhunderte unverändert und ungeschwächt überdauert habe. Doch das wäre ein Trugschluß. In der kaiserlichen Epoche würden diese gelehrten Erklärungen die Auffassungskraft der Allgemeinheit weit überschritten haben. Für das Publikum, das nur an sein Vergnügen dachte, waren die einstmals heiligen Spiele längst nichts mehr als eine weltliche Angelegenheit. Gewiß, die Leute gingen zum Zirkus wie zu einem offiziellen Staatsakt: sie legten entsprechend einem Edikt des Augustus die feiertägliche Toga an, über der gemäß einer Verfügung des Claudius nur bei schlechtem Wetter ein Mantel getragen werden durfte, und dies erst, wenn der Herrscher das Zeichen zum Setzen gegeben hatte.[10] Ganz gewiß verhielten sie sich auch gesittet, da sonst Ausschluß drohte, und sie ließen sich nicht einfallen, während der Rennen zu essen oder zu trinken.[11] Doch den Römern ging es dabei nicht um liturgisches Verhalten, sie folgten lediglich der Etikette. Wenn sie sich bei der feierlichen Einzugsprozession, in der die Statuen nicht nur der Staatsgötter, sondern auch der *divi*, der vergöttlichten Kaiser, mitgetragen wurden, zum Beifall *(acclamatio)* erhoben, so geschah es nicht aus religiöser Ehrfurcht, sondern aus Anhänglichkeit an die Dynastie (s. Abb. 66) und an ihre Korporation, die unter dem Schutz eines Gottes oder einer Göttin stand. Sie bewunderten die Pracht des Aufzugs. Manchmal befand sich unter der Menge ein naiv Gläubiger, der sich einbildete, seine Lieblingsgottheit habe ihm ein Zeichen gegeben oder zugenickt. Doch diese Gläubigkeit war so selten und abwegig, daß die Umstehenden mit Fingern auf ihn wiesen und ein allgemeines Geschwätz daraus entstand.[12]

Immer noch bot die antike römische Religion den sakralen Hintergrund für den Pomp der Schauspiele in der kaiserlichen Zeit. Man legte zwar keinen besonderen Wert darauf, aber man respektierte sie sozusagen unbewußt. Neue Glaubenslehren hatten die antike Religion hier wie anderswo zurücktreten lassen oder gar vollständig verdrängt. Ein Glaube vor allem erregte die Herzen der Zuschauer, der Glaube an die Sterne. Die Astrologie erfüllte sie mit Begeisterung. Sie sahen in der Arena das Bild der Erde; im Wassergraben des *euripus*, der die Arena umgab, das Symbol der Meere; im Obelisken auf der *spina*, der die Arena durchziehenden Mittelterrasse, das Sinnbild der senkrecht vom Himmel strahlenden Sonne; in den zwölf Toren der Ställe, *carceres*, die Bilder des Tierkreises; in den sieben Runden, die ein Rennen ausmachten, die sieben wandelnden Planeten und die Folge der sieben Tage einer Woche; im Zirkus selbst das Abbild des gesamten Universums im verkleinerten Maßstab.[13] Wirkliche Begeisterung aber ergriff das Publikum, wenn beim feierlichen Einmarsch die Bilder der verewigten guten Herrscher vorbeigetragen wurden und alsbald in seiner Loge leibhaftig der unübertreffliche lebende Kaiser erschien, dem Glanz und Pracht der Darbietungen zu verdanken waren.

Abb. 66. Apotheose. Hadrianische Münze.

Zwischen der Volksmenge und dem Herrscher entstand so eine heilsame Verbindung. Er wurde davor bewahrt, sich in gefährlicher Absonderung zu halten, und die Menge erkannte, wie bedeutungsvoll die erhabene Gegenwart des Kaisers war. Sobald er den Zirkus, das Theater oder das Amphitheater betrat, erhoben sich alle wie ein Mann. Sie schwenkten die Tücher und grüßten ihn, wie es heute die Gläubigen vor dem Heiligen Vater im Vatikan tun. Der Gruß war feierlich wie eine Hymne und inbrünstig wie ein Gebet.[14] Doch schloß diese Verehrung rein menschliche Gefühle nicht aus. Die Masse hatte nicht nur das Glück, wie Plinius der Jüngere in seinem *Panegyricus* sagt, »den Herrscher leibhaftig inmitten seines Volkes zu sehen«,[15] sondern ihm auch in den erregenden Augenblicken der Rennen, Kämpfe und Theateraufführungen nahe zu sein und an seiner Spannung und Aufregung teilzunehmen. Auf diese Weise entwickelte sich aus dem Gefühl bloßer Autorität das Bewußtsein gemeinsamer Erlebnisse, das sofort die Wogen der Volksbegeisterung höher aufbranden ließ. In einer Zeit, in der die Volksversammlungen ruhten und der Senat lediglich nachsprach, was ihm aufgetragen war, konnte sich die Volksmeinung nur in der rauschenden Stimmung der *munera* und *ludi* äußern. So forderten vieltausend Stimmen von Tiberius den Apoxyomenos des Lysipp[16] und verlangten von Galba die Bestrafung des Ofonius Tigellinus.[17]

Die Kaiser waren auf diese Weise über den Volkswillen unterrichtet. Ihrer Geschicklichkeit gelang es, der Menge die Verantwortung für Maßnahmen zuzuschieben, die zwar in ihren Plan paßten, bei denen sie jedoch lieber den Anschein erwecken wollten, als seien sie ihnen mit Gewalt abverlangt worden.[18] Die Spiele stützten das Gefüge der kaiserlichen Regierung, ohne eigentlich zum System zu gehören. Und ohne in die kaiserliche Religion einbezogen zu sein, erhielten sie, was von ihr noch lebendig war.

Darüber hinaus aber bildeten sie auf dem Weg zur Autokratie ein Mittel gegen die Revolution. Die Stadt zählte 150 000 Arbeitslose. Sie brauchten nicht zu arbeiten, weil sie aus öffentlichen Mitteln unterstützt wurden. Etwa ebenso viele Arbeiter konnten ab Mittag die Hände in den Schoß legen. Beiden Gruppen war die Beschäftigung mit Politik verwehrt. Die Spiele aber füllten die Freizeit, hielten die Leidenschaften im Zaum und schafften Ablenkung für unruhige Gemüter. Ein Volk, das vor Langeweile gähnt, ist reif zur Revolte. Unter den Cäsaren hat die römische Plebs weder aus Hunger noch aus Langeweile zu gähnen brauchen. Die Spiele waren das große Ablenkungsmanöver und deshalb das sicherste Mittel für den Absolutismus. Die sorgfältige Ausgestaltung, die fabelhaften Summen, die sie dafür verpulverten, waren mit voller Absicht zur Sicherung ihrer Macht angelegt.

Eines Tages warf Augustus, wie Cassius Dio berichtet, dem Pantomimen Pylades vor, Rom schwirre von Gerüchten über seine Händel und Eifersüchteleien. Kühn entgegnete Pylades: »Es ist zu deinem Vorteil, Cäsar, wenn das Volk über uns spricht...« In dieser Entgegnung drückte der geistreiche Künstler die innerste Überzeugung des Augustus aus und enthüllte eines der Geheimnisse seiner Regierungskunst. Die Spiele bildeten den Kern seiner Innenpolitik. Ihnen widmete er sich mit hingebungsvollem Eifer und verblüffendem Ernst. Er saß in der Mitte seines *pulvinar*, zwischen seiner Frau und seinen Kindern. Wenn er sich früher zurückziehen mußte, entschuldigte er sich und benannte einen Vertreter als Präsidenten. Blieb er bis zum Schluß, so ließ seine Aufmerksamkeit keinen Augenblick nach. Vielleicht gefielen ihm die Darbietungen wirklich, wie er in aller Harmlosigkeit bekannte, vielleicht aber wollte er auch das Getuschel vermeiden, das sein Adoptivvater Cäsar erregt hatte, der während der Vorstellung Berichte las und beantwortete. Augustus wollte sich mit dem Volk freuen und scheute dafür keine Kosten. »Die Spiele seiner Regierungszeit übertrafen an Glanz und Vielfalt alles, was bis dahin bewundert worden war.«[19] In seinen *Res Gestae* vermerkt er selbst wohlgefällig, daß er viermal in eigenem Namen Spiele veranstaltet habe und dreiundzwanzigmal für die Magistrate, die für die Kosten der Spiele aufzukommen hatten, aber entweder abwesend waren oder nicht über ausreichende Mittel verfügten, um ihrer Pflicht nachkommen zu können.[20] Die Konsuln und die Prätoren gerieten durch die zu ihrer Ehrenpflicht gehörenden Ausgaben an den Rand des Ruins. Martial hat das drollige Geschichtchen einer jungen Frau Proculeia ersonnen, deren Mann eben das Prätorenamt übernommen hatte. Sie bot ihm sofort die Scheidung an und bat ihn, allen Besitz zu behalten. »Was denkst du dir dabei, Proculeia? Aus welchem Grund willst du dich so jäh scheiden lassen? Du willst es mir nicht verraten, aber ich will es dir sagen. Dein Mann ist Prätor geworden. Die Megalesischen Spiele werden ihn mindestens 100 000 Sesterzen kosten, selbst wenn er bei jeder Darbietung noch so sehr knausert. Es handelt sich nicht mehr um eine Scheidung, Proculeia, es handelt sich um ein Geschäft.«[21]

Mehr und mehr mußte der Prinzeps den Magistraten beispringen oder für sie zahlen. Die Kaiser folgten alle dem Beispiel des Augustus. Sie überboten einander, damit es nicht hieß, ihre Spiele seien weniger prunkvoll als die Spiele der vorhergehenden Prinzipate. Eine Ausnahme bildete lediglich Tiberius, dieser gekrönte Republikaner, dessen Menschenscheu zwischen Volk und Adel keinen Unterschied machte. Alle anderen Herrscher aber wetteiferten verschwendungssüchtig, das Programm der traditionellen Spiele weiter auszubauen. Sie dehnten sie bis tief in die Nacht aus und fügten eine endlose Reihe neuer Spiele an. Selbst die ärgsten Pfennigfuchser zuckten vor diesen Ausgaben nicht zurück. Unter dem sparsamen Claudius kosteten die *ludi Romani* 760 000 Sesterzen. Die Apollinarischen Spiele, für die 3000 Sesterzen dem Begründer genügt hatten, erforderten jetzt 350 000 Sesterzen.[22] Unter dem Emporkömmling Vespasian, einem Kanzlistensohn, dessen Ruf als Geizkragen genugsam bestätigt ist, wurde der Bau des flavischen Amphitheaters begonnen, das mehr noch diesem riesigen Aufbau als der benachbarten »kolossalen« Sonnenstatue den Namen Kolosseum verdankt. In diesem grenzenlosen Vergnügungstaumel und in der Geldverschwendung unterschieden sich die guten Herrscher nicht von den Bösewichten. Am meisten auf den Prunk versessen war vielleicht Trajan, das Musterbild eines Kaisers, der *optimus princeps*, den dieser Beiname Jupiter gleichstellte. In Wirklichkeit hat auch »seine Weisheit, wie Cassius Dio es darstellt, niemals die ›Stars‹ der Bühne, des Zirkus und der Arena außer acht gelassen. Er wußte genau, daß die Erfolge einer Regierung nicht weniger von der Pflege der Vergnügungen abhängen als von der Beschäftigung mit ernsten Fragen. Die Geld- und Getreidespenden sorgten für das Wohl der einzelnen, aber die Spiele waren unerläßlich für die Zufriedenheit der Masse.«[23]

Der letzte Satz erschließt das Problem. Die Politik der römischen Kaiser richtete sich nach den Notwendigkeiten der Massenführung. Noch in jüngster Zeit waren und sind ja Regimes zu beobachten, die mit ganz ähnlichen Methoden arbeiteten und arbeiten, das Deutschland Hitlers mit dem Slogan »Kraft durch Freude«, das faschistische Italien mit seinen Dopo-Lavoro-Einrichtungen und das zeitgenössische Frankreich mit den entsprechenden Aktionen des Freizeitministeriums. Wie immer man zu diesen heutigen Errungenschaften stehen mag, römische Ausmaße haben sie nicht erreicht. Durch seine Spiele hat sich das Reich seinen Bestand gesichert, die Ordnung in einer übervölkerten Hauptstadt aufrechterhalten, das friedliche Zusammenleben von mehr als einer Million Menschen ermöglicht. Auf dem Höhepunkt seiner Macht am Anfang des 2. Jahrhunderts zeigte es die großzügigsten Darbietungen in den Rennen der *ludi*, den Theatervorstellungen, den blutigen Kämpfen in der Arena, den unblutigen Ringkämpfen und den literarischen und musikalischen Wettbewerben seiner *agones*.

3. Die Pferderennen

Die Krone aller Spiele bildeten die *circenses*. Sie sind undenkbar ohne die baulichen Einrichtungen, nach denen sie heißen und die eigens für sie errichtet wurden. Bei unterschiedlichen Ausmaßen zeigten sie alle denselben Grundriß, ein gestrecktes Rechteck, dessen Schmalseiten sich halbkreisförmig rundeten. Der *Circus Flaminius*, 221 v. Chr. vom Censor Flaminius Nepos an der Stelle erbaut, an der sich heute der Palazzo Caetani erhebt, maß in den Hauptachsen 400 Meter und 260 Meter. Der *Circus Gai*, den Caligula auf dem Vatikan errichtete, war 180 Meter lang und 90 Meter breit; sein mittlerer Obelisk schmückt heute den Petersplatz. Der älteste und größte von allen aber war der Großzirkus, der *Circus Maximus*, der den beiden anderen als Vorbild diente. Die Natur selbst hatte ihm auf die beste Weise vorgearbeitet mit der Bucht des Murciatals, die im Norden vom Palatin, im Süden vom Aventin begrenzt wird. Heute wird diese Gegend in Rom zu Ausstellungen benutzt. Die Verschönerungen, die das Gelände damals nach und nach erfuhr, sind bereits ein Zeichen für die wachsende Leidenschaft, die das antike Rom für die Zirkusveranstaltungen hegte.

Als Kampfbahn diente ursprünglich der Talgrund, dessen weicher Boden die Stürze milderte. Der Zuschauerraum, die *cavea*, stieg beiderseits die benachbarten Hügel hinan. Wie die Trauben drängten sich die Besucher an den Hängen. Das eigentliche Kampffeld, auf dem sich die Gegner maßen, war in der Mitte durch zwei Holzsäulen *(metae)* abgesteckt. Die westlichere, die *meta prima*, stand vor dem Graben, der den Altar des Gottes Consus barg. Der Altar wurde nur bei den Spielen aufgedeckt. 329 v. Chr. errichtete man zum erstenmal gegenüber und westlich von der ersten *meta* Schuppen und Ställe. Sie hießen *carceres* und waren lange Zeit nichts anderes als einfache, leicht abzureißende Baracken.[24] Im gleichen Jahr oder wenig später wurden die beiden *metae* in der Längsrichtung durch einen Erdwall verbunden, was die Austrocknung des Murciatales zur Voraussetzung hatte. Die Römer bezeichneten den Wall als Rückgrat der Arena, *spina*. Sie belebten seine Einförmigkeit, indem sie dort die Statuen solcher Gottheiten aufstellten, die den Wettkämpfen gewogen waren. Dazu gehörte Pollentia, die »glänzende Kraft«, deren Statue 189 v. Chr. durch einen Unglücksfall umgestürzt wurde.[25] Dazu kamen im Jahre 174 v. Chr. die *septem ova*, die großen Holzeier, deren Anordnung den Zuschauern den jeweiligen Stand der Wettkämpfe anzeigte. Erst im 1. Jahrhundert vor und im 1. Jahrhundert nach Christus gab die Monarchie nach und nach dem Circus Maximus die monumentale Größe, die den Alten unerhört erschien und von der uns nichts als die archäologisch erschlossenen Überreste geblieben sind.

Als Pompejus die Spiele des Jahres 55 v. Chr. vorbereitete, errichtete er zum Schutz der Besucher eiserne Gitter, hinter denen zwanzig Elefanten von ihren Treibern vorgeführt wurden. Zum Entsetzen der Zuschauer gaben die Gitter an mehreren Stellen dem Ansturm der rasenden Dickhäuter nach.[26] Cäsar wollte eine derartige Panik verhüten. Er erweiterte im Jahre 46 die Arena nach Osten und Westen und umzog sie mit einem Wassergraben, dem Euripus.[27] Zur selben Zeit erneuerte oder baute er *carceres* aus Tuffstein und ließ die gegenüberliegenden Hügel so herrichten, daß sie bequem 150 000 stufenförmig ansteigende Sitzplätze boten.[28] Sein Adoptivsohn vervollständigte die Anlage. In Übereinkunft mit Oktavian verdoppelte Agrippa im Jahre 33 v. Chr. das Anzeigesystem der *septem ova* durch sieben Bronzedelphine, die er zusätzlich auf der *spina* anbringen ließ. Sie wurden bei jeder Runde neu eingestellt.[29] Für die Mitte ließ Augustus später den Obelisken

Ramses' II. aus Heliopolis herbeischaffen, der heute die Piazza del Popolo ziert. Auf dem palatinischen Hang errichtete er oberhalb der *cavea* für sich, seine Familie und seine Gäste die Staatsloge, das *pulvinar*, das er in seinen *Res Gestae* erwähnt. Ihr majestätischer Prunk überwältigte Rom[30] und deutete voraus auf den Glanz des κάθισμα der byzantinischen βασιλεῖς im Hippodrom von Konstantinopel (vgl. Abb. 67).

Jedoch scheint Augustus für die Masse der Zuschauer noch keine steinernen Terrassen angelegt zu haben. Eines Tages geriet die Besuchermenge durch Knistern im Gebälk in höchste Verwirrung. So-

Abb. 67. Das Domitiansstadion. Goldmünze des Septimius Severus und Caracalla.

fort eilte Augustus an die bedrohte Stelle. Wahrscheinlich verhinderte er durch sein mutiges und geistesgegenwärtiges Eingreifen die Katastrophe, die unzweifelhaft durch das Menschengedränge entstanden wäre.[31] Die ersten Steinsitze hat anscheinend Claudius für die Senatoren zu der Zeit eingerichtet, als er die hölzernen *metae* durch vergoldete Bronzesäulen und den Tuff der *carceres* durch Marmor ersetzte.[32] Weitere Steinsitze ließ Nero für die Ritter bauen. Als er den Circus Maximus nach dem Brand des Jahres 64 erneuerte, nutzte er die Gelegenheit: er vergrößerte sowohl die Kampfbahn, indem er den Euripus zuschütten ließ, als auch die *cavea*, die mit weiteren Steinquadern versehen wurde, und die *spina*, die sich nun so ausdehnte, daß sie Wasserbecken enthielt. Dort sprudelten die Wasserspiele: die Bronzedelphine spien ihre Strahlen, *»delphines Neptuno vomunt«*.[33] Domitian und nach ihm Trajan vollendeten die Erweiterung der *cavea*. Domitian benutzte

Steine aus dem Abbruch der beim »Goldenen Haus«, der *domus aurea* Neros, gelegenen Wasserkampfbahn, Trajan vertiefte die Ausarbeitungen in den Hügeln, ein Werk, das Plinius der Jüngere in seinem *Panegyricus* rühmt und durch das die Anzahl der Sitze um 5000 erhöht wurde.[34]
Mit seiner nunmehrigen Länge von 600 Metern und seiner Breite von 200 Metern hatte der Circus Maximus (s. Taf. 26 und Abb. 68) die riesigen Ausmaße und die dekorativen Formen erreicht, die er bis zur endgültigen Zerstörung behielt.[35] Mit drei marmorverkleideten Arkadenstockwerken strebte er in die Höhe. Ihre Anordnung erinnert an das Kolosseum. Im Unterbau trieben Gastwirte, Bratköche, Pastetenbäcker, Astrologen und Dirnen ihr Geschäft. Die Kampfbahn im Innern deckte jetzt eine Sandschicht, in der hier und da Körnchen von Katzengold flimmerten. Überwältigend aber wirkte vor allem die ungeheure *cavea*, die unter dem kaiserlichen *pulvinar* am Palatin aufstieg, und ihm gegenüber die drei stockwerkartigen Ränge am Aventin. Der erste Rang, der unterste, enthielt Steinsitze, der zweite Holzsitze, der dritte und höchste anscheinend nur Stehplätze. Die Regionenverzeichnisse des 4. Jahrhunderts vermerken für den Zirkus anstandslos 385 000 Plätze insgesamt. Doch das ist wohl etwas übertrieben. Immerhin dürfen wir uns bei der Berechnung auf jeden Fall an die 255 000 Sitzplätze halten, die sich aus dem für die flavische Zeit geltenden Zeugnis des älteren Plinius und der von seinem Neffen für Trajan bezeugten Erweiterung berechnen lassen. Doch auch diese Summe ist noch unfaßbar groß. Wie das Olympiastadion in Berlin, so wirkte auch

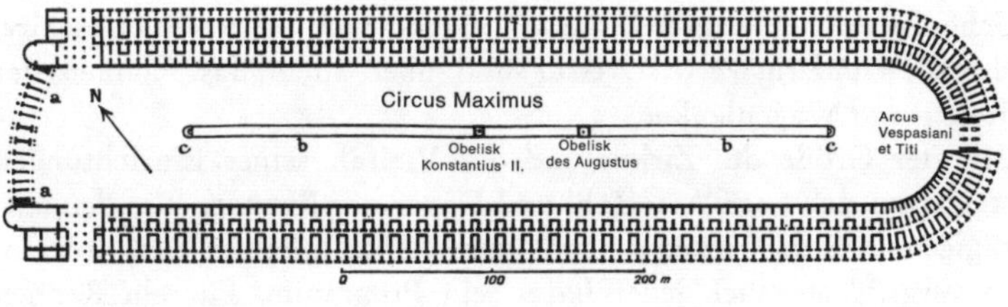

Abb. 68. Circus Maximus. Grundriß.

der Circus Maximus an Spieltagen wie ein selbständiger, plötzlich zum Leben erwachter, gigantischer Organismus in der Ewigen Stadt. Bemerkenswert an der Riesenanlage waren auch die ausgeklügelten Kleinigkeiten, die dem Organismus zum Leben verhalfen. Die einander entsprechenden Schmalseiten waren bogenförmig ausgebaut. Auf der Ostseite zum Caelius hin öffnete der Triumphbogen seine drei Torbogen. Domitian hatte ihn 81 n. Chr. errichtet zur Erinnerung an den Sieg seiner Dynastie über die Juden. Hier hindurch nahm der Zug der *Pompa Circensis* seinen Weg. Die westliche Seite enthielt im Erdgeschoß die zwölf *carceres*, in denen Pferde und Gespanne warteten, um sich vor der weißen Startlinie aufzustellen, ehe die vor jedem der zwölf Starttore zwischen zwei marmornen Hermen gespannte Leine fiel. Im Stockwerk über den *carceres* lag die Tribüne, die dem kurulischen Magistrat, der den Spielen präsidierte, und seinem zahlreichen Gefolge vorbehalten war. Die 214 Meter lange *spina* teilte den Parcours, dessen Breite an der *meta prima* 87 Meter, an der *meta secunda* nur 84 Meter betrug. Dadurch erhöhten sich die Schwierigkeiten und Gefahren der insgesamt 568 Meter langen Bahnstrecke.

Die römischen Zuschauer liebten die Wagnisse der Rennen. Sie wollten sich aufpeitschen lassen von den Spielen, die mit allem Drum und Dran ihre Spannung bis zum Wahnsinn erregten. Dazu gehörte das Stimmengewirr der Menge, in der einer den anderen mitriß, die pomphafte Umgebung, prickelnde Düfte, knisternde Toiletten, die Zeremonien der alten Religion, die leibhafte Gegenwart des erhabenen Herrschers, die auf der Bahn zu überwindenden Hindernisse, der Kitzel der Gefahren, der Schneid der Sieger, die plötzlichen Wechselfälle der Rennen, bei denen Stärke und Schönheit der Rennpferde zur Geltung kamen, ihr reiches Geschirr, ihre bewundernswerte Dressur und über allem das Können der Reiter und Wagenlenker.

Mit der Größe des Zirkus und der Vielfalt seiner Einrichtungen steigerten sich auch Art, Zahl und Dauer der Rennen. Wie den eintägigen *ludi* die sieben-, neun- und vierzehntägigen *ludi* folgten, so vergrößerte auch jeder *ludus* sein Programm. Für ein Rennen waren sieben Bahnrunden vorgeschrieben.[36] Aber die Zahl der

Rennen, die an einem Tag durchgeführt wurden, wuchs von der Republik zum Kaiserreich und nahm unter jedem Kaiser noch zu. Unter Augustus fanden zwölf Rennen am Tag statt, unter Caligula vierunddreißig,[37] unter den Flaviern sogar hundert. Domitian verringerte die Zahl der für jedes Rennen vorgeschriebenen Bahnrunden von sieben auf fünf, damit die Spiele nicht bis tief in die Nacht hinein dauerten.[38] Berechnen wir einmal: fünf Runden, *spatia,* je Rennen, *missus,* ergeben fünfmal 568 Meter, also 2840 Meter. Hundert *missus* demnach eine Strecke von 284 Kilometern! Wenn man nun die mittägliche Unterbrechung berücksichtigt und die zwischen den Rennen unvermeidbaren Pausen, so darf man wohl mit Recht behaupten, daß der Spieltag vom frühen Morgen bis zum späten Abend randvoll ausgefüllt war.

Doch den Römern wurde das nie zuviel. Die Abwechslung in den Spielen trug erst recht dazu bei, daß sie ihrer nicht überdrüssig wurden. Einfache Pferderennen genügten nicht, sie wurden mit allerlei akrobatischen Kunststücken gespickt. So lenkten die Jokkeys zwei Pferde gleichzeitig und sprangen von einem auf das andere über *(desultores).* Einige schwangen während des Rennens Waffen in den Händen und lieferten sich Scheingefechte. Andere wechselten auf den galoppierenden Pferden vom Reitsitz zum Knien und Liegen. Sie rafften in vollem Schwung ein auf der Bahn liegendes Tuch auf oder setzten in tollkühnem Sprung über ein Vierergespann. Die Wagenrennen unterschieden sich nach der Art der Bespannung als Zweier-, Dreier-, Vierergespanne *(bigae, trigae, quadrigae).* Manchmal gab es sogar Sechser-, Achter- und Zehnergespanne *(decemiuges).* Jedes Rennen begann in feierlicher Form und mit besonderem Gepränge. Das Zeichen zum Beginn gab unter Trompetenstößen der Konsul, Prätor oder Ädil, der den Spielen präsidierte. Mit weiter Gebärde warf er von der Höhe der Tribüne ein weißes Tuch in die Arena. Ihn anzusehen war schon an sich ein Genuß. Über seiner scharlachroten Tunika, wie sie Jupiter selbst nicht schöner tragen konnte, leuchtete »reich wie ein Vorhang« eine Toga mit tyrischen Stickereien. Wie ein lebendes Idol trug er einen Elfenbeinstab in der Hand, dessen Spitze ein »flügelspannender Adler« umkrallte. Sein Haupt schmückte ein Kranz aus Goldblättern, so massiv und schwer, daß »ein Sklave oder Gehilfe ihn stützen mußte«.[39] Bei dem Prätor Paullus hätte ein einziges Blatt des Kranzes ausgereicht, für Martial eine kostbare Trinkschale anzufertigen.[40]

Zu Füßen des Präsidenten harrten vor dem Ablauf auf den ausgelosten Plätzen die Gespanne, tadellos geordnet und vorzüglich hergerichtet. Alle wollten Ehre einlegen für die Ställe oder *factiones*, zu denen sie gehörten. Die *factiones* hatten sich zur Bestreitung der hohen Kosten gebildet, die durch die Auswahl und Ausbildung der Tiere und Menschen für den Wettkampf entstanden. Außerdem erhielten sie als Ausgleich die Geldpreise, die von dem präsidierenden Magistrat ausgesetzt und oft vom Princeps erhöht wurden. Die Bahnverhältnisse gestatteten wohl kaum Rennen, bei denen mehr als vier Quadrigen zugleich kämpften. Jedenfalls aber gab es im allgemeinen nur vier *factiones*, die sich seit dem 2. Jahrhundert unserer Zeitrechnung außerdem zu zwei Paaren zusammenschlossen. So gab es einerseits die Weißen *(factio albata)* und die Grünen *(factio prasina)*, anderseits die Blauen *(factio veneta)* und die Roten *(factio russata)*, deren Übungsfeld anscheinend unter dem heutigen Palazzo Farnese lag.[41] Außer den Wagenlenkern *(aurigae, agitatores)*, die sich nicht selten lukrativen Abwerbungsversuchen ausgesetzt sahen, unterhielt jede der *factiones* zahlreiches weiteres Personal: Stallmeister und Trainer *(doctores* und *magistri)*, Veterinäre *(medici)*, Geschirrmacher *(sarcinatores)*, Sattler *(sellarii)*, Stalljunker *(conditores)*, dazu Pferdeknechte *(succonditores)*, Striegler und Tränker *(spartores)*, die in den *carceres* bei den Tieren blieben, und *iubilatores*, die mit ihrem Schreien die Gespanne anzufeuern hatten.

Ein wunderbares Bild: die stolzen Tiere piaffierten, einen Zweig auf dem Kopf, den Schweif eng zusammengeflochten, die Mähnen mit Perlen besät, die Brust mit glitzerndem Zierat *(phalerae)* und mit Amuletten geschmückt, um den Hals ein Band und ein Netztuch in den Farben des Stalles. Doch auch der Lenker zog die Blicke auf sich. Hoch aufgerichtet stand er im Wagen, die Diener sahen zu ihm empor. Er war in voller Ausrüstung: behelmt, die Peitsche in der Hand, Knie und Schenkel mit weichen Binden geschützt, sein kurzes Gewand leuchtete in den Farben seiner *factio*, um die Brust schlangen sich die Zügel, an der Seite trug er den Dolch, mit dem er sie notfalls durchschneiden konnte.

Das Publikum geriet schon in Entzücken, ehe das Rennen überhaupt begann. Erwartungsvoll musterte jeder das Gespann, dem seine besondere Zuneigung galt. In der überfüllten *cavea* schwirrten die Gespräche zwischen Nachbarn und Nachbarinnen hin und her. Eng standen alle aneinander gedrängt und beredeten lebhaft die Hoffnungen und Aussichten. Das Gedränge beim Eintritt, bei dem der Zufall die Menschen mischte, bot mancherlei Reiz: für die Schönen, die nach einem Mann trachteten, und für die latin-lovers, die nach Abenteuern Ausschau hielten. Schon zur Zeit der Republik machte eine schöne junge Frau, deren Ehe geschieden war, während der Spiele ihr Glück, Valeria, die Schwester des Orators Hortensius. Sie zupfte Sulla einen Faden aus der Toga, um an seinem unfehlbaren Glück teilzunehmen, und wurde die letzte Liebe des Diktators. Und in der Kaiserzeit riet Ovid seinen Schülern der Liebeskunst, häufig den Zirkus zu besuchen, weil es dort beim galanten Plaudern vor den Rennen und später in der gemeinsamen Begeisterung reichlich Gelegenheit zu Bekanntschaften gebe.[42]

Fieberhafte Begeisterung ergriff das Publikum, wenn die ersten Staubwolken unter den Rädern der Wagen aufstiegen. Bis zum Ende der letzten Runde zitterten die Zuschauer vor Hoffnung und Furcht, Spannung und Leidenschaft. Das Herz drohte auszusetzen. Welch ein Aufatmen, wenn die Grenzpfähle unfallfrei umrundet waren! Da die *metae* sich stets links von den Gespannen befanden, hing das Gelingen des Manövers für eine Quadriga vom Geschick der zwei Außenpferde ab. Sie hießen *funales* und waren nicht an das Joch gespannt wie die Innenpferde, sondern mit den Innenpferden durch eine Leine *(funis)* verbunden, das rechte *funalis* an der Außenseite, das linke *funalis* am inneren Schwenkungspunkt. Geriet der Wagen zu nahe an die Säule, so konnte er zerbrechen. Nahm er die Kurve aber zu weit, so verlor er entweder seinen Vorsprung oder wurde vom nächsten gerammt und lief erneut Gefahr, »Schiffbruch« zu erleiden. Die *agitatores* standen unter doppelter und gefahrvoller Spannung: nach vorn mußten sie die Rennpferde anfeuern, nach hinten mußten sie höllisch achtgeben, daß sie kein Wagen beim Überholen anrannte. Zehnmal umrundete der Lenker die gefährlichen Klippen, hielt seinen Vorsprung oder erweiterte ihn sogar. Trotz allen Schlichen seiner Konkurrenten zog er unangefochten über die tückische Bahn. Wie mag auch er aufgeatmet haben, wenn er endlich das Ziel erreichte! Die Inschriften, mit denen er seine Siege verewigte, zeigen uns deutlich, unter welchen Bedingungen er sie errang: er blieb an der Spitze und siegte: *occupavit et vicit;* er rückte vom zweiten Platz auf den ersten vor und siegte: *successit et vicit;* oder gar: er war ein Außenseiter, auf den niemand Hoffnung setzte, doch in der letzten Sekunde trug er den Sieg davon: *erupit et vicit.* Tosender Beifallssturm überbrandete die Sieger, und die Begeisterung galt den Pferden nicht weniger als den Wagenlenkern.

Die Tiere stammten aus Italien, Griechenland, Afrika und vor allem auch aus Spanien. Man kaufte sie in den Gestüten, begann die Dressur bei den Dreijährigen und schickte die Fünfjährigen zum erstenmal ins Rennen. Die Stuten liefen im Joch, die Vollbluthengste an den Leinen. Jedes Tier besaß seinen Stammbaum, seine Ehrentafel, und war so bekannt und berühmt, daß im ganzen Kaiserreich jedermann seinen Namen kannte. Ihr Ruhm hat die Zeiten überdauert. Die Töpfer schrieben die Namen in den Rand der Tonlampen ein *(Coraci nica).*[43] Wir finden sie auf den Mosaikböden in den Landhäusern der Provinz wie etwa in jenen numidischen Thermen, deren Eigentümer Pompejanus seine Liebe zu dem Pferd Polydoxus mit den Worten bekundete: »Ob du siegst oder nicht, wir lieben dich, Polydoxus! *Vincas, non vincas, te amamus, Polydoxe!*«[44] In Stein gemeißelt ist das Gedenken an das Pferd Tuscus, das 386mal den Preis gewann,[45] und an das Pferd Victor,[46] das mit 429 Siegen seinem Namen alle Ehre machte. Manche Namen sind sorgfältig in Bronzebleche geritzt, sie wurden in Gräbern gefunden: Feinde hatten sie mit Bannsprüchen belegt und der Rache der Unterweltgötter überantwortet *(tabellae defixionum).*[47]

Aber auch die Pferdelenker (s. Taf. 26) wurden berühmt. Und nicht nur berühmt! Meist waren sie Sklaven, die durch andauernde Erfolge ihre Freilassung erlangt hatten. Trotz der niederen Abstammung errangen sie schnell Ansehen, Ruhm und Reichtum. Außer den Geldpreisen, die sie von den Magistraten oder vom Princeps erhielten, verlangten sie von den *domini factionum* unverschämte Gehälter, damit sie nicht die »Farbe wechselten«, nämlich die Farbe ihrer Faktion.[48] Am Ende des 1. Jahrhunderts und in der ersten Hälfte des 2. Jahrhunderts n. Chr. war Rom geradezu in die Elite seiner Wagenlenker vernarrt. Sie wurden *miliarii* genannt. Nicht weil sie Millionäre waren, sondern weil sie mindestens tausendmal den Sieg errungen hatten. Scorpus siegte 1043mal, Pompeius Epaphroditus 1467mal, Pompeius Musclosus 3559mal, und Diocles schließlich siegte 3000mal mit zwei Pferden und 1462mal mit vier oder gar noch mehr Pferden. Er war klug genug, sich um 150 n. Chr. mit fünfunddreißig Millionen Sesterzen aus der Arena zurückzuziehen.[49] Friedländer hat damit die Erfolge und Gewinne verglichen, die gegen Ende des 19. Jahrhunderts die Jockeys von Epsom erzielten: Wood starb mit neunundzwanzig Jahren als Multimillionär; Archer erreichte in sechsjähriger Rennzeit 1172 Preise und sechzigtausend Pfund Sterling. Mögen sie auch an Siegen und Rennpreisen einander ebenbürtig sein, unvergleichbar bleiben die Jockeys der römischen Antike durch den Ruhm und die Ehren, die sie genossen.

Sie konnten sich in der Stadt jeden Streich leisten. Alle bewunderten sie, keiner nahm ihnen etwas übel. Sogar die Polizei schloß beide Augen, wenn sie aus Übermut die Passanten prügelten oder gar ausraubten.[50] Ihr Bild prangte tausendfach auf den Straßenmauern und in den Kammern der *insulae*. Überall, schreibt Martial, funkelte einem die goldene Nase des Scorpus entgegen:

Aureus ut Scorpi nasus ubique micet.[51]

Ihr Name lebte in aller Munde.[52] Wenn ein Held der Rennbahn starb, brauchten die Hofpoeten, die sonst dem Kaiser Lobeskränze flochten, ihre Tonart nicht zu ändern. Pathetisch erscholl zum Gedächtnis eines verstorbenen Kutschers dieser letzte Gruß: »Victoria breche im Schmerz ihre Palmen! Die Ehre lege Trauer an! Und der Ruhm werfe, von allem Trost entblößt, dem widerstrebend flackernden Holzstoß als Opfer die Kränze zu, die dein

Haupt schmückten! O Untat des Schicksals! Warum mußte die Säule, die dein Wagen kaum jemals streifte, warum mußte der letzte Grenzstein so nah an den Beginn deines Lebens gesetzt sein?«[53]
Die Wagenlenker waren in Rom so außerordentlich geschätzt wegen ihrer körperlichen Gewandtheit und wegen ihres Mutes. Sie sahen stattlich aus, waren kräftig, gelenkig und kaltblütig. Schon in früher Jugend mußten sie hart trainieren. In jedem Rennen drohten ihnen Gefahren, die blutigen *naufragia*, denen sie furchtlos entgegensahen, von denen sie aber auch oft in der Blüte der Jahre dahingerafft wurden. Tuscus verunglückte vierundzwanzigjährig nach sechsundfünfzig Siegen, Crescens zweiundzwanzigjährig, nachdem er 1 600 000 Sesterzen errungen hatte; M. Aurelius Mollicius zwanzigjährig nach 125 Siegen.[54] Doch die leidenschaftlichen Gefühle, mit denen das gesamte Volk die Wagenlenker umhätschelte, entströmten nicht der lautersten Quelle. Sie entstammten vor allem der Spielleidenschaft, zu der die Rennen mit den Meisterjockeys ständig Anreiz gaben. Die Spiele, in denen sie als Helden das Zünglein an der Waage darstellten, waren undenkbar ohne Wetten, ohne die *sponsio*. »Man wettet auf den zukünftigen Sieger«, heißt es schon bei Ovid in der Beschreibung der großen Zirkusspiele.[55] Martial rät seinem eigenen Buch: »Warte, bis die Wetten auf Scorpus erledigt sind! Vorher wirst du keinen Leser reizen.«[56] Juvenal gesteht: »Daß die jungen Leute den Zirkus besuchen, ist verständlich. Das Geschrei, die Glückswetten, die gutgekleideten jungen Frauen, all das ist ihrem Alter angemessen.«[57]
Der Sieg eines Gespanns ließ Vermögen in die Höhe schnellen und zerrinnen. Weil die Masse der römischen Bevölkerung größtenteils aus Müßiggängern bestand, übte der Reiz der Glücksgewinne eine nahezu tyrannische Wirkung aus. Die Reichen setzten ein Vermögen auf die Farben ihres Stalls, auf ihre *factio*, die Armen setzten den Rest ihrer Sporteln. Deshalb tobten sie vor Freude oder brachen vor Wut zusammen, wenn der Sieger ausgerufen wurde. Deshalb überschütteten sie die favorisierten Pferde und die erfolgreichen Jockeys mit Lob oder verwünschten sie in die Unterwelt. Deshalb die Reihe der Zugaben: der Schmaus, *epulum*, der am Schluß

gereicht wurde, zwischendurch die *sparsiones* und die *missilia*, ein Regen von Leckereien, gefüllten Geldbeuteln, Gutscheinen für ein Schiff, einen Bauernhof oder für ein Haus, die auf Veranlassung Agrippas, Neros, Domitians im Zirkus auf die Zuschauer niederflatterten und den Geriebensten Aussicht auf Entschädigung oder Trost boten.[58] Aus diesen Gründen erklärt sich, daß die Cäsaren so entsetzlich parteiisch handelten, wenn sie leidenschaftliche Spieler waren, angefangen bei Vitellius, der die Feinde seiner »Blauen« hinrichten ließ, bis zu Caracalla, der die Wagenlenker der »Grünen« kurzerhand zum Tode verurteilte.

Trajan und Hadrian haben sich nicht zu solch irrsinnigen Übertreibungen hinreißen lassen. Schon naht auch die Zeit, in der der Philosoph Mark Aurel erklärt, er sei froh, nicht der Spielleidenschaft verfallen zu sein.[59] Aber die Masse der kaiserlichen Untertanen bleibt von ihr besessen, und auch die besten Herrscher ziehen Nutzen aus diesem Laster. Die Befriedigung, die dem Volk einst die Politik gewährte, findet es jetzt in den Spielen. Das Betätigungsfeld hat vom Forum zum Zirkus gewechselt. Die Faktionen ersetzen die alten Parteiungen des politischen Kampfes. Den Stolz eines Juvenal und die hohe Weisheit eines Mark Aurel betrübten natürlich diese Zeichen sittlichen Verfalls. Die Spiele sind aber wirkungsvolle Propagandamittel zur Bearbeitung der Massen. Die kaiserlichen Regierungen haben es verstanden, sie zur Erhaltung der öffentlichen Ruhe und Sicherheit einzusetzen.

4. Das Theater

Wenn man einigen Gelehrten glauben wollte, so hätten die großen periodisch wiederkehrenden Spiele in der Republik mehr szenische Darbietungen als Rennen umfaßt.[60] Doch die Scheidung ist sehr schwer durchzuführen.[61] Selbst wenn diese Feststellung für den Anfang zuträfe, war das Verhältnis in der Kaiserzeit bestimmt umgekehrt. Die *circenses* haben den Tragödien, den Komödien und ihren späteren Verwässerungen in Rom den Rang abgelaufen. Plinius der Jüngere spricht zwar nicht von einem hartnäckigen Vorurteil seiner Zeitgenossen gegen das Theater, doch er beklagt die Wichtigkeit, die einem »jämmerlichen« Wagenlenker nicht nur von einem noch jämmerlicheren Pöbel, sondern auch von Personen zugebilligt wird, die sich für gebildet halten. »Wenn ich an die läppischen, dummen, eintönigen Vergnügungen denke, von denen sie gebannt sind, als bekämen sie nie genug, verspüre ich eine gewisse Befriedigung darüber, derlei Freude nicht zu empfinden.«[62] Da zu seiner Zeit die Rennen die führenden Schichten begeisterten, kann man sich leicht die Anziehungskraft vorstellen, die sie auf den einfachen Mann ausübten. Sein Ehrgeiz beschränkte sich im allgemeinen darauf, so viel Einnahmen zu haben, daß er sich zwei starke Sklaven leisten konnte. Sie trugen ihn auf dem Nacken und ermöglichten es ihm bis zu seinem Lebensende, »im Gedränge des Zirkus gefahrlos Platz zu finden«.[63] Trajan hat gewiß den Wunsch der großen Mehrheit seiner Untertanen richtig getroffen: er beschenkte sie im Jahre 112 mit Spielen außer der Reihe und gab ihnen freien Eintritt für dreißig Zirkustage, jedoch nur für vierzehn Theatervorstellungen.[64] Die *Fasti Ostienses*, denen wir diese Nachricht verdanken, fügen hinzu, daß die Vorstellungen gleichzeitig auf drei Bühnen gegeben wurden. Doch so groß die drei Theater Roms auch gewesen sind, sie hätten fünfmal nebeneinander in der *cavea* des Circus Maximus Platz gefunden. 55 v. Chr. wurde nordöstlich vom Circus Flaminius das Pompejustheater eingeweiht. Am Verlauf der Piazza di Grotta Pinta können wir heute noch die Umrisse seines Halbrunds erkennen. Bei einem Durchmesser von 160 Metern umfaßte es 40 000 *loca* und damit anscheinend nur 27 000 Sitzplätze[65] (s. Abb. 69). Unter dem heutigen Monte dei Cenci liegt das 13 v. Chr. errichtete Balbustheater.[65a] Es enthielt nur 11 510 *loca*, also 7700 Sitzplätze. Das Marcellustheater wurde von den Baumeistern Julius Cäsars entworfen und im Jahre 11 v. Chr. unter Augustus vollendet. Auf seinem Halbkreis erhebt sich heute der Palazzo Caetani di Sermoneta. Die städtebaulichen Arbeiten an der Via del Mare haben den mächtigen Kalksteinbau in seiner architektonischen Schönheit freigelegt. Bei einem Durchmesser von 150 Metern zählte das Theater nur 20 500 *loca*, also 14 000 Sitzplätze (s. Abb. 70). Diese drei Theater konnten demnach höchstens

60 000 Zuschauern Platz bieten. Im Vergleich zu den 255 000 Plätzen, die wir für den Circus Maximus feststellten, ist das wenig. Und doch viel im Vergleich mit dem Fassungsvermögen der größten heutigen Theater. Die Opéra in Paris hat 2156 Plätze, San

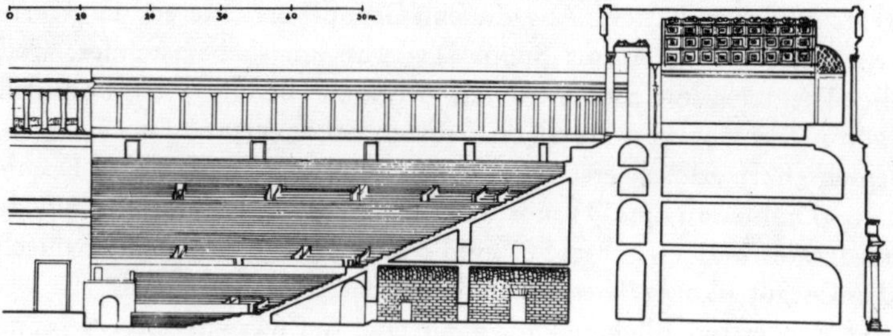

Abb. 69. Pompeiustheater und Tempel der Venus Genetrix. Querschnitt längs der Achse der Cavea.

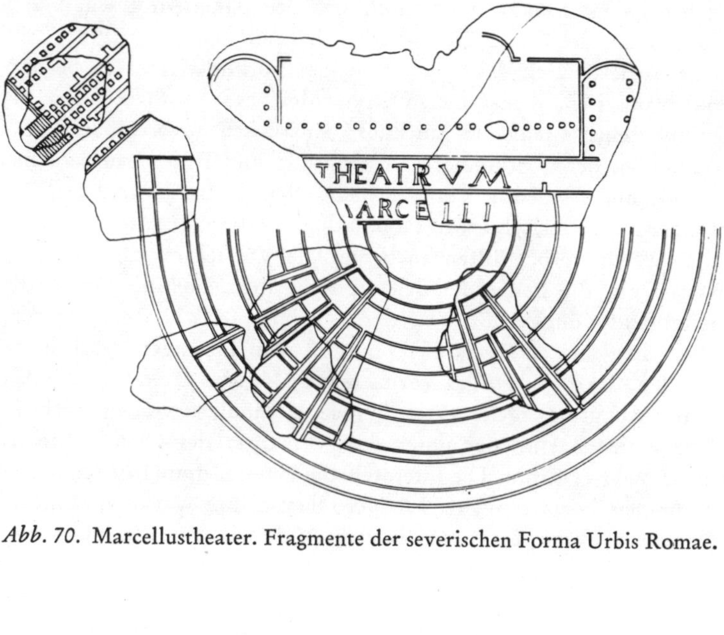

Abb. 70. Marcellustheater. Fragmente der severischen Forma Urbis Romae.

Carlo in Neapel 2900, die Scala in Mailand 3600, das Colón in Buenos Aires 5000 Plätze. Das kleinste Theater im kaiserlichen Rom war also noch doppelt so groß wie das größte amerikanische Theater. Der wichtigste Schluß aber, der aus den Platzzahlen zu ziehen ist, bleibt, daß die Theater doch nicht ganz ihre Anziehungskraft verloren hatten. Aus diesem Grunde errichteten die Herrscher Theaterbauten aus Stein. Das war um so belastender, weil die Theatersaison zwischen den Megalesischen Spielen und den *ludi plebei* nur von April bis November dauerte.[66] Die Theaterleidenschaft erlosch erst nach dem Kaiserreich. Das unter Domitian, Diokletian und Honorius erneuerte Pompejustheater wurde ein letztes Mal zwischen 507 und 511 unserer Zeitrechnung durch den Ostgotenkönig Theoderich hergerichtet.

Auf den ersten Blick möchte man eine tief verwurzelte Neigung des römischen Volkes für die Kunst des Theaters hervorheben. Sie konnte der griechischen Dramatik gleichwertig erscheinen und durch die Namen Accius und Pacuvius und durch die Werke eines Plautus und Terenz gekennzeichnet sein. In Wirklichkeit aber hat sich bei den Römern wiederholt, was den Athenern geschah. Als Rom stehende Theater einzurichten begann und die gesamte von Rom regierte Welt Bauten nach diesem Vorbild errichtete, begann die dramatische Kunst, denen sie gewidmet waren, abzusterben, als sei ihr Leben mit der Heraufkunft der Massen unvereinbar. Theaterbauten, deren prunkhafte Ausstattung und Eleganz unsere Bewunderung erregen, entstanden nicht allein in Italien und Gallien, sondern auch in Lykien, in Pamphylien, im tripolitanischen Sabratha. Wettbewerbe füllten auch hier die Vorstellungstage, aber es waren nur die Leiter der Schauspielertrupps *(domini gregis)*, die miteinander um den Preis stritten. Die schöpferische Zeit war vorüber. Die letzten Tragödien, die für Aufführungen geschrieben wurden, der *Thyestes* des Varius und die *Medea* Ovids, entstanden unter Augustus, nicht später. Neue Komödien werden nach L. Pomponius Bassus, der unter dem Prinzipat des Claudius lebte, nicht mehr erwähnt. Die Literaten, die sich der dramatischen Kunst widmeten, begnügten sich seit Nero damit, ihre Werke vorzulesen. Seneca las seine Tragödien in den Auditoria vor Literaten. Seit

Ende des 1. Jahrhunderts unserer Zeitrechnung wurden dem Publikum fast ausschließlich Stücke des alten Repertoires geboten. Unter dem freien Himmel der großen Theater, im Durcheinander der Besucher war es niemandem möglich, ein in Versen geschriebenes Theaterstück mit Genuß zu verfolgen. Nur wer das Werk in allen

Abb. 71. Bildhauer bei der Arbeit an einer Kolossalmaske. Relief von einer Terrakottalampe.

Einzelheiten vorher kannte, konnte es dank der unveränderlichen Aufmachung der Schauspieler begreifen, zumal wenn der Prolog die wesentlichen Elemente der Handlung vor Beginn der Aufführung dem Publikum ins Gedächtnis rief. Zu diesen Kennzeichen gehörten die ernsten oder lachenden Masken (s. Taf. 27 und 6 sowie Abb. 71), braun für die Männer, weiß für die Frauen; die griechisch oder römisch drapierten Kostüme, die auf den Ort der Handlung und die soziale Stellung der Personen hinwiesen, weiß für die Greise, farbig für die jungen Leute, gelb für die Kurtisanen, purpurn für die Reichen, rot für die Armen; eine kurze Tunika trugen die Sklaven, die Chlamys, ein wollenes Oberkleid, die Soldaten, ein gerolltes Pallium die Parasiten, ein gesprenkeltes Pallium die Kuppler. Durch die nie wechselnde Aufmachung verlor das Schauspiel an Reiz. Das Publikum wußte im voraus Bescheid, es brauchte nicht mehr aufzupassen. Deshalb achtete es lediglich auf die Künste der Darsteller und die Äußerlichkeiten der Inszenierung. Für feinere Wirkungen war das römische Theater zu groß geworden. Die klassische Form, drei Jahrhunderte bewahrt, reichte für die neuen Umstände nicht aus, sie war den großen Verhältnissen nicht gewachsen. Das römische Theater blieb nur durch immer stärker ausgeprägte Konventionen erhalten. Mit Literatur hatte es von nun an nichts mehr zu tun.

Gegen Ende des 1. Jahrhunderts hatte sich, anscheinend unter dem Einfluß des hellenistischen Theaters,[67] die Entwicklung der Tragödie in zwei Etappen vollzogen. Sie endete mit unausweichlicher Logik als Ballett. Von altersher bestand der Text der römischen Tragödien aus Dialogpartien *(diverbia)* und Rezitativen und Gesängen *(cantica)*. Besonders angetan war das römische Publikum von den Gesängen. Die Spielleiter der republikanischen Zeit hatten den Chor auf die Bühne gebracht, um ihn stärker an der Handlung zu beteiligen. In der Kaiserzeit bauten die Spielleiter ihn völlig ein, obwohl sie Gefahr liefen, die Handlung durch die Phantasmagorien der Aufmachung und den musikalischen Lyrismus aufzulösen. Unbarmherzig zerstückelten sie die althergebrachten Texte, die jedes Jahr aufgeführt wurden. Sie kürzten sie so stark, daß der Dialog einer Tragödie nach der Streichung nur noch aus den mehr oder minder geschickt aneinandergereihten lyrischen Folgen, den *cantica*, bestand. Stellen wir uns den *Cid* auf die Stanzen gekürzt, die *Athalie* auf die Chöre beschnitten vor: mit diesen »Metamorphosen« bietet sich uns das Drama der kaiserlichen Zeit.

Die berühmtesten dieser *cantica*, von Generation zu Generation wiederholt, waren jedermann bekannt, ohne daß man sie eigentlich gelernt hätte. Bei der Bestattung Cäsars sang die Menge die *cantica* aus dem *Armorum iudicium* des Pacuvius. Sie schienen zwei

Jahrhunderte zuvor nur geschrieben worden zu sein, um den Schmerz der Menge auszudrücken. »Habe ich sie nur gerettet, damit ich durch sie sterben muß?

Men' servasse ut essent qui me perderent?«[68]

Erinnert sei auch an ein Ereignis bei den Saturnalien des Jahres 55 n. Chr. Nero hatte außer seinen Schlemmerfreunden auch Britannicus eingeladen. Er wollte ihn bloßstellen und befahl ihm gegen Ende des Gastmahles, in die Mitte des Saales zu treten und etwas zu singen. Der junge Prinz ließ sich nicht einschüchtern. Statt zu schweigen oder Obszönitäten zu bieten, wie die anderen Gäste es unzweifelhaft erwarteten und an seiner Stelle getan hätten, stimmte er ein Gedicht an, das seinem Schicksal entsprach. Der Held, dem er es in den Mund legte, war wie er vom väterlichen Throne und aus dem höchsten Rang verstoßen. Es handelte sich, wie schon Justus Lipsius richtig gesehen hat, um das *canticum* der *Andromache* des Ennius, dessen schönste Stellen Cicero uns in seinen *Tusculanen* bewahrt hat:

O Pater! O Patria! O Priami domus.[69]

Das Gedicht wirkte tief auf alle Zuhörer. Selbst an Neros Tafel rührte es die Herzen. Die Wirkung war »um so stärker, weil das nächtliche Fest alle Heuchelei weggewischt hatte«.[70]

Die gleiche Gemütsbewegung erregten in der Zuschauermenge die *cantica* der Theatervorstellungen. Mochte das Publikum auch eine Weile unbewegt sitzen, die Melodien weckten es aus der Teilnahmslosigkeit. Es waren die Melodien, die jeder von Jugend auf kannte, die schon an den Kinderwiegen gesummt worden waren. Nun kam der Klang der Instrumente hinzu, der Zauber der Inszenierung, der glutvolle Vortrag und die eindringlichen Gesten des Sängers. Die Wirkung steigerte sich, weil sich in Tausenden von Männern und Frauen die gleichen Erinnerungen regten und alle Herzen im gleichen Rhythmus schlugen. Die Erregung wogte auf und ab. Alle wurden vom selben Strom erfaßt und fortgetragen, vom Strom der Gefühle, die überall und jederzeit gleich sind. Das römische Drama war einst von der unvergleichlichen griechischen

Tragödie ausgegangen. In den Marmorhallen der kaiserlichen Bühnen ging es zugrunde. Doch mit den Opernmelodien, die aus dem Verfall erwuchsen, flammte noch einmal die reine Begeisterung auf, die einst die antiken Meisterwerke in den Zuhörern entzündet hatte.

Leider setzte eine Entwicklung ein, durch die sich die Oper von allem trennte, was sie bisher noch mit der Poesie verbunden hatte. Stets hatte diese Gattung einen Solisten als Ausführenden der *cantica* erfordert.[71] Mehr und mehr jedoch wurden die *cantica* nun ganz auf den Sänger zugeschnitten. Von ihm hing die Wiedergabe ab und damit der Erfolg. Er duldete nur noch Komparsen um sich: die *pyrricharii*, die sich in jeder Bewegung nach ihm richteten; die *symphoniarii*, die ihm antworteten und seine Motive aufnahmen; die Instrumentalisten, die ihn ablösten oder begleiteten: Leierspieler *(citharistae)*, Trompeter, Beckenschläger, Flötisten und Harmonikaspieler *(scabellarii)*. Sie alle kreisten um ihn wie Satelliten um ihren Stern. Er beherrschte die Bühne mit seinen Gebärden, seine Stimme füllte das Theater. Er sang, spielte, tanzte, er bot ganz allein die gesamte Handlung. Streng bereitete er sich vor, streng hielt er sich in Zucht: er nahm keine scharfen Speisen und Getränke zu sich, aber Brech- und Abführmittel, sobald eine geringe Gewichtszunahme seine schlanke Linie gefährdete. So bewahrte er sich jugendliche Frische und gute Figur. Unermüdlich trieb er Gelenkigkeitsübungen, damit seine Muskeln stark, seine Bewegungen geschmeidig blieben. Und ebenso schulte er seine Stimme, damit sie ihren vollen und warmen Klang behielt.[72] Alle menschlichen Typen verkörperte er meisterhaft, er fühlte sich in allen Situationen daheim und wurde so, echter noch als seine natürlichen Vorbilder, der Pantomime schlechthin, der aus seiner Phantasie eine zweite Natur erschuf. Obwohl er vor dem Gesetz weiterhin nur als ein Komödiant galt, als ein *infamis*, war er oft der Held des Tages und Hahn im Korb bei den Frauen. Unter Augustus redete die ganze Stadt vom Pantomimen Pylades, seiner Kunst, seiner Eitelkeit und seinen Händeln. Unter Tiberius kam es aus purer Begeisterung für die Pantomimen zu einem Handgemenge. Der Streit artete in eine Schlägerei aus: mehrere Soldaten, ein

Centurio und ein Tribun blieben tot auf dem Platz.[73] Nero beneidete die Schauspielgrößen zwar um ihren Ruhm, mußte aber gegen sie einschreiten, um dem Blutvergießen Einhalt zu gebieten, das aus den Rivalitätskämpfen entstand. Doch weder er noch seine Untertanen konnten auf die Dauer ohne Pantomimen auskommen. Kurz nachdem er sie verbannt hatte, holte er sie zurück und berief sie zum engeren Kreis des Hofes. Tacitus hat diese Berufung mit dem Ausdruck *histrionalis favor* gebrandmarkt,[74] als unheilbare Abgötterei, eine Krankheit, die tödlich ansteckend wirke *(morbus)*[75]: am Ende des 1. Jahrhunderts erlag ihr die Kaiserin Domitia in den Armen des Pantomimen Paris.

Unbestreitbar gab es unter den Idolen des römischen Volkes große Künstler. Pylades I., der unter Augustus wirkte, hat sicherlich die »Pantomime«, die von ihm in Rom eingeführte Spielgattung, veredelt. Mehrere Anekdoten bezeugen sein Können und seine innere Gestaltungskraft. Eines Tages übte der Pantomime Hylas, sein Schüler und Nebenbuhler, in seiner Gegenwart die Rolle des Ödipus, die er bereits mit schöner Sicherheit beherrschte. Pylades trat nahe an ihn heran und sagte, um ihn der Wahrheit ganz nahe zu bringen: »Denke daran, Hylas, du bist blind.« Ein andermal gab Hylas öffentlich eine Pantomime, bei der er am Schluß auf griechisch »der große Agamemnon«, τὸν μέγαν 'Αγαμέμνονα zu sagen hatte. Um den Worten auch äußerlich zu entsprechen, richtete er sich zu voller Größe auf. Pylades aber, der mitten unter den Zuschauern in der *cavea* saß, rief ihm tadelnd zu: »Du gibst ihm eine große Figur, aber damit noch keine Größe!« Die Menge ging auf den Zwischenruf sofort ein. Pylades mußte auf die Bühne klettern und dieselbe Pantomime spielen. Als er an die Stelle kam, deren Gestaltung er kritisiert hatte, verzichtete er auf jeden Kunstgriff: er war nichts als ein Mann, der nachdenkt. Denn einem führenden Kopf obliegt es, tiefer als die anderen und für alle anderen zu denken.[76] Pylades hatte Sinn für die lautere Schönheit, die über alles äußerliche Machwerk hinaus die Seele anrührt.

Seine Nachfolger jedoch reichten nicht an ihn heran. Die meisten verzichteten darauf, Sänger und Tänzer in einem zu sein: Livius Andronicus, der an der Wiege der römischen Tragödie steht und

seine Stücke selbst spielte, hatte später nicht mehr selbst gesprochen, weil seine Stimme die Anstrengung nicht aushielt. Er beschränkte sich auf die Gebärden, während ein Sänger unter Flötenklängen den Text rezitierte.[77] So traten auch die Pantomimen zu der Zeit Domitians und Trajans größtenteils nur als Tänzer auf. Sie überließen dem Chor den Vortrag der *cantica*, während sie den Empfindungsgehalt in Schritte, Gebärden und Bewegungen übersetzten. Wie der Gesang die Tragödie verdrängte, so ordnete sich der Tanz nun die Musik unter. Die Künstlerschaft der Pantomimen zeigte sich nur noch in der stummen Sprache ihrer Bewegungen. Außer der Stimme freilich sprach alles an ihnen: Kopf, Schultern, Knie, Beine, vor allem aber die Hände. Ihre Kunst riß Quintilian zur Bewunderung hin. »Ihre Hände bitten und versprechen, rufen herbei und weisen ab. Schrecken, Furcht und Freude drücken sie aus, Trauer, Zögern, Geständnis, Bedauern, Maß und Unmaß, Zahl und Zeit. Sie erregen und beruhigen, sie flehen und gewähren. Sie sind im Ausdruck so stark wie Worte. Um eine Krankheit zu beschwören, ahmen sie einen Arzt nach, der den Puls abtastet, und die Musik blüht ihnen wie einem Lyraspieler aus den Fingern.«[78]
Im 2. Jahrhundert unserer Zeitrechnung hat der Pantomime eine solche Meisterschaft erreicht, daß er unter dem Beifall des Publikums, dem nichts an der Darbietung entgeht, ohne Worte Atreus und Thyestes, Ägisth und Ärope darstellen kann.[79]

Gewiß gehört auch Terpsichore zu den Musen. Wer Paul Valéry gelesen hat, wird nicht über den poetischen Zauber des Tanzes im unklaren sein; er begeistert die Seele, indem er den Körper feiert. Im Auf und Ab eigenwilliger und doch nicht regelloser Sprünge erhebt und besänftigt er das Wogen menschlicher Leidenschaften und vermag sogar durch das wendige Spiel seiner anmutigen Bewegungen in gottbegnadeten Augenblicken die Harmonie des Alls widerzuspiegeln. Nur, die verblüffenden Verwandlungskünste eines Fregoli entspringen wohl kaum der erhabenen Inspiration Terpsichores, und die akrobatisch übertriebenen Tänze der römischen Pantomimen haben die Tanzkunst zugrunde gerichtet.

Auf törichte Weise stellten sie die Rangordnung der Werte auf den Kopf. Erst kommentierten sie mit ihrer Mimik die *cantica*, die sie dann selbstherrlich ihrem Spiel unterwarfen. Sie dienten dem Werk nicht, sie beuteten es aus. Die Spielleiter, Musiker, Librettisten sind nur noch ihre Handlanger. Die Poeten schätzen sich glücklich, wenn die Pantomimen bei ihnen, wie in Rom, eine *Agave* bestellen und bezahlen.[80] Doch dieses Glück kam die Autoren teuer zu stehen: es kostete sie ihre schöpferische Freiheit. Die Pantomimen regelten alles, sie bestimmten die Inszenierung, schrieben die Verse vor, beeinflußten die Musik und wählten die Stoffe nach ihrer Begabung. Vor einem Publikum, dessen Geschmack mehr und mehr versimpelte, ließen sie ihre besonderen Fähigkeiten glänzen und vertuschten alles, was sie nicht beherrschten. Sie wollten nicht mehr die Herzen rühren, sondern Augenkitzel bieten, die Sinne erstarren lassen oder entflammen. Sie gaben fast nur »schwarze« Dramen, in denen Entsetzen regierte, oder schlüpfrige Stücke, in denen sie auf leichte und bewährte Weise ein Publikum reizten, dessen erotischer Neigung sie gewiß sein konnten. Zur ersten Kategorie gehörten nach dem Repertoire, dessen Hauptstücke Lukian verzeichnet hat: der *Thyestes* und die *Agave*, die im Wahnsinn ihren Sohn ermordet, von denen schon die Rede gewesen ist; die im Schmerz gebrochene *Niobe* inmitten ihrer hingemordeten Kinder; die *Rasenden* der Epik und der Mythologie: der *Rasende Ajax* und der *Rasende Herkules*, in denen Pylades bereits seine Darstellung übertrieb.[81] Die Liste der zweiten Kategorie ist endlos. Zu ihr gehören: die unglückseligen oder schuldhaften Liebschaften der Dido und des Äneas, der Venus und des Adonis, Jasons und Medeas; der zweideutige Aufenthalt des als Frau verkleideten Achill unter den Töchtern des Lykomedes auf Skyros. Die abscheulichen Inzeste: *Cinyras und Myrrha*, seine Tochter (die erste Vorstellung fand, wie Josephus mitteilt, am Vorabend der Ermordung Caligulas statt[82]); *Prokne und Tereus*, ihr Schwager, der ihr die Zunge herausschnitt, um ihres Schweigens sicher zu sein, und an dem sie sich rächte, indem sie ihm bei Tisch den Leichnam des Itys bringen ließ, den er legitim mit Philomela, der Schwester Proknes, gezeugt hatte; *Macareus und Canace*, seine Schwester, eine Tragödie, in der Nero eine seiner berüchtigten Enthüllungsrollen spielte,[83] obwohl Canace auf offener Bühne niederkam und Äolus das neugeborene

Kind seiner Meute vorwarf. Schlimmer aber noch war die Bestialität der *Pasiphae*, die sich im kretischen Labyrinth von einem Stier bespringen ließ.

Solche Stoffe konnten die Zuschauer nur verrohen und ihren Geschmack verderben, denn bald ließ sie ein rein physisches Entsetzen erschaudern, bald fühlten sie in dumpfer Sinnenlust die Hitze unfruchtbarer Begierden in den Adern aufsteigen. Das vor keiner Geschmacklosigkeit zurückschreckende laszive Gebärdenspiel setzte die Frauen in Verzückung: »Tuccia ist nicht mehr Herr ihrer Sinne, Apula stößt lange, klagende Seufzer aus wie in einer Liebesumarmung; Thymele ist stumm vor Erwartung, sie ist nämlich Neuling und lernt noch.«[84]

Unter solchen Umständen ist es begreiflich, daß gegen diese von Zoten erfüllten Theater Trajan zur Wahrung der kaiserlichen Würde alsbald einschritt: die Komödianten durften nicht mehr in die obszönen Ballettszenen den Lobestanz auf den regierenden Herrscher einschieben.[85] Eine üble Nachrede wollte freilich wissen, daß der *optimus princeps* selbst von Pylades II., dem großen Pantomimen seiner Zeit, nur allzu angetan war.[86] Durch den Wandel der Tragödie zum Singspiel und zur Pantomime sank das römische Theater schließlich auf das Niveau einer Music-hall ab.

Die Komödie (s. Taf. 27) sank nicht weniger tief, wenn auch nicht ganz so schnell. Im 2. Jahrhundert spielte man noch Plautus und Terenz, doch weniger aus innerer Begeisterung als aus Traditionsrücksichten. Geistreich hat Roberto Paribeni bemerkt, die Römer hätten sich von der Tragödie abgewandt, weil »ihrem an gepfefferte Ragouts gewöhnten Gaumen« *Ödipus auf Kolonos* und *Iphigenie auf Tauris* wie »dünner Kamillentee« geschmeckt habe.[87] So kann man sich auch leicht vorstellen, daß die milden Gewürze der *Menaechmi* oder der *Andria* ihnen fad und abgeschmackt erschienen. Unter Augustus versuchte Bathyllus die Komödie durch Musik und Tanz zu erneuern. Der Versuch scheiterte. Und da es nicht gelang, die Komödie mit neuem Leben zu füllen, ließ man sie fallen. An ihre Stelle trat der Mimus. Er hatte seine Anziehungskraft schon in den Hauptstädten der Diadochen bewiesen. Die Römer führten ihn im 1. Jahrhundert vor unserer Zeitrechnung ein und verstanden es ausgezeichnet, ihn dem Geschmack ihrer Massen anzupassen.

Mit »Mimus«, griechisch μῖμος, lateinisch *mimus*, bezeichnet man sowohl die Gattung wie den Darsteller. Es war eine Burleske, manchmal auch eine dramatisierte Posse, die sich so nahe wie möglich ans wirkliche Leben hielt,[88] ein Stück »echtes Leben«, das blutwarm und prickelnd auf die Bühne gebracht wurde. Von ihrer immer stärker ausgeprägten realistischen oder gar naturalistischen Art hing der Erfolg ab.

Mit dem Mimus verschwanden alle überlieferten Konventionen. Die Personen waren nicht mehr durch Masken gekennzeichnet. Die Schauspieler erschienen in Alltagskleidern. Es waren so viele, wie das Stück erforderte. Sie bildeten eine festgefügte Truppe. Die Frauenrollen übernahmen Schauspielerinnen. Ihr schlechter Ruf ist genugsam bewiesen, seit Cicero, der zwar die begabte Arbuscula und die reizvolle Cytheris zu schätzen wußte, einen Bürger von Atina entschieden verteidigte, der eine *mimula* entführte und sich dabei auf ein in den Munizipien geltendes Recht berief.[89] Die Handlungen stammten aus dem alltäglichen Leben. Besondere Vorliebe galt den derbsten Stoffen und den grobschlächtigsten Typen: *a diurna imitatione vilium rerum et levium personarum.*[90] Meist wurden sie karikaturistisch übertrieben, ins Schamlose und Grausame gesteigert. Die Politik war wie in unseren Silvesterrevuen zugelassen. In der Republik gebärdete sich der Mime oft als Ankläger von Mißständen. Cicero erhoffte sich daraus eine beginnende Auflehnung gegen den Despotismus Cäsars. In der Kaiserzeit wirkte der Mime notgedrungen für den Herrscher. Er verhöhnte alle, die bei Hof unbeliebt waren. Der Mime Vitalis rühmte sich, in dieser Hinsicht mitten ins Schwarze getroffen zu haben: »Vor Schreck krümmte sich der, den meine Darstellung enthüllte, als er sah, daß ich noch mehr er war als er selbst.« Es scheint mir kein Zufall zu sein, daß zwischen 30 und 200 n. Chr. Catulls *Laureolus*, einstudiert unter Caligula und Tertullian wohlbekannt, am meisten gespielt wurde: er bewies mit dem Schicksal seines Helden, eines Räubers, daß unter guten Regierungen die Bösen bestraft werden und das letzte Wort stets die Polizei behält.

Zwar gab es in den Grundzügen des Mimus, in seiner Mißachtung der Konvention und in seinem Hang zur Einfachheit, fruchtbare Erneuerungselemente. Mindestens zwei Autoren aus dem endenden 1. Jahrhundert v. Chr., Decimus Laberius und Publilius Syrus, sind als Verfasser und Schauspieler ihrer Stücke zum Bereich bester Literatur zu rechnen. Je mehr jedoch der Mimus in Mode kam, um so weniger Wert wurde auf die Fassung des Textes gelegt. Die großen Mimen waren wie Molière Autoren, die ihre eigenen Werke spielten. Die kaiserlichen Mimen indessen paßten als Schauspieler jedes Stück ihrem Spiel an. Die Handlung stand nur in groben Zügen fest. Aus der Eingebung des Augenblicks und nach der Laune des Publikums modelten sie die textliche Fassung des angekündigten Themas. Der Mimus hätte der römischen Komödie ganz ähnliche Anregungen geben können, wie sie die Comédie Française dem freien Theater verdankt. Tatsächlich aber setzte er sich an ihre Stelle mit Produktionen, deren Entstehung aus dem Augenblick sie den Darbietungen des Hanswursts auf dem Jahrmarkt oder der Clowns in unseren Zirkussen vergleichbar macht und in denen die Worte nicht mehr Bedeutung hatten als die Bildschirmlegenden für den Fortgang unserer zeitgenössischen Filme.

Was an cineastischer Massenproduktion heute in unsere Kinos kommt, läßt sich im allgemeinen entweder der Gattung des Abenteuerfilms oder der der Liebesgeschichten zuweisen. Erstere bieten in der Regel eine mehr oder weniger zusammenhanglose Folge von Diebstählen, Schlägereien, Messerstechereien, Schießereien, Morden, atemberaubenden Verfolgungen, heftig hin- und herwogenden Verhaftungsszenen, von nicht auszumalenden Katastrophen und wunderbaren Rettungen in letzter Minute. Die anderen führen uns in schmachtende Idyllen und wilde Leidenschaften, gehen – ganz nach dem Geschmack der Kundschaft – von unschuldig-naiven Verlobungen zu zynischen Ehebruchsgeschichten über, von bewegter oder naiver Sentimentalität zu den Freizügigkeiten der Entkleidungsszenen und zu an der Länge von Hollywood-Küssen zu messenden Lockerheit gewisser Rendezvous und gefallener Mädchen. Wie überraschend die hier aufgezeigte Analogie auch scheinen mag, es sind haargenau diese Versatzstücke, die vor 1800 Jahren in den römischen Mimus Eingang fanden. Rom ergötzte sich so schamlos, daß Martial errötete,[91] an den Mimen des Latinus und des Panniculus, an Entführungen, hintergangenen Ehemännern, an Liebhabern, die in einem Kasten versteckt wurden,[92] an Schauspielerinnen, die sich – was einstmals nur bei den nächtlichen Spielen der *Floralia* erlaubt war – splitternackt von Kopf bis Fuß entkleideten, *ut mimae nudarentur.*[93] Oder aber an den Schauermimen, in denen Schläge krachten, Schimpfworte hallten, Ohrfeigen knallten, Meuchelstöße trafen und das Blut literweise floß. Der *Laureolus* konnte sich fast zweihundert Jahre auf dem Spielplan halten, weil sein Held ein wilder, aufreizender Räuber und Halsabschneider war. Dadurch aber nicht allein. Domitian verfügte, den Schauspieler im Schlußakt durch einen gleicher Schuld überführten Verbrecher zu ersetzen: die Todesqualen wurden nun nicht mehr gespielt: einem erbarmenswerten, verspotteten Prometheus wurden am Kreuz die Nägel in Handflächen und Füße getrieben, ihn zermalmten die Zähne eines kaledonischen Bären, dem man ihn zum Fraß vorwarf. Das ekle Schauspiel erregte in den Zuschauern keineswegs Entsetzen. Juvenal geht in den Satiren mit einer harmlosen Bemerkung darüber weg, Martial lobt sogar den Herrscher, der die Voraussetzungen dafür schuf.[94] Mit solchen Vorstellungen schien den Römern dieser Zeit der Mimus auf der Höhe seiner Kunst. Aber mit der Menschlichkeit vertrieb er gleichzeitig die Kunst aus dem römischen Theater. Die Gefühlsroheit war nicht mehr zu übertreffen. Statt sich vor Ekel abzuwenden, verfielen ihr die Massen. Sie erlagen um so stärker, weil seit Jahren die abscheulichen Gemetzel im Amphitheater die Gefühle erstickt und die Instinkte verdorben hatten.

5. Das Amphitheater: seine Blutbäder

Wenn wir nach fast zweitausend Jahren Christentum die Arena betreten, scheint es uns tatsächlich, als stiegen wir in die Hölle der Antike hinab. Um der Ehre der Römer willen möchten wir gerne dieses Blatt aus dem Buch ihrer Geschichte herausreißen. Es ist un-

auslöschbar mit Blut befleckt und schändet die Kultur, deren Begriffe sie geprägt und lebendig vorgelebt haben. Mit Mißbilligung allein ist es nicht getan. Unbegreiflich bleibt die Verirrung des Volkes: es verwandelte das *munus*, das Menschenopfer, in ein fröhliches, von der ganzen Stadt begangenes Fest und bevorzugte von allen Vergnügungen, an denen es wahrlich keinen Mangel litt, das Gemetzel von Menschen, die nur bewaffnet waren, um zu töten oder getötet zu werden. Seit 164 v. Chr. – damals wurde *Hecyra* von Terenz gespielt – ließ es das Theater für einen Gladiatorenkampf im Stich. Im 1. Jahrhundert v. Chr. wuchs diese Leidenschaft. Die Wahlkandidaten versuchten, Stimmen zu fangen, indem sie für das Volk solche aufreizenden Blutbäder veranstalteten. Um einen üblen Bewerber auszuschließen, mußte der Senat im Jahre 63 v. Chr. ein Gesetz erlassen, durch das von vorneherein die Wahl von Magistraten verhindert wurde, die während der letzten beiden Jahre vor der Wahl derartige Veranstaltungen finanziert hatten.[95] Die Thronanwärter für eine Monarchie bedienten sich indessen eifrig zur Erringung ihrer Absichten dieses Mittels: Pompejus fütterte seine Mitbürger bis zum Überdruß damit;[96] Cäsar erhöhte die Anziehungskraft noch durch prunkvolle Ausstattung.[97] Die Kaiser schließlich förderten mit Absicht den blutrünstigen Geschmack der Massen und schufen sich in der »Gladiatur« das sicherste, wenn auch finsterste Instrument ihrer Regierung.
Augustus begann damit. Außerhalb Roms richtete er sich nach der erst nach Cäsars Tod in ihre überlieferte Form gebrachten *lex Iulia municipalis:* die Magistrate der Munizipien durften jährlich nur ein *munus* veranstalten. Praktisch waren sie übrigens seit 27 n. Chr. die einzigen, die dazu in der Lage waren. Denn in diesem Jahr hatte Tiberius das Veranstaltungsrecht den Privatpersonen untersagt, die nicht mindestens den Rittercensus von 400 000 Sesterzen besaßen.[98] In Rom hingegen machte er zwei Veranstaltungen jährlich den Prätoren zur Pflicht. Sie wurden seit Claudius in diesem Amt von den zahlreicheren Quästoren abgelöst. Die Zahl der Zweikämpfe hielt er in bestimmten Grenzen, bei ihm waren es hundertzwanzig, Tiberius senkte sie auf hundert.[99] Die Einschränkung zielte jedoch weniger darauf, die Leidenschaft des Volkes einzu-

dämmen, sie sollte vielmehr das Prestige des Herrschers stärken. Denn Augustus gab zwar Vorschriften für die *editio* der »gewöhnlichen« *munera*, wandte sie jedoch nur nach Belieben auf die »außergewöhnlichen« *munera* an, die er dem Volk dreimal jährlich in eigenem Namen und fünfmal im Namen seiner Söhne und Enkel bot.[100] Durch den unerhörten Glanz seiner eigenen Darbietungen maßte er sich de facto eine Art von Vorrecht an, das sich, wie es bei den formalen Verboten der Flavier vorgekommen ist, in ein Vorrecht de jure verwandeln konnte.[101] Durch Augustus erhielten die *munera* als Veranstaltungen einen ebenso amtlichen und verbindlichen Charakter wie die *ludi* im Theater oder im Zirkus. Und da sie das beliebteste Vergnügen waren, ließen die Kaiser eigens für sie besondere Gebäude errichten, die Amphitheater. Ihre aus dem augenblicklichen Bedürfnis entstandene Form, hundertfach wiederholt, erscheint uns heute als eine neue und starke Schöpfung der kaiserlichen Architektur.

Bis zu Cäsar mieteten die Veranstalter der *munera* entweder den Zirkus oder errichteten in Eile auf dem Forum Brettergerüste, die am nächsten Morgen wieder abgebrochen wurden. Curio der Jüngere entschloß sich im Jahre 53 oder 52 v. Chr., die Aufmerksamkeit der Wähler auf besondere Weise zu erregen. Cäsar hatte ihn heimlich mit Gold aus Gallien unterstützt und leistete unter der Hand seiner Kandidatur zum Volkstribunat Vorschub. Curio nahm die Manenehrung für seinen eben verstorbenen Vater zum Anlaß, Bühnenspiele anzukündigen, die mit einem *munus* verbunden sein sollten. Dabei kam er in Erwartung des bedeutenden Tages auf den glücklichen Einfall, nicht ein, sondern zwei geräumige Theater aus Holz errichten zu lassen. Die Rücken ihrer Hochseiten lehnten gegeneinander und waren drehbar angebracht. Der Lärm des einen würde auf diese Weise das andere Theater nicht stören. Der Vormittag blieb den Bühnendarbietungen vorbehalten, der Nachmittag dem *munus*. Die Tageseinteilung berücksichtigte also bereits, daß die meisten Leute morgens von ihren Geschäften beansprucht waren, und beweist schon, daß sie die Gladiatorenkämpfe der Komödie vorzogen. Am Nachmittag öffneten sich die beiden Theater, die Szenenaufbauten schwenkten auseinander, ihre beiden Halbrunde bildeten im Handumdrehen ein einziges Oval, an Stelle der beiden Bühnen entstand eine Arena. Das ganze Manöver erregte die Schaulust der Besucher aufs höchste. Ungeachtet der Gefahren fühlten sie sich von der wunderbaren Verwandlung sehr angetan. Noch ein Jahrhundert später entsetzte sich Plinius der Ältere über die törichte Narrheit dieser Gimpel. »Seht dieses Volk, die Herren der Erde, Eroberer der Welt, da hängt es in einer Maschinerie und klatscht noch Beifall der Gefahr, in der es schwebt.«[102] Gewiß handelt es sich hier um einen Platz, auf dem man den Hals brechen konnte. Doch von da aus entwickelten sich alle Arenen der Welt.

Für das *munus*, das Cäsar anläßlich seines vierfachen Triumphs im Jahre 46 v. Chr. der Plebs bot, übernahm er die Anlage des doppelten Theaters, die sein Freund Curio ersonnen hatte.[103] Der geniale Diktator hatte nun die geeignete Form gefunden. Doch der Bau bestand noch aus einer behelfsmäßigen Holzkonstruktion. Erst Augustus führte die Anlage in Stein aus. Und die Schriftsteller seiner Zeit prägten das lateinische Wort, *amphitheatrum*,[104] das von nun an diese neue Art von Bauwerken bezeichnet.

Ein Verwandter des Kaisers, C. Statilius Taurus, baute im Jahre 29 v. Chr. in Rom das erste feste Amphitheater. Es lag südlich des Marsfeldes und wurde bei der Feuersbrunst des Jahres 64 n. Chr. zerstört.[105] Unmittelbar danach entschlossen sich die Flavier, es in ähnlicher Form, aber größer, wieder erstehen zu lassen. Vespasian begann den Bau, Titus vollendete ihn, Domitian schuf die Ausstattung. Die Anlage hat sich seit dem Jahre 80 n. Chr. erhalten: weder Erdbeben noch die Plünderungen der Renaissance, die Steinblöcke für den Palazzo Venezia, den Palazzo Barberini, für den Senatorenpalast auf dem Kapitol wegschleppten, haben das mächtige Gefüge erschüttern oder seine Größe verringern können. Kratzer mußte es hinnehmen, aber die Zeit konnte es nicht tödlich treffen. Noch immer strahlt es im alten Glanz an der Stelle, wo es vor mehr als achtzehneinhalb Jahrhunderten errichtet wurde: zwischen Velia, Caelius und Esquilin, in der Nähe der riesigen Statue des Sol (s. Abb. 72); die Teichmulde am Goldenen Haus, *stagnum Neronis*, wurde eigens aufgefüllt. Kolosseum, wie es das Mittelalter nannte, nennen wir das Amphitheater der Flavier auch heute noch. Seit 2 v. Chr. ließ Augustus dem Amphitheater des Taurus, das zunächst nur für Erdkämpfe eingerichtet war, durch kostspielige Arbeiten am rechten Tiberufer eine *naumachia* zur Aufführung von Seeschlachten anfügen. Von Gärten und Buschwerk umgeben, umfaßte die äußere Ellipse, Hauptachsen 556 und 537 Meter, nicht eine mit Sand bedeckte Landfläche, sondern einen großen Teich, der eine künstliche Insel enthielt. Obwohl die Naumachie des Augustus fast dreimal größer war als das Kolosseum,

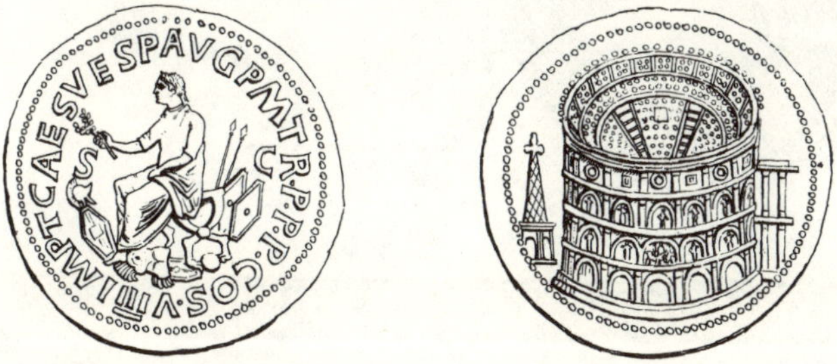

Abb. 72. Kolosseum. Münze des Titus.

das zumindest anfänglich sowohl als Arena wie auch als Naumachie benutzt werden konnte, genügten sie dem Publikum sehr bald nicht mehr. Kurz hintereinander mußte Trajan sowohl ein neues Amphitheater bauen, das *amphitheatrum castrense*, nicht weit von der heutigen Kirche Santa Croce in Gerusalemme, wie auch eine weitere Naumachie, die *naumachia Vaticana*, nordwestlich der Engelsburg. Von den beiden Naumachien und dem *amphitheatrum castrense* kennen wir nicht viel mehr als die Namen. Das Musterbeispiel des Kolosseums aber gibt uns hinlänglich Aufschluß über die typische Anlage der römischen Amphitheater.

Der Bau ist in dem dauerhaften Travertin ausgeführt. Die Blöcke stammten aus den Kalksteinbrüchen von Albulae bei Tibur (Tivoli) und wurden auf einer Straße herangeschafft, die zu diesem

Zweck auf 6 Meter verbreitert werden mußte. Das ziemlich runde Oval des Kolosseums (s. Taf. 3 und Abb. 73) hat einen Umfang von 527 Metern, die Hauptachsen messen 188 und 156 Meter. Das vierstöckige Mauerwerk ist 57 Meter hoch. Die ersten drei Stockwerke, offensichtlich nach dem Vorbild des Runds des Marcellus-

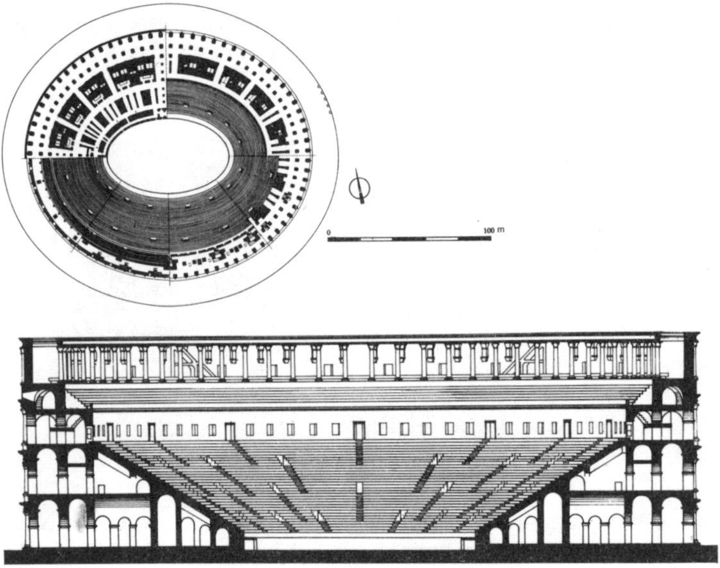

Abb. 73. Kolosseum. Grundriß (a) und Schnitt in der Längsachse (b).

theaters angelegt, umfassen drei Arkadenreihen, die ursprünglich mit Statuen ausgestattet waren. Die Arkadenstockwerke unterscheiden sich lediglich nach der dorischen, ionischen oder korinthischen Ordnung ihrer Stützpfeiler. Das vierte Stockwerk, das beim Marcellustheater fehlt, besteht aus einer zusammenhängenden Mauer. Sie ist durch Wandstreben in Felder unterteilt, von denen jedes zweite ein Fenster besitzt. Die übrigen Felder waren mit Bronzeschilden geschmückt, die Domitian dort hatte anbringen lassen, die aber heute natürlich verschwunden sind. Über jedem Fenster waren drei Konsolen mit entsprechenden Löchern im Gesims angebracht. Dort standen die Masten, an denen eine Abteilung der misenischen Flotte die Bahnen des riesigen Zeltdachs *(velum)* auszuspannen hatte, um die Kämpfer in der Arena und die Zuschauer in der *cavea* gegen zu grelles Sonnenlicht zu schützen. Die *cavea* begann 4 Meter über der Arena mit dem flachen *podium*, das eine bronzene Balustrade schützte und auf dem sich die Marmorsitze der »Privilegierten« befanden, der »Abonnenten mit Stammplatz«, könnte man sagen. Ihre Namen sind uns überliefert. Darüber erhoben sich die drei Ränge oder *maeniana*. Der erste war vom *podium* und vom zweiten Rang durch den doppelten Gürtel der *praecinctiones* getrennt, Gängen, die sich rundum zogen und von einer niedrigen Mauer gesäumt waren. Die Gänge wiederum waren durch ansteigende Korridore unterteilt, die die Besuchermassen »ausspien«. Daher ihr Name *vomitoria*. Der erste Rang umfaßte zwanzig, der zweite sechzehn Sitzblocks. Den zweiten und dritten Rang trennte eine 5 Meter hohe Mauer voneinander, die Türen und Fenster besaß. Unter der Terrasse, die diese Mauer mit der Außenmauer verband, saßen die Frauen. Auf der Terrasse standen die Nichtbürger und die Sklaven. An sie wurden keine Eintrittsmarken, *tesserae*, verteilt, und so konnten sie keine Sitze auf den Bankreihen erhalten.

Entgegen den Regionenverzeichnissen, die 87 000 *loca* für das Kolosseum vermerken, schätzt man heute die Zahl der Sitzplätze auf 45 000, die Zahl der Stehplätze auf 5000. Heute noch sind am Gebäude die klug ersonnenen Anlagen zu erkennen, die den Besuchermassen Eingang und Ausgang ermöglichten. Von den siebzig Arkaden des Umgangs waren die vier an den Verlängerungen der Achsen dem Publikum verboten und von außen nicht beschildert. Die anderen trugen Nummern von I bis LXVI. Jeder der vom Magistrat oder vom Herrscher geladenen Gäste brauchte sich beim Betreten des Gebäudes lediglich nach den Angaben seiner *tessera* zu richten. Sie wies ihm die Eingangsarkade, das *maenianum*, den Block und die Sitzreihe. Zwischen der *cavea* und der Außenwand verliefen zwei konzentrische Mauern. Sie begrenzten im Erdgeschoß die doppelte Säulenhalle, in den Stockwerken die Galerie. Beide Einrichtungen erwiesen sich in mehrfacher Hinsicht als notwendig und nützlich: sie stützten die *cavea*, bildeten den Zugang zu den Treppenschächten, die zu den *vomitoria* führten, dienten der Menge vor der Veranstaltung und in den Pausen als Wandelhalle, boten Zuflucht bei Sonnenglut oder Unwetter. Die besten Plätze waren offensichtlich die Logen auf dem *podium*, die sich an den Enden der kleinen Achse gegenüberlagen: im Norden die Loge des Kaisers und der kaiserlichen Familie, im Süden die Loge des Stadtpräfekten und der Magistrate. Doch auch die *pullati* konnten den Verlauf der mörderischen Geschehnisse in der Arena mühelos verfolgen. Die *pullati* waren die in grobes braunes Tuch gekleideten Armen, die eng gedrängt auf der oberen Terrasse hockten.

Die Arena mit Achsenlängen von 86 und 54 Metern umfaßte eine Fläche von 36 Ar. Sie war mit einem Eisengitter umgeben, das 4 Meter Abstand von den Substruktionen des *podium* hatte und das Publikum gegen das Wüten der wilden Tiere schützte. Die Gladiatoren betraten das Gebäude durch eine der Arkaden auf der Breitseite. Die wilden Bestien hausten vorher schon in Räumen unter der Arena. Im Jahre 80 n. Chr. ermöglichte ein unterirdisches Kanalsystem bereits, die Arena im Handumdrehen unter Wasser zu setzen und das Amphitheater in eine Naumachie zu verwandeln. Unter Trajan waren bei der Erbauung der *naumachia Vaticana* nicht allein gemauerte Käfige eingebaut worden, in die man die Tiere bis zur Vorführung in der Arena einsperrte, sondern auch ein ganzes System von geneigten Ebenen und Aufzügen, durch die sie schnell herangeführt werden konnten. Natürlich wollen wir den Baumeistern der Flavier für ihre Leistung keine Bewunderung vorenthalten: sie haben das *stagnum Neronis* trockengelegt, dort ein großes und herrliches Gebäude errichtet, das in allen Einzelheiten den Erfindungsreichtum der damaligen Technik widerspiegelt und dessen Festigkeit den Jahrhunderten getrotzt hat. Es ruft dieselbe Faszination der Vollkommenheit hervor, die wir auch in der Peterskirche erfahren können, den Eindruck so großer Macht, daß sie uns eigentlich erdrücken müßte, aber auch den Eindruck einer ihrer selbst so sicheren Kunst, daß die Proportionen, in denen sie ihr Gleichgewicht findet, sie auf eine uneingeschränkte Harmonie gründen. Um jedoch den Zauber dieses Anblicks rein genießen zu können, müßten wir die unmenschlichen Zwecke vergessen, denen das Baudenkmal gedient hat, und wir müßten die unerhörte Grausamkeit der Schauspiele übersehen, für die einstmals die kaiserlichen Architekten das Meisterwerk vollendeten.

Die Organisation der blutrünstigen Spiele ließ in jener Zeit wirklich nichts zu wünschen übrig.[106] In den italischen Munizipien und in den Provinzstädten bedienten sich die örtlichen Magistrate, denen jedes Jahr die Veranstaltung der *munera* oblag, zur Erfüllung ihrer Pflichten besonderer Unternehmer, der *lanistae*. Dies waren verrufene Kerle. Sie schacherten mit dem Tod und standen, wie sich bei Schriftstellern und Rechtsgelehrten nachlesen läßt, in ebenso miserablem Leumund wie die Kuppler, die *lenones*. In den Kämpfen wurde im allgemeinen die Hälfte der Teilnehmer getötet. Der *lanista* verpachtete den Duumvirn und den Ädilen zu hohem Preis die Gladiatorentruppe, *familia gladiatoria*, die er auf seine Kosten unterhielt und streng wie Galeerensträflinge regierte. Die Truppe bestand aus gekauften Sklaven, blutarmen Schluckern und jungen Leuten aus besserer Familie, die allen Reichtum im Spiel durchgebracht hatten, die zunächst von dem guten Essen und Trinken in die Kampfschule, *ludus gladiatorius*, gelockt wurden. Verführerisch wirkten weiterhin auf sie die Belohnungen und Geldpreise bei den Siegen, die ihnen durch den *lanista* winkten; dazu die Prämie, die er ihnen auszuzahlen hatte – falls sie beim Erlöschen des Vertrags noch lebten. Kaltschnäuzig lieferten sie sich ihm mit Leib und Leben aus, begaben sich aller Rechte *(auctorati)*, marschierten ohne Wimperzucken auf seinen Befehl zur Schlachtbank.

In Rom jedoch gab es keine *lanistae*. Das Gewerbe war verschwunden. Der Herrscher hatte es an sich gerissen und übte es durch seine Prokuratoren aus. Sie waren Beamte, und ihnen standen Staatsgebäude zur Verfügung, die wahrscheinlich unter Claudius errichtete Kaserne des *ludus magnus* (s. Abb. 74) und die von Domitian erbaute Kaserne des *ludus matutinus*. Beide lagen an der *via Labicana*. Außerdem verfügten sie über die Herden wilder Tiere und über die ganz seltenen Exemplare, die dem Kaiser aus den unter-

worfenen Provinzen, von den verbündeten Königen bis hin zu den indischen Potentaten, für seine Menagerie, *vivarium*, vor den Toren der Stadt, bei der Porta Praenestina, geschickt wurden. Vor allem aber hatten sie in den Kapitalverbrechern und den Kriegsgefangenen eine ganze Armee von Kämpfern zur Verfügung.
Ihre Gladiatoren (s. Taf. 28) waren in Lehrer und Schüler eingeteilt und gehörten nach ihren Fähigkeiten zu verschiedenen »Waf-

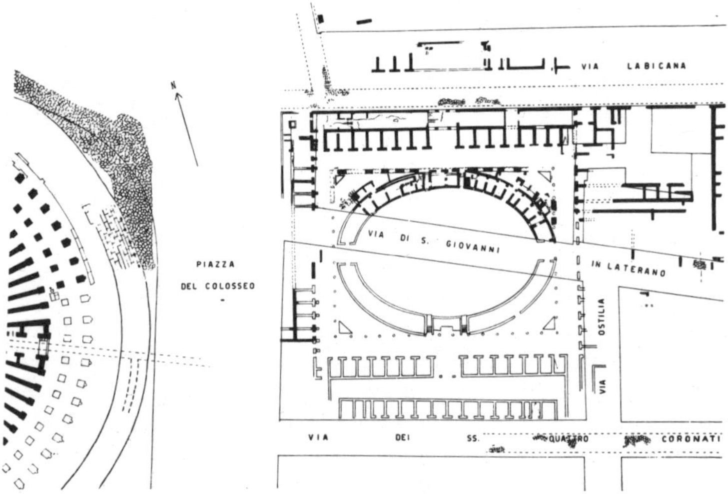

Abb. 74. Ludus magnus. Gladiatorenkaserne. Plan.

fengattungen«: die Samniten trugen Schild *(scutum)* und Schwert *(spatha)*; die Thraker einen Rundschild *(parma)* und Dolch *(sica)*, die *murmillones* einen Helm, auf dem ein Meeresfisch, *murma*, dargestellt war; die Netzkämpfer *(retiarii)*, meist ihre Gegner, waren mit Netz und Dreizack ausgerüstet. Im allgemeinen dauerten die *munera* lang. Eine Ausnahme bildeten die *sportulae*, die auf einen Einfall des hirnkranken Claudius zurückgingen. Sie bestanden aus furchtbaren Handgemengen, bei denen sich die Kämpfer in wenigen Stunden reihenweise hinmetzelten. Sonst aber dehnten sich die *munera* wie die Spiele vom frühen Morgen bis zum späten Abend aus, unter Domitian sogar bis tief in die Nacht. Abwechslung mußte geboten werden. Deshalb waren die Gladiatoren vielseitig ausgebildet, sowohl für die Wasserkämpfe in den Naumachien wie für den Erdkampf im Amphitheater. In der Arena traten sie in den Hetzen oder *venationes* gegen wilde Tiere auf oder stritten gegeneinander in den Zweikämpfen der Hoplomachie.

Aus dem Schrifttum und durch die Bildwerke kennen wir mehrere Arten von *venationes*. Einige fanden ohne Blutvergießen statt: gezähmte Bestien und dressierte Tiere wurden zur Unterbrechung des Gemetzels vorgeführt. Sie zeigten unglaubliche Zirkuskunststücke, über die Plinius der Ältere und Martial verblüfft berichten: Panther waren an zweispännige Wagen geschirrt und zogen gelehrig; Löwen schnappten Hasen mit gierigem Rachen und ließen sie lebendig wieder entschlüpfen; Tiger leckten dem Tierbändiger die Hand, der sie eben noch gepeitscht hatte; Elefanten knieten gravitätisch vor der Kaiserloge oder schrieben mit dem Rüssel lateinische Worte in den Sand der Arena. An einigen *venationes* nahmen zwar keine Menschen teil, doch wirkten die tödlichen Duelle, die sich die Tiere untereinander zu liefern hatten, nicht weniger aufreizend. Bär kämpfte gegen Büffel, Büffel gegen Elefant, Elefant gegen Rhinozeros. Bei anderen wiederum griffen die Menschen nur mittelbar ein. Sie standen geschützt hinter den Gittern oder auf der Höhe der kaiserlichen Loge, sandten, wie später Commodus selbst, Pfeil um Pfeil auf die vor Wut und Schmerz brüllenden Tiere, so daß die Arena förmlich in Blut schwamm. Manchmal aber verwandelte sich die Arena mit Bäumen und Sträuchern in einen schmucken Wald, in dem die Gladiatoren ihren Mut und ihre Geschicklichkeit bewiesen. Gewiß, sie setzten dabei ihr Leben aufs Spiel gegen Stiere und Bären, Panther und Löwen, Leoparden und Tiger. Doch meist stand ihnen eine Meute schottischer Hunde bei, und immer waren sie bewaffnet mit flammenden Fackeln, mit Spießen, Bogen, Lanzen und Dolchen. Sie gefährdeten sich nicht mehr als die Kaiser bei der Jagd: wenn Hadrian jagte, so kam das einem kleinen Kriegsunternehmen gleich. Indessen legten es die

Gladiatoren darauf an, die Gefahren zu erhöhen, um ihre Kühnheit zu beweisen. Statt mit Waffen erledigten sie einen Bär mit bloßen Fäusten, sie raubten einem Löwen die Sicht, indem sie ihm einen Mantel über den Kopf warfen; sie schwangen rote Tücher wie die spanischen Toreros und reizten damit die Stiere, sie verlängerten den Kampf, wichen aus, gebrauchten allerlei Listen, entzogen sich dem Angriff, schwangen sich auf eine Mauer oder erklommen eilig eine Stange, flitzten in einen eigens zu diesem Zweck in der Arena angebrachten Drehverschlag *(cochlea)* oder schlüpften blitzschnell in einen kugelförmigen, mit Stacheln bewehrten Korb, so daß sie wie ein Igel *(ericius)* unangreifbar waren. Diese Art von *venatio* bot der Herrscher im allgemeinen dem Volk am Nachmittag als Krönung und Abschluß der *munera*.[107] Im Grunde stellte sie nichts anderes dar als das ein wenig gesteigerte Abbild der antiken Jagd. Dem Amphitheater wäre aus diesen eleganten und stürmischen Corridas kein Vorwurf zu machen. Manchmal beteiligten sich übrigens daran, wie zu einem Manöver, auch die prätorianischen Reiter. Unseren Abscheu jedoch erregt das Blutbad, das unter der ungeheuren Masse von Tieren angerichtet wurde: 5000 starben an einem einzigen Tag der *munera*, mit denen Titus im Jahre 80 das Kolosseum einweihte;[108] 2246 und 2243 bei zwei *munera* Trajans.[109] Das Übermaß widert uns an und stieß gegen Ende des 3. Jahrhunderts unserer Zeitrechnung selbst die Römer ab,[110] doch es entsprang einer Notwendigkeit. Durch das Abschlachten haben die Cäsaren ihre Länder vom Schrecken befreit, der von den riesigen Bestien und Ungeheuern ausging. Zurückgedrängt war das Rhinozeros in Nubien, der Löwe in Mesopotamien, der Tiger in Hyrkanien, verschwunden der Elefant aus Nordafrika. Durch die *venationes* des Amphitheaters hat das römische Kaiserreich die segensreichen Taten des Herkules für die Kultur fortgesetzt.

Durch alle Formen der Hoplomachie jedoch und durch eine Abart der *venationes*, von der man nicht sagen kann, ob in ihr die Grausamkeit oder die Feigheit überwog, hat das Amphitheater aller Kultur ins Gesicht geschlagen.

Die Hoplomachie war der Hauptkampf der Gladiatoren. Manchmal wurde er als Scheinkampf ausgetragen mit Waffen, deren

Spitzen abgestumpft waren wie beim heutigen Sportfechten. Er hieß *prolusio*, wenn er dem eigentlichen Kampf voranging, und *lusio*, wenn die gesamte Veranstaltung aus solchen Scheingefechten bestand. Immerhin aber bot er nur einen Vorgeschmack vom *munus*, dieser endlosen Folge von wirklichen Duellen, die nacheinander oder zu mehreren gleichzeitig stattfanden. Dabei waren die Waffen nicht abgestumpft, die Schläge nicht gedämpft. Jeder Gladiator versuchte, den eigenen Tod vor Augen, den Gegner zu töten. Am Vorabend vereinte die Fechter ein üppiges Bankett, für viele die Henkersmahlzeit. Das Publikum durfte dieser *cena libera* beiwohnen. Zahlreiche Neugierige umkreisten mit hämischer Freude die Tische. Einige Gladiatoren stopften sich den Wanst voll und genossen ungerührt oder schicksalsergeben in vollen Zügen, was die Stunde bot. Andere widerstanden den lockenden Genüssen und mäßigten sich beim Zulangen, weil sie daran dachten, daß ihre Aussichten stiegen, wenn sie in guter körperlicher Verfassung blieben. Am elendesten fühlten sich jene, auf denen das Vorgefühl des nahen Todes wie ein Alpdruck lastete. Die Angst lähmte ihnen Magen und Kehle. Statt zu essen und zu trinken, wehklagten sie, setzten ihr Testament auf und flehten die Vorübergehenden an, sich ihrer Familien zu erbarmen.[111]

Am nächsten Morgen begann das *munus* mit einer festlichen Parade. Ein Wagen des *ludus magnus* brachte die Gladiatoren zum Kolosseum. Sie stiegen vor dem Amphitheater aus und zogen in militärischer Ordnung um die Arena. Sie trugen purpurfarbene, goldbestickte Soldatenumhänge *(chlamydes)* und marschierten in ungezwungener Haltung um die Kampfbahn, gefolgt von Dienern, die ihre Waffen trugen. Auf der Höhe der kaiserlichen Loge wandten sie sich zum Herrscher, reckten die rechte Hand empor und grüßten ihn mit den bitterwahren Worten: »Heil dir, Imperator, die Todgeweihten grüßen dich. *Ave, Imperator, morituri te salutant.*«[112] Nach dem Vorbeimarsch fand die Prüfung der Waffen statt, die *probatio armorum*. Damit das düstere Geschäft aufs beste besorgt werden konnte, wurden alle schartigen und stumpfen Schwerter ausgeschieden. Nach der Verteilung der als geeignet befundenen Waffen entschied das Los über die paarweise Zusammenstellung der Zweikämpfer. Manchmal wurden nur Gladiatoren gleicher, oft aber auch Gladiatoren verschiedener Waffengattungen gegeneinandergestellt, ein Samnit gegen einen Thraker, ein *murmillo* gegen einen Netzkämpfer. Oder aber man wählte, um den prickelnden Reiz noch zu erhöhen, ausländische Kämpfer oder völlig gegensätzliche Partner. So kämpften im *munus*, das Nero zu Ehren des armenischen Königs Tiridates veranstaltete, Neger gegen Neger, und im *munus*, das Domitian im Jahre 90 n. Chr. gab, ein Zwerg gegen eine Frau.

Den Beginn kündigte grelles Orchestergedröhn an, eine Art Jazz; Flöten, schrille Trompeten und Hörner mischten sich mit den mächtigen Klängen der Wasserorgel, und unter Musikbegleitung begannen die Zweikämpfe auf Befehl des Präsidenten. Noch tasteten die beiden ersten Gladiatoren einander ab, da fieberte auch schon, wie bei den Rennen, das ganze Amphitheater. Wie die Zirkusbesucher vor Ungeduld und Eifer zitterten und auf die »Blauen« oder auf die »Grünen« wetteten, so setzten die Zuschauer beim *munus* auf die *parmularii*, die Titus bevorzugte, oder auf die *scutarii*, die Domitian besonders schätzte. Wie bei den *ludi* wurden Wetten, *sponsiones*, abgeschlossen. Damit der Kampf nicht durch ein geheimes Abkommen an Reiz verlor, stand neben den beiden ein Instruktor eingreifbereit mit den ihm unterstellten Auspeitschern, den *lorarii*. Er spornte die Begeisterung zum Morden durch wilde Rufe an: schlag ihn *(verbera)*, töte ihn *(iugula)*, brenne ihn *(ure)*! Notfalls ließ er sie mit den Lederriemen bis aufs Blut peitschen. Bei jeder Verwundung, die sich die Kämpfer zufügten, ging das um seinen Einsatz zitternde Publikum leidenschaftlich mit. Sobald der Gladiator wankte, gegen den sie gesetzt hatten, begleiteten die Wetter jeden Schlag mit wilden Rufen: er hat's *(habet)*, jetzt hat er es *(hoc habet)*. Barbarisch war die Freude beim Sieg ihres Gladiators, wenn der Gegner nach einem tödlichen Hieb verendete.

Sofort eilten Diener herbei, als Charon oder Hermes Psychopompos verkleidet. Durch Hammerschläge auf die Stirn überzeugten sie sich davon, daß der Hingestreckte wirklich tot war. Sie winkten den *libitinarii*, ihn auf einer Bahre aus der Arena zu tragen.

Eiligst wurde der blutbespritzte Sand umgeharkt. Manchmal jedoch fiel trotz erbittertem Kampf keine Entscheidung. Die Gegner zeigten sich gleichwertig an Kraft und Geschicklichkeit, fielen beide oder blieben stehen: *stantes.* Der Kampf wurde für unentschieden erklärt, das nächste Paar kam an die Reihe. Meist aber war der Unterlegene betäubt oder verwundet und nicht gleich tödlich getroffen. Da er den Kampf nicht fortsetzen konnte, warf er die Waffen weg, streckte sich auf den Rücken und bat um Gnade, indem er die linke Hand hob. Das Recht zur Begnadigung stand eigentlich dem Sieger zu. Ein Gladiator, von einem Gegner getötet, den er in einem früheren Treffen begnadigt hatte, erteilt in seiner Grabinschrift sozusagen aus dem Jenseits seinen Nachfolgern den unmißverständlichen Rat: »Mein Schicksal möge euch eine Warnung sein! Gebt nie einem Besiegten Pardon, wer es auch sein möge! *moneo ut quis quem vicerit occidat!*«[113] Dem Kaiser jedoch trat der Sieger das Gnadenrecht ab, und der Kaiser wandte sich meist an die Menge, bevor er entschied. Hatte sich der Besiegte tapfer gewehrt, so schwenkten die Zuschauer ihre »Taschentücher«, streckten einen Finger hoch und riefen: »*Mitte!* Laß ihn laufen!« War der Imperator mit ihrem Wunsch einverstanden und reckte er selbst den Daumen hoch, so war der Besiegte begnadigt und wurde als *missus* lebend aus der Arena entlassen. Waren aber die Besucher der Ansicht, der Unterlegene habe durch Feigheit die Niederlage verdient, so senkten sie den Daumen und schrien: *iugula* (töte)! Unbewegt senkte der Kaiser dann den Daumen und befahl so, *pollice verso*, den hingestreckten Gladiator zu erledigen, der jetzt nur noch seinen Hals dem Sieger zum Gnadenstoß darzubieten hatte.[114]

Der siegende Gladiator empfing seine Belohnung noch während der Veranstaltung. Er erhielt Silberschalen, gefüllt mit Goldstükken und Kostbarkeiten, und lief unter dem Beifall der *cavea*, die Geschenke in der Hand, durch die Arena. Ruhm und Reichtum fielen ihm zu. Und er, der Sklave, der herabgekommene Bürger oder vom Gesetz verdammte Verbrecher, wurde so bekannt und beliebt wie die berühmten Pantomimen und Wagenlenker. Die Frauen flogen auf ihn. In Rom wie in Pompeji, wo uns die *graffiti* zahlreiche Zeugnisse liefern, spricht man von seinen Eroberungen. Wie in der Arena die Köpfe, so knickte er jetzt die Herzen: *decus puellarum, suspirium puellarum.*[115] Doch weder Reichtum noch Liebesglück konnten ihn auf die Dauer retten. Im allgemeinen mußte er aufs neue sein Leben einsetzen und in weiteren Kämpfen anderer Leben vernichten. Dabei kam es zwar auch auf die Siegespalmen an, vor allem aber darauf, daß ihm endlich der Freistab, *rudis*, überreicht wurde, der seine Freilassung bedeutete. In der hier beschriebenen Zeit neigten die Kaiser dazu, die besten Zweikämpfer nicht zu lange warten zu lassen. Martial lobt die weise Güte Domitians,

O dulce invicti principis ingenium ...,

weil er den Kampf zweier Gladiatoren beendete, die einander trotz oder wegen ihrer Tapferkeit nicht zu besiegen vermochten, und beiden die *rudis* der Freiheit und die Siegespalme überreichte.[116] Wenn ich mich bei meiner Ausdeutung der *Fasti Ostienses* nicht getäuscht habe, so befahl Trajan, daß allen Kämpfern, die im Jahre 109 n. Chr. in den Naumachien und *munera* am Leben geblieben waren, die Freiheit zu schenken sei. Diese Geste beweist seine Großherzigkeit. Immerhin aber bedeuteten die 50 000 Gefangenen, die ihm Dakien einbrachte, die beste Ergänzung für seinen Bestand an Gladiatoren.

In den ungeheuren Metzeleien müssen uns die Freilassungen geradezu als ein menschlicher Zug erscheinen. Doch die Gladiatoren verzichteten nicht selten auf das großzügige Angebot des Herrschers. Sie waren so abgestumpft, daß sie lieber wieder ihre Schlächterarbeit aufnahmen. Sie mochten nicht mehr auf die reichen Annehmlichkeiten des Lebens verzichten, das sie in ihren Kasernen führten: die prickelnde Gefahr reizte sie, der Siegesrausch hatte sie gepackt. Die Grabschrift eines Gladiators namens Flamma zeigt uns, daß er 21 Siege errang und sich viermal erneut verdingte.[117] Die *munera* hatten sich übrigens derart entwickelt, daß wahre Massenfreilassungen vorgenommen werden mußten, um immer wieder den Reiz eines neuen Schauspiels zu haben. Ich beschränke mich auf die Zahlen, die für die Regierungszeit Trajans gesichert sind. Wie bereits von Cassius Dio erwähnt, ließ Trajan im Jahre 107 unserer Zeitrechnung 10 000 Gladiatoren zur Volksbelustigung auftreten. Durch die *Fasti Ostienses* wissen wir, daß er im Jahre 113 eine *sportula* gab, bei der sich in drei Tagen 1202 Paare, also 2404 Gladiatoren gegenüberstanden, und ein vom 7. Juli bis 1. November 109 dauerndes *munus*, bei dem an 117 Tagen nacheinander 4912 Paare, also 9824 Gladiatoren verbraucht wurden. Die Überlebenden, denen Trajan allesamt die Freiheit schenkte, fallen dagegen kaum ins Gewicht, müssen wir doch mit schmerzlichem Schaudern an die Hekatomben von Leichen denken, die eine solche Ausschweifung des Waffenkampfes notwendig herbeiführt, an all die Besiegten, die der Tod von ihrem abscheulichen Dienst freisetzte und deren Zahl der Redaktor der *Fasti Ostienses* nicht anzeigt. Freilich versichert Cicero, »wenn es etwas geben könne, das besser noch die Verachtung des Todes lehre als ein *munus*, so doch nichts, das besser zu den Sinnen spräche«. Plinius der Jüngere sollte später behaupten, diese Massentötungen seien »außerordentlich geeignet, den Mut zu wecken, zeigen sie doch, daß die Ruhmsucht und der Wunsch zu siegen selbst in den Körpern von Sklaven und Kriminellen wohnen kann«.[118] Diese armseligen Verteidigungsversuche müssen wir kaum ernst nehmen, und mit Beklemmung denken wir an den moralischen Tiefstand eines solchen Publikums und an die Leiden der verletzten oder tödlich getroffenen Opfer. Die Tausende von Römern, die tagaus, tagein und von morgens bis abends ihre Befriedigung im Anschauen der grausamen Opfer fanden und die angesichts eines Todes, dem sie selbst sich nicht stellen mußten, für die, deren Opfer ihren Wetteinsatz vervielfachen konnte, nicht eine Träne hatten, diese Römer haben aus diesen schändlichen Spielen nur die Erfahrung einer entwürdigenden Verachtung des menschlichen Lebens ziehen können. Und noch dazu, wie oft wird ein solcher angeblicher Kampf nichts anderes als einen dreckigen Mord und eine mitleidlose Hinrichtung kaschiert haben?

Selbst in den Munizipien erhielt sich bis zum Ende des 3. Jahrhunderts die Gewohnheit der *munera sine missione*, der Kämpfe, bei denen es für keinen Gladiator Erbarmen gab. Sobald einer der

Duellanten fiel, trat ein dritter als Nachfolger, *tertiarius* oder *suppositicius*, gegen den Sieger an, und das Spiel ging so lange weiter, bis alle erledigt waren.[119] Manchmal steigerten sich in den langen Schauspielen, die in Rom den ganzen Tag füllten, die normalen Darbietungen zu scheußlichster Grausamkeit: in der morgendlichen *venatio* und in der mittäglichen Hoplomachie. Dort war der Tod unvermeidlich, alle Tapferkeit umsonst. Zu den *gladiatores meridiani* gehörten ausschließlich Diebe, Mörder, Brandstifter, die wegen ihrer Verbrechen zum Tode im Amphitheater verurteilt waren: *noxii ad gladium ludi damnati.* In der Mittagspause erhielten sie ihren Lohn. Seneca hat den schmählichen Vorgang beschrieben. Man stieß den erbärmlichen Haufen Verurteilter in die Arena und stellte das erste Paar gegeneinander, einer trug Waffen, der andere nur eine Tunika. Der erste mußte den zweiten töten und tötete ihn auch sofort. Danach wurde er entwaffnet und gegen den nächsten gestellt, der bis zu den Zähnen bewaffnet war. So ging das Schlachtfest unaufhaltsam weiter, bis der letzte Kopf in den Sand rollte.[120] Das morgendliche Gemetzel war noch abscheulicher. Wahrscheinlich hat Augustus unabsichtlich dieses Marterschauspiel erfunden: er ließ auf dem Forum einen Pranger für Seluros errichten und den Räuber von ausgehungerten Panthern und Leoparden zerfleischen. Jedenfalls wurde das Schauspiel in der Folgezeit allgemein eingeführt.[121] Verbrecher beiderlei Geschlechts und jeden Alters, die der Richter wegen ihrer erwiesenen oder angeblichen Schurkereien und ihres geringen Standes *ad bestias* verurteilte, wurden im Morgengrauen in die Arena geschleppt. Die wilden Tiere kamen aus den unterirdischen Gewölben hervor und fielen sie an. Ein Basrelief aus Oxford, eine Terrakottadarstellung aus Afrika, ein Mosaik aus Tripolitanien zeigen uns diese *venatio*, in der es keine Jäger, *venatores*, sondern Tierkämpfer, *bestiarii*, gab, eine den Bestien schutzlos vorgeworfene Beute.[122] Ruhm erlangte diese Tortur durch den Heldenmut der christlichen Märtyrer, so der Jungfrau Blandina im Amphitheater von Lugdunum (Lyon), der Perpetua und Felicitas in dem von Karthago und so vieler anderer Christen in der Urbs selbst, mögen sie zu den Heiligen zählen oder anonym sein. Zum Gedächtnis dieser Märtyrer erhebt im Kolosseum heute ein Kreuz seinen schweigenden Protest gegen die Barbarei, der ihre Gläubigen zum Opfer gefallen sind. Vergeblich wird man sich eine solche Scheinentschuldigung vorhalten lassen, daß man die morgendliche *venatio* doch in eine Stunde gelegt habe, in der das Theater sich gerade erst zu füllen begann, daß die Stunde der *gladiatores meridiani* erst zu schlagen pflegte, wenn das Amphitheater zu drei Vierteln leer war *(dum vacabat arena)*, da die Arbeiter aus Zeitgründen noch nicht kommen konnten und die Müßiggänger auf einen Imbiß nach Hause gegangen waren. Selbst wenn man diesen Zeitplan als Indiz einer gewissen Scham und eines Bedauerns über die Alptraumvisionen auf seiten der Römer werten wollte, so gab es doch allzu viele »Liebhaber« bei ihnen, die sich um nichts auf der Welt eines dieser Schauspiele hätten entgehen lassen. Wie der Kaiser Claudius waren sie eher bereit, schon mit Sonnenaufgang ins Amphitheater zu eilen und auf das Mittagessen zu verzichten,[123] als auch nur irgend etwas zu versäumen. Was auch als Entschuldigung angeführt werden mag, am römischen Volk bleibt ein Makel haften: es hat aus den Hinrichtungen öffentliche Schauspiele zur Volksbelustigung gemacht und aus dem Kolosseum zu diesem Zweck morgens eine Folterkammer und mittags einen Schlachthof für Menschen.

6. Zaghafte Einsprüche, verspätete Abschaffung

Anerkannt sei indessen, daß die römische Führungsschicht die Entwicklung dieses Lasters mit Schrecken verfolgte und mehrfach versuchte, seiner Ausbreitung Einhalt zu gebieten. Augustus, der sich nach den philhellenischen Heerführern des 2. Jahrhunderts vor unserer Zeitrechnung richtete, nahm die gelegentlichen Versuche von Sulla, Pompejus und Cäsar wieder auf und versuchte, die griechischen Spiele in Rom heimisch zu machen, in denen der Kampf als Sport in modernem Sinne die Leiber stärkte, statt sie zu vernichten, und bei denen auch dem Geist sein Teil zugestanden wurde. Im Jahre 28 v. Chr. gründete er die *Actiaca*, die alle vier Jahre in Actium und in Rom gefeiert werden sollten. Er wollte mit den

Spielen den Sieg über Antonius und Kleopatra feiern und gleichzeitig Apoll seinen Dank abstatten. In Rom sind die Actiaca jedoch schon seit 16 n. Chr. nicht mehr bezeugt.[124] Nero versuchte sie wieder ins Leben zu rufen durch die *Neronia.* Diese gleichfalls periodischen Spiele umfaßten körperliche Übungen und Wettbewerbe in Poesie und Gesang. An den Leibesübungen beteiligten sich sogar Senatoren. Im musischen Wettbewerb wagte niemand, dem Imperator die Krone streitig zu machen, der sich für einen unvergleichlichen Künstler hielt. Trotz der erhabenen Schirmherrschaft gerieten die Neronia bald in Vergessenheit. Erst Domitian gelang es, in Rom regelmäßig stattfindende Spiele griechischer Art zu stiften, die länger bestanden. Im Jahre 86 n. Chr. gründete er den *Agon Capitolinus.* Wettlauf und Redekunst, Faustkampf und lateinische Poesie, Diskuswurf und griechische Poesie, Speerwurf und Musik wurden gleichermaßen durch vom Imperator verliehene Preise ausgezeichnet. Um die Leibesübungen zu fördern, baute er ein besonderes Stadion, den *Circus agonalis,* an der heutigen Piazza Navona (s. Abb. 67). Für die »geistigen« Übungen des Agon errichtete er das Odeon, dessen Ruinen unter dem Palazzo Taverna am Monte Giordano liegen. Martial besang die Sieger. Unter Domitian erlebten die griechischen Spiele (vgl. Abb. 75) durch seine großzügige Förderung eine kurze Blüte. Sie wurden auch nach seinem Tode noch veranstaltet. Obwohl auch Julian Apostata sie nachweislich för-

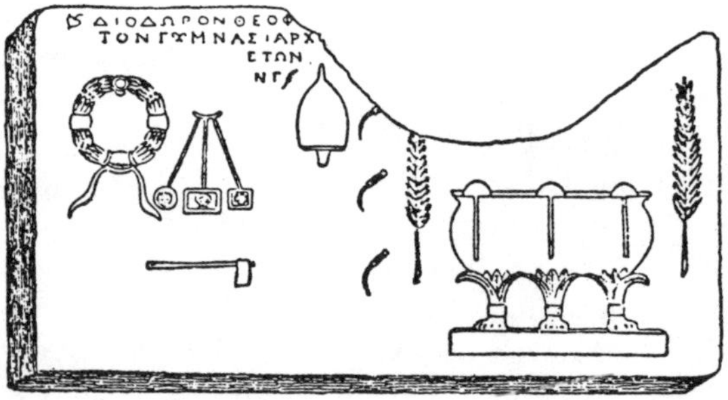

Abb. 75. Grabstein eines Gymnasiarchen mit Athletenattributen.

derte und die Rechtsgelehrten unaufhörlich die Ehre dieser Spiele beteuerten,[125] konnten sie sich jedoch nie ernsthaft mit den *munera* messen. Einmal fand der Agon Capitolinus nur alle vier Jahre statt, zum anderen hatte Domitian ihn auf ein zahlenmäßig geringes Publikum beschränkt, da sein Odeon nur 10 600 *loca*, 5000 Sitzplätze, und sein Circus Agonalis nur 30 088 *loca*, 15 000 Sitzplätze bot, beide zusammen also noch weniger als die Hälfte des Amphitheatrum Flavium.[126]

Vor allem aber war der Agon Capitolinus niemals volkstümlich. Im Vergleich zu den Geschehnissen im Kolosseum erschien er der Menge belanglos. Auch bei der führenden Schicht wurde er nicht günstiger beurteilt. Sie sah in ihm Unsittlichkeit und Nacktheit, eine Entartung, die vom Ausland eindrang. Nicht nur Juvenal und Martial – und Martial trotz seiner Liebedienerei als Höfling – machten sich über die Herren und Damen lustig, die sich für die Wettbewerbe übten. Auch Plinius der Jüngere zollte unter Trajan dem Senat Beifall, der für Vienna in der *provincia Lugdunensis* den Skandal der griechischen Spiele verbot. Und beifällig führt er den bissigen Zwischenruf seines Kollegen Junius Mauricius an: »Wenn man doch auch unsere Stadt davon befreien könnte!«[127] Die vom Maß der Schönheit erfüllten griechischen Spiele und die Brutalität der Gladiatorenkämpfe waren zutiefst und unvereinbar gegensätzlich. Das zeigte auch das Verhalten Griechenlands. Während die meisten Provinzstädte, von Südalgerien bis zum Euphrat, Rom eifrig zum Vorbild nahmen und nachweislich Arenen bauten, hat sich das eigentliche Griechenland gegen diese Pest gewehrt, und es scheint, daß sich zumindest Attika erfolgreich hielt. In Italien

Abb. 76. Andenkenflasche aus Puteoli (Pozzuoli) mit in das Glas gravierter Ansicht der Stadt.

fanden die griechischen Spiele in Neapel und Pozzuoli (s. Abb. 76) eine Zufluchtsstätte,[128] in Rom wurden sie von den *munera* hinweggeschwemmt.
Das *munus* schien tatsächlich unausrottbar. Die guten Herrscher versuchten, ihm menschlichere Züge zu geben. Seit Hadrian durfte kein Sklave ohne seine ausdrückliche Zustimmung in die Gladiatorenschar gesteckt werden. Titus, Trajan, Mark Aurel bemühten sich, im Programm der Feste auf Kosten des *munus* die *lusio* auszudehnen, das Scheingefecht. Titus zeigte seine Vorliebe für diese Fechtart, bei der kein Blut floß, indem er bei den *lusiones* in Reate tapfer für seine Heimat focht. Nach den *Fasti Ostienses* eröffnete Trajan am 30. März 108 feierlich eine *lusio*, die ohne Unterbrechung 13 Tage dauerte und bei der 350 Gladiatorenpaare aufmarschierten. Gemäß den philanthropischen Ansichten seiner stoizistischen Lebenshaltung ließ sich Mark Aurel angelegen sein, außerhalb Roms die Einrichtungen und Ausgaben der *munera* zu beschneiden und dadurch ihre Bedeutung zu verringern. Wenn er selbst der römischen Plebs *munera* zu geben hatte, ersetzte er sie nach genau erwogenem Plan durch einfache *lusiones*. Doch in diesem erbitterten Kampf gegen Schauspiele, in denen sich der Mensch nach Senecas Wort an Menschenblut weidete, *iuvat humano sanguine frui*,[129] unterlag die Philosophie. Nach Mark Aurel, dessen Sohn Commodus ehrgeizig nach Gladiatorenruhm schielte, genügten den Römern weder *lusiones* noch Bühne, sie ließen beides für das Amphitheater im Stich. Mit Beginn des 2. Jahrhunderts unserer Zeitrechnung änderten die Architekten in den Provinzen, vor allem in Gallien und in Makedonien, die Theaterbauten, so daß sie zur Hoplomachie und zu *venationes* verwandt werden konnten.[130] In Rom wurden die Vorstellungen »schwarzer« Dramen in die Arena verlegt. Im Kolosseum begann man die schauerlichsten Mimen zu spielen,[131] nicht nur den *Laureolus*, der zur Augenweide des Publikums an Händen und Füßen regelrecht gekreuzigt wurde, sondern auch den *Mucius Scaevola*, der die rechte Hand in glühende Holzkohle tauchte, und den *Tod des Herkules*, dessen Held sich zum Schluß in den Flammen des Scheiterhaufens krümmte. Da die Dramen jetzt im Amphitheater aufgeführt wurden, bes-

serte man die verfallenden Bühnen nicht mehr aus. Seit Alexander Severus (235 n. Chr.) stand das Marcellustheater verödet.[132]
Die *munera,* könnte man meinen, wären nun durch nichts mehr aufzuhalten gewesen und hätten bis in alle Ewigkeit gedauert. Was jedoch der Stoizismus nicht vollbrachte, sollte der neuen Religion gelingen. Die Corridas und die Zirkusrennen gingen weiter, aber den Blutbädern der Arena wurde durch den Willen der bekehrten Kaiser ein Ende bereitet. Am 1. Oktober 326 befahl Konstantin, die Verurteilungen *ad bestias* in Zwangsarbeit *ad metalla* umzuwandeln. Damit versiegte die Hauptquelle des Gladiatorennachschubs. Am Ende des 4. Jahrhunderts verschwand das Gladiatorenwesen aus dem Orient. 404 verbot ein Edikt des Honorius die Gladiatorenkämpfe im Abendland.

Viertes Kapitel
Spaziergänge, Bad, Mahlzeiten

Wenn der Herrscher oder die Magistrate keine Schauspiele boten, waren die Nachmittage der Römer trotzdem ausgefüllt. Lustwandel und Spiele, Übungen und Bäder in den Thermen boten Zeitvertreib bis zur *cena*, der Mahlzeit, die den Tag unmittelbar vor dem Zubettgehen beschloß.

1. Bummel, Spiele, Vergnügungen

Es könnte den Anschein haben, die überfüllten Straßen Roms hätten sich für Spaziergänger nicht geeignet. Obstkörbe hinderten die Fußgänger,[1] sie fanden keinen Platz, die Pferde der Reiter beschmutzten sie, Bettler, die an den Steigen, unter den Arkaden und auf den Brücken saßen,[2] belästigten sie, sie wurden beiseitegestoßen von den Soldaten, die über die ganze Straße marschierten, als zögen sie durch frischerobertes Land, und die ihre Nagelstiefel auf die Füße des Zivilisten setzten, der verwegen genug war, ihnen nicht sofort auszuweichen.[3] Doch das unaufhörliche und buntscheckige Gewoge war vergnüglich anzusehen. Unter den Passanten waren alle Nationen der bewohnten Welt vertreten, »der Bauer aus Thrakien, der Sarmate, der sich vom Blut der Pferde nährt«, die Ägypter, die im Wasser des Nils baden, »die Kilikier, die sich mit Safran besprengen, Araber, Sikambrer und schwarze Äthiopier«.[4] Und selbst wer den Kram der Hausierer nicht brauchen konnte, den ergötzten doch ihr Geschwätz und die Kunststücke der Taschenspieler und Schlangenbeschwörer.[5] Obwohl Wagen am Tag nicht verkehren durften, mußte nicht jeder unbedingt zu Fuß gehen. Er konnte sein eigenes Maultier lenken, sich eins von einem Freund borgen oder sich für Geld ein Maultier samt einem numidischen Führer mieten, der es am Zügel lenkte.[6] Oder er räkelte sich breit in einer großen Sänfte *(lectica)*, deren Fenster mit Glimmer verglast waren, so daß er alles sah, ohne selbst gesehen zu werden. Sie schwebte auf den Schultern von sechs oder acht syrischen Trägern über der Menge. Oder er spreizte sich auf einem Tragstuhl *(sella)*, wie ihn die Matronen für ihre Besuche bevorzugten und in dem er nach Belieben unterwegs lesen und schreiben konnte.[7] Oder er begnügte sich mit einem Handkarren *(chiramaxium)*, wie ihn Trimalchio seinem Lieblingssklaven schenkte.[8] Um dem Getöse zu entgehen, brauchten die Römer nur die ruhigen Gebiete, die »Promenaden« der Stadt, aufzusuchen: die Foren und ihre Basiliken, in denen es stets still war, wenn kein Gericht abgehalten wurde. Ruhe herrschte auch in den kaiserlichen Gärten. Cäsar hatte seine Anlagen sogar testamentarisch den Römern vermacht. Aber auch die anderen Kaiser überließen sie wohlwollend der Öffentlichkeit, wenn im Frühling »Flora die Luft mit süßen Düften erfüllte und in Rosengirlanden der Purpurruhm der Felder von Paestum schwebte«[9] (vgl. Abb. 77). Stille umfing gleichfalls die weite Fläche des Marsfeldes mit der Marmoreinfriedung *(Saepta Iulia)*, ihre heiligen Bezirke und Säulenhallen, die gegen Sonne und Regen schützten und zu jeder Stunde, wie Seneca sagte, eine Wonne auch für den armseligsten Müßiggänger bildeten: *cum vilissimus quisque in campo otium suum oblectet.*[10]

Erhalten ist uns noch der Eingang der Säulenhalle, die Augustus unter dem Namen seiner Schwester Octavia einweihte. Die Marmorsäulen umschlossen den 118 Meter breiten, 135 Meter langen Bezirk der Zwillingstempel Jupiters und Junos.[11] Nördlich davon gab es noch viele andere. Martial hat einige aufgezählt bei der Beschreibung des Weges, den der Schmarotzer Selius entlangschlenderte, immer dabei Ausschau haltend nach einem Freund, der ihn zum Essen einlüde: die Portikus der Europa, die Portikus der Argonauten, die Portikus der hundert Säulen mit ihrer Platanenallee, die Portikus des Pompejus mit ihren zwei Lustwäldchen.[12] Die Anlagen boten nicht nur Schatten und frisches Grün, sie waren auch mit Kunstwerken ausgestattet. Fresken schmückten die Rückwände, Statuen standen zwischen den Säulen und auf den Innenhöfen. Allein von der Portikus Octavia hat Plinius der Ältere außer einigen von Pasiteles und seinem Schüler Dionysios auf Bestellung angefertigten Arbeiten verzeichnet: die von Lysippos geschaffene Gruppe »Alexander und seine Heerführer bei der Schlacht am Granikos«, eine Venus des Phidias, eine Venus des Praxiteles und vom gleichen Bildhauer den Amor, den er für die Stadt Thespiae bestimmt hatte.[13]

In der Tat verlebte das Herrenvolk seine Mußestunden in der Umgebung märchenhaften Reichtums. Der eine oder andere Römer

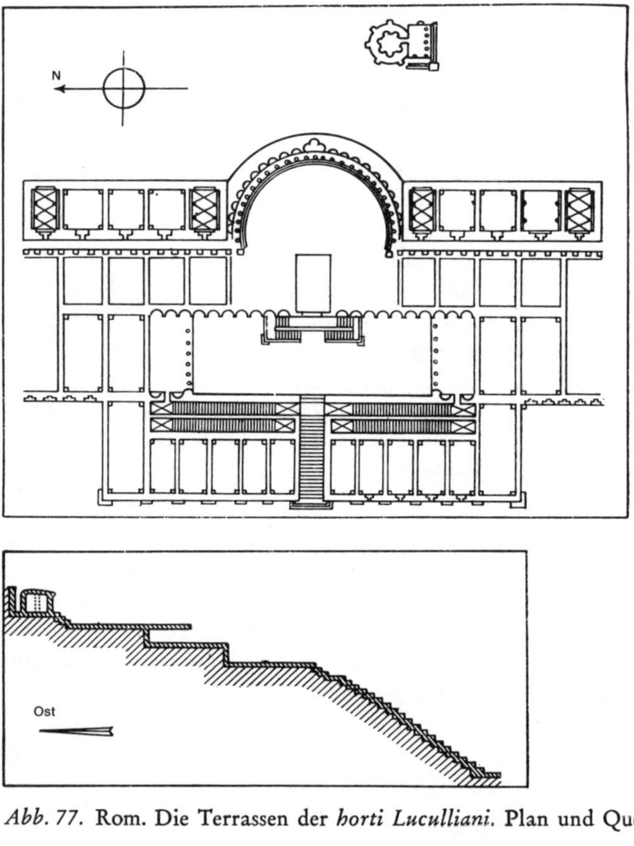

Abb. 77. Rom. Die Terrassen der *horti Luculliani.* Plan und Querschnitt.

mag vor diesen Meisterwerken haltgemacht haben, um sie ausgiebig zu betrachten, andere widmeten diesen vertrauten Sehenswürdigkeiten nur noch einen flüchtigen Blick und unterhielten sich auf andere Weise. Martial erzählt eine in dieser Hinsicht interessante Geschichte. An der Portikus der hundert Säulen zog eine dort unter anderen wilden Tieren stehende Bronzebärin die Blicke der Spaziergänger auf sich und forderte zum Ausruhen auf. Eines Tages vergnügte sich der hübsche Hylas damit, das Tier zu necken, als ob es lebendig wäre: »Dabei steckte er seine zarte Hand in den Rachen der Bärin. Im dunklen Bauch der Bärin aber hielt sich eine hinterlistige Schlange verborgen, noch gefährlicher und heimtückischer als die Bärin selbst. Zu spät erkannte der Knabe die Gefahr, aber da rang er schon mit dem Tode.«[14] Freilich, dies sind Spiele von Knaben, doch werden wir sehen, daß nicht allein diese unter den Säulengängen, in den Gärten, den Foren und Basiliken zu spielen pflegten (vgl. Abb. 78). Im Schatten der Säulenhallen lustwandelten die Römer oder standen in Gruppen plaudernd beieinander oder musterten die Vorübergehenden. Wenn es bei den *Saepta* eine Verkaufsausstellung gab, sahen sie alles ohne Hast durch, schätzten die Waren ab und feilschten um die Preise.[15] Überall lauschten sie auf die neuesten Gerüchte, und stets fanden sie Wichtigtuer, die ihre Neugier befriedigten. Zu diesen gehört jener Philomusus, den Martial schildert. Je nach der Interessenlage seiner Zuhörer erfindet er »die jüngsten Entscheidungen des Königs der Könige am Arsakidenhof, die kürzlich vorgenommenen Truppenbewegungen am Rhein und die besten Tips für die nächsten Kapitolinischen Spiele«.[16] Doch jedes Geschwätz wird auf die Dauer langweilig. Deshalb kamen bald die Spiele an die Reihe.

Immer schon hatten die Römer gerne gespielt. Doch noch nie war die Leidenschaft so übermächtig gewesen. Im 2. Jahrhundert schreibt Juvenal: »Man trägt nicht einen Geldbeutel zum Glücksspiel an den Spieltisch, man schleppt einen ganzen Geldkasten hin und riskiert ihn. Welche Schlacht vor dem Croupier, der die Munition verteilt!« Und melancholisch fragt der Poet: »Ist es nicht eine Verrücktheit, 100 000 Sesterzen (bei einer Partie) zu verlieren, aber einem frierenden Sklaven eine Tunika zu verweigern?«[17] Um der

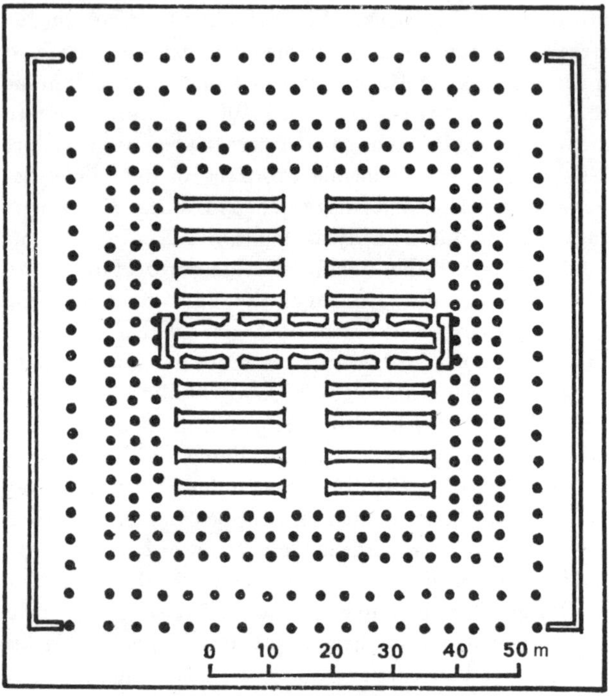

Abb. 78. Rom. Die *adonaea*, eine Parkanlage (?).

mörderischen Leidenschaft zu steuern, hielten die Cäsaren die Verbote der republikanischen Epoche aufrecht. Außer der Zeit der Saturnalien waren die Glücksspiele bei einer Geldstrafe verboten, die auf den vierfachen Betrag der Einsätze festgelegt war.[18]

Auf dies Verbot weist Martial ausdrücklich hin,[19] und es geht auch unausgesprochen aus der eben angeführten Bemerkung Juvenals hervor: die Frage nach der verweigerten Tunika ist nur sinnvoll, wenn Kälte herrscht, *bruma*, also gegen Ende Dezember, zur Zeit der Saturnalien. Ein nicht genau datierter Senatsbeschluß bestätigte die *leges Titia, Publicia* und *Cornelia*, er erneuerte das Verbot der Wetten *(sponsiones)* außerhalb der erwähnten Zeit, nahm aber die Wetten aus, die auf körperliche Wettbewerbe abgeschlossen wurden.[20] Im vorigen Kapitel haben wir von der Volksleidenschaft gesprochen, die dieses seltsame Vorrecht bei den Zirkusrennen und bei den Gladiatorenkämpfen entfachte. Durch diese Bresche in einer weisen Gesetzgebung machten sich viele Spiele und *sponsiones* im alltäglichen Leben breit.

Natürlich wäre es unklug gewesen, an einem öffentlichen Spazierweg eine Würfelpartie *(aleae)* auszutragen oder ein Spiel mit Knöchelchen *(tali)*,[21] deren verschiedene Seiten den Würfelzahlen entsprechen. Hier entschied allein der Zufall und nicht die Handfertigkeit der Spieler, die aus dem Becher *(fritillus)* Würfel oder Knöchel auf den Boden oder auf den Spieltisch *(alveus)* stürzten. Ebensowenig wäre wohl zugelassen worden, wenn zwei Bekannte unverfroren unter den Portiken *navia aut capita*, Zahl oder Kopf, gespielt hätten, oder *par impar*, gerade oder ungerade, ein Vergnügen, zu dem Augustus im Palast oft seine Familie einlud. Er bewilligte jedem Angehörigen 250 Denare, damit sich alle unbeschwert und ohne Hintergedanken beteiligen konnten.[22] Das Spiel bestand einfach darin, daß auf die gerade oder ungerade Zahl der Knöchelchen, Steine oder Nüsse gewettet wurde, die der Spieler in der geschlossenen Hand hielt.[23]

Indessen gab es noch eine andere Form des *par impar*, die *micatio*, das heutige Fingerraten oder Morraspiel. Dabei hing nicht alles vom Zufall ab, sondern viel vom schnellen Blick und der Wendigkeit der Spieler, von ihrem Schätzungsvermögen und sicherer psychologischer Kombinationsgabe. Zwei Spieler »heben jeder einige Finger der rechten Hand, lassen jedesmal verschieden viele Finger unten und rufen laut die Zahl der Finger, die der andere gehoben hat«.[24] Es gewann, wer richtig riet. Im Rom der Antonine war die *micatio* ohne jeden Zweifel in aller Öffentlichkeit erlaubt. Von Cicero über Petronius und Fronto bis zu Augustin charakterisiert die lateinische Tradition einmütig die Ehrbarkeit eines Menschen durch das »seit altersher gebrauchte« Sprichwort: »Mit ihm könnte man im Dunkeln Morra spielen.« Erst im 4. Jahrhundert hat der Stadtpräfekt die *micatio* vom Forum ausgeschlossen.[25] Unter das

Gesetz fielen natürlich die *duodecim scripta*, das römische Tricktrack, bei dem heute noch die Züge der Steine *(calculi)* von den Würfeln oder Knöcheln abhängen, dagegen aber nicht das römische Schachspiel, *latrunculi*, da es bei der Bewegung seiner Figuren nur auf den Verstand und die Spielfertigkeit des einzelnen ankam. In diesem Spiel, das Kombinationsgabe und Berechnung erforderte, glänzen im 1. Jahrhundert der Stoiker Julius Canus und der Kon-

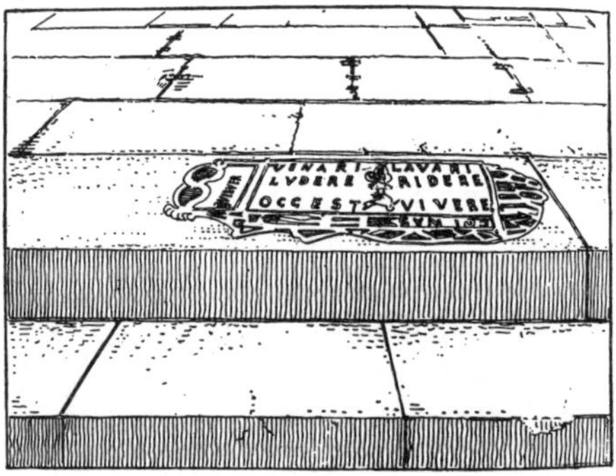

Abb. 79. Tabula lusoria auf dem Forum von Timgad (Thamugadi).

sular Piso.[26] Es behielt auch zur Zeit Martials seinen Ehrenplatz beim Publikum, hatte seine »Meister«[27] und »Lehrer«[28] und blieb eine dauernde Freude für die Spieler und die »Kiebitze«, die jeden Zug mit klugen Reden begleiteten. Wenn die Regeln gelegentlich einigen Spielern zu verzwickt erschienen und die Beschaffung des Bretts mit 60 Feldern und der in Form und Farbe verschiedenen Figuren zu schwierig war, einigten sie sich auf eine Art vereinfachtes Damespiel, *tabulae lusoriae*. Dafür genügten einige auf den Boden gezogene oder in eine Bodenplatte geritzte Striche. Mehrere *graffiti* unter den Arkaden der Basilica Julia und auf dem Forum bezeugen das Spiel noch heute (s. Abb. 79).

Doch das ist nicht alles. Auf zahlreichen Basreliefs spielen Kinder vergnügt mit »Nüssen«, die bei den Alten die Murmeln vertraten.

Die Nüsse waren ein fester Bestandteil der Kindheit, und nach dieser Sitte bekamen auch die Erwachsenen an den Saturnalien Säckchen mit Nüssen geschenkt. Das verlockt uns zu der Annahme, daß sich auch die Erwachsenen auf den Plätzen und in den Säulenhallen wie die Kinder mit allerlei Spielen vergnügten: eine Nuß zu sprengen, ohne sie zu zerbrechen; sie mit gezieltem Wurf auf ein Häufchen anderer Nüsse zu schnellen, das nicht auseinanderfallen durfte; wie beim Bandespiel eine Nuß des Gegners zu treffen; wie beim Klickerspiel eine Nuß ins Ziel zu bringen, wobei als Ziel entweder ein schon vorhandenes oder eigens ausgescharrtes Erdloch diente.[29]

Die harmlosen Zerstreuungen erinnern an unsere Klicker- und Kegelspiele. Leider büßten diese Spiele im Laufe der Jahre ihre Unschuld ein. Weil sie nun mit Wetteinsätzen gespielt wurden, zerstörten sie die Moral. Jedenfalls ist es sicher, daß die Müßiggänger nur einen kleinen Umweg auf ihren Spaziergängen zu machen brauchten, um geheim ihren Lastern frönen zu können. Der Kaiser glaubte die Wettgelegenheiten auf Zirkus und Amphitheater beschränkt. In Wirklichkeit fand man jetzt jedoch jederzeit die Möglichkeit dazu. Die Herbergen *(cauponae)* und Kneipen *(popinae* und *thermopolia)*, in denen die Besucher am Schanktisch kühle Getränke oder Glühwein kauften oder tranken, bargen in den Hinterzimmern oft »Spielhöllen«, die täglich, nicht nur während der Saturnalien, bei rollenden Würfeln und rasselnden Knöchelchen Gelegenheit zu *sponsiones* boten. Die kaiserliche Gesetzgebung bestrafte die Spieler *(aleatores)* genau wie die Diebe,[30] aber sie belangte nicht den Wirt, der den Spielern Gelegenheit zum Spiel bot. Sie verweigerte ihm lediglich das Recht, gegen die Kunden zu klagen, wenn sie ihn in der Hitze des Spiels oder verzweifelt über ihren Verlust tätlich angriffen oder die Einrichtung seiner Kneipe zertrümmert hatten.[31] Da er so verhältnismäßig straflos blieb, legte er es darauf an, möglichst viel Kundschaft durch die verbotenen Spiele heranzulocken. Dazu verhalf ihm auch die Erlaubnis, Prostituierte als Bedienung zu beschäftigen und aus seiner Kneipe ein Freudenhaus zu machen.[32]

In diesem Zusammenhang wird immer die Inschrift von Aesernia angeführt: ein Reisender, dem die Wirtin die Rechnung vorlegt, zahlt ohne weiteres auch die acht *asses* für die Gunst, die ihm die Magd während der Nacht in der Herberge gewährt hat[33] (s. Taf. 21). Heranziehen ließe sich hier auch die in der Via dell'Abbondanza in Pompeji entdeckte *popina*: ein verlockendes Schild weist die Passanten auf die drei »Damen« *(asellae)* hin, die zum Haus gehören.[34] Irrig wäre jedoch die Annahme, Rom habe nicht wie die italischen Munizipien diese leichten Gelegenheiten geboten.[35] In Rom waren genau wie anderswo die *cauponae, popinae* und *thermopolia* mit Spelunken *(ganeae)* verbunden. Die öffentlichen Häuser blieben bis zur neunten Stunde geschlossen.[36] Das verfügte die Regierung, um die sportliche Ertüchtigung der Jugend zu fördern. Die römischen Kneipen jedoch standen mit ihrer Liederlichkeit jedem Besucher von früh bis spät offen. Die anrüchigen Bars mögen im kaiserlichen Rom vielleicht nicht dieselbe Ausbreitung erfahren haben wie in den zeitgenössischen Großstädten, aber, geschützt von dem Ordnungsdienst der Ädilen, boten sie den Müßiggängern auch hier ihre Vergnügungen an. Nach dem Zeugnis Senecas gingen viele Lüstlinge statt zur Palästra dorthin und verbrachten dort ihre gesamte Freizeit: *cum illo tempore vilissimus quisque ... in popina lateat.*[37]

2. *Die Thermen*

Glücklicherweise aber gab es für das römische Volk bessere Möglichkeiten. Die von den Cäsaren erbauten Thermen boten eine Kraftquelle im besten Sinne. Das Wort *thermae* stammt aus dem Griechischen. Die Anlagen aber, die damit bezeichnet werden, waren ihrem Wesen nach rein römisch. Zum erstenmal verbanden sich hier Sportplatz, Übungshallen und Reinigungsbäder. Sie sind eines der schönsten Geschenke der Kaiser. Nicht allein durch die Kunst der Bauten, die uns durch ihre Weite, ihre schönen Maße und zweckmäßigen Einrichtungen noch als Ruinen mit tiefer Bewunderung erfüllen. Die Thermen haben der gesamten Kultur auf ihre Weise gedient. Die Hygiene ist durch sie für die Stadt und die

Masse der Bevölkerung selbstverständlich geworden. In herrlicher Umgebung wurden geistige Übungen und Körperpflege zu einer Lieblingsbeschäftigung und zu einer Erholung, die auch die Ärmsten genießen konnten.[38]

Seit der Mitte des 3. Jahrhunderts v. Chr. hatten die Römer von den Griechen den Brauch übernommen, in ihren Stadtwohnungen oder Landhäusern einen Baderaum einzurichten. Doch nur die Reichen konnten sich diesen Luxus leisten. Die republikanische Sittenstrenge, die Cato den Censor vom Baden in Gegenwart seines Sohnes abhielt, ließ Bäder außerhalb der Familie nicht zu. Auf die Dauer jedoch war der Wille zur Reinlichkeit stärker als falsche Scham. Im Laufe des 2. Jahrhunderts v. Chr. wurden öffentliche Bäder, natürlich für Männer und Frauen getrennt, in Rom eingerichtet, die *balneae*, die sich durch das weibliche Geschlecht ihres Namens von den *balnea*, den Privatbädern, unterscheiden.[39] Reiche Leute errichteten sie kostenlos in ihren Stadtvierteln zum Wohl des Volkes. Unternehmer bauten sie, um aus den Eintrittsgeldern Nutzen zu ziehen. Im Jahre 33 v. Chr. veranlaßte Agrippa eine Zählung: es waren 170, die Zahl stieg mit der Zeit weiter an. Plinius der Ältere verzichtet auf eine Zahlenangabe für seine Epoche,[40] später jedenfalls waren es fast 1000.[41] Das Geld, das von den Besitzern erhoben wurde, war und blieb gering: ein *quadrans*, vier As[42], Kinder zahlten nichts.[43] Manchmal setzten die Besitzer Pächter ein, an die sie das Bad zu einer Pauschalsumme vermieteten. Im Jahre 33 v. Chr. wollte Agrippa seiner Magistratur durch eine aufsehenerregende Tat Ruhm verschaffen. Als Ädil hatte er die öffentlichen Bäder zu überwachen, die Heizung und die Sauberkeit zu überprüfen, das Ordnungspersonal zu beaufsichtigen.[44] Nun übernahm er die Bezahlung sämtlicher Eintrittsgelder, wodurch zumindest für das Jahr seiner Ädilität der Besuch der öffentlichen Bäder in der Stadt kostenfrei wurde.[45] Kurz danach schuf er die »Thermen«, die seinen Namen tragen und die von nun an stets kostenlos benutzt werden konnten.[46] Die Neuerung paßte durchaus in die auf Betreuung der Massen gerichteten Absichten des Prinzipats. Gleichzeitig aber begann damit in der Baugeschichte und in der Sittengeschichte eine grund-

legende Änderung. Sie wurde gekennzeichnet durch die von Regierung zu Regierung wachsende Größe der Thermenbauten, die dem steigenden Besuch der Massen entsprachen.
Nach den Thermen des Agrippa entstanden auf dem Marsfeld die Thermen Neros,[47] später die Thermen des Titus neben dem alten

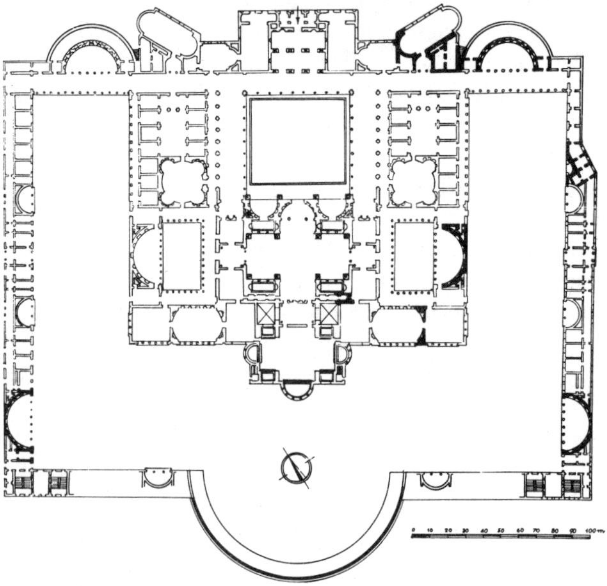

Abb. 80. Rom. Die Trajansthermen. Plan.

»Goldenen Haus«, die eine zum Kolosseum hin liegende Säulenvorhalle hatten, von der die Backsteinteile mehrerer Pfeiler noch heute erhalten sind. Nach den Thermen auf dem Aventin, dem Gedenken an seinen Freund Licinius Sura gewidmet, baute Trajan nordöstlich der Titus-Thermen, wo eine Feuersbrunst im Jahre 104 Teile des Goldenen Hauses zerstört hatte, die Thermen, denen er seinen Namen gab und die er am selben Tag wie seinen Aquädukt einweihte, am 22. Juni 109[48] (s. Abb. 19 und 80). Nacheinander entstanden nun die Caracalla-Thermen, die eigentlich *thermae Antoninianae* heißen müßten, weil sie von Septimius Severus im Jahre 206 unserer Zeitrechnung gegründet, vorzeitig durch seinen Sohn Antoninus Caracalla im Jahre 216 eröffnet und durch den letzten Antoninen der Dynastie, Alexander Severus, zwischen 222 und 235 vollendet wurden. Weiterhin die Thermen Diokletians, in deren Ruinen heute das Römische Nationalmuseum, die Kirche Santa Maria degli Angeli und das Oratorio di S. Bernardo untergebracht sind. Die riesige Exedra bestimmt noch heute die Form des Platzes, der ihren Namen trägt. Aus dem 4. Jahrhundert stammen die Konstantinsthermen auf dem Quirinal. Am besten erhalten sind mit einer Fläche von 13 Hektar die Diokletiansthermen, vor allem aber mit ihren 11 Hektar die Caracalla-Thermen, eines der Wunder des antiken Roms, deren großartige, ihres Schmuckes beraubte Schiffe auch beim kühlsten Betrachter einen unauslöschlichen Eindruck hinterlassen. Doch diese Thermen überschreiten den Zeitraum, den wir uns als Grenze gesetzt haben. Zum Glück sind die Ruinen der Trajansthermen in den letzten Jahren ausreichend freigelegt worden, so daß wir an ihnen feststellen können, daß sie mit den Caracalla-Thermen genau übereinstimmen.[49] Zwischen beiden besteht sozusagen nur ein Unterschied des Maßstabes: die Caracalla-Thermen sind eine etwas größere Ausgabe der Trajansthermen. Sehr genau können wir uns also die typische Ausstattung dieser monumentalen Anlagen zu Martials Zeit vorstellen und uns einen Begriff davon verschaffen, welche Neuerung sie bedeuteten.

Denn die Thermen waren nicht etwa nur eine mit dem höchsten Aufwand eingerichtete Badeanstalt, die Bäder der verschiedensten Art bot: Dampfbäder und Wasserbäder, Kaltbäder und Warmbäder, Schwimmbäder und Wannenbäder. Ihre riesigen viereckigen Plätze umzogen Säulenhallen, in denen die Leute spazierten und in deren unzähligen Läden sie einkauften. Im Innern erstreckten sich Gärten und Promenaden, Sportplätze und Ruheräume, Gymnastikhallen und Massagesäle, sogar Bibliotheken und regelrechte Museen. In einem Gebäude boten sie alles, was für den Römer den Inbegriff eines schönen und glücklichen Lebens ausmachte.

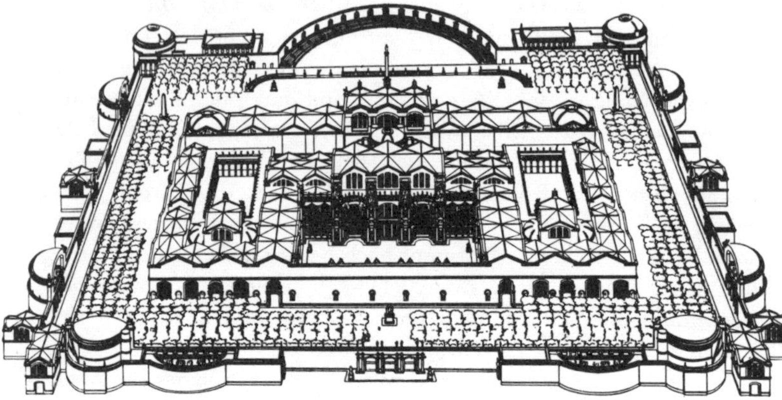

Abb. 81. Rom. Die Diocletiansthermen. Rekonstruktion.

In der Mitte erhoben sich die Gebäude der eigentlichen Thermen. Kein *balneum* konnte sich mit ihnen messen. Ungeheure Wassermengen führten die Aquädukte den Vorratsbehältern zu, die mit ihren vierundsechzig Gewölbekammern in den Caracalla-Thermen zwei Drittel der Südseite einnahmen. Aber auch die Heizanlagen mit ihren Öfen, Wärmekammern, Hypokausten waren weit größer als in einem *balneum*. Sie leiteten und verteilten die Wärme nach Bedarf auf die verschiedenen Säle. Auch die Wände waren oft mit röhrenförmigen Warmluftleitungen versehen. Bei den Eingängen lagen die Kleiderkammern, *apodyteria*, in denen die Besucher sich aus- oder umzogen. Zwischen dem *frigidarium* im Norden und dem *caldarium* im Süden lag das *tepidarium*, ein weiträumiges Gewölbe, das nur mäßig erwärmt war. Das *frigidarium*, wegen seiner Größe gewiß nicht überdacht, enthielt das Schwimmbecken *(piscina)*, in das sich die Badenden mit kühnem Sprung stürzten. Die Heißkammern *(sudatoria, laconica)*, deren hohe Temperatur den Schweiß aus dem Körper trieb, waren dem *caldarium* vorgelagert. Seinen Rundbau traf voll die Mittags- und Nachmittagssonne, ihn erwärmten die Dämpfe, die zwischen den *suspensurae* unter dem

Boden zirkulierten. Rundherum zogen sich kleinere Säle für Einzelbäder. In der Mitte des Rundbaus lag ein gewaltiges Bronzebecken, dessen Wasser vom unmittelbar darunter befindlichen Hauptofen der *hypocausis* auf der erforderlichen Temperatur gehalten wurde. Außerdem war die riesige Anlage von Palästren umgeben, an die sich *scholae* anschlossen. Dort konnten sich die bereits entkleideten Besucher ihren Lieblingsübungen widmen.

Doch damit nicht genug: die Gebäude lagen inmitten einer schattenspendenden, mit Springbrunnen geschmückten Esplanade, die als Spielfeld diente, um die sich der *xystus*, eine etwas erhöhte Wandelhalle, zog. Dahinter erstreckten sich die Nebengebäude mit den Gymnastiksälen und Salons, die Bibliotheksräume und Ausstellungshallen. Sie bildeten das Herzstück der Thermen. Die Leibesübung im Verein mit geistigem Streben prägte den römischen Charakter der Thermen. Sie überwanden die Vorurteile, mit denen man den aus Griechenland eingeführten Sportarten begegnet war. Gewiß beharrte man noch in der Ablehnung der Athletik und warf ihr auch weiterhin vor, sie ermutige die Unmoral durch Nacktheit und lenke die Anhänger vom ernsten und männlichen Kriegshandwerk ab, indem sie mehr Wert auf Schönheit lege als auf die für einen Soldaten nötigen Fähigkeiten. Aber in den Bädern regte man sich nicht mehr über die alltäglich gewordene Nacktheit auf. Man widmete sich fast allen athletischen Spielen von dem Augenblick an, als sie nicht mehr als Schauspiel geboten wurden, sondern jeder sie für sich selbst übte. Sie galten nun als heilsame Vorbereitung für die Bäder und damit als wichtige Hilfe für die leibliche Gesundheit. Im vorigen Kapitel wurde berichtet, daß der *Agon Capitolinus* keinen dauernden Erfolg verzeichnen konnte. Vergeblich versuchten Augustus, Nero und Domitian, in Rom so etwas wie Olympische Spiele nach griechischem Muster heimisch zu machen. Doch den kaiserlichen Thermen gelang es, einen vollständigen Umschwung der römischen Sitten herbeizuführen. Denn in dieser Zeit wurde es dem römischen Volk zum Lebensbedürfnis, täglich die Thermen aufzusuchen und dort jede freie Stunde zu verbringen.

Die Texte stimmen zwar darin überein, daß die Thermen im allgemeinen bei Sonnenuntergang geschlossen wurden.[50] Über die

Öffnung jedoch machen sie Angaben, die auf den ersten Blick einander zu widersprechen scheinen. In einem Vers Juvenals heißt es, die Besucher benutzten die Thermen seit der fünften Vormittagsstunde.[51] Diese Nachricht bestätigt ein Epigramm Martials: der Dichter erwägt die günstigste Badezeit und entscheidet sich für die achte Stunde, da es zur sechsten noch glühend und auch zur siebten noch zu heiß sei.[52] Anderseits aber heißt es im »Leben Hadrians« der *Historia Augusta*, ein Erlaß Hadrians verfüge, daß niemand, außer bei Krankheit, in den öffentlichen Thermen vor der achten Stunde baden dürfe.[53] Und im »Leben des Alexander Severus« wird daran erinnert, daß im vorhergehenden Jahrhundert niemand vor der neunten Stunde zugelassen wurde.[54] Aus anderen Epigrammen Martials scheint schließlich hervorzugehen, daß viele zur zehnten Stunde badeten[55] und daß unabhängig von der Öffnungsstunde der Eintritt in die Thermen weit vor dem *tintinnabulum* (vgl. Abb. 42), dem Klingeln der Glocke, erlaubt war.[56] Nach meiner Meinung kann nur ein Vergleich des Thermenplans mit der polizeilichen Ordnung, bei der die Trennung der Geschlechter berücksichtigt war, aus diesen Widersprüchen heraus und zu einer klaren Lösung führen.

Zur Zeit Martials und Juvenals, unter Domitian und noch unter Trajan verbot keine amtliche Bestimmung, daß die Frauen mit den Männern gemeinsam badeten. Den Frauen, die das gemeinsame Bad verabscheuten, stand es frei, statt der Thermen die eigens für sie vorgesehenen *balneae* zu benutzen. Viele Frauen lockten jedoch jetzt die Leibesübungen, die vor dem Bad in den Thermen getrieben wurden. Statt auf dieses Vergnügen zu verzichten, zogen sie es vor, ihren Ruf aufs Spiel zu setzen, indem sie die Thermen gleichzeitig mit den Männern besuchten.[57] Daraus ergab sich, je beliebter die Thermen wurden, eine Reihe von Skandalen, die schließlich die Behörden zum Einschreiten veranlaßten. Um klare Abhilfe zu schaffen, erließ Hadrian zwischen 117 und 138 die in der *Historia Augusta* erwähnte Verfügung, die das Baden nach Geschlechtern trennt: *lavacra pro sexibus separavit.*[58] Da jedoch die Thermen jeweils nur ein *frigidarium*, ein *tepidarium*, ein *caldarium* besaßen, ist darunter offensichtlich keine räumliche, sondern eine zeitliche Trennung zu verstehen: Männer und Frauen badeten zu verschiedenen Zeiten. Diese Lösung bietet schon – zwar weit von Rom, aber ebenfalls unter der Regierung Hadrians – die Anweisung der kaiserlichen Prokuratoren des *metallum Vipascense* in Lusitanien. Sie schreibt dem *conductor*, dem Leiter der *balnea* des Grubenbezirks, in seinem Pflichtenheft vor, daß er die Kessel für die Frauenbäder vom Beginn der ersten bis zum Ende der siebten Stunde, für die Männerbäder vom Beginn der achten Tagesstunde bis zum Ende der zweiten Nachtstunde zu heizen habe.[59] Bei den Ausmaßen der römischen Thermen verbot sich unzweifelhaft eine künstliche Beleuchtung, die bei gleicher Zeiteinteilung erforderlich gewesen wäre. Ganz gewiß aber wurde meines Erachtens diese Einteilung grundsätzlich auf die riesigen Anlagen übertragen. Der Stundenplan der römischen Thermen, wie wir ihn für die Hauptbadehäuser und für die weiträumigen Nebenanlagen ansetzen dürfen, ist also jetzt in Einklang zu bringen mit den in den Texten verstreut gegebenen Anmerkungen, damit sich ein der Wahrheit möglichst entsprechendes Bild ergibt.

Die Türen der Nebenbauten wurden, wie Juvenal bestätigt, für beide Geschlechter zur fünften Tagesstunde geöffnet. Zur sechsten Stunde öffnete sich das Hauptgebäude, doch nur für die Frauen. Im Sommer zur achten Stunde, im Winter zur neunten Stunde läutete die Glocke erneut. Nun hatten die Männer Zutritt zu den Bädern und durften nach Belieben bis zur elften oder zwölften Stunde bleiben. Aus dieser Zeiteinteilung läßt sich folgern: Männer und Frauen zogen sich nacheinander im Innern des Hauptgebäudes um, und nur in den Palästren waren die athletischen Sportarten zugelassen, die nackt ausgeübt wurden. Diese Folgerung kann nicht überraschen, zumal sie von den Texten bestätigt wird, die darüber berichten, wie die Römer ihre Zeit in den Thermen verbrachten.

Erinnert sei an die Begegnung Trimalchios mit den Burschen, die er später zum Gastmahl einlädt. Er trifft sie zur Badestunde in den Thermen. Zwar handelt es sich um die Thermen eines kampanischen Städtchens, doch sie sind genau nach dem hauptstädtischen Vorbild eingerichtet. Ohne sich zu entkleiden, gesellen sich Encolpius und seine Gefährten zu den verschiedenen Gruppen in der Palästra. Da fällt ihr Blick auf einen »glatzköpfigen Greis in orangefarbener Tunika, der mit jungen, flatterhaarigen Sklaven Ball spielte. Der Graubart trug Sandalen und warf mit grünen Bällen, die keinmal die Erde berührt haben durften: Ein Sklave begleitete ihn mit einem Sack, der weitere Bälle enthielt.«[60] Dieses Dreierspiel hieß bei den Römern *trigon*. Die drei Spieler, »jeder an der Ecke eines Dreiecks«, warfen mit der einen, fingen mit der anderen Hand die Bälle, die sie sich ununterbrochen so schnell wie möglich zusandten.[61] Indessen gab es in den Thermen noch viele andere Ballspiele: das Schlagballspiel, bei dem der Ball wie bei der baskischen Pelota mit der Handfläche geschlagen wurde und vom Gegner zurückgeschlagen werden mußte, das *harpastum*, bei dem die Spieler den Ball, *harpasta*, »inmitten der Gegenspieler, trotz Gedränge, trotz Sprüngen und Finten« erhaschen mußte, ein Spiel, bei dem der Staub aufwirbelte und das sehr ermüdete. Außerdem gab es noch vielerlei Abarten wie Sprungball, Mauerball usw.[62] Manchmal wurde statt des mit Sand oder Federn gefüllten Balls *(harpasta* bzw. *paganica)* ein Luftball, *follis*, benutzt, um den die Teilnehmer kämpften wie beim »Basketball«, jedoch spielerischer und nicht so erbittert.[63] Gelegentlich war ein ballonförmiger Sack mit Erde oder Mehl gefüllt, der mit Faustschlägen wie ein »Punchingball« bearbeitet wurde.[64] Ein Pfahl diente als Gerät für Fechtübungen. Diese Spiele fanden vor dem Bad statt. Martial hat sie in einem Epigramm an einen befreundeten Philosophen aufgezählt, der sie leidenschaftlich ablehnte. »Dich sieht man nie aufs heiße Bad dich vorbereiten durch Schlagball, Ballspiel oder auch durchs ländliche Pelota, du schwingst vorher kein stumpfes Schwert, noch springst nach links und rechts du hin, im Flug die staubige Harpasta zu erhaschen.«[65] Die Aufzählung ist bei weitem nicht vollständig. Es könnten noch angeführt werden der einfache Lauf, das Laufen mit einem Metallreifen *(trochus)*, den vor allem die Frauen mit einem Gabelholz, Schlüssel genannt, gewandt vorwärtstrieben,[66] außerdem das Auf- und Niederschwingen der Hanteln *(halteres)*, bei dem sie wohl leichter als die Männer ermüdeten.[67] Bei allen diesen Spielen jedoch waren Männer und

Frauen bekleidet. Sie trugen wie Trimalchio eine Tunika oder wie die Lesbierin Philaenis beim *harpastum* einen vorschriftsmäßigen Kittel[68] oder gar einen einfachen, warmen, für den Sport zugeschnittenen Umhang, die *endromis*, wie sie Martial mit folgenden Worten als Geschenk an einen Freund schickte: »Ich sende dir diese ausländische Endromis. Trage sie, wenn du hitzig beim Dreiball wirfst oder der Staub unter deinen Füßen wölkt beim Griff nach der *harpasta* oder wenn du die federleichte, weiche *follis* in der Hand wiegst.«[69]

Den athletischen Ringkampf jedoch trugen die Gegner völlig entkleidet aus. Sie mußten die Haut erst mit *ceroma* einreiben, einer Salbe aus Öl und Talg, damit sie geschmeidig wurde. Darüber streuten sie Staub, damit sie sich nicht unter den Händen wegrutschten. Der Ringkampf fand in den Palästren des Hauptgebäudes statt, bei den Räumen, die in den Ruinen der Caracalla-Thermen von den Archäologen als *oleoteria* und *conisteria* bestimmt worden sind.[70] Es traten nicht nur Ringkämpfer, sondern auch Ringkämpferinnen auf, die sich gleichfalls vorschriftsmäßig mit Öl und Staub einrieben und sich bereitwillig der Behandlung durch den Masseur unterzogen, worüber sich Juvenal ereifert.[71]

Der athletische Kampf stand also in enger Verbindung mit dem Bad und ging ihm unmittelbar voraus. Das Bad vollzog sich in drei Stufen. Schweißbedeckt betrat der Besucher, falls er nicht schon ausgezogen war, eine der Umkleidehallen, *apodyteria*, des Thermengebäudes. Er ging dann in eins der *sudatoria* neben dem *caldarium* und steigerte den Schweißausbruch noch in diesem trockenen Schwitzbad. Darauf betrat er das gleichfalls geheizte *caldarium*. Dort konnte er am *labrum* seinen schweißperlenden Leib mit kochendheißem Wasser besprengen und sich mit dem Schaber *(strigilis)* Schweiß und Schmutz von der Haut kratzen. War er nun sauber und trocken, so hielt er sich eine Weile im *tepidarium* auf, damit der Übergang nicht so kraß war, und sprang schließlich in das Kaltwasserbecken des *frigidarium*. Das waren die drei Badestufen, wie sie Plinius der Ältere empfahl,[72] wie sie die Badenden im Roman des Petronius durchliefen[73] und wie sie gleichfalls aus den Epigrammen Martials hervorgehen. Lediglich stellt der Dichter sei-

nen Personen frei, das Trockenschwitzbad durch heiße Abwaschungen im *caldarium* zu ersetzen.[74]
Da man sich nicht selbst vor dem *labrum* die Haut mit der Strigilis abreiben konnte, nahm man jemanden zu Hilfe. Wer nicht seine Sklaven bei sich führte, mußte für Geld jemanden mieten. Aus einer Anekdote der *Historia Augusta* geht hervor, daß der Betrag nicht leichtfertig ausgegeben wurde.
Hadrian badete, wie uns sein Biograph erzählt, oft in den öffentlichen Thermen mitten unter dem Volk. Eines Tages bemerkte er einen Veteranen, den er von den Feldzügen kannte. Der Alte rieb sich den Rücken am Marmor, der die Ziegelmauern des *caldarium* verkleidete, und Hadrian fragte ihn, warum er sich selber scheuere. Der ehemalige Soldat antwortete, er sei zu arm, Sklaven zu bezahlen. Da mietete Hadrian ihm Sklaven und gab ihm auch Geld. Kaum wurde am nächsten Tag das Eintreffen des Kaisers angekündigt, als auch schon mehrere Alte sich ebenfalls den Rücken an der Marmorwand scheuerten, um dieselbe Vergünstigung zu erlangen. Doch ihnen rief Hadrian lediglich zu, sich gegenseitig beim Abreiben zu helfen. Wie der Biograph hinzufügt, wurde das gegenseitige Abreiben von diesem Tage an der beliebteste Zeitvertreib in den Thermen: *ex quo ille iocus balnearis innotuit.*[75] Gewiß aber haben sich dem Zeitvertreib nur die Armen hingegeben. Die Reichen hatten Geld genug, sich nach Belieben bedienen, reiben, massieren und parfümieren zu lassen. Als die Gäste Trimalchios das *frigidarium* verlassen, finden sie ihren reichen Gastgeber in einer Duftwolke wieder. Er ließ sich nicht mit gewöhnlichen Tüchern trocknen, sondern mit Laken aus zartester Wolle. Drei Masseure bemühten sich um ihn und stritten um die Ehre, seinen Wanst kneten zu dürfen, sie »schlagen ihn in eine scharlachrote Decke und betten ihn auf seine Sänfte«.[76] Von erfahrenen Händen sorgfältig gepflegt, kehrte Trimalchio auf den Schultern seiner Leute stracks nach Hause zurück, wo ihn das Mahl erwartete.
Die Mehrzahl der Badenden dagegen, vor allem die Armen, deren Haus und Tafel nicht so reich bestellt war wie bei Trimalchio, hielten sich bis zum Schluß in den Thermen auf und widmeten sich ihren Vergnügungen. Sie saßen im Freundeskreis plaudernd in

den Unterhaltungsräumen und Nymphäen beisammen. Viele lasen. Zwei Bibliotheken wurden in den Caracalla-Thermen gefunden. Sie lagen in der Verlängerung der Wasserspeicher und waren gleich an den rechteckigen Wandnischen für die *plutei* zu erkennen, die Holzkästen, in denen die kostbaren *volumina* aufbewahrt wurden.[77] Andere Besucher ergingen sich in der beschaulichen Ruhe des Parks, den die Kaiser mit Kunstwerken ausstatteten. Bis jetzt sind nur die Funde aus den freigelegten Caracalla-Thermen bekannt. Auf ihren Mosaikflächen, unter ihren gewölbten Kassettendecken, zwischen den Marmorwänden und den Säulenhallen, deren Kapitelle mit heroischen Figuren geschmückt waren, standen einst der Farnesische Stier, die Farnesische Flora, der Farnesische Herkules, der Torso des Belvedere und die beiden Brunnenschalen, in denen heute auf dem Platz des Palazzo Farnese das römische Wasser murmelt.[78] Nicht weniger reich waren auch die Thermen Trajans geschmückt. Aus ihnen stammt vor allem die berühmte Laokoongruppe, die sich heute im Vatikan befindet.[79]

Die Römer selbst haben ihren Thermen Schlechtes nachgesagt und die wuchernden Auswüchse verurteilt. Leider lungerten tatsächlich unter den Säulenhallen außerhalb der Gebäude zu viele Garköche, Schenkmädchen und Kuppler,[80] zu leicht konnte sich einer überfressen, besaufen usw. Viele erhitzten sich, um durstig zu werden, badeten immer wieder, um aufs neue saufen zu können, selbst auf die Gefahr hin, sich durch eine üble Verdauungsstörung infolge ihrer Völlerei den Tod zu holen.[81] Viele übertrieben wie Commodus, der achtmal täglich badete. Das mußte die Muskeln erschlaffen und die Nerven zermürben. Vor allem aber muß vielen ein Grundsatz tadelnd entgegengehalten werden, den sie zynisch auf ihr Panier schrieben: *balnea, vina, Venus corrumpunt corpora nostra sed vitam faciunt!*[82] Trotz allem aber sind die kaiserlichen Thermen für die Volksmassen ein ungeheurer Segen gewesen. Im strahlenden Glanz ihres Marmors waren sie nicht nur der schimmernde Palast der *aqua Romana*.[83] Sie waren vor allem wirklich ein Volkshaus, in dem die Römer ausnahmslos den Sinn für Körperpflege, Leibesübungen und wahre Kultur erwarben. Die Thermen zögerten den Niedergang um mehrere Generationen hinaus, weil die Römer durch sie zu dem alten Ideal zurückfanden, das einst ihre Größe begründete und das ihnen jetzt Juvenal mit dem Wort vom »gesunden Geist in gesundem Körper«[84] aufs neue vor Augen stellte.

3. *Die Cena*

Auf die körperliche Entspannung in den Thermen folgte die Abendmahlzeit. Obwohl die Sonne schon dem Himmelsrand zusinkt, haben wir die Römer noch nicht beim Essen gesehen. Immerhin wissen wir schon, daß manch einer vier reichliche Mahlzeiten täglich einzunehmen pflegte.[85] Die Texte erwähnen im allgemeinen drei, deren Namen sich freilich im Laufe der Jahrhunderte geändert haben. In dem Maße, wie das Abendessen weiter zur Nacht hinrückte, wurden *ientaculum, cena, vesperna* in Rom durch den Wegfall der *vesperna* während der gesamten klassischen Zeit zu *ientaculum, prandium* und *cena*.[86] In der Epoche nun, die uns beschäftigt, behielten manche Römer die Gewohnheit der drei Mahlzeiten bei. So Plinius der Ältere, dem immerhin keine Völlerei nachgesagt werden kann,[87] und im allgemeinen die Greise, die sie vom Arzt vorgeschrieben erhielten.[88] Die meisten anderen Römer stürzten nach dem Aufstehen nur einen Becher klaren Wassers[89] hinunter und ließen auf den Rat ihrer Gesundheitslehrer eine der ersten beiden Mahlzeiten aus. Galenus vor allem rät, lediglich ein *ientaculum* zur vierten Stunde zu nehmen.[90] Die Soldaten begnügen sich mit einem *prandium* zur Mittagszeit.[91] Übrigens waren weder *ientaculum* noch *prandium* sehr reichhaltig. Das bei Martial erwähnte *ientaculum* bestand aus Brot und Käse.[92] Zum *prandium*, das sich oft auf ein Stück Brot beschränkte,[93] gehörten durchweg kaltes Fleisch, Gemüse, Obst und ein Schluck Wein.[94] Das *ientaculum* Plinius' des Älteren stellte nur einen leichten Imbiß dar *(cibum levem et facilem)*. Sein *prandium* war nur ein Geschmackshappen *(deinde gustabat)*.[95] *Ientaculum* und *prandium* werden nebenbei erledigt. Weder richtete man vorher den Tisch *(sine mensa)*, noch wusch man sich nachher die Hände *(post quod non sunt lavandae manus)*.[96] Beides waren offensichtlich aus der Hand eingenommene, kalte Mahlzeiten. Die einzige Mahlzeit, die wirklich den Namen verdiente, war für alle das Nachtessen, die *cena*. Wer sich nur auf Vitellius und seinesgleichen stützt, mag zu der Ansicht neigen, alle Römer hätten ihr ganzes Leben an der Tafel verbracht. Wer sich aber eingehender mit den wirklichen Verhältnissen befaßt, erkennt hingegen, daß sie sich nur nach beendetem Tagewerk zu Tisch setzten, wie vor mehr als 150 Jahren ein solcher Feinschmecker wie Talleyrand in seiner Zeit als französischer Botschafter in London.[97] Die Römer galten als unersättliche Vielfraße, bis zum Abend jedoch nahmen sie kaum etwas zu sich.

Freilich aßen sie nun sehr gut und sehr reichlich und holten das Versäumte nach. Doch auch hierbei muß man sich vor Irrtümern und voreiligen Urteilen hüten.

Wie man auch nicht allen unseren heutigen Banketten vorwerfen kann, sie seien überladen und endlos wie eine Großbauernhochzeit, so darf man auch nicht alle *cenae* für entsetzliche Völlereien halten. In Wirklichkeit waren sie trotz ähnlicher Aufmachung, trotz gleichen Sitten und gleichem Verlauf recht unterschiedlich. Je nach den Verhältnissen, nach Temperament und Charakter konnte bei den Römern eine Abendmahlzeit eine wüste Schlemmerei oder ein hochvornehmes, delikates Gastmahl sein.

Von den historischen Übertreibungen eines Vitellius, eines Nero abgesehen, der sich schon mittags an die Tafel setzte,[98] begann die *cena* für alle zur selben Zeit, nach dem Bad, im Winter also gegen Ende der achten, im Sommer gegen Ende der neunten Stunde. Daran hielt man sich in der Umgebung Plinius' des Jüngeren,[99] und darauf weist auch Martial seinen Freund Iulius Cerialis hin, als er sich mit ihm zur achten Stunde in der *balnea* des Stephanus, dem seiner Wohnung am nächsten gelegenen Bad, trifft, um ihn zum Essen einzuladen.[100] Die Dauer der *cena* hing von den Umständen ab: sie war kürzer, wenn keine besonderen Vorbereitungen getroffen werden mußten oder der Gastgeber auf Sparsamkeit sah; länger, wenn es sich um ein Festessen mit Schlemmern handelte. Im allgemeinen endete eine durchschnittliche *cena* vor völliger Dunkelheit. Wenn Plinius der Ältere vom Tisch aufstand, war es im

Sommer stets noch hell, im Winter die erste Nachtstunde noch nicht vorbei.[101] Doch gab es viele bemerkenswerte Ausnahmen von dieser Regel. Um gleich die Grenzfälle anzuführen: Nero tafelte bis Mitternacht,[102] Trimalchio bis zum Morgengrauen,[103] die »Kneipbrüder«, die Juvenal tadelnd vorstellt, bis »zum Morgenlicht, als die Generäle die Standarten aufmarschieren und das Lager abbrechen ließen«.[104]

Ob die *cena* nun aber früher oder später endete, sie fand bei wohlhabenden Leuten immer in einem besonderen Raum des Hauses oder der Wohnung statt, im *triclinium*, das doppelt so lang wie breit war.[105] Sein Name rührt von den Betten her *(cline, lectus)*, die drei Personen Platz boten *(triclinia)* und auf denen sich die Teilnehmer ausstreckten. Diese Eigentümlichkeit ist uns heute kaum verständlich. Durch sie ähnelt die *cena* den orientalischen Mahlzeiten, bei denen Diwane an Stelle der bei uns üblichen Stühle und Sessel gebräuchlich sind. Um keinen Preis hätten die Römer auf sie verzichtet. Sie waren für ihr Wohlbefinden unerläßlich, galten aber auch als Merkmale vornehmer Einrichtung und gehobenen Standes. Für die Frauen war es vorzeiten Sitte gewesen, ihr Essen zu Füßen der Ehegatten im Sitzen einzunehmen.[106] Jetzt aber lagerten sich die Matronen neben den Männern auf den *triclinia*. Nur die Kinder aßen im Sitzen. Ihre Schemel standen vor den Liegebetten der Eltern.[107] Sklaven erhielten von ihren Herren nur an Festtagen die Erlaubnis, sich zum Essen auszustrecken.[108] Im Sitzen aßen höchstens noch Dorflümmel, Landbewohner aus dem fernen Gallien[109] oder fremde Durchreisende in Kneipen[110] und Herbergen[111]. Zum großen Essen gehörte auch meistens die *synthesis* aus leichtem Musselin, die zuweilen zwischen den Gängen gewechselt wurde.[112] Stets aber wäre es den Römern unwürdig erschienen, wenn sie ihre Mahlzeit nicht im Liegen eingenommen hätten, Männer und Frauen nebeneinander ausgestreckt. Deshalb verstanden sie die Bedeutung des Schwurs, den Cato der Jüngere am Abend von Pharsalus als Bekräftigung seiner Trauer über die Niederlage des Senatsheeres leistete: er schwur, im Sitzen zu essen, solange die Tyrannei Julius Cäsars triumphiere, und er hielt seinen Schwur bis zu seinem Selbstmord.[113]

Um einen viereckigen Tisch, der an einer Seite für die Bedienung freiblieb, standen drei leicht ansteigende Liegebetten, die in Armhöhe etwas über die Tischplatte hinausreichten. Die Betten waren mehr oder weniger kostbar ausgestattet, mit Polstern und Decken belegt, und boten drei durch Kissen abgetrennte Plätze. Es gab

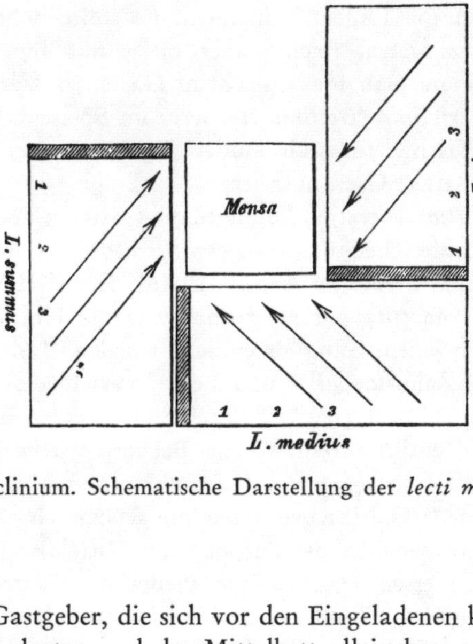

Abb. 82. Triclinium. Schematische Darstellung der *lecti medius, summus* und *imus.*

rüpelhafte Gastgeber, die sich vor den Eingeladenen keine Zurückhaltung auferlegten und das Mittelbett allein beanspruchten oder höchstens noch einen Gast neben sich, besser »unter« sich, duldeten.[114] Denn die Plätze waren nach einer ausgeklügelten Etikette verteilt, in gewisser Weise »hierarchisch gestuft«. Doch zeigte die Ordnung auch Sinn für besondere Höflichkeit: wer von den Anwesenden am wenigsten galt, saß unmittelbar neben dem bedeutendsten Gast. Das Ehrenbett stand hinter dem Tisch, der freien Seite gegenüber *(lectus medius)*; dessen rechter war der beste Platz, der Konsularplatz *(locus consularis)*. Es folgte das Bett weiter links *(lectus summus)*, und als letztes in der Rangordnung das Bett rechts *(lectus imus)*. Auf diesen beiden Betten galt der linke Platz neben dem Kopfende als Ehrenplatz, *fulcrum*[115] (s. Abb. 82). Die Besucher lagen schräg, den linken Ellenbogen auf ein Kissen gestützt, die Beine nach unten. Die Schuhe hatten sie beim Eintreten ausgezogen, die Füße gewaschen.[116] Häufig benutzte man keinen viereckigen, sondern einen runden Tisch. Statt der drei Betten umzog ihn ein halbmondförmiges Liegebett, das *stibadium*, bei dem die Hauptpersonen die Enden einnahmen. Es sollte acht oder neun Personen Platz bieten, reichte aber meist nur für sieben oder acht.[117] Erwartete man mehr als neun Gäste, so wurden weitere *stibadia* oder *triclinia (triclinia sternere)* im Speisesaal aufgestellt, der mit vier Tischen für sechsunddreißig[118], mit drei Tischen für siebenundzwanzig[119] Gäste ausreichte.

Ein Türsteher *(nomenclator)* kündigte die Gäste an und wies ihnen ihren Platz. Zahlreiche Aufwärter *(ministratores)* trugen die Schüsseln und Schalen herbei (s. Abb. 83). Auf den Tischen lagen seit Domitian Decken *(mappae)*,[120] früher war die Holz- oder Marmorplatte nach jedem Gang abgewischt worden.[121] Zum Essen lagen Messer,[122] Zahnstocher[123] und Löffel verschiedener Form bereit: der Suppenlöffel *(trulla)*, der Eßlöffel *(ligula)*, der etwas mehr als ein Zentiliter (ein Viertel Becher, *cyathus*) faßte, der kleine Spitzlöffel *(cochlear)*, mit dem Eier und Muscheln ausgeschabt wurden.[124] Gabeln benutzten die Römer ebensowenig wie die heutigen Araber oder die Europäer im Mittelalter. Sie mußten mit den Fingern essen. Das bedingte wiederholte Waschungen: vor der Mahlzeit und während der Mahlzeit nach jedem Gang. Sklaven standen mit Gießschalen in der Nähe der Betten bereit, gossen den Gästen kühles, parfümiertes Wasser über die Hände und trockneten sie mit einem Tuch, das sie über dem anderen Arm trugen.[125] Außerdem waren die Eingeladenen mit einer eigenen Serviette versehen, die sie vor sich ausbreiteten, damit der Bettbezug nicht beschmutzt wurde. Sie brachten sie um so lieber mit, weil die Sitte es ohne weiteres gestattete, darin all die guten Sachen mitzunehmen, die *apophoreta*,[126] die zu verspeisen sie keine Zeit fanden.

Es hätte freilich einer Appetit wie Gargantua haben müssen, um sich durch die Menüs durchzuarbeiten, die uns die Literatur überliefert hat und bei denen der Gastgeber mit dem Reichtum seines Silberzeugs und der Fülle der Gerichte die Gäste überwältigte. Mindestens sieben Gänge, *fercula*, wurden aufgetragen – *quis fercula septem secreto cenavit avus?*[127]: die Vorspeisen, *gustatio*, drei

Abb. 83. Diener, ein Gericht auftragend. Wandgemälde aus einem römischen Hypogäum.

Vorgerichte, zwei Braten und der Nachtisch, *secundae mensae*. Gekrönt von einem zusätzlichen Braten, marschieren sie bei Trimalchios Fest auf, einer »lächerlichen Mahlzeit«, deren Komik jedoch nicht im Aufgebot der Speisen wurzelte. Was aufgetragen wird, ist kaum bestürzender als das Essen bei den öffentlichen

Banketten, von denen uns rund vierhundert Jahre später Macrobius berichtete.[128] Die Komik ergibt sich aus der selbstzufriedenen Dummheit des Hausherrn, aus seinen kindisch-blödsinnigen Anschlägen und aus seinem kostbaren, aber verrückt aufgemachten Tafelzubehör. Auf dem Serviertisch für die Vorspeisen stand ein bronzener Tragesel aus Korinth, dessen Quersack links weiße, rechts schwarze Oliven enthielt. Darüber als Dach zwei Platten, in die ihr Silbergewicht und Trimalchios Name eingraviert war. Brückenbogen trugen mit Honig und Mohn gewürzte Haselmäuse; auf silbernem Rost dufteten heiße Würstchen, darunter als Kohlen zurechtgemachte Pflaumen aus Damaskus mit Granatapfelfüllung.[129] Die Eingeladenen kauten noch mit vollem Mund, da brachten die Servierer schon das erste Hauptgericht: auf einer Strohschütte hockte eine hölzerne Henne, unter ihr Pfaueneier, die jedes eine Grasmücke, bestrichen mit gepfeffertem Eidotter, enthielten.[130] Der nächste Gang erschien auf einem toll aufgeputzten Tafelaufsatz: auf einer Scheibe mit den zwölf Zeichen des Tierkreises standen zwölf Teller, auf jedem ein zu seinem Zeichen passendes Gericht: afrikanische Feigen auf dem Löwen, Hammelnieren auf den Zwillingen, Ochsenviertel auf dem Stier, die Gebärmutter *(vulva)* junger Säue auf der Jungfrau, eine Languste auf dem Steinbock; darunter eine Platte, auf der links Masthühnchen, rechts Zitzen eines Mutterschweines, in der Mitte ein Hase lagen, er war »mit Flügeln geschmückt, damit er wie Pegasus aussehe«; an den Enden ergossen vier Marsyas-Statuetten aus ihren kleinen Schläuchen eine pikante Tunke hinunter auf Fische, die in einem Miniatur-Euripus schwammen.[131] Danach kamen die drei Braten an die Reihe: auf der ersten Anrichteplatte eine beachtliche Sau, eingefaßt von Frischlingen aus Brotteig und gespickt mit Krammetsvögeln; auf der zweiten ein fettes Ferkel, aus dem ein Berg von Rotwürsten quoll;[132] auf der letzten ein geschmortes Kalb mit einem Helm auf dem Kopf, das ein Schildknappe, der als Ajax verkleidete *scissor*, zerschnitt und von dem er Stück um Stück auf der Spitze seines Schwertes an die Gäste verteilte.[133] Endlich kam der Nachtisch in Gestalt eines Priapus der Konditorkunst, der allerlei Sorten Gebäck, Obst und Trauben anbot.[134] Zwischen der eigentlichen *cena* und dem Nachtisch, *secundae mensae*, wechselten einige *triclinarii* die Tische, andere streuten safranfarbenes und zinnoberrotes Sägemehl auf den Fußboden.[135] Jetzt, meint man, hätte doch jeder, genudelt und gestopft, nur noch an Verabschieden und Schlafen denken müssen. Doch in dem Augenblick, als das Fest beendet schien, begann es von neuem. Trimalchio ließ seine Gäste ein kochendheißes Bad nehmen und führte sie dann in ein anderes *triclinium*. Dort floß, wie es heißt, der Wein in Strömen, und man konnte sich nun nach dem anstrengenden Essen gemäß den Trinkbräuchen der *commissatio* ausgiebig einem Zechgelage widmen, das meist den Abschluß der üppigen *cenae* bildete.

Ein erstes Trinkopfer eröffnete das Gelage. Nach den Vorspeisen schlürfte man Honigwein, *mulsum*. Zwischen den anderen Gängen füllten die *ministratores*, die auch Röstbrötchen verteilten,[136] den Gästen eifrig die Trinkschalen mit den verschiedensten Weinen, vom verrufenen Vatikaner und Marseiller angefangen[137] bis zum unsterblichen Falerner[138]. Um den Wein haltbar zu machen, mischte man ihn mit Harz und Pech. Mit Stopfen aus Kork oder Ton verschloß man den Flaschenhals der Amphore und versah sie mit einem Schildchen *(pittacium)*, auf dem Lage und Jahr des Wachstums verzeichnet waren.[139] Die Amphoren wurden während des Festes entkorkt. Man filterte den Wein durch ein Sieb und goß ihn in den Mischkrug, aus dem die Schalen gefüllt wurden. Ein Römer, der diese dickflüssigen Weine tatsächlich pur trank, galt als ausgemachter Liederjan, auf den man mit dem Finger wies.[140] Im Mischkrug fügte man dem Wein schneegekühltes oder aber angewärmtes Wasser hinzu, kaum jemals weniger als ein Drittel und oft bis zu vier Fünfteln. Die *commissatio*[141] nach der *cena* war ein Zechgelage mit festgelegten Trinksitten. Mehrere Schalen mußten in einem Zug auf Anordnung des Präsidenten geleert werden.[142] Er bestimmte, wieviel Schalen jeder zu trinken hatte, wieviel *cyathi* (0,0456 Liter) – zwischen einem und elf[143] – in jede Schale zu füllen waren und in welcher Form getrunken wurde: in der Runde, beginnend mit dem höchstgestellten Gast *(a summo)*, oder reihum, so daß jeder die geleerte Schale wieder füllte und sie mit einem Trinkspruch dem Nachbarn weiterreichte, oder auch, indem man auf die Gesundheit eines Anwesenden so viele Schalen leerte, wie er Buchstaben in seinen *tria nomina* als römischer Bürger hatte.[144] Tatsächlich erhebt sich die Frage, ob selbst die festesten Mägen diese übertriebenen Fressereien aushalten, ob selbst die härtesten Schädel den übermäßigen Zechgelagen der *commissationes* gewachsen sein konnten.

War die Zahl der wirklichen Opfer vielleicht doch geringer als die Zahl der Teilnehmer? Bei den großen Prunkgelagen gab es wirklich oft mehr Berufene als Auserwählte. Aus Eitelkeit lud der Hausherr möglichst viele Leute zum Essen ein. Doch aus Geiz oder Egoismus ließ er ihnen oft nicht dasselbe reichen wie sich selbst. Plinius der Ältere bemängelte an seinen Zeitgenossen, daß manche »ihren Gästen andere Weine vorsetzen als sich selbst oder im Laufe des Abends die guten Weine durch mittelmäßige ersetzen«.[145] Plinius der Jüngere tadelt an einem seiner Bekannten, er beanspruche bei den *cenae* in seinem Hause selbst die feinsten Gerichte und speise die anderen Teilnehmer mit armseliger Kost ab, er teile seine Weine in drei Sorten nach dem Rang der Gäste.[146] Martial kennt eine Gastgeberin, die köstliches, zierlich gebackenes Brot genießt und einen Wein aus Setia, der mit seiner Hitze selbst den Schnee entflammen könnte: die anderen in der Runde jedoch knabbern an schwarzen Mehlkugeln und »saufen ein finsteres Gesöff aus einem korsischen Wasserkrug«.[147] Über hundert Verse hat Juvenal den Gastmählern Virros gewidmet. Dieser Musterflegel schlürfte genußvoll selber jedesmal alte Weine, schmatzte Brot aus feinstem Weizenmehl, stopfte sich voll mit Gänseleber, Trüffeln und Steinpilzen, mit Seebarben aus Taormina, mit Masthähnchen und mit so köstlichen Früchten, als seien sie im Garten der Hesperiden gereift. Seine Gäste dagegen mußten sich mit saurem, vorjährigem Wein begnügen, mit schwarzkrustigem Brot, das nach Schimmel roch, mit ölgedünstetem Kohl, verdächtigen Pilzen, mit einem Bürzel alten Geflügels und mit einem faulen Apfel, »wie ihn die gelehrigen Affen knabbern, die auf den Wällen hüpfen«.[148] Vergebens verwahrt sich Plinius der Jüngere gegen diese unanständigen Machenschaften.[149] Sie waren überall gang und gäbe, wie die Quellen übereinstimmend bestätigen. Doch ein Vorteil verband sich wenigstens damit: die Schäden aus den Schlemmereien der *cenae* wurden dadurch verringert.

Außerdem aber waren die Folgen der Prasserei auch deshalb nicht so verhängnisvoll, weil die *cena* ihr übermäßiges Programm langsam abwickelte. Wie das Essen bei Trimalchio, so dauerten viele Gastmähler acht oder gar zehn Stunden. Sie waren von Darbietungen unterbrochen. Nach den Vorspeisen folgte bei Trimalchio eine Musik, die den Tanz eines silbernen Skeletts (vgl. Taf. 16) begleitete, nach einem Braten folgten Balancierkunststücke und der von Fortunata getanzte wilde Tanz *(cordax)*; vor dem Nachtisch gab es Rätselspiele, eine Verlosung und die Überraschung aus der Decke: sie öffnete sich, ein riesiger Reifen schwebte herab, an dem Parfümfläschchen hingen, die sofort verteilt wurden.[150] Allgemein galt eine *cena* kaum als vollständig ohne die Späße einiger Hanswurste, ohne tändelnde Mädchen,[151] vor allem ohne die bei Kastagnettenklang ausgeführten lüsternen Tänze. Darin galten im kaiserlichen Rom die Mädchen von Gades als Meisterinnen.[152] Plinius der Jüngere fand keinen Geschmack an diesen Darbietungen und duldete sie nicht in seinem Hause,[153] mußte sie aber bei anderen über sich ergehen lassen. Mit ihnen erreichten die pantagruelischen Feste meist ihren Höhepunkt und arteten zu Orgien aus, die durch die unvorstellbare Hemmungslosigkeit der Teilnehmer noch verschlimmert wurden.

Wie bei den Arabern war das Rülpsen eine Höflichkeit, die sogar die Philosophen rechtfertigten, denen es als das letzte Wort aller Weisheit galt, seiner Natur zu folgen.[154] Indem er ihre Lehren noch ein Stück weitertrieb, hatte Claudius ein Edikt erlassen, das selbst das Ablassen anderer Verdauungsgeräusche für legitim erklärte (worauf die Araber verzichten).[155] Die Ärzte zur Zeit Martials hatten die von einem ebenso wohlmeinenden wie lächerlichen Kaiser empfohlenen Freiheiten überdies mit ihrer Empfehlung versehen.[156] So fehlt diese Geräuschkulisse auch nicht bei dem Gastmahl des Trimalchio, der es »jedem freistellte, sich bei Tisch zu erleichtern«.[157] Dabei bewies Trimalchio noch soviel Geschmack, aufzustehen und den Speisesaal zu verlassen, wenn er ein noch dringenderes Bedürfnis verspürte. Nicht alle römischen Gastgeber hatten diese Bedenken; bei Martial begegnen wir mehreren Herren, die mit einem Fingerschnappen einen Sklaven mit dem Urinierglas herbeirufen und sich von ihm Hilfestellung leisten lassen.[158] Nicht selten mußten sich die Gäste am Ende einer *cena* übergeben, wofür ihnen die kostbaren Bodenmosaiken gerade gut genug waren.[159] Das sicherste Mittel, bei solch unglaublichen Fressereien über die Runden zu kommen, war freilich noch immer die in einem Seitenzimmer *(vomitorium)* willkürlich herbeigeführte Magenreinigung: *vomunt ut edant, edunt ut vomant.*[160]

Angesichts dieser Beschreibung können wir unsere Abscheu nicht verbergen, noch können wir in Zweifel ziehen, daß es in diesem ausschweifenden Rom, das alle Erzeugnisse seines Imperiums an sich zog, auf allen Stufen der Gesellschaft und bis in die Kreise des jüngeren Plinius hinein allzu viele Freßsäcke und Säufer gegeben haben muß. Hört man Trimalchio die Künste seines Chefkochs loben, der aus der Gebärmutter einer Sau einen Fisch und aus einem Stück Speck eine Taube zu machen verstand,[161] so muß man zugeben, daß die Geschicklichkeit der römischen Köche unübertroffen war. Sie galten von nun an als Meister in der Kunst, Gerichte herzustellen, aus deren Geschmack die Zutaten nicht mehr zu erraten waren.[162] Aus dem zwölften Buch der Epigramme Martials gehen die Fortschritte der damaligen Gastronomie und ihr umfangreiches Programm hervor. Die Meeresbuchten unweit der Stadt lieferten Fische, Krebse, Muscheln, die laurentinischen und ciminischen Wälder das Wild. Die nahen Landbezirke Fleisch und Milcherzeugnisse, Käse aus Trebula und von den Vestinern, dazu alle Gemüse: Kohl und Linsen, Bohnen und Salate, Rüben und Möhren, Kürbisse und Pilze, Melonen und Spargel. Picenum und das Sabinerland waren berühmt für ihre guten Öle. Aus Spanien kamen die Pökellaken, mit denen man die Eier würzte; aus Gallien die Wurstwaren, aus dem Orient die Gewürze, aus allen Landschaften Italiens und aus allen Teilen der Welt Weine und Früchte; Äpfel, Birnen und Feigen von Chios; Zitronen und Granatäpfel aus Afrika, Datteln aus den Oasen, Pflaumen aus Damaskus. Jede Sorte fand ihre besonderen Liebhaber. Aus Juvenals Beschreibung ergibt sich geradezu eine Liste der verlockendsten Marktauslagen: der einfache

Mann verzehrte mit Genuß »die Vulva eines Mutterschweines in einer stickigen Kneipe«;[163] ein reicher junger Mann, schon leckermäulig wie sein weißhaariger, verfressener Vater, schleckte bereits mit ziemlicher Übung Trüffeln, gewürzte Steinpilze und Schnepfen in pikanter Tunke;[164] der Verschwender zahlt 6000 Sesterzen für eine Seebarbe, nach der ihn gerade gelüstet;[165] der Feinschmekker Montanus konnte auf den ersten Schmatz Austern vom Kap Circei von Austern aus dem Lukrinersee in Kampanien unterscheiden.[166]

Keineswegs aber darf man aus diesen Mitteilungen allgemeine Schlüsse ziehen. Viele Römer gestalteten das Abendessen als Krönung ihres Tages zu einem vornehmen und hübschen Fest, an dem auch der Geist neben dem Gaumen zu seinem Recht kam und bei dem es trotz Beachtung der Gebräuche maßvoll und einfach zuging. Ein Brief Plinius' des Jüngeren kennzeichnet die *cenae*, die Trajan auf seinem Landsitz in Centumcellae (Civitavecchia) gab: sie waren bescheiden *(modicae)*, es wurden lediglich Konzerte oder Komödien *(acroamata)* geboten, reizvolle Gespräche belebten die Abendstunden.[167] Als kostbare Geschenke begrüßt Plinius der Jüngere die Krammetsvögel, die Flaccus ihm schickte,[168] das Masthuhn, das er von Cornutus erhielt.[169] Zum Abendessen bei Catilius Severus (Konsul des Jahres 115) ließ er sich nur unter der Bedingung einladen, daß die *cena* ohne besondere Zurüstungen und Kosten stattfand und nur »sokratische« Unterhaltung bot.[170] Das Menü bei dem Empfang, den er Septicius Clarus gab, hat er aufgezeichnet. Obwohl er sich in Unkosten stürzte, war es vorbildlich einfach: Salat, drei Schnecken, zwei Eier für jeden; Oliven, Zwiebel, Kürbis; schneegekühlte Speltkuchen, getränkt mit Honigwein; in den Pausen entweder jeweils ein Vorleser, ein Spaßmacher oder ein Lyraspieler, oder auch alle drei nacheinander.[171]

In den kleinbürgerlichen Kreisen herrschte dieselbe gepflegte Mäßigkeit. Ein Beispiel bietet die von Martial für sieben Teilnehmer auf dem *stibadium* seines Speisesaals gegebene *cena.* »Meine Haushälterin hat abführende Malven herbeigebracht und die reichen Schätze meines Gartens, Feldsalat und Stangenlauch, dazu auch duftende Minze und liebestärkende Raute. Auf einer Rautenunterlage glänzen Anschovis auf Eischeiben; als Abschluß der Vorspeisen gibt es weiterhin Schweinezitzen in Thunfischlake. Mein bescheidenes Mahl umfaßt nur einen Hauptgang: ein dem wilden Wolf entrissenes Zicklein, gegrillte Koteletten, Bohnen und jungen Grünkohl. Danach ein Hähnchen und einen Schinken, der schon bei drei Mahlzeiten auflag. Sollte dann euer Hunger gestillt sein, biete ich euch reifes Obst, eine vom Bodensatz befreite Flasche aus Nomentum, die zweimal drei Jahre unter dem Konsulat des Frontinus (98 n. Chr.) erlebte. Erwartet des weiteren harmlose Späße, freimütige Offenheit, die euch am nächsten Morgen nicht reuen wird, und keinen Kummer über ein Wort, das euch entschlüpfen sollte.«[172] Schlichter und reizvoller noch ist ein Essen, das Juvenal einem Freund ankündigt: »Hier das Menü. Es wird nichts kosten. Das zarteste Zicklein werden die Herden von Tibur liefern. Es hat noch kein Gras gekaut und noch nicht an jungen Weidensprößlingen geknabbert, es hat mehr Milch noch als Blut. Bergspargel, wie ihn die Bäuerin nach getaner Spinnarbeit erntete, dann dicke Eier, noch warm vom Heunest, aus dem sie geholt wurden, und die Hühner, die sie gelegt haben; gelagerte Weintrauben, doch frisch, als seien sie gerade gepflückt, Birnen aus Signia, Äpfel, die wie die herrlichsten Früchte aus Picenum duften.«[173]

Ähnliche Menüs hat auch, wie wir uns gerne vorstellen, jener Bürger während seines Ferienaufenthaltes in Pompeji gegeben, der an den Wänden seines *triclinium* die von Anstand und Würde erfüllten Ratschläge anschreiben ließ, die noch heute erhalten sind.

»Der Sklave wasche und trockne die Füße der Gäste, sorglich breite er Leinen über die Polster der Betten.«

ABLUAT UNDA PEDES PUER ET DETERGEAT UDOS

MAPPA TORUM VELET LINTEA NOSTRA CAVE.

»Verschone mit lüsternen Blicken und verführerischem Liebäugeln die Frau deines Nachbarn, Scham wohne dir auf den Lippen.«

LASCIVOS VOLTUS ET BLANDOS AUFER OCELLOS

CONIUGE AB ALTERIUS SIT TIBI IN ORE PUDOR.

»Sei höflich und enthalte dich nach Kräften häßlicher Redensarten, zumindest bis du wieder daheim anlangst.«

UTERE BLANDITIIS ODIOSAQUE IURGIA DIFFER SI POTES
AUT GRESSUS AD TUA TECTA REFER.[174]

Das einfache Volk hielt sich im allgemeinen bei den Gastmählern seiner Vereinigungen an solche Grundsätze. Die Satzung der im Jahre 133 n. Chr. gebildeten Begräbnisgenossenschaft möge als Beweis dienen. Sechs Bankette sind jährlich vorgesehen: zwei an den Gründungstagen der Heiligtümer des Antinous und der Diana, des Heros und der Göttin, unter deren Schutz das *collegium salutare* steht; vier an den Todestagen seiner Wohltäterin Cornelia Procula und der drei Wohltäter aus der Familie der Caesennii. Der Präsident des Banketts, *magister cenae*, hatte dafür zu sorgen, daß jeder Gast ein Brot zu zwei Assen, vier Sardinen und eine Amphore gewärmten Wein erhielt. Er legte die Sitzordnung der »Kollegen« fest und richtete sich dabei nach der Rangliste, dem *album*. Außerdem bestimmte er die Strafen für schlechtes Benehmen: »Wer lärmend aufsteht, um einen anderen Platz zu erlangen, zahlt eine Strafe von vier Sesterzen; wer einen Kollegen laut schmäht oder Streit erregt, bezahlt zwölf Sesterzen; wenn der Präsident beleidigt wird, erhöht sich die Strafe auf zwanzig Sesterzen.«[175] In dieser Vereinigung schlichter Leute aus den Vorstädten Roms zur Zeit Hadrians treten die alten römischen Tugenden wieder hervor: Maß, Zucht, Anstand. Sogar ein neues Empfinden bricht sich hier dank der »Kollegen« von Lanuvium Bahn, das Gefühl für die Brüderlichkeit, die sie jetzt im Leben wie später im Tode eint. Mit dem Blick auf den Tod versammeln sie sich, um zusammen die Bestattungskosten für jedes Mitglied aufzubringen und dadurch gemeinsam das Heil im Jenseits zu erwerben.

Noch stärker aber, weil von einem höheren Ideal beseelt und von der Gewißheit des Evangeliums verklärt, scharte dieses Gefühl die Christen Roms zusammen. Ihre Gemeinschaften versammelten sich nach vollendetem Tagewerk bei den *cenae*, die sie mit dem griechischen Wort für Nächstenliebe, ἀγάπη, bezeichneten. Seit dem 1. Jahrhundert nahmen sie, »indem sie Gott lobten, ihre Mahlzeiten fröhlich und einfältigen Herzens zu sich«.[176] Auch am Ende des 2. Jahrhunderts übten sie dabei brüderliche Nächstenliebe. »Die Armen nahmen teil an den Schätzen der Reichen und hatten doch nichts Böses und keine Überheblichkeit zu erleiden.« So heißt es bei Tertullian: »Erst nach einem Gebet zu Gott läßt man sich zum Essen nieder. Jeder ißt nur, bis er gesättigt ist. Man trinkt nicht mehr, als sich unter anständigen Menschen gehört. Man läßt es sich genug sein, wie es sich für jemanden schickt, der auch nachts Gott verehrt. Man spricht miteinander in der Gewißheit, daß Gott zuhört.«[177]

So stehen den Schilderungen des Petronius, den Epigrammen Martials, den Satiren Juvenals die in der Stille wirksamen, wahren Vorbilder des kaiserlichen Roms entgegen: eine immer musterhafte Vornehmheit der römischen Elite, das tägliche Leben des Kleinbürgertums und der Plebs, die bescheidene Hofhaltung Trajans, die einfachen Gastmähler, mit denen Plinius der Jüngere und die Dichter ihre Freunde bewirteten; die *cenae*, welche die Anhänger der Diana und des Antinous brüderlich miteinander einnahmen, und die reinen Liebesmahle, in denen die Christen, bevor sie sich nach Stärkung ihrer Körper zur Ruhe begaben, ihre Seelen zu Gott erhoben, sich jene Liebe bezeugten, die sich die »Kinder des Vaters, der im Himmel ist«, schulden, und überdies in ihrer heiteren Demut die erhabene Süße der Gegenwart Gottes empfanden.

Anmerkungen

VORWORT

1 Juvenal XI, 78 f.
2 Ebd. XI, 99.

ERSTER TEIL. LEBENSFORMEN IN ROM

I. DIE UMWELT: DIE STADT, DIE HÄUSER UND IHRE ORDNUNG

Erstes Kapitel: Glanz, Weite, Bevölkerung der ›Urbs‹

1 Über die Beschreibung des Trajansforums ist die ausgezeichnete Monographie heranzuziehen, die Corrado Ricci 1934 über die Kaiserforen veröffentlicht hat; unerläßlich weiterhin das vor den jüngsten Ausgrabungen erschienene Kapitel von Roberto Paribeni in Bd. 2 seines *Optimus Princeps.*

2 Zur Bevölkerung Roms verweise ich nur auf das klassische Buch von Beloch, *Die Bevölkerung der griechisch-römischen Welt*, und auf die entsprechenden Seiten in dem schönen Buch von Ferdinand Lot, *La fin du Monde Antique*, das eine vollständige Bibliographie bis zum Jahre 1925 enthält [Neuaufl. mit Lit. bis 1967 Paris 1968]. Die Schlüsse aus diesen Aufstellungen habe ich voll ausgewertet in den gegenwärtig im Druck befindlichen Artikeln für die Zeitschrift *Roma* (1938), in *Mélanges Martroye* und *Mélanges Dussaud.*

3 Über das Rom der vierzehn Regionen vgl. die beiden Bände von Clementi, Rom 1933. Über das *pomerium*, die sogenannte servianische Mauer, die Mauer Aurelians, vgl. die Artikel in *A Topographical Dictionary of Ancient Rome*, Oxford, London 1929, von Platner-Ashby, im besonderen für das *pomerium* den Beitrag von Michel Labrousse in *Mélanges d'Archéologie et d'Histoire,* hrsg. von der École française de Rome, Bd. 1937; für die Mauer Aurelians die Monographie von Richmond, *The City Wall of Imperial Rome*, Oxford 1930; für die sogenannte servianische Mauer das hervorragende Buch von G. Saeflund, *Le Mura di Roma repubblicana*, Lund 1932.

4 *Dig.* L, 16, 2, 87 (Alfenus), vgl. 154.

5 Über das *Curiosum* und die *Notitia*, veröffentlicht von Urlichs, vgl. die jüngst erschienene Studie von Arvast North, *Prolegomena till den Romerska Regionskatalogen*, Lund 1937.

6 Oates, der nach Ferdinand Lot das Problem der Bevölkerung Roms in *Classical Philology*, 1934, S. 1011–116, wiederaufgenommen hat, kommt für die Kaiserzeit auf eine Stadtbevölkerungszahl von 1 250 000 Seelen.

7 Martial, *Ep.* XII, 8, 1 f.

Zweites Kapitel: Häuser und Straßen, Größe und Elend der Antike

1 Vgl. dazu auch die reichhaltige Abhandlung von G. Lugli, »Aspetti urbanistici di Roma antica«, in den *Rendiconti della Pontificia Accademia di archeologia romana* XIII, 1937, S. 73–98. Über die Ursprünge der *insula* vgl. Agnes K. Lake, »The origin of the roman house«, in: *American Journal of Archaeology*, 1937, S. 597–601. Über seine wahre Natur handelt G. Calza in seinem klassischen Aufsatz in den *Rendiconti dei Lincei* 1917.
2 Titus Livius XXI, 62.
3 Cicero, *De leg. agr.* II, 96.
4 Vitruv II, 3, 63–65.
5 Über die Regelung durch Augustus vgl. Strabo V, 3, 7; XVI, 2, 23; Tacitus, *Hist.* 2, 71; Aulus Gellius XV, 1, 2; Martial, *Ep.* I, 117, 7.
6 Strabo XVI, 2, 23.
7 Juvenal, *Sat.* III, 190 ff.
8 Aulus Gellius XV, 1, 9.
9 Aelius Aristides, *Or.* XIV, 1, S. 323 Dindorf.
10 Über die Regelung Trajans vgl. Aurelius Victor, *Epitome* 13, 13: *Statuens ne domorum altitudo exsuperaret pedes LX.* Vgl. *Dig.* XXXIX, I, 1, 17 und *Codex Just.* VIII, 10, 1.
11 Tertullian, *Adv. Val.* 7.
12 Juvenal, *Sat.* III, 197. Es gab fünf Stockwerke in den Häusern an der Biberatica und an der Scala von Ara Caeli.
13 Vgl. Cicero, *Pro Caelio* VII, 17.
14 Über die schönen Landhäuser vgl. Martial I, 108, 2–4; VII, 61, 1–6. Daß es den Besitzern nicht immer gelang, allein zu wohnen, geht aus dem entzückenden Epigramm X, 79 hervor.
15 Vergleiche der antiken Epoche mit der heutigen Zeit bringt der aufschlußreiche Aufsatz von Boëthius in den *Scritti in onore di B. Nogara*, Rom 1937.
16 Plinius, *N. H.* XIX, 59; vgl. Martial XI, 18.
17 Vitruv II, 8, 17.
18 *Dig.* XIX, 2, 30.
19 Juvenal XIV, 305 und III, 196.
20 Ulpian in *Dig.* I, 15, 2.
21 Über das Gelump der Armen vgl. Martial XII, 32.
22 Über den Luxus vgl. Cumont, *Égypte des Astrologues*, Brüssel 1937, S. 100, Anm. 6.
23 Zum Geschirr vgl. Martial VII, 53.
24 Über den Reichtum römischer Möbel vgl. Martial VI, 94; XI, 22; XI, 66; Juvenal XI, 120 usw.
25 Fensterscheiben waren in Italien äußerst selten, häufig in den *villae* Galliens; vgl. dazu Cumont, *Comment la Belgique fut romanisée*, S. 44, Anm. 3. Über bunte Glasschalen, die seit dem ersten Jh. n. Chr. von Syrien nach Rom eingeführt wurden, vgl. Silvestrini, »La coppa vitrea greco-alessandrina di Locarno«, in: *Bull. d'Arte*, 1938, S. 490–493, der auf die vorhergehenden Veröffentlichungen verweist, vor allem auf die grundlegende Darstellung von Et. Michon in *Bulletin de la Société des Antiquaires*, 1913.
26 Plinius d. J., *Ep.* II, 17, 16 und 22; vgl. VII, 21, 2 und IX, 36, 1 und Apuleius, *Met.* II, 23.

27 Sogar bei den vorzüglich ausgebauten Heizsystemen Galliens war Vergiftung durch Kohlengase aus den Heizbecken zu befürchten. Julian drohte einmal ihr in Lutetia zu erliegen (*Misopogon* 341 D).
28 Über die *aqua Traiana* s. den Text von Ostia, den ich in den *C. R. Ac. Insc.*, 1932, S. 378, kommentiert habe: *aquam suo nomine tota Urbe salientem dedicavit (Traianus)*, in: *A. E.* 1933, 30.
29 Plautus, *Cas.* I, 30 und passim.
30 Martial IX, 18 (auch Martial hat eine Pumpe nur in seinem Landhaus). Plinius d. J. hat nur Brunnen in seiner *villa* (*Ep.* II, 17, 25).
31 Juvenal VI, 332.
32 Paulus, *Dig.* III, 6, 58; vgl. Papinian, *Dig.* XXXIII, 7, 12, 42.
33 Paulus, *Dig.* I, 15, 3, 3–5.
34 Über die Abflußrohre vgl. meinen Aufsatz »Le Quartier des docks à Ostia« in *Mélanges d'Archéologie et d'Histoire*, 1910. Alles in den Abguß zu leiten ist auch in unseren heutigen Großstädten erst seit jüngerer Zeit möglich. Im Frankreich des zweiten Kaiserreichs leerten Pächter die Pariser Abortgruben.
35 Martial XI, 77, 1–3:

In omnibus Vacerra quod conclavibus
Consumit horas et die toto sedet
Cenaturit Vacerra non cacaturit.

Im 18. Jh. gingen Philipp V. und Elisabeth Farnese zusammen zum Klosett; wie mir mitgeteilt wird, gab es 1914 in Ypern noch zweisitzige Aborte.
36 Über die Glücksgöttin vgl. meinen Aufsatz in *Journal des Savants*, 1911, S. 456, und dazu die Μεγάλη Τύχη τοῦ βαλανίου der Thermen von Dura (*Excavations at Dura*, Bericht VI, New Haven 1936, S. 105). Bei einem Besuch der Ruinen von Tripolitanien war Professor Caputo so liebenswürdig, mich auf eine Äskulap-Statue in den Latrinen von Leptis magna hinzuweisen und auf eine Bacchus-Statue in den an die Bäder von Sabratha angrenzenden Latrinen. Über die Sieben Weltweisen Griechenlands und die Latrinen s. die 1937 unternommenen, noch nicht veröffentlichten Ausgrabungen von G. Calza in Ostia. [Veröffentlicht in *Die Antike* 15, 1939, S. 99 bis 115.]
37 Über die Senkgrube unter der Treppe, vor allem in der *insula Sertoriana*, vgl. *C. I. L.* VI, 29 791.
38 Über die *lacus* s. Titus Livius XXXIV, 44, 5; Lucretius VI, 1022; Juvenal VI, 602, und den Aufsatz, den ich in den *Mémoires de la Société des Antiquaires* 1928 veröffentlichte (vgl. Cumont, *Égypte des Astrologues*, S. 187, Anm. 1).
39 Juvenal III, 271.
40 Ulpian, *Dig.* IX, 3, 5 und 7. Dieselbe Rechtslehre zur Zeit der Antonine: Gaius, *Dig.* LIV, 7, 5, 18.
41 Über die Mieten vgl. *Dig.* XIX, 2, 30 und 58; Diodorus XXXI, 18, 1; Sueton, *Caes.* 38; Juvenal III, 223.
42 Zu der von dem *procurator* Bargates geführten *insula* vgl. Petronius, *Sat.* 95.
43 Siehe die ausgezeichneten Artikel *via* und *vicus* von M. Besnier bzw. A. Grenier im *Dictionnaire des Antiquités* von Saglio und Pottier (im folgenden zitiert als: *D. A.*).
44 Plinius, *N. H.* III, 66.
45 Tacitus, *Ann.* XV, 38 und 43.

46 Über die erforderliche Breite für die *maeniana* vgl. *Cod. Just.* VIII, 10, 12.
47 Müllabfälle wurden in Rom noch bis 1870 vor die Türen geworfen.
48 Varro, *L. L.* V, 158.
49 Martial VII, 61.
50 Ebd.
51 Die Pariser Straßen erhielten eine Beleuchtung in Form von ölgespeisten Straßenlaternen erst im Jahre 1765.
52 Juvenal III, 246.
53 Juvenal III, 271 ff.
54 Petronius, *Sat.* 79.
55 Über den täglichen Betrieb in Rom vgl. Seneca, *De clem.* I, 6; Martial I, 41 und XII, 57.
56 Siehe den Artikel *funus* von Ed. Cuq in *D. A.* und das Basrelief von Preturo in L'Aquila.
57 Sueton, *Claud.* 25, 2; H. A., *Anton. Phil.* 23, 8; *Hadr.* 22, 6.
58 Martial IV, 64.
59 Juvenal III, 236 ff.

II. DIE SITTLICHE ORDNUNG

Erstes Kapitel: Die Gesellschaft. Die Zensusklassen und die Macht des Geldes

1 Zum hier angesprochenen Problemkreis vgl. statt vieles F. Vittinghoff, *Römische Kolonisation und Bürgerrechtspolitik unter Caesar und Augustus*, Wiesbaden 1952 (Abh. Akad. Wiss. Lit. Mainz, Geistes- u. sozialwiss. Kl. 1951, Nr. 14), und ders., »Römische Stadtrechtsformen der Kaiserzeit«, in *ZRG RA* 68, 1951, S. 435 ff.
2 Vgl. Juvenal III, 62 ff.; Seneca, *Cons. ad Helv.* VI, 2 und 3; Lucanus, *Phars.* VII, 404 f., und die von Denis van Berchem in *Les distributions de blé et d'argent à la plèbe romaine sous l'Empire*, Genf 1939, S. 59, angeführten Autoren.
3 Juvenal XIV, 26; I, 92; VI, 475; XIV, 17.
4 Martial VIII, 23; s. sein zärtliches Demetrius-Epitaph I, 101.
5 Plinius d. J., *Ep.* I, 21, 2; VIII, 16; I, 4, 3; VIII, 1, 2; V, 19; I, 12, 7; IX, 36, 4; III, 14, 3.
6 Appianus, *B. C.* II, 120.
7 Zu diesen Zahlen vgl. Tenney Frank, »Races mixtures in the Roman Empire«, in: *American Historical Review* 12, 1916, S. 689–708. Diese Angaben sind heute in entscheidenden Punkten in Zweifel gezogen oder gar widerlegt; vgl. H. Solin, *Beiträge zur Kenntnis der griechischen Personennamen in Rom*, Helsinki 1971, demgegenüber freilich die prinzipiellen Bedenken von F. G. Maier, »Römische Bevölkerungsgeschichte und Inschriftenstatistik«, in: *Historia* 2, 1953/54, S. 318 ff., aufrechtzuerhalten sind.
8 Über den Wert von Kritons Zeugnis s. meine *Points de vue sur l'impérialisme romain*, Kap. III.
9 *C. I. L.* VIII, 10 570 und 14 464.
10 Juvenal III, 131 f.

11 Martial XIII, 12.
12 Ein Sklave für zwei freie Männer in Pergamon, nach Galenus (V, 49 Kuhn), der von 136 bis 202 lebte.
13 Juvenal IX, 140.
14 Juvenal XIV, 322–329.
15 Martial VII, 73; IV, 37; XII, 10.
16 Testamentarische Geschenke Plinius' des J. in *C. I. L.* V, 5262.
17 Plinius d. J., *Ep.* II, 4, 3.
18 Petronius, *Sat.* 71.
19 Über das Ende des zweiten dakischen Krieges vgl. den Aufsatz von A. Degrassi in *Rendiconti dell'Accademia pontificia* 12, 1936, S. 179–184.
20 Über die auf 500 Millionen veranschlagten Schätze des Decebalus vgl. meine *Points de vue sur l'impérialisme romain*, Kap. II. Zum selben Thema s. die in der Sammlung der Universität Kairo von P. Graindor veröffentlichte Monographie *Un milliardaire antique: Herodes Atticus.*
21 Martial XII, 97.
22 Juvenal III, 167.
23 Martial VII, 53.
24 Juvenal VII, 141.
25 Petronius, *Sat.* 47 und 37.
26 Über die *lex Fufia Caninia* vgl. Gaius I, 47.
27 Plinius, *N. H.* XXXIII, 135.
28 Athenäus VI, 104.
29 Über Sold und Behandlung s. die klassischen Abhandlungen von Domaszewski, »Der Truppensold der Kaiserzeit«, in *Neue Heidelberger Jahrbücher*, 1900, und vor allem: »Die Rangordnung des römischen Heeres«, in: *Bonner Jahrbücher* 117, 1908, bes. S. 111, 118 und 139; jetzt zu benutzen in der 2., von B. Dobson besorgten Aufl. Köln und Graz 1967 (Beih. der *BJbb.* 14).
30 Martial IV, 46 und V, 56.
31 Martial VI, 8.
32 Martial X, 47.

Zweites Kapitel: Ehe, Frau, Familie. Tugenden und Laster

1 Gaius, *Institutiones* III, 17. Über die *patria potestas* und das Patronat vgl. die Abhandlungen von Kaser in der *Zeitschrift der Savigny-Stiftung, Röm. Abt.*, 1938, S. 67–87 und 88–135.
2 Cicero, *De Off.* I, 17, 54.
3 Oder von streunenden Hunden verschlungen, vgl. Cumont, *Égypte des Astrologues*, 187, 2.
4 Zu diesen Statistiken vgl. meinen Aufsatz in der *R. E. A.*, 1921, S. 299. Zu der Abhandlung des Musonius Rufus, εἰ πάντα τὰ γινόμενα τέκνα θρεπτέον, vgl. jetzt den *Pap. Harr.* 1, veröffentlicht von J. Enoch Powell, in *Archiv für Papyrusforschung*, 1937, S. 175–178.
5 Beispiel Hadrians in *Dig.* XLVIII, 9, 5.
6 Beispiel Trajans in *Dig.* XXXVII, 12, 5.
7 Marcianus, unter Alexander Severus, in *Dig.* XLVIII, 9, 5.

8 Plinius d. J., *Ep.* IX, 12, 1.
9 Martial III, 10.
10 Plinius d. J., *Ep.* IV, 2, 3.
11 Plinius d. J., *Ep.* I, 9, 1 f.
12 Über die Verlobungsgeschenke vgl. Ulpian in *Dig.* XVI, 3, 25 pr.
13 Über die Beziehung des Ringes und der Kaufgelder vgl. Plinius, *N. H.* XXXIII, 28.
14 Bei Juvenal VI, 25 ff. erhält nur die Braut den Ring. Vgl. Tertullian, *Apol.* 6.
15 Aulus Gellius X, 10.
16 Über diese Einzelheiten vgl. Catull 61; Festus, p. 63, M.; Ovid, *Met.* X, 1; Plinius, *N. H.* VIII, 194; XV, 86; XXVIII, 63; Plut., *Qu. Rom.* XXX und XXXI; Juvenal VI, 227 und X, 330; Claudianus XIII, 1; XXXI, 96; XXXV, 328. Über den Ritus an der Türschwelle s. Rose, *The Roman questions of Plutarch*, 1924, S. 101 ff.
17 Duchesne, *Origines du culte chrétien*, S. 455.
18 Lucanus, *Phars.* II, 370 f.
19 Über den alten Stand der »Minderjährigkeit« der Frau vgl. Gaius I, 144: *Veteres enim voluerunt feminas etiamsi perfectae aetatis sint propter animi levitatem in tutela esse.* Dazu auch Cicero, *Pro Mur.* XII, 27: *Mulieres omnes propter infirmitatem consilio maiores in tutorum potestate esse voluerunt.*
20 Über die zunächst absetzbaren, dann unnötig gewordenen gesetzlichen Vormundspersonen vgl. Gaius I, 173 f. und 115, 145 und 157.
21 Zu diesem Zitat des Julianus in *Dig.* XXIII, 1, 11 vgl. Ulpianus in *Dig.* L, 17, 30: *Nuptias non concubitus sed consensus facit.*
22 Vgl. Ch. Favez, »Un féministe romain: C. Musonius Rufus«, im *Bull. Soc. Et. des Lettres de Lausanne*, Oktober 1933, S. 1–9.
23 Zu Sextia und Paxea vgl. Tacitus, *Ann.* VI, 29.
24 Über Paulina vgl. Tac., *Ann.* XV, 62; J. Carcopino, »Choses et gens du pays d'Arles«, in der *Revue du Lyonnais*, 1922; *Points de vue sur l'impérialisme romain*, S. 247 f.
25 Über Arria d. Ä. vgl. Plinius d. J., *Ep.* III, 16.
26 Zur jüngeren Arria vgl. Tacitus, *Ann.* XVI, 34.
27 Plinius d. J., *Ep.* VI, 24.
28 Vgl. Martial XI, 53 (Claudia Rufina); IV, 75 (Nigrina); X, 35 und auch X, 38 (Sulpicia).
29 Über die Frau des Macrinus vgl. Plinius d. J., *Ep.* VIII, 5.
30 Lob der Calpurnia bei Plinius d. J., *Ep.* IV, 19.
31 Siehe Plinius d. J., *Ep.* I, 14.
32 Über Verstandesheirat vgl. Plinius d. J., *Ep.* I, 14.
33 Über das Zimmer Plinius' d. J., *Ep.* IX, 36.
34 Über den *abortus* der Calpurnia vgl. Plinius d. J., *Ep.* VII, 10 und VIII, 11.
35 Juvenal VI, 243–247; 398–412; 434–456.
36 Plinius d. J., *Ep.* I, 16, 6.
37 Juvenal I, 22 f. und 61 f.
38 Juvenal VI, 246–264.
39 Juvenal VI, 301–305 und 426–433.
40 Juvenal VI, 509.
41 Juvenal VI, 282–284.

42 Plinius d. J., *Ep.* VI, 31.
43 Juvenal XI, 183.
44 Cato bei Aulus Gellius X, 32; vgl. Quintilian V, 10, 104. Über die *lex Iulia de adulteriis* vgl. Paulus, *Sent.* II, 26, 4 und 14; Modestinus in *Dig.* XXIII, 2, 26; Ulpianus in *Dig.* XXV, 7, 1, 2; *Collatio* IV, 12, 3, 7; Martial II, 39 und Juvenal II, 70.
45 Martial, *Ep.* VI, 4.
46 Juvenal, *Sat.* II, 29–31.
47 Über Septimius Severus vgl. Cass. Dio LXXVI, 16, 4: ἐνεκάλει μὲν τοῖς μὴ σωφρονοῦσιν, ὡς καὶ περὶ τῆς μοιχείας νομοθετῆσαί τινα.
48 Über den Text der Zwölf Tafeln vgl. Cicero, *Phil.* II, 28, 69.
49 Über Antonius, der von den Zensoren des Jahres 307 aus dem *album* der Senatoren gestrichen wurde, vgl. Val. Max. II, 9, 2.
50 Über Sp. Carvilius Ruga vgl. Valerius Maximus II, 1, 4 und Aulus Gellius X, 15.
51 Siehe den Text von Valerius Maximus VI, 3, 10–12. Von den bei ihm erwähnten Namen ist einer vollständig unbekannt (Q. Antistius Vetus). Die beiden anderen könnten Personen der zweiten Hälfte des 3. Jh.s. v. Chr. bezeichnen, wenn es stimmt, daß Valerius Maximus seine Beispiele der verlorengegangenen zweiten Dekade des Titus Livius entnommen hat.
52 Bei der Heirat *cum manu* erreichte die Frau dasselbe, vgl. Gaius I, 137 A.
53 Über die fünfte Heirat Sullas s. mein Buch *Sylla ou la monarchie manquée*, S. 217.
54 Über die Scheidungen des Pompejus ebd. S. 190 f., und Plutarch, *Pompejus* IV und X.
55 Über die Scheidung Cäsars s. mein Buch *César*, S. 667.
56 Über die Scheidung des Cato Uticensis vgl. Plutarch, *Cato min.* XXXVI und LII.
57 Über die Scheidung Ciceros vgl. die von Weinstock gesammelten Texte *RE* V A, Sp. 714–716.
58 Über den Bruch von Eheversprechen vgl. Sueton, *Aug.* 34; über die augusteischen Gesetze vgl. Paulus in *Dig.* XXIV, 29 und vor allem Gaius II, 62 und 63. Hinsichtlich der Folgen der *leges Iuliae* teile ich insgesamt die scharfsinnigen Ansichten von Edouard Cuq, *Institutions*, S. 182.
59 Über die Zurückhaltung der Mitgiften, die schon am Ende der Republik sichtbar wird, vgl. *Dig.* XXIII, 3, 73; I, 1, 8; XXIV, 3, 47; XXV, 2, 3, 3; 5, 18; Ulpian, *Reg.* VI, 9–12 und VII, 1 ff., usw. Über die Anwendung in der hier behandelten Epoche vgl. Plinius, *N. H.* XIV, 14.
60 Horaz, *Od.* III, 24, 19.
61 Über die Beschränkungen der Gewalt des Ehemannes außerhalb Italiens vgl. Paulus, *Sent.* II, 21b, 2, und Justinian, *Inst.* II, 8 (dazu auch die eben bei Gaius zitierte Stelle).
62 Zu dem *procurator* vgl. Martial V, 61.
63 Juvenal V, 212.
64 Juvenal VI, 460.
65 Martial VIII, 12, 1 f.
66 Juvenal VI, 142 ff.
67 Gaius in *Dig.* XXIV, 2, 2, 1.
68 Juvenal VI, 225–228.

69 Martial VI, 7.
70 Javolenus, in *Dig.* XXIV, 3, 64.
71 Gaius, in *Dig.* XXIV, 1, 61.
72 Seneca, *De benef.* III, 16, 2.
73 Zu einer herrschergleichen Stellung der Frau vgl. Juvenal VI, 224: *imperat ergo viro* und 341: *Vidua est locuples quae nupsit avaro.*
74 Über die römische Familie zur Zeit der Republik vgl. die ausgezeichnete Monographie von R. Paribeni, *La famiglia romana*, Rom 1929.
75 Martial VI, 7, 5.

Drittes Kapitel: Erziehung, Kultur, religiöser Glaube. Licht und Schatten

1 Über das Konkubinat s. die juristische Diss. von Plassard, Toulouse 1921.
2 Über das Konkubinat Mark Aurels vgl. Cassius Dio LXXI, 29, 1; H. A., *M. Ant. Ph.* 29, 10. Vespasian war übrigens dem »Philosophen« voraus, indem er als Witwer die freigelassene Caenis als Konkubine nahm, vgl. Sueton, *Vesp.* 3.
3 Plinius d. J., *Ep.* III, 14, 3.
4 Martial VIII, 71, 6; VII, 64, 1 f.; VI, 39 und XII, 58.
5 Über Dirnen vgl. Juvenal III, 66; Martial I, 35, 8 usw.
6 Über Cato vgl. Plutarch, *Cato mai.* XX; *Dig.* XL, 30, 3, 5: *decretis divi Pii optinuit mater ut sine deminutione patriae potestatis apud eam filius moraretur.*
7 Über Corellias Wahl eines Erziehers vgl. Plinius d. J., *Ep.* III, 3, 3 ff. Über die Erziehung von Kindern durch Sklaven vgl. Tacitus, *Dial. de Or.* 29.
8 Über die in Rom vom 1. Jh. (Sueton, *Galba* V, 1) bis zum 5. Jh. (Hieronymus, *Ep.* 43, 3) bestätigten Frauenvereinigungen vgl. *C. I. L.* VI, 997 und XIV, 2120.
9 Über Ummidia vgl. Plinius d. J., *Ep.* VII, 24.
10 Plautus, *Bacchides* I, 2; vgl. Boissier, *Fin du Paganisme* I, S. 149.
11 Über die Bezahlung der Erzieher vgl. Horaz, *Sat.* I, 6, 75; Ovid, *Fasti* III, 829; *C. I. L.* X, 3969.
12 Über den *plagosus Orbilius* vgl. Horaz, *Ep.* II, 1, 70; über seine Nachfolger Juvenal I, 15; Martial X, 62, 10.
13 Über den Schulleiter von Falerii, dessen Geschichte zweifellos erfunden ist, vgl. Liv. V, 27, 1 und Diod. XIV, 95, 6.
14 Über römische Erziehung s. vor allem A. Gwynn, *Roman Education from Cicero to Quintilian*, Oxford 1926.
15 Die erste Staatsschule wurde von Theodosius II. gegründet, *Codex Theod.* XIV, 9, 3; vgl. auch VI, 21, 1.
16 Quintilian I, 3, 1.
17 Über die Lesemethoden vgl. Quintilian I, 1, 26.
18 Über Schreibmethoden vgl. Seneca, *Ep.* 94, 51.
19 Über Rechenbretter vgl. den Artikel *abacus* des *D. A.*
20 *C. I. L.* II, 5181, Z. 57: *ludi magistros a proc(uratore) metallorum immunes es(se placet).* Die Bedeutung des Vorrechts ist durch die Tatsache gemindert, daß es hinter denen der Ausrufer, Schuhmacher, Barbiere angeführt ist.

21 Über die Alphabete aus Elfenbein und Backwerk vgl. Quintilian I, 1, 25. Über das Alphabet des Pädagogen bei Herodes Atticus vgl. Philostr., *Vit. Soph.* II, 1, 10.

22 Vegetius, *De re mil.* II, 19.

23 Apuleius, *Florida* 20.

24 Aulus Gellius XV, 11; zur *Rh. ad Her.* zuletzt J. von Ungern-Sternberg in *Chiron* 3, 1973, S. 143 ff.

25 Siehe meinen *César*, S. 974, dazu auch die Abhandlungen Ciceros.

26 Über die »Wissenschaftspolitik« Vespasians vgl. die Inschrift von Pergamon, veröffentlicht von Herzog in den *Sitzungsberichten der Preußischen Akademie* XXXII, 1935, S. 967–1019, kommentiert von Attilio Levi in *Romana*, 1937, S. 361–367.

27 Sueton, *De gramm.* I, 2 und *Rhet.* 1.

28 Ein gutes Beispiel für die Lächerlichkeit, der sich die Philosophen gemeinhin aussetzten, bietet die obszöne Parodie des Unterrichts der »Sieben Weisen« auf den letzthin in den Thermen von Ostia freigelegten Bildern (vgl. oben, S. 377, Anm. 36).

29 Vgl. meinen *César*, S. 947–975, und den Aufsatz von H.-I. Marrou in den *Mélanges de Rome* 49, 1932, S. 93–110; jetzt mit Nachträgen in: H.-I. Marrou, *Patristique et Humanisme*, Paris 1976, S. 65–80.

30 Über Wunderkinder im kaiserlichen Rom vgl. Marrou, Μουσικὸς ἀνήρ, Paris 1937, S. 196–207.

31 H.-I. Marrou, *Saint-Augustin et la fin de la culture antique*, Paris 1938, Kap. II.

32 Über die »Philhellenen« des 2. Jh.s vgl. Martial X, 68; Juvenal I, 185–196.

33 Über Lukian und seine einträglichen Reisen vgl. die nicht veraltete Doktoratsthese von Maurice Croiset.

34 Über die Einführung des Lateinischen an Stelle des Griechischen in die Kirche Roms vgl. P. Monceaux, *Histoire de la littérature chrétienne*, S. 42; Puech, *Histoire de la littérature grecque chrétienne* II, S. 8. Über das Mittelalterliche des 3. Jh.s vgl. die schönen Einleitungsseiten des Handbuchs *Critique verbale* von Louis Havet. Über den schwachen hellenistischen Einfluß im römischen Afrika: Thieling, *Der Hellenismus in Kleinafrika*, Leipzig, Berlin 1911. Es wäre leicht nachzuweisen, daß die Liturgie der Juden in Rom und die der Dionysiasten von Torre Nova auch griechisch gehalten wurde (s. zu den erstgenannten Frey, *Corpus Inscriptionum Iudaicarum*, zu den Dionysiasten Vogliano und Cumont in *American Journal of Archaeology*, 1933, S. 215 ff.

35 Über Q. Sulpicius Maximus vgl. *I. G.* XIV, 2012.

36 Über den Sohn des Delmatius vgl. *C. I. L.* VI, 33 929. Weiteres Beispiel: *C. I. L.* XI, 6435.

37 Im einzelnen verweise ich auf meine Skizze in *Bulletin de la Société française de Pédagogie*, März 1928, S. 15–29; und auf die o. a. Bücher von Gwynn und Marrou.

38 Über Caecilius Epirota vgl. *RE* III, Sp. 1201.

39 Über die »Wissenschaft« des Juba vgl. Gsell, *Histoire ancienne de l'Afrique* VIII, S. 262 f. Über Cirta vgl. Sall., *De Bell. Iug.* XXI, 2. Über die ablehnende Haltung der Antike gegenüber der positiven Wissenschaft vgl. P. M. Schuhl, *Machinisme et philosophie*, Paris 1938, S. 1 ff.

40 Tacitus, *Dial. de Or.* XXXVI, 1.

41 Über Hermagoras vgl. *RE* VIII, Sp. 693–695.
42 Sehr ergiebig das Buch von E. Jullien, *Les professeurs de littérature dans l'ancienne Rome*, Paris 1885, bes. die Kapitel VI–VIII.
43 Sueton, *De rhet.* II, 11; vgl. Diomedes, *De declinatione exercitationis chriarum.*
44 Quintilian I, 9, 3.
45 Sueton, *De Gramm.* 5: *veteres grammatici et rhetoricam docebant.*
46 Sueton, *Rhet.* I.
47 Über diese angebliche *actio de moribus* vgl. Mommsen III, S. 88.
48 Aulus Gellius XVII, 12.
49 Anders H.-I. Marrou, *Saint Augustin et la fin de la culture antique*, S. 53 f. Vgl. dagegen Deratani, *Rev. phil.* 1929, S. 184–189, nach dessen Meinung man, »um in den deklamatorischen Übungen irgendwelchen Realitätsgehalt zu finden, sie mit der Lupe betrachten muß«.
50 Seneca, *Ep.* 106, 12.
51 Petronius, *Sat.* 1.
52 Tacitus, *Dial. de Or.* XXXV, 4 f.
53 Juvenal VII, 150 ff.
54 Über den in vielen Dutzend Epitaphien bestätigten groben Materialismus vgl. die epigraphischen Untersuchungen von Brelich, *Aspetti della morte nelle iscrizioni sepolcrali dell' impero romano*, Budapest 1937, S. 50 ff.
55 Über die Darstellung der römischen Staatsreligion s. die ausgezeichnete Abhandlung von Cumont, *Les religions orientales dans le paganisme romain*, Paris 1929, S. 25–27; dt. Ausg. (s. Bibliographie) S. 26, 28, 32–35.
56 Boissier, *La religion romaine d'Auguste aux Antonins* II, S. 141 f.
57 Juvenal XII, 1–15.
58 Juvenal II, 149–152.
59 Siehe Petronius 44.
60 Tacitus, *Hist.* V, 5; *Germ.* IX.
61 Boissier, *La religion romaine* II, S. 171.
62 Plinius d. J., *Ep.* VIII, 8.
63 Plinius d. J., *Ep.* IX, 39.
64 Plinius d. J., *Ep.* IV, 8.
65 Die Kaiser haben nicht mehr den kaiserlichen Glauben: vgl. zu diesem Wort Vespasians Sueton, *Vesp.* 3, und dazu das schreckliche Wort Caracallas über seinen Bruder, aus H. A., *Geta* 2: *Geta sit divus dum non sit vivus.*
66 Plinius d. J., *Pan.* XI, 3.
67 Die seit der Epoche des Tiberius nur ausnahmsweise erwähnte Bezeichnung *domus divina* (*C. I. L.* XIII, 4635), vielleicht zuerst im Jahre 31 (M. P. Charlesworth in *Harv. Theol. Rev.* XXIX, 1936, S. 112, Anm. 14; vgl. Pippidi in *Revista Clasica* XI/XII, 1939/40, S. 250), erscheint häufig in den Inschriften zur Zeit Domitians. Bei dem Junggesellen Nerva gab es keine *domus.*
68 Siehe z. B. den Gegensatz zwischen der Formulierung der Inschrift von Rabat, die ich 1931 in den *Mélanges de Rome* veröffentlichte, und der Inschrift von Ain el Djémala, die ich 1906 ebd. veröffentlichte.
69 Plinius, *Pan.* XIV, 1.
70 Über den Thiasos-Charakter der griechischen Philosophenschulen s. das Buch von P. Boyancé, *Le culte des Muses*, Paris 1937, Ndr. Paris 1972. In Athen

ist die Bruderschaft der Epikureer unter Hadrian unterstützt worden.

71 J. Bidez, *La cité du monde et du soleil chez les stoïciens*, Paris 1932.

72 Über den Alexandrinismus der Neupythagoreer Roms vgl. das Nigidius Figulus gewidmete Kapitel meiner *Basilique*.

73 Der Beweis für diesen in den Diadochenstaaten entrichteten »moralischen Zoll« beruht vor allem in dem, was uns über Timotheus berichtet wird, den Hierophanten von Eleusis, den Reformator des Attis- und Begründer des Serapiskultes am Ende des 4. Jh.s v. Chr.

74 Über diesen Kult in Capua vgl. *Notizie degli Scavi*, 1924, S. 361; in Rom, *C. I. L.* VI, 732; wenn Mithras auch nicht aufersteht, so ist er doch ein vermittelnder und heilbringender Gott.

75 Über die Symbiose der orientalischen Kulte vgl. Cumont, a. a. O., S. 52 und 291; dt. Ausg. (s. Bibliographie) S. 54, 80–82, 120, 178, 256 mit Anm. 11; jüngere Darstellung: Alda Levi, *La patera d'argento di Parabiago*, Rom 1936.

76 Juvenal VI, 550, 553, 585.

77 Ebd. 533 f., 540 f., 548 f.

78 Ebd. 512 f.

79 Ebd. 314–317. Es handelt sich um Mysterien der Bona Dea, die jetzt sichtlich von den orgiastischen Neigungen orientalischer Kulte beeinflußt sind.

80 Juvenal, *Sat.* II, 6, 522–529.

81 Juvenal, *Sat.* II, 6, 570 ff.

82 Petronius 39, 62 und 74.

83 Tacitus, *Hist.* II, 50; vgl. Boissier, *Tacite*, S. 146.

84 Plinius d. J., *Ep.* I, 18; II, 20; VII, 27.

85 Vgl. Albert (Marie-Joseph) Lagrange in *Revue biblique*, 1919, S. 480.

86 Siehe F. Cumont, *Religions orientales*, S. 15 und 26; dt. Ausg. (s. Bibliographie) S. 15 und 26 f.

87 Juvenal X, 350.

88 Persius II, 70–75.

89 Statius, *Silvae* I, 4, 128–131. Das Gebet des Stoikers Demetrius aus der vorhergehenden Periode, das durch Seneca, *De Provid.* V, 5, überliefert ist, zeigt derartig tiefe Empfindung, daß H. Delehaye es ohne weiteres neben das *Suscipe* stellt, das die *Geistlichen Übungen* des Ignatius abschließt (*Légendes hag.*, 1905, S. 170, Anm. 1).

90 Über die Heilsreligion des Antinous vgl. Dietrichson, *Antinoos*, Oslo 1884, dessen Folgerungen ich mich mehr anschließe als denen von Pirro Marconi, »Antinoo«, in den *Monumenti dei Lincei* XXIX, 1923, S. 297–300. Im Museum von Leptis magna habe ich eine restaurierte Statue des Antinous gesehen, die den Efeukranz des Bacchus neben den Attributen Apollos trug.

91 Über das *collegium salutare* der Dendrophoren von Bovillae vgl. meinen Aufsatz in *Rendiconti dell'Accademia pontificia di archeologia*, 1925/26, S. 232–246.

92 Über das *collegium salutare* von Lanuvium vgl. *C. I. L.* XIV, 2112.

93 Diese kaiserliche Politik entwickelt sich von Hadrian, dem Erbauer des Doppelheiligtums der Venus und der Roma, bis zu Commodus als Mars mit der Kaiserin Crispina als Venus; sie ist vorzüglich gedeutet von Aymard in *Mélanges de l'École de Rome*, 1934, S. 194–198.

94 Zur Mithras-Verehrung des Commodus vgl. Cumont, *Textes et Monuments* . . . I, S. 281, und Hist. Aug., *vita Comm.* 9.
95 Über die Münzen der Faustina vgl. Graillot, *Le culte de Cybèle*, Paris 1913, S. 151.
96 Plinius d. J., *Ep.* X, 96.
97 Tacitus, *Ann.* XV, 44; Sueton, *Claud.* 25 und *Nero* 16.
98 Vgl. Sueton, *Claud.* 25: *Iudaeos, impulsore Chresto, assidue tumultuantes Roma expulit.* Über diesen berühmten Text vgl. Duchesne, *Hist. anc. de l'Église* 1, S. 55, und Janne in den *Mélanges Bidez* 1, Brüssel 1934, S. 531 f. Die Christen wohnten nicht für sich. Vgl. Abbé Vielliard in *Bull. Soc. Antiqu.*, 1937, S. 104.
99 »Sich in die jüdischen Sitten verirrend« ist die Formulierung, deren sich Cassius Dio gemäß seiner Quelle im Zusammenhang mit Flavius Clemens bedient (LXVII, 14, 2).
100 *Phil.* 4, 22.
101 Über Pomponia Graecina vgl. Tacitus, *Ann.* XIII, 32. Über M' Acilius Glabrio vgl. Sueton, *Dom.* 10, und Cass. Dio LXVII, 12. Über Clemens und Domitilla vgl. Sueton, *Dom.* 15, und Cass. Dio LXVII, 14.
102 Über die seltsame Weichheit des Flavius Sabinus vgl. Tacitus, *Hist.* III, 65 und 75: *mitem virum, abhorrere a sanguine et caedibus . . .; in fine vitae alii segnem, multi moderatum et civium sanguinis parcum credidere.*
103 Vgl. Mâle, *Revue des Deux Mondes*, 15. Januar 1938, S. 347.
104 Über die zweite Flavia Domitilla vgl. Duchesne, a. a. O., S. 217, Anm. 2 (Eusebius, *Chron.*, *Ad. ann. Abr.* 2110 und *Hist. Eccles.* III, 18).
105 Diese weitreichende und inzwischen berühmte These de Rossis ist in den letzten Jahren namentlich von P. Styger, *Die römischen Katakomben*, Berlin 1933, angefochten worden.
106 Über die anfängliche Illegalität des Christentums s. meine Ausführungen in *R. E. L.*, 1936, S. 230 f.
107 Loisy, *Les mystères païens et le mystère chrétien*, Paris 1922, S. 363.
108 Duchesne, a. a. O., S. 198.

ZWEITER TEIL. DER TAG DES RÖMERS

Erstes Kapitel: Tageseinteilung, Aufstehen, Toilette

1 Die Iden fielen im März, Mai, Juli, Oktober auf den 15., in den acht anderen Monaten auf den 13., in diesen acht Monaten fielen die Nonen auf den 5., in den anderen vier Monaten auf den 7.
2 Über die als eigentümlich römisch anzusehende Woche vgl. Cass. Dio XXXVII, 18, 2.
3 Über den bürgerlichen Tag der Römer, Griechen, Babylonier vgl. Varro, bei Macrobius, *Sat.* 1, 3, 2; Aulus Gellius III, 2, 2.
4 Vgl. den Artikel »Horologium« des *D. A.*
5 Über die späte Einführung der »Stunden« in Rom vgl. Censorinus, *De die nat.* XXIII, 8. Über die einfache Zweiteilung des Tages vgl. Plinius VII, 212; Aulus Gellius XVII, 2, 10.
6 Über die *Graecostasis* vgl. Varro, *L. L.* V, 135. Außer einer Gesandtschaft,

die aber wahrscheinlich von der Alexander-Annalistik erfunden ist, haben die Griechen vor den Siegen des Demetrios Poliorketes niemand nach Rom geschickt (Strabo V, 2, 5).

7 Über die Teilung des Tages in vier Abschnitte vgl. Censorinus, *De die nat.* XXIV, 3.

8 Über die erste Sonnenuhr, die nicht aus dem Jahre 293, sondern aus dem Jahre 263 v. Chr. stammt, vgl. Plinius, *N. H.* VII, 213 f.

9 Vgl. Plinius, ebd. 214: *nec congruebant ad horas eius lineae ... paruerunt tamen ei annis undecentum.*

10 Plinius, ebd.: *donec Q. Marcius Philippus, qui cum L. Paulo fuit censor, diligentius ordinamentum iuxta posuit, idque munus inter censoria opera gratissima acceptum est.*

11 Über die erste in Rom eingeführte Wasseruhr vgl. Plinius, *N. H.* VII, 215.

12 Über das große, zwischen der *Ara Pacis* und der Markussäule gelegene *solarium* vgl. *C. I. L.* VI, 702 und Plinius, *N. H.* XXXVI, 73.

13 Vitruv IX, 9, 5.

14 Petronius, *Sat.* 26 und 71.

15 Seneca, *Apocol.* II, 3.

16 Über Unterschiede zwischen bürgerlichem und natürlichem römischem Tag vgl. Censorinus, *De die nat.* XXII, 2.

17 Martial XII, 57.

18 Juvenal XIV, 59 ff. Über die verschiedenen Arten von *scopae* vgl. Plinius, *N. H.* XVI, 108; XXIII, 166; Hor., *Sat.* II, 4, 81 f.; Martial XIV, 82. Über die Leitern, *scalae quae ad lacunaria admoveantur*, vgl. Ulpian in *Dig.* XXXIII, 7, 16.

19 Plinius d. J., *Ep.* II, 17.

20 Plinius d. Ä., *N. H.* pr. 18.

21 Aulus Gellius VI, 10, 5.

22 Persius III, 3.

23 Horaz, *Sat.* I, 6, 119.

24 Martial, *Ep.* XII, 18, 13.

25 Isidor von Sevilla XVIII, 20.

26 Cicero, *Ad. Qu. fr.* III, 2, 1; Horaz, *Serm.* II, 1, 102; Fronto, *Ep.* IV, 6, S. 69 Naber.

27 Plinius d. J., *Ep.* III, 5, 8.

28 Sueton, *Vesp.* 21.

29 Über den Apoxyomenos des Lysippos und die Junge Frau des Parrhasios, die das *cubiculum* des Tiberius schmückten, s. meinen Aufsatz »Galles et Archigalles« in den *Mélanges d'Archéologie et d'Histoire*, 1923. Auf den Streit, der über die Bestimmung des Mysterienzimmers entstanden ist, will ich hier nicht eingehen.

30 Ps.-Acro, zu Horaz, *Sat.* I, 6, 109.

31 Juvenal VI, 261.

32 Martial XIV, 119.

33 Martial XI, 11, 5; vgl. *Dig.* XXXIV, 2, 27, 5.

34 Über die Betten vgl. oben S. 58.

35 Über den *torus* vgl. Petronius 32 und 78; Juvenal VI, 88 ff.; Martial XIV, 90 und 92. Der Ruf des flandrischen Wollstoffes scheint bis in die Antike zurückzureichen.

36 Über die *stragula* und *operimenta* (oder *opertoria)* vgl. Varro, *L. L.* V, 167; Seneca, *Ep.* 87, 2.
37 Über die *tapetia* vgl. Martial XIV, 147; *Dig.* XXXIII, 10, 5. Über die *lodices* und die *polymita* vgl. Martial XIV, 148 und 150.
38 Über das *toral* vgl. Varro, *L. L.* V, 167; *Dig.* XXXIII, 10, 5.
39 Über den Bedeutungsinhalt dieser Wörter vgl. die Bemerkungen des *D. A.* von Saglio und Pottier.
40 Als die Bekleidung nur aus *licium* und *toga* bestand, schlief man mit der *toga* (Varro bei Non. 14, S. 540). Später legte man die Toga gemäß dem Hochzeitsritus auf dem Bett ab (Arnobius, *Adv. Nat.* II, 68).
41 Martial, *Ep.* XII, 18, 17 ff.
42 So Cato Uticensis (Asconius, S. 30 Or.) und die Cornelii Cethegi *cinctuti*, vgl. Horaz, *A. P.* 50 und Porphyrion h. l.
43 Siehe Cicero, *De Off.* I, 35, 129. Die »kämpfenden« Frauen traten in dieser Aufmachung auf (Juvenal VI, 70; Martial VII, 67).
44 Außer vielleicht den Landarbeitern. Daher der Name *campestria*, den gewöhnlich die *subligaria* der Handwerker trugen (vgl. Plinius, *N. H.* XII, 59).
45 Quintilian XI, 3, 138.
46 Die *tunica talaris* war bei den Männern tadelnswert als Zeichen der Verweiblichung (Cicero, *Verr.* II, IV, 13, 31; 33–86; *In Cat.* II, 10, 22).
47 Quintilian XI, 3, 139.
48 Sueton, *Aug.* 82.
49 Aulus Gellius VI, 12, 1 und 3; Nonius 536, 15; dagegen Augustin, *De doctrina Christiana* III, 20.
50 Plinius d. J., *Ep.* III, 5, 15.
51 Über die Toga und die Kunst, sie anzulegen, vgl. Victor Chapot, »Propos sur la toge«, in: *Mém. Antiq. de France*, 1937, S. 37–66.
52 Léon Heuzey, *Histoire du costume antique*, S. 232. Ähnliche Überlegungen in den Schlußseiten des Buches von M. Bieber, *Entwicklungsgeschichte der griechischen Tracht*, Berlin 1934.
53 Athenäus V, 213 B.
54 Titus Livius III, 26.
55 Siehe die Kaiser, die sich in ihre mehr oder weniger weite Toga einhüllten (Caligula im Theater, Claudius im Tribunal, Nero in der *aedes Vestae* usw.).
56 Tertullian, *De pall.* 5: *ita hominem sarcina vestiat.*
57 Vgl. Juvenal III, 147 ff.; Martial, *Ep.* I, 103, 5; VII, 33, 1; X, 11, 5 und 96, 11; XII, 14, 4.
58 Augustus hatte den *amictus* allezeit bereitliegen, um allen Zufällen gewachsen zu sein (Sueton, *Aug.* 73).
59 Sueton, *Claud.* 15.
60 Martial, *Ep.* XIV, 124.
61 H. A., *Comm.* 16.
62 Martial, *Ep.* X, 51, 6.
63 Die Hist. Aug. *Sev.* 1, 7 zeigt die auf Befehl veranlaßte Reaktion unter Septimius Severus.
64 Juvenal III, 171 ff.
65 Sueton, *Vesp.* 21.
66 Martial, *Ep.* XI, 103, 3 f.
67 Sueton, *Vesp.* 21 und *Dom.* 16.

68 Siehe das Wort *Sapo* im *D. A.*
69 Ausonius, *Ep.* 2.
70 Sueton, *Caes.* 45. Vgl. in nicht so weit zurückliegender Zeit die Toilette Talleyrands, der sich mit einem Silbermesser den Schmutz von der Stirn kratzt, aber Stunden bei seinem Friseur verbringt (*Rev. de Paris*, 15. Juni 1938, S. 884).
71 Über die Unbequemlichkeiten der *tonstrinae* unter freiem Himmel vgl. die unten, Anm. 117, angeführte Stelle von Fabius Mela in *Dig.* IX, 2, 11. Über die *tonsores* der Subura vgl. Martial II, 17; der Werften, Horaz, *Ep.* I, 7, 45–51. Es gab auch *tonsores* beim Zirkus, in der Nähe des Floratempels: *Ad Florae templum ad tonsores.*
72 Seneca, *De brev. vitae* XII, 3.
73 Man ließ sich oft nach dem Bad, vor der *cena* rasieren. Vgl. Horaz, *Sat.* I, 7, 45.
74 Horaz, *Sat.* I, 7, 3. Schon im 2. Jh. v. Chr., vgl. Polybius III, 20, 5.
75 Vgl. Plinius, *N. H.* XXXV, 112, und Properz III, 9, 12.
76 Martial VII, 64, 1 f.; Juvenal X, 226. Im Höchstpreisedikt Diokletians war die Sitzung beim Barbier mit zwei Denaren angesetzt.
77 Plutarch, *De aud.* 8.
78 Über diese Ausdrücke vgl. Plaut., *Capt.* II, 2, 16; Martial, *Ep.* XI, 39.
79 Sueton, *Nero* 51.
80 Sueton, *Aug.* 79.
81 Quintilian XII, 10, 47, und Martial II, 36, 1.
82 Horaz, *Serm.* I, 1, 94.
83 H. A., *Vita Hadriani* 26, 1.
84 Martial, *Ep.* X, 83.
85 Über die Männer, die sich anmalen, vgl. bei Martial III, 43, 1–4, das auf Laetinus gemünzte Epigramm, der sich im Handumdrehen von einem Schwan in einen Raben verwandelte: *Tum subito corvus qui modo cycnus eras.*
86 Cicero, *In Pis.* II.
87 Martial, *Ep.* VI, 55.
88 Ebd. II, 12.
89 Ebd. II, 29.
90 Über Cato vgl. Horaz, *Od.* II, 15, 10.
91 Aulus Gellius III, 4.
92 Über Cäsar, außer den Münzbildern, die wir auch von Sulla haben, vgl. Sueton, *Caes.* 46.
93 Plinius, *N. H.* VII, 211.
94 Sueton, *Caes.* 67.
95 Plutarch, *Cato min.* 53.
96 Plutarch, *Ant.* 48.
97 Sueton, *Aug.* 23.
98 Cass. Dio XLVIII, 39, 3. Vgl. meinen Aufsatz in der *Revue Historique*, 1929, S. 228 f.
99 Crinagoras in der *Anth.* VI, 161, 3 f.
100 Sueton, *Calig.* 10 und *Nero* 12; vgl. Cass. Dio LXI, 19, 1.
101 *Notizie degli Scavi*, 1900, S. 578.
102 Sueton, *Nero* 12.
103 Petronius 29.

104 Vgl. den Abschnitt *barba* im *Dictionnaire* von Leclerq und Cabrol.
105 Juvenal III, 186–188.
106 Ovid, *Ars Am.* I, 517.
107 Seneca, *Ep.* 77.
108 Aulus Gellius IX, 2 und XII, 8.
109 Martial V, 9, 13.
110 Vgl. Fabius Mela in *Dig.* IX, 2, 11.
111 Selbst die Sklaven gingen zum Barbier (vgl. Anm. 110 und die gesetzliche Regelung von Vipasca). Es war sogar verboten, sich selbst die Nägel zu schneiden (mindestens jeden Markttag, Varro *fr.* 186b und Plinius, *N. H.* XXVIII, 28), dafür waren dieselben Gründe maßgebend (vgl. Valerius Maximus III, 2, 15). Die in Pompeji spärlich gefundenen Rasiermesser sehen aus wie »Hanswurstmesser«; vgl. den Katalog der *Mostra Augustea*, S. 631.
112 Plinius, *N. H.* XXXVI, 164.
113 Ebd. 165.
114 Plutarch, *Ant.* 1, 2. Unter den Zeichen des *tonsor*, die uns auf den Basreliefs der Grabstätten überliefert sind, findet sich keinerlei Rasierpinsel oder Rasierschüssel. Vergeblich habe ich die Lösung des Problems in modernen Darstellungen gesucht: in den Büchern, die sich mit dem Privatleben der Römer oder Griechen beschäftigen, wird diese Frage nicht behandelt.
115 Petronius 94.
116 Martial VI, 52.
117 Fabius Mela in *Dig.* IX, 2, 11.
118 Sueton, *Aug.* 79.
119 Martial VII, 83.
120 Ebd. VIII, 52.
121 Ebd. XI, 84.
122 Plinius, *N. H.* XXIX, 114.
123 Martial III, 74, 1–4.
124 Ebd. X, 65, 8.
125 Juvenal XIII, 51 und Schol. h. l.
126 Plinius, *N. H.* XXVI, 164; vgl. XXIII, 21.
127 Vgl. Plinius, *N. H.* XXIV, 79; XXVIII, 250 und 255; XXX, 132 und 133. Dazu noch Froschschleim (XXXII, 136) und eine Mischung von Hexenkraut (ebd. 135).
128 Plinius, *N. H.* XXXII, 136: *in omni autem psilothro evellendi prius sunt pili.*
129 Sueton, *Caes.* 45.
130 Martial VIII, 47, 1 f.
131 Martial, *Ep.* XI, 23, 6.
132 Ebd. X, 36.
133 Plinius d. J., *Ep.* IX, 36.
134 Ebd. VII, 5.
135 Petronius 77.
136 Ebd. 47.
137 Martial, *Ep.* XI, 104, 7 f. *Fascia te tunicae obscuraque pallia celant. At mihi nulla satis nuda puella iacet.*
138 *Dig.* XXXIV, 2, 25.
139 Statius, *Silvae* 1, 2, 15.
140 Juvenal VI, 502 f.

141 Macrobius II, 5, 7.
142 Juvenal VI, 486 ff.
143 Martial II, 66.
144 Über *sapo* vgl. im besonderen Plinius, *N. H.* XXVIII, 191 und Martial XIV, 26.
145 *Dig.* XXXIX, 4, 16, 7.
146 Martial VI, 93, 9 f.
147 Ebd. II, 41, 11 f.; VII, 25, 1 f.; VIII, 33, 17.
148 Vgl. Ovid, *Ars Am.* III, 211.
149 Juvenal II, 93; Martial IX, 37, 6.
150 Vgl. *RE* VII, Sp. 196.
151 Ovid, *Ars Am.* III, 209 f.
152 Man durfte sich nicht öffentlich die Zähne putzen *(defricare)* (Ovid, *Ars Am.* III, 216), das Zahnreinigungsmittel war eher ein *ornamentum* als *mundus* (vgl. Plinius, *N. H.* XXX, 27). Über gestoßenes Horn vgl. Plinius, *N. H.* XXVIII, 178 f. Andere Rezepte ebd. XXXI, 117; Diodor V, 33, 5; Strabo III, 164 und Apuleius, *Ap.* 6; an den letzten drei Stellen kommt Urin vor; aus der letzten ist ersichtlich, daß die meisten Männer und selbst die Frauen sich darauf beschränkten, den Mund mit Wasser auszuspülen. Zur Vermeidung von Mundgeruch lutschten andere parfümierte Pastillen (vgl. Horaz, *Sat.* I, 2, 27), die Inschriften erwähnen *pastillarii*, Pastillenhändler (*C. I. L.* VI, 9765 ff.).
153 Ovid, *Ars Am.* III, 329.
154 Martial IX, 37.
155 Zu *periscelides* vgl. Petronius 67.
156 Zum *supparum* vgl. Nonius, S. 540, 8.
157 Ovid, *Ars Am.* III, 109.
158 Apuleius, *Met.* XI, 3.
159 Über *reticulum* vgl. Petronius 67.
160 Über *tutulus* vgl. Festus, p. 355.
161 Arnobius, *Adv. nat.* II, 23.
162 Vgl. Martial III, 82, 10 und XIV, 67 und 68.
163 Über Sonnenschirme vgl. Juvenal IX, 50; Martial XI, 73, 6 und XIV, 28. Faltbarer Sonnenschirm auf einem Basrelief des Museums von Avezzano, von dem ein Modell in Saal 62 der *Mostra Augustea* ausgestellt war.

Zweites Kapitel: Das Tagewerk

1 Wozu sie mindestens bis zum Brunnen an der nächsten Ecke und zur Düngergrube gehen mußten (vgl. Juvenal VI, 603).
2 Martial VI, 88.
3 Juvenal I, 105 ff.
4 Plinius d. J., *Ep.* III, 12, 2.
5 Martial I, 49.
6 Martial IX, 49; X, 11, 73, 96 und passim. Über die Geschenke bei den Saturnalien vgl. ebd. V, 19 und 84; VII, 53 und oben S. 59 und 110.
7 Juvenal I, 95 ff.
8 Martial VI, 88.

9 Juvenal I, 117–126.
10 Rostovtzeff, *Social and economic history of the roman Empire*, Oxford 1926, S. 36 und 155.
11 Vgl. oben S. 106.
12 Vgl. J. Carcopino, *La loi de Hiéron et les Romains*, Paris 1919, S. 188 ff.
13 Petronius 119.
14 Vgl. J. Carcopino, *Ostie*, 1929, S. 18, und die zustimmende Erklärung, die mir L. Wickert in seiner Ausgabe des letzten *Supplementum Ostiense* gegeben hat, *C. I. L.* XIV, S. 844.
15 Ich fasse hier zusammen, was ich in *Ostie*, S. 15–18, geschrieben habe. Über den Altar im Thermenmuseum s. Paribeni, *Guida del museo delle Terme*, 2. Aufl., S. 264.
16 Vgl. Dessau, *Geschichte der römischen Kaiserzeit*, Bd. 2, Berlin 1930, S. 411.
17 Vgl. Platner-Ashby, *Top. Diction.* S. 260–263.
18 Zum Trajansmarkt vgl. oben, S. 18. Es ist klar, daß seine Schöpfung allen besonderen Märkten einen tödlichen Stoß versetzt hat, so dem *forum olitorium f. cuppedinis, f. piscatorium*, von denen fast ausschließlich in der republikanischen Zeit die Rede ist.
19 Verwiesen sei im einzelnen auf Waltzing, *Étude historique sur les corporations professionelles chez les Romains*, 4 Bde., Löwen 1895–1900; Neudr. Rom 1968.
20 Vgl. oben, S. 84, und Martial VI, 65 und XII, 57.
21 Vgl. oben, S. 48.
22 Vgl. oben, S. 138 f.
23 *C. I. L.* VI, 9525.
24 Ebd. 9545.
25 Ebd. 33 892.
26 Ebd. 9758–9759.
27 Ebd. 9739–9757.
28 Ebd. 9614–9617 (die drei letzteren sind als Freigelassene vielleicht Hausbedienstete).
29 Ebd. 9562–9613. Im kaiserlichen Hause gab es 2 *medicae* (6851, 7581) gegenüber 16 *medici* (8895–8910).
30 Ebd. 9875, 9984, 33 907.
31 Ebd. 9493, 9941 (gegen 6 *tonsores*, 9937–9942).
32 Ebd. 9726–9736 (im ganzen elf).
33 Ebd. 9720–9724 (im ganzen fünf).
34 Ebd. 9901.
35 Ebd. 9801.
36 Ebd. 9683.
37 Ebd. 9880.
38 Ebd. 9961–9979 (*vestifici* oder *vesticarii*).
39 Ebd. 9497–9498.
40 Ebd. 9891–9892.
41 Siehe das ältere, aber immer noch ausgezeichnete Buch von Paul Gide, *Étude sur la condition privée de la femme*, Paris 1885, S. 152.
42 Sueton, *Claud.* 18 f.
43 Gaius I, 34.
44 Das Wort *pistrix* fehlt sogar in den *indices* bei Dessau. Die Gesetzgebung

über den Ehebruch setzte die Hökerinnen den Prostituierten gleich (vgl. Paulus, *Sent.* II, 26, II: *quae mercibus vel tabernis exercendis procurant adulterium fieri non placuit*).

45 S. Reinach in *R. R.* 3, S. 375.
46 Helbig, *Wandmalereien*, 1502.
47 S. Reinach in *R. R.* 3, S. 405.
48 Helbig, *Wandmalereien*, 1496.
49 S. Reinach in *R. R.* 3, S. 44.
50 Helbig, *Wandmalereien*, 1497, 1498, 1503.
51 Martial X, 80; IX, 59; VIII, 6.
52 Helbig, *Wandmalereien*, 1501, und S. Reinach in *R. R.* 3, S. 403.
53 Helbig, *Führer* [3]1837 = [4]3231.
54 Helbig, *Wandmalereien*, 1500.
55 Helbig, *Wandmalereien*, 1493, 1495.
56 Apuleius, *Met.* I, 24 f.: Lucius kauft auf dem Markt ein.
57 Vgl. oben, S. 216.
58 Petronius 79.
59 Martial VIII, 67.
60 Martial IX, 59, 21.
61 Vgl. oben, S. 229 f. Zu dieser Stunde löste auch die Garde ab: Martial X, 48, 12, 57.
62 Martial IV, 8, 3 f., dadurch berichtigt ebd. XII, 978. Dasselbe gilt für die Grubenarbeiter von Vipasca, *C. I. L.* II, 5181, Zeile 19 ff. (unten, S. 402, Anm. 59).
63 Vgl. oben, S. 215.
64 Plinius d. J., *Ep.* III, 1, 3.
65 Martial VIII, 67, 3.
66 Zwölf Tafeln I, 6, nach Aulus Gellius XVII, 2, 10.
67 Siehe Anm. 69, wo ausnahmsweise sieben Klepsydren erwähnt sind.
68 So geht ganz unbestreitbar aus Plinius d. J., *Ep.* II, 11, 14 hervor: die Erwähnung von 16 äquinoktialen Klepsydren in einem im Januar gehaltenen Prozeß, daher ihre Bezeichnung als *spatiosissimas* für ein Plädoyer von mindestens 250, vielleicht aber 300 Minuten (5 Stunden).
69 Martial VI, 35; über das Prozeßgebaren vgl. Humbert, *Les plaidoyers de Cicéron*, Paris 1925, S. 25 ff.
70 Sueton, *Aug.* 29.
71 Sueton, *Vesp.* 10.
72 Siehe die Abhandlung von Mommsen »Über die Lage des prätor. Tribunals«, in den *Gesammelten Schriften* III, S. 319–326.
73 Siehe den Aufsatz von Seston in den *Mélanges de Rome*, 1927, S. 154–183.
74 Vigneaux, *Essai sur l'histoire de la Praefectura Urbis*, Paris 1896, S. 125.
75 Vgl. H. A., *Ant. Phil.* 10.
76 Über die Centumvirn vgl. die Dissertation von Olivier-Martin, Paris 1904.
77 Vgl. Hülsen-Carcopino, *Le forum romain*, S. 58–66.
78 Plinius d. J., *Ep.* VI, 33, 3. Vgl. ebd. I, 18, 3; IV, 25, 1; II, 14, und V, 9.
79 Quintilian XI, 5, 6.
80 Plinius d. J., *Ep.* II, 14 u. ö.
81 Vgl. Hülsen-Carcopino, *Le forum romain*, S. 62.
82 Vgl. Plinius d. J., *Ep.* VI, 33, 1 und 7 f.

83 Plinius d. J., *Ep.* II, 14, 1 ff.
84 Plinius d. J., *Ep.* VI, 31 u. ö.
85 Plinius d. J., *Ep.* VI, 31, 13.
86 Grenfell und Hunt, *Pap. Ox.* I, 33. Dieser Papyrus ist der jüngste der »Alexandrinischen Märtyrerakten«. Die Dokumente wurden untersucht von Premerstein (*Philologus*, Supplement XVI, 1923) und von Neppi-Modona (*Aegyptus*, 1929 und 1932). Sie sind »künstliche« Protokolle, deren Fiktion wie in einer Heiligendarstellung unmittelbar mit der Wirklichkeit gemischt sind. Ihr Realitätsgehalt ist ganz unbestreitbar, weil er auch aus noch unveröffentlichten Inschriften von Antiochia hervorgeht. Deren Veröffentlichung ist Pierre Roussel von Henri Seyrig anvertraut (April 1939) worden [veröff. von P. Roussel und F. de Visscher, »Les inscriptions du temple de Dmeir«, in: *Syria* 23, 1942/43, S. 173–200. Die *Acta Appiani* jetzt bei H. Musurillo, *The Acts of the Pagan Martyrs*, Oxford 1954, S. 65 ff. und 205 ff.].
87 Sueton, *Aug.* 35.
88 Lanciani, *Ruins and excavations*, S. 268.
89 Willems, *Sénat Romain* I, S. 406, Anm. 1 und 5 (383 Anw. i. J. 47 n. Chr.), und II, S. 168 ff. Seneca, *De Providentia* V, 4 stellt den Faulenzern das Beispiel des Senats gegenüber, der *per totum diem saepe consulitur.*
90 Plinius d. J., *Ep.* II, 11.
91 Plinius d. J., *Ep.* III, 9.
92 Siehe meinen *César*, S. 975 und Anm. 290.
93 Siehe die klassische Schrift von Cagnat über *Les bibliothèques dans l'Empire romain*; hinzuzufügen ist seiner Aufzählung die Bibliothek von Fréjus, nachdem von Donnadieu ein sie erwähnendes epigraphisches Fragment entdeckt wurde, und, wenn ich mich in meiner Bestimmung nicht täusche, die Bibliothek von Ostia, die früher von Guattani beschrieben und von Calza im Südwesten des Forums gefunden wurde.
94 Horaz, *Ep.* I, 20, 1 f.
95 Seneca, *De ben.* VII, 6, 1.
96 Martial IV, 72 und XIII, 3.
97 Ebd. I, 2, 113 und 117.
98 Martial I, 117, 13 ff.; XIII, 3, 3.
99 In dieser Hinsicht halte ich die Anspielung Juvenals VII, 86 ff. über die Enttäuschung des Statius für entscheidend, der wohl seine *Agave* an den Mimen Paris, nicht aber seine *Thebaïs* an einen Verleger verkaufen konnte.
100 Gaius II, 73 und 77.
101 Martial XI, 3. Vgl. ebd. V, 18; XI, 108; XIV, 219.
102 Sueton, *Tib.* 61.
103 Sueton, *Dom.* 10: *librariis . . . crucifixis.*
104 Vgl. Sueton, *Caes.* 56; *Calig.* 34 und meinen Aufsatz im *Journal des Savants*, 1936, S. 115.
105 Seneca d. Ä., *Controv.* IV, pr.
106 Sueton, *Aug.* 89.
107 Sueton, *Cl.* 41.
108 Plin. d. J., *Ep.* I, 13, 3.
109 Sueton, *Dom.* 2.
110 Aurel. Victor, *De Caes.* 14, 3. Vgl. H. Braunert, *Bonner HA-Colloquium 1963*, Bonn 1964, S. 9 ff.

111 Vom sogenannten *auditorium Maecenatis*, dessen Bestimmung umstritten ist, wage ich in diesem Zusammenhang nicht zu sprechen.
112 Plinius d. J., *Ep.* V, 17 und VIII, 12.
113 Vgl. Persius I, 19; Plinius d. J. V, 17 und IX, 34.
114 Plinius d. J., *Ep.* IV, 19, 3.
115 Juvenal VII, 45–47 und Plinius d. J., *Ep.* III, 18, 4.
116 Plinius d. J. V, 17.
117 Juvenal VII, 39 ff.
118 Plinius d. J. III, 18, 4.
119 Petronius 90; Horaz, *Sat.* IV, 75.
120 Plinius d. J. VIII, 21, 2.
121 Petronius 90; Plinius d. J. I, 13, 3; VIII, 21.
122 Plinius d. J. VI, 17, 3.
123 Plinius d. J., *Ep.* VIII, 21, 4; III, 18, 4.
124 Plinius d. J. I, 13.
125 Ebd. II, 18, 2.
126 Ebd. VI, 15.
127 Ebd. VI, 17.
128 Ebd. VII, 17.
129 Ebd. III, 18, 4 und V, 5, 2.
130 Ebd. III, 10 und IV, 7.
131 Ebd. IX, 27.
132 Ebd. VIII, 21.
133 Ebd. V, 17.
134 Ebd. VI, 15.
135 Juvenal VII, 83–86.
136 Juvenal I, 52–54.
137 Plinius d. J., *Ep.* VII, 17.
138 Plinius d. J., *Ep.* VI, 21.
139 Plinius d. J., *Ep.* V, 3 und VII, 17.
140 Horaz, *Sat.* I, 4, 76 ff.
141 Siehe darüber Albertini, *La composition dans ... Sénèque*, Paris 1923, S. 315 ff.

Drittes Kapitel: Die Schauspiele

1 Juvenal X, 75 ff.
2 Fronto, *Princip. hist.* V, 11.
3 Hinsichtlich der Aufzählung sind heranzuziehen: der Artikel *calendarium* im *D. A.*, die Handbücher von Marquardt und Wissowa, aber auch die auf jedes Fest bezüglichen Bemerkungen in den Enzyklopädien von Pauly-Wissowa und Roscher. Über den umstrittenen Sinn der *Nundinae* vgl. *RE* XVII, Sp. 1470.
4 Die Inschrift von Tebessa (Gsell, *Inscr. latines de l'Algérie* I, Nr. 3041) war seit langem bekannt. Sie konnte jedoch erst richtig verstanden werden, nachdem Snyder auf den Gedanken kam, sie mit dem Papyrus von Dura zu vergleichen, der noch unveröffentlicht ist, von ihm und anderen Mitarbeitern aber unter der Leitung von Rostovtzeff herausgegeben werden soll [ver-

öff. von R. O. Fink, A. S. Hoey, W. F. Snyder, »The Feriale Duranum«, in: *Yale Classical Studies* 7, 1940, S. 1 ff. Vgl. jetzt C. B. Welles, R. O. Fink, J. F. Gilliam, *The Parchments and Papyri* (The Excavations at Dura-Europos, Final Reports V, 1), New Haven 1959, Nr. 54, S. 191–212].

5 Ich fasse hier die schöne Untersuchung zusammen, die Jean Gagé in seinen *Recherches sur les jeux séculaires*, Paris 1934, gibt.

6 Diese Ansicht vertritt A. Piganiol in seinen *Recherches sur les jeux romains*, Paris, Straßburg 1923.

7 Über den Sinn dieser Stelle bei Festus, p. 238, s. mein Buch *Virgile et les Origines d'Ostie*, Paris 1919, S. 119 f.

8 Über die Rolle des Staates bei den *munera* vgl. meinen *César*, S. 515.

9 Festus, p. 135: *munus donum quod officii causa datur*; Tertullian, *De spect.* 12: *officium mortuorum*; Ausonius, *De fer.* 35: *falcigerum placant sanguine caeligenam.*

10 Sueton, *Aug.* 40; *Claud.*, 6.

11 Quintilian VI, 3, 63, erzählt: Augustus schickte einmal einen römischen Ritter, der aus der Flasche trank, mit den Worten aus dem Zirkus: »Wenn ich mich stärken will, gehe ich nach Hause.« – Worauf der Ritter übrigens schlagfertig entgegnete: »Ja, Cäsar, wenn du fortgehst, bist du auch sicher, deinen Platz wiederzuerhalten.« – Über die Verteilung der Zuschauer nach sozialen Klassen vgl. Denis van Berchem, *Les distributions de blé et d'argent à la plèbe romaine sous l'Empire*, Genf 1939, S. 61 f., der mit Recht auch Zugewanderte und Sklaven in die Schauspiele, wenngleich auf schlechten Plätzen, einbezieht.

12 Ovid, *Ars Am.* III, 2, 43 ff.

13 Über Aberglauben vgl. die von P. Wuilleumier gesammelten kuriosen Texte in seinem Aufsatz »Le Cirque et l'Astrologie«, in: *Mélanges de l'École de Rome* 1927, S. 184, 209, und vor allem Cassiod., *Var.* III, 51; Isidor von Sevilla XVIII, 36; *Anthol. lat.* I, 197.

14 Vgl. vor allem Plinius d. J., *Ep.* VI, 5: *propitium Caesarem ut in ludicro precabantur*; Tacitus, *Ann.* XVI, 4: *plebs urbana personabat certis modis plerumque plausuque composito.* Über die *sudaria* vgl. H. A., *Aur.* 43.

15 Plinius d. J., *Pan.* 51.

16 Plinius, *N. H.* XXXIV, 62.

17 Plutarch, *Galba* 17. Auch Otho unterwarf sich bisweilen dem lautstarken Begehren des Volkes (Plutarch, *Otho* 3).

18 So hat sich Titus mitunter der Feinde Vespasians entledigt (Sueton, *Tit.* 6). Über die Widersacher des Tiberius vgl. Sueton, *Tib.* 47.

19 Cass. Dio LIV, 17.

20 Sueton, *Aug.* 43. *Res gestae divi Augusti* 22.

21 Martial X, 41.

22 Die Zahlen stammen aus den *Fasti Antiates* für das Jahr 51 n. Chr.

23 Cass. Dio LXVI, 10.

24 Titus Livius VIII, 20, 21 und Ennius, nach Cicero, *De div.* I, 108.

25 Titus Livius XXXIX, 7, 8.

26 Plinius, *N. H.* VIII, 20 f.

27 Sueton, *Caes.* 39.

28 Plinius, *N. H.* XXXVI, 102, spricht von 250 000. Die Zahl bezieht sich aber zweifellos auf seine Zeit, nachdem die Vergrößerungen unter Nero erfolgt

waren. Unter Augustus zählt Dionysios von Halikarnaß III, 68, nur 150 000 Plätze.

29 Plinius, *N. H.* XXXVI, 71.

30 Vgl. die *R. G.* IV, 4, und den Kommentar von Jean Gagé mit der Stelle bei Cassiodor, *Var.* III, 51, 4.

31 Sueton, *Aug.* 43.

32 Sueton, *Claud.* 21.

33 Tertullian, *De spect.* 8; vgl. Cass. Dio LIV, 17 und Calp., *Ecl.* VII, 49–53.

34 Sueton, *Dom.* 5, und Plinius d. J., *Pan.* 51, 5; vgl. die Ausgabe von Durry, h. l. und Einleitung, S. 13; vgl. *C. I. L.* VI, 955. Lugli, *Monumenti antichi di Roma*, S. 391, ist auf anderem Wege zum gleichen Ergebnis gelangt.

35 Die folgende Beschreibung ist der beachtenswerten Behandlung im *Top. Diction.* von Platner-Ashby entnommen.

36 Im einzelnen verweise ich auf den guten Artikel »Circus« von Saglio im *D. A.*, der sich hauptsächlich auf das bewundernswerte Kapitel von Friedländer stützt.

37 Sueton, *Cal.* 18.

38 Sueton, *Dom.* 4.

39 Juvenal X, 36 ff.

40 Martial VIII, 33.

41 Ein sehr ansprechender Schluß aus den von G. Chédanne im Jahre 1886 durchgeführten Untersuchungen; s. dazu das 1. Kapitel des Buches von de Navenne, *Le Palais Farnèse et les Farnèse*, und den Aufsatz von Le Blant in den *Mélanges de Rome*, 1886.

42 Ovid, *Ars. Am.* I, 135 ff.

43 *C. I. L.* XV, 6250.

44 Über das Mosaik der heute zerstörten Bäder des Pompejanus vgl. *Rec. de Constantine* III, 1880, und *D. A.*, Abb. 1535.

45 Siehe die Inschrift des Diocles, *C. I. L.* VI, 10 048; Dessau, 5287.

46 *C. I. L.* VI, 10 047.

47 Siehe die Dissertation von A. Audollent über die *Tabellae defixionum.*

48 Vgl. Juvenal VII, 113 f. und Martial IV, 67 und X, 74 (vgl. Anm. 51).

49 Siehe den »Anhang« bei Friedländer und Dessaus *Inscriptiones latinae selectae* II, S. 322–345.

50 Siehe u. a. Sueton, *Nero* 16.

51 Martial V, 25.

52 Martial XI, 1.

53 Martial X, 50.

54 Vgl. *C. I. L.* VI, 33 950, 10 050, 10 049.

55 Ovid, *Ars Am.* I, 147.

56 Martial XI, 1, 3.

57 Juvenal XI, 199 ff.

58 Siehe im *D. A.* den bemerkenswerten Artikel »Missilia« von P. Fabia. Über die *epula* unserer Zeit vgl. Statius, *Silvae* I, 6 und Sueton, *Dom.* 4.

59 Mark Aurel I, 5. Entsprechende Abneigung bei Plinius d. J., *Ep.* IX, 6.

60 Toutain im *D. A.* III, S. 1372, hat 17 Tage im Zirkus gegenüber 55 Tagen im Theater gezählt.

61 Siehe die aufschlußreichen Bemerkungen von O. Navarre im *D. A.* V, S. 203.

62 Plinius d. J., *Ep.* IX, 6, 3.

63 Juvenal IX, 142–144.
64 Der Text ist veröffentlicht von G. Calza im *Bolletino dell'Associazione internazionale degli studi Mediterranei*, H. 4, 1932, S. 26–27, ich habe ihn kommentiert in den *C. R. Ac. Inscr.* desselben Jahres, S. 363 f.
65 Heranzuziehen sind für die Einzelheiten und die Begründungen die Artikel des *Top. Diction.* von Platner-Ashby und Lugli, *I Monumenti antichi di Roma* I, S. 346 und 391, der mit Ashby gleicher Auffassung ist: jeder der von den Regionenverzeichnissen gezählten *loca* entspricht dem Mindestraum, den ein sitzender Zuschauer einnimmt, also anderthalb Quadratfuß (44 × 44 cm).
65a Jüngere Forschungen von G. Gatti haben es wahrscheinlich gemacht, daß das *theatrum Balbi* nicht, wie lange angenommen wurde, unter dem heutigen Monte dei Cenci lag, wo sich die erhaltenen Fragmente der Forma Urbis Romae aus severischer Zeit nicht einordnen lassen, sondern unter dem heutigen Palazzo Mattei di Paganica an der Piazza Paganica zu suchen ist. Vgl. E. Nash, *Pict. Dict. of Anc. Rome* II, London [2]1968, 414 ff. (mit Lit.).
66 Juvenal VI, 67.
67 Über den hellenistischen, wahrscheinlich alexandrinischen Ursprung der Pantomime vgl. Louis Robert, »Pantomimen im griechischen Orient«, in *Hermes*, 1930, S. 109 f.; jetzt auch in: L. R., *Opera minora selecta*, Bd. 1, Amsterdam 1969, S. 657 f.
68 Sueton, *Caes.* 84.
69 Cicero, *Tusc.* III, 19, 44.
70 Tacitus, *Ann.* XIII, 15.
71 Diomedes, S. 491 Keil.
72 Cicero, *De or.* I, 59, 251; Sueton, *Nero* 20.
73 Tacitus, *Ann.* I, 77, vgl. Sueton, *Tib.* 37.
74 Tacitus, *Dial. de or.* 39, vgl. *Ann.* XIII, 25 und XIV, 21.
75 Seneca, *Controv.* III, pr.
76 Macrobius, *Sat.* II, 7, 16.
77 Valerius Maximus II, 4, 4; Titus Livius VII, 2.
78 Quintilian XI, 3, 87.
79 Zu dieser Angabe und den folgenden sei verwiesen auf *De saltatione* von Lukian (verfaßt zwischen 162 und 165; vgl. Louis Robert, *Pantomimen* [wie Anm. 67], S. 120).
80 Juvenal VI, 86 f.
81 Macrobius, a. a. O. (vgl. Anm. 76).
82 Jos., *A. J.* XIX, 1, 13.
83 Sueton, *Nero* 46.
84 Juvenal VI, 63–66.
85 Plinius d. J., *Pan.* 54.
86 Cassius Dio LXVIII, 10.
87 Roberto Paribeni, »Il teatro durante l'impero romano«, in *Dioniso*, 1938, S. 210.
88 Athenäus I, 20; vgl. Seneca, *Controv.* III, pr. Über den Mimus im allgemeinen vgl. die Artikel von G. Dalmeyda und G. Boissier im *D. A.* und in der *RE* XV, Sp. 1743–60.
89 Cicero, *Ad Fam.* IX, 26; *Ad Attic.* VI, 15; *Pro Plancio* 12.
90 Euanthius, zitiert bei Boissier, *D. A.* III, 1093.

91 Martial III, 86. Ausnahmsweise dürften einige Mimen im Kaiserreich die Form der Atellanen beibehalten haben. Ein Basrelief aus dem Theater von Sabratha mit drei Personen, darunter dem glatzköpfigen *stupidus*, bezieht sich wahrscheinlich auf einen solchen *mimus*, dort ist wohl auch ein ἀρχαιολόγος dargestellt, dessen Rolle Louis Robert erläutert hat (*R. E. G.*, 1936, S. 235 ff.; *Op. min. sel.* I, 671–690).

92 Juvenal I, 35 ff.; VI, 41 ff.

93 Valerius Maximus II, 10, 8. Ein Basrelief aus dem Theater von Sabratha (vgl. Guidi, *Africa Italiana* III, 1930, S. 1 ff.) stellt einen Mimus dar, offensichtlich »Das Urteil des Paris«. Rechts überzeugt Hermes den Paris, daß er zwischen den drei Göttinnen entscheiden muß. In der Mitte die Göttinnen, bekleidet, außer Venus, die ihre Schärpe flattern läßt. Rechts offensichtlich die Schlußszene, alle drei Göttinnen sind *nudatae*.

94 Juvenal VIII, 185 ff.; Martial, *De spectac.* 7.

95 Cicero, *In Vatin.* XV, 37: *lex Tullia de ambitu.*

96 Cicero, *Ad Fam.* II, 3, 1.

97 Plinius, *N. H.* XXXIII, 16; Plutarch, *Caes.* 5; Sueton, *Caes.* 10.

98 *Lex Iulia mun.* und *Lex col. Iuliae Genetivae*, Kap. LXX und LXXI; Tac., *Ann.* IV, 62 f.

99 Cass. Dio LIV, 2 und Sueton, *Tib.* 34.

100 *R. G.* IV, 31.

101 Die letzten von Magistraten veranstalteten *munera extraordinaria*, von denen unsere Quellen berichten, wurden im Jahre 69 für den *dies natalis* des Vitellius von den im Amt befindlichen Konsuln geboten (Tacitus, *Hist.* II, 95).

102 Plinius d. Ä., *N. H.* XXXVI, 26. Über Vater und Sohn Curio sei verwiesen auf meinen *César*, S. 690. Das Amphitheater von Pompeji, das ich in seinem Zustand zur Zeit Sullas in meiner *Histoire romaine* dargestellt habe (I, S. 474, Anm. 71), gilt als älter. Doch ist es meines Erachtens nötig, die Chronologie einer erneuten Prüfung zu unterziehen.

103 Cass. Dio XLIII, 23.

104 Ovid, *Met.* XI, 25, bedient sich noch der Umschreibung: *structum utrimque theatrum.*

105 Über diese Gebäude s. die Bemerkungen des Wörterbuchs von Platner-Ashby und des *D. A.*, weiterhin für das Kolosseum die ausgezeichnete Abhandlung von Lugli (*I Monumenti antichi di Roma* I, 186–200). Über das *amphitheatrum castrense* teile ich die heute in Zweifel gezogene Meinung von Hülsen (vgl. Lugli, a. a. O. III, S. 490).

106 Im einzelnen verweise ich nicht nur auf das Buch von Friedländer, sondern auch auf die ausgezeichneten Beiträge von G. Lafaye im *D. A.*, vor allem »gladiator« und »venatio«. Die beste bildliche Darstellung der kaiserlichen *munera* bietet die Randleiste des sehr schönen Mosaiks von Zliten. Es ist zur Zeit im Castello von Tripoli ausgestellt (vgl. Aurigemma, *I Mosaici di Zliten*, Rom, Mailand, 1926); zu beachten vor allem die Szene, in der Garamanten wilden Tieren vorgeworfen werden, und das Orchester, dessen Orgel eine Frau hält.

107 Mein Standpunkt unterscheidet sich von denen meiner Vorgänger vor allem durch die Beachtung der Inschrift von Pompeji, *C. I. L.* X, 7295: *venatio et vela erunt*. Die *venatio* ist der »Clou« der Darbietung.

108 Sueton, *Titus* 7.
109 *C. I. L.* XIV, 4546.
110 Vgl. H. A. *Prob.*, XIX, 5–8. Über die Preise, die am Ende des 3. Jh.s für die wilden Tiere des Amphitheaters erzielt wurden, sind wir jetzt durch das lateinische Fragment der Preisliste Diokletians unterrichtet, das vor kurzem in den Abruzzen entdeckt wurde. Es stammt unzweifelhaft aus Pescara und wird demnächst veröffentlicht von M. Guarducci [M. Guarducci, in: *Atti della Pontificia Accademia Romana di Archeologia*, Rendiconti, III serie, 16, 1940, S. 11–24, und *Bullettino del Museo dell'Impero Romano* 11, 1940, S. 35–56. *AE* 1946, 101. Vgl. die jüngste Gesamtausgabe des Edikts von M. Giacchero, 2 Bde., Genua 1974]. Der Preis von 100 000 Denaren kommt darin vor. Er ist gewiß häufig überschritten worden, bevor dieses Gesetz die Höchstgrenze festgesetzt hatte.
111 Plutarch, *Non poss. suav.* XVII, 6; vgl. Tertullian, *Apol.* 42.
112 Sueton, *Claud.* 21.
113 *C. I. L.* V, 5933.
114 Juvenal III, 36.
115 Juvenal VI, 78–113; Martial V, 24; Dessau, *Inscr. Sel.* 5142.
116 Martial, *Spect.* 20.
117 *C. I. L.* X, 7297.
118 Cicero, *Tusc.* II, 20, 46; Plinius d. J., *Pan.* 33. Man beachte jedoch auch die Vorbehalte Ciceros, *Ad. fam.* VII, 1, 3.
119 Erneut bestätigt im J. 249 n. Chr. durch *C. I. L.* X, 6012.
120 Seneca, *Ep. Luc.* 7, 3–5.
121 Strabo VI, 2, 6. Ein Präzedenzfall: Satyros und die anderen sizilischen Sklaven, die im *munus* d. J. 101 v. Chr. hingerichtet wurden (Diod. XXXVI, 10).
122 Vgl. *C. R. Ac. Inscr.* 1913, S. 444; Cicero, *Pro Sestio* 64; Ovid, *Met.* XI, 26; Seneca, *Ep. Luc.* 70, 20 ff. und *De benef.* II, 19; Martial XIII, 95.
123 Sueton, *Claud.* 34.
124 Über die *Actiaca* vgl. den Aufsatz von Jean Gagé in den *Mélanges de l'École de Rome*, 1935.
125 Vgl. *Dig.* II, 3 f.
126 Hinsichtlich dieser Gebäude sei verwiesen auf die Bemerkungen des *Top. Dictionary* von Platner-Ashby.
127 Plinius d. J., *Ep.* IV, 22.
128 Vgl. Louis Robert, *Revue de Philologie*, 1930, S. 37; *Op. min. sel.* II, 1137.
129 Seneca, *De tranqu. an.* II, 13.
130 Gesichert durch die jüngsten Polemiken um das Amphitheater von Lyon und die Ausgrabungen in Philippi (vgl. Collart in *B. C. H.*, 1928, S. 97).
131 Über die unter Domitian üblichen Verlegungen vgl. oben, S. 317, und Martial, *Spect.* 5, 7, 21, 25.
132 H. A., *Sev. Alex.* 44, und vgl. Lugli, *Monumenti* I, 346.

Viertes Kapitel: Spaziergänge, Bad, Mahlzeiten

1 Martial VII, 61.
2 Martial X, 5.
3 Juvenal, XIV, 7–34.

4 Martial I, 3, 1–10; vgl. Juvenal III, 60–72.
5 Martial I, 41, 3–11.
6 Manchmal zu Pferd, vgl. Martial IX, 22, 14. Auf Maultieren vgl. ebd. VIII, 61 und XI, 79.
7 Über *lecticae* und *sellae* vgl. Juvenal III, 240–242 und VI, 350 f., und Martial IX, 2.
8 Petronius, *Sat.* 28.
9 Martial VI, 80, 1–10.
10 Seneca, *De provid.* V, 4.
11 Über die Säulenhallen vgl. die Bemerkungen des Wörterbuchs von Platner-Ashby, dazu über die *porticus Octavia* Lugli, *Monumenti* I, 334 ff.
12 Martial II, 14, 1–10; vgl. III, 19.
13 Plinius, *N. H.* XXXIV, 31; XXXV, 114, 139 usw.
14 Martial III, 19.
15 Vgl. oben, S. 259. Der Ort der *Saepta* ist fraglich, vgl. Lugli, a. a. O. III, S. 99.
16 Martial IX, 35.
17 Juvenal I, 88–92.
18 Cicero, *Phil.* II, 23; Horaz, *Od.* 3, 24.
19 Martial XI, 6.
20 *Dig.* XI, 5, 2 und 3.
21 Siehe die Stichworte im *D. A.* (Artikel von Lafaye).
22 Sueton, *Aug.* 71.
23 Siehe die Wörter *par impar* und *capita aut navia* im *D. A.*
24 Siehe den Abschnitt von Lafaye über *micatio* im *D. A.* III, 1, 890.
25 *C. I. L.* VI, 1770.
26 Siehe den Abschnitt *latrunculi* von Lafaye im *D. A.*
27 Martial VII, 72, 7 und 92, 7.
28 *C. I. L.* XIII, 444.
29 Siehe den Abschnitt *nuces* von Lafaye im *D. A.*
30 Siehe oben, Anm. 19.
31 *Dig.* XI, 5, 1.
32 *Dig.* XXXII, 2, 43, 9. Vgl. Varro, *De re rust.* 1, 2, 23.
33 Unter einem groben Basrelief, abgebildet im *D. A.*, *Caupona* II, 974, Bild 1258, folgender Dialog: Wirtin, die Rechnung! – Du hast einen Sextarius Wein. Für das Brot ein *as*; für das *pulmentarium* (die *pollenta*) zwei *as*. – Stimmt. – Für das Mädchen acht *as*. – Stimmt auch. – *Puellam asses octo. Et hoc convenit* (s. Taf. 23).
34 *Notizie degli Scavi*, 1911, S. 431 und 457. Die kleinen »Eselinnen« des Hauses – die Esel waren bei den Alten wegen ihrer sexuellen Gier berüchtigt – sind, wie mir scheint, nicht richtig gedeutet worden. Vgl. Mallardo in *Rivista di Studi Pomp.*, 1934, S. 121–125, und 1935, S. 224–228.
35 Zum kaiserlichen Aufwand gehörte es auch, daß Nero, wenn er sich nach Ostia begab, auf der Strecke einige gastliche Unterkünfte dieser Art eingerichtet hatte (Sueton, *Nero* 27).
36 Persius I, 133 und Schol., h. l.
37 Seneca, *De provid.* V, 4. Das *illo tempore* entspricht, wie sich aus dem Begleittext ergibt, dem ganzen Tag: *totum diem*.

38 Siehe im *D. A.* die Abschnitte *gymnasium*, *gymnastica ars*, *balneum* und *thermae*.
39 Varro, *L. L.* IX, 68. Über das Geschichtliche: Blümner, *Röm. Privataltertümer*, S. 421.
40 Vgl. Plinius, *N. H.* XXXVI, 1, 21, und die Anmerkung bei Blümner, ebd. S. 421, Anm. 8.
41 Nach den Regionenverzeichnissen: 858 im *Curiosum*, 927 in der Fassung von Zacharias, 956 in der *Notitia*.
42 Seneca, *Ep. Luc.* 86, 9; Martial II, 52; III, 30, 4; VIII, 42, 1, 3; vgl. Horaz, *Sat.* I, 3, 137 und Juvenal VI, 447.
43 Juvenal II, 152. Die Frauen bezahlten mehr als die Männer: Juvenal VI, 447. In Vipasca betrug der Satz ein halbes As für Männer, ein As für Frauen (*C. I. L.* II, 5181, Z. 19 ff.).
44 Seneca, *Ep. Luc.* 86, 10.
45 Plinius, *N. H.* 36, 121; Cass. Dio XLIV, 43, 3.
46 Cass. Dio LIV, 29, 4. Siehe die Einschränkungen hinsichtlich dieses Textes bei Blümner, S. 422, Anm. 9, und die von ihm angeführte Belegstelle, S. 422, Anm. 7, bei Fronto, S. 247 Naber: λουτρὰ τὰ μὲν δημόσια πᾶσιν καὶ προῖκα ἀνεῖται, κ. τ. λ. (Trinkgeld in der Garderobe).
47 Siehe die entsprechenden Abschnitte des topographischen Wörterbuchs von Platner-Ashby.
48 Beleg aus dem 1932 veröffentlichten Fragment der *Fasti Ostienses*; s. jetzt L. Vidman, *Fasti Ostienses*, Prag 1957, S. 19 mit Kommentar S. 61.
49 Siehe hierüber Lugli, *Monumenti* I, 419.
50 In Pompeji gab es *balneae*, die nachts geöffnet blieben, die Bäder waren mit Lampen ausgestattet; auch in Vipasca (vgl. oben, S. 355 mit Anm. 59) und in Rom (Juvenal VI, 419); aber die römischen Thermen blieben nur ausnahmsweise nachts geöffnet (H. A., *Sev. Alex.* 24 und *Tac.* 10).
51 Juvenal XI, 205.
52 Martial X, 48, 3 f. Vgl. Vitruv V, 11, 1.
53 H. A., *Hadr.* 22.
54 H. A., *Sev. Alex.* 25.
55 Martial III, 36, 6.
56 Martial XIV, 143 und 163.
57 Plinius, *N. H.* XXXIII, 153; Quintilian X, 9, 14; Martial III, 51 und 72; VII, 35; XI, 47; Juvenal VI, 421.
58 H. A., *Hadr.* 18; vgl. Cass. Dio LXIX, 8. *C. I. L.* VI, 579. Diese Anmerkung der H. A. ist zu vergleichen mit der sie ergänzenden des Kapitels 22 der Vita (vgl. oben Anm. 53).
59 *C. I. L.* II, 5181, Z. 19 ff.: *omnibus diebus calefacere et praestare debeto a prima luce in horam septimam diei mulieribus et ab hora octava in horam secundam noctis viris.*
60 Petronius 27.
61 Lafaye, s. v. *Pila* im *D. A.* IV, S. 477.
62 Ebd. S. 476.
63 Martial XIV, 47.
64 Siehe das Wort *corycus* im *D. A.*
65 Martial VII, 32.
66 Siehe das Wort *trochus* im *D. A.*

67 Juvenal III, 421, und Martial VII, 67 und XIV, 49.
68 Martial VII, 67, 4 f.
69 Martial V, 18; über die Endromis vgl. E. Pottier im *D. A.* II, 616.
70 Vgl. Lugli, *Monumenti* I, 425.
71 Juvenal VI, 421.
72 Plinius d. Ä. XXXVIII, 55.
73 Petronius 28.
74 Martial VI, 42.
75 H. A., *Hadr.* 16.
76 Petronius 28.
77 Über die Bibliotheken der Caracalla-Thermen vgl. Lugli, a. a. O. I, 420. Über die Bibliotheken der Diokletiansthermen vgl. H. A., *Prob.* 2.
78 Vgl. Lugli, a. a. O. I, 417 f.
79 Lugli, a. a. O. I, 207.
80 *Dig.* III, 2, 4, 2.
81 Juvenal I, 143; vgl. Horaz, *Ep.* I, 6, 61; Persius I, 3, 93; Seneca, *Ep.* 15, 3 usw.
82 Vgl. Saglio im *D. A.* I, 663.
83 Vgl. Octave Homberg, *L'eau romaine*, Paris 1935.
84 Juvenal X, 356: *Orandum est ut sit mens sana in corpore sano.*
85 Vgl. Sueton, *Vit.* 13 und Cass. Dio LXV, 4, 3.
86 Festus, p. 54.
87 Plinius d. J., *Ep.* III, 5, 10.
88 Galen VI, 332 Kuhn; vgl. Paulus von Ägina I, 23.
89 Martial XI, 103, 3 f.
90 Vgl. Anm. 88.
91 Zur Stunde des *prandium* s. Sueton, *Claud.* 34. Auf dem Lande hing die Stunde von den notwendigen Arbeiten ab (Titus Livius XXVIII, 15, 7).
92 Martial XIII, 31.
93 Seneca, *Ep.* 83, 6.
94 Martial XIII, 13.
95 Plinius d. J., *Ep.* III, 5, 10.
96 Seneca, *Ep.* 83, 6.
97 Vgl. *Revue de Paris*, 1. Juni 1938, S. 885 ff. (Erinnerungen Wessenbergs an Talleyrand).
98 Sueton, *Nero* 27.
99 Plinius d. J., *Ep.* III, 1, 8 f.
100 Martial XI, 52; vgl. X, 48.
101 Plinius d. J., *Ep.* III, 5, 13.
102 Sueton, *Nero* 27.
103 Petronius 70.
104 Juvenal VIII, 9–12.
105 Vitruv VI, 5.
106 Valerius Maximus II, 1, 2.
107 Sueton, *Claud.* 22, spricht hier wie von einem altertümlichen Brauch, obgleich derselbe Hinweis noch in den *Acta Arvalium* vom 27. Mai 218 n. Chr. genannt wird.
108 Columella XI, 1, 19.
109 Siehe in der Sammlung von Espérandieu die Basreliefs von Köln und von Neumagen bei Trier.

110 Martial V, 70.
111 Bild aus dem Haus mit dem Thermopolium in Pompeji.
112 Martial V, 79.
113 Plutarch, *Cato min.* 56.
114 Juvenal VI, 13, 14, 17.
115 Für alle Einzelheiten: Text und Abbildungen des Artikels *Caena* im *D. A.*
116 Petronius 31.
117 Über diese noch im 5. Jh. beachtete Rangordnung vgl. Sid. Apoll., *Ep.* I, 11. Über die Anzahl der Plätze bei *sigma* oder *stibadium* vgl. Martial X, 41, 5 f.; XIV, 87; H. A., *Ver.* 5; *Heliog.* 29. Von einem außergewöhnlichen *stibadium* mit 12 Plätzen bei Sueton, *Aug.* 70.
118 Vitruv VI, 10, 3.
119 Übereinstimmend mit Cicero, *Verr.* IV, 26, 46, und Athenäus II, 47 F.
120 Martial XII, 28 (29). Die *mappa* mußte nach jedem Gang gewechselt werden.
121 Horaz, *Sat.* II, 8, 10.
122 Über Messer vgl. Juvenal XI, 133.
123 Über *dentiscalpium* oder Zahnstocher vgl. Petronius 33 und Martial VII, 53, 3.
124 Über diese Geräte und ihre Bezeichnungen vgl. die Abschnitte im *D. A.* Im besonderen über *cochlear* Petronius 33 und Martial XIV, 123.
125 Petronius 31.
126 Horaz, *Sat.* II, 8, 63; Petronius 32 und 60; Martial II, 37.
127 Juvenal I, 94 f.
128 Macrobius, *Sat.* II, 9: Darstellung im *D. A.* I, 1, 282 s. v. *caena*.
129 Petronius 31.
130 Ebd. 33.
131 Ebd. 36.
132 Ebd. 37.
133 Ebd. 59.
134 Ebd. 60. Anscheinend gab es zwei Nachtische, vgl. ebd., 68.
135 Ebd. 68.
136 Ebd. 35.
137 Martial X, 36 und 45.
138 Ebd. IX, 93.
139 Siehe den Artikel *vinum* im *D. A.*
140 Martial I, 11; VI, 89.
141 Siehe *vinum* und *caena* im *D. A.*
142 Plinius, *N. H.* XIV, 22.
143 Martial I, 26, 9; VI, 78, 6.
144 Ebd. VIII, 36, 7; IX, 93, 3; XI, 36, 7.
145 Plinius, *N. H.* XII, 88.
146 Plinius d. J., *Ep.* II, 6.
147 Martial IX, 2.
148 Juvenal V, 24–156.
149 Plinius d. J., *Ep.* II, 6, 3 und 4.
150 Petronius 35, 52, 53, 58, 60.
151 Plinius d. J. IX, 7.
152 Juvenal XI, 162–175.
153 Plinius d. J., a. a. O.

154 Cicero, *Ad. fam.* IX, 22; Martial X, 48, 10; Juvenal III, 107; Plinius d. J., *Pan.* 49.
155 Sueton, *Claud.* 32.
156 Martial VII, 18; vgl. X, 15.
157 Petronius 47.
158 Martial III, 82; VI, 89.
159 Juvenal XI, 174 f.
160 Seneca, *Cons. ad Helv.* X, 3.
161 Petronius 70.
162 Apicius IV, 2, 12: *inferes. ad mensam nemo agnoscet quid manducet.*
163 Juvenal XI, 79–81.
164 Ebd. XIV, 116.
165 Ebd. IV, 15 f.
166 Ebd. IV, 139–141.
167 Plinius d. J., *Ep.* VI, 31, 13.
168 Ebd. V, 2, 1.
169 Ebd. VII, 21, 4.
170 Ebd. III, 12, 1.
171 Ebd. I, 15. Septicius Clarus hatte ein Gastmahl vorgezogen, bei dem die Mädchen von Gades tanzten.
172 Martial X, 48.
173 Juvenal XI, 64–76.
174 Vgl. Della Corte, *Notizie degli Scavi*, 1927, 93 f. Siehe jetzt *C. I. L.* IV, 7698. Das erste Distichon ist besonders schwer zu rekonstruieren und zu deuten (vgl. A. Vogliano, *Rivista di filologia classica*, 1925, S. 220 ff.).
175 *C. I. L.* XIV, 2112; vgl. G. Boissier, *La religion romaine* II, 283.
176 Apg. 2, 46.
177 Tertullian, *Apol.* 39.

Bibliographie

Die nachstehende Bibliographie versucht mit ihren etwa fünfhundert Titeln den Themenbereich des Carcopinoschen Buches durch Beiträge der jüngeren und jüngsten Forschung weiter zu erschließen und die eher summarischen Literaturhinweise des Autors zu ergänzen. Daß angesichts der unübersehbar gewordenen Produktion an wissenschaftlicher und weniger wissenschaftlicher Literatur die Auswahl anfechtbarer und unbefriedigender denn je bleiben muß, gehört zu den inzwischen topischen Klagen der Forschenden und der Bibliographen. Eine für einige Jahre mehr oder weniger brauchbare Auswahl von Veröffentlichungen zur römischen Geschichte in ihren vielfältigen Aspekten hat kürzlich K. Christ unter dem Titel *Römische Geschichte. Eine Bibliographie*, Darmstadt 1976, zusammengestellt. Dort und in den versteckten Bibliographien, die einer Reihe der unten genannten Bücher beigegeben sind, mag sich der interessierte Leser weitere Studienhinweise suchen. Im übrigen kann hier nur auf die einschlägigen bibliographischen Hilfsmittel der Altertumswissenschaften verwiesen werden.

Historische Werke

Albertini, E.: *L'empire romain*, 4. Aufl. mit bibliogr. Nachtrag von A. Chastagnol, Paris 1970.

Alföldi, A.: *Studien zur Geschichte der Weltkrise des 3. Jahrhunderts n. Chr.*, Darmstadt 1967.

Alföldi, A.: *Pater patriae. Der Vater des Vaterlandes im römischen Denken*, Darmstadt 1971 (Libelli 261).

Alföldi, A.: *Die monarchische Repräsentation im römischen Kaiserreiche*, Darmstadt ²1977.

Alföldy, G.: *Römische Sozialgeschichte*, Wiesbaden 1975 (Wiss. Paperbacks 8).

Alföldy, G.: *Konsulat und Senatorenstand unter den Antoninen*, Bonn 1977 (Antiquitas I, 26).

André, J. M.: *Le siècle d'Auguste*, Paris 1974.

Aufstieg und Niedergang der römischen Welt (= Festschrift J. Vogt), hrsg. von H. Temporini und W. Haase, Berlin und New York 1972 ff. [mehrere Serien mit zahlreichen Bänden, deren Beiträge – Forschungsberichte, Aufsätze bis hin zu ausgewachsenen monographischen Studien – den verschiedensten Aspekten der römischen Geschichte gewidmet sind].

Augustus. Studi in occasione del Bimillenario augusteo, Rom 1938.

Aymard, A., und J. Auboyer: *Rome et son temps*, Paris ⁵1966 (Histoire générale des civilisations 2).

Bauman, R. A.: *Impietas in principem. A Study of Treason against the Roman Emperor with Special Reference to the First Century A. D.*, München 1974 (Münchener Beiträge zur Papyrusforschung und antiken Rechtsgeschichte 67).

Bengtson, H.: *Grundriß der römischen Geschichte mit Quellenkunde* I: *Republik und Kaiserzeit bis 284 n. Chr.*, München 1967 (Handbuch der Altertumswissenschaft III, 5. 1).

Béranger, J.: *Recherches sur l'aspect idéologique du principat*, Basel 1953.

Béranger, J.: *Principatus. Études de notions et d'histoire politiques dans l'Antiquité gréco-romaine*, Genf 1973 (Publ. Fac. Lettr. Univ. Lausanne 20).

Birley, A. R.: *Marc Aurel*, München ²1977.

Brockmeyer, N.: *Sozialgeschichte der Antike*, Stuttgart 1972 (Urban TB 113).

Callu, J. P.: *La politique monétaire des empereurs romains de 238 à 311*, Paris 1969 (BÉFAR 214).

The Cambridge Ancient History, Bd. 10 und 12, Cambridge 1934–36.

Carter, J. M.: *Die Schlacht bei Aktium. Aufstieg und Triumph des Kaisers Augustus*, Wiesbaden 1972.

Christ, K.: *Römische Geschichte. Einführung – Quellenkunde – Bibliographie*, Darmstadt ²1976.

Cizek, E.: *L'époque de Néron et ses controverses idéologiques*, Leiden 1972 (Roma aeterna 4).

Coussin, P.: *Les armes romaines: Essai sur les origines des armes individuelles du légionnaire romain*, Paris 1926.

d'Arms, J.: *Romans on the Bay of Naples. A Social and Cultural Study of the Villas and their Owners from 150 B. C. to A. D. 400*, Cambridge (Mass.) 1970.

de Martino, F.: *Storia della costituzione romana*, Bd. IV, 1–2, Neapel 1962 bis 1965.

Demougeot, É.: *La formation de l'Europe et les invasions barbares* I: *Des origines germaniques à l'avènement de Dioclétien*, Paris 1969.

Duncan-Jones, R.: *The Economy of the Roman Empire: Quantitative Studies*, Cambridge 1974.

Fabbrini, F.: *L'impero di Augusto come ordinamento sovrannazionale*, Mailand 1974 (Fondazione G. Castelli 43).

Finley, M. I. (Hrsg.): *Studies in Ancient Society*, London und Boston 1974.

Finley, M. I. (Hrsg.): *Studies in Roman Property*, London 1976.

Frank, T.: *An Economic Survey of Ancient Rome*, 5 Bde., Baltimore 1933–40.

Gagé, J.: *»Basiléia«. Les Césars, les Rois d'Orient et les »Mages«*, Paris 1968.

Garzetti, A.: *From Tiberius to the Antonines. A History of the Roman Empire A. D. 14–192*, London 1974.

Gherardini, M.: *Studien zur Geschichte des Kaisers Commodus*, Wien 1974 (Diss. Graz 27).

Grant, M.: *Das Römische Reich am Wendepunkt. Die Zeit von Mark Aurel bis Konstantin*, München 1972.

Grant, M.: *Die zwölf Cäsaren*, München 1977.

Grelle, F.: *L'autonomia cittadina fra Traiano e Adriano. Teoria e prassi dell'organizzazione municipale*, Neapel 1972.

Gruen, E. S.: *The Last Generation of the Roman Republic*, Berkeley (Los Angeles) und London 1974.

Hammond, M.: *The Antonine Monarchy*, Rom 1959.

Hennig, D.: *L. Aelius Seianus. Untersuchungen zur Regierung des Tiberius*, München 1975 (Vestigia 21).

Heuß, A.: *Römische Geschichte*, Braunschweig ⁴1976.

Jones, A. H. M.: *Studies in Roman Government and Law*, Oxford 1960.

Jones, A. H. M.: *Augustus*, London 1970.

Jones, A. H. M.: *The Criminal Courts of the Roman Republic and Principate*, Oxford 1972.

Jones, A. H. M.: *The Roman Economy. Studies in Ancient Economic and Administrative History*, Oxford 1974.

Kaser, M.: *Das römische Privatrecht*, München ²1971 (Handbuch der Altertumswissenschaft X, 3. 3).

Klein, R. (Hrsg.): *Prinzipat und Freiheit*, Darmstadt 1969 (WdF 135).

Liebs, D.: *Römisches Recht. Ein Studienbuch*, Göttingen 1975.

Magdelain, A.: *Auctoritas principis*, Paris 1947.

Marsh, H.: *The Caesars. The Roman Empire and its Rulers*, New York 1972.

Mazza, M.: *Lotte sociali e restaurazione autoritaria nel 3° secolo d. C.*, Catania 1970.

Mazzarino, S.: *Trattato di storia romana* II: *L'impero*, Rom 1956; Neudr. in 3 Bdn., Bari 1973 (Universale Laterza 243–245).

Meyer, E.: *Einführung in die antike Staatskunde*, Darmstadt ³1976.

Meyer, E.: *Römischer Staat und Staatsgedanke*, Zürich und Stuttgart ⁴1976.

Millar, F.: *The Emperor in the Roman World*, London 1976.

Nicolet, C.: *Le métier de citoyen dans la Rome républicaine*, Paris 1976.

Nörr, D.: *Rechtskritik in der römischen Antike*, München 1974 (Abh. Bayer. Akad. Wiss. München N. F. 77).

Passerini, A.: *Linee di storia romana in età imperiale*, Mailand ²1972.

Perowne, S.: *Hadrian*, München ²1977.

Petit, P.: *La paix romaine*, Paris ²1971 (Coll. Nouv. Clio [mit Bibliographie]).

Petit, P.: *Histoire générale de l'Empire romain*, Paris 1974.

Pflaum, H.-G.: *Les procurateurs équestres sous le Haut-Empire romain*, Paris 1950.

Piganiol, A.: *Histoire de Rome*, Paris ⁶1977.

Premerstein, A.: *Vom Werden und Wesen des Prinzipats*, München 1937.

Robinson, H. R.: *The Armour of Imperial Rome*, London 1975.

Rostovtzeff, M.: *The Economic and Social History of the Roman Empire*, 2 Bde., Oxford ²1957; dt. von L. Wickert nach der 1. Aufl.: *Gesellschaft und Wirtschaft im römischen Kaiserreich*, 2 Bde., Leipzig 1929.

Schmitthenner, W. (Hrsg.): *Augustus*, Darmstadt 1969 (WdF 208).

Schneider, H. (Hrsg.): *Zur Sozial- und Wirtschaftsgeschichte der späten römischen Republik*, Darmstadt 1976 (WdF 413).

Seager, R.: *Tiberius*, London 1972; dazu R. Syme in: *Historia* 23, 1974, S. 481 bis 496.

Seyfarth, W.: *Römische Geschichte. Kaiserzeit*, Berlin [und Darmstadt] 1974.

Shatzman, I.: *Senatorial Wealth and Roman Politics*, Brüssel 1975 (Coll. Latomus 142).

Sherwin-White, A. N.: *The Roman Citizenship*, Oxford ²1973.

Staveley, E. S.: *Greek and Roman Voting and Elections*, London 1972.

Stylow, A. U.: *Libertas und Liberalitas. Untersuchungen zur innenpolitischen Propaganda der Römer*, Diss. München 1972.

Syme, R.: *Tacitus*, 2 Bde., Oxford 1958; Neudr. 1963.

Syme, R.: *Roman Papers*, 2 Bde., Oxford [im Druck].

Versnel, H. S.: *Triumphus. An Inquiry into the Origin, Development and Meaning of the Roman Triumph*, Leiden 1970.

Viereck, H. D. L.: *Die römische Flotte – Classis Romana*, Herford 1975.

Vittinghoff, F.: *Kaiser Augustus*, Göttingen ²1967 (Persönlichkeit und Geschichte 20).

Vitucci, G.: *Ricerche sulla praefectura urbi in età imperiale (sec. I–III)*, Rom 1956.
Volkmann, H.: *Grundzüge der römischen Geschichte*, Darmstadt ⁶1975.
Warmington, B. H.: *Nero. Reality and Legend*, London 1970.
Weber, W.: *Untersuchungen zur Geschichte des Kaisers Hadrian*, Leipzig 1907; Neudr. Hildesheim 1971.
Weinstock, S.: *Divus Julius*, Oxford 1971.
Wickert, L.: »Princeps«, in: *RE* XXII, 2, 1954, Sp. 1998–2296.
Yavetz, Z.: *Plebs and Princeps*, Oxford 1969.

Kulturgeschichtliche Darstellungen

Abbott, F. F.: *The Common People of Ancient Rome. Studies of Roman Life and Literature*, New York 1965 (zuerst 1911).
Balsdon, J. P. V. D.: *Life and Leisure at Rome*, London 1969.
Baumeister, A. (Hrsg.): *Denkmäler des klassischen Altertums zur Erläuterung des Lebens der Griechen und Römer in Religion, Kunst und Sitte*, 3 Bde., München und Leipzig 1885–88.
Blanck, H.: *Einführung in das Privatleben der Griechen und Römer*, Darmstadt 1976 [mit Literaturauswahl].
Bloch, R., und J. Cousin: *Rome et son destin*, Paris 1960.
Blümner, H.: *Die römischen Privataltertümer*, München 1911 (Handbuch der Altertumswissenschaft IV, 2. 2).
Condorelli, S.: *Aspetti della vita quotidiana a Roma e tendenze letterarie nella Historia Augusta*, Messina 1968 (Biblioteca di Helikon. Testi e Studi 6).
Crook, J.: *Law and Life of Rome*, Ithaca (N. Y.) 1967; Neudr. 1977.
Dillon, E.: *Living in Imperial Rome*, London 1974.
Duval, P.-M.: *La vie quotidienne en Gaule pendant la paix romaine*, Paris 1952 [mit Neudrr.; dt. Ausg. in Vorb.].
Étienne, R.: *La vie quotidienne à Pompéi*, Paris 1966; dt. u. d. T.: *Pompeji. Das Leben in einer antiken Stadt*, Stuttgart ²1976.
Giannelli, G., und U. E. Paoli (Hrsg.): *Rom und seine große Zeit*, Würzburg ³1972.
Grant, M.: *Rom (133 v. Chr.–217 n. Chr.)*, Zürich 1960 (Kindlers Kulturgeschichte).
Grimal, P.: *La civilisation romaine*, Paris 1960; dt. u. d. T.: *Römische Kulturgeschichte*, Zürich und München 1961.
Grimal, P. [u. a.]: *Rome et nous. Manuel d'initiation à la littérature et à la civilisation latines*, Paris 1977.
Heinze, R.: *Die augusteische Kultur*, Leipzig 1933; Neudr. Darmstadt 1960.
Kahrstedt, U.: *Kulturgeschichte der römischen Kaiserzeit*, Bern ²1958.
Levi, M. A.: *Roma antica*, Turin 1963 (Società e costume 2).
Lewis, N., und M. Reinhold: *Roman Civilization*; Neudr. Columbia University Press 1977.
Liversidge, J.: *Everyday Life in the Roman Empire*, London 1976.
Marquardt, J.: *Das Privatleben der Römer*, Darmstadt 1975 (= ²1886).
Martin, J. P.: *La Rome ancienne*, Paris 1973.
Mattingly, H.: *Roman Imperial Civilization*, London 1957.

Müller, R. (Hrsg.): *Kulturgeschichte der Antike*, Bd. 2: *Rom*, Berlin 1977 (Veröff. d. Zentralinstituts für Alte Geschichte und Archäologie 6).
Paoli, U. E.: *Vita Romana. Notizie di antichità private*, Florenz ³1942; Neudr. Mailand 1976; dt. u. d. T.: *Das Leben im alten Rom*, Bern 1948.
Paoli, U. E.: *Urbs. Aspetti di vita romana antica*, Florenz ²1942.
Rogers, H. L., und T. R. Harley: *Roman Home Life and Religion*, Oxford 1923.
Starr, Ch. G.: *Civilization and the Caesars: the Intellectual Revolution in the Roman Empire*, Ithaca 1955.
White, K. D. (Hrsg.): *Country Life in Classical Times*, London 1977.

Archäologie und Kunstgeschichte

Abbate, F.: *Roman Art*, London 1972.
Andreae, B.: *Römische Kunst*, Freiburg i. Br. 1973.
Andreae, B., und H. Kyrieleis (Hrsg.): *Neue Forschungen in Pompeji und den anderen vom Vesuvausbruch 79 n. Chr. verschütteten Städten*, Recklinghausen 1975.
Bianchi Bandinelli, R.: *Rom. Das Zentrum der Macht*, München 1970 (Universum der Kunst).
Borda, M.: *La pittura romana*, Mailand 1958; frz.: *La peinture romaine*, Genf 1958.
Brilliant, R.: *Roman Art. From the Republic to Constantine*, London 1974.
Brown, F.: *Roman Architecture*, New York 1961.
Cerulli Irelli, G.: *Ercolano*, Cava dei Tirreni 1969.
Charleston, R. J.: *Roman Pottery*, London o. J.
Coarelli, F.: *L'oreficeria nell'arte classica*, Mailand 1966.
Croisille, J. M.: *Les natures mortes campaniennes*, Brüssel und Berchem 1965.
Curtius, L.: *Wandmalerei Pompejis*, Leipzig 1929; Neudr. Hildesheim 1960.
Heintze, H. von: *Römische Porträtplastik aus sieben Jahrhunderten*, Stuttgart 1961.
Heintze, H. von: *Römische Kunst*, Stuttgart 1969 (Belser Stilgeschichte 3).
Heintze, H. von (Hrsg.): *Römische Porträts*, Darmstadt 1974 (WdF 348).
Higgins, R. A.: *Greek and Roman Jewellery*, London 1961.
Kähler, H.: *Die Augustusstatue von Primaporta*, Köln 1959 (Monumenta artis Romanae 1).
Kraus, Th.: *Das Römische Weltreich*, Berlin 1967 (Propyläen Kunstgeschichte 2).
Kraus, Th., und L. von Matt: *Lebendiges Pompeji*, Köln 1973.
Lawrence, A. W.: *Greek and Roman Sculpture*, London 1977 (zuerst 1972).
Lorenz, Th.: *Leben und Regierung Trajans auf dem Bogen von Benevent*, Amsterdam ²1973.
Magi, F.: *I rilievi flavi del Palazzo della Cancelleria*, Rom 1946.
Maiuri, A.: *La peinture romaine*, Genf 1953.
Mostra augustea della Romanità, Rom 1938; Neudr. mit bibliogr. Anhang ebd. 1968.
Overbeck, J., und A. Mau: *Pompeji in seinen Gebäuden, Alterthümern und Kunstwerken*, Leipzig 1884; Neudr. Rom 1968.
Robertson, D. S.: *Greek and Roman Architecture*, Cambridge ²1969.

Schefold, K.: *Vergessenes Pompeji. Unveröffentlichte Bilder römischer Wanddekorationen in geschichtlicher Folge herausgegeben*, Bern 1962.
Schefold, K.: *La peinture pompéienne. Essai sur l'évolution de sa signification*, Brüssel 1972 (Coll. Latomus 108).
Strong, D. E.: *Roman Imperial Sculpture*, London 1961.
Strong, D. E.: *Greek and Roman Gold and Silver Plates*, London 1966.
Toynbee, J. M. C.: *The Flavian Reliefs from the Palazzo della Cancelleria in Rome*, Oxford 1957.
Wegner, M., und W. H. Gross (Hrsg.): *Das römische Herrscherbild*, Berlin 1939 ff.

Quellensammlungen und Quellenkunde

Arangio-Ruiz, V., und A. Guarino: *Breviarium iuris Romani*, Mailand ^{5}1974.
Charles-Picard, G., und J. Rougé: *Textes et documents relatifs à la vie économique et sociale dans l'Empire romain (31 av. J.-C.–225 ap. J.-C.)*, Paris 1969 (Regards sur l'Histoire 6).
Ehrenberg, V., und A. H. M. Jones: *Documents Illustrating the Reigns of Augustus and Tiberius*, Oxford ^{2}1955; Neudr. 1963.
Étienne, R.: *Le siècle d'Auguste*, textes choisis et présentés par R. E., Paris 1970 (Coll. U 2 Nr. 139).
Gaudemet, J.: *Le droit privé romain*, Paris 1974 (Coll. U 2 Nr. 220).
Geist, H. (Hrsg.): *Römische Grabinschriften*. Bearb. von G. Pfohl, München 1969.
Grant, M.: *Roman Imperial Money*, London 1954.
Kent, J. P. C., B. Overbeck und A. U. Stylow: *Die römische Münze*, München [und Darmstadt] 1973.
McCrum, M., und A. G. Woodhead: *Selected Documents of the Principates of the Flavian Emperors A. D. 68–96*, Cambridge 1966.
Petit, P.: *Le premier siècle de notre ère*, textes choisis et présentés par P. P., Paris ^{2}1971 (Coll. U 2 Nr. 47).
Smallwood, E.: *Documents Illustrating the Principates of Nerva, Trajan and Hadrian*, Cambridge 1966.
Smallwood, E.: *Documents Illustrating the Principates of Gaius, Claudius and Nero*, Cambridge 1967.
Susini, G.: *The Roman Stonecutter. An Introduction to Latin Epigraphy*, Oxford 1973.
Sutherland, C. H. V.: *Roman Coins*, London 1974; dt. u. d. T.: *Münzen der Römer*, München 1974 (Die Welt der Münzen III).
Thomas, J. A. C.: *Textbook of Roman Law*, Amsterdam und New York 1976.

Der materielle Rahmen: Stadt, Häuser usw.

Ashby, T.: *The Roman Campagna in Classical Times*, New York 1927; Neudr. mit Einl. von J. B. Ward Perkins, 1970.
Ashby, T.: *The Aqueducts of Ancient Rome*, Oxford 1935; Neudr. 1974.
Bauten Roms auf Münzen und Medaillen. Ausstellung der Staatlichen Münz-

sammlung München vom 16. Oktober bis 2. Dezember 1973, hrsg. von H. Kuethmann, München 1973.

Becatti, G.: *La colonna coclide istoriata. Problemi storici, iconografici, stilistici*, Rom 1960 (Studi e Materiali del Museo dell'Impero romano 6).

Beloch, K. J.: *Die Bevölkerung der griechisch-römischen Welt*, Leipzig 1886; Neudr. Rom 1968 (Studia Historica 60).

Beloch, K. J.: *Campanien. Geschichte und Topographie des antiken Neapel und seiner Umgebung*, Breslau [2]1890.

Bertoldi, M. I.: *Ricerche sulla decorazione architettonica del Foro Traiano*, Rom 1962 (Studi Miscellanei pubbl. dal Seminario di Archeologia e Storia dell'Arte Greca e Romana dell'Università di Roma 3).

Blake, M. E.: *Roman Construction in Italy from Tiberius through the Flavians*, New York 1968 (zuerst 1959).

Blake, M. E.: *Roman Construction in Italy from Nerva through the Antonines*, ed. & completed by D. T. Bishop, Philadelphia 1973 (Mem. Amer. Philos. Soc. 96).

Bloch, H.: *I bolli laterizi e la storia edilizia romana. Contributi all'archeologia e alla storia romana*, Rom 1968 (zuerst 1947; Studi e Materiali del Museo dell'Impero romano 4).

Boëthius, A.: *The Golden House of Nero. Some Aspects of Roman Architecture*, Ann Arbor 1960 (Jerome Lectures 5).

Boëthius, A., und J. B. Ward Perkins: *Etruscan and Roman Architecture*, Harmondsworth 1970.

Brilliant, R.: *The Arch of Septimius Severus in the Roman Forum*, Rom 1967 (MAAR 29).

Brunt, P. A.: *Italian Manpower 225 B. C.–A. D. 14*, Oxford 1971.

Calza, R., und E. Nash: *Ostia*, Florenz 1959.

Caprino, C. [u. a.]: *La colonna di Marco Aurelio*, Rom 1955 (Studi e Materiali del Museo dell'Impero romano 5).

Castagnoli, F.: *Topografia e urbanistica di Roma antica*, Bologna 1969 (zuerst 1958).

Chevallier, R.: *Les voies romaines*, Paris 1972; engl. u. d. T.: *Roman Roads*, London 1976.

Cichorius, C.: *Die Reliefs der Trajanssäule*, 4 Bde., Berlin 1896–1900.

Coarelli, F.: *Guida Archeologica di Roma*, Mailand 1974; dt. u. d. T.: *Rom. Ein archäologischer Führer*. Freiburg i. Br. 1975 [Auswahl jüngerer Literatur im Anhang].

Coarelli, F. [u. a.]: *Guida archeologica di Pompei*, Mailand 1976.

Les cryptoportiques dans l'architecture romaine, Paris 1974 (Collection de l'École Française de Rome 14).

Curtius, L., und A. Nawrath: *Das antike Rom*, Wien [und Darmstadt] [5]1970.

Deman, E. B. van: *The Building of the Roman Aqueducts*, Washington 1934; Neudr. ebd. 1973.

Drerup, H.: *Zum Ausstattungsluxus in der römischen Architektur. Ein formgeschichtlicher Versuch*, Münster 1957 (Orbis antiquus 12).

Dudley, D. R.: *Urbs Roma. A Source Book of Classical Texts on the City and its Monuments*, selected and translated with a Commentary, London 1967.

Fine Licht, K. de: *The Rotunda in Rome. A Study in Hadrian's Pantheon*, Kopenhagen 1968.

Formae Urbis Romae antiquae, delineaverunt H. Kiepert et Chr. Huelsen, Berlin ²1912.

García Merino, C.: *Análisis sobre el estudio de la demografía de la antiguedad y un nuevo método para la época romana*, Valladolid 1974 (Studia archaeologica 26).

Gauer, W.: »Ein Dakerdenkmal Domitians. Die Trajanssäule und das sog. große trajanische Relief«, in: *JDAI* 87, 1973, S. 318–350.

Grant, M.: *The Roman Forum*, London 1970.

Grant, M.: *The Cities of Vesuvius. Pompeii and Herculaneum*, London 1971.

Grimal, P.: *Les jardins romains à la fin de la République et aux deux premiers siècles de l'Empire*, Paris ²1969.

Grimal, P.: *Les villes romaines*, Paris ⁴1971 (Que sais-je? Nr. 657).

Hainzmann, M.: *Untersuchungen zur Geschichte und Verwaltung der stadtrömischen Wasserleitungen*, Wien (Diss. Graz) 1973; vgl. aber die Rezension von W. Eck in: *Gnomon* 1977 [im Druck].

Hassel, F. J.: *Der Trajansbogen in Benevent. Ein Bauwerk des römischen Senats*, Mainz 1966.

Homo, L.: *Rome impériale et l'urbanisme dans l'Antiquité*, Paris ²1971 (L'Évolution de l'Humanité 33 [mit Bibliographie]).

Honroth, M.: *Stadtrömische Girlanden. Ein Versuch zur Entwicklungsgeschichte römischer Ornamentik*, Wien 1971 (Sonderschriften, hrsg. vom Österr. Archäolog. Institut in Wien 17).

Jordan, H.: *Topographie der Stadt Rom im Alterthum*, I, 1–3 und II, Berlin 1871–1907; Neudr. Rom 1970.

Kähler, H.: *Hadrian und seine Villa bei Tivoli*, Berlin 1950.

Kraus, Th.: *Die Ranken der Ara Pacis*, Berlin 1953.

Le Gall, J.: *Le Tibre, fleuve de Rome dans l'Antiquité*, Paris 1953 (Publ. de l'Institut d'Art et d'Archéologie I).

Le Gall, J.: *Recherches sur le culte du Tibre*, Paris 1953 (Publ. de l'Institut d'Art et d'Archéologie II).

Lehmann-Hartleben, K.: *Die Trajanssäule, ein römisches Kunstwerk zu Beginn der Spätantike*, Berlin und Leipzig 1926.

Leon, C. F.: *Die Bauornamentik des Trajansforums und ihre Stellung in der früh- und mittelkaiserzeitlichen Architekturdekoration Roms*, Wien 1971 (Publ. des Österr. Kulturinstituts in Rom I, 4).

Levi, A. und M.: *Itineraria picta. Contributo allo studio della Tabula Peutingeriana*, Rom 1967 (Studi e Materiali del Museo dell'Impero Romano 7).

Lugli, G.: *I monumenti antichi di Roma e suburbio*, 3 Bde. mit Suppl., Rom 1930–40.

Lugli, G.: *Roma antica. Il centro monumentale*, Rom 1946; Neudr. 1968.

Lugli, G.: *Fontes ad topographiam veteris Urbis Romae pertinentes*, 6 Bde., Rom 1952–65.

Lugli, G.: *La tecnica edilizia romana con particolare riguardo a Roma e Lazio*, 2 Bde., Rom 1957; Neudr. New York 1968.

Lugli, G.: »La Roma di Domiziano nei versi di Marziale e di Stazio«, in: *Studi romani* 9, 1961, S. 1–17.

Lugli, G.: *Itinerario di Roma antica*, Rom 1975.

Macco, M. di: *Il Colosseo. Funzione simbolica, storica, urbana*, Rom 1971 (Biblioteca di Storia dell'Arte V).

Maier, F. G.: »Römische Bevölkerungsgeschichte und Inschriftenstatistik«, in: *Historia* 2, 1953/54, S. 318–351.

Mazzolani, L. S.: *L'idea di città nel mondo romano*, Neapel 1967.

McKay, A. G.: *Houses, Villas, and Palaces in the Roman World*, London 1975 [mit Auswahlbibliographie].

Mielsch, H.: *Römische Stuckreliefs*, Heidelberg 1975 (MDAI [R] Erg.-H. 21).

Miller, K.: *Itineraria romana. Römische Reisewege an der Hand der Tabula Peutingeriana*, Stuttgart 1916; Neudr. Rom 1964.

Moretti, G.: *Ara Pacis Augustae*, 2 Bde., Rom 1948.

Nash, E.: *A Pictorial Dictionary of Ancient Rome*, 2 Bde., London ²1968 [mit Bibliographie bis 1966/67].

Packer, J. E.: *The insulae of Imperial Ostia*, Rom 1971 (MAAR 31); vgl. aber die Rezension von H. Riemann in: *Gnomon* 47, 1975, S. 186 ff.

Percival, J.: *The Roman Villa. A Historical Introduction*, London 1976.

Petrassi, M., und O. Guerra: *Il colle Capitolino*, Rom 1974.

La Pianta marmorea di Roma antica – Forma Urbis Romae, a cura di G. Carettoni, A. M. Colini, L. Cozza e G. Gatti, 2 Bde., Rom 1960.

Platner, S., und T. Ashby: *A Topographical Dictionary of Ancient Rome*, Oxford 1929; Neudr. Rom 1965.

Quennell, P.: *The Colosseum*, London und New York 1971.

Richmond, I. A.: *The City Wall of Imperial Rome. An Account of its Architectural Development from Aurelian to Narses*, Oxford 1930.

Richter, G. M. A.: *The Furniture of the Greeks, Etruscans and Romans*, London ²1966.

Rossi, L.: *Trajan's Column and the Dacian War*, London 1971.

Rotili, M.: *L'Arco di Traiano a Benevento*, Rom 1972.

Rykwert, J.: *The Idea of a Town. The Anthropology of Urban Form in Rome, Italy, and the Ancient World*, Princeton 1977.

Salmon, P.: *Population et dépopulation dans l'Empire romain*, Brüssel 1974 (Coll. Latomus 157).

Schaal, H.: *Ostia. Der Welthafen Roms*, Bremen 1957.

Testini, P.: *Le catacombe romane e gli antichi cimiteri cristiani in Roma*, Bologna 1966 (Roma cristiana 2).

Tomassetti, G.: *La campagna romana*, Rom 1910–26; Neudr. Rom 1976.

Vogel, L.: *The Column of Antoninus Pius*, Cambridge (Mass.) 1973.

Ward Perkins, J. B.: *Architettura romana*, Mailand 1974; dt. u. d. T.: *Architektur der Römer*, Stuttgart 1975.

Ward Perkins, J. B.: *Cities of Ancient Greece and Italy. Planning in Classical Antiquity*, London 1974.

Zanker, P.: »Das Trajansforum als Monument imperialer Selbstdarstellung«, in: *AA* 1970, S. 499 ff.

Zanker, P.: *Forum Augustum*, Tübingen 1970 (Monumenta Artis Antiquae II).

Zanker, P.: *Forum Romanum. Die Neugestaltung durch Augustus*, Tübingen 1972 (Monumenta Artis Antiquae V).

Der moralisch-geistige Rahmen

André, J.-M., und A. Hus: *L'histoire à Rome. Historiens et biographes dans la littérature latine*, Paris 1974 (Coll. SUP Litt. anciennes 3).

Bardon, H.: *Les empereurs et les lettres latines d'Auguste à Hadrien*, Paris 1940; Neudr. ebd. 1968.

Bayet, J.: *Littérature latine*, Paris ³1969.

Bieler, L.: *Geschichte der römischen Literatur*, 2 Bde., Berlin ³1972 (Slg. Göschen 52. 866).

Bonjour, M.: *Terre natale. Études sur une composante affective du patriotisme romain*, Paris 1975.

Bowersock, G. W.: *Greek Sophists in the Roman Empire*, Oxford 1969.

Brilliant, R.: *Gesture and Rank in Roman Art. The Use of Gestures to denote Status in Roman Sculpture and Coinage*, New Haven 1963 (Memoirs of the Connecticut Academy of Art and Sciences XIV).

Burck, E.: *Vom römischen Manierismus. Von der Dichtung der frühen römischen Kaiserzeit*, Darmstadt 1971 (Libelli 327).

Clarke, M. L.: *Die Rhetorik bei den Römern*, Göttingen 1968.

Daube, D.: *Civil Disobedience in Antiquity*, Edinburg 1972.

Eisenhut, W.: *Virtus Romana. Ihre Stellung im römischen Wertsystem*, München 1973 (Studia et Testimonia antiqua 13).

Eisenhut, W. (Hrsg.): *Properz*, Darmstadt 1975 (WdF 237).

Fuhrmann, M.: *Römische Literatur*, Frankfurt a. M. 1974.

Garbarino, G.: *Roma e la filosofia greca dalle origini alla fine del II secolo a. C.*, 2 Bde., Turin 1973.

Gérard, J.: *Juvénal et la réalité contemporaine*, Paris 1976.

Griffin, M. T.: *Seneca. A Philosopher in Politics*, Oxford 1976.

Himmelmann, N.: *Das Hypogäum der Aurelier am Viale Manzoni*, Mainz 1975 (Abh. Akad. Mainz, Geistes- und Sozialwiss. Kl. 1975, H. 7).

Hoven, R.: *Stoïcisme et stoïciens face au problème de l'au-delà*, Paris 1971 (Bibliothèque Fac. Phil. Lettr. Univ. Liège 197).

Hubbard, M.: *Propertius*, London 1974.

Kennedy, G.: *The Art of Rhetoric in the Roman World*, Princeton 1972.

Martin, J.: *Antike Rhetorik. Technik und Methode*, München 1974 (Handbuch der Altertumswissenschaft II. 3).

Maurach, G. (Hrsg.): *Römische Philosophie*, Darmstadt 1976 (WdF 193).

Michel, A.: *La philosophie politique à Rome d'Auguste à Marc-Aurèle*, Paris 1969 (Coll. U).

Opelt, I.: *Vom Spott der Römer*, München 1969.

Oppermann, H. (Hrsg.): *Römische Wertbegriffe*, Darmstadt ²1974 (WdF 34).

Ramage, E. S.: *Urbanitas. Ancient Sophistication and Refinement*, Norman (University of Oklahoma Press) 1973 (University of Cincinnati Classical Studies III).

Ramage, E. S., D. L. Sigsbee und S. C. Fredericks: *Roman Satirists and their Satire. The Fine Art of Criticism in Ancient Rome*, Park Ridge (N. J.) 1974.

Römer, F.: »Plinius d. J.« (Forschungsbericht), in: *AnzAW* 28, 1975, S. 153 bis 200.

Rozelaar, M.: *Seneca. Eine Gesamtdarstellung*, Amsterdam 1976.

Saint-Denis, E. de: *Essais sur le rire et le sourire des latins*, Paris 1965 (Publ. de l'Univ. de Dijon 30).
Sandbach, F. J.: *The Stoics*, London 1975.
Schefold, K.: *Pompejanische Wandmalerei. Sinn und Ideengeschichte*, Basel 1952; dagegen A. Rumpf in: *Gnomon* 26, 1954, S. 353 ff.
Sichtermann, H.: »De gustibus. Zur Beurteilung des römischen Klassizismus«, in: *Gymnasium* 81, 1974, S. 1–40.
Tiffou, É.: *Essai sur la pensée de Salluste à la lumière de ses prologues*, Paris 1974 (Études et Commentaires 83).
Toynbee, J. M. C.: *The Hadrianic School. A Chapter in the History of Greek Art*, Cambridge 1934; Neudr. Rom 1967.
Wirszubski, C.: *Libertas as a Political Idea at Rome during the Late Republic and Early Principate*, Cambridge 1950; dt. u. d. T.: *Libertas als politische Idee im Rom der späten Republik und des frühen Prinzipats*, Darmstadt 1967.
Zanker, P.: *Klassizistische Statuen. Studien zur Veränderung des Kunstgeschmacks in der römischen Kaiserzeit*, Mainz 1974.

Gesellschaft

Actes du colloque d'histoire sociale 1970, Paris 1972 (Annales litt. de l'Univ. de Besançon 128).
Actes du colloque sur l'esclavage 1971, Paris 1972 (Annales litt. de l'Univ. de Besançon 140).
Actes du colloque sur l'esclavage 1972, Paris 1974 (Annales litt. de l'Univ. de Besançon 163).
Alföldy, G.: »Die Freilassung von Sklaven und die Struktur der Sklaverei in der römischen Kaiserzeit«, in: *RSA* 2, 1972, S. 97 ff.
Alföldy, G.: »Die römische Gesellschaft – Struktur und Eigenart«, in: *Gymnasium* 83, 1976, S. 1–25.
Bellen, H.: *Studien zur Sklavenflucht im römischen Kaiserreich*, Wiesbaden 1971 (Forschungen zur antiken Sklaverei IV).
Berchem, D. van: *La distribution de blé et d'argent à la plèbe romaine sous l'Empire*, Genf 1939.
Boemer, F.: *Untersuchungen über die Religion der Sklaven in Griechenland und Rom*, 4 Bde., Wiesbaden 1957–63.
Boulvert, G.: *Esclaves et affranchis impériaux sous le Haut-Empire romain. Rôle politique et administratif*, Neapel 1970 (Biblioteca di Labeo IV).
Boulvert, G.: *Domestiques et fonctionnaires sous le Haut-Empire romain. Condition de l'affranchi et de l'esclavage du prince*, Paris 1974.
Castritius, H.: »Die Gesellschaftsordnung der römischen Kaiserzeit und das Problem der sozialen Mobilität«, in: *Mitteilungen der TU Braunschweig* 8, 1973, S. 38 ff.
Chantraine, H.: *Freigelassene und Sklaven im Dienst der römischen Kaiser*, Wiesbaden 1967 (Forschungen zur antiken Sklaverei I).
Cracco Ruggini, L.: *Impero romano e gruppi etnici: pregiudizi e utopie*, Bologna (Il mondo antico 7 [im Druck]).
della Corte, F.: *Suetonio eques romanus*, Florenz ^{2}1967.

Duff, A. M.: *Freedmen in the Early Roman Empire.* London ²1958.
Gagé, J.: *Les classes sociales dans l'Empire romain*, Paris ²1971.
Garnsey, P.: *Social Status and Legal Privilege in the Roman Empire*, Oxford 1970; vgl. dazu die Rezension von D. Nörr in: *ZSav* 88, 1971, S. 408–417.
Guarino, A.: *La rivoluzione della plebe*, Neapel 1975 (Società e diritto di Roma 1).
Highet, G.: *Juvenal the Satirist*, Oxford ²1955.
Huttunen, P.: *The Social Strata in the Imperial City of Rome. A Quantitative Study of the Social Representation in the Epitaphs published in the CIL vol. VI*, Oulu 1974 (Acta Universitatis Ouluensis, Ser. B Humaniora Nr. 3, Historica Nr. 1).
MacMullen, R.: *Enemies of the Roman Order: Treason, Unrest and Alienation in the Roman Empire*, Harvard 1967.
MacMullen, R.: *Roman Social Relations 50 B. C. – A. D. 284*, New Haven und London 1974.
Pepe, L.: *Marziale*, Neapel 1950.
Pleket, H.-W.: »Sociale Stratificatie en sociale Mobiliteit in de romeinse Keizertijd«, in: *TG* 84, 1971, S. 215 ff.
Recherches sur les structures sociales dans l'Antiquité classique, Paris 1970.
Schmidt, J.: *Vie et mort des esclaves dans la Rome antique*, Paris 1973.
Solin, H.: *Beiträge zur Kenntnis der griechischen Personennamen in Rom*, Bd. 1, Helsinki 1971 (Comm. human. litt. 48).
Štaerman, E. M., und M. K. Trofimova: *La schiavitù nell'Italia imperiale I–III sec.*, Rom 1975 (Biblioteca di Storia Antica 2).
Strasburger, H.: *Zum antiken Gesellschaftsideal*, Heidelberg 1977 (Sitzungsberichte d. Heidelberger Akad. 1976, H. 4).
Veyne, P.: »Vie de Trimalcion«, in: *Annales E. S. C.* 1961, II, S. 213–247.
Veyne, P.: *Le pain et le cirque. Histoire sociologique d'un pluralisme politique*, Paris 1976.
Vogt, J. (Hrsg.): *Bibliographie zur antiken Sklaverei.* Bearb. von N. Brockmeyer [u. a.], Bochum 1971.
Weaver, P. R. C.: *Familia Caesaris. A Social Study of the Emperor's Freedmen and Slaves*, Cambridge 1972.
Westermann, W. L.: *The Slave System of Greek and Roman Antiquity*, Philadelphia 1955; Neudr. 1974 (Mem. Amer. Philos. Soc. 40).
Wiseman, T. P.: *New Men in the Roman Senate 131 B. C.–A. D. 14*, Oxford 1971.

Ehe und Familie

Balsdon, J. P. V. D.: *Roman Women: their History and Habits*, London ²1974.
Bloedow, E. F.: »Mulier silens sed non muta«, in: *EMC* 15, 1971, S. 71–91.
Brini, G.: *Matrimonio e divorzio nel diritto romano*, 3 Bde., Rom 1975 (Studia Juridica 2; = Bologna 1887–89).
Brommer, F.: »Zu den römischen Ahnenbildern«, in: *RM* 60/61, 1953/54, S. 163 ff.
Burck, E.: *Die Frau in der griechisch-römischen Antike*, München 1969.

Crouzel, H.: *L'église primitive face au divorce. Du Ier au Ve siècle*, Paris 1971 (Théologie historique XIII).
Csillag, P.: *Augustan Law on Family Relations*, Budapest 1976/77.
Del Castillo, A.: *La emancipación de la mujer romana en el siglo I d. C.*, Granada 1976 (Colección monográfica. Univ. de Granada 42).
Gagé, J.: *Matronalia*, Brüssel 1963 (Coll. Latomus 60).
Gaiser, K.: *Für und wider die Ehe. Antike Stimmen zu einer offenen Frage*, München 1974.
Grimal, P.: *L'amour à Rome*, Paris 1963.
Hackl, K.: »Die Feststellung der Vaterschaft und der väterlichen Gewalt«, in: *ZSav* 90, 1973, S. 105–149.
Hodge, P.: *Roman Family Life. Aspects of Roman Life*, London 1974.
Humbert, M.: *Le remariage à Rome. Étude d'histoire juridique et sociale*, Mailand 1972 (Univ. di Roma. Pubbl. dell'Istituto di Diritto romano 44).
Kiefer, O.: *Sexual Life in Ancient Rome*, London 1934; Neudr. 1975.
Marcadé, J.: *Roma amor. Essai sur les représentations érotiques dans l'art étrusque et romain*, Paris 1961.
Michel, J. H.: »L'infériorité de la condition féminine en droit romain«, in: *Ludus magistralis* Nr. 46, Brüssel 1974, S. 1–13.
Önnerfors, A.: *Vaterporträts in der römischen Poesie. Unter besonderer Berücksichtigung von Horaz, Statius und Ausonius*, Stockholm 1974.
Paribeni, R.: *La famiglia romana*, Rom 1929.
Pearce, T. E. V.: »The Role of the Wife as custos in Ancient Rome«, in: *Eranos* 72, 1974, S. 17–33.
Rawson, B.: »Family Life among the Lower Classes at Rome in the First Two Centuries of the Empire«, in: *Class. Philol.* 61, 1966, S. 71–83.
Rawson, B.: »Roman Concubinage and other de facto marriages«, in: *TAPhA* 104, 1974, S. 279–305.
Rossbach, A.: *Römische Hochzeits- und Ehedenkmäler*, Leipzig 1871; Neudr. Aalen 1973.
Samter, E.: *Familienfeste der Griechen und Römer*, Berlin 1901.
Schmitt, E. E.: *Römische Frauenstatuen*, München 1967.
Toynbee, J. M. C.: *Death and Burial in the Roman World*, London 1971.
Zinserling, V.: *Die Frau in Hellas und Rom*, Stuttgart 1973.

Erziehung, Bildung und Religionen

Erziehung

Barclay, W.: *Educational Ideals in the Ancient World*, London 1959.
Bonner, S. F.: *Education in Ancient Rome. From Cato the Elder to the Younger Pliny*, London 1977.
Bowersock, G. W.: *Greek Sophists in the Roman Empire*, Oxford 1969.
Christes, J.: *Bildung und Gesellschaft. Die Einschätzung der Bildung und ihrer Vermittler in der griechisch-römischen Antike*, Darmstadt 1975 (EdF 37).
Clarke, M. L.: *Higher Education in the Ancient World*, London 1971.
Johann, H.-Th. (Hrsg.): *Erziehung und Bildung in der heidnischen und christlichen Antike*, Darmstadt 1976 (WdF 377).
Marrou, H.-I.: ΜΟΥΣΙΚΟΣ ΑΝΗΡ. *Étude sur les scènes de la vie intellec-*

tuelle figurants sur les monuments funéraires romains, Grenoble 1938; erw. Neudr. Rom 1964.
Marrou, H.-I.: *Histoire de l'éducation dans l'Antiquité*, Paris 61965; dt. u. d. T.: *Geschichte der Erziehung im klassischen Altertum*, hrsg. von R. Harder, Freiburg i. Br. 1957; Neudr. München 1977 (dtv WR 4275).

Religionen

Andreae, B.: *Studien zur römischen Grabkunst*, Heidelberg 1963 (MDAI [R] Erg.-H. 9).
Annequin, J.: *Recherches sur l'action magique et ses représentations (Ier et IIe siècles ap. J.–C.)*, Paris 1973 (Annales litt. de l'Univ. de Besançon 146).
Bayet, J.: *Histoire politique et psychologique de la religion romaine*, Paris 1957; jetzt u. d. T.: *La religion romaine. Histoire politique et psychologique*, Paris 1976 (Petite Bibliothèque Payot 281).
Beaujeu, J.: *La religion romaine à l'apogée de l'Empire* I: *La politique religieuse des Antonins (96–192)*, Paris 1955.
Boll, F., C. Bezold und W. Gundel: *Sternglaube und Sterndeutung. Die Geschichte und das Wesen der Astrologie*, Darmstadt 61974.
Boyancé, P.: *Études sur la religion romaine*, Paris 1972 (Coll. de l'École Française de Rome 11).
Carcopino, J.: *Aspects mystiques de la Rome païenne*, Paris 1942.
Cumont, F.: *Recherches sur le symbolisme funéraire des Romains*, Paris 1942; Neudr. 1966.
Cumont, F.: *Lux perpetua*, Paris 1949.
Cumont, F.: *Die orientalischen Religionen im römischen Heidentum*, Darmstadt 71975.
Cumont, F.: *Die Mysterien des Mithra. Ein Beitrag zur Religionsgeschichte der römischen Kaiserzeit*, Darmstadt 1975.
Dumézil, G.: *La religion romaine archaïque*, Paris 1974.
Ferguson, J.: *The Religions of the Roman Empire*, Ithaca (N. Y.) 1970.
Floriani Squarciapino, M.: »Ebrei a Roma e ad Ostia«, in: *Studi Romani* 11, 1963, S. 129–143.
Halsberghe, G. H.: *The Cult of Sol Invictus*, Leiden 1972.
Hermann, W.: *Römische Götteraltäre*, Kallmünz 1961.
Hinnells, J. (Hrsg.): *Mithraic Studies. Proceedings of the First International Congress of Mithraic Studies*, 2 Bde., Manchester 1975.
Kähler, H.: *Der römische Tempel*, Berlin 1970.
Kunckel, H.: *Der römische Genius*, Heidelberg 1974 (MDAI [R] Erg.-H. 20).
Latte, K.: *Römische Religionsgeschichte*, München 21967 (Handbuch der Altertumswissenschaft V, 4).
Le Gall, J.: *La religion romaine de l'époque de Caton l'Ancien au règne de l'empereur Commode*, Paris 1975.
Luck, G.: *Hexen und Zauberei in der römischen Dichtung*, Zürich und Stuttgart 1962.
Merlat, P.: *Jupiter Dolichenus*, Paris 1960.
Ogilvie, R. M.: *The Romans and their Gods in the Age of Augustus*, New York und London 1969.

Palmer, R. E. A.: *Roman Religion and Roman Empire. Five Essays*, Philadelphia 1974 (Haney Foundation Series 15).
Pastorino, A.: *La religione romana*, Mailand 1973 (Problemi di storia 21).
Pfeffer, F.: *Studien zur Mantik in der Philosophie der Antike*, Meisenheim (Glan) (Beiträge zur Klass. Philologie 64).
Reitzenstein, R.: *Die hellenistischen Mysterienreligionen nach ihren Grundgedanken und Wirkungen*, Leipzig [3]1927; Neudr. Darmstadt 1977.
Scheid, J.: *Les frères arvales. Recrutement et origine sociale sous les empereurs julio-claudiens*, Paris 1975.
Smallwood, E. M.: *The Jews under Roman Rule. From Pompey to Diocletian*, Leiden 1976 (Studies in Judaism in Late Antiquity 20).
Toutain, J.: *Les cultes païens dans l'Empire romain*, 3 Bde., Rom 1966 (zuerst 1905–18).
Tupet, A.-M.: *La magie dans la poésie latine*, Paris 1976.
Turcan, R.: *Les sarcophages romains à représentations dionysiaques*, Paris 1966 (BÉFAR 210).
Vermaseren, M. J.: *Cybele and Attis. Their Myth and their Cult*, London 1977.
Vidman, L.: *Isis und Sarapis bei den Griechen und Römern*, Berlin 1970 (RGVG 29).
Wissowa, G.: *Religion und Kultus der Römer*, München 1971 (= [2]1912).
Witt, R. E.: *Isis in the Greco-Roman World*, London 1971.

Kaiserkult

Le Culte des Souverains dans l'Empire romain. Hrsg. von W. den Boer, Genf und Vandœuvres 1974 (Fondation Hardt. Entretiens sur l'Antiquité classique 19).
Étienne, R.: *Le culte impérial dans la péninsule ibérique d'Auguste à Dioclétien*, Paris 1958 (BÉFAR 191).
Mellor, R.: ΘΕΑ ΡΩΜΗ. *The Worship of the Goddess Roma in the Greek World*, Göttingen 1975 (Hypomnemata 42).
Picard, G.: *Les trophées romains. Contribution à l'histoire de la religion et de l'art triomphal de Rome*, Paris 1957 (BÉFAR 187).
Taeger, F.: *Charisma. Studien zur Geschichte des antiken Herrscherkultes*, 2 Bde., Stuttgart 1957–60.
Vermeule, C. C.: *The Goddess Roma in the Art of the Roman Empire*, London 1959.

Frühes Christentum

Andresen, C.: *Die Religionen der alten Christenheit*, Stuttgart 1971 (Die Religionen der Menschheit 29, 1–2).
Cecchelli, C.: *Monumenti cristiano-eretici di Roma*, Rom 1943.
Chadwick, H.: *Die Kirche in der antiken Welt*, Berlin 1972 (Slg. Göschen 7002).
Eck, W.: »Das Eindringen des Christentums in den Senatorenstand bis zu Konstantin d. Gr.«, in: *Chiron* 1, 1971, S. 381–406.
Freudenberger, R.: *Das Verhalten der römischen Behörden gegen die Christen im 2. Jahrhundert*, München [2]1969; Rezension T. Mayer-Maly in: *ZSav* 85, 1968, S. 546–552.

Frohnes, H., und U. W. Knorr: *Die alte Kirche*, München 1974 (Kirchengeschichte als Missionsgeschichte I).
Gager, J. G.: *Kingdom and Community. The Social World of Early Christianity*, New Jersey 1975.
Gallinari, L.: *Cristianesimo primitivo ed educazione*, Cassino 1970.
Guelzow, H.: *Christentum und Sklaverei in den ersten drei Jahrhunderten*, Bonn 1969.
Hamman, A.: *La vie quotidienne des premiers chrétiens (95–197)*, Paris 1971.
Harnack, A. von: *Die Mission und Ausbreitung des Christentums in den ersten drei Jahrhunderten*, Leipzig [4]1924.
Kirschbaum, E.: *Die Gräber der Apostelfürsten St. Peter und St. Paul in Rom*, mit einem Nachtrag von E. Dassmann, Frankfurt a. M. [3]1974.
Klein, R. (Hrsg.): *Das frühe Christentum im römischen Staat*, Darmstadt 1971 (WdF 267).
Lepelley, C.: *L'empire romain et le christianisme*, Paris 1969.
Meslin, M.: *Le christianisme dans d'Empire romain*, Paris 1970.
Molthagen, J.: *Der römische Staat und die Christen im 2. und 3. Jahrhundert*, Göttingen [2]1975 (Hypomnemata 28).
Moreau, J.: *Die Christenverfolgung im römischen Reich*, Berlin [2]1971.
Ruysschaert, J.: »Les premiers siècles de la tombe de Pierre. Une discussion dégagée d'une hypothèse«, in: *Revue des Archéologues et Historiens d'art de Louvain* 8, 1975, S. 7–47.
Scheele, J.: *Zur Rolle der Unfreien in den römischen Christenverfolgungen*, Bochum 1970 (Diss. Tübingen).
Simon, M.: *La civilisation de l'Antiquité et le christianisme*, Paris 1972.
Stockmeier, P.: *Glaube und Religion in der frühen Kirche*, Freiburg i. Br. 1973.
Vogt, J.: »Der Vorwurf der sozialen Niedrigkeit des frühen Christentums«, in: *Gymnasium* 82, 1975, S. 401–411.
Wlosok, A.: *Rom und die Christen. Zur Auseinandersetzung zwischen Christen und römischem Staat*, Stuttgart 1970 (AU XIII, 1).

Kleidung und Körperpflege

Barini, C.: *Ornatus muliebris. I gioielli e le antiche matrone*, Turin 1958.
Bieber, M.: *Entwicklungsgeschichte der griechischen Tracht von der vorgriechischen Zeit bis zur römischen Kaiserzeit*, Berlin [2]1967.
Bieber, M.: »Charakter und Unterschiede der griechischen und römischen Kleidung«, in: *AA* 1973, S. 425–447.
Böhme, A.: *Schmuck der römischen Frau*, Aalen 1974.
Wilson, L. M.: *The Clothing of the Ancient Romans*, Baltimore 1938.
Zahlhaas, G.: »Über die Auswirkungen weiblicher Schönheit. Römisches Toilettegerät«, in: *Gymnasium* 82, 1975, S. 527–544.

Tägliche Beschäftigungen. Handwerk und Handel

Andreau, J.: *Les affaires de Monsieur Jucundus*, Rom und Paris 1974; vgl. aber die Rezension von H.-J. Horstkotte in: *Gnomon* 1977 [im Druck].

Blümner, H.: *Technologie und Terminologie der Gewerbe und Künste bei Griechen und Römern*, 4 Bde., Leipzig 1875–87; Bd. I², 1912; Neudr. Hildesheim 1969.
Bodei Giglioni, G.: *Lavori pubblici e occupazione nell'antichità classica*, Bologna 1974 (Il mondo antico 4).
Brockmeyer, N.: *Arbeitsorganisation und ökonomisches Denken in der Gutswirtschaft des römischen Reiches*, Diss. Bochum 1968.
Burford, A.: *Craftsmen in Greek and Roman Society*, Ithaca (N. Y.) 1972.
Callender, R.: *Roman Amphorae*, Oxford 1965.
Charlesworth, M. P.: *Trade-routes and Commerce in the Roman Empire*, Cambridge 1921; Neudr. Hildesheim 1965.
Ciancio Rossetto, P.: *Il sepolcro del fornaio Marco Virgilio Eurisace a Porta Maggiore*, Rom 1973 (I monumenti romani V).
Crook, J. A.: *Consilium principis. Imperial Councils and Counsellors from Augustus to Diocletian*, Cambridge 1955.
Engelhardt, R. (Hrsg.): *Das römische Ärzteinstrumentarium*, Bingen 1974 (Binger Annalen 4).
Finley, M. I.: *The Ancient Economy*, Berkeley ²1975; dt. u. d. T.: *Die antike Wirtschaft*, München 1977 (dtv WR 4277).
Flashar, H. (Hrsg.): *Antike Medizin*, Darmstadt 1971 (WdF 221).
Forbes, R. J.: *Studies in Ancient Technology*, 9 Bde., Leiden ²1964–71.
Helen, T.: *Organization of Roman Brick Production in the First and Second Centuries A. D. An Interpretation of Roman Brickstamps*, Helsinki 1975 (Ann. Acad. scient. Fennicae. Diss. human. litt. 5).
Jones, A. H. M.: *The Roman Economy. Studies in Ancient Economic and Administrative History*, Oxford 1974.
Kiechle, F.: *Sklavenarbeit und technischer Fortschritt im römischen Reich*, Wiesbaden 1969 (Forschungen zur antiken Sklaverei 3).
Kiechle, F.: »Die Struktur der gewerblichen Glaserzeugung in der frühen Kaiserzeit«, in: *Kölner Jahrbuch für Vor- und Frühgeschichte* 13, 1972/73 [tatsächlich 1975], S. 129–135.
Klingelhöfer, H.: *Römische Technik*, Zürich und Stuttgart 1961.
Kretschmer, F.: *Bilddokumente römischer Technik*, Düsseldorf 1967.
La Baume, P.: *Römisches Kunstgewerbe zwischen Christi Geburt und 400*, Braunschweig 1964.
Lau, O.: *Schuster und Schusterhandwerk in der griechisch-römischen Literatur*, Diss. Bonn 1967.
Martin, R.: »Pline le Jeune et les problèmes économiques de son temps«, in: *REA* 69, 1967, S. 62–97.
Martin, R.: *Recherches sur les agronomes latins et leurs conceptions économiques et sociales*, Paris 1971.
Mazon, P.: »Dion de Pruse et la politique agraire de Trajan«, in: *Lettres d'Humanité* 2, 1943, S. 46–59.
Mossé, C.: *Le travail en Grèce et à Rome*, Paris ²1971 (Que sais-je? Nr. 1240); engl. u. d. T.: *The Ancient World at Work*, London 1969.
Mrozek, S.: *Prix et rémunération dans l'occident romain (31 av. n. è.–250 de n. è.)*, Danzig 1975.
Nörr, D.: »Zur sozialen und rechtlichen Bewertung der freien Arbeit in Rom«, in: *ZSav* 82, 1965, S. 67–105.

Pavis d'Escurac, H. de: *La préfecture de l'annone à l'époque impériale. Service administratif impérial d'Auguste à Constantin*, Paris 1976 (BÉFAR 226).
Pflaum, H.-G.: *Essai sur le »cursus publicus« sous le Haut-Empire romain*, Paris 1940 (Mém. Acad. Inscr. XIV).
Pleket, H. W.: »Technology in the Greco-Roman World. A General Report«, in: *Talanta* 5, 1973, S. 6–47.
Recherches sur les amphores romaines. Avec une conclusion de N. Lamboglia, Paris 1972 (Coll. de l'École Française de Rome X).
Rickman, G.-E.: *Roman Granaries and Store Buildings*, Cambridge 1971.
Robertis, F. de: *Storia delle corporazioni e del regime associativo nel mondo romano*, Bari 1972.
Roebuck, C. (Hrsg.): *The Muses at Work. Arts, Crafts, and Professions in Ancient Greece and Rome*, Cambridge (Mass.) 1969.
Scarborough, J.: *Roman Medicine*, London 1969.
Strong, D., und D. Brown (Hrsg.): *Roman Crafts*, London 1976.
White, K. D.: *Roman Farming*, Ithaca (N. Y.) 1970.
White, K. D.: *Farm Equipment of the Roman World*, Cambridge u. a. 1975.

Spiele und Theater

Allroggen-Bedel, A.: *Maskendarstellungen in der römisch-kampanischen Wandmalerei*, München 1974.
Auguet, R.: *Cruauté et civilisation: Les jeux romains*, Paris 1970; engl. u. d. T.: *Cruelty and Civilization: The Roman Games*, London 1972.
Aymard, J.: *Les chasses des origines à la fin du siècle des Antonins*, Paris 1951 (BÉFAR 171).
Baracconi, C.: *Spettacoli nell'antica Roma*, Rom 1972.
Baudot, A.: *Musiciens romains de l'Antiquité*, Paris 1973 (Études et Commentaires 82).
Beare, W.: *Roman Stage*, London 1977 (zuerst 1950).
Bieber, M.: *Die Denkmäler zum Theaterwesen im Altertum*, Berlin 1920.
Bieber, M.: *The History of Greek and Roman Theatre*, Princeton ²1960.
Cameron, A.: *Porphyrius the Charioteer*, Oxford 1973.
Cameron, A.: *Bread and Circuses: the Roman Emperor and His People*, London 1974 (Inaugural Lecture at King's College).
Cameron, A.: *Circus Factions. Blues and Greens at Rome and Byzantium*, Oxford 1976.
Fleischhauer, H.: *Musikgeschichte in Bildern* II, 5: *Etrurien und Rom*, Leipzig ²1977.
Gnilka, C.: »Die Tiere im hölzernen Amphitheater Neros: Wort- und Versinterpolation bei Calpurnius Siculus«, in: *WSt* N. F. 8, 1974, S. 124–153.
Grimal, P.: »Le théâtre à Rome«, in: *Actes du IXe Congrès de l'Association G. Budé (Rome, 13–18 avril 1973)*, Bd. 1, Paris 1975, S. 247–305.
Harris, H. A.: *Sport in Greece and Rome*, London 1972.
Pearson, J.: *Arena. The Story of the Colosseum*, London 1973.
Sandbach, F. H.: *The Comic Theatre of Greece and Rome*, London 1977.
Ville, G.: *Les jeux de l'amphithéâtre des origines au règne de Trajan*, Paris [im Druck].

Muße, Bäder und Mahlzeiten

André, J.-M.: *L'alimentation et la cuisine à Rome*, Paris 1961.
André, J.-M.: *Recherches sur l'otium romain*, Paris 1962 (Annales litt. de l'Univ. de Besançon 52).
André, J.-M.: *L'otium dans la vie morale et intellectuelle romaine des origines à l'époque augustéenne*, Paris 1966 (Publ. Fac. Lettr. Sc. Hum. Paris. Recherches 30).
Apicius: *L'art culinaire*, texte établi, traduit et commenté par J. André, Paris 1974.
Barthélemy, S., und D. Gourevitch: *Les loisirs romains*, Paris 1975.
Bommer, S., und L. Bommer-Lotzin: *Die Gabe der Demeter. Die Geschichte der griechisch-römischen Ernährung*, München 1961 [ohne Quellenangaben].
Brothwell, D. und P.: *Food in Antiquity. A Survey of the Diet of the Early Peoples*, London 1969.
Chevallier, R. (Hrsg.): *Le temps chez les romains*, Paris 1976 (Caesarodunum X bis).
Dohm, H.: *Mageiros. Die Rolle des Kochs in der griechisch-römischen Komödie*, München 1964 (Zetemata 32).
Fine Licht, K. de: *Untersuchungen an den Trajansthermen zu Rom*, Kopenhagen 1974 (ARID VII Suppl.).
Hermansen, G.: »The Roman Inns and the Law. The Inns of Ostia«, in: *Polis and Imperium. Studies in honor of E. T. Salmon*, Toronto 1974, S. 167–181.
Kleberg, T.: *In den Wirtshäusern und Weinstuben des antiken Rom*, Berlin 1963 (Lebendiges Altertum 12).
Maehl, E.: *Gymnastik und Athletik im Denken der Römer*, Amsterdam 1974 (Heuremata 2).
Nicolai, K.: »Feiertage und Werktage im römischen Leben, besonders in der Zeit der ausgehenden Republik und in der frühen Kaiserzeit«, in: *Saeculum* 14, 1963, S. 194–220.
Seltman, C.: *Wine in the Ancient World*, London 1957.
Toynbee, J. M. C.: *Animals in Roman Life and Art*, London 1973.
Väterlein, J.: *Roma ludens. Kinder und Erwachsene beim Spiel im antiken Rom*, Amsterdam 1976 (Heuremata 5).
Vigneron, P.: *Le cheval dans l'Antiquité gréco-romaine. Contribution à l'histoire des techniques*, Nancy 1958 (Annales de l'Est, Mém. 35).

Zeittafel

	Geschichte	*Archäologie*	*Literatur*
v. Chr.			
264–241	1. Punischer Krieg		
260	Bau einer römischen Kriegsflotte	Columna rostrata des C. Duilius auf dem Forum Romanum zur Erinnerung an den Seesieg von Mylae	
um 254			T. Maccius Plautus geb.
241	Nach dem Seesieg bei den Ägadischen Inseln wird Westsizilien Roms erste Provinz	Vestatempel in Stein neuerrichtet	
240			Erste Aufführung eines Stückes des Livius Andronicus
239			Q. Ennius geb.
238	Karthago tritt Sardinien und Korsika an Rom ab	Erste gepflasterte Straße in Rom	
234	M. Porcius Cato (»Censorius«) geb.		
225–222	Keltenkrieg. Eroberung der Gallia Cisalpina		
221		Circus Flaminius	

220		Via Flaminia (Rom – Ariminum). – Erste Milvische Brücke *(pons Milvius)*	M. Pacuvius geb.
218–201	2. Punischer Krieg. Hannibal		Q. Fabius Pictor (Teilnahme am Krieg bezeugt)
218	Lex Claudia [Flaminia] de nave senatorio		
217	Schlacht am Trasimenischen See		
216	Schlacht bei Cannae		
215–205	Erster Makedonischer Krieg		
212	Syrakus fällt in die Hand der Römer		Archimedes v. Syrakus gest.
211	Hannibal vor Rom *(»ante portas«)*		
207	Schlacht am Metaurus: Untergang Hasdrubals		
205		Einholung des Steins der Magna Mater in Rom. Erster Kybeletempel auf dem Palatin (204)	
202	Entscheidungsschlacht bei Zama (Nordafrika)		
um 201			Cn. Naevius gest.

v. Chr.	*Geschichte*	*Archäologie*	*Literatur*
um 200			Polybios geb.
200–197	2. Makedonischer Krieg		
197	Sieg des Flamininus bei Kynoskephalai. – Im Westen Einrichtung der Provinzen Hispania citerior und ulterior		
196	Freiheitserklärung für alle griechischen Städte durch T. Quinctius Flamininus		
195	M. Porcius Cato Konsul		
194	Anweisung besonderer Plätze für die Senatoren bei den Spielen		
193		Ursprünglicher Bau der Porticus Aemilia	
192–188	Krieg gegen Antiochos d. Gr., endend mit dem Frieden von Apamea		
192		Tempel des Veiovis auf dem Kapitol	
191	Gallia Cisalpina Provinz		
um 190 (?)			P. Terentius Afer geb.

187		Tempel des Hercules Musarum. – Via Aemilia (Ariminum-Placentia)	
186	Senatusconsultum de Bacchanalibus		
184		Basilica Porcia (zerstört von Caesar)	T. Maccius Plautus gest.
180	Lex Villia annalis		
179		Basilica Fulvia (später Basilica Aemilia). – Pons Aemilius (auf Steinpfeilern)	
174		Porticus Aemilia in Beton neuerrichtet	
171–168	3. Makedonischer Krieg, beendet durch die Schlacht von Pydna am 21. Juni 168		Im Gefolge dieses Krieges kommt Polybios nach Rom: Kreis um Scipio Aemilianus
170		Basilica Sempronia (von Caesar zerstört)	L. Accius geb.
169			Q. Ennius gest.
161			Ausweisung der griechischen Rhetoren und Philosophen aus Rom
159			P. Terentius Afer gest.

v. Chr.	*Geschichte*	*Archäologie*	*Literatur*
155			Gesandtschaft der Philosophen Karneades, Kritolaos und Diogenes in Rom
153–133	Römische Kriege in Spanien		
149–146	3. Punischer Krieg; endet mit der Zerstörung Karthagos 146 und der Einrichtung der Provinz Africa		
149	M. Porcius Cato gest. – Lex Calpurnia de repetundis	Pons Aemilius (Konstruktion mit Steinbögen)	
146	Der Achaische Krieg endet mit der Zerstörung Korinths. – Einrichtung der Provinz Macedonia	Erste römische Bauwerke in Marmor: Porticus Metelli, Tempel des Iupiter Stator und der Iuno Regina (bald nach 146)	
144–140		Aqua Marcia, der erste hochgeführte, teilweise auf Bögen verlaufende Aquädukt	
136–132	1. Sizilischer Sklavenkrieg		
um 135			Poseidonios geb.
133	Tod Attalos' III. von Pergamon, der sein Reich testamentarisch den Rö-		

	mern vermacht. – Ti. Sempronius Gracchus Volkstribun. Seine Versuche einer Agrarreform enden mit seiner Ermordung		
um 132			M. Pacuvius gest.
129	Provinz Asia		
125		Aquädukt der Aqua Tepula	
123 / 122	C. Sempronius Gracchus Volkstribun; erneute Reformversuche mit erweiterten Zielen		
121	C. Sempronius Gracchus wird ermordet; Senatusconsultum ultimum. – Gallia ulterior wird römische Provinz mit Hauptort Narbo (Narbonne, 118 römische Kolonie)		
nach 118			Polybios gest.
116			M. Terentius Varro geb.
113–101	Krieg gegen die Kimbern und Teutonen		
111–105	Krieg gegen Iugurtha in Nordafrika		
109		Die Milvische Brücke *(pons Milvius)* in Stein neuerrichtet	

	Geschichte	*Archäologie*	*Literatur*
v. Chr.			
107	Erster Konsulat des C. Marius		
106			M. Tullius Cicero geb.
104–100	C. Marius jährlich als Konsul bestätigt. – Heeresreform. – 2. Sizilischer Sklavenkrieg		
102	Sieg des Marius über die Teutonen bei Aquae Sextiae (Aix-en-Provence)		
102 / 101			C. Lucilius geb.
101	Sieg des Marius über die Kimbern bei Vercellae		
um 100			Erste Abhandlung über das römische Zivilrecht von Q. Mucius Scaevola, Konsul 95
um 100–80		Rundtempel auf dem Forum Boarium	
100	L. Appuleius Saturninus und C. Servilius Glaucia nehmen die Gracchenpolitik wieder auf, scheitern aber auch jetzt. – C. Iulius Caesar geb.	Tempel des Honos und der Virtus, Architekt C. Mucius	

um 99			Cornelius Nepos geb.
um 98 (94?)			T. Lucretius Carus geb.
96	Kyrene fällt durch das Testament Apions an Rom		
91–89	Bundesgenossenkrieg *(bellum sociale)* in Italien; endet mit der Verleihung des römischen Bürgerrechts an alle Italiker südlich des Po		
nach 90			L. Accius gest.
88–85	1. Mithridatischer Krieg, zugleich Beginn des Bürgerkriegs in Rom *(bellum civile):* C. Marius mit L. Cornelius Cinna gegen die Optimaten. Sulla Oberbefehlshaber gegen Marius		
88	Sullas erster Marsch auf Rom. Marius geächtet		
86	Athen von den Truppen Sullas eingenommen und geplündert		C. Sallustius Crispus geb.
um 85		Astronomische Kunstuhr von Poseidonios erfunden	

	Geschichte	*Archäologie*	*Literatur*
v. Chr.			
84 (?)			C. Valerius Catullus geb.
83		Brand des Tempels des Iupiter Capitolinus	
83 / 82	Sullas 2. Marsch auf Rom. Sieg an der porta Collina. Einnahme Praenestes (82), Ende der Marianer		
83–81	2. Mithridatischer Krieg		
82–79	Diktatur Sullas (gest. als *privatus* 78). Wichtige staatsrechtliche Neuerungen werden sanktioniert, die allerdings 70 von Pompeius und Crassus teilweise wieder rückgängig gemacht werden		
81			Erste Rede Ciceros: *pro Quinctio*
78		Modernisierung der Basilica Fulvia und Umbenennung in Basilica Aemilia. – Q. Lutatius Catulus beginnt mit dem Bau des Tabulariums (Architekt L. Cornelius)	
74–64	3. Mithridatischer Krieg (Lucullus, Pompeius)		

73–71	Sklavenaufstand unter Anführung des Spartacus		
um 70			C. Cilnius Maecenas geb.
um 70–60 (?)		Rechteckiger Tempel auf dem Forum Boarium	
70	Pompeius und Crassus Konsuln; heben die Sullanische Verfassung auf und stellen die *potestas* der Volkstribunen wieder her. – Prozeß gegen Verres		P. Vergilius Maro geb.
um 69			C. Cornelius Gallus geb.
69		Neukonsekration des Tempels des Iupiter Capitolinus	Antiochos von Askalon (Lehrer von Lucullus, Varro, Cicero u. a.) gest.
67	Pompeius beendet die erfolgreiche Säuberung der Mittelmeerküsten von Seeräubern		
67–63	Pompeius im Osten. Ende des Seleukidischen Reiches und Neuordnung Vorderasiens (64 / 63)		
um 65			M. Tullius Tiro, Freigelassener und Sekretär Ciceros, verwendet ein Abkürzungssystem, das bis ins 10. Jh. nachwirkt, die »Tironischen Noten«

	Geschichte	*Archäologie*	*Literatur*
v. Chr.			
65			Q. Horatius Flaccus geb.
64 (?)			T. Livius geb. (vielleicht erst 59)
um 64 / 63			Strabo geb.
63	Konsulat des Cicero. Unterdrückung der Verschwörung des Catilina		
62		Pons Fabricius	
um 60		Pons Cestius	
60	Sog. Erstes Triumvirat (Caesar, Pompeius, Crassus)		
59	Erster Konsulat Caesars		
58	Zypern an Rom		
58–51	Caesar erobert Gallien		
56	Erneuerung des Triumvirats bei dem Treffen in Lucca: Pompeius Statthalter in beiden Spanien, Crassus in Syrien, Caesar in Gallien		

um 55			L. Annaeus Seneca d. Ä. (Rhetor) geb.
55		Pompeius beginnt mit dem Bau des ersten ständigen Theaters in Rom und des Tempels der Venus Victrix	
54		L. Aemilius läßt die Basilica Aemilia renovieren. – Caesar plant das Forum Iulium	C. Valerius Catullus gest. (?)
zwischen 54 und 47			Sex. Propertius geb.
53	Niederlage und Tod des Crassus bei Carrhae gegen die Parther, in deren Hand die Feldzeichen der Römer geraten		
52		Die Curia niedergebrannt	
um 51			C. Iulius Caesar: *de bello Gallico*
um 51 / 50			Poseidonios gest.
um 49			T. Pomponius Atticus vertreibt Ciceros Schriften gewerblich
49	Beginn des offenen Krieges Caesars gegen Pompeius und den Senat		

	Geschichte	*Archäologie*	*Literatur*
v. Chr.			
48	Caesar *dictator*. Schlacht bei Pharsalus. Pompeius in Ägypten ermordet		
48–47	Alexandrinischer Krieg: Caesar unterdrückt die Erhebung in Alexandrien und setzt Kleopatra als Königin von Ägypten ein		
48–44		Umfassende Wiederaufbauarbeiten am Forum Romanum. Vermutlich Eröffnung der Marmorbrüche bei Carrara (Luni)	
um 47			C. Iulius Caesar: *de bello civili*
46	Sieg Caesars über die Pompeianer bei Thapsus. Caesar *dictator* für zehn Jahre. Selbstmord des jüngeren Cato bei Utica (»Uticensis«)	Weihe des Tempels der Venus Genetrix	
45	Die Kalenderreform Caesars (»Julianischer Kalender«) tritt mit dem 1. Januar in Kraft. – Sieg Caesars über die Pompeius-Söhne und Labienus bei Munda (Spanien)		
44	Caesar *dictator perpetuus*. Verweigert die Annahme des Titels *rex*. Er-		

	mordet an den Iden des März (15. März)		
43	Zweites Triumvirat: C. Iulius Caesar (Octavianus, geb. 63), M. Aemilius Lepidus, M. Antonius. Proskriptionen		M. Tullius Cicero ermordet. S. Sulpicius Rufus, Rechtsgelehrter, Konsul 51, gest. – P. Ovidius Naso geb.
42	Philippi: Sieg des M. Antonius über die Republikaner (Brutus, Cassius)		
42–39	Partherkrieg		
um 40			Vergil: *Bucolica*
40	Erstmals ein Provinziale Konsul: L. Cornelius Balbus		
nach 39		Errichtung des *atrium Libertatis* durch C. Asinius Pollio zur Beherbergung der ersten öffentlichen Bibliothek Roms	
37	Erneuerung des Triumvirats. Dauernde Verbindung des M. Antonius mit Kleopatra		
36	Partherfeldzug des M. Antonius. Seesieg des M. Agrippa über Sex. Pompeius bei Naulochos	Neubau der Regia, erster sicher bekannter Bau aus lunensischem Marmor. – Straßentunnel von 708 m Länge für die Via Antiniana zwischen Puteoli und Neapel	

	Geschichte	*Archäologie*	*Literatur*
v. Chr.			
35			C. Sallustius Crispus gest.
33 / 32	Ende des Triumvirats. Endgültiger Bruch zwischen M. Antonius und Octavianus	Aqua Iulia errichtet (33) im Rahmen eines umfangreichen öffentlichen Bauprogramms: Straßen, Wasserversorgung, Maßnahmen zur Bändigung der Tiberflut und zur Trockenlegung der Tibersümpfe	
31	Schlacht bei Actium. Sieg Octavians		
30	Selbstmord des M. Antonius und der Kleopatra. Ende des Ptolemäerreiches. Ägypten wird römische Provinz mit Sonderstellung zum Kaiser	Erstes Amphitheater aus Stein, errichtet von T. Statilius Taurus	
29	Schließung des Ianustempels in Rom: die Bürgerkriegszeit wird für beendet erklärt und die *pax Romana* ausgerufen	Weihe des Tempels des Divus Iulius. Curia Iulia eingeweiht. Augustusbogen *(arcus Actiacus)* auf dem Forum	Vitruvius Pollio: *de architectura* (2. H. 1. Jh. v. Chr.). – Vergil: *Georgica*
um 28		Mausoleum Augusti begonnen	
28		Tempel des Apollo Palatinus geweiht	
27	13. 1.: Begründung des Prinzipats		

	durch Verleihung des *imperium proconsulare* an Octavian 16. 1.: Verleihung des Namens *Augustus* an Octavian		
26			C. Cornelius Gallus begeht Selbstmord
26–25	Iberische Halbinsel völlig unterworfen		Vergil beginnt die *Aeneis*
um 25		C. Munatius Plancus läßt den Tempel des Saturn wiederherstellen	
25		Weihe von Agrippas Pantheon (begonnen 27?)	
um 24			Cornelius Nepos gest.
23	1. Juli: Augustus wird die *tribunicia potestas* auf Lebenszeit übertragen. – Tod des Marcellus		
23–21	Regierungskrise		
nach 21			Diodorus Siculus gest.
20	Vertrag mit den Parthern. Rückgabe der im Jahre 53 erbeuteten Feldzeichen an die Römer durch den König Phraates IV.		
um 19			Velleius Paterculus geb.

v. Chr.	*Geschichte*	*Archäologie*	*Literatur*
19		Der Augustusbogen von 29 erweitert zum *arcus Parthicus.* – Aqua Virgo (Aquädukt) fertiggestellt. – Die Agrippa-Thermen, die ersten öffentlichen Bäder Roms	Tibull und Vergil gest.
18	Sittengesetzgebung (leges Iuliae de ambitu, de adulteriis coercendis, de maritandis ordinibus)		
17	Ludi saeculares		Horaz: *Carmen saeculare*
16–13	Augustus in Gallien		
um 15			Phaedrus geb.
15–12	Unterwerfung der Zentralalpen durch Tiberius und Drusus (Raetia, Vindelicia und Noricum)		
13		4. August: Stiftung der Ara Pacis in Rom. – Theatrum Balbi, das letzte größere, von einem Privatmann gestiftete Bauwerk Roms	
vor 12		Erweiterung des Forums. – In Ostia Theater und Platz der Korporationen	

12	Augustus *pontifex maximus.* – Tod des M. Agrippa. Lex Iulia de magistratibus	Agrippa erstellt eine Weltkarte *(forma mundi).* – Pyramide des Cestius. – Ara Romae et Augusti in Lugdunum (Lyon)	
12 / 11		Marcellustheater fertiggestellt	
12–9	Drusus in Germanien. Tiberius in Illyrien; Unterwerfung Jugoslawiens		
9		30. Januar: Einweihung der Ara Pacis	
8		Aquädukt von Nemausus (Nîmes)	Horaz und Maecenas gest.
8–7	Tiberius in Germanien		
7		Das von Agrippa begonnene Diribitorium wird fertiggestellt. Seine Holzdecke hat eine bis dahin unerreichte Spannweite.	Dionysios von Halikarnassos: *Romaike Archaiologia*
7 / 6	Geburt Christi in Palästina		
6	Lex Iulia de vicesima hereditatium. – Tiberius zieht sich vom öffentlichen Leben zurück	Tropaeum Alpium bei La Turbie (Alpes maritimes)	
5	C. Caesar *princeps iuventutis.* – Die römische Flotte dringt bis zur südskandinavischen Küste vor	Aqua Marcia restauriert. – Porta Tiburtina	

	Geschichte	*Archäologie*	*Literatur*
v./n. Chr.			
zwischen 4 und 1			L. Annaeus Seneca d. J. (Philosoph) geb.
vor 2			Sex. Propertius gest. (schon 15?)
2	Augustus erhält den Ehrentitel *pater patriae*	Weihe des Mars-Ultor-Tempels, obwohl das Forum Augustum noch unvollendet ist. – Aqua Alsietina	
2	L. Caesar gest.		
4	C. Caesar in Limyra seiner Verwundung erlegen. Tiberius zum Nachfolger designiert		
4–6	Tiberius dringt bis zur Elbe vor		
um 6	Mehrere germanische Stämme bilden unter Führung des Markomannen Marbod einen Kampfbund		
6		Der von Tiberius wiederaufgebaute Tempel des Castor und Pollux neu geweiht	
6–9	Tiberius kämpft den pannonischen Aufstand nieder		

9	Schlacht gegen Arminius im Teutoburger Wald. Verlust dreier Legionen unter Quinctilius Varus		M. Manilius: *Astronomica* (unter Augustus und Tiberius)
10		Der von Tiberius wiederaufgebaute Tempel der Concordia neu geweiht	M. Antistius Labeo, Jurist, gest. (11?)
13	Drusus wirft den gallischen Aufstand nieder		
14	19. August: Tod des Augustus in Nola		
14–37	Tiberius		Valerius Maximus (unter Tiberius)
14–16	Germanicus unternimmt Feldzüge in Nordwestdeutschland gegen Arminius. Verzicht auf das rechtsrheinische Germanien		
nach 14		Tempel des Divus Augustus. – Erweiterung der kaiserlichen Residenz auf dem Palatin um die Domus Tiberiana. – In Ostia Tempel der Roma und des Augustus. – Auf Capri die kaiserlichen Villen	
17	Nach Abfall einiger Germanenstämme und unentschiedener Schlacht gegen Arminius errichtet Marbod sein Markomannenreich in Böhmen		T. Livius gest. (12?). – P. Ovidius Naso gest.

	Geschichte	*Archäologie*	*Literatur*
n. Chr.			
19	Tod des Germanicus. – Opposition einiger Germanenstämme gegen Arminius	Bögen des Germanicus und des Drusus auf dem Forum Romanum	
21 / 22	Zusammenziehung der Prätorianergarde in Rom (Castra praetoria)		Strabo gest. (um 21 oder später)
22		Stiftung der Ara Pietatis Augustae	C. Ateius Capito, Jurist, Konsul 5 n. Chr., gest.
23/24			Plinius d. Ä. geb.
26	Tiberius zieht sich nach Capri zurück		Silius Italicus geb.
26–31	Herrschaft des Prätorianerpräfekten Seianus in Rom; gestürzt am 18. Oktober 31		
vor 30			C. Musonius Rufus geb.
um 30			Sex. Iulius Frontinus geb. – Apicius: *de re coquinaria*
zwischen 30 und 35			M. Fabius Quintilianus geb.
nach 30			Velleius Paterculus gest.

um 33	In Rom Finanzkrise. – In Palästina Kreuzigung Jesu		
34			A. Persius Flaccus geb.
37	16. März: Tod des Tiberius		
37 / 38			Flavius Josephus geb.
37–41	Caius (Caligula)	Erweiterung der Domus Tiberiana. – Errichtung zahlreicher Wohnhäuser auf neu annektiertem kaiserlichen Grundbesitz. – Isistempel (Iseum) auf dem Marsfeld	Seneca d. Ä. gest.
38		Aqua Claudia begonnen	
39			M. Annaeus Lucanus geb.
um 40			Dio v. Prusa (Chrysostomus) geb. – Martial geb. – Pomponius Mela: *de chorographia* (unter Caligula oder in den ersten Jahren des Claudius). Q. Curtius Rufus (1. H. 1. Jh.)
41–54	Claudius	Künstlicher Hafen (Portus) in Ostia. – Trockenlegung des lacus Fucinus	
43		Weihung der Ara Pietatis Augustae	

	Geschichte	*Archäologie*	*Literatur*
n. Chr.			
43 / 44	Eroberung Britanniens durch A. Plautius		
um 45			Philon v. Alexandrien gest. (39/40 legatio ad Caium). – P. Papinius Statius geb.
zwischen 45 und 58	Die drei Missionsreisen des Paulus		
47 / 48	Zensur des Claudius; Volkszählung des Reiches: 5 984 000 römische Bürger. – Ausdehnung des Pomeriums. – Gallier-Rede des Claudius		
vor 50			Plutarch geb.
um 50	Gründung der Colonia Claudia Ara Agrippinensium (Köln)		Phaedrus gest.
1. Jh.			Petronius: *Satyricon* (Verf. identisch mit C. Petronius Arbiter, gest. 65?)
50	Ausweisung der Juden aus Rom		
zwischen 50 und 60		Unterirdische Basilika vor der Porta Maggiore	Schaffenszeit des T. Calpurnius Siculus

zwischen 50 und 65			Juvenal geb.
51		Bogen über die via Flaminia zur Erinnerung an die Siege in Britannien	
52		Aqua Claudia beendet. – Porta Maggiore	
54–68	Nero		
54–um 60		Modernisierung der kaiserlichen Villa in Antium. – Villa in Subiaco	
um 55 / 56			(P.?) Cornelius Tacitus geb. – Epiktet geb.
59		Macellum Magnum auf dem Caelius	
60 / 61	Paulus' Reise nach Rom		
um 60–64		Domus Transitoria	
zwischen 60 und 65			Plinius d. J. geb.
62		Erdbeben in Pompeji	A. Persius Flaccus gest.
62–64		Thermen und Gymnasium des Nero	

	Geschichte	*Archäologie*	*Literatur*
n. Chr.			
64	Brand Roms. Darauf ebendort Christenverfolgung		
64–68		Domus Aurea. – Brand des Tempels des Iupiter Capitolinus	Columella: *de re rustica* (nach 64?)
65	Pisonische Verschwörung		Seneca d. J. gest. – Lucanus gest. – Petronius gest.?
67–70	Der Jüdische Krieg		
67	Kunstreise Neros durch Griechenland		
68	Aufstand des Iulius Vindex in Gallien		
68–69	Vierkaiserjahr: Galba, Otho, Vitellius, Vespasian; dieser wird am 1. Juli 69 in Alexandrien zum Kaiser ausgerufen		
69–96	Flavische Dynastie		
69–79	Vespasian	Tempel des Divus Claudius (Claudianum) vollendet. – Templum Pacis. – Bau des Kolosseums	

um 69			C. Suetonius Tranquillus geb.
70	Zerstörung Jerusalems		
zwischen 70 und 100			Entstehung der vier Evangelien und der Apostelgeschichte
75		Neukonsekration des Tempels des Iupiter Capitolinus	
77			Plinius d. Ä. veröffentlicht die *naturalis historia*
77–84	Iulius Agricola beendet als Statthalter die Eroberung der britischen Insel und legt die nördliche Grenze der Provinz fest		
79		24. August: Ausbruch des Vesuvs. Pompeji, Herculaneum und Stabiae verschüttet	Plinius d. Ä. kommt beim Ausbruch des Vesuvs um
79–81	Titus	Beginn des Divus-Vespasianus-Tempels	
80	Brand Roms	Tempel des Iupiter Capitolinus erneut niedergebrannt. – Baumaßnahmen auf dem Marsfeld. – Titus Thermen. – Einweihung des noch unvollendeten Amphitheatrum Flavium (Kolosseum)	

	Geschichte	*Archäologie*	*Literatur*
n. Chr.			
81		Titusbogen auf dem Forum Romanum	
81–96	Domitian	Wiederherstellung des Iupiter-Capitolinus-Tempels. – Vollendung des Divus-Vespasianus-Tempels. – Porticus Divorum. – Wiederaufbau zahlreicher Gebäude auf dem Marsfeld. – Forum transitorium und Minervatempel (geweiht von Nerva). – Domus Augustana (ab 92 bewohnt)	
83–85	Feldzug gegen die Chatten. Provinzen Germania inferior und Germania superior. Baubeginn des Limes vom Mittelrhein bis zur oberen Donau		
86–90	Krieg gegen das Dakerreich des Decebalus		
um 90			Flavius Arrianus geb.
um 92 / 93			Valerius Flaccus gest.
92–96		Stadion des Domitian (heute Piaz-	

		za Navona). – Villa in Albano. – Größter Aufschwung in Ostia	
95			Verbannung aller »Philosophen« aus Italien
96			P. Papinius Statius gest.
96–180	»Zeitalter der Adoptivkaiser«		
96–98	Nerva	Einweihung des Forum transitorium (96/97)	
um 97			Apollonios von Tyana gest. – Flavius Josephus gest. – Frontinus, *curator aquarum*, veröffentlicht *de aquis Urbis Romae*
98–117	Trajan	In Ostia Errichtung des Aquädukts, der Basilika und Curia sowie des Markts. Der claudische Hafen Portus wird um ein künstlich ausgetieftes, breites Becken erweitert	
98			Tacitus: *Germania*
um 100			Quintilian gest. – Fronto geb.
um 101			Silius Italicus gest.
um 101 / 102			C. Musonius Rufus gest.

	Geschichte	*Archäologie*	*Literatur*
n. Chr.			
101 / 102	Wiederaufnahme der Eroberungspolitik im Rahmen des 1. Dakischen Krieges		
um 104			Martial gest.
104			Sex. Iulius Frontinus gest.
105–106	2. Dakischer Krieg		
107	Nach Überwindung und Tod des Decebalus wird Dakien römische Provinz		
109		Trajansthermen eröffnet. – Tropaeum Traiani bei Adamklissi in der Dobrudscha	
nach 112			Dio von Prusa gest.
112 / 113		Trajansforum und -säule eingeweiht	Plinius d. J. gest. (um 112/113)
113		Neukonsekration des restaurierten Tempels der Venus Genetrix	
114–117	Krieg gegen die Parther. Errichtung der Provinzen Armenia (mit Cappadocia), Mesopotamia und Assyria		

114–118	Aufstand der Juden in der Cyrenaika, in Ägypten und auf Cypern		
117–138	Hadrian	Ostia wird großenteils renoviert, das Capitolium (117–127), das Viertel zwischen Tiber und Forum, das Viertel östlich des Theaters mit den Neptunsthermen und der Kaserne der Vigiles (vor 137); die Thermen der Sieben Weisen	
117 / 118	Aufgabe der Provinzen Armenia, Assyria und Mesopotamia		
um 118		Beginn des Divus-Traianus-Tempels. – Beginn des Pantheons	
118–138		Die hadrianische Villa bei Tivoli	
um 120			Tacitus gest. – Lukian von Samosata geb.
nach 120			Plutarch gest.
121–125	Erste Reise Hadrians: Gallien, Rheingrenze, Britannien (122–127 Errichtung des sog. Hadrianswalls in Nordengland), Spanien, Marokko, Orient, Donauländer		
nach 121 / 122			Sueton gest.

	Geschichte	*Archäologie*	*Literatur*
n. Chr.			
um 123			Apuleius von Madaura geb.
125–128		Pantheon vollendet	
nach 127			Juvenal gest.
1. H. 2. Jh.			Florus: *Epitome* (Verf. identisch mit dem gleichnamigen Freund Hadrians?)
128–132	Zweite Reise Hadrians: Afrika, Griechenland, Kleinasien, Syrien, Ägypten, Griechenland		
129			P. Aelius Aristides geb. (vielleicht schon 117). – Galen geb.
um 130			Aulus Gellius geb. – Irenaeus von Lyon geb.
132–135	Jüdischer Aufstand unter Führung des Bar Kochba, ausgelöst durch das Beschneidungsverbot und den Plan, das zerstörte Jerusalem als römische Kolonie wiederzubesiedeln		
135	Gründung der Kolonie Aelia Capitolina an der Stelle von Jerusalem	Templum Veneris et Romae in Rom	

	nach Niederschlagung des Aufstands und Gründung der Provinz Syrien–Palästina		
um 135			Epiktet gest.
138–161	Antoninus Pius. Friedenspolitik		
139		Mausoleum Hadriani vollendet	
141		Baubeginn am Tempel der Faustina (161 Antoninus und Faustina neugeweiht)	
142 / 143	Sicherung Nordenglands durch den Antoninus-Wall		
145		Tempel des Divus Hadrianus (Hadrianeum) vollendet	
um 150			Pausanias: *Periegesis tes Hellados.* – Clemens von Alexandrien geb.
um 160	Beginn der Ersten germanischen Völkerwanderung		Arrian gest. – Tertullian geb.
161–180	Marcus Aurelius (geb. 121) Kaiser, bis 169 gemeinsam mit seinem Bruder Lucius Verus, ab 177 zusammen mit seinem Sohn Commodus		
161–166	Partherkrieg		

	Geschichte	*Archäologie*	*Literatur*
n. Chr.			
nach 161			Gaius: *Institutiones*. – Appian gest.
161 / 162		Antoninus-Pius-Säule	
um 165			Cassius Dio geb.
um 166			M. Cornelius Fronto gest.
167	Pest in Rom und im Reich		
167–175	Erster Markomannenkrieg		
um 170			Cl. Aelianus und Fl. Philostratus geb.
175–180	Zweiter Markomannenkrieg. Tod Mark Aurels 180 in Wien		
176		Reliefs eines Triumphbogens (Capitolin. Museum)	
177	Martyrium von 48 Christen in Lugdunum (Lyon)		
um 180			Aulus Gellius gest.
180		Reliefs eines Triumphbogens (wie-	

		derverwendet am Konstantinsbogen)	
180–192	Commodus	Mark-Aurel-Säule	
nach 180			Lukian gest.
181			Aelius Aristides gest. (181 oder später)
185 oder 186			Origenes geb. – Artemidorus von Ephesus: *Oneirokritika* (spätes 2. Jh.)
um 191			Philostratus von Lemnos, Verf. der *Eikones*, geb.
193 / 194	Fünfkaiserjahr: Pertinax, Didius Iulianus, Pescennius Niger, Septimius Severus, Clodius Albinus		
193–235	Severische Dynastie		
193–211	Septimius Severus	Erweiterung der Domus Augustana	
193–197		Castra equitum singularium	
195 / 196	Partherfeldzug		
197	Sieg des Septimius Severus über Clodius Albinus bei Trinurtium in Gallien	Castra legionis II Parthicae in Albano	

	Geschichte	Archäologie	Literatur
n. Chr.			
199	Mesopotamien als römische Provinz wiederhergestellt		Galen gest.
199 / 200	Reise des Septimius Severus nach Ägypten		
um 200	Beginn einer starken Ausbreitung des Christentums, vorbereitet durch orientalische Kulte und Mysterienreligionen, z. B. den Mithras-Kult		Schaffenszeit des Sextus Empiricus
zwischen 202 und 208			Irenaeus von Lyon gest.
203		Septimius-Bogen auf dem Forum Romanum. – Wiederherstellung der Porticus Octaviae. – Septizodium	
204	Ludi saeculares	Arco degli argentari	
205			Plotin geb.
um 205–208		Die marmorne Forma Urbis Romae am Forum Romanum	
206 / 207	Reise des Kaisers nach Afrika		
208–210	Britannienfeldzug		

211–217	Caracalla	Tempel des Serapis am Quirinal	Clemens v. Alexandrien gest.
212	Constitutio Antoniniana: Verleihung des römischen Bürgerrechts an alle freien Angehörigen des Römischen Reiches		Hinrichtung des Juristen Aem. Papinianus, *praef. praet.* 203
212–216		Caracalla-Thermen in Rom	
216–218	Partherkrieg		Diogenes Laertios tätig (1. H. 3. Jh.). – Minucius Felix (?)
217–218	Macrinus und Diadumenianus	Tempel des Unbesiegten Sonnengottes Elagabal (Heliogabal) am Palatin (217–222). – Amphitheatrum Castrense. – Wiederherstellung des Iseo Campense (zwischen 217 und 235)	
218–222	Elagabal (Heliogabal)		
zwischen 220 und 250			Heliodorus: *Aithiopika*
222–235	Alexander Severus		
vor Mai 224	Domitius Ulpianus, Jurist, als *praef. praet.* von den Prätorianern ermordet		
224–241	Ardaschir, Begründer des Neupersischen Reiches der Sassaniden		
um 225		Mithräum unter S. Prisca	

	Geschichte	*Archäologie*	*Literatur*
n. Chr.			
227		Bau der Aqua Alexandriana, des letzten neuen römischen Aquädukts. – Wiederherstellung der Nero-Thermen	
um 230–235		Galerie der Flavier in den Domitilla-Katakomben. – Hypogäum der Aurelier (schon um 220?)	
230–232	Feldzug gegen das Sassaniden-Reich		
232 / 233			Porphyrius geb.
235–284	Zeit der Soldatenkaiser	In Rom keine wirklich bedeutenden Bauwerke öffentlicher Initiative	
235–238	Maximinus Thrax		
235	Sieg des Maximinus über die Alemannen		Cl. Aelianus und Cassius Dio gest.
238	Erhebung der beiden Gordiane in Afrika		
238–244	Gordian III.		
um 240			Tertullian gest. – Athenaios von Naukratis gest. – Laktanz geb.

241–271	Schapur I., König der Sassaniden		
242			Ammonios Sakkas, Begründer der neuplatonischen Schule und Lehrer des Plotin und des Origenes, gest.
242 / 243	Siegreicher Feldzug gegen die Perser		
244 / 249	Philippus Arabs		Fl. Philostratus gest.
um 245		Kapelle des Guten Hirten in den Domitilla-Katakomben	Arnobius geb.
248	Jahrtausendfeier Roms		
249–251	Decius		
249–250	Christenverfolgung		
um 250			Iamblichus geb.
251	Decius und sein Sohn Herennius Etruscus fallen in der Schlacht bei Abrittus gegen die Goten		
251–253	Trebonianus Gallus		
253–260	Valerianus und Gallienus		
253	Wiederaufnahme des Krieges durch die Perser. Antiochia erobert		

n. Chr.	*Geschichte*	*Archäologie*	*Literatur*
254 oder 255			Origenes gest.
254–262	Bagaudenaufstände in Gallien		
257–260	Valerianische Christenverfolgung		Cyprian von Karthago hingerichtet (258)
um 260			Eusebius von Cäsarea geb.
260	Valerianus von Schapur gefangengenommen		
260–268	Gallienus Alleinherrscher. »Toleranzedikt« des Gallien	Gallienusbogen (Neuweihung eines Augusteischen Monuments, 262). – Horti Liciniani	
260–272	Selbständiges Ostreich der Palmyrener (Odaenathus, Zenobia und ab 267 Vaballathus)		
261–274	Sonderreich des Postumus (261–268) und des Tetricus (270–274) in Gallien		
268–270	Claudius II. Gothicus		
269 / 270			Plotin gest.

270–275	Aurelianus	Bau der Aurelianischen Mauern um Rom (Beginn 271, fertiggestellt unter Probus)
273–275		Tempel des Sol Invictus
275–276	Tacitus	
276–282	Probus	
282–283	Carus	
283	Perserfeldzug	Zerstörung der Curia durch Brand
282–285	Carinus	
284–305	Diocletianus	
293	Begründung der 1. Tetrarchie (Diokletian, Maximian, Constantius Chlorus, Galerius)	
297	Neugliederung des Reiches: 12 Diözesen, 101 (später mehr) Provinzen	
298–306		Thermen des Diokletian
299–311	Christenverfolgungen, insbesondere ab 303	
nach 300		In Ostia zahlreiche reiche Privathäuser

	Geschichte	*Archäologie*	*Literatur*
n. Chr.			
301	Höchstpreisedikt des Diokletian		
303	Diokletian besucht Rom	Weihung der wiederhergestellten Curia. – Neuer Triumphbogen in der Via Lata	
um 305			Porphyrius gest.
305	Abdankung Diokletians und Maximians. Galerius und Constantius Chlorus Augusti		
306	Nach dem Tode des Constantius Chlorus wird dessen Sohn Constantinus zum Augustus ausgerufen (gest. 337). Erhebung des Maxentius in Rom und Rückkehr des Maximianus		
306–312		Circus und Mausoleum des Maxentius	
307		Der Venus-Tempel nach einem Brand wiederaufgebaut. – Baubeginn an der Basilica Nova. – Romulus-Tempel vollendet durch Konstantin	
311	Toleranzedikt und Tod des Galerius		

312	28. 10.: Sieg Konstantins über Maxentius an der Milvischen Brücke. – Sieg des Licinius über Maximinus Daia bei Adrianopel		
313–324	Konstantin und Licinius Augusti		
313	Sog. Toleranzedikt von Mailand	Beginn der Arbeiten an S. Giovanni in Laterano und den Märtyrerkirchen (St. Peter, S. Lorenzo f. l. m.), SS. Apostoli (nach 313)	
um 315		Konstantinsthermen vollendet	
315		Konstantinsbogen vollendet	
um 320		Mausoleum der Helena	
324	Nach dem Sieg über Licinius bei Adrianopel und Chrysopolis Beginn der Alleinherrschaft Konstantins		
um 325			Iamblichus gest. – Laktanz gest.
325	Konzil von Nicaea	Mausoleum der Constantina	
326	In Byzantium Grundsteinlegung zur 324 beschlossenen neuen Hauptstadt des Reiches. Umbenennung in Konstantinopel. Feierliche Einweihung am 11. Mai 330 (Nea Rome)		

Abbildungsnachweis

1 Basilica Ulpia. Sesterz des Trajan, Messing. 112–117 n. Chr.
Cohen[2] 44. – *B. M. C.* 982. – *R. I. C.* 618. – *Roman Imperial Coins in the Hunter Coin Cabinet* (im folgenden abgekürzt: *Hunter Coin Cabinet)* II, S. XLIV f. – Vgl. *Bauten Roms auf Münzen und Medaillen*, hrsg. von H. Küthmann [u. a.], München 1973 (im folgenden abgekürzt: *Bauten Roms*), S. 29 f., Nr. 48.
Vorderseite: Trajan mit Lorbeer und Ägis nach rechts. IMP CAES NERVAE TRAIANO AVG GER DAC PM TR P COS VI PP.
Rückseite: Auf einem dreistufigen Podium erhebt sich in Vorderansicht die Basilica, deren Schauseite drei von acht Säulen getragene vorspringende Bauteile zeigt. Darüber oben eine Quadriga zwischen zwei Bigen in Vorderansicht. Dazwischen je eine Statue und (vielleicht) Feldzeichen. Nur angedeutet das verzierte Flachdach und weitere Säulen. Legende: S P Q R OPTIMO PRINCIPI; im Abschnitt: BASILICA VLPIA SC.
Nach: H. Cohen, *Description historique des monnaies frappées sous l'Empire romain*, Paris: Rollin & Feuardent, 1858 ff., 1. Aufl., Bd. 2, Taf. III, Nr. 319.

2 Bibliotheca Ulpia. Rekonstruktion der Innenansicht mit den Nischen für die Schränke, welche die Buchrollen *(volumina)* und (nach dem Zeugnis der Scriptores Historiae Augustae) auch praetorische *edicta* und die *libri lintei* oder kaiserliche Akten enthielten. Zur schmückenden Ausstattung der Leseräume (oder des Trajansforums?) gehörten überdies Büsten der berühmten griechischen und römischen Autoren (vgl. Sid. Apoll. IX, 16, 25–29).
Nach: C. Ricci [u. a.], *Via dell'Impero*, Rom: Istituto Poligrafico dello Stato, 1931 (Itinerari dei Musei e Monumenti d'Italia 24), S. 127.

3 Mausoleum Augusti. Rekonstruktion von G. Gatti (*Bull. Com.* 66, 1938, S. 276, Abb. 21).
Angelegt im Jahre 28 v. Chr. von Augustus für sich und seine Familie. Der 23 v. Chr. gestorbene Marcellus, Neffe, Schwiegersohn und mutmaßlicher Nachfolger des Augustus, wurde als erster hier beigesetzt, später dann die Enkel C. und L. Cäsar, im Jahre 14 n. Chr. der Kaiser selbst. Nerva war der letzte römische Kaiser, der in dieser Grabanlage seine Ruhestätte fand.
Nach: F. Coarelli, *Guida archeologica di Roma*, Mailand: A. Mondadori, 1974, S. 277.

4 Verteilung von *congiaria*. Sesterz des Trajan, Messing. 103–111 n. Chr.
Cohen[2] 61. – *B. M. C.* 767. – *R. I. C.* 450. – *Hunter Coin Cabinet* 241 (vgl. ebd. S. XLIII).
Rechts sitzt auf einem Podium Trajan in einem kurulischen Sessel *(sella curulis)* und streckt mit Spende- und Huldgestus die Rechte aus. Vor ihm ein Angestellter sitzend nach links auf einem zweiten Podium. Vor diesem ein die Toga aufhaltender Mann auf Leiter nach rechts. Im Hintergrund ein Dreifuß; links die personifizierte Liberalitas mit Rechenbrett nach links. Legende: COS V CONGIAR SECVND; im Abschnitt: S C.
Nach: Ch. Daremberg, E. Saglio und É. Pottier, *Dictionnaire des antiquités*

grecques et romaines, Paris: Hachette, 1877–1919 (im folgenden abgekürzt: *D. A.*), Bd. 3 [1904], S. 1717, Abb. 4900.

5 Erlaß von Steuerrückständen. Sesterz des Hadrian, Messing.
Cohen[2] 1212. – *R. I. C.* 592. – Vgl. *B. M. C.* 1207/1208. – Vgl. *Hunter Coin Cabinet*, S. LXI und Nr. 361.
Vorderseite: Hadrian mit Lorbeer nach rechts. IMP CAESAR TRAIANVS HADRIANVS AVG PM TRP COS III.
Rückseite: Liktor in Tunika und Mantel stehend nach links mit axtbewehrten *fasces* und Fackel, einen Papierhaufen von Schuldscheinen in Brand setzend. Ihm gegenüber drei stehende Bürger mit zum Beifall erhobenen Armen. Legende: RELIQVA VETERA HS NOVIES MILL ABOLITA; im Münzfeld links und rechts: S C.
Nach: Cohen[1] 2, Taf. VI, Nr. 1049.

6 Cippus pomerii. Aufgestellt nach der Erweiterung des Pomeriums unter Claudius 49 n. Chr.
Die den Akt der Pomeriumsausdehnung legitimierende Wendung *finibus populi Romani auctis* nimmt Bezug auf die Eroberung Englands 43/44 und die Einrichtung der Provinz Britannien. Bemerkenswert aus antiquarischer Sicht die Schreibung CAISAR für CAESAR und das claudische Digamma Ⅎ (≙ V) in der letzten Zeile. Vgl. den Text *C. I. L.* VI, 1231 und die Beschreibung von ähnlichen Steinen bei A. E. Gordon, *Album of Dated Latin Inscriptions. Rome and its Neighborhood*, Bd. 1: *Augustus to Nerva, Text*, Berkeley (Los Angeles) 1958, S. 95 f.
Nach: G. Lugli, *Itinerario di Roma antica*, Rom: G. Bardi, 1975, S. 22, Abb. 2.

7 Der geschlossene Ianustempel. Sesterz des Nero, Messing. Um 65/66 n. Chr.
Vgl. *B. M. C.* I, S. 259 ff. Eine gute Abbildung eines ähnlichen Vertreters dieses Münztyps bei J. P. C. Kent [u. a.], *Die römische Münze*, München 1973, Taf. 52, Nr. 205. – Vgl. *Bauten Roms*, S. 11 f., Nr. 10 (Dupondius).
Vorderseite: Nero-Büste mit Lorbeerkranz nach links, darunter Globus. IMP NERO CAESAR AVG PONT MAX TR POT P P.
Rückseite: Der geschlossene Ianustempel. Rechts die Tür zwischen zwei Säulen, zwischen denen eine Girlande hängt. Links ein großes Fenster. Im Dachbereich reiche floreale Ornamente. PACE P R TERRA MARIQ PARTA IANVM CLVSIT; im Feld: S C.
Nach: Cohen[1] 1, Taf. XI, Nr. 177.

8 Porta Appia (S. Sebastiano). 1. und 2. Bauphase (Aurelian bzw. Honorius und Arkadius, 401/402). Rekonstruktion.
Nach: I. A. Richmond, *The City Wall of Imperial Rome*, Oxford: Clarendon Press, 1930, S. 140 f., Nr. 24 und 25.

9 *Vetus Roma* und *nova Urbs*. Idealtypische Gegenüberstellung der Unregelmäßigkeit und Winkligkeit des »alten« Rom und der Planmäßigkeit der urbanistischen Maßnahmen nach dem Brand der Stadt von 64 n. Chr. unter Nero, verdeutlicht anhand der Fragmente 184 *(vetus Roma)* und 191 *(nova Urbs)* der severischen Forma Urbis Romae (ed. Jordan, Berlin 1874).
Nach: L. Homo, *Rome impériale et l'urbanisme dans l'Antiquité*, Paris: Albin Michel, [2]1971, S. 280, Abb. 9 und 10.

10 Schnitt durch das fünf- bzw. sechsstöckige Haus am Kapitol (via Giulio Romano). 1. Hälfte 2. Jh. n. Chr.

Heute wieder sichtbar sind der zweite bis vierte Stock, während das Erdgeschoß mit seinen Tabernae und dem darüberliegenden Mezzanin unter dem Straßenniveau zugänglich ist. Vor der Fensterwand des zweiten Stocks verlief ein Ziegelbalkon *(maenianum)*, der auf Travertinkonsolen aufruhte. Diese Front lag nicht zur Straße, sondern zu einem Innenhof hin.
Foto DAI Rom 1931, Nr. 1514.

11 Pompejanische Villa mit Portikus zum Meer. Zeichnung und Plan nach der Landschaftsminiatur auf dem linken Teil der Südwand des Tablinums im Haus des Lucretius Fronto (V, 4, 11) in Pompeji. Um 50 n. Chr. Zur Motivgattung vgl. M. Rostovtzeff, »Die hellenistisch-römische Architekturlandschaft«, in: *R. M.* 26, 1911, S. 1 ff.
Die Umzeichnung nach: S. Reinach, *Répertoire des peintures grecques et romaines*, Paris 1922, S. 397, Abb. 1.
Der Plan nach: P. Grimal, *Les jardins romains*, Paris: Presses Universitaires de France, [2]1969, S. 216, Abb. 16 (ebd. Abb. 15 auch die Umzeichnung wiederholt).

12 Pompeji. Haus des Pansa (VI, 6, 1). Typ des Atriumhauses. Grundriß. 2. Jh. v. Chr.
Nach: M. Grant, *The Cities of Vesuvius, Pompeii and Herculaneum*, London: Weidenfeld and Nicolson, 1972, S. 112, Abb. 8.

13 Pompeji. Haus des M. Loreius Tiburtinus (II, 2, 2). Aus der Zeit zwischen dem Erdbeben (62 n. Chr.) und dem Untergang der Stadt (79 n. Chr.). Rekonstruktion.
Nach: A. Boëthius und J. B. Ward Perkins, *Etruscan and Roman Architecture*, Harmondsworth (Middlesex): Penguin Books, 1970, S. 315, Abb. 121.

14 Ostia. Caseggiato di Diana. Antoninische Zeit. (a) Erdgeschoß und erster Stock *(piano nobile)*. Grundriß. (b) Axonometrischer Plan.
(a) Nach: R. Meiggs, *Roman Ostia*, Oxford: Clarendon Press, [2]1973, S. 243, und A. G. McKay, *Houses, Villas, and Palaces in the Roman World*, London: Thames & Hudson, 1975, S. 97, Abb. 33 und 34.
(b) Nach: McKay, a. a. O., Taf. 34.

15 Ostia. Fassade einer *insula*. Rekonstruktion. Im Erdgeschoß ein Thermopolium.
Nach: A. Boëthius und J. B. Ward Perkins, *Etruscan and Roman Architecture*, Harmondsworth (Middlesex): Penguin Books, 1970, S. 288, Abb. 111.

16 Bronzenes Wärmebecken. Aus Pompeji. Heute Neapel, Museo nazionale.
Nach: J. Overbeck und A. Mau, *Pompeji in seinen Gebäuden, Alterthümern und Kunstwerken*, Leipzig: Wilhelm Engelmann, [4]1884, S. 442, Abb. 239.

17 Heizungssystem auf Hypokaustengrundlage für eine Badeanlage. Hypothetische Rekonstruktion.
Nach: A. G. McKay, *Houses, Villas, and Palaces in the Roman World*, London: Thames & Hudson, 1975, S. 141, Abb. 53.

18 Das System der römischen Wasserleitungen *(aquae Romanae)* innerhalb und in unmittelbarer Umgebung der Stadt.
Nach: L. Homo. *Rome impériale et l'urbanisme dans l'Antiquité*, Paris: Albin Michel, [2]1971, S. 187, Abb. 7.

19 Bleiröhre *(fistula aquaria)* aus den Installationen der Trajansthermen. Gefunden 1935 auf dem Mons Oppius. *A. E.* 1940, 40. Inschriften:

a) THERM(ae) TRAIAN(ae)
b) IMP(eratoris) CAES(aris) NERV(ae) TRAIANI AVG(usti) GERM(anici) DACICI SVB CVR(a) HESYCHI AVG(usti) L(iberti) PROC(uratoris) THEMISTVS SER(vus) ALEXANDR(ianus) FEC(it).
c) AQ[ua] TR[aiana]
Außerdem drei verschiedene Zahlzeichen.
Nach: E. Nash, *A Pictorial Dictionary of Ancient Rome*, Bd. 1, London: Thames & Hudson, ²1968, S. 53, Abb. 49.

20 Ostia. Casette tipo. Hadrianische Zeit. Grundriß.
Diese sog. Standardhäuser scheinen, wenngleich sie die bekannten Gliederungsformen der sog. Gartenhäuser in verkleinertem Maßstab imitieren, kostensparend angelegt worden zu sein: Trotz Retikulatmauerwerk und Ziegelbauweise für die Außenmauern finden im Innern der nicht sonderlich standfesten und lotrecht gebauten Häuser unregelmäßige Tuffblöcke Verwendung. Die relative Kleinräumigkeit darf freilich nicht auf geringe Bewohnerzahl schließen lassen. Der doppelte Abort spricht eher für höhere Wohndichte (vgl. R. Meiggs, *Roman Ostia*, Oxford ²1973, S. 242, 251 und 598).
Nach: R. Meiggs, *Roman Ostia*, Oxford: Clarendon Press, ²1973, S. 245, Abb. 12.

21 Ostia. Via della Forica mit mehrsitzigen Latrinen in der Casa dei Triclini. Die Anlage umfaßt 18 Sitze *(sellae pertusae)*, zwei Drehtüren (?) und ein Becken. Vgl. das Foto bei R. Meiggs, *Roman Ostia*, Oxford ²1973, Taf. IX b.
Nach: *Scavi di Ostia* I: *Topografia generale*, Rom: Libreria dello Stato, 1953, Kartenbeilage 8 (Caseggiato dei triclini. Reg. I, Ins. 12). Detail.

22 Villa rustica (Nr. 13) bei Boscoreale. Grundriß.
Nach: K. D. White, *Roman Farming*, London: Thames & Hudson, 1970, S. 423, Abb. 5.

23 (a) Germanicus als Triumphator über die Germanen in Quadriga. Dupondius, Messing, undatiert. Das Motiv nimmt Bezug auf den am 26. Mai 17 n. Chr. gefeierten Triumph des Germanicus über die Germanen, denen er die im Jahre 9 von Varus verlorenen Feldzeichen wieder abringen konnte.
Cohen², Germanicus 7. – *B. M. C.* 93. – *R. I. C.* I, S. 119 (unter 47a).
Vorderseite: Germanicus, barhäuptig, mit Paludamentum bekleidet, in Quadriga nach rechts, in der Linken das Adlerzepter haltend. Auf der Seite des Triumphwagens eine Victoria nach rechts, davor ein Schild. GERMANICVS CAESAR.
Rückseite: Germanicus als *imperator* in kurzer Tunika und Panzer nach rechts, den Militärmantel über den linken Arm geworfen. In der Linken hält er einen Legionsadler, während er die Rechte wie zu einem Befehl nach vorn streckt. SIGNIS RECEPTIS DEVICTIS GERM(anis) S C.
Nach: Cohen¹ 1, Taf. VIII, Nr. 5.

23 (b) Quadriga im Triumphzug (?). Sesterz des Mark Aurel. Messing. 176/177 n. Chr.
Cohen² 367. – Vgl. auch *R. I. C.* 1183. – Vgl. *Hunter Coin Cabinet* II, S. CXXVIII. – Vgl. *B. M. C.* IV, 1595 †.
Vorderseite: Büste mit Lorbeer nach links, mit Zepter; auf der Brust Panzer mit Ägis. Legende: M ANTONINVS AVG GERM SARM TR P XXXI.
Rückseite: Mark Aurel und Commodus in einer fahrenden Quadriga. Jeder mit Adlerzepter, Mark Aurel außerdem mit Lorbeerzweig. Das Gespann wird von

einem Mann geführt. Darüber eine fliegende Victoria. Legende: IMP VIII COS III P P.
Nach: Cohen[1] 2, Taf. XVII, Nr. 369.

24 Isola Sacra. Plan der Grabanlagen (Ausschnitt). Einfache Linien: frühes 2. Jh. n. Chr.; fettes Schwarz: Mitte und spätes 2. Jh. n. Chr.; schraffiert: 3. Jh. n. Chr. – Die kleinen Rechtecke: einfache Ziegelgrabbestattungen; die kleinen Kreise: Amphoren als Aschenbehälter. Zu den Bestattungsformen vgl. J. M. C. Toynbee, *Death and Burial in the Roman World*, London 1971.
Nach: J. Toynbee und J. B. Ward Perkins, *The Shrine of St. Peter and the Vatican Excavations*, London [u. a.]: Longmans, Green and Co., 1956, S. 31, Abb. 4.

25 Prunkwagen *(carpentum)* der älteren Agrippina, bespannt mit zwei Maultieren. Sesterz des Caligula zum Gedenken an seine Mutter, Messing. 37 bis 41 n. Chr.
Cohen[2] 1, Nr. 1. – *B. M. C.* 81. – *R. I. C.* 42. – Kent [u. a.], *Die römische Münze*, München 1973, Taf. 42 und 43, Nr. 165.
Vorderseite: Agrippina nach rechts, das Haar in Wellen sorgfältig nach hinten gelegt; eine einzelne Locke fällt frei hinter dem Ohr herab. AGRIPPINA M F MAT C CAESARIS AVG.
Legende der Rückseite: S P Q R MEMORIAE AGRIPPINAE.
Nach: Cohen[1] 1, Taf. VIII, Nr. 1.

26 Marmorplan des Grabgartens der Claudia Peloris und des Ti. Claudius Eutychus. Wahrscheinlich aus Rom. Unter Nero oder den frühen Flaviern. Heute in Perugia, Museo archeologico.
Rechts eine Reihe von Grabkammern. In der Mitte zwei große Räume, die in viele kleine Abteilungen, vielleicht *cenacula*, *tabernae* oder *diaetae*, aufgegliedert sind. Links ein von Mauern umgebener freier, beinahe rechteckiger Raum, wahrscheinlich ein Garten. Die beiden parallel verlaufenden Seiten sind laut Inschrift 65 römische Fuß, die beiden anderen 66 bzw. 70 Fuß lang. Die Inschrift (*C. I. L.* VI, 9015 = 29847 a = Dessau 8120) ist zu lesen: CLAVDIA OCTAVIAE DIVI CLAVDI F(iliae) LIB(erta) PELORIS ET TI(berius) CLAVDIVS AVG(usti) LIB(ertus) EVTYCHVS PROC(urator) AVGVSTOR(um) SORORIBVS ET LIB(ertis) LIBERTABVSQ(ue) POSTERISQ(ue) EORVM [forma]S AEDIFICI CVSTODIAE ET MONVMENTI RELIQVERV[nt]. Vgl. zum Monument z. B. P. Grimal, *Les jardins romains*, Paris [2]1969, S. 75, und J. M. C. Toynbee, *Death and Burial in the Roman World*, London 1971, S. 98.
Nach: Ch. Hülsen, »Piante iconografiche incise in marmo«, in: *R. M.* 5, 1890, S. 46–63, hier Taf. III.

27 Freilassung *(manumissio)* zweier Sklaven. Fragment eines Marmorreliefs aus der Villa Altieri in Rom. Heute in Brüssel (aus der Collection Warocqué in Mariemont). S. Reinach, *Répertoire des reliefs grecs et romains*, Bd. 2, Paris 1912, S. 164, Abb. 2.
Es handelt sich hier um die Darstellung einer *manumissio per vindictam* (mit der Rute), bei der nach einem Scheinprozeß vor dem Prätor, in dem ein Liktor (der Togatus mit der Rute im Hintergrund) die Rolle des Freiheitsforderers *(assertor libertatis)* übernimmt, der Herr *(dominus)* seinen Sklaven mit den Worten *Hunc hominem ex iure Quiritium liberum esse volo* für frei erklärt. Dabei versetzt er ihm einen leichten Streich und läßt ihn sich einmal

um sich selbst drehen. Der nunmehr Freigelassene *(libertus)* trägt während dieser Szene eine mützenartige Kopfbedeckung, den *pileus libertatis.* Auf unserem Relief reicht der *patronus* seinem (stehenden) Freigelassenen die Hand (die dazugehörende Figur ist verlorengegangen), während der am Boden kniende Sklave wohl noch auf den Freilassungsstreich wartet (oder sich in einem Dankes- und Respektsgestus gegenüber seinem Patron zu Boden geworfen hat?). Der fragmentarische Zustand des Reliefs gestattet wohl keine einhellige Klärung aller Einzelheiten.
Nach: *D. A.* 3, S. 1585, Abb. 4827.

28 Sklaverei. Trajan läßt am Ende des 2. Dakischen Feldzugs Frauen, Kinder und Greise ins Exil oder in die Sklaverei wegführen. Relief von der Trajanssäule in Rom.
Nach: S. Reinach, *Répertoire des reliefs grecs et romains*, Bd. 1, Paris: Ernest Leroux, 1909, S. 369, Abb. 117.

29 Villa eines afrikanischen Grundbesitzers. Zeichnung nach einem Mosaik des 4. Jh.s n. Chr. aus Tabarka (Thabraea). Tunis, Musée du Bardo.
S. Reinach, *Répertoire des peintures grecques et romaines*, Paris 1922, S. 391, Abb. 5.
Nach: A. G. McKay, *Houses, Villas, and Palaces in the Roman World*, London: Thames & Hudson, 1975, S. 234, Abb. 75.

30 Während des 2. Dakischen Feldzugs wird der Schatz der Daker nach Rom abtransportiert. – Ansprache des Kaisers an seine Truppen. Relief von der Trajanssäule in Rom.
Nach: S. Reinach, *Répertoire des reliefs grecs et romains*, Bd. 1, Paris: Ernest Leroux, 1909, S. 366, Abb. 107.

31 Porträtzeichnen. Modellsitzen für malende Pygmäen. Staffelei. Palette. Rechts das Anrühren von Farben (?), links Besucher. Pompejanisches Wandgemälde, nur zeichnerisch erhalten.
Nach: H. Blümner, *Technologie und Terminologie der Gewerbe und Künste bei Griechen und Römern*, Bd. 4, 2, Leipzig: Teubner, 1887, S. 462, Abb. 71.

32 Friedens- und Wohlfahrtspropaganda des römischen Prinzipats. Sesterz des Hadrian, Messing. 119–128 n. Chr.
Cohen ²1285. – *R. I. C.* 594 a. – Vgl. *B. M. C.* 1211. – *Hunter Coin Cabinet* 362.
Vorderseite: Hadrian mit Lorbeer nach rechts. IMP CAESAR TRAIANVS HADRIANVS AVG P M TR P COS III.
Rückseite: RESTITVTORI ORBIS TERRARVM S C. Hadrian stehend nach links, in der Hand eine Buchrolle, eine kniende, mit Türmchenkrone geschmückte Frau, die einen Globus hält, zum Aufstehen auffordernd.
Nach: Cohen¹ 2, Taf. V, Nr. 1083.

33 Wohlfahrtspropaganda der römischen Kaiser. Bronzemedaillon des Annius Verus und des Commodus. 191/192 n. Chr.
Cohen², Annius Verus Nr. 1. – F. Gnecchi, *I medaglioni romani*, Bd. 2, Mailand 1912, S. 44, Nr. 1, mit Taf. 72, 1. Vgl. *R. I. C.*, S. 439, Anm. zu Nr. 645, und *B. M. C.* IV, S. 844, Nr. 725 (4).
Vorderseite: COMMODVS CAES VERVS CAES. Büsten der beiden als Kinder, bekleidet mit dem Paludamentum.
Rückseite: TEMPORVM FELICITAS. Die vier Jahreszeiten, dargestellt durch vier Kinder. Das erste, nackt, hält auf dem Kopf einen Korb; das

zweite, nackt, hält eine Sichel und Ähren; das dritte, ebenfalls nackt, trägt ein Füllhorn und streichelt ein an ihm hochspringendes Tier; das vierte – bekleidete – hält einen Hasen und Trockenfrüchte (?) oder Fische (?).
Nach: Cohen[1] 2, Taf. XIX, Nr. 1.

34 Alimentarstiftung Trajans. Aureus des Trajan, Gold. 104–110?
Cohen[2] 15. – *B. M. C.* 378/379. – *R. I. C.* 93. – *Hunter Coin Cabinet* 126 (vgl. ebd. S. XXXVIII).
Vorderseite: Büste mit Lorbeer nach rechts, bekleidet mit Panzer und Paludamentum. IMP TRAIANO AVG GER DAC PM TR P.
Rückseite: ALIM ITAL (im Abschnitt); COS V P P S P Q R OPTIMO PRINC. Trajan in Toga stehend nach links, in der Linken eine Buchrolle haltend und die Rechte nach zwei Kindern, einem Knaben und einem Mädchen, ausstreckend, die ihm die Hände bittend entgegenhalten.
Nach: Cohen[1] 2, Taf. I, Nr. 13.

35 Römische Hochzeit. Sarkophagrelief. Florenz, Uffizien.
Zum Verständnis der einzelnen Motive, unter denen hier nur allgemein die Opferriten im linken Teil des Reliefs und die *dextrarum-iunctio*-Szene in der rechten Hälfte hervorgehoben werden können, vgl. man die alten Beschreibungen bei A. Rossbach, *Römische Hochzeits- und Ehedenkmäler*, Leipzig 1871 (Neudr. Aalen 1973), S. 119 ff., und H. Dütschke, *Antike Bildwerke in Oberitalien*, Bd. 3, Leipzig 1878, S. 24 ff., Nr. 62.
Nach: *D. A.* 3, S. 1656, Abb. 4872.

36 Bildhauer *(marmorarius)* sitzend, mit Schlegel und Meißel an einem Pfeiler arbeitend, der einen Clipeus mit Porträtbüste trägt. Rechts davon eine römische Dame mit spätflavisch-trajanischer Frisur, bekleidet mit Ärmeltunika und Mantel, in der Linken zwei Früchte. Relief auf einem marmornen Grabaltar trajanischer Zeit. Vatikan, Galleria dei Candelabri.
Helbig I[4], S. 435, Nr. 549 (E. Simon).
Nach: Blümner 3, S. 219, Abb. 27.

37 Quittungstafeln des L. Caecilius Iucundus aus Pompeji. Gefunden 1875 zusammen mit 152 weiteren Tafeln.
Siehe den Text des in römischer Geschäftskursive beschriebenen Triptychons *C. I. L.* IV, 3340, Nr. CIII. Vgl. auch J. Overbeck und A. Mau, *Pompeji*, Leipzig [4]1884, Taf. zwischen S. 448 und 449.
Nach: *D. A.* 5, S. 2, Abb. 6714.

38 Römische Schule vor einer Portikus. Züchtigung eines Knaben. Zeichnung nach einer Wandmalerei aus Herculaneum. Heute Neapel, Museo nazionale.
Helbig, *Wandgemälde Campaniens*, Nr. 1492. – S. Reinach, *Répertoire des peintures grecques et romaines*, Paris 1922, S. 255, Abb. 3.
Nach: *D. A.* 3, S. 1380, Abb. 4647.

39 Tempel des Divus Augustus mit Opferszene. Sesterz des Caligula, Messing. 39/40 n. Chr.
Cohen[2] 9. – *B. M. C.* 41. – *R. I. C.* 35.
Vorderseite: Pietas sitzend nach links, verschleiert, in der Rechten eine Patera haltend, den linken Arm angewinkelt auf eine neben ihrem Sitz stehende Statue stützend. C CAESAR AVG GERMANICVS P M TR POT. Im Abschnitt PIETAS.
Rückseite: Zum Motiv s. o. DIVO AVG S C.
Nach: Cohen[1] 1, Taf. IX, Nr. 18.

40 Tempel des Iupiter Capitolinus. Grundriß und Rekonstruktion der Fassade. Der Tempel, im Lauf seines Bestehens seit dem Ende des 6. Jh.s mehrfach abgebrannt und wiederaufgebaut (vgl. Zeittafel), ist mit 53 m Breite und 63 m Länge der größte seiner, der »tuskanischen« Ordnung. Hinter einer wahrscheinlich dreifach gestaffelten Reihe von sechs Säulen öffneten sich im rückwärtigen Teil die drei *cellae* für die Kultstatuen (von links nach rechts) der Iuno, des Iupiter Optimus Maximus und der Minerva. Den First zierte eine Quadriga aus (ursprünglich) Terrakotta, seit dem 3. Jh. v. Chr. aus Bronze.
Nach: F. Coarelli, *Guida archeologica di Roma*, Mailand: A. Mondadori, 1974, S. 45.

41 Feierliches Opfer während des 2. Dakischen Feldzugs. Im Hintergrund die von Apollodorus von Damaskus errichtete Brücke über die Donau. Relief von der Trajanssäule in Rom.
Nach: S. Reinach, *Répertoire des reliefs grecs et romains*, Bd. 1, Paris: Ernest Leroux, 1909, S. 356, Abb. 78.

42 Tintinnabulum als Weihgabe. Votivnachbildung eines Typs von Kleinbronzen, der im Marktleben häufig als Gegengewicht der üblichen Hängewaagen begegnet. Bronze. Gefunden in Arausio (Orange). Gallorömische Arbeit. Paris, Bibliothèque Nationale. Cabinet des Médailles.
Im Mittelpunkt Merkur, umgeben von Füllhörnern *(cornuacopiae)* und kleinen Statuen der Götter der kapitolinischen Trias (Iupiter, Iuno, Minerva), darunter Glöckchen.
Nach: E. Babelon und A.-J. Blanchet, *Catalogue des Bronzes antiques de la Bibliothèque Nationale*, Paris: Ernest Leroux, 1895, S. 160, Nr. 363.

43 Praeneste (Palestrina). Das Terrassenheiligtum der Fortuna Primigenia. Um 120 v. Chr. mit späteren Veränderungen, u. a. vor allem in sullanischer Zeit.
Zeichnung von J.-P. Penin nach den Rekonstruktionsvorschlägen von Fasolo und Kähler.
Nach: B. Andreae, *Römische Kunst*, Freiburg i. Br.: Herder, 1973, Abb. 870.

44 Tempel des Divus Hadrianus (Hadrianeum). Plan und Querschnitt. Geweiht von Antoninus Pius im Jahre 145 n. Chr. Reste der Cella mit einem kassettierten Tonnengewölbe sowie ein Teil der rechten äußeren Säulenreihe sind in der heutigen Börse von Rom erhalten.
Nach: F. Coarelli, *Guida archeologica di Roma*, Mailand: A. Mondadori, 1974, S. 265.

45 Mithras-Relief. Stich des 16. Jh.s, darunter eine Interpretation nach dem Verständnis der Zeit.
Nach: Lafréry, *Speculum romanae magnificentiae*, Bd. I, Rom 1575, Taf. 22. (Foto DAI Rom)

46 Befragung einer Zauberin. Pompejanisches Wandgemälde.
Helbig, *Wandgemälde Campaniens*, Nr. 1565. – S. Reinach, *Répertoire des peintures grecques et romaines*, Paris 1922, S. 241, Abb. 4.
Nach: *D. A.* 3, S. 1500, Abb. 4781.

47 Das Paradies der Mysten des Sabazius.
Links betritt die Verstorbene (VIBIA), geführt von ihrem guten Engel (ANGELVS BONVS), durch ein Tor die elysischen Gefilde (INDVCTIO). Rechts sieht man sie inmitten der BONORVM IVDICIO IVDICATI am

Mahl der Glückseligen teilnehmen. Davor spielen zwei andere ELECTI auf einer Wiese das Würfel- oder Knöchelspiel, während links davon eine weitere Gestalt in Dienertunika eine Fischplatte herbeiträgt. Rechts eine Weinamphore in einer Spezialhalterung.
Fresko aus dem sog. Hypogäum der Vibia, links der Via Appia, in unmittelbarer Nähe der Praetextat-Katakomben. Ende 3.–Anfang 4. Jh. n. Chr. (S. Reinach, *Répertoire des peintures grecques et romaines*, Paris 1922, S. 258, Abb, 2).
Nach: F. Cumont, *Die orientalischen Religionen im römischen Heidentum*, Darmstadt: Wissenschaftliche Buchgesellschaft, [6]1972, Taf. I, Abb. 4.

48 Privates Heiligtum des Hercules Cubans (Reg. XIX). Entdeckt 1889 in den ehemaligen *horti Caesaris*. An den Seiten des in Tuff gehauenen Heiligtums fanden sich sieben Hermen mit Porträtbüsten von Wagenlenkern. Das Epistyl der Nische und die beiden Weihaltäre trugen die Inschrift eines L. Domitius Permissus (*C. I. L.* VI, 30891 und 30892). Zeit: wohl Ende des 2. Jh.s n. Chr.
Nach: E. Nash, *A Pictorial Dictionary of Ancient Rome*, Bd. 1, London: Thames & Hudson, [2]1968, S. 463, Abb. 569.

49 Sepulcrum Aureliorum. 1. Hälfte 3. Jh.
Das Grab, das vornehmlich von einer christlichen Sekte belegt worden zu sein scheint, steht über Treppen in Verbindung mit Katakomben, die nach dem Bau der Aurelianischen Mauern keine weitere Beisetzung mehr gestatteten, da die Anlage nunmehr innerhalb der Stadt ihren Zugang hatte und somit für Beerdigungszwecke ausschied.
Nach: E. Nash, *A Pictorial Dictionary of Ancient Rome*, Bd. 2, London: Thames & Hudson, [2]1968, S. 311, Abb. 1075.

50 Steckkalender aus Rom.
Oben die Wochentage, in der Mitte der Jahreslauf in Form des Tierkreises *(zodiacus)*, rechts und links die Monatstage, bemerkenswerterweise nicht nach römischer Art unter Bezugnahme auf Kalenden, Nonen und Iden angegeben, sondern durchgezählt.
Vgl. P. Goessler, »Ein gallorömischer Steckkalender aus Rottweil«, in: *Germania* 12, 1928, S. 1–9. Die Umzeichnung nach der ebd. S. 7, Abb. 3, wiedergegebenen Terrakottanachbildung in Würzburg bei I. Linfert-Reich, *Römisches Alltagsleben in Köln*, Köln: Römisch-Germanisches Museum, 1975, S. 54, Abb. 11. Danach unsere Abb.

51 Horologium Augusti auf dem Marsfeld. Angelegt im Jahre 10 v. Chr.
Nach: E. Buchner, »Solarium Augusti und ara Pacis«, in: *R. M.* 83, 1976, S. 353, Abb. 13 und 14.

52 Flavische Frauenfrisur. Aureus für Iulia Augusta, die Nichte und zeitweilige »Ehefrau« des Domitian, Gold. Um 81–90 n. Chr.
Cohen[2] 6. – *B. M. C.* 250. – *R. I. C.* 218. – J. P. C. Kent [u. a.], *Die römische Münze*, München 1973, Taf. VII und S. 62, Nr. 242.
Vorderseite: IVLIA AVGVSTA. Büste der Iulia nach rechts.
Rückseite: DIVI TITI FILIA. Pfau von vorn, sein Rad schlagend. Der Pfau, Attribut der kapitolinischen Iuno, ist als Rückseitenmotiv für weibliche Angehörige des Kaiserhauses später sehr beliebt.
Nach: Cohen[1] 1, Taf. XVII, Nr. 3.

53 Propaganda. Germanensieg. Sesterz des Domitian, Messing. 85 n. Chr.
Cohen[2] 136. – *B. M. C.* 325.

Vorderseite: Büste mit Lorbeer und Ägis nach rechts. IMP CAES DOMIT AVG GERM COS XI CENS POT PP.
Rückseite: GERMANIA CAPTA SC. Tropaion. Links eine Germanin, weinend auf einem Schild sitzend. Rechts ein stehender Germane, die Hände auf dem Rücken gefesselt, vor ihm am Boden Schild und Helm.
Nach: Cohen[1] 1, Taf. XVII, Nr. 351.

54 Ostia. Forum der Korporationen (Reg. II, Ins. VII, 4). Gesamtplan des 12 v. Chr. angelegten, in späterer Zeit nicht unwesentlich geänderten Platzes. Der Tempel entstammt wahrscheinlich der 2. Hälfte des 1. Jh.s n. Chr.
Nach: *Scavi di Ostia* I: *Topografia generale*, a cura di G. Calza, Rom: Libreria dello Stato, 1953, Kartenbeilage 4 (linke Hälfte).

55 (a) Der Hafen von Ostia. Sesterz des Nero, Messing. Um 64/66 n. Chr.
Vgl. *B. M. C.*, S. 211 ff., Nr. 130 ff., bes. S. 223 mit Anm. †. – *R. I. C.* 74 (mit sieben Schiffen). – J. P. C. Kent [u. a.], *Die römische Münze*, München 1973, Taf. 50, Nr. 193. – *Bauten Roms*, S. 78, Nr. 150.
Im Hafenbecken, dessen Umfassungsmauer mit Liegeplätzen (Wellenbrechern?) links und rechts zu erkennen ist, zwölf Schiffe verschiedenen Typs. Oben ein Leuchtturm mit einer Statue (Neptun?), unten der personifizierte Tiber, liegend, mit Schiffsruder und Delphin.
Vorderseite: NERO CLAVD CAESAR AVG GER P M TR P IMP PP.
Rückseite: AVGVSTI / S POR OST C.
(b) Hafenszene als Motiv der Wohlfahrtspropaganda (VOTIS FELICIBVS). Bronzemedaillon des Commodus.
Cohen[2] 995. – F. Gnecchi, *I medaglioni romani*, Bd. 2, Mailand 1912, Nr. 173.
(a) Nach: Cohen[1] 1, Taf. XII, Nr. 96 – (b) nach: Cohen[1] 3, Taf. III, Nr. 444.

56 Rom. Der Flußhafen am Fuße des Aventin mit den Horrea Galbana, Horrea Lolliana, der Porticus Aemilia und dem Monte Testaccio.
Nach: F. Coarelli, *Guida archeologica di Roma*, Mailand: A. Mondadori, 1974, S. 293 (Ausschnitt).

57 Macellum magnum. Dupondius des Nero, Messing. Um 64/66 n. Chr.
Cohen[2] 1, Nr. 126. – Vgl. *B. M. C.* Nr. 191–197, bes. S. 236, Anm. †. – *Bauten Roms*, S. 33 f., Nr. 57.
Nero weihte das neue Marktgebäude auf dem Caelius, das aus einer Zentraltholos mit Kuppeldach und zweistöckigen Kolonnaden bestand, im Jahre 59 n. Chr. Die heutige Kirche S. Stefano Rotondo geht nach Zerstörung und Wiederaufbau des ursprünglichen Marktgebäudes im 4. Jh. über eine Reihe von Umgestaltungen und Änderungen in ihrem Plan auf die neronische Anlage zurück. Erhalten sind von dieser freilich nur die Travertinfundamente und acht Pfeiler der äußeren Portikus.
Nach: *D. A.* 3, S. 1459, Abb. 4740.

58 Kranz- und Girlandenflechter. Pompejanisches Wandgemälde. Neapel, Museo Borbonico IV, 47.
Helbig, *Wandgemälde Campaniens*, Nr. 800. – S. Reinach, *Répertoire des peintures grecques et romaines*, Paris 1922, S. 92, Nr. 1.
Drei geflügelte Mädchen und ein Eros beim Kranzwinden an einem Tisch, auf Bänken sitzend. Über dem Tisch ein Lattengestell, von dem die zu

flechtenden Girlanden herabhängen. Eros hält eine Schere zum Abschneiden der fertigen Kränze.

Nach: Blümner I[1], S. 306, Abb. 43.

59 Schmiede. Werkstatt und Laden des L. Cornelius Atimetus. Marmorara. Flavische Zeit. Vatikan, Galleria lapidaria 147.

Helbig I[4], S. 305 f., Nr. 400 (E. Simon). Die Inschrift *C. I. L.* VI, 16166.

Auf der linken Seitenfläche des Grabaltars die Werkstatt, in der zwei Schmiede am Amboß arbeiten. Die rechte Seite zeigt den Eisenwarenhändler in seinem Laden, daneben einen Mann in Toga, wahrscheinlich einen Kunden.

Nach: Blümner 4, 1, S. 370, Abb. 59 (Werkstatt), und S. 371, Abb. 60 (Laden).

60 Angestellte der Annona. Fresko aus den Domitilla-Katakomben.

Links ein Mann mit Waage. In der Mitte ein *mensor frumentarius* (»Getreidezumesser«) mit einem Stab, der zum Glattstreichen des in den am Boden stehenden Scheffel *(modius)* geschütteten Korns dient.

Nach: *D. A.* 3, S. 1727, Abb. 4916.

61 Sarkophagproduktion. Relief auf einem christlichen Sarkophag aus den Katakomben.

Die griechische Inschrift ICUR N. S. VI 17225. Der Sarkophag ist mit geschwungenen Kannelüren *(strigiles)* und Löwenköpfen geschmückt. In der Mitte weist er einen noch freien Platz für den *clipeus* mit der Porträtbüste auf. Links sind zwei Arbeiter mit der Strigilierung beschäftigt. Ganz links der Tote (Eutropos) im Paradies (?), ein kleines Gefäß haltend. Am Boden Hammer und Meißel; weitere Meißel liegen in einem Behälter bereit. Daß der Tote Sarkophagmacher gewesen sei, wird freilich durch diese Darstellung auf seinem Sarkophag nicht zwingend nahegelegt.

Nach: Blümner 3, S. 220, Abb. 28.

62 Curia Iulia. Grundriß mit den Sitzen der Senatoren. Plan von G. Ioppolo.

Im Jahre 44 v. Chr. noch von Cäsar selbst begonnen, wurde das neue Senatsgebäude erst 29 v. Chr. von Augustus eingeweiht. Nachdem auch die von Domitian renovierte Curia unter Carinus 283 niedergebrannt war, errichtete Diokletian einen neuen Tagungsort für den römischen Senat, freilich an derselben Stelle und unter Beibehaltung der alten Pläne.

Nach: A. Bartoli, *Curia senatus. Lo scavo e il restauro* (I monumenti romani III), Rom: Istituto di Studi Romani, 1963, Taf. XCVI.

63 Säkularspiele *(ludi saeculares).* Sesterz des Septimius Severus, Messing. 204 n. Chr.

Cohen[2] 105. – *B. M. C.* 842* (S. 341). – *R. I. C.* 761.

Vorderseite: Büste mit Lorbeer nach rechts. SEVERVS PIVS AVG P M TR P XII.

Das Rückseitenbild zeigt, umgeben von der Legende COS III LVD SAEC FEC S C, den Kaiser mit Schleier nach rechts, an einem geschmückten Altar opfernd. Ihm gegenüber steht Hercules mit Keule und Lammfell. Ein Opferdiener *(camillus, victimarius)* führt ein Schwein herbei. Hinter dem Altar ein Doppelflötenspieler en face sowie Bacchus, stehend mit Kantharos und Thyrsos. Im Vordergrund links liegend Terra(?), gestützt auf einen Korb, in der Linken Ähren haltend.

Nach: Cohen[1] 3, Taf. VIII, Nr. 495.

64 Vestalinnen. Silbermedaillon der Iulia Domna. 196–211 n. Chr.
Cohen^2 240. – *R. I. C.* 587 A. – F. Gnecchi, *I medaglioni romani*, Bd. I, Mailand 1912, Nr. 2. – *Bauten Roms*, S. 10, Nr. 7. – J. P. C. Kent, *Die römische Münze*, München 1973, Taf. XIX, Nr. 402.
Vorderseite: IVLIA AVGVSTA mit Diadem nach links, in der Rechten eine Statuette der Victoria mit Patera und doppeltem Füllhorn, in der Linken ein von Früchten überquellendes Füllhorn haltend.
Rückseite: VESTA MATER. Die Kaiserin im Kreise von fünf Vestalinnen opfernd vor dem Vestatempel an einem geschmückten Altar, auf dem ein Feuer brennt. Im Tempel die sitzende Kultstatue der Vesta, über der Kuppel eine stehende Figur.
Nach: Cohen^1 3, Taf. IX, Nr. 3.

65 Lustration der römischen Armee während des 1. Dakischen Feldzugs. Relief von der Trajanssäule.
S. Reinach, *Répertoire des reliefs grecs et romains*, Bd. 1, Paris 1909, S. 334, Nr. 11.
Nach: *D. A.* 3, S. 1429, Abb. 4692.

66 Apotheose. Sesterz der Sabina, der Ehefrau Hadrians, Messing.
Cohen^2 30. – *R. I. C.* 1051 a. – Vgl. *B. M. C.* 1905. – Vgl. *Hunter Coin Cabinet*, S. LXIX.
Vorderseite: DIVA AVGVSTA SABINA. Büste mit Schleier und Diadem nach rechts.
Rückseite: CONSECRATIO S C. Ein Adler trägt die vergöttlichte Sabina (mit Zepter) zum Himmel.
Nach: Cohen^1 2, Taf. VII, Nr. 54.

67 Stadium Domitiani. Aureus des Septimius Severus und des Caracalla, Gold. 202–210 n. Chr.
Cohen^2 571. – *B. M. C.* 319. – *Bauten Roms*, S. 70 f., Nr. 135.
Das Domitiansstadion, die heutige Piazza Navona, wurde 92–96 n. Chr. unter Domitian errichtet und diente athletischen Wettspielen ebenso wie Gladiatorenkämpfen. Als 217 das Kolosseum durch Brand teilweise unbenutzbar geworden war, diente das domitianische Stadion verstärkt seinem doppelten Zweck. 228 mußte Alexander Severus eine Restaurierung vornehmen lassen.
Vorderseite: Büste mit Lorbeer nach rechts. SEVERVS PIVS AVG.
Rückseite: Die links offene (nur teilweise abgebildete?) Anlage zeigt an der dem Betrachter zugewandten Seite ein großes Eingangstor in Bogenform sowie zwei große Seitenbögen, dazwischen kleinere Portiken mit vier (rechts) bzw. drei (links) Arkaden. Im Innern Septimius Severus sitzend, zwei stehende Zuschauer und Läufer und Ringer (Gladiatoren?). Links außen eine stehende Figur mit Lanze. Legende: P P COS III.
Nach: Cohen^1 3, Taf. VIII, Nr. 341.

68 Circus Maximus. Grundriß.
Länge des Circus 600 m, Breite 150 m, Länge der Arena 550 m, durchschnittliche Breite der Sitzreihen 35 m. Das am östlichen Ende des Circus liegende Eingangstor wurde 80/81 n. Chr. durch einen dreitorigen Triumphbogen zu Ehren des Titus in Erinnerung an die Eroberung Jerusalems ersetzt (vgl. die Inschrift *C. I. L.* VI, 944).
Nach: L. Homo, *Rome impériale et l'urbanisme dans l'Antiquité*, Paris: Albin Michel, ^{2}1971, S. 293, Abb. 12.

69 Pompeiustheater. Errichtet 55 v. Chr. Querschnitt längs der Achse der Cavea und des Tempels der Venus Genetrix, zu dem die Sitzreihen des Theaters wie eine monumentale Freitreppe hinaufführten.
Nach: E. Nash, *A Pictorial Dictionary of Ancient Rome*, Bd. 2, London: Thames & Hudson, ²1968, S. 426, Abb. 1219.

70 Marcellustheater. Fragmente der severischen Forma Urbis Romae.
Im Jahre 13 oder 11 v. Chr. geweiht von Augustus zu Ehren seines 23. v. Chr. gestorbenen Neffen und Schwiegersohnes Marcellus, der eine Zeitlang als der wahrscheinliche Nachfolger des ersten *princeps* galt.
Nach: H. Jordan und Ch. Hülsen, *Topographie der Stadt Rom im Altertum*, Bd. I, 3, Berlin: Weidmann, 1907, Taf. IX (zu S. 512).

71 Bildhauer *(marmorarius)*, eine Kolossalmaske mit hohem Onkos herstellend. Relief von einer römischen Terrakottalampe (Echtheit nicht ganz unumstritten).
Nach: Blümner 3, S. 221, Abb. 31.

72 Kolosseum. Sesterz des Titus, Messing. 80/81 n. Chr.
Cohen² 400. – *B. M. C.* 190. – *R. I. C.* 110. – Vgl. das Foto der Rückseite bei J. P. C. Kent [u. a.], *Die römische Münze*, München 1973, Taf. 62, Nr. 239. – *Bauten Roms*, S. 32, Nr. 52.
Vorderseite: IMP T CAES VESP AVG P M TR P P P COS VIII; im Feld: S-C. Titus sitzend auf einer *sella curulis*, in der Hand einen Zweig haltend, dahinter zwei Schilde und Lanzen. Darunter ein Panzer, ein Schild und ein Globus, links ein Schild, darüber ein Helm.
Rückseite: Amphitheatrum Flavium. Links unten die *meta sudans*, rechts ein Teil der *domus aurea*.
Nach: Cohen¹ 1, Taf. XVI, Nr. 184.

73 Kolosseum. Grundriß (a) und Schnitt in der Längsachse (b).
Begonnen unter Vespasian zwischen 70 und 76 n. Chr., wurde der Bau – obwohl noch nicht vollendet – im Jahre 80 n. Chr. von Titus feierlich seiner Bestimmung übergeben. Die Längsachse der Ellipse mißt 188 m, die Querachse 156 m. Die Außenmauer erreicht eine Höhe von 57 m.
Nach: B. Andreae, *Römische Kunst*, Freiburg i. Br.: Herder, 1973, Abb. 670 (a) und 877 (b).

74 Ludus magnus. Gladiatorenkaserne.
Inmitten eines viereckigen Säulenhofes liegt eine kleine ellipsenförmige Übungsarena mit zwei Eingängen im Westen und Osten, umgeben von einer schmalen Cavea. Hinter der Portikus umzieht das mehrstöckige Kasernengebäude die Anlage im Rechteck. Vgl. zum Monument A. M. Colini und L. Cozza, *Ludus magnus*, Rom 1962.
Nach: E. Nash, *A Pictorial Dictionary of Ancient Rome*, Bd. 2, London: Thames & Hudson, ²1968, S. 24, Abb. 698.

75 Grabstein des Diodoros, Sohn des Theoph . . ., eines im Alter von 53 Jahren gestorbenen Gymnasiarchen. – Gefunden in Bursa, dem antiken Prusa, in Bithynien. Kaiserzeit (?).
Den Stein zieren zahlreiche Athletenattribute: ein Kranz, drei Bildnistäfelchen, ein Beil (? wohl eher eine Hacke zum Auflockern des Bodens), ein nicht identifizierter Gegenstand (Schröpfkopf?), drei Strigiles und, von Palmetten flankiert, ein großer geschmückter Ölbehälter mit drei Schöpfkellen. Höhe 0,83 m; Breite 1,57 m.

Nach: M. I. Finley und H. W. Pleket, *Die Olympischen Spiele der Antike*, Tübingen: Wunderlich, 1976, S. 150, Abb. 72.

76 Andenkenflasche aus Puteoli mit in das Glas eingravierter Zeichnung. Gefunden in den Bergwerken von Odemeira bei Lissabon. Früher im Museum von Lissabon.
Die Inschrift *C. I. L.* II, 6251. Links zwei Amphitheater, eine mit Arkaden geschmückte Promenade (SOLARIVM), ein Theater (THEATRVM), davor ein Tempel mit Kultstatue, ob des Serapis oder des Kaisers, ist ungewiß. Rechts davon die öffentlichen Bäder (THERMAE), anschließend die Mole mit einem Gebäude, zwei Säulen (PILAE) mit Figuren sowie ein Bogen (ARCVS) mit Quadriga. Zum Monument zuletzt V. Tran Tam Tinh, *Le culte des divinités orientales en Campanie* (Études préliminaires aux religions orientales dans l'Empire romain 27), Leiden 1972, S. 6 ff.
Nach: L. Casson, *Reisen in der Alten Welt*, München: Prestel, 1976, S. 169.

77 Rom. Die Terrassen der *horti Luculliani.* Plan (nach P. Ligorio) und Querschnitt.
Die in die Zeit um 60 v. Chr. zurückgehende Anlage am Pincio gehörte seit Messalina, die den ehemaligen Besitzer derselben, Valerius Asiaticus, zum Selbstmord zwang, zu den reichsten kaiserlichen Besitzungen in der Stadt und galt als einer der schönsten städtischen Gärten.
Nach: P. Grimal, *Les jardins romains*, Paris: Presses Universitaires de France, ^{2}1969, S. 270, Abb. 32.

78 Rom. Die *adonaea.* Ihre Lokalisierung ist umstritten, nach P. Grimal (s. u.) S. 186 f. liegen sie außerhalb des Pomeriums entweder auf dem Marsfeld oder in Trastevere. Philostrat, *vita Ap. Tyan.* 7, 32, spricht dagegen für eine Lage am Fuß des Palatins, nicht weit von der *via sacra.*
Die länglichen Felder in der Mitte stellen vielleicht Blumenbeete bzw. Wasserbecken *(euripi)* dar, die drei inneren parallel verlaufenden Punktreihen wahrscheinlich eine Doppelallee, wohl kaum innere Kolonnaden. Außen die Umfassungsmauer mit Portiken.
Nach: P. Grimal, *Les jardins romains*, Paris: Presses Universitaires de France, ^{2}1969, S. 186, Abb. 10.

79 Tabula lusoria auf dem Forum von Timgad (dem antiken Thamugadi) in Nordafrika, auf den zum Sitzen benutzten Stufen eingeritzt. *Vinari, lavari, ludere, ridere: [H]oc⟨c⟩est vivere* = Trinken, baden, spielen und lachen: das heißt leben.
C. I. L. VIII, 17938.
Nach: *D. A.* 3, S. 1404, Abb. 4676.

80 Rom. Die Trajansthermen. Plan von I. Gismondi.
Auf dem Gebiet der 104 n. Chr. niedergebrannten *domus aurea* des Nero ließ Trajan von seinem Architekten Apollodorus von Damaskus Thermen errichten, die am 22. Juni 109 geweiht wurden. Gespeist durch das Wasser der gleichzeitig errichteten *aqua Traiana* (vgl. Abb. 19), das in einem besonderen Reservoir, den heute sog. Sette Sale, gespeichert wurde.
Nach: E. Nash, *A Pictorial Dictionary of Ancient Rome*, Bd. 2, London: Thames & Hudson, ^{2}1968, S. 472, Abb. 1283.

81 Rom. Die Diokletiansthermen. Rekonstruktion von E. Paulin. Maximian, einer der Mitregenten des Diokletian, ließ im Jahre 298 n. Chr. mit der Auf-

führung des Baus beginnen. Die Weihinschrift (*C. I. L.* VI, 1130) läßt eine Datierung der Weihe auf die Zeit zwischen Mai 305 und Juli 306 zu.
Nach: B. Andreae, *Römische Kunst*, Freiburg i. Br.: Herder, 1973, S. 532, Abb. 706.

82 Triclinium. Schematische Darstellung der *lecti medius, summus* und *imus.*
Nach: J. Marquardt, *Das Privatleben der Römer*, Bd. 1, Darmstadt: Wissenschaftliche Buchgesellschaft, 1975 (= Leipzig [2]1886), S. 304.

83 Diener, ein Gericht auftragend. Wandgemälde aus einem 1780 in der Nähe des Ospedale di S. Giovanni in Laterano aufgedeckten Hypogäum.
Vgl. S. Reinach, *Répertoire des peintures grecques et romaines*, Paris 1922, S. 250, Nr. 8.
Nach: *D. A.* 3, S. 1662, Abb. 4875.

Tafelnachweis

Umschlagbild: Grundfoto: Villa Hadriana bei Tivoli. Blick auf das Nordende des Kanopus. Der Euripus wird begrenzt von einer Säulenarchitektur, unter deren Bögen verschiedene Statuen aufgestellt waren, hier erkennbar die des Ares mit Schild und Helm. Im Hintergrund sieht man unter dem linken Bogen ein Stück des Gewölbes der sog. Großen Thermen. Die rechts aufragenden Ruinen gehören zum sog. Prätorium, von dem man annahm, es habe als Wohnung der Leibwache des Kaisers gedient, das aber wegen der Dunkelheit und Unbewohnbarkeit seiner Zellen eher als Magazin benutzt worden sein dürfte. (Foto DAI Rom)

Im Fenster: Grabaltar des P. Vitellius Successus. Detail des an unbekanntem Ort gefundenen, früher im Besitz der Familie Mattei befindlichen und heute in der Galleria delle Statue (Inv. 546) der Vatikanischen Museen aufbewahrten Marmorblocks. Amelung, *Katalog* II, Nr. 411 mit Taf. 52. Helbig I⁴, S. 112, Nr. 146 (E. Simon). Die Inschrift *C. I. L.* VI, 29 088 a. Der vierkantige Marmorblock zeigt über der Inschrift eine durch griechisch-hellenistische Motive vorgeprägte Totenmahlszene. Der Tote ruht auf einem polsterbelegten Bett und hält in der linken Hand einen Becher. Davor ein dreifüßiger Tisch mit Gefäßen. Am Fußende des Bettes sitzt, ihrem Mann zugewandt, seine Frau. Am rechten Bildrand noch teilweise sichtbar eine Dattelpalme, neben der (hier nicht mehr abgebildet) ein Pferd (das des heroisierten Toten hellenistischer Grabbilder) unruhig den Boden scharrt. In der hier ebenfalls fehlenden Lünette zwischen den Polsterrollen *(pulvinaria)* am oberen Ende des Steines kehren die unverkennbaren Köpfe des Toten und seiner Frau als Porträtbüsten wieder. Beiderseits der Inschrift geflügelte Genien, deren linker einen Fruchtkorb auf der Schulter trägt, während der rechte ein Fruchtgewinde hält. Auf beiden Seitenflächen ein Greif (vgl. das gesamte Monument bei Amelung, a. a. O., oder z. B. bei D. Redig de Campos [Hrsg.], *Die Kunstschätze des Vatikans*, Freiburg i. Br. ²1975, Abb. 292). Flavisch, nach Art der Frauenfrisur vielleicht Anfang 2. Jh. (Foto Alinari)

1 Rom. Der Hemizyklus des Trajansmarktes.
Im Vordergrund die Ruinen der östlichen Exedra des Trajansforums und die Trennmauer zur Marktzone, daran anschließend eine Steinpflasterstraße und die zweistöckige Markt-Exedra mit der doppelten Reihe von Tabernae. Oben die via Biberatica und die mittelalterliche Torre delle Milizie. (Foto Anderson)

2 Rom. Trajanssäule. Errichtet 113 n. Chr. Detail vom unteren Teil des mehr als 200 m langen Bilderfrieses.
Im unteren Abschnitt links die römischen Festungswerke längs der Donau, anschließend der Übergang des römischen Heeres über die Donau mit Hilfe einer Schiffsbrücke. Darüber römische Soldaten beim Bau eines Heerlagers. In der Mitte ist in der oberen Hälfte dieses Spiralabschnitts eines der rechteckigen Löcher zur Belüftung und Erhellung des Säuleninneren zu erkennen. (Foto Alinari)

3 Rom. Forum Romanum. Titusbogen und Kolosseum vom Palatin aus.
Der einbogige *arcus Titi* an der Velia *(summa sacra via)* zeigt auf der hier abgebildeten Westseite heute eine Inschrift, die an die 1822/23 auf Geheiß Papst Pius' VII. durchgeführte Restaurierung erinnert. Auf der nördlichen Innenseite ist ein Teil des Reliefs mit dem Triumphwagen des Titus erkennbar, dem auf der südlichen Innenseite das berühmte Relief mit der Darstellung der im Triumphzug mitgeführten Raubstücke aus dem Tempel von Jerusalem entspricht. Das Kolosseum zeigt links die Außenmauer in ursprünglicher Höhe von nahezu 57 m, rechts den im wesentlichen durch die großen Erdbeben von 1231 und 1349 zerstörten Ostteil. (Foto Alinari)

4 Rom. Die Aurelianische Mauer bei der Porta Ostiense. Begonnen zwischen 270 und 272 n. Chr., fertiggestellt unter Probus (276–282). In ihrer heutigen Form geht sie im wesentlichen auf die im Jahre 403 unter Honorius und Arkadius vorgenommene Restaurierung zurück. Im Abstand von 100 römischen Fuß (= 29,60 m) erheben sich über die meist 7,50–8 m, an einigen Stellen bis zu 10 m hohe Mauer starke Wehrtürme, insgesamt 381 auf einer Gesamtlänge von 18,37 km. (Foto Anderson)

5 Rom. Weiße Stuckdekoration im Gewölbe des sog. Grabs der Valerii an der via Latina. Medaillons mit Seewesen. Um 159 n. Chr. (durch einen Ziegelstempel datiert).
Vgl. zuletzt H. Mielsch, *Römische Stuckreliefs* (*R. M.* Erg.-H. 21), Heidelberg 1975, S. 95 ff. und 177 ff. (Foto Alinari)

6 Rom. Palatin, Haus des Augustus. Scaenae frons. Wandmalerei im Ambiente delle maschere. Höhe 2,80 m; Länge 3,45 m. Zeit: 40–30 v. Chr.
Nach: B. Andreae, *Römische Kunst*, Freiburg i. Br.: Herder, 1973. Abb. 33.

7 Grabmal und Baukran. Marmorrelief vom Grabmal der Haterii. Höhe 1,31 m; Breite 1,04 m. Rom, Museo Ex-Lateranense Inv. 9998.
Helbig I^4, S. 776–778, Nr. 1075 (E. Simon).
Das Relief zeigt »eine bunte Häufung von Einzeldingen, deren jedes für sich wirken, keines einem höheren Ganzen untergeordnet werden will« (E. Simon). Im Zentrum der Grabbau, der mit seinem Treppenvorbau, den vier mit dionysischen Ornamenten umkleideten Säulen, der Flügeltür, dem Giebelfeld, in dem die Porträtbüste der Toten erscheint, sowie der Dach- und Gebälkkonstruktion dem Tempeltypus folgt. In den oberen Feldern, zwischen den die Seitenansicht gliedernden Pilastern, die Büsten der Kinder der Verstorbenen in Medaillons, darunter spielende Eroten mit Girlanden und Seewesen. Über dem Grabtempel die Tote auf einer Bahre ruhend, davor ein mit dionysischen Motiven geschmückter Altar, an dem eine alte Sklavin (die Amme?) opfert. Die Kinder der Toten spielen am Fußende des Bettes, links daneben ein großer Kandelaber. Rechts davon eine viersäulige Ädikula mit nackter Venusstatue, überragt von drei (unvollendeten) Porträtmasken. Am Podium des Tempels (rechts unten) die eigentliche Grabestür, in deren einem offenstehendem Flügel die verschleierte Tote auf den links neben der Tür erkennbaren Heros wartet, der sie dem Hades entreißt wie in dem bekannten Mythos Herakles die Alkestis. – Das Bauwerk mit den schräggestellten Pfeilern unterhalb der Treppe ist in Verbindung mit dem überdachten Brandaltar darüber vielleicht als *ustrinum*, als Stätte für die Verbrennung der Toten dieser Familie, anzusprechen. – Der links in die Szene hineinragende Baukran ist vielleicht als Zeichen der Arbeitswelt der im Hateriergrab bei-

gesetzten Toten zu verstehen, wohl nicht als Kran zur Errichtung der Grabstätte, die sich doch in allen Teilen vollständig abgeschlossen darbietet. Im vielspeichigen Laufrad treiben fünf Sklaven (?) den Mechanismus des Flaschenzugs an, während zwei weitere Arbeiter an der Spitze des Hebebalkens einen pyramidenförmigen Korb mit Palm- und Lorbeerzweigen befestigen. (Foto Alinari)

8 Totenklage. Marmorrelief vom Grabmal der Haterii. Höhe 0,75 m; Breite 0,88 m; Tiefe (des rechts angesetzten Stückes) 0,48 m. Rom, Museo Ex-Lateranense Inv. 9999.
Helbig I[4], S. 776 f., Nr. 1074 (E. Simon).
Aufbahrung einer mit Blütengewinden geschmückten Frau auf dem Totenbett im Atrium eines Hauses (vgl. das Ziegeldach im Hintergrund, unter dem die im römischen Totenkult so verbreiteten Fruchtgirlanden aufgehängt sind). Hinter der Bahre ein Mann, der eine Fruchtgirlande zur Schmückung der Leiche herbeiträgt, vielleicht ein gewerblicher Totensalber *(pollinctor)*, daneben zwei sich die Brust schlagende Klageweiber *(praeficae)*. Vor dem Totenbett, das rings mit brennenden Grabkandelabern umstellt ist, vier trauernde Gestalten: zwei Sklaven (?) und – zwischen ihnen – ein Mädchen mit langen Haaren und eine Alte, möglicherweise die Amme. Am Kopfende kauern drei Gestalten, die auf dem Kopf den *pileus* tragen, eine Mütze, wie sie den Sklaven bei ihrer Freilassung aufgesetzt wurde. Wahrscheinlich hat man hierin eine Vergegenwärtigung einer *manumissio ex testamento* zu sehen, mit der die zu Füßen der Toten erkennbaren Tafeln *(pugillares)*, das Testament (?), in Verbindung zu bringen sind. Links am Fußende des Bettes sitzt auf einem Säulenstumpf eine Frau mit spätflavischer Frisur und begleitet die Klagegesänge mit dem Aulos. (Foto Alinari)

9 Rom. Columbarium II der Vigna Codini. West- und Nordseite.
Diese 1847 freigelegte Grabstätte ist mit Sicherheit in spätaugusteischer Zeit angelegt worden (Verteilung der Nischen für die Urnen 10 n. Chr.?) und enthält zahlreiche Sepulcralinschriften kaiserlicher Freigelassener, insbesondere auch von *liberti* der Marcella, der ersten Frau des M. Agrippa, und ihrer gleichnamigen Tochter. Doch verbietet der Umstand, daß viele der heute hier befindlichen Urnen und Inschriften erst gelegentlich der Restaurierungen des 19. Jh.s hierher verbracht wurden, eine Zuweisung an die genannte *familia*. (Foto Anderson)

10 Larenaltar (?) für Augustus als Pontifex maximus. Marmor. Höhe 0,95 m; Breite 0,97 m; Tiefe 0,67 m. Herkunft unbekannt; im 16.–18. Jh. in der Villa Madama. Rom, Vatikanische Museen Inv. 1115.
Helbig I[4], S. 198–201, Nr. 255 (E. Simon). Die Inschrift auf der Stirnseite *C. I. L.* VI, 876 = Dessau 83. Datierung nach 12 v. Chr.
Die hier abgebildete linke Schmalseite zeigt zwischen zwei durch eine Fruchtgirlande verbundenen Säulen die feierliche Einsetzung des nach 12 v. Chr. von Augustus neugeordneten Larenkultes. Auf einem Altar in der Mitte brennt die rituelle Opfergabe, zu der auch die über der Girlande erkennbaren Dekorationsmotive, ein Opferkrug *(guttus)*, eine Opferschale *(patera)* und der gebogene Augurstab *(lituus)*, in Beziehung zu setzen sind. Rechts steht eine Dreiergruppe: der als Pontifex maximus mit verschleiertem Haupt dargestellte Augustus in Begleitung zweier Togati, die man wohl als *vicomagistri* ansprechen darf. Diesen drei Gestalten entspricht auf der linken Seite des

Altars eine Dreiergruppe von barfüßigen jungen Männern in ungegürteter Toga und mit von einem Tuch halbbedecktem Haupt. In ihnen wird man, gestützt auf den Vergleich mit dem Relief der sog. Ara der Vicomagistri (Helbig I^4, S. 203–206, Nr. 258), wohl die Gehilfen *(ministri)* der *vicomagistri* erkennen dürfen; denn – wie dort – empfangen sie aus der Hand des Kaisers die kultischen Larenstatuetten sowie die (verlorengegangene) Statuette des Genius Augusti, die in der Linken des Augustus anzunehmen ist. (Foto DAI Rom)

11 Prozession von Isisjüngern. Relief aus weißem Marmor mit schwärzlichen Adern. Höhe 0,73 m; Breite 1,47 m. Zeit: wohl hadrianisch. Vatikan, Museo Gregoriano Egizio.
Helbig I^4, S. 388 f., Nr. 491 (Parlasca).
Rechts führt die Isispriesterin, um deren linken Arm sich die Uräusschlange wickelt und die in der Rechten eine Situla hält, die Prozession an. Der ihr folgende kahlköpfige Vorlesepriester spricht rituelle Verse aus einer Buchrolle. Die dritte Gestalt, die den kahlen Kopf sowie Arme und Hände kultischen Vorschriften gemäß mit dem Mantel bedeckt und ein bauchiges Schnabelgefäß trägt, wird als προφήτης identifiziert. Den Abschluß bildet eine weitere Priesterin mit Sistrum und Schöpfkelle *(simpulum)*. (Foto DAI Rom)

12 Togastatue eines Römers mit Ahnenbildern, sog. Brutus Barberini. Marmor. Höhe 1,65 m. Augusteisch. Aus der Sammlung Barberini. Rom, Konservatorenpalast Inv. 2392.
Helbig II^4, S. 418 f., Nr. 1615 (H. von Heintze). (Foto DAI Rom)

13 Morio (Hausnarr) im Gewand eines Schulknaben mit *bulla puerilis* und Schreibtafel. Drilopote aus Terrakotta. Höhe 0,30 m; Breite 0,09 m. Ende 1. Jh. v.–Anfang 1. Jh. n. Chr. Gefunden 1755 in Herculaneum. Neapel, Museo nazionale R. P. Inv. 27 857.
Nach: M. Grant und A. Mulas, *Eros in Pompeji. Das Geheimkabinett des Museums von Neapel*, München: List, 1975, S. 130 links.

14/15 Zwei Reliefplatten von einem Grabmonument. Höhe 0,80 bzw. 0,82 m; Breite 0,58 bzw. 0,59 m; Tiefe 0,14 m. Zeit: wohl 2. Hälfte 1. Jh. n. Chr. Verona, Museo Maffeiano Inv. 379 bzw. 275.
Die Zusammengehörigkeit der erstmals 1540 in der Kirche S. Procolo bezeugten Platten folgt aus den gleichen Proportionen, den gleichen Dekorationselementen, der stilistischen Szenenauffassung und vor allem den beiden aufeinander bezogenen Teilen der Inschrift: M. VIRIATIVS ZOSIMVS / LIBERTVS FAC(iundum) CVR(avit) (*C. I. L.* V, 3842). Nr. 14 zeigt einen vierrädrigen Pferdewagen *(raeda)*, auf dem der Freigelassene sitzt, während ein Kutscher mit der Peitsche das Pferd antreibt. Unten läuft ein Hund neben dem Gefährt einher. In Nr. 15 sitzt wahrscheinlich ein Patron oder ein Verwalter (der Freigelassene?) auf einem Lehnstuhl und empfängt einen mit kurzer Gürteltunika bekleideten Sklaven (oder Freigelassenen?). Dieser reicht mit der Linken der sitzenden Person Gegenstände nicht klar erkennbaren Charakters aus einem seltsam geformten Behältnis, vielleicht einem aus Tierhaut genähten Sack oder Schlauch, den er mit der Rechten hält. Nach der Stellung des rechten Arms und der rechten Hand scheint die sitzende Person die Gegenstände auf eine Art Tablett zu sammeln, das sie auf den Knien hält, wenn anders nicht – auf eine recht rohe Art – eine Schreibtafel zu Registrierzwecken angedeutet sein soll. Vielleicht geht die Vermutung nicht

fehl, wenn man in dem Freigelassenen eines M. Viriatius den Verwalter oder Aufseher seines Patrons sieht, dem er das Grabmal mit den hier erhaltenen Platten errichtete. (Foto DAI Rom)

16 Trinkbecher *(modiolus)* aus getriebenem Silber mit Darstellung der Skelette von Menander, Archilochos, Euripides, Monimos u. a. Griechische Beischriften. Höhe 10,4 m. Gefunden in Boscoreale. Paris, Louvre. (Foto Musées Nationaux Paris)

17 Tanzende Äthiopier und Neger. Von einem Grabrelief aus Ariccia. Marmor. Höhe 0,50 m; Breite (ursprünglich) ca. 1,50 m. Frühes 2. Jh. n. Chr. Rom, Thermenmuseum Inv. 77 255.

Im oberen Fries erscheint die Architektur des Innenhofs eines Tempelbezirks. In der Mitte der links abgebrochenen Grabplatte die sitzende Isis zwischen zwei Kandelabern oder Thymiaterien. Rechts und links davon drei hockende Statuen unter einer Portikus, in der Mitte jeweils der punische Bes, umgeben von zwei hundeköpfischen Wesen. Rechts anschließend unter freiem Himmel die Statue eines Apis-Stiers auf einer viereckigen Basis. Daneben zwischen zwei Palmen eine Rundädikula, in der eine stehende Isis (?) zu erkennen ist. Rechts außen eine weitere Säulenädikula mit der Kultstatue des Serapis (?). Rechts begrenzt ein Telamon in ägyptisierender Gewandung und Haltung die Szene. In dieser Umgebung spielt sich anscheinend ein Kultfest der Isis oder des Serapis (?) ab. Rechts ein viereckiges Podium, auf dem sechs Personen mit rhythmischer Körperbewegung und Händeklatschen den heftigen gesäßbetonenden Tanzbewegungen der drei mit einer durchsichtigen langen Tunika bekleideten und bekränzten Frauen folgen. Diese betonen den orgiastischen Rhythmus durch Klappern *(crotala)*, die sie in den Händen halten wie eine Flamencotänzerin die Kastagnetten. Links zum abgebrochenen Ende des Reliefs hin die Musikantengruppe (zwei Trommler). Rechts und links der Tänzerinnen zwei ebenfalls bekränzte Männer, deren linker ein verwachsener Gnom zu sein scheint. Physiognomische Details bestimmen die menschlichen Figuren als negroid. Unten begrenzt die Szene ein Figurenband mit Ibissen. Zu dem Monument zuletzt (mit Lit.): M. Malaise, *Inventaire préliminaire des documents égyptiens découverts en Italie*, Leiden 1972, S. 58 f. mit Taf. 2. (Foto DAI Rom)

18 Bacchanalszene. Marmorsarkophag. Höhe 0,50 m; Breite 2,04 m. Datierung in die späte Zeit der Herrschaft Hadrians (so Turcan [s. u.], S. 139) bis hinunter in die Zeit des frühen Mark Aurel (so als möglich bei Matz [s. u.], S. 325). Neapel, Museo nazionale Inv. 27 710.

In der Mitte der berauscht taumelnde Priapos (oder Dionysos-Sardanapal?) mit orientalisierender Haar- und Barttracht, gestützt von zwei Satyrn. Halblinks eine schlafende Mänade, links außen eine Paniskin, die sich einer Pansherme hingibt: eine Szene, die in abgewandelter Form auf der rechten Seite des Reliefs ihre Entsprechung findet. Im Hintergrund ein Peribolos mit Torbau und Ädikula für ein Kultbild (wohl des Pan).

An jüngeren Standarddarstellungen vgl. R. Turcan, *Les sarcophages romains à représentations dionysiaques. Essai de chronologie et d'histoire religieuse* (*BÉFAR* 210), Paris 1966, und F. Matz, *Die dionysischen Sarkophage* III, Berlin 1969, S. 323 ff., Nr. 176.

Nach: M. Grant und A. Mulas, *Eros in Pompeji. Das Geheimkabinett des Museums von Neapel*, München: List, 1975, S. 92 f.

19 Hafen von Ostia. Ankunft eines Schiffes. Kalksteinrelief. Zeit: frühes 3. Jh. n. Chr. Rom, Museo Torlonia.
Der Kapitän (?) bringt auf dem Achterdeck ein Dankopfer dar. Hinter dem noch geblähten Segel mit dem Wahrzeichen Roms, der Romulus und Remus säugenden Wölfin, wird der Leuchtturm erkennbar. Rechts vom Bug des Schiffes, das mit Hilfe eines Ladebaumes schon entladen wird, Neptun, der Gott des Meeres, mit dem Dreizack. Ein Schiff mit gerafften Segeln wird am folgenden Liegeplatz entladen. Darüber erhebt sich ein von der Seite zu sehendes Monument mit einer Elefantenquadriga. (Foto DAI Rom)

20 Verkäuferin von Geflügel und Wild. Marmorrelief. Augusteisch. Rom, Museo Torlonia.
Die Verkäuferin sitzt an einem Tisch und ergreift mit der Rechten den Kopf einer an den Füßen von der Decke herabhängenden Gans, auf welche die rechts neben ihr stehende Dame zeigt. Rechts von einer Säule mit füllhorngeschmücktem Kapitell baumeln zwei Schweine, ein Hase und drei Gänse. Über dem Kopf der Verkäuferin sind die Verse Vergil, *Aeneis* I, 607–609, eingeschrieben (*C. I. L.* VI, 9685). (Foto Alinari)

21 Reisender macht beim Aufbrechen im Gasthof die Rechnung. Grabrelief des L. Calidius Eroticus aus Aesernia (heute Isernia, Prov. Campobasso); Paris, Louvre.
Bull. Nap. VI, Taf. I. – Jahn, *Ber. Sächs. Ges.* 1861, S. 369, Taf. X, 6. Zuletzt S. Diebner, *Il museo d'Isernia. Scultura romana*, 2 Bde., Rom (erscheint 1978 in der Reihe *Archaeologica*; ursprünglich Diss. Göttingen 1977).
Die Inschrift *C. I. L.* IX, 2689. Rom, Museo della Civiltà Romana (Gips).
Links wendet sich eine mit langärmeliger Tunika bekleidete Magd mit einem Zähl- oder Rechengestus dem einen Kapuzenmantel tragenden Gast zu, der ihr eine Münze überreicht. Rechts davon wartet schon, von dem Reisenden am Zügel gehalten, das Maultier, auf dessen Rücken ein Reitsattel zu erkennen ist. Vgl. oben S. 401, Anm. 33 (Foto DAI Rom, nach Gips)

22 Rom. Grabbau des Bäckers M. Vergileus Eurysaces vor der Porta Maggiore. 2. Hälfte 1. Jh. v. Chr. Entdeckt 1838 bei Niederreißung der unter Honorius errichteten Torburg der Porta Praenestina, deren mittlerer Turm das Grab verdeckte.
Das mit vertikal bzw. horizontal angeordneten Kornmaßen (?) geschmückte Grabmal, das von seinem Inhaber auch als *panarium* (vgl. die Inschrift *C. I. L.* VI, 1958) bezeichnet wird, zeigt im oberen Teil seines Frieses Darstellungen aus dem Bäckerleben. Hier ein Ausschnitt mit einer Knetmaschine, langen Tischen, auf denen Sklaven Brotlaibe rollen, und links einem Bäckerofen. (Foto Alinari)

23 Rom. Gebälkfragment vom Tempel des Divus Vespasianus.
Zu den Dekorationsmustern gehören Palmblattreihen, Akanthus- und Eierstäbe, Zahnschnitt und Blütenkymata. Im Fries Opfergeräte (Simpulum, Fackel, Urceus, Opfermesser, Axt, Patera, Schöpfkelle) zwischen Stierschädeln (Bukranien). Der Tempel wurde unter Titus begonnen und unter Domitian vollendet. Das Gebälkstück befindet sich heute im Tabularium auf dem Kapitol. (Foto Alinari)

24 Grabara des Geldwechslers und Bankiers am Macellum Magnum L. Calpurnius Daphnus *(argentarius macelli magni)*. Marmor. Nach 64 n. Chr. Rom, Palazzo Massimi.

Die Inschrift *C. I. L.* VI, 9183. In der Mitte des Reliefs der mit einer kniebedeckenden Ärmeltunika bekleidete Geldwechsler, auf einem kleinen Podium stehend, in der Linken eine Kassette *(cistula)*, in der Rechten einen Fisch haltend. Von beiden Seiten kommt je ein Mann in Tunika und Cucullus, der einen großen Korb auf den Schultern trägt; der linke trägt obendrein an einem Faden aufgereihte Fische. (Foto DAI Rom)

25 Metzgerei des Ti. Iulius Vitalis. Marmorrelief, vermutlich von einem Grabmal. Höhe 0,54 m; Breite 0,68 m. Rom, Villa Albani Inv. 11.
Helbig IV[4], S. 192–196, Nr. 3231 (Kolbe). Die Inschrift *C. I. L.* VI, 9501. Antoninische Zeit.
Rechts die Porträtbüste des Schweinemetzgers Tiberius Iulius Vitalis mit struppigem Haupt- und Barthaar. Links derselbe Mann, bekleidet mit einer Tunika und das Obergewand um die Hüften gebunden, bei der Arbeit. Mit einem Metzgerbeil schlägt er einen auf einem Haublock liegenden Schweinskopf entzwei. Der sockelartige Block, auf dem er steht, erspart ihm die Berührung mit dem blutbespritzten Boden. In der linken oberen Ecke ein Balken mit Fleischwaren: einem Schweinskopf, einem Schinken, einem Schweinsbauch mit Eutern, einer Speckseite und einer Lunge. Wem die Beischrift MARCIO SEMPER EBRIA (Marcio [eine Frau?] ist immer betrunken [?]) gilt, ist nicht mehr auszumachen. (Foto DAI Rom)

26 Wagenrennen im Circus Maximus. Sarkophagrelief. Marmor. Foligno, Museo.
Auf dieser bedeutendsten Darstellung des Circus Maximus sind links die *carceres* für die Pferde und Wagen zu erkennen: acht zweiflüglige Türen, abgetrennt durch Hermen, darüber mit Rankenmotiven verzierte Bogen. Sie dienen zugleich als Substruktion für eine Balustrade, auf der zwischen je drei Statuen in der Mitte eine baldachinüberdachte Loggia für den Leiter oder Stifter der Circusveranstaltungen eingerichtet ist. Vor den *carceres*, nicht weit von der *spina*, eine zweistöckige Säulenädikula mit Kuppeldach. Schräg daneben liegen auf einem von zwei Säulen getragenen Architrav die berühmten sieben »Eier« *(ova)*, die in Verbindung mit den auf dem linken Abschnitt der *spina* erkennbaren sieben Delphinen zur Anzeige der jeweils zurückgelegten Runden dienten. Auf der gegenüberliegenden Seite ist unten eine rechteckige Ädikula mit zwei Säulen und Giebeldach dargestellt, vielleicht das Heiligtum der *dea Murcia* oder der Venus Murtea, so daß der dahinterstehende Baum als Myrte anzusprechen wäre. In der rechten oberen Ecke erhebt sich ein von Titus gestifteter *arcus*, ein triumphbogenartig angelegtes Eingangstor mit vier korinthischen Säulen und – auf dem Architrav – einem Tropaion und einer Quadriga. Rechts unter dem Tor die *tensa*, ein zweirädriger Karren, auf dem beim Beginn der Spiele die Kultbilder der Götter *(exuviae deorum)* hereingefahren wurden. Die *spina* wird rechts und links begrenzt durch drei kegelförmige Säulen, die Wendemarken *(metae)*; in der Mitte, neben dem im Jahre 10 v. Chr. von Augustus gestifteten und seit 1589 auf der Piazza del Popolo aufgestellten Obelisken, ein niedriger Altar. Auf der *spina* stehen (von links nach rechts) folgende Monumente: eine Victoria auf einer Säule, eine Ädikula, das Delphinenmonument, eine Frauenfigur auf einer Säule (direkt daneben), eine weitere Ädikula, der erwähnte Altar, der Obelisk, eine auf einem Löwen sitzende Statue der Kybele *(magna mater in circo maximo)*, ein Baum, ein weiterer Altar, dahinter eine Statue, das schon erwähnte Monument mit den sieben *ova*, eine runde Säulen-

ädikula mit Kuppeldach (s. o.) sowie eine zweite geflügelte Victoria auf einer Säule. – Die acht Quadrigen haben sich die Rennbahn zu teilen mit zwei Reitern, den sog. *hortatores* oder *moratores*, denen es oblag, die Gespanne durch schnelleres oder langsameres Reiten mitzuziehen oder im Hinblick auf das Finish zur Schonung der Kräfte zu zwingen. Vier unberittene, aber durch ihre Kleidung als zum Rennstallmilieu gehörend ausgewiesene Männer, möglicherweise Stallknechte oder Trainer der vier Circusparteien *(servi factionum)*, scheinen die Fahrer anzuspornen. Rechts neben der Kybele ein in die Toga gehüllter Mann, der vielleicht die Siegespalme zu überreichen hatte. Zeit: 3. Viertel 3. Jh.? (Foto DAI Rom)

27 Szene aus einer Komödie. Marmorrelief. Aus Pompeji (?). Höhe 0,45 m; Breite 0,53 m. Neapel, Museo nazionale Inv. 6687. Hellenistische Zeit, vielleicht noch 3. Jh. v. Chr.
Vier Schauspieler und eine Flötenspielerin bestimmen den Vorgang auf der Bühne, deren Kulissen aus einer bogen- oder türartigen Architektur links und weiteren, durch einen Vorhang teilweise verdeckten Proszeniumsbauten bestehen. Links tritt ein mit bärtiger Maske und Krummstab ausstaffierter Alter erregt aus der Tür, anscheinend zurückgehalten von der dahinter erscheinenden zweiten Gestalt. Rechts naht sich, schwankend und von einem Sklaven gestützt, der junge bartlose Sohn (?) in Begleitung einer Flötenspielerin, offensichtlich von einem Gelage heimkehrend, dem Alten. Mit der Peitsche in der erhobenen Rechten scheint er dem Sklaven zu drohen. Das naheliegende Motiv des durch seine Ausschweifungen den Vater in Sorge setzenden Jünglings würde gut zu den in der sog. Neuen Komödie weithin üblichen dramatischen Vorwürfen passen. (Foto Anderson)

28 Gladiatoren. Mosaik aus einer großen Villa in der Tenuta di Torrenuova unterhalb von Tusculum (Frascati). Gefunden 1834. Feld E (rechts an der Schmalseite). Heute in der Villa Borghese. Wohl 1. H. 4. Jh.
Helbig II^4, S. 711–714, Nr. 1951 (Parlasca). Die Inschriften *C. I. L.* VI, 10 206.
Links oben hat der Netzkämpfer *(retiarius)* LICENTIOSVS seinen Gegner, einen *secutor*, niedergestreckt. In der Mitte versucht ein *laquearius* einen verwundeten *secutor* mit einer Art Hakendolch (?) an der Flucht zu hindern. Die Zuweisung der darüber erscheinenden Namen bereitet Schwierigkeiten, da infolge einer verfehlten modernen Anordnung der Fragmente der Name PVRPVREVS zu weit nach rechts zu stehen gekommen ist und das noch von Canina bezeugte PIACENTINVS in der Mitte verstümmelt erscheint. Ergänzungen wurden auch an der folgenden Gruppe vorgenommen, die überdies bei der Neuverlegung verdreht wurde: die »Matte«, auf der mit erhobenem Dolch der Gladiator ASTACIVS (Name ergänzt?) zu stehen scheint, ist nichts anderes als ein falsch angeordnetes Stück des dunklen Bodenstreifens, nicht etwa ein Schild. Der am Boden liegende ASTIVVS ist durch das sog. Θ *nigrum*, das »schwarze Theta« (für ϑανών oder eher *obiit* [Θ]: er ist gestorben), als tot bezeichnet, ebenso der am rechten Bildrand erscheinende Retiarier RODAN[us?]. Ob die peitschenbewehrten Aufseher (ASTACIVS und IACVLATOR) beide antik sind, ist unsicher; als wenig wahrscheinlich muß ihr doppeltes Auftreten auf so engem Raum gelten. Unsicher ist auch die Einordnung des Aufsehers an der linken unteren Ecke. (Foto Anderson)

29 Tibur (Tivoli). Ponte Lucano und das Grabmal der Plautii.
Die im Mittelalter reparierte Brücke über den Anio mit ihren ursprünglich fünf Bogen, von denen heute noch vier zu sehen sind, stammt aus nicht näher bestimmbarer römischer Zeit (die angebliche Bauinschrift des M. Plautius Lucanus ist eine Fälschung). Das kreisförmige Mausoleum an ihrem Ostende stand ursprünglich auf einer viereckigen niedrigen Basis, von der heute kaum etwas erhalten ist. Der ebenfalls kreisförmige Innenraum, dessen Wölbung von einem Mittelpfeiler gestützt wird, ist nicht mehr zugänglich. Das Grabmal wurde von M. Plautius Silvanus, Konsul des Jahres 2 v. Chr. (gest. vor 14 n. Chr.), für sich und seine Frau angelegt. Im Lauf der Zeit diente es als Grabstätte auch seines mit neun Jahren verstorbenen Sohnes A. Plautius Urgulanius sowie des Sohnes P. Plautius Pulcher, außerdem des ebenfalls mit ihm verwandten Ti. Plautius Silvanus Aelianus, der am Britannienfeldzug des Claudius teilnahm (vgl. die Inschriften *C. I. L.* XIV, 3605 bis 3608). (Foto Anderson)

30 Campagna romana. Die aqua Claudia in einem Stück ihres Verlaufs durch das antike Latium (zwischen Capannelle und Tor Fiscale).
Zwischen 38 und 52 errichtet, mußte sie schon in der Antike mehrfach restauriert werden. Die Aufnahme gibt den Zustand von 1931 wieder. (Foto Anderson)

Karte S. 510–513: Rom. Zustand des 4. Jh.s n. Chr. Gesamtplan. Nach: F. Coarelli, *Guida archeologica di Roma*, Mailand: A. Mondadori, 1974, S. 6/7.

Karte S. 514 : Rom. Die XIV Regionen. Nach: Coarelli, *Guida*, S. 14.

Karte S. 515 : Rom. Der Palatin und die Kaiserpaläste. Gesamtplan. Nach: Coarelli, *Guida*, S. 136/137.

Karte S. 516–517: Rom. Forum Romanum. Gesamtplan. Nach: Coarelli, *Guida*, S. 50/51.

Karte S. 518 : Rom. Die Kaiserforen. Gesamtplan. Nach: Coarelli, *Guida*, S. 102/103 (vgl. Andreae, S. 516, Abb. 673).

Personen- und Sachregister

Nachwort des Herausgebers

Habent sua fata libelli – und das des Rom-Buches von Jérôme Carcopino gehört im deutschen Sprachraum nicht eben zu den glücklichsten. Während es in Frankreich seit nunmehr fast vierzig Jahren immer wieder aufgelegt werden konnte und eine Übersetzung ins Englische schon im Jahre nach Erscheinen der Originalausgabe vorgelegt wurde; während erst jüngst ein italienischer Verlag das Werk, das an einer Reihe von italienischen Universitäten neben dem vergleichbaren Buch von Ugo Enrico Paoli (s. Bibliographie) noch immer zur Pflichtlektüre der Geschichts- und Archäologiestudenten des 1. Studienjahres zählt, in einer wohlfeilen Taschenbuchausgabe herausbrachte, verhinderten offensichtlich die Zeitumstände eine unmittelbare Übernahme auf den deutschen Büchermarkt. Erst 1949 veröffentlichte ein österreichischer Verlag eine recht lesbare Übersetzung, die aber allem Anschein nach nur geringe Breitenwirkung erzielen konnte. In größerer Auflage legte ein deutscher Verlag zehn Jahre später unter anderem Titel eine neue Übertragung des Werkes vor, die in stark bearbeiteter Form noch unserer Ausgabe zugrunde liegt.
Denn bei eingehender Prüfung erwies sich eine einfache Übernahme dieser Textgestaltung als nicht zu rechtfertigen, handelte es sich doch um eine nicht unwesentlich gekürzte Ausgabe, die zudem die Ansprüche, die heute billigerweise an eine wissenschaftliche Übersetzung zu stellen sind, nicht erfüllen konnte.
So mußte denn in einer sorgfältigen Satz-für-Satz-Kontrolle der Text durchgesehen, berichtigt und um die fehlenden Passagen ergänzt werden. Parallel dazu wurde eine Reihe von Belegen korrigiert und an einigen Stellen durch naheliegende Hinweise auf inzwischen erschienene Literatur erweitert.
Darüber hinaus wurde der Band durch eine Folge von 30 Fotos sowie 83 Abbildungen im Text dem Charakter der deutschen Reihe angeglichen und so um die Illustrationskraft optischer Vermittlung, die in der Originalausgabe völlig fehlte, bereichert. Fünf

Übersichtskarten der Stadt Rom als ganzer bzw. zentraler Zonen mit geschlossener Bebauung (Forum Romanum, Kaiserforen, Palatin) sollen überdies in Verbindung mit den zahlreichen Detailplänen, Rekonstruktionen und sonstigen Zeichnungen die archäologischen und topographischen Erörterungen des Verfassers stützen und zugleich überprüfbar machen. Zu diesem Zweck erschien es sinnvoll, sowohl die Fototafeln wie auch die Zeichnungen durch mitunter längere Begleittexte und gelegentliche Literaturhinweise am Ende des Bandes einem tieferen Verständnis näherzubringen. Eine – gemessen an der Überfülle einschlägiger Veröffentlichungen – freilich sehr begrenzte Auswahl von weiterführender Literatur ordnet sich demselben Zweck unter.

Die relativ ausführliche, auch auf die letzten drei Jahrhunderte des republikanischen Roms sich erstreckende Zeittafel wird dem interessierten Leser helfen, die in der systematisch angelegten Darstellung besprochenen Zustände und Ereignisse sowie die Quellen, aus denen uns die Kenntnis derselben zufließt, in ihrer zeitlichen Folge differenzierter zu betrachten.

Ein neues Register verzeichnet die wichtigeren Personen und Sachen sowie die Namen der modernen Autoren, deren Meinungen im Text referiert oder kritisiert werden.

Gewiß fehlt es nicht an Werken, die uns mehr oder weniger ausführlich in die Kulturgeschichte der römischen Kaiserzeit einzuführen versprechen, gewiß stellen sich einzelne Sachverhalte und bestimmte zeitgebundene Wertungen im Lichte der jüngeren Forschung anders dar als hier geschildert, gewiß auch müßte, wer heute das Werk Carcopinos ersetzen wollte, sich umfassend mit den methodischen und sachlichen Problemen moderner Sozialgeschichtsschreibung vertraut machen: Solange diese Arbeit nicht geleistet ist, wird Carcopinos Buch, das sich nicht zuletzt durch die ihm eigenen literarischen Qualitäten über manche Schriftbemühung akademischer Gelehrsamkeit erhebt, seinen Rang als Klassiker seiner Gattung bewahren können.

Köln, im Mai 1977 *Edgar Pack*

Inhalt

Rom. Zustand des 4. Jh.s n. Chr. Gesamtplan.

Verzeichnis der im nachfolgenden Stadtplan eingezeichneten Monumente:

1 Porta Trigemina.
2 Porta Lavernalis.
3 Porta Raudusculana.
4 Porta Naevia.
5 Porta Capena.
6 Porta Caelimontana.
7 Porta Querquetulana.
8 Porta Esquilina.
9 Porta Viminalis.
10 Porta Collina.
11 Porta Quirinalis.
12 Porta Salutaris.
13 Porta Sanqualis.
14 Porta Fontinalis.
15 Porta Carmentalis.
16 Porta Flumentana.
17 Porta Triumphalis?
18 Porta Cornelia.
19 Porta Flaminia.
20 Porta Pinciana.
21 Porta Salaria.
22 Porta Nomentana.
23 »Porta Chiusa«.
24 Porta Tiburtina.
25 Porta Praenestina.
26 Porta Asinaria.
27 Porta Metrovia.
28 Porta Latina.
29 Porta Appia.
30 Porta Ardeatina.
31 Porta Ostiensis.
32 Porta Portuensis.
33 Porta Aurelia.
34 Porta Septimiana.
35 Capitolium.
36 Arx.
37 Forum Romanum.
38 Maxentius-Basilika.
39 Tempel der Venus und Roma.
40 Cäsar-Forum.
41 Augustus-Forum.
42 Templum Pacis.
43 Forum Transitorium.
44 Trajansforum.
45 Haus des Augustus und Apollotempel.
46 Domus Tiberiana.
47 Domus Flavia und Domus Augustana.
48 Domus Severiana.
49 Tempel des Elagabal
50 Kolosseum.
51 Ludus Magnus.
52 Tempel des Claudius.
53 Castra Nova Equitum Singularium.
54 Amphitheatrum Castrense.
55 Domus Sessoriana.
56 Thermen der Helena.
57 Circus Varianus.
58 Mithräum unter S. Clemente.
59 Domus Aurea.
60 Titus-Thermen.
61 Trajansthermen.
62 »Sette Sale«.
63 Porticus Liviae.
64 Macellum Liviae.
65 Horti Maecenatis.
66 Nymphäum des Alexander Severus (»Trofei di Mario«).

67 »Tempel der Minerva Medica« in den Horti Liciniani.
68 Serapis-Tempel.
69 Konstantinsthermen.
70 Diocletiansthermen.
71 Gärten des Sallust.
72 Castra Praetoria.
73 Aqua Virgo und Bogen des Claudius.
74 Hadrianische Mietshäuser.
75 Templum Solis.
76 »Arco di Portogallo«
77 Gärten des Lukull.
78 Marcellustheater.
79 Apollo-und-Bellona-Tempel.
80 Circus Flaminius.
81 Porticus Octaviae.
82 Porticus Philippi.
83 Neptunstempel.
84 Porticus Minucia Vetus am Largo Argentina.
85 Porticus Minucia Frumentaria.
86 Theater und Krypta des Balbus.
87 Theater und Portiken des Pompejus.
88 Ustrinum Hadrians.
89 Trigarium.
90 Tarentum.
91 Agrippa-Thermen.
92 Pantheon.
93 Saepta Iulia.
94 Isis-und Serapis-Heiligtum.
95 Porticus Divorum.
96 Domitiansstadion.
97 Odeon Domitians.
98 Nero-Thermen.
99 Tempel der Matidia.
100 Hadrianstempel.
101 Mark-Aurel-Säule.
102 Ustrinum und Säule des Antoninus Pius.
103 Ustrinum Mark Aurels.
104 Ara Pacis.
105 Horologium Augusti.
106 Augustus-Mausoleum.
107 Forum Holitorium.
108 »Area Sacra« bei S. Omobono.
109 Forum Boarium.
110 Circus Maximus.
111 Tempel der Diana und der Minerva.
112 Thermae Suranae.
113 Mithräum unter S. Prisca.
114 Decius-Thermen.
115 Caracalla-Thermen.
116 Emporium.
117 Porticus Aemilia.
118 Horrea Galbana.
119 Horrea Lolliana.
120 Mons Testaceus (»Scherbenberg«).
121 Cestius-Pyramide.
122 Wohnviertel an der Via Portuensis.
123 Heiligtum des Iupiter Heliopolitanus.
124 Villa unter der Farnesina.
125 Circus des Caligula.
126 Meta Romuli.
127 Naumachia Vaticana.
128 Hadriansmausoleum.
129 Scipionengrab.

0
500
1000
m
via Triumphalis
127
HORTI DOMITIAE
128
126
125
HORTI AGRIPPINAE
17
18
TIBERIS
19
106
105
76
104
75
CAMPUS
MARTIUS
103
CAMPUS
AGRIPPAE
Col. Divi Pii
102
101
74
99
77
90
96
98
100
Col. Divi Marci
73
ARCUS
NOVUS
68
13
88
89
92
93
94
97
91
95
Forum Traiani
IANICULUM
124
87
85
44
84
86
36
83
82
F. Iulium
40
79
CAPITOLIUM
34
80
Forum
37
78
Insula
Velabrum
108
46
16
109
PALATINUS
33
via Aurelia
Forum Boarium
45
47
110
NAUMACHIA
AUGUSTI
111
112
113
123
122
AVENTINUS MONS
114
32
Emporium
2
3
116
117
118
31
121
119
120
MONS TESTACEUS
TIBERIS
via Ostiensis

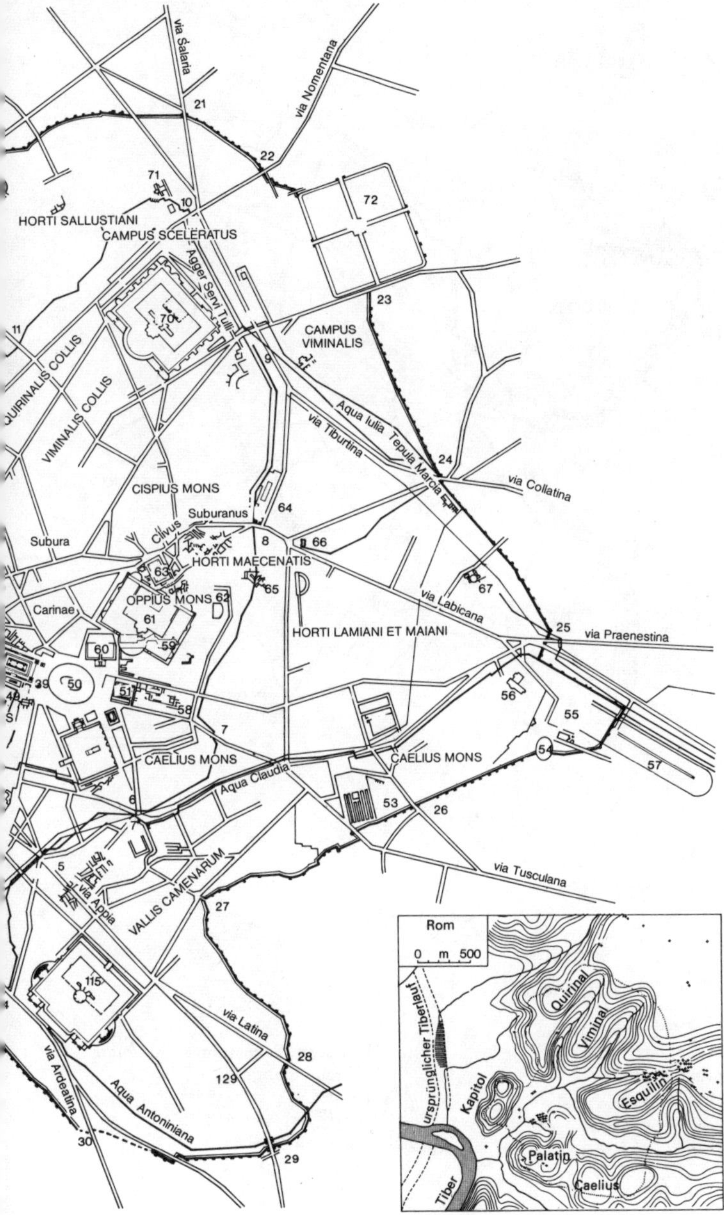

via Salaria
via Nomentana
21
22
71
10
72
HORTI SALLUSTIANI
CAMPUS SCELERATUS
Agger Servi Tulli
70
23
11
CAMPUS
VIMINALIS
9
QUIRINALIS COLLIS
VIMINALIS COLLIS
Aqua Iulia Tepula Marcia
via Tiburtina
24
via Collatina
CISPIUS MONS
Suburanus
Clivus
64
Subura
8
66
HORTI MAECENATIS
63
65
67
OPPIUS MONS
62
via Labicana
Carinae
61
HORTI LAMIANI ET MAIANI
25
via Praenestina
60
59
50
39
51
56
58
55
7
54
CAELIUS MONS
CAELIUS MONS
57
Aqua Claudia
6
53
26
7
5
VALLIS CAMENARUM
via Appia
via Tusculana
27
115
via Latina
via Ardeatina
28
129
Aqua Antoniniana
30
29
Rom
0 m 500
ursprünglicher Tiberlauf
Quirinal
Viminal
Kapitol
Esquilin
Palatin
Tiber
Caelius

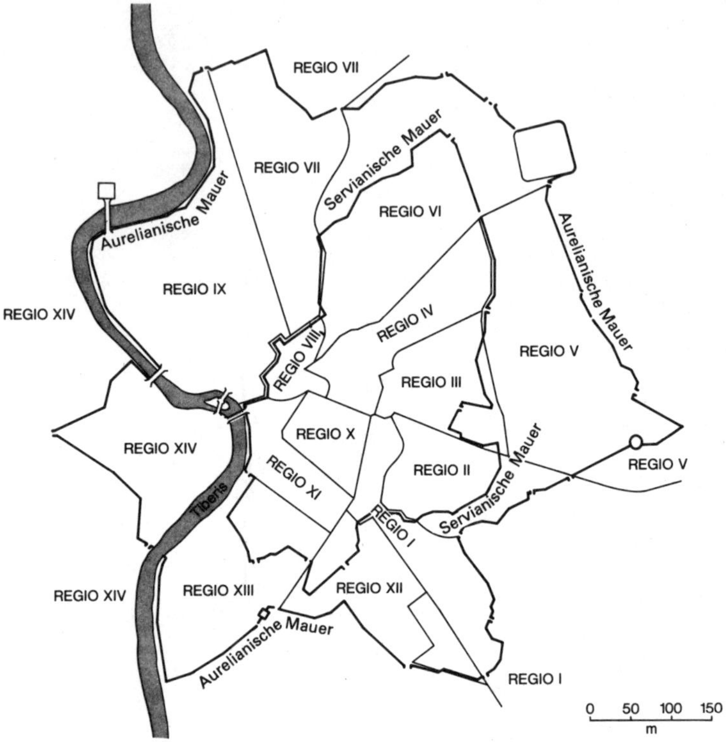

Rom. Die XIV Regionen.

I Porta Capena.
II Caelimontium.
III Isis et Serapis.
IV Templum Pacis.
V Esquiliae.
VI Alta Semita.
VII Via Lata.
VIII Forum Romanum et Magnum.
IX Circus Flaminius.
X Palatium.
XI Circus Maximus.
XII Piscina Publica.
XIII Aventinus.
XIV Transtiberim.

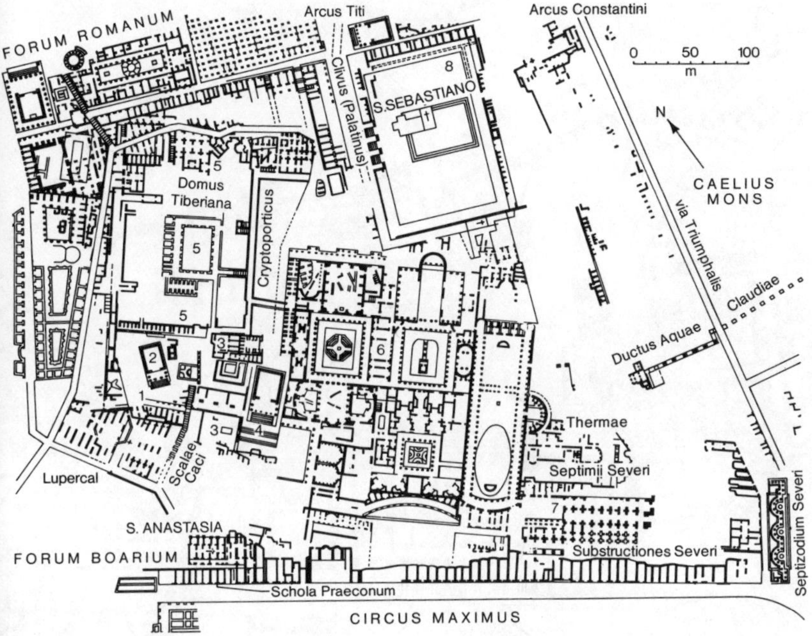

Rom. Der Palatin und die Kaiserpaläste. Gesamtplan.

1 Archaische Hütten.
2 Tempel der Magna Mater.
3 Haus der Livia und Haus des Augustus.
4 Apollotempel.
5 Domus Tiberiana.
6 Domus Flavia und Domus Augustana.
7 Domus Severiana.
8 Tempel des Elagabal.

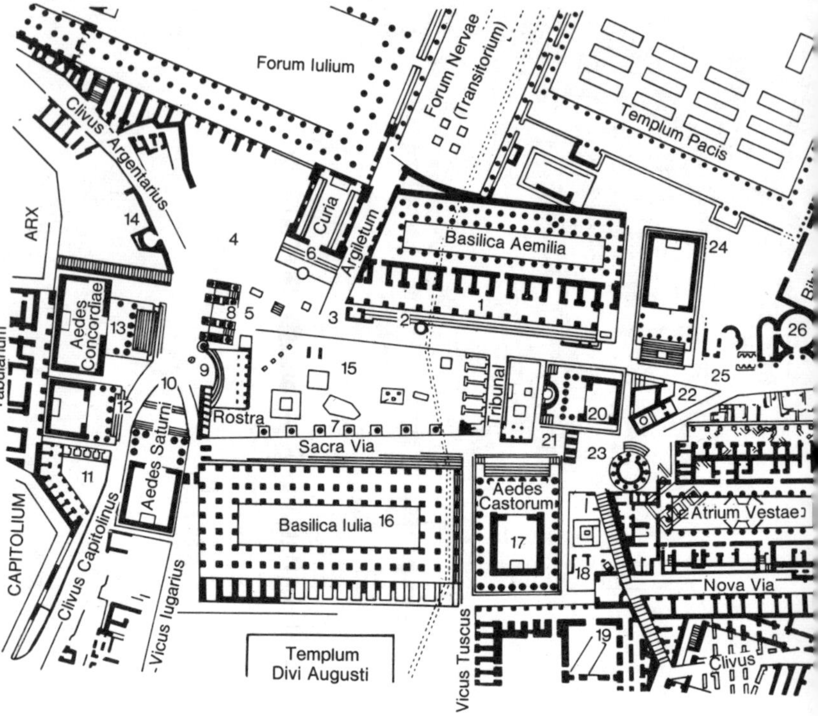

Rom. Forum Romanum. Gesamtplan.

1 Basilica Aemilia.
2 Heiligtum der Venus Cloacina.
3 Ianustempel (?).
4 Comitium.
5 Lapis Niger.
6 Curia.
7 Ehrendenkmäler.
8 Bogen des Septimius Severus.
9 Rostra Iulia.
10 Saturntempel.
11 Portikus der Dii Consentes.
12 Tempel des Vespasian und des Titus.
13 Tempel der Concordia.
14 Carcer Tullianus.
15 Forumsplatz.
16 Basilica Iulia.

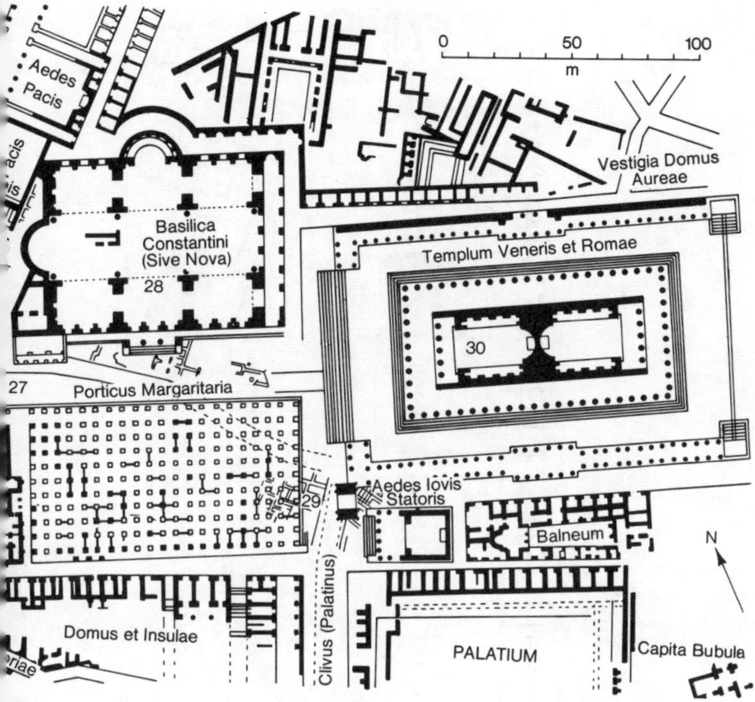

17 Tempel der Dioskuren.
18 Iuturna-Quelle.
19 Domitianischer Gebäudekomplex.
20 Cäsar-Tempel.
21 Augustusbogen.
22 Regia.
23 Vestatempel und Haus der Vestalinnen.
24 Tempel des Antoninus und der Faustina.
25 Archaischer Begräbnisplatz.
26 Sog. Tempel des Romulus.
27 Tempelchen des Dionysos (?).
28 Maxentius-Basilika.
29 Titusbogen.
30 Tempel der Venus und Roma

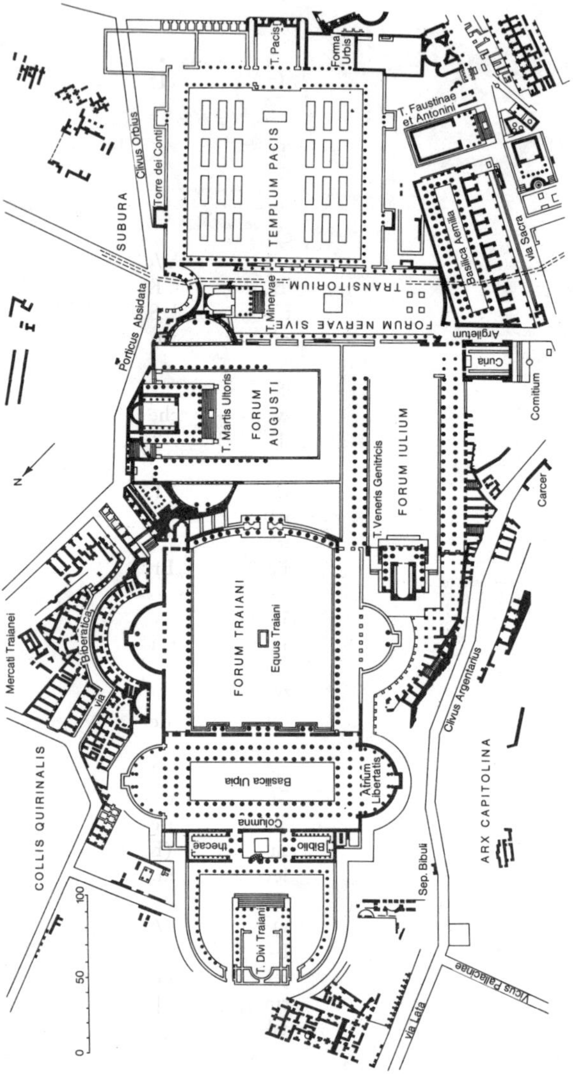

Die Kaiserforen. Gesamtplan.

Römische Literatur der Kaiserzeit

IN RECLAMS UNIVERSAL-BIBLIOTHEK

Augustin, Bekenntnisse. (W. Thimme) 2791 [6]

Augustus, Res gestae / Tatenbericht. Lat./griech./dt. (M. Giebel) 9773 [2]

Boethius, Trost der Philosophie. (K. Büchner / F. Klingner) 3154 [2]

Horaz, Ars poetica / Die Dichtkunst. Lat./dt. (E. Schäfer) 9421 – Gedichte und Lieder. (W. Plankl) 7708 – Sermones / Satiren. Lat./dt. (K. Büchner) 431 [3]

Juvenal, Satiren. (H. C. Schnur) 8598 [2]

Livius, Römische Geschichte. Der Zweite Punische Krieg. (W. Sontheimer) I. Teil. 21.–22. Buch. 2109 [2] – II. Teil. 23.–25. Buch. 2111 [2] – III. Teil. 26.–30. Buch. 2113 [3]

Marc Aurel, Selbstbetrachtungen. (A. Wittstock) 1241 [2]

Martial, Epigramme. (H. C. Schnur) 1611 [3]

Minucius Felix, Octavius. (B. Kytzler) 9860 [3]

Ovid, Metamorphosen. Epos in 15 Büchern. (H. Breitenbach / L. P. Wilkinson) 356 [8]

Petron, Satyricon. (H. C. Schnur) 8533 [3]

Phaedrus, Liber Fabularum / Fabelbuch. Lat./dt. (Fr. Rückert / O. Schönberger) 1144 [3]

Plinius d. J., Briefe. (M. Schuster) 7787

Quintilian, Institutio oratoria X. / Lehrbuch der Redekunst. 10. Buch. Lat./dt. (F. Loretto) 2956 [2]

Seneca, De brevitate vitae / Von der Kürze des Lebens. Lat./dt. (J. Feix) 1847 – De clementia / Über die Güte. Lat./dt. (K. Büchner) 8385 [2] – Epistulae morales ad Lucilium, Liber I / Briefe an Lucilius über Ethik, 1. Buch. (F. Loretto) 2132 – Oedipus. Lat./dt. (K. Heldmann) 9717 [2] – Vom glückseligen Leben und andere Schriften. Auswahl. (L. Rumpel / P. Jaerisch) 7790 [2]

Tacitus, Agricola. Lat./dt. (R. Feger) 836 [2] – Annalen I–VI. (W. Sontheimer) 2457 [4] – Annalen XI–XVI. (W. Sontheimer) 2642 [4] – Dialog über die Redner. (H. Gugel) 3728 – Germania (M. Fuhrmann) 726 – Germania. Lat./dt. (M. Fuhrmann) 9391 [2]

Vergil, Aeneis. (W. Plankl / K. Vretska) 221 [4] – Hirtengedichte (Eklogen). (H. C. Schnur) 637

Das tägliche Leben in früheren Zeiten

In gleicher Ausstattung sind bisher erschienen:

André Chouraqui: Die Hebräer

Geschichte und Kultur zur Zeit der Könige und Propheten. Übersetzt von Elisabeth Profos-Sulzer. 287 Seiten.

Robert Étienne: Pompeji

Das Leben in einer antiken Stadt. 2. Auflage. Übersetzt von Irmgard Rauthe-Welsch. 463 Seiten. 45 Abbildungen im Text. 25 Fotos auf Tafeln. 1 Karte.

Paul Faure: Kreta

Das Leben im Reich des Minos. Übersetzt von Isolde und Karl Friedrich Eisen. 476 Seiten. 19 Abbildungen im Text. 28 Fotos auf Tafeln. 2 Karten.

Robert Flacelière: Griechenland

Leben und Kultur in klassischer Zeit. Übersetzt und herausgegeben von Edgar Pack. 479 Seiten. 61 Abbildungen im Text. 41 Fotos auf Tafeln. 3 Karten.

Jacques Heurgon: Die Etrusker

2., erweiterte Auflage. Übersetzt von Irmgard Rauthe-Welsch. 448 Seiten. 82 Abbildungen im Text. 22 Fotos auf Tafeln.

Charles-Marie Ternes: Die Römer an Rhein und Mosel

Geschichte und Kultur. 2. Auflage. Übersetzt von Dorothea Basrai. 351 Seiten. 49 Abbildungen im Text. 26 Fotos auf Tafeln.